当代中国心理科学文库
总主编 杨玉芳

"十三五"国家重点出版物出版规划项目

Counseling
Psychology

咨询心理学

樊富珉 主编
朱旭 何瑾 副主编

华东师范大学出版社
·上海·

图书在版编目(CIP)数据

咨询心理学/樊富珉主编;朱旭,何瑾副主编. —上海:华东师范大学出版社,2022

(当代中国心理科学文库)

ISBN 978-7-5760-3106-5

Ⅰ.①咨… Ⅱ.①樊…②朱…③何… Ⅲ.①咨询心理学 Ⅳ.①C932

中国版本图书馆 CIP 数据核字(2022)第 147544 号

当代中国心理科学文库

咨询心理学

主　　编　樊富珉
副 主 编　朱　旭　何　瑾
责任编辑　彭呈军　白锋宇
责任校对　邱红穗　时东明
装帧设计　倪志强　陈军荣

出版发行　华东师范大学出版社
社　　址　上海市中山北路 3663 号　邮编 200062
网　　址　www.ecnupress.com.cn
电　　话　021-60821666　行政传真 021-62572105
客服电话　021-62865537　门市(邮购)电话 021-62869887
地　　址　上海市中山北路 3663 号华东师范大学校内先锋路口
网　　店　http://hdsdcbs.tmall.com

印 刷 者　常熟高专印刷有限公司
开　　本　787 毫米×1092 毫米　1/16
印　　张　35.25
字　　数　684 千字
版　　次　2022 年 11 月第 1 版
印　　次　2022 年 11 月第 1 次
书　　号　ISBN 978-7-5760-3106-5
定　　价　98.00 元

出版人　王　焰

(如发现本版图书有印订质量问题,请寄回本社客服中心调换或电话 021-62865537 联系)

《当代中国心理科学文库》编委会

主　任：杨玉芳
副主任：傅小兰
编　委（排名不分先后）：
　　　　莫　雷　舒　华　张建新　李　纾　张　侃　李其维
　　　　桑　标　隋　南　乐国安　张力为　苗丹民
秘　书：黄　端　彭呈军

总主编序言

《当代中国心理科学文库》(下文简称《文库》)的出版,是中国心理学界的一件有重要意义的事情。

《文库》编撰工作的启动,是由多方面因素促成的。应《中国科学院院刊》之邀,中国心理学会组织国内部分优秀专家,编撰了"心理学学科体系与方法论"专辑(2012)。专辑发表之后,受到学界同仁的高度认可,特别是青年学者和研究生的热烈欢迎。部分作者在欣喜之余,提出应以此为契机,编撰一套反映心理学学科前沿与应用成果的书系。华东师范大学出版社教育心理分社彭呈军社长闻讯,当即表示愿意负责这套书系的出版,建议将书系定名为"当代中国心理科学文库",邀请我作为《文库》的总主编。

中国心理学在近几十年获得快速发展。至今我国已经拥有三百多个心理学研究和教学机构,遍布全国各省市。研究内容几乎涵盖了心理学所有传统和新兴分支领域。在某些基础研究领域,已经达到或者接近国际领先水平;心理学应用研究也越来越彰显其在社会生活各个领域中的重要作用。学科建设和人才培养也都取得了很大成就,出版发行了多套应用和基础心理学教材系列。尽管如此,中国心理学在整体上与国际水平还有相当的距离,它的发展依然任重道远。在这样的背景下,组织学界力量,编撰和出版一套心理科学系列丛书,反映中国心理学学科发展的概貌,是可能的,也是必要的。

要完成这项宏大的工作,中国心理学会的支持和学界各领域优秀学者的参与,是极为重要的前提和条件。为此,成立了《文库》编委会,其职责是在写作质量和关键节点上把关,对编撰过程进行督导。编委会首先确定了编撰工作的指导思想:《文库》应有别于普通教科书系列,着重反映当代心理科学的学科体系、方法论和发展趋势;反映近年来心理学基础研究领域的国际前沿和进展,以及应用研究领域的重要成果;反映和集成中国学者在不同领域所作的贡献。其目标是引领中国心理科学的发展,推动学科建设,促进人才培养;展示心理学在现代科学系统中的重要地位,及其在我国社会建设和经济发展中不可或缺的作用;为心理科学在中国的发展争取更好的社会文化环境和支撑条件。

根据这些考虑,确定书目的遴选原则是,尽可能涵盖当代心理科学的重要分支领域,特别是那些有重要科学价值的理论学派和前沿问题,以及富有成果的应用领域。作者应当是在科研和教学一线工作,在相关领域具有深厚学术造诣,学识广博、治学严谨的科研工作者和教师。以这样的标准选择书目和作者,我们的邀请获得多数学者的积极响应。当然也有个别重要领域,虽有学者已具备比较深厚的研究积累,但由于种种原因,他们未能参与《文库》的编撰工作。可以说这是一种缺憾。

编委会对编撰工作的学术水准提出了明确要求:首先是主题突出、特色鲜明,要求在写作计划确定之前,对已有的相关著作进行查询和阅读,比较其优缺点;在总体结构上体现系统规划和原创性思考。第二是系统性与前沿性,涵盖相关领域主要方面,包括重要理论和实验事实,强调资料的系统性和权威性;在把握核心问题和主要发展脉络的基础上,突出反映最新进展,指出前沿问题和发展趋势。第三是理论与方法学,在阐述理论的同时,介绍主要研究方法和实验范式,使理论与方法紧密结合、相得益彰。

编委会对于撰写风格没有作统一要求。这给了作者们自由选择和充分利用已有资源的空间。有的作者以专著形式,对自己多年的研究成果进行梳理和总结,系统阐述自己的理论创见,在自己的学术道路上立下了一个新的里程碑。有的作者则着重介绍和阐述某一新兴研究领域的重要概念、重要发现和理论体系,同时嵌入自己的一些独到贡献,犹如在读者面前展示了一条新的地平线。还有的作者组织了壮观的撰写队伍,围绕本领域的重要理论和实践问题,以手册(handbook)的形式组织编撰工作。这种全景式介绍,使其最终成为一部"鸿篇大作",成为本领域相关知识的完整信息来源,具有重要参考价值。尽管风格不一,但这些著作在总体上都体现了《文库》编撰的指导思想和要求。

在《文库》的编撰过程中,实行了"编撰工作会议"制度。会议有编委会成员、作者和出版社责任编辑出席,每半年召开一次。由作者报告著作的写作进度,提出在编撰中遇到的问题和困惑等,编委和其他作者会坦诚地给出评论和建议。会议中那些热烈讨论和激烈辩论的生动场面,那种既严谨又活泼的氛围,至今令人难以忘怀。编撰工作会议对保证著作的学术水准和工作进度起到了不可估量的作用。它同时又是一个学术论坛,使每一位与会者获益匪浅。可以说,《文库》的每一部著作,都在不同程度上凝结了集体的智慧和贡献。

《文库》的出版工作得到华东师范大学出版社的领导和编辑的极大支持。王焰社长曾亲临中国科学院心理研究所,表达对书系出版工作的关注。出版社决定将本《文库》作为今后几年的重点图书,争取得到国家和上海市级的支持;投入优秀编辑团队,将本《文库》做成中国心理学发展史上的一个里程碑。彭呈军社长是责任编辑,他活跃机敏、富有经验,与作者保持良好的沟通和互动,从编辑技术角度进行指导和把关,帮助作者少走弯路。

在作者、编委和出版社责任编辑的共同努力下,《文库》已初见成果。从今年初开始,有一批作者陆续向出版社提交书稿。《文库》已逐步进入出版程序,相信不久将会在读者面前"集体亮相"。希望它能得到学界和社会的积极评价,并能经受时间的考验,在中国心理学学科发展进程中产生深刻而久远的影响。

杨玉芳
2015年10月8日

目 录

编者序 ·· 1

第一编 咨询心理学的基础

1 心理咨询概述 ·· 3
   1.1 社会发展与心理咨询 ·· 3
   1.2 咨询心理学与临床心理学的区别 ·· 7
   1.3 心理咨询的要素与形式 ··· 18

2 心理健康的标准 ·· 31
   2.1 不同视角下的心理健康定义 ·· 32
   2.2 心理健康的具体标准 ··· 42
   2.3 增进心理健康的不同模式 ·· 52

3 来访者问题的评估与分析 ··· 62
   3.1 来访者问题的心理评估 ··· 63
   3.2 不同发展阶段的成长议题和危机 ······································· 68
   3.3 常见心理问题的分类 ··· 76

4 影响心理咨询的共同要素 ··· 93
   4.1 影响咨询有效的因素 ··· 94
   4.2 咨询关系与工作同盟 ·· 103
   4.3 跨流派咨询模型 ··· 112

第二编 咨询心理学的理论

5 心理分析取向的咨询理论 ········ 125
- 5.1 经典心理分析的咨询理论 ········ 126
- 5.2 个体心理学理论 ········ 138
- 5.3 新心理分析理论 ········ 145
- 5.4 心理分析取向咨询的最新研究进展 ········ 152

6 行为治疗取向的咨询理论 ········ 159
- 6.1 行为治疗的发展与现状 ········ 160
- 6.2 行为治疗的基本理论 ········ 162
- 6.3 行为治疗的目标与过程 ········ 168
- 6.4 行为治疗的常用技术与方法 ········ 171
- 6.5 行为治疗的最新研究进展 ········ 196

7 以人为中心的咨询理论 ········ 200
- 7.1 以人为中心咨询的历史 ········ 201
- 7.2 以人为中心咨询的基本理论 ········ 203
- 7.3 以人为中心咨询的基本技术 ········ 213
- 7.4 以人为中心咨询的评价 ········ 220

8 认知取向的咨询理论 ········ 224
- 8.1 认知治疗的历史与发展 ········ 225
- 8.2 贝克认知治疗理论与方法 ········ 228
- 8.3 理性情绪行为疗法 ········ 233
- 8.4 森田疗法的理论与实践 ········ 237

9 后现代及积极心理取向的咨询理论 ········ 243
- 9.1 叙事治疗 ········ 244
- 9.2 焦点解决短期治疗 ········ 250
- 9.3 接纳承诺疗法 ········ 262
- 9.4 辩证行为疗法 ········ 268
- 9.5 积极心理治疗 ········ 276

第三编 咨询心理学的方法

10 个体心理咨询 ... 293
10.1 个体咨询的阶段与特征 ... 293
10.2 心理咨询的常用技术 ... 305
10.3 初次会谈的任务与内容 ... 320

11 家庭治疗 ... 329
11.1 家庭治疗的历史与发展 ... 330
11.2 家庭治疗主要流派的理论与方法 ... 339
11.3 家庭治疗的准备与规划 ... 345
11.4 家庭治疗的实施 ... 352

12 团体心理咨询 ... 356
12.1 团体咨询及其特点 ... 357
12.2 有效的团体领导者 ... 366
12.3 团体咨询过程与影响机制 ... 370
12.4 团体咨询实施与方法 ... 377

13 生涯咨询 ... 390
13.1 生涯咨询概述 ... 390
13.2 生涯咨询理论 ... 396
13.3 生涯咨询的过程及主要技术 ... 411

14 危机心理干预 ... 422
14.1 危机与危机心理干预 ... 422
14.2 危机心理干预的策略与方法 ... 429
14.3 危机心理援助热线的应用 ... 440

15 网络心理咨询 ... 447
15.1 网络心理咨询的形式 ... 447
15.2 网络心理咨询的焦点问题 ... 450
15.3 网络心理咨询的方法与建议 ... 455

第四编　心理咨询师的养成与伦理

16 心理咨询师的专业训练 ·· 465
16.1 心理咨询工作者的名称及种类 ·· 466
16.2 心理咨询师的专业胜任力 ··· 473
16.3 心理咨询师的专业培训 ·· 480

17 心理咨询的专业伦理 ·· 490
17.1 心理咨询专业伦理概述 ·· 491
17.2 心理咨询常见的伦理议题 ··· 495
17.3 心理咨询相关的其他伦理问题 ·· 507

附录一　《中国心理学会临床与咨询心理学工作伦理守则(第二版)》··············· 511

附录二　《中国心理学会临床与咨询心理学专业机构和专业人员注册标准(第二版)》
·· 527

编者序

咨询心理学是一个年轻的现代心理学的分支,运用心理学知识理解和促进个体或群体心理健康、身体健康和社会适应。咨询心理学关注个体日常生活中的一般性问题,以增进其良好的心理适应能力。

咨询心理学成为心理学重要分支学科的标志是1951年美国心理学会(APA)设立咨询心理学分会。当时规定:咨询心理学的目的是研究教育、就业和个人适应中的心理问题。1953年,美国心理学会咨询心理学分会制定了正式的心理咨询专家培养标准。同时,两本咨询心理学领域的核心期刊,《咨询心理学杂志》(*Journal of Counseling Psychology*)和《咨询心理学家》(*The Counseling Psychologist*)相继在1954年和1969年创刊。

在建立之初,咨询心理学将专业定位为:服务于心理适应情况在正常范围内的人,此后又有一定扩展,提出咨询心理学家服务的对象应包括"困扰程度在可承受范围内的人"和遭受严重心理障碍的人,咨询心理学家的培训应该使他们"有资格在某种程度上为处于任何心理适应水平上的个人提供服务"。乔叟和弗雷茨(Gelso和Fretz)总结了咨询心理学的五个主题:关注完整的人格;关注人们的优势、资源和积极的心理健康;关注相对短程的干预;关注人与环境的相互影响;关注教育和职业方面的发展。洛佩兹(Lopez)等人强调,对人类积极状态和功能的关注贯穿在咨询心理学的历史和现代发展中,体现了咨询心理学家用专业知识和专业技术帮助人们——包括具有一般心理问题的人和患有心理疾病的人——发掘潜力、获得职业成长、寻找人生意义的独特角色。

国内咨询心理学的发展起步比较晚,大概是20世纪80年代后期心理咨询的探索和实践才开始,仅有三十多年的历史。我于1990年初由当时的国家教育委员会公派去日本筑波大学心理学系进修时,才了解到咨询心理学这个分支学科,并跟随导师松原达哉教授开始了咨询心理学的学习。1991年6月回国后,先从规范的心理咨询实践开始,慢慢积累经验,逐渐推广,1998年为思想政治教育专业二学位和研究生开设了"心理咨询"课,也编写了"心理咨询学"教材。2008年清华大学心理学系复建后设立了临床与咨询心理学研究室,作为该方向的负责人,我开始为硕士生、博士生开设"咨询心理学专题"课,至今已经十多年了。在教学和研究的同时,我非常关心国内咨询心理学的建设和发展,一直希望为临床与咨询心理方向的研究生编写一本既能反映国际咨询心理学现状又能体现国内咨询心理学进展的《咨询心理学》。当《当代中国心理科学文库》的总主编杨玉芳教授邀请我来负责《咨询心理学》的编写时,我欣然接受了。但是出于各种主客观原因,以及咨询心理学在国内尚不成熟,需要不断积累,直到2021年我才组织了国内最有经验的专家队伍,集体完成了《咨询心理学》书稿创作。

  国内咨询心理学的发展离不开国家和社会对心理健康服务的强烈需求,以及国内临床与咨询心理学行业的迅速发展。2016年,国家22部委共同印发《关于加强心理健康服务的指导意见》,对发展各类心理健康服务、建立心理健康服务体系、加强心理健康人才队伍建设等方面都提出了明确要求。这是我国首个针对心理健康服务的宏观指导性文件,意味着心理健康服务被纳入国家的顶层设计,心理健康服务行业的发展进入了快车道。在此背景下,中国心理学界的同仁们作出了一系列的努力,以服务国家和社会的需求。具体到临床与咨询心理学领域,2018年,中国心理学会临床心理学注册工作委员会发布《中国心理学会临床与咨询心理学工作伦理守则(第二版)》和《中国心理学会临床与咨询心理学专业机构和专业人员注册标准(第二版)》,对规范我国临床与咨询心理学的行业发展起到了重要作用。与此同时,中国心理学会临床与咨询心理学专业委员会(以下称"专委会")也在大力推动人才培养的学历教育。2018年,专委会牵头成立"全国临床与咨询心理学学历教育联盟";2019年,专委会组织编写了《应用心理专业学位硕士研究生培养方案(临床与咨询心理学方向和心理健康教育方向)》,并由全国应用心理学专业学位研究生教学指导委员会向全国推行。2021年,中国心理学会临床心理学注册工作委员开始对临床与咨询心理学硕士培养项目进行注册。这些努力大大促进了国内咨询心理学的发展。

  咨询心理学是研究心理咨询的理论、过程、原则、技巧和方法以及专业人才培养的心理学分支,为解决人们在学习、工作、生活、保健和防治疾病方面出现的心理问题(心理危机、心理压力等)提供理论指导和实践依据,使人们的认识、情感、态度与行为等心理功能有所改变,以达到更好地适应社会、环境与家庭的目的,增进身心健康,促进个人成长。我们在编写这本《咨询心理学》时希望体现三个特色:第一,尽量完整和全面地反映咨询心理学的面貌;第二,能够反映咨询心理学在当代社会发展的新变化和新趋势;第三,能够反映国内咨询心理学发展的现状和特点。

《咨询心理学》全书分为四编：第一编为咨询心理学的基础，介绍了咨询心理学中的一些基本概念，例如，咨询心理学与临床心理学的区别、心理健康的标准、心理问题的评估等。特别是从跨理论流派的视角介绍了心理咨询领域有关共同要素的研究，这部分内容可以帮助读者更好地理解心理咨询产生疗效的机制。第二编为咨询心理学的理论，这部分既包括传统的心理分析、行为治疗、以人为中心治疗、认知治疗等理论，也包括现在国内很受欢迎的后现代及积极心理取向的咨询理论和流派，例如，叙事治疗、焦点解决短期疗法、接纳承诺疗法、辩证行为疗法、积极心理治疗等。第三编为咨询心理学的方法，这部分包括个体心理咨询、家庭治疗、团体心理咨询、生涯咨询、危机心理干预、网络心理咨询等各种心理咨询的形式，其中还有在新冠肺炎疫情中被广泛使用的心理援助热线应用的介绍。第四编为心理咨询师的养成与伦理，这部分专门针对咨询师的训练，介绍了国内相关专业人员的培养要求，重点是学历教育的内容，以及咨询伦理议题的讨论。从中可以看出，本书既对咨询心理学的经典理论范式进行了全面介绍，也反映了近年来国内行业实践的新发展，同时注重内容的科学严谨性，引用了大量的最新文献。

这本书是集体智慧的产物，作者团队由一批优秀的老中青结合的咨询心理学专家组成。全书由樊富珉教授设计写作框架，组织作者团队，撰写三个章节并完成第三、第四编以及全书的统稿；朱旭博士和何瑾博士都是国内咨询心理学领域很有实力的、优秀的青年学者的代表，朱旭负责了四个章节的撰写和第一编的统稿，何瑾负责了三个章节的撰写和第二编的统稿；其他章节的作者均是在相关领域有着丰富积累的专家，既有海外留学归来接受过系统咨询心理学训练的具有国际视野的学者，更有在国内咨询心理学不同领域成就斐然、具有影响力的骨干和教授。在各章的文末标注了具体的撰写人，他们是：第一章，朱旭、吕韵、尹娜；第二章，苏细清、樊富珉；第三章，何瑾；第四章，朱旭、杨雪；第五章，张英俊；第六章，方新、王寒、杨华、叶海鲲、于晓东、张竞一、祝捷；第七章，朱旭、宋星瑀；第八章，官锐园；第九章，李焰、许维素、祝卓宏、张英俊、何瑾；第十章，何瑾；第十一章，陈向一、刘丹；第十二章，樊富珉；第十三章，乔志宏、樊丽芳、王玥乔、樊静怡；第十四章，樊富珉；第十五章，李松蔚；第十六章，朱旭、吕韵、唐巍戈；第十七章，安芹。

全书虽有主编确定的写作框架，但每章作者也有充分的写作自由，每一部分的内容都非常丰富。为了使本书不至于厚到不方便使用，我们不得不做出了一些内容上的取舍和删减。虽然我们都已经非常努力、尽力，但书稿难免会存在各种疏漏，恳请大家批评指正。

希望本书的出版能够为国内咨询心理学的发展作出贡献,同时也可以作为相关专业的教材,助力咨询心理学专业人才的培养。

樊富珉

清华大学社会科学学院心理学系退休教授

北京师范大学心理学部临床与咨询心理学院院长

2022年7月1日

第一编 咨询心理学的基础

第一篇 总论与临床应用

1 心理咨询概述

```
1.1  社会发展与心理咨询 / 3
    1.1.1  国民的心理健康需求 / 3
    1.1.2  我国心理咨询行业的现状 / 5
1.2  咨询心理学与临床心理学的区别 / 7
    1.2.1  咨询心理学的起源 / 8
    1.2.2  临床心理学的起源 / 11
    1.2.3  咨询心理学的核心专业特色 / 14
    1.2.4  咨询心理学的主要研究领域 / 15
1.3  心理咨询的要素与形式 / 18
    1.3.1  心理咨询的概念 / 18
    1.3.2  心理咨询的要素 / 20
    1.3.3  心理咨询的形式 / 25
```

随着我国社会经济的快速发展，人们对心理健康越来越关注，对心理健康服务的需求也越来越大。本章将介绍我国心理咨询与治疗行业现状，从历史发展的角度介绍咨询心理学和临床心理学，梳理心理咨询和心理治疗的联系与区别，并对心理咨询的概念和形式做一个简单介绍。

1.1 社会发展与心理咨询

近年来，中国成为全世界最具活力、发展最快的区域之一。高速的发展显著改善了国民的生活条件，同时促使国家和社会开始更加关注人的心理健康，进而推动了心理咨询行业的发展。

1.1.1 国民的心理健康需求

自改革开放以来，中国社会飞速发展。经济与社会的发展改善了人们的生活，使人们不再仅仅关注物质上的满足,同时也追求精神层面的满足。在经济与社会繁荣发展的同时,人们的心理健康需求和问题也日益凸显,竞争加剧、生活节奏加快等可能会带来压力和威胁心理健康的因素越来越多,焦虑、抑郁等成为常见的心理健康问题。

国民心理健康的现状

全国性精神障碍流行病学调查结果发现,2013年7月22日至2015年3月5日,我国民众的精神障碍(不包括痴呆)终身患病率为16.6%,其中心境障碍的终身患病率为7.4%,焦虑障碍的终身患病率为7.6%,抑郁症的终身患病率为6.8%(Huang等,2019)。虽然许多人面临心理困扰,但是大部分人未到专业机构寻求帮助,很少获得充分治疗。研究表明,大约只有9.5%的抑郁症患者接受过治疗,只有0.5%得到了充分的治疗(Lu等,2021)。

由于我国不同地区的社会经济发展不平衡,我国的心理健康需求在经济发达和落后地区呈现出不同的特征(陈祉妍等,2016)。中国农村民众的12月精神疾病患病率(13.4%)要远高于城镇民众的患病率(5.5%)(Huang等,2019)。在北京、上海、广州等发达城市,随着人均GDP的攀升,居民对心理咨询和治疗有更强的消费购买力,从而推动了心理咨询行业的快速发展(倪子君,2004)。但是,在经济相对贫困的地区,心理咨询与治疗的发展仍然相当缓慢。一方面,这些地区的心理卫生服务资源匮乏,居民也可能无力承担寻求专业心理帮助的费用;另一方面,由于缺乏相关知识,公众无法识别和觉察自身的心理健康需求,并对心理障碍及其治疗存在污名和歧视的态度,让原本非常有限的心理卫生服务资源被闲置浪费(陈祉妍等,2016)。

重大灾难的心理援助

2003年爆发的"非典"、2008年发生的5·12汶川大地震以及2020年的新型冠状肺炎疫情等重大自然灾害和突发公共卫生事件给受灾民众和前线救援人员的心理健康造成巨大的影响,甚至引发长期的、大面积的创伤性应激障碍、焦虑障碍等严重的心理适应问题(陈华,季建林,2020)。也是在这个过程中,各种心理健康服务开始被普通民众所熟悉,国家和社会越来越重视心理援助工作。

政府对心理健康的重视

2016年8月,习近平总书记在全国卫生与健康大会上发表重要讲话,提出要"努力全方位、全周期保障人民健康","要加大心理健康问题基础性研究,做好心理健康知识和心理疾病科普工作,规范发展心理治疗、心理咨询等心理健康服务"。2016年底,国家卫生计生委、中宣部、中央综治办、民政部等22个部门共同印发了《关于加强心理健康服务的指导意见》。这是我国首个加强心理健康服务的宏观指导性意见,对于加强心理健康领域专业人才队伍建设、推动心理健康领域社会工作发展具有重要意义。2019年,国家卫生健康委员会健康中国行动推进委员会印发《健康中国行动(2019—2030年)》,对心理健康促进行动做出了规划。2021年,国家卫生健康委设立国家心理健康和精神卫生防治中心,全面组织和指导开展心理健康服务工作,并对心理健康服务机构和人员进行规范管理,促进行业规范发展。这些举措体现了党和国家对人民心理健康的高度重视,为心理健康服务行业的发展提供了政策支持和行动指南,是中国心理健康服务行业发展的重要保障。

1.1.2 我国心理咨询行业的现状

心理咨询和心理治疗作为心理健康服务的重要形式,近年来逐渐出现在大众的视野中,成为现代人应对心理健康问题的一种主要形式。虽然心理咨询与心理治疗在中国发展的历史相对而言较为短暂,但其在我国的发展是不断向前迈进的(钱铭怡等,2010)。现如今,我国已在政策法规建设、队伍建设、社会服务、理论研究、机构设置等方面取得了一系列重要的成果,工作队伍快速扩大,初步呈现职业化趋势(陈祉妍等,2016)。然而,心理咨询与治疗在中国仍处于初步发展阶段,存在专业人员不足、专业性和伦理认识及管理不足、基础训练和实践技能培养缺乏、专业能力发展不足等问题(陈祉妍等,2016)。总的来说,目前我国心理咨询与治疗行业具有两个显著的特点:一是心理咨询行业迅速发展;二是合格的专业人员数量不足。

心理咨询行业迅速发展

在国家没有开展资格鉴定和认证之前,心理咨询与治疗行业一直处于非职业化的状态,政府部门还未对专业人员的资质进行管理。2001年,劳动和社会保障部(现为人力资源和社会保障部)制定并颁布了《心理咨询师国家职业标准(试行)》,标志着"心理咨询师"正式被劳动部认可为一个职业。在同一个时期,卫生部和人事部对在卫生部门从事心理治疗的人员做出资格考试方面的规定,并于2002年10月开始了第一次心理治疗师考试。这标志着我国的心理健康服务行业逐步趋向职业化。截至2015年,我国的持证心理咨询师人数累计约90万,持证心理治疗师5 000余人(陈祉妍等,2016)。

在逐步职业化发展的过程中,我国心理咨询与治疗的运营主要在医疗机构、教育机构和社会机构这三种机构中展开(陈祉妍等,2016)。20世纪80年代,医疗机构率先设立心理咨询门诊。如今,全国各大综合医院、精神病医院已普遍建立心理咨询门诊。此外,从事心理咨询与治疗的人员呈现出从兼职到专职转变的趋势,专业人员组成也从临床医学背景为主向心理学与医学背景并重的方向发展(龚耀先,李庆珠,1996;张黎黎等,2010)。

同样是20世纪80年代,高等院校开始设立针对大学生的心理咨询服务,并逐步从高校发展到中小学。2007年,对已建立心理咨询服务的高校的不完全统计显示,心理咨询师和治疗师与大学生的比例为1:5 287(钱铭怡等,2010)。在中小学教育系统中,教育部颁布《中小学心理健康教育指导纲要(2012年修订)》,要求各地各校要逐步配齐心理健康教育专职教师,促进了中小学心理健康教育教师队伍的壮大。社会心理咨询机构初现于20世纪90年代,不仅提供心理咨询服务,还提供心理咨询的培训。

2013年5月,《中华人民共和国精神卫生法》实施。这是我国精神卫生领域的第一部国家级专项立法,界定了心理咨询、心理治疗和精神医学的执业边界,明确了相关法律主体的责权,标志着行业进入建制化的发展阶段。该法弥补了相关法律的空白,让精神卫生工作有法可依,推动了心理健康服务行业的发展(周晨琛等,2018)。

然而,随着我国心理服务行业的高速发展,其准入门槛低、培训不规范、缺乏一系列职业道德规范和标准所带来的问题很快就暴露出来。2017年,国家为重塑行业准入标准,取消了由中国劳动和社会保障部开设的心理咨询师国家资格考试。此后,心理咨询与治疗行业主要由行业协会进行监管。

2007年,中国心理学会临床与咨询心理学专业机构和专业人员注册系统(以下简称"注册系统")成立。同年,在参考了美国、加拿大、欧洲等国家和地区以及中国台湾、香港地区的专业组织的文件后,注册系统发布了《中国心理学会临床与咨询心理学专业机构和专业人员注册标准》(中国心理学会,2007a)和《中国心理学会临床与咨询心理学工作伦理守则》(中国心理学会,2007b)两个重要文件。这两个文件奠定了注册系统在心理咨询与心理治疗行业专业化发展过程中的重要地位(钱铭怡,2019)。2018年,第二版注册标准和工作伦理守则出台,进一步完善了专业人员的注册标准(中国心理学会,2018a,2018b)。注册系统引领着我国心理咨询与心理治疗行业的专业化、规范化发展,推动了中国心理健康事业的发展(钱铭怡,2019)。

合格的专业人员数量不足

中国心理咨询存在"一少三多"的现象:专业人员少,半路出家多,出于热情和兴趣的多,不规范工作的多(肖泽萍等,2001)。受过系统培训的心理咨询和治疗专业人员匮乏的现象依然严重(钱铭怡等,2010)。合格专业人员欠缺有两方面的含义:一是从事心理咨询与治疗的人员数量不够;二是从业人员的资质还未达到统一的行业标准。

曾有学者预测,按照西方发达国家每1 000—1 500人一个专业人员的比例计算,我国13亿居民至少需要约86万专业心理咨询与治疗人员(钱铭怡等,2010)。2021年公布的第七次全国人口普查结果显示,中国现今人口数量已突破14亿。虽然通过劳动和社会保障部的心理咨询师考试获得准入资格证的心理咨询师约90万,其中真正从事心理咨询的人员不足10%(陈祉妍等,2016)。与我国庞大的人口数量相比,目前真正从事心理咨询与治疗的专业人员数量远远无法满足民众对心理健康服务日益增长的需求。

即便专业人员数量迅速增加,专业人员的质量仍不尽如人意(钱铭怡等,2010)。其一,就目前从事心理咨询与治疗的人员的资质来看,学历背景参差不齐。我国每年能够培养心理学博士生约500人,但其中临床与咨询心理专业博士生可能只有10人左右(白学军,2020)。相比之下,在北美(江光荣,夏勉,2005;姚萍,钱铭怡,2008)、欧洲(高隽,钱铭怡,2008)、澳大利亚(赵艳丽等,2008)、日本(樊富珉,吉沅洪,2008)等发达国家和地区,从事心理咨询与治疗的专业人员通常需要具备临床心理学、咨询心理学等专业领域的硕士或博士学位,按照要求完成长期实习并接受督导,通过专业考试或资格申请获得执业资格。其二,由于系统性专业培训的缺乏,大部分从业人员只接受过短期的专业训练(龚耀先,李庆珠,1996;王维玲,2005)。针对上海地区的一项调查甚至发现,18.6%的从业人员从未接受过培训(王维玲,2005)。现有的培训项目大都缺乏实践技能训练,没有或无法安排实习,且督导制度缺失,导致大量受训者没有机会在专业人员的督导下积累实践经验。专业水平的良莠不齐,导致心理咨询和治疗的质量得不到保障,甚至会损害求助者的利益和健康。例如,有调查发现,近40%的大学生认为本校的心理咨询师"跟普通老师没什么区别"或"还不如其他老师"(陶金花,姚本先,2015)。求助者反馈咨询从业者不遵循专业规范,缺乏专业水平,甚至造成求助者健康和经济损害的事件屡有发生,极大损坏了行业形象。

总的来看,随着我国社会经济的发展,人们越来越意识到关注心理健康、培养健全人格的重要性。目前,虽然我国的心理咨询与治疗行业已经取得了巨大的发展,但面对我国民众对心理健康服务的巨大需求,行业能够提供合格心理健康服务的能力还有限,行业的发展依然"任重而道远"。

1.2 咨询心理学与临床心理学的区别

咨询心理学是一个年轻的现代心理学分支,其学科发展与心理咨询的专业化密不可分。要了解心理咨询这种专业服务形式的形成与发展、心理咨询师培训的专业化和规范化进程,就需要了解咨询心理学这个专业学科的历史。咨询心理学于19世纪末20世纪初起源于美国。由于历史影响复杂,从学科建立之初,咨询心理学家就一直对咨询心理学作为独立分支的专业身份进行研究和讨论(Forrest, 2008; Gelso 和 Fretz, 2001; Heppner 等, 2000; Lopez 等, 2006; Vera 和 Speight, 2003;

Whiteley,1984)。其中一个经常被人提到的问题,就是咨询心理学与临床心理学的区别。

"咨询"又被翻译为"咨商""辅导",它的英文是"counseling",拉丁词根为"consulere",意指协商或建议(APA Division17,未注明日期)。"临床"一词的英文是"clinical",来源于希腊语"kline",是床的意思,临床实践最初就是在病人的床边护理的意思(APA Division 17,未注明日期)。从词语的含义中,我们可以笼统地看出咨询心理学和临床心理学的不同侧重。在传统意义上,临床心理学家研究心理健康方面的困扰,而咨询心理学家最早的作用是提供职业指导。事实上,美国的咨询心理学家和临床心理学家在培养过程和工作职能上的区别越来越细微,可谓相似多过不同。在中国,咨询心理学家和临床心理学家的区分主要取决于专业人员所接受的学位培养方案的名称和性质。一般认为,"咨询心理师"侧重于为有一般心理(包括发展性)问题的求助者提供服务,而"临床心理师"侧重于心理评估并为有各类心理疾病诊断的求助者提供服务(中国心理学会,2018a)。本节将从历史角度出发,分析咨询心理学与临床心理学区别的由来,介绍咨询心理学的核心专业特色。

1.2.1 咨询心理学的起源
职业指导运动和职业咨询

在工业革命后,工业化分工和中等教育的普及为美国社会带来了广泛而深刻的社会变迁(Whiteley,1984)。1907年,以弗兰克·帕森斯、杰西·戴维斯等为代表人物的职业指导运动应运而生。他们和政府、学校及民间机构紧密合作,建立了公立和私立的职业指导中心,给包括在校学生和新移民在内的广大求职者提供职业信息和指导。有学者提出"咨询"一词是戴维斯在描述职业指导时首次使用的(陈麒,2006)。弗兰克·帕森斯认为,职业指导应该是一种理性的、利他的、合作的且关乎社会正义的服务(Hartung和Blustein, 2002),而职业选择是三个要素的融合,即了解职业,了解自己,并用理性思考将两者联系起来。因此,帕森斯在职业指导中使用大量访谈问题,引导年轻人探索自己的经历、喜好和道德观念(Gummere, 1988)。

这场由社会活动家和教育者发起的运动很快就吸引了心理学家参与其中。研究心理测量学的心理学家提出,人格测试、能力测试等心理测量应该成为职业指导的基础(Super, 1955)。1913年,美国全国职业指导协会(National Vocational Guidance Association, NVGA)成立,明确了职业指导所起到的经济、教育和社会意义。两年后,NVGA出版了一本关于职业指导的杂志。NVGA将对职业咨询感兴趣的专业人士聚集起来,并开始积累职业指导领域的文献。值得一提的是,NVGA是美国咨询协会(American Counseling Association, ACA)的前身,其出版的杂志则于1984年改名为《咨询与发展杂志》(*Journal of Counseling and Development*)。

20世纪30年代,E. G. 威廉姆森等人结合帕森斯的职业指导和心理测量学,提出了特质因素咨询(trait-factor counseling),又称明尼苏达观点。该理论认为,人们在充分掌握信息的情况下是理性的决策者。因此,在特质因素咨询中,咨询师像老师或者教练一样,使用一系列访谈、案例分析和量表,收集来访者的人生经历和时间安排等信息,辅导来访者理解心理测量的结果,找到导致来访者适应问题的知识或技能的缺陷,并为来访者提供适合的职业选择。虽然因为效果不可靠、教条主义和还原主义等问题,特质因素咨询在20年后淡出了历史舞台,但作为第一个完整的咨询理论,它不仅对职业生涯发展理论有深远的影响,也体现了心理学家在职业咨询中对咨询过程、咨询技术、人格发展、心理适应和社会适应的思考。

职业指导不仅是职业生涯咨询的前身,也是咨询心理学在美国起源的基石(Whiteley, 1984)。职业指导运动对咨询心理学的影响包括:关注一般心理适应问题而非病态心理和心理疾病(即使是患有心理疾病的人,也关注其一般心理适应的需要);关注心理适应问题所产生的社会环境;关注心理适应问题所产生的发展阶段;关注个体差异的影响并使用心理测量(Super, 1955)。

心理卫生运动、人本主义和心理咨询

在20世纪初,美国的重症精神病患者大都被送入精神病院和"疯人院",接受包括社会隔绝、药物、电刺激、脑白质切除术等方式在内的治疗。1908年,在著名心理学家威廉·詹姆斯和精神病学家阿道夫·迈耶的支持下,克利福德·比尔斯(Clifford Beers)出版自传《一颗找回自我的心》(*A Mind That Found Itself*),讲述了自己的病情和康复经过,以及精神病患者在精神病院遭受的残酷对待,提出了用传播心理卫生知识来预防心理疾病的设想。这标志着美国心理卫生运动的开始。比尔斯的初衷是让精神病患者的护理人性化,并根除对精神病患者的虐待和忽视。比尔斯的自传将精神病患者的生存和治疗现状展现在了公众面前,与之一同引起关注的是民众对精神疾病的病因和预防的无知。1909年,美国全国心理卫生委员会在纽约成立,比尔斯任顾问。在日后的工作中,委员会逐渐把宣传和工作重心扩大到预防症状更轻的心理疾病中。心理卫生运动深刻地影响了精神病学、现代医学、公共卫生等学科,也对关注一般心理适应问题和心理健康的咨询心理学产生了影响(Whiteley, 1984)。

同样在20世纪初,西格蒙德·弗洛伊德提出的"谈话治疗"刚刚兴起,美国的心理治疗是由受过精神分析训练的精神科医生提供的。没有医生资质的人本主义心理学家卡尔·罗杰斯将自己的助人工作称为咨询——这被一些学者看作"咨询"的初现。1942年,罗杰斯发表了著作《咨询与治疗》(*Counseling and Psychotherapy*)。他强调来访者的重要性,提倡咨询师将自我实现的责任交给来访者。罗杰斯倡导的咨询师不是指导性的,而是真诚的、温暖的、接纳的。罗杰斯的理论是心理咨询和心理治疗的一次思想碰撞,给当时崇尚治疗师权威及以治疗师为中心的心理治疗带来了极大的冲击,也改变了只有精神科医生才能提供心理治疗的局面。要知道,20世纪30年代的三本教科书对咨询方法的讨论只涉及诊断学,对咨询技巧和过程全无介绍。而到了50年代,关于咨询方法的教科书已经有十本,其中七本将对心理咨询的叙述扩展到了职业咨询和诊断学之外(Super, 1955)。罗杰斯为咨询带来了一个全新的主题,那就是咨询关系的重要性(Rogers, 1957)。伴随着人本理论的产生,从事咨询的心理学家开始研究产生咨询效果所需要的必要和充分条件,以及一个与之紧密相关的问题,那就是如何甄选和培训咨询师(Rogers, 1956)。罗杰斯是第一个在咨询师培训中使用录音的人。他认为录音可以完全准确地记录咨询师的措辞和语气,给咨询过程研究提供珍贵的媒介(Rogers, 1942b)。

人本主义围绕咨询关系、咨询过程和咨询师培训提出的理论及相关研究,对咨询心理学领域发展具有重要历史影响(Whiteley, 1984)。罗杰斯的工作推动心理咨询成为一种可以被描述、研究和检验的专业服务,让咨询技术和咨询关系成为心理咨询中独特的核心概念,将咨询心理学的专业领域从精神病学中划分出来,也为人格理论和咨询理论的结合画上了浓墨重彩的一笔。

第二次世界大战的影响

事实上,当时的心理咨询与职业咨询仍然有极为不同的服务群体和服务需求,因此,罗杰斯对于职业咨询的直接影响并没有很快体现出来。第二次世界大战是咨询心理学在美国成为一个独立学科的直接的历史契机(Whiteley, 1984)。第二次世界大战后,美国社会对专业心理服务的需求达到了空前的程度。美国各地的军人医院对外聘请了大批临床心理学家和职业心理学家,帮助退役军人重新融入社会生活——临床心理学家主要在医院和门诊处理情绪问题,职业心理学家主要在大学咨询中心和社区咨询中心提供教育和职业指导。这个决定明确表明咨询心理学有别于临床心理学而不是其一个分支,因此直接推动了咨询心理学的独立。职业心理学家很快发现,工作与生活密不可分,因此,职业咨询不能只处理职业问题,而需要考虑军人的其他生活经历。职业咨询师面对的是人,而不是人的问题。这些都与人本主义理论相吻合。

1951年,隶属于美国心理学会(American Psychological Association)第十七分部,于七年前成立的人事和指导心理学家分部(Division of Personnel and Guidance Psychologists)更名为咨询心理学分部(Division of Counseling Psychology)。至此,一个新的职业——咨询心理学家正式产生。更名为咨询心理学分部也标志着咨询心理学的专业范畴正式从职业和人才选拔问题扩展到一般人群整个发展阶段的心理健康问题。1952年,军人医院开始设立岗位,聘用咨询心理学家。两本咨询心理学领域的核心期刊,《咨询心理学杂志》(Journal of Counseling Psychology)和《咨询心理学家》(The Counseling Psychologist)分别在1954年和1969年创刊。

1.2.2 临床心理学的起源

心理测量:心理科学的应用

临床心理学和咨询心理学的发展有很多相同的历史契机。临床心理学是专业心理学中的一个实践和健康服务专业。临床心理学家在治疗中担任评估、诊断、预测、预防和治疗等工作,针对心理疾病、精神障碍以及其他个人或团体问题,改善人们的行为和适应(中国心理学会,2018a)。如果说职业指导是咨询心理学的起源,那么心理测量则是临床心理学行业发展的基石,并在临床心理学行业发展历史中保有核心的专业地位,被称为临床心理学皇冠上的宝石(Benjamin, 2005)。在19世纪到20世纪初的美国,精神科医生垄断了在"疯人院"和大型公立精神病院里为有严重精神疾病的患者提供治疗的专业资质。在这样的历史契机下,心理学家提供心理测量受到了相对较少的阻力,而临床心理学在执照认证、保险报销、医院治疗权、独立执业权等方面赢得提供心理治疗的专业权利则历时近半个世纪。

1908年,赖特纳·韦特默(Lightner Witmer)在他主编的专业杂志上发表了一篇题为"临床心理学"的文章。在文章中,他介绍了自己过去十年的临床工作,认为心理学家应该运用专业知识解决人们生活中的困难,并提出临床心理学可以采用博士培养方案。韦特默在宾夕法尼亚大学建立的心理诊所是美国第一个,甚至可能是全世界第一个测量和治疗心理问题的诊所。诊所主要为有行为问题和学习困难的学龄儿童提供心理服务。韦特默带领博士生将科学研究中使用的方法应用到心理测量中,为儿童提供记忆、视觉、肌肉协调等多方面的测量和评估,并根据心理测量结果为儿童提供诊断以及教育和治疗方案,改善儿童的行为和学习情况。虽然韦特默的心理服务范畴在今天更接近于特殊教育和学校心理学,而不是现代临床心理学,但是他在临床心理学发展史上留下了重要的一笔。韦特默的工作将研究工具应用到测量和诊断中,用心理学的科学研究方法解决认知和行为问题,真正意义上实现了心理科学的应用。

20世纪前半叶,对心理疾病和智力障碍测量的兴趣和需要推动了心理测量,特别是智力测试的发展。法国心理学家阿尔弗雷德·比奈(Alfred Binet)开发了第一个有效度的智力测试,用以区分有智力障碍的儿童和正常儿童,并预测儿童的学业表现。美国心理学家刘易斯·麦迪逊·推孟(Lewis M. Terman)将比奈的测试进行修订并标准化。这个著名的斯坦福-比奈测试(Stanford-Binet)在接下来的 40 年里主导了美国的智力测试。1917 年,美国加入第一次世界大战,美国军方想通过心理测量将不适合服役的士兵筛查出来。近 40 位心理学家投入这次测量开发工作,创新地提出了用选择题的方式将原本适用于个人的测试形式变成能投入大规模应用的测试形式。通过这次国家层面的服务经历,应用心理学家在心理测量领域的专业能力得到了广泛的社会认可。

第一次世界大战后,一些应用心理学家在美国军人医院里参与精神障碍患者的治疗工作。心理学家当时在军人医院的主要工作是为病人提供一系列的心理测试,评估病人在智力、推理、决策等方面的功能以及包括职业兴趣和天赋在内的个人特质。当时有一些参战的士兵出现了今天被我们称为创伤后应激障碍的症状。美国军方当时认为,这些士兵的精神症状源于他们心理脆弱,因此希望通过测量和评估将容易患病的军人筛查出来。心理学家将心理测量应用到这项筛查工作中。虽然这类测量最终并没有被用于筛查美国军人,但为现代人格测试提供了基础。智力测试和人格测试也因此成为临床心理学家的两大主要测量工具(Benjamin, 2005)。

精神分析与心理治疗

前文提到,比尔斯 1908 年出版的自传引发了美国民众对心理疾病现有治疗的批判和对心理健康的关注,标志着心理卫生运动的开始。1909 年,弗洛伊德受邀在克拉克大学(Clark University)校庆上发表演讲。弗洛伊德带来的精神分析理论用内在的心理因素解释精神障碍的成因,大大冲击了当时用器质性原因解释和治疗精神疾病的主流观点。起初,大部分美国心理学家认为精神分析完全不在科学的范畴并拒绝该理论,但美国民众却对精神分析理论产生了极大的兴趣。到了 20 世纪 20 年代,美国社会已经把精神分析看作一个科学的心理学理论(Hornstein, 1992)。精神分析理论和治疗的发展伴随着当时的心理卫生运动和伊曼纽尔运动(the Emmanuel Movement)[①],为心理学家参与精神障碍和心理疾病治疗提供了依据,是临床心理学发展进程中最为重要的历史契机(Benjamin, 2005)。

同样是 1908 年,埃尔伍德·伍斯特(Elwood Worcester)在出版的著作中介绍了

[①] 伊曼纽尔运动是由波士顿伊曼纽尔圣公会教堂(the Boston's Emmanuel Episcopal Church)的牧师埃尔伍德·伍斯特博士(Elwood Worcester)于 1906 年发起的一场以心理治疗为目的的运动(McCarthy, 1984)。牧师们联合少数的改革派精神病学家们,结合了宗教、心理学和道德哲学思想,试图让美国普通人接触心理学的世界,对心理学和心理障碍产生兴趣,并为人们提供医疗和心理服务,这打开了美国人心理治疗的视野(Benjamin Jr., 2005; Caplan, 1998, p. 289; Dennis, 2011; MacDonald, 1908, p. 24)。可惜好景不长,两年后,由于医学界对于心理治疗的控制,牧师们很难接触到正统的医学知识,也缺乏专业的培训,伊曼纽尔运动便名存实亡了。伊曼纽尔运动持续了不到 30 年,但对心理学的发展产生了巨大影响,它迫使医学界不再忽视心理治疗,使心理学的概念受到公众的关注,并催生了许多自助和团体心理治疗运动。尽管有这些成就,伊曼纽尔运动在心理学的历史上却很少被提及。

将宗教和医学、道德治疗和神经症治疗相结合的心理学实践。伍斯特的博士导师是著名的德国心理学家威廉·冯特(Wihelm Wundt)。毕业后,在从事了一段时间的学术工作之后,伍斯特投身宗教服务,在波士顿的伊曼纽尔圣公会教堂开展了一系列心理服务。来访民众的社会功能大都比较健全,但在生活中有心理困扰。服务包含关于疾病、营养学和心理健康的课程,专业的医学治疗,以及由受过非系统培训的教堂工作人员提供的类心理治疗。随着宗教心理服务在全美其他教堂流行起来,医生和心理学家对这种没有医学和心理学基础的心理治疗进行了抨击。可以看到,在20世纪初,学界对于心理治疗越来越关注,美国民众也越来越想要了解和预防心理疾病。如何用科学系统的方法提供专业有效的心理治疗是迫在眉睫的社会需求。

专业领域的建立与第二次世界大战

第一次世界大战以后,应用心理学家的数量稳定增长。1917年,美国临床心理学家协会(American Association of Clinical Psychologists, AACP)成立。该协会希望自己的会员制度能够作为民众区分专业临床心理学家的依据,但是由于社会知名度和影响力有限,AACP会员制并没有对民众产生影响。与此同时,精神医学界认为心理学家的专长仅限于心理测量而非疾病诊断,因此反对心理学家提供临床治疗。临床心理学作为一门独立应用学科的专业地位在医疗同行和普通民众中都受到了质疑。

1918年,AACP协会会员、哥伦比亚大学心理学教授利塔·霍林沃思(Leta Hollingworth)提议由博士培训项目认证临床心理学家。1919年,AACP正式成为美国心理学协会(APA)下属的临床心理学分会。为应对当时心理服务行业鱼龙混杂的情况及民众对于心理健康服务的需求,APA于1921年开始临床心理学家的认证项目。然而,同样是因为缺少民众基础,这个认证项目在认证了25名临床心理学家后就被迫停止了。

从某种意义上看,现代临床心理学在美国的建立并不是心理学组织和机构促成的,而是为了应对第二次世界大战的政府部门的需求(Capshew, 1999)。由于当时的精神医学培训已经趋于饱和,但是二战势必会导致大量的心理健康需求,美国政府为临床心理学的培训和实习提供了大量资金支持。这在极大程度上推动了临床心理学博士项目的建立和完善,项目中的老师和学生数量也在几年间快速增长。从1946年到1947年,美国军人医院为超过200个心理学博士受训者提供经济支持;这个数字三年后达到了1500之多(Capshew, 1999)。同时,政府为军人医院拨款,设立了大量心理学家岗位。临床心理学项目纷纷设立心理治疗培训课程,为学生去军人医院参与临床实习做专业准备。1945年到1977年间,美国各州针对心理学家专业资质的认证相继颁布法律,明确有专业执照的心理学家提供的心理治疗与精神科医生提供的治疗一样享有保险报销的权利。

急剧扩张的临床心理学培训项目把利塔·霍林沃思提出过的老问题重新带了回来：临床心理学没有统一的培训方案，临床心理学家没有统一的认证标准。不同的是，这次APA的工作有美国政府的直接推动和支持。1949年夏天，美国应用心理学博士项目的心理学家代表参与了为期两周的会议，探讨临床培训的模型和方案。会议探讨了临床培训面临的众多复杂问题，包括核心课程、硕士心理学培养、本科生心理学培养、大学以外的临床实践机构标准、专业资质认证等。这就是在科罗拉多州举办的、著名的博德会议(the Boulder Conference)。通过这次会议，心理学界确立了临床心理学家培养的核心模型——科学家实践者模型(scientist-practitioner)，又称博德模型。该模型指出，临床心理学家应该具备开展科学研究和提供心理服务的能力，并确定了核心临床技术、临床实践要求、为期一年的临床实习以及科学研究和博士论文要求(Baker 和 Benjamin，2000)。博德模型直到今天依然是包括临床心理学、咨询心理学和学校心理学在内的专业心理学项目的主流培养模型之一。

1.2.3 咨询心理学的核心专业特色

关于咨询心理学专业定位的初探

在领域建立之初(APA，1952)，咨询心理学就将专业定位为：服务于心理适应情况在正常范围内的人。与此同时，APA咨询心理学分部称，咨询心理学家服务的对象应包括"困扰程度在可承受范围内的人"和遭受严重心理障碍的人，咨询心理学家的培训应该使他们"有资格在某种程度上为处于任何心理适应水平的个人提供服务"(APA，1952)。也就是说，当时的咨询心理学家们既帮助退役军人做教育和职业决定，也帮助他们缓解服役所带来的严重心理障碍(Benjamin 和 Baker，2004)。因此，虽然有其独特的历史发展背景和专业理念，但咨询心理学是否具有独立的专业身份很快就遭到了质疑。20世纪60年代，APA咨询心理学分部设立了两个工作小组，专门探讨咨询心理学作为独立心理学分支的专业定位。研究的结果是：一个小组建议咨询心理学与临床心理学合并；另一个小组则建议在坚持帮助来访者处理一般心理问题的专业特长的同时，兼有和各种来访者工作、处理各种心理问题的专业定位。直到1962年，历届APA咨询心理学分部的主席在报告分部的成就和主要问题时，都不约而同地提到了专业身份的问题(Whiteley，1984)。

咨询心理学关注的主题

到20世纪80年代，在少数族裔、女性、同性恋群体、残障群体和老年群体追求平等权益的政治和社会运动中，美国社会越来越关注多元文化问题(multiculturalism)。咨询心理学家积极参与多元文化心理学的发展，从研究方法、研究内容、服务群体、自身组织结构、招生等各个方面展开讨论(Heppner 等,2000),诞生了大量有影响力的多元文化理论和研究,例如苏(Sue,1982)提出的多元文化胜任力模型。到了90年代,咨询心理学对多元文化问题的重视更加突出。1992年,89%的咨询心理学项目都开授了多元文化课(Hills 和 Strozier,1992)。同年,APA 将不歧视和尊重文化多元性加入心理学家伦理守则。从1995年到1996年,关注女性议题(Section of Advancement of Women)、同性恋和双性恋议题(Section for Lesbian, Gay and Bisexual Awareness)以及民族与文化多元议题(Section of Ethnic and Racial Diversity)的小组先后成为 APA 咨询心理学分部的分组。

乔叟和弗雷兹(Gelso 和 Fretz,2001)基于咨询心理学的历史和发展,总结了咨询心理学的五个主题:关注完整的人格;关注人们的优势、资源和积极的心理健康;关注相对短程的干预;关注人与环境的相互影响;关注教育和职业方面的发展。洛佩兹(Lopez 等,2006)强调,对人类积极状态和功能的关注贯穿在咨询心理学的历史和现代发展中,体现了咨询心理学家用专业知识和专业技术帮助人们——包括具有一般心理问题的人和患有心理疾病的人——发掘潜力、获得职业成长、寻找人生意义的独特角色作用。维拉和斯佩特(Vera 和 Speight,2003)指出,对多元文化的研究已经融入咨询心理学的文献中,成为咨询心理学研究的主要部分。可以确定的是,对多元文化和社会公平的关注已经成为咨询心理学的又一核心专业特色。

咨询心理学和临床心理学的专业培训

在美国,咨询心理学和临床心理学的博士项目都受到 APA 的监管和认证,项目认证的指导原则相似,都包含健康服务心理学泛领域的胜任力(包括研究、专业伦理、个体和文化多样性、人际交流能力、评估、干预、督导等)。美国咨询心理学和临床心理学博士项目的受训者在完成课程、科学研究和实践的要求后,都需要完成合计一年的全职实习。咨询心理学和临床心理学的博士毕业生在就业选择和机会上也十分相似(如大学咨询中心、医院、社区门诊、个人执业、高等教育等),具体的选择往往体现了其项目的培训特色(如偏向儿童心理或成人心理)以及受训人自身的职业兴趣和工作特长。与 APA 相似,《中国心理学会临床与咨询心理学专业机构和专业人员注册标准》对临床心理学或咨询心理学专业人员的具体界定依赖于申请者所接受的学位培养方案名称和性质,并对临床与咨询心理学专业本科、硕士、博士和实习机构的标准做了统一的规定。

1.2.4 咨询心理学的主要研究领域

咨询心理学的研究应用定量、定性方法以及定量定性混合方法,研究主题也很多样。有专门发表相应研究主题的期刊,如发表职业和生涯研究的《职业行为杂志》

(*Journal of Vocational Behavior*),发表心理咨询与治疗研究的《心理治疗研究》(*Psychotherapy Research*)等。以美国咨询心理学旗舰期刊《咨询心理学杂志》(JCP)和 APA 咨询心理学分部官方期刊《咨询心理学家》(TCP)为例,自创刊以来,它们所发表的文章体现和引领了咨询心理学领域的发展方向。

心理咨询的过程和效果

咨询心理学的一个主要研究话题是心理咨询的过程和效果,有代表性的科学问题包括心理咨询师因素、来访者因素、咨询师和来访者因素的交互影响、咨询关系、咨询技巧的使用和影响、不同咨询方法的有效性研究、职业咨询、督导和咨询师培训、影响咨询过程和效果的文化因素等(Scheel 等,2011)。学者运用丰富的研究方法探索心理咨询活动的过程和效果,例如个案研究、田野研究(追踪真实来访者咨询数据)、实验室模拟研究、访谈类研究等(Scheel 等,2011)。在 1974 年到 1998 年发表于 JCP 的文章中,有关该主题的研究稳定占据四分之一左右,是学者研究最多的主题,研究成果推动了咨询领域的发展(Buboltz 等,1999;Munley,1974)。咨询心理学家对于咨询相关活动的研究兴趣很好地体现了学科特色,毕竟心理咨询与治疗是咨询心理学家的主要职业活动之一。不过,近年来学者发现,这一传统话题在咨询心理学核心期刊上的发表比例呈下降趋势(Scheel 等,2011)。学者认为,其中重要的原因是在实验室模拟咨询的研究近年来大幅度减少。这也体现了学者在对研究的控制和研究生态效度之间的权衡。另一方面,随着统计方法和工具的不断发展,使用定量方法的咨询过程和效果研究的复杂度大幅提升。有学者提出疑问,对研究复杂程度的评判要求是否限制了咨询过程和效果研究的发表?也有学者认为,该话题投稿量和发表量的减少或许体现了咨询心理学领域关注的问题正在发生改变甚至扩展。随着心理咨询的国际化,咨询心理学研究需要更多地关注对不同文化群体的适用性问题(Robitschek 和 Hardin,2017)。

职业心理学和职业生涯发展

咨询心理学研究的另一个传统话题是职业心理学和职业生涯发展,有代表性的科学问题包括不同人群的职业发展特点和规律、职业探索和决策、自我效能感、职业兴趣、工作和幸福感、职业家庭冲突、职业咨询和干预的过程与效果、职业相关的测量等(Buboltz 等,2010;Garriott 等,2017)。JCP 上发表的与职业心理学相关的文章从 1974 年的 18% 下降到 1999 年的 9%,并在近年保持在 9% 左右(Buboltz 等,2010)。值得注意的是,职业心理学研究近年来越来越关注公正和公平问题,特别是对不同社会阶层的职业探索、选择、决策的关注和对不同国家职业问题的关注(Garriott 等,2017)。然而,职业研究依然缺乏对于性取向少数群体、性别多样性、残障身份和宗教信仰的关注(Garriott 等,2017)。

关注多元文化和社会正义

对多元文化和社会正义的关注是咨询心理学研究近年来的一个显著发展趋势。多元文化问题聚焦依据不同属性(如种族、民族、移民、年龄、性别、性取向、残障、社会经济地位、宗教等)划分的不同文化群体,研究内容包括歧视与压迫及其对心理健康的影响,社会身份发展和认同,少数群体的职业问题,不同群体对心理咨询的态度、偏好和偏见,心理咨询的过程和效果,咨询师多元文化胜任力培训和影响等。1974年,多元文化问题还不是JCP发表的研究主题(Munley,1974)。到1999年,多元文化问题的研究占7%。从1999到2009年,多元文化和文化多样性问题已经成为JCP发表量最大的研究话题,占15%左右。咨询心理学家通过推进多元文化理论和研究,影响了近代心理学的发展。例如,在咨询师文化胜任力的运动中,咨询心理学家通过研究咨询师对来访者的微歧视及歧视和微歧视带来的负面心理健康影响,提出心理咨询师的价值观和世界观影响他们与不同来访者工作的过程及效果。2011年,APA首位少数族裔女性主席、咨询心理学家梅尔巴·瓦斯克斯(Melba Vasquez)呼吁将社会正义作为心理学家的核心价值观。在这之后,咨询心理学家基于相关研究和理论,在编写与不同群体的APA心理工作守则中起到了领导作用。多元文化问题的研究越来越强调不同社会身份的交叉性(intersectionality,如聚焦黑人女高中生的升学决策或农村家庭性少数儿童的身份认同)而非某一社会身份决定结果的本质主义观点,强调研究者用扎根于该群体的文化视角理解不同群体的心理发展特点和心理健康需求而非套用主流文化标准,呼吁心理学家关注社会和文化系统对个人和群体的影响,并要求学者考虑研究对心理咨询、咨询师培训以及政策改革方面的应用价值(Grzanka等,2017)。

测验和量表的开发与检验

另一个咨询心理学主要的研究方向是测验和量表的开发与检验。测验和量表类研究占到JCP近年发表文章的14%(Buboltz等,2010)。测验内容多样,例如职业生涯发展(如职业生涯探索和决策自我效能,Lent等,2016)、咨询求助态度和行为(如比较不同求助意愿自评量表的结构和预测性,Hammer和Spiker,2018)、心理疾病症状(如不同大学生群体中某抑郁量表的测量一致性,Keum等,2018)、咨询过程(如团体咨询凝聚力量表,Hornsey等,2012)、咨询师态度(如咨询师文化谦逊量表,Gonzalez等,2021)、歧视和偏见(如语言歧视,Wei等,2012)等,其中大部分是测量有多因素结构的复杂心理概念(如观念、态度、评价)的自评量表。新的分析方法为测量工具的开发与检验带来新的标准。例如,库克等(Cooke等,2016)发现测量心理幸福的自评量表有42个之多,分别体现了4个不同的心理幸福理论,但量表的内容有很大不同,对于心理幸福应该包含哪些有预测性的核心因素还没有形成共识。米勒和徐(Miller 和 Sheu,2008)指出,在多元文化概念的测量中,因素分析的使用和测量一致性分析仍然存在很多不足。除了自评量表,行为编码和生理指标测量也常被应用于咨询心理学研究。例如,克莱因巴布等(Kleinbub 等,2020)提出了选取有效生理指标并用其同步化来测量咨询过程的研究指导。

咨询心理学的研究方法

在研究方法上,虽然咨询心理学如同其他心理学领域一样,偏重与量化研究相一致的实证主义研究范式和科学哲学思维,但是咨询心理学家对于在研究中如何看待和应用质性研究有很多讨论(Ponterotto,2005)。与其他心理学领域相比,咨询心理学在课程设置、毕业论文选题等方面引领着质性和量化研究并重与结合的发展方向(Morrow,2007)。质性研究适合很多咨询心理学家研究的问题,比如描述个体特有的文化经历和社会认同发展过程,探究心理咨询的主观体验。有学者指出,研究方法应该匹配想要回答的科学问题,质性研究特别适合用于了解人们在经历中寻找的意义和主观的过程体验(Morrow,2007)。除此以外,质性研究也适用于还没有被定义或不容易定义的概念以及缺乏研究的现象。一个有趣的例子是,希尔(Hill)等学者曾经采访了13个受训咨询师及其来访者梦到彼此的情况。研究发现,咨询师比来访者更常做关于对方的梦,而且咨询师会用梦境加深对咨询工作的理解(Hill 等,2014)。咨询心理学家还在不断探索和定义不同的研究方法,结合擅长回答不同问题的研究手段,推进人们对咨询活动、职业生涯发展和适应、多元文化经历及心理健康的理解。

1.3 心理咨询的要素与形式

1.3.1 心理咨询的概念

心理咨询的定义

心理咨询(counseling)是一项专业的助人活动。给心理咨询下一个标准的定义是很困难的,因为心理咨询工作有极其丰富的内涵(Kirk,1982;Oetting,1967;钱铭怡,1994)。

罗杰斯在咨询心理学的发展上有开创性的贡献,他假设心理咨询是一个过程,"在咨询过程中,咨询师发现、诊断和治疗当事人的问题,但前提是当事人在这个过程中充分配合、积极合作……咨询师与当事人的关系能给予后者一种安全感,使得当事人能够自在地开放自己,甚至可以正视自己过去曾经否定的经验,然后把那些经验融合进已经转变了的自己,最终达到统合的状态"(Rogers,1942a)。罗杰斯之前的心理流派并未正式提出心理咨询的概念,严格来说,即使像以弗洛伊德为代表的精神分析学派在心理咨询和心理治疗方面有着深远的影响,他们当时所做的工作仍然是以为严重心理障碍患者提供心理治疗为主的。

当前,美国咨询协会(ACA)采用的定义是2010年在匹兹堡举行的ACA会议上由31个咨询组织的代表们共同拟定的,具体表述为:"心理咨询是一种旨在帮助不同的个体、家庭和团体实现有关心理健康、身体健康、教育上和职业上的目标的专业关系。"这一定义的目的在于让没有咨询专业背景的人也能容易理解心理咨询,已经得到了29个主要咨询组织的认可(Kaplan, Tarvydas和Gladding, 2014)。至于专业心理咨询(professional counseling),ACA将其定义为"一种咨询师和当事人之间的协作努力:心理咨询师协助当事人确定并解决导致情绪波动的问题,帮助当事人探寻改善沟通和应对困难的技巧,提升自尊,促进行为改变以及促使心理健康达到最佳水平状态"(ACA,未注明日期)。

虽然心理咨询已经有了诸多定义,但是咨询心理学家仍然存在专业上的认同困难,难以确定自己的专业身份、可以合法履行的职能以及就业的环境(Kirk, 1982)。为此,美国心理学会(APA)重新对心理咨询进行定义,不仅指出了心理咨询的目的,还为咨询心理学家的困扰提供了解答:"心理咨询指咨询心理学家根据一些助人的原则和方法,帮助当事人充分发挥个人毕生发展中的机体功能。咨询心理学家特别重视发展视角下的个人成长和适应性,心理咨询服务旨在帮助人们获得或调整适应社会生活的技能,提高应对生活和环境变化的能力,培养问题解决能力和决策能力。心理咨询可以服务所有年龄段的个人、伴侣和家庭,旨在帮助他们应对与教育、职业选择、工作、性、婚姻、家庭、其他社会关系、健康、衰老,以及社会或身体缺陷有关的问题。这些服务是由教育机构、康复机构和医疗机构等组织提供的,而致力于帮助人们解决上述一个或多个问题的各种公共的或私人的机构也可提供心理咨询服务。"(APA, 1981)

综观以上所列的定义,可以发现,罗杰斯关注心理咨询的过程,强调咨询师和当事人双方相互配合、协作努力以促使当事人达到统合状态。ACA的两种说法都围绕着咨询目的和咨询师与当事人之间的工作同盟展开,而APA的定义侧重于说明心理咨询师的身份与职权以及咨询目的。这些定义关注了心理咨询的过程、咨询目标、咨询关系、当事人面临的问题等不同方面。如果把这些方面看作心理咨询的不同要素,那么可以将心理咨询定义为:心理咨询是由受过训练的咨询师利用专业的理论和技术,在信任的咨询关系之中,帮助当事人达成个人改变目标的专业助人活动。这一专业助人活动包括五个要素:咨询师、当事人(来访者)、咨询关系、专业理论和技术以及咨询目标。后文也会基于这五个要素来介绍心理咨询。

心理咨询与心理治疗

总的来看,心理咨询(counseling)和心理治疗(psychotherapy)可被看作是本质相同的专业活动,采用的诊断方法和干预技术基本都依据相同的心理学理论基础,在实务中应用的是相同的策略和技巧(江光荣,2012)。但由于历史起源不同,心理咨询和心理治疗有一些传统上的区别。

心理咨询起源于美国的职业指导运动和心理卫生运动,早期仅指职业辅导,面向存在适应和发展困难的人群,随着在学校领域中的扩大和发展以及第二次世界大战之后被广泛用于服务普通人群,逐步形成了一个同时包含辅导和治疗的新系统(Gibson and Mitchel,2003)。心理治疗起源于心理测量和西格蒙德·弗洛伊德创立的精神分析理论中提出的临床"谈话治疗"。在诞生之初,心理治疗的服务对象是存在较为严重的精神问题的患者。

我国《中华人民共和国精神卫生法》规定了心理治疗和心理咨询的职能范围,从法律上界定心理治疗为专业人员在专门的医疗机构为被诊断为精神障碍的人群提供的专业服务,并规定心理咨询人员不得从事心理治疗工作或者精神障碍的诊断、治疗,如果心理咨询人员发现当事人可能患有精神障碍,应该将其转介到医疗机构接受心理治疗。然而,《中华人民共和国精神卫生法》并未明确心理咨询的工作范围,即心理咨询可以做什么,对于某些患有精神障碍、需要辅以药物以外的心理健康服务的患者,是否能够提供心理咨询的问题也未予以明确(程婧,段鑫星,2018;贾晓明,游琳玉,2021)。

学者们在如何区分心理咨询和心理治疗这一问题上存在争议。一些学者认为,心理咨询与心理治疗不存在明显的区别,二者的区别仅在于在不同机构中的称呼不同,如医疗机构中更多使用"心理治疗",而教育机构中使用"心理咨询"的情况更多。也有学者认为,心理咨询侧重于发展性问题的干预,心理治疗针对心理健康问题较为严重的患者,重点在于矫正性干预(麦克劳德,2015)。换言之,服务对象不同似乎是区分二者的依据之一。然而,从本质上看,心理咨询与心理治疗拥有相同的诊断方法、理论基础和干预技术,很难进行严格区分(程婧,段鑫星,2018)。鉴于心理咨询与心理治疗是专业本质基本相同的两个概念,因此本书不再对这两个概念进行区分,在写作上可以看作是两个可以互换的表达。

1.3.2 心理咨询的要素

咨询师

不同于那些需要借助工具而进行的人类劳动,心理咨询的劳动工具就是咨询师自己(Corey,2012)。并且,很早之前许多研究就已经发现,影响心理咨询效果的重要因素不是咨询师所秉持的理论流派,而是咨询师这个人本身(Strupp, 1955)。研究结果显示,治疗师对治疗效果变异解释率的估计值在3%～7%之间(Wampold等,2017)。尽管是一个小的效应量,但它意味着咨询师比不同流派咨询技术对治疗效果变异的解释力度更大(Ahn和Wampold, 2001; Wampold和Brown, 2005)。咨询师的人格是影响咨询效果的重要变量(Myrick, Kelly和Wittmer 1972)。有研究者编制出与咨询师有效性相关的人格特质清单,其中包括热情、友好、真诚、公平、开放、灵活、接纳、耐心、敏感、对人的兴趣、情绪稳定、容忍歧义、合作、自信以及机智(Pope和Kline, 1999)。研究中提名的咨询师人格特质面面俱到,一方面体现了对咨询师的"完美"期待,另一方面也说明了咨询师自我修炼的重要性。

来访者

来访者或当事人(client),是指心理咨询和治疗的服务对象,在医疗机构则多被称作"病人"或"患者"(patient)。并非所有的人都适合做心理咨询的当事人,例如,重性精神疾病的治疗应该以医学手段为主,到了康复期可以根据情况采用心理治疗作为辅助治疗手段。众多发展和适应性问题都是适合心理咨询的议题。大量研究证明了心理咨询的效果,研究结果显示,接受过心理咨询或心理治疗的人的心理健康状况比80%的对照组人员更好,60%到70%的来访者的心理健康状况在参加心理咨询以后有显著改善(Wampold, 2001)。

一些因素会影响当事人的求助。例如,相比男性,女性的求助意愿更强(Flisher, De Beer和Bokhorst, 2002);相比生活于个体主义文化背景下的西方人,集体主义文化背景下的东方人对于寻求心理帮助的态度更为消极(Matsuoka, Breaux和Ryujin, 1997)。然而,江光荣和夏勉(2006)认为心理因素才是阻碍当事人求助的主要因素,如情绪处理能力(emotional competence)、治疗恐惧(treatment fearfulness)、羞耻感、自我效能感、归因方式等。

江光荣和夏勉(2006)提出了一个关于心理求助的"阶段—决策模型",认为求助决策包括三个阶段:问题知觉阶段、自助评估阶段和他助评估阶段。首先当事人要意识到自己可能面临着心理问题,然后判断问题的严重程度以及评估自身是否具备资源和能力来处理心理问题,最后是评估求助途径以及寻求他人帮助以解决心理问题。作为一个决策过程,当事人在评估时会考虑多种因素,例如问题的性质和严重程度、社会容忍度、先前的求助经验、当事人的自我效能感、求助的效果以及时间和经济上的投入,这些因素在不同的阶段可能起到不一样的作用(夏勉,江光荣,2007)。

咨询关系

咨询关系的理论

咨询关系也称为"治疗关系",人本主义治疗大师罗杰斯(Rogers, 1957)正式提出了咨询关系对心理治疗结果的重要作用。作为心理治疗公认的共同要素之一,咨询关系牵涉各种咨询理论,含义宽泛。狭义上的咨询关系较为单一且强调治疗性,约等于工作同盟或是罗杰斯所说的助长条件(真诚一致、共情同感和无条件积极关注)。广义上的咨询关系通常包含多个成分,如奥林斯基和霍华德(Orlinsky 和 Howard, 1986)在罗杰斯的基础上提出治疗关系包括工作同盟、同感共鸣和相互肯定(类似无条件积极关注);格林森(Greenson, 1967)提出咨询关系包括工作同盟、移情关系和真实关系,但仅局限于精神分析。

乔叟和卡特(Gelso 和 Carter, 1985)将格林森的理论推广至不同的治疗取向中,产生了广泛影响。他们认为,所有治疗关系都由工作同盟、移情关系和真实关系三个部分组成,彼此之间密切交织、互相影响,每一部分的重要性会因治疗师的理论取向和咨询具体情况而有所不同。工作同盟概念对鲍丁(Bordin, 1994)的三维度模型影响较大,即咨访双方在治疗目标上一致(goal),在治疗任务上一致(task)以及建立情感联结(bond)。广义上的移情发生在所有的咨询关系中,是过去与重要他人的冲突的重复,从这个意义上讲,移情关系是一种对咨询师的"误解",是不真实的关系,反移情同样也是如此。工作同盟以及移情与反移情关系和心理动力学联系紧密,真实关系的理念则来自人本主义,包括现实性(realism)和真诚(genuineness)(Gelso, 2009)。现实性指的是以符合对方的方式知觉和体验对方,与移情相对;真诚则反映了做真实自己的能力。在三个部分中,工作同盟是最基本的组成部分,也是治疗成功的前提条件;同盟中包含了基于移情的反应和真实关系,有助于同盟的形成和深入。反过来,好的工作同盟允许当事人在安全的治疗氛围中体验移情反应,也有助于加强真实关系;真实关系和移情关系之间则是此消彼长的。

尽管都强调咨询关系的重要性,但不同的理论对关系成分的侧重以及如何帮助治疗起效的解释不尽相同。例如,人本主义认为,咨询师通过真诚一致、共情和无条件积极关注的态度与当事人建立真诚、温暖、开放的关系就能够帮助到当事人,这种关系是真的。而精神分析则将移情看作治疗关系中最重要的部分,甚至是全部的治疗关系。精神分析的咨询师想要的关系是像容器一样有包容性的,当事人能够在其中展示移情反应,而分析师则保持冷静、中立的态度并对移情关系进行解释(朱旭,江光荣,2011)。

咨询关系的特点

咨询关系既是一种委托和受委托、服务和被服务的专业关系(或职业关系),又是一种情感联结极深的特殊个人关系。前者决定了咨询关系具有明确的目的性、非强制性、职业性、人为性等特征,后者则意味着关系中要包含信任和理解、情感成分和承诺等(江光荣,2012)。

作为一种专业关系,咨询关系中的双方是为了共同解决当事人的困扰而坐在一起,咨询关系开始的前提是当事人有求助的需要和意愿(某些情况下可能并非当事人本人的意愿,如强制咨询),并且咨询师和当事人双方都有各自的权利与义务。心理咨询本质上是当事人购买了咨询师的助人服务,因此在关系中双方并不是完全"平等"的。当事人始终是关系中的焦点,而咨询师始终为当事人的福祉而努力,包括有意识地建立和维系咨询关系。咨询具有明确的设置,这一方面是对双方的保护,另一方面也促进了咨询效果。咨询师和当事人在特定时间、特定地点进行固定时长的会面使咨询关系纯粹、安全,也使得当事人有一定的时间消化咨询中的所得,能够在生活实践中应用并在下一次咨询中反馈。

咨询关系也是一种个人化关系,富含个人情感的卷入,而不是程序化、模式化的互动。咨询师需要深层次地共情当事人,取得当事人的信任,让当事人感到被理解、被接纳和被支持,用具有个人意义的方式与当事人在一起。从客体关系的角度来说,婴儿与主要照顾者之间进行互动的早期依恋体验会逐渐内化成一种工作模式,并应用在个体之后的人际关系中(Bowlby, 1988)。治疗师扮演的是一个共情的、富有情感的可依恋对象,帮助当事人检查人际关系中存在的功能障碍模式,并作为一个好的替代客体修复早期关系中的问题。因此,在成功的治疗中,治疗师最终会与当事人形成安全的依恋关系(Jones, 1983),成为当事人的重要他人之一。

咨询关系专业性和个人化两方面看似矛盾,实际上紧密联系在一起,都是为咨询的最终目标服务的。关系中专业性的设置摒除了一般人际关系中的威胁性、不确定性等,为发展高质量的个人关系提供了良好的基础;个人关系又使得专业关系更具效能,使治疗得以推进。

咨询关系的作用

首先,良好的关系本身就颇有助益,能够促进当事人的各种积极反应,改善情绪,提高自我效能和自尊。从某种程度上来讲,当事人的所有问题都可被归为关系问题。人际关系良好的个体通常有各种资源能够缓冲和应对生活中的问题,而有些寻求咨询的当事人只需要在良好的咨询关系里体验到被倾听、被理解就能获得力量重新回到生活中去。

其次,良好的咨询关系能像杠杆一样让治疗技术发挥最大的作用。当事人愿意信任咨询师、对咨询师敞开心扉是治疗的第一步。在好的咨询关系中,当事人可以降低防御,与咨询师一起探索自己幽深曲折的内心从而获得成长。另外,改变往往是艰难而痛苦的,牢固的咨询关系可以在一定程度上为当事人保驾护航,让当事人能够坚持下去,而不是在遇到困难时"抛弃"咨询师。毕竟,再好的疗法也无法帮助一个脱落的当事人。

咨询关系的发展模式

对于咨询关系的发展模式,有关工作同盟的研究最多。在整个咨询过程中,工作同盟的质量并不是一成不变的。对工作同盟发展模式的研究还处于探索阶段,受疗程(即会谈次数)、工作同盟测量方法和统计方法等因素的影响,当前的研究结果并不一致。乔叟和卡特(Gelso 和 Carter,1994)假设工作同盟在咨询进程尤其是短期咨询中呈"U"形变化,即高—低—高。在咨询的初始阶段,当事人抱有较高期待。随着治疗深入,当事人因面临较大的挑战而感受不太好或感觉没有达到预期效果,工作同盟的水平随之下降。如果渡过了这个阶段,当事人将以更现实的方式看待咨询工作和咨询师,工作同盟会回到较高的水平。也有研究者提出工作同盟由许多破裂—修复(rupture-repair)的片段组成,每一次破裂都反映了当事人的问题,咨询师在识别和修复破裂关系的过程中完成对当事人的治疗,称为破裂—修复模型(Safran 等,1990;Safran 和 Muran,1996)。此外,工作同盟水平还可能在咨询过程中稳定地线性上升或线性下降(Kivlighan 和 Shaughnessy,2000;朱旭等,2015)。研究者希望找出咨询关系发展模式与咨询效果之间的关系,但实证研究并没有得出一致的结论,反而是工作同盟水平与咨询效果的关系一再被证实。

咨询关系与文化

咨询关系受文化因素影响。除了当事人和咨询师的文化背景差异会影响关系的建立之外,不同文化中的咨询关系也有不同的特点。一项针对中国心理咨询师的研究发现,工作同盟的三个成分中,除了情感联结外,咨询师和当事人的一致性目标和任务都可以显著预测咨询师的自我效能感(Hu 等,2015)。这可能是由于中国文化重视认知多于情感体验,咨询师通常是目标和任务导向的,在评估咨询工作时更多地依赖认知而非情感。相较于西方,中国的当事人也更喜欢目标明确的、有时限的、高效的咨询,期望咨询师能够给予直接的指导(Chong 和 Liu,2002),并将从咨询中获得领悟或智慧视作最有价值的事,相对而言不太关注行为的改变。鉴于此,咨询师在咨询时需要考虑当事人所处的文化及对咨询可能的期望。

专业理论和技术

心理治疗流派众多,有着丰富的理论和治疗技术。不同疗法对心理障碍有不同的解释体系,基于特定的理论有特定的改变机制和干预方法。但已有的研究表明,各种疗法在治疗效果上并没有显著差异,特定理论和技术的作用可能被夸大了。因此,治疗流派或技术的重要性可能在于是否适合某个来访者,以及咨询师是否能通过对自己理论取向的理解向来访者传递改变的信念和期望。在此背景下,咨询师不满足于固守某一理论取向或疗法,催生了理论整合、技术折中或共同要素的运动(Arkowitz,1992)。从 20 世纪 70 年代以来,心理治疗的整合越来越受欢迎,许多针对治疗师理论取向的调查发现,29%～72%的从业者支持整合或折中取向(Goodyear等,2008;Jensen等,1990;Norcross等,2005)。研究者们还发展出了不同的跨流派的咨询模型,各流派或理论正在汇聚一个融合点,也许现在正是融合和折中主义的黄金时代(Wakefield等,2020)。

咨询目标

设置咨询目标的重要性

咨询目标是咨询师和来访者共同奋斗的方向,一起努力的动力;咨询目标的设立有利于来访者福祉的实现(Crits-Christoph和Mintz,1991)。随着短期和焦点取向的咨询变得普遍,咨询目标的价值更加凸显。咨询目标为咨询提供了方向,使咨询工作更加聚焦(Cooper和Law,2018),有助于对整个咨询过程梳理出清晰的脉络。咨询师通过尊重和聚焦当事人的咨询目标赋能当事人(Cooper和Law,2018),提升当事人对咨询效果的期望,进而促进当事人的投入和坚持(Lynch,Vansteenkiste,Deci和Ryan,2011)。咨询师和来访者一起为共识目标努力还有利于工作同盟的建立,并且咨询目标也为咨询效果的评估提供了依据。

咨询目标的设置

心理咨询的目标设置应该由咨询师和当事人双方合作、协商,避免单方面地做决定(Tryon等,2018)。因为由双方协商一致形成的咨询目标蕴含着咨询师和当事人双方的动力,有利于双方在咨询中更加投入。一项元分析表明,咨询师和当事人在咨询目标设定上的共识对治疗效果有中等效应量($r=0.34$)(Tryon和Winograd,2011)。咨询目标的设置基础是要有界定清晰的问题,要根据当事人具有的资源和条件的限制量力而行,这样才能激发当事人努力的动机。尽量设置趋近性目标,而不是回避性目标(Tryon等,2018)。趋近性目标与接近行为相联系,专注于积极的最终状态,意味着试图朝着期望的结果前进或努力保持期望的结果(Wollburg和Braukhaus,2010)。而回避性目标则侧重于消极的最终状态,并试图远离它们(Elliot和Sheldon,1997)。元分析表明,回避性目标的效果较差(Tryon等,2018)。此外,尽量选择内在动机目标,而不是外在动机目标(Cooper和Law,2018)。内在动机容易被来访者自身强化,使来访者投入度更高,坚持性更好,达成的质量也更佳。对此,可以先选择较易达成的目标,难度大的目标容易让来访者产生挫败感,难以坚持。

1.3.3 心理咨询的形式

根据持续时间划分

心理咨询在持续时间、会谈频率和次数上差别很大,具体设置取决于问题的严重程度、咨询目标、采用的治疗方法、咨询师和当事人的相互配合程度等众多因素。在实际的心理咨询与治疗中,长程治疗与短程治疗之间并没有一个明确的界限。短程治疗一般会设置6—20次会谈,频率是每周一次,而持续时间在一年以上的可以看作是长程治疗。短程治疗的效果不在于治疗时间的长短,而是在治疗中采取的措施(Corey, 2012)。另外,不同的咨询和治疗流派在时间的设置上也不同。例如,经典的精神分析一般是长程的,可能需要四年或者更长的时间,治疗的频率也颇高,一周会进行四次或更多的会谈(韦丁,科尔西尼,2021, p.34),而认知行为疗法、家庭治疗相对来说则是短程的、问题解决导向的治疗形式。

根据人数划分

个体咨询(individual counseling,也称个别咨询)采用的是一对一、面对面的形式,是心理咨询和心理治疗行业最常见、应用最广的形式之一。团体咨询(group counseling)或团体治疗(group therapy)则一般由一位或两位团体领导者和多名团体成员构成,规模小的团体可能有3—5个团体成员,而规模较大的团体可能有十几个或几十个成员(樊富珉,何瑾,2010)。一般而言,为保证效果,个人卷入程度越深,团体的人数越少,例如,治疗团体成员人数在6—7人左右,咨询或辅导团体成员人数可以达到十几个人,而侧重于教育和指导(如心理健康教育)的团体则可以包含更多人。

根据问题性质划分

当事人的心理问题在严重程度和性质上可能有所不同。有的当事人面临的是诸如亲密关系、人际关系、情绪痛苦、职业生涯发展之类的发展性问题,而有的当事人面临的可能是一些心理障碍,例如焦虑障碍、抑郁症、物质滥用、精神分裂症、进食障碍、睡眠障碍、边缘型人格障碍、成瘾问题等。问题的类型不同,咨询目标也可能会不同。因此,心理咨询与治疗还可以分为发展性的或是矫正性的。

根据服务人群或对象划分

心理咨询服务的人群或对象很广泛。根据2021年ACA网站呈现的信息,现在已经形成了面向不同群体的咨询,例如:儿童/青少年的咨询(child/adolescent counseling)、老年人咨询(gerontological counseling)、性少数群体咨询(LGBTQ counseling)和军队咨询(military counseling)等。服务某个特定群体的咨询都有自己特定的内容和形式。目前,我国很多人群的心理健康需求还没法被很好地满足。

根据互动方式划分

面对面咨询(face to face counseling)是心理咨询的传统形式。随着互联网技术的发展,网络咨询(online counseling)也被广泛应用于咨询服务,包括电话咨询(telephone-based counseling)、视频咨询(video counseling)和电子邮件咨询(email counseling)等形式(Mallen和Vogel, 2005)。近年来,AI咨询(artificial intelligence counseling)也成为一种新的尝试。网络咨询可以通过文字、语音、视频等多种形式远程开展,是一种新的、便利的心理健康服务形式。

(朱　旭、吕　韵、尹　娜　撰写)

本章参考文献

白学军.(2020).常态化疫情防控下我国心理服务机构如何加强自身能力建设.心理与行为研究,18(6),730-731.
陈华,季建林.(2020).公共卫生紧急事件中对医务人员的精神卫生服务.心理学通讯,3(1),17-20.
陈麒.(2006).中国心理咨询发展的历史回顾与前景趋势.中国临床康复,10(46),158-160.
陈祉妍,刘正奎,祝卓宏,史占彪.(2016).我国心理咨询与心理治疗发展现状、问题与对策.中国科学院院刊,31(11),1198-1207.
程婧,段鑫星.(2018).心理健康服务法治化:定位、现状与理路.思想理论教育,9,91-96.
丹尼·韦丁,雷蒙德·科尔西尼(Wedding, D., & Corsini, R.).(2021).当代心理治疗(伍新春,等译).北京:中国人民大学出版社.
樊富珉,何瑾.(2010).团体心理辅导.上海:华东师范大学出版社.
樊富珉,吉沅洪.(2008).日本心理健康服务体系培训与管理的现状及发展趋势.中国心理卫生杂志,22(8),39-44.
高隽,钱铭怡.(2008).欧洲心理咨询与治疗领域的培训状况.中国心理卫生杂志,22(5),372-375.
龚耀先,李庆珠.(1996).我国临床心理学工作现状调查与展望.中国临床心理学杂志,4(1),1-9.
贾晓明,游琳玉.(2021).我国高校心理咨询中的法律困惑.心理学通讯,4(2),103-108.
江光荣.(2012).心理咨询的理论与实务(第2版).北京:高等教育出版社.
江光荣,夏勉.(2005).美国心理咨询的资格认证制度.中国临床心理学杂志,13(1),114-117.
江光荣,夏勉.(2006).心理求助行为:研究现状及阶段-决策模型.心理科学进展,14(6),888-894.
倪子君.(2004).中国心理咨询行业分析报告(博士学位论文).北京:清华大学.
钱铭怡.(1994).心理咨询与心理治疗.北京:北京大学出版社.
钱铭怡.(2019).临床与咨询心理学专业机构与专业人员注册登记工作指南.北京:北京大学出版社.
钱铭怡,陈瑞云,张黎黎,张智丰.(2010).我国未来对心理咨询治疗师需求的预测研究.中国心理卫生杂志,24(12),942-947.
陶金花,姚本先.(2015).高校个体心理咨询现状研究.中国卫生事业管理,32(10),789-791.
王维玲.(2005).上海市心理健康咨询服务的现状和发展.上海精神医学,17(B09),56-57.
夏勉,江光荣.(2007).归因、自我效能和社会容认度对心理求助行为的影响.心理学报,39(5),892-900.
肖泽萍,施琪嘉,童俊,秦伟,温培源,钱铭怡.(2001).谁适合作心理治疗师?——对心理咨询与心理治疗专业人员资格的讨论.中国心理卫生杂志,15(2),214-216.
姚萍,钱铭怡.(2008).北美心理健康服务体系的培训与管理状况.中国心理卫生杂志,22(2),144-147.
约翰·麦克劳德(McLeod, J.).(2015).心理咨询导论(第3版)(潘洁,译).上海:上海社会科学出版社.
张黎黎,王易平,杨鹏,钱铭怡,陈红,钟杰等.(2010).不同专业背景心理咨询与治疗专业人员的临床工作现状.中国心理卫生杂志,24(12),948-953.
赵艳丽,陈红,刘艳梅,陈敏燕,王润强.(2008).澳大利亚临床心理学的培训和管理.中国心理卫生杂志,22(3),224-226.
中国心理学会.(2007a).中国心理学会临床与咨询心理学专业机构与专业人员注册标准.心理学报,39(5),942-946.
中国心理学会.(2007b).中国心理学会临床与咨询心理学工作伦理守则.心理学报,39(5),947-950.
中国心理学会.(2018a).中国心理学会临床与咨询心理学专业机构和专业人员注册标准(第二版).心理学报,50(11),1303-1313.
中国心理学会.(2018b).中国心理学会临床与咨询心理学工作伦理守则(第二版).心理学报,50(11),1314-1322.
周晨琳,郭小迪,黎雅轩,张伊汀,刘梦林,宋亚男等.(2018).《精神卫生法》对高校心理咨询工作的影响初探——对北京高校心理咨询中心负责人的访谈研究.中国心理卫生杂志,32(3),220-226.
朱旭,胡岳,江光荣.(2015).心理咨询中工作同盟的发展模式与咨询效果.心理学报,47(10),1279-1287.
朱旭,江光荣.(2011).工作同盟的概念.中国临床心理学杂志,19(2),275-280.
Ahn, H. N., & Wampold, B. E. (2001). Where oh where are the specific ingredients? A meta-analysis of component studies in counseling and psychotherapy. *Journal of counseling psychology*, 48(3), 251-257.
American Counseling Association. (n.d.). *What is professional counseling*? Retrived September 28, 2021, from https://www.counseling.org/aca-community/learn-about-counseling/what-is-counseling/overview
American Psychological Association. (1981). Specialty guidelines for the delivery of services by counseling psychologists. *American Psychologist*, 36(6), 652-663.
American Psychological Association, Division of Counseling and Guidance, Committee on Counselor Training. (1952). Recommended standards for training counseling psychologists at the doctoral level. *American Psychologist*, 7, 175-181.
APA Divison17. (n.d.). Counseling psychology vs clinical psychology. What is the difference between a clinical psychologist and a counseling psychologist? Retrieved September 3, 2021, from https://www.div17.org/index.php?option=com_content&view=article&id=409: counseling-psychology-vs-clinical-psychology2&catid=20: site-content
Arkowitz, H. (1992). Integrative theories of therapy. In D. K. Freedheim, H. J. Freudenberger, J. W. Kessler, S.

B. Messer, D. R. Peterson, H. H. Strupp, & P. L. Wachtel (Eds.), *History of psychotherapy: A century of change* (pp. 261–303). New York: American Psychological Association.

Baker, D, B., & Benjamin, L. T. (2000). The affirmation of the scientist-practitioner: A look back at Boulder. *American Psychologist*, 55(2), 241–247.

Benjamin L. T., Jr. (2005). A history of clinical psychology as a profession in America (and a glimpse at its future). *Annual Review of Clinical Psychology*, 1, 1–30.

Benjamin L. T., Jr. & Baker, D. B. (2004). *From Séance to Science: A History of the Profession of Psychology in America*. Belmont, CA: Wadsworth/Thomson Learning.

Bordin, E. S. (1994). Theory and research on the therapeutic working alliance: New directions. In A. O. Horvath & L. S. Greenberg (Eds.), *The working alliance: Theory, research, and practice* (pp. 13–37). New York: John Wiley & Sons.

Bowlby, J. (1988). *A secure base: Parent-child attachment and healthy human development*. New York: Basic.

Buboltz, W., Jr., Deemer, E., & Hoffmann, R. (2010). Content analysis of the Journal of Counseling Psychology: Buboltz, Miller, and Williams (1999) 11 years later. *Journal of Counseling Psychology*, 57(3), 368–375.

Buboltz, W. C., Jr., Miller, M., & Williams, D. J. (1999). Content analysis of research in the Journal of Counseling Psychology (1973–1988). *Journal of Counseling Psychology*, 46(4), 496–503.

Caplan, E. (1998). Popularizing American psychotherapy: The Emmanuel Movement, 1906–1910. *History of Psychology*, 1(4), 289–314.

Capshew, J. H. (1999). *Psychologists on the march: Science, practice, and professional identity in America, 1929–1969*. New York: Cambridge University Press.

Chong, F. H. H., & Liu, H. Y. (2002). Indigenous counseling in the Chinese cultural context: Experience transformed model. *Asian Journal of Counselling*, 9(1), 49–68.

Cooke, P. J., Melchert, T. P., & Connor, K. (2016). Measuring well-being: A review of instruments. *The Counseling Psychologist*, 44(5), 730–757.

Cooper, M., & Law, D. (2018). *Working with goals in psychotherapy and counselling*. New York: Oxford University Press.

Corey, G. (2012). *Theory and practice of counseling and psychotherapy* (9th ed.). Boston: Cengage learning.

Crits-Christoph, P., & Mintz, J. (1991). Implications of therapist effects for the design and analysis of comparative studies of psychotherapies. *Journal of Consulting and Clinical Psychology*, 59(1), 20–26.

Dennis, P. M. (2011). Press coverage of the new psychology by the New York Times during the progressive era. *History of Psychology*, 14(2), 113–136.

Elliot, A. J., & Sheldon, K. M. (1997). Avoidance achievement motivation: A personal goals analysis. *Journal of personality and social psychology*, 73(1), 171–185.

Flisher, A. J., De Beer, J. P., & Bokhorst, F. (2002). Characteristics of students receiving counselling services at the University of Cape Town, South Africa. *British Journal of Guidance & Counselling*, 30(3), 299–310.

Forrest, L. M. (2008). The ever evolving identity of counseling psychologists: Musings of the society of counseling psychology president. *The Counseling Psychologist*, 36(2), 281–289.

Garriott, P. O., Faris, E., Frazier, J., Nisle, S., & Galluzzo, J. (2017). Multicultural and International Research in Four Career Development Journals: An 11-Year Content Analysis. *The Career Development Quarterly*, 65(4), 302–314.

Gelso, C. J. (2009). The real relationship in a postmodern world: Theoretical and empirical explorations. *Psychotherapy Research: Journal of the Society for Psychotherapy Research*, 19(3), 253–264.

Gelso, C. J., & Carter, J. A. (1985). The relationship in counseling and psychotherapy: Components, consequences, and theoretical antecedents. *The Counseling Psychologist*, 13(2), 155–243.

Gelso, C. J., & Carter, J. A. (1994). Components of the psychotherapy relationship: Their interaction and unfolding during treatment. *Journal of Counseling Psychology*, 41(3), 296–306.

Gelso, C. J., & Fretz, B. R. (2001). *Counseling psychology* (2nd ed.). Fort Worth, TX: Harcourt.

Gibson, R. L., & Mitchell, M. H. (2003). *Introduction to counseling and guidance* (6th ed.). Upper Saddle River, NJ: Merrill Prentice Hall.

Gonzalez E., Sperandio, K. R., Mullen, P. R., & Tuazon, V. E. (2021). Development and initial testing of the multidimensional cultural humility scale. *Measurement and Evaluation in Counseling and Development*, 54(1), 56–70.

Goodyear, R. K., Murdock, N., Lichtenberg, J. W., McPherson, R., Koetting, K., & Petren, S. (2008). Stability and change in counseling psychologists' identities, roles, functions, and career satisfaction across 15 years. *The Counseling Psychologist*, 36(2), 220–249.

Greenson, R. R. (1967). *Technique and practice of psychoanalysis*. New York: International Universities Press.

Grzanka, P. R., Santos, C. E., & Moradi, B. (2017). Intersectionality research in counseling psychology. *Journal of Counseling Psychology*, 64(5), 453–457.

Gummere, R. M., Jr. (1988). The counselor as prophet: Frank Parsons, 1854–1908. *Journal of Counseling & Development*, 66(9), 402–405.

Hammer, J. H., & Spiker, D. A. (2018). Dimensionality, reliability, and predictive evidence of validity for three help-seeking intention instruments: ISCI, GHSQ, and MHSIS. *Journal of Counseling Psychology*, 65(3), 394–401.

Hartung, P. J., & Blustein, D. L. (2002). Reason, intuition, and social justice: Elaborating on Parsons's career decision-making model. *Journal of Counseling & Development*, 80(1), 41–47.

Heppner, P. P., Casas, J. M., Carter, J., & Stone, G. L. (2000). The maturation of counseling psychology: Multifaceted perspectives, 1978–1998. In S. D. Brown & R. W. Lent (Eds.), *Handbook of counseling psychology* (3rd ed., pp. 3–49). New York: John Wiley.

Hill, C. E., Knox, S., Crook-Lyon, R. E., Hess, S. A., Miles, J., Spangler, P. T., & Pudasaini, S. (2014). Dreaming of you: client and therapist dreams about each other during psychodynamic psychotherapy. *Psychotherapy research: Journal of the Society for Psychotherapy Research*, 24(5), 523–537.

Hills, H. I., & Strozier, A. L. (1992). Multicultural training in APA-approved counseling psychology programs: A survey. *Professional Psychology: Research and Practice*, 23(5), 43–51.

Hornsey, M. J., Olsen, S., Barlow, F. K., & Oei, T. P. (2012). Testing a single-item visual analogue scale as a proxy for cohesiveness in group psychotherapy. *Group Dynamics: Theory, Research, and Practice*, 16(1), 80–90.

Hornstein, G. A. (1992). The return of the re-pressed: Psychology's problematic relations with psychoanalysis, 1909–1960. *American Psychologist*, 47(2), 254–263.

Huang, Y., Wang, Y. U., Wang, H., Liu, Z., Yu, X., Yan, J., ... & Wu, Y. (2019). Prevalence of mental disorders in China: A cross-sectional epidemiological study. *The Lancet Psychiatry*, 6(3), 211–224.

Hu, B., Duan, C., Jiang, G., & Yu, L. (2015). The Predictive Role of Mastery Experience in Chinese Counselor's Counseling Self-efficacy. *International Journal for the Advancement of Counseling*, 37(1), 1–16.

Jensen, J. P., Bergin, A. E., & Greaves, D. W. (1990). The meaning of eclecticism: New survey and analysis of components. *Professional Psychology: Research and Practice*, 21(2), 124–130.

Jones, B. A. (1983). Healing factors of psychiatry in light of attachment theory. *American Journal of Psychotherapy*, 37(2), 235–244.

Kaplan, D. M., Tarvydas, V. M., & Gladding, S. T. (2014). 20/20: A Vision for the future of counseling: The new consensus definition of counseling. *Journal of Counseling & Development*, 92(3), 366–372.

Keum, B. T., Miller, M. J., & Inkelas, K. K. (2018). Testing the factor structure and measurement invariance of the PHQ-9 across racially diverse U. S. college students. *Psychological Assessment*, 30(8), 1096–1106.

Kirk, B. A. (1982). The American Psychological Association's definition of counseling psychology. *Personnel & Guidance Journal*, 61(1), 54–55.

Kivlighan, D. M., Jr., & Shaughnessy, P. (2000). Patterns of working alliance development: A typology of client's working alliance ratings. *Journal of Counseling Psychology*, 47(3), 362–371.

Kleinbub, J. R., Talia, A., & Palmieri, A. (2020). Physiological synchronization in the clinical process: A research primer. *Journal of Counseling Psychology*, 67(4), 420–437.

Lent, R. W., Ezeofor, I., Morrison, M. A., Penn, L. T., & Ireland, G. W. (2016). Applying the social cognitive model of career self-management to career exploration and decision-making. *Journal of Vocational Behavior*, 93, 47–57.

Lopez, S. J., Magyar-Moe, J. L., Petersen, S. E., Ryder, J. A., Krieshok, T. S., O'Byrne, K. K., Lichtenberg, J. W., & Fry, N. A. (2006). Counseling psychology's focus on positive aspects of human functioning. *The Counseling Psychologist*, 34(2), 205–227.

Lu, J., Xu, X., Huang, Y., Li, T., Ma, C., Xu, G., ... & Zhang, N. (2021). Prevalence of depressive disorders and treatment in China: A cross-sectional epidemiological study. *The lancet Psychiatry*, 8(11), 939–940.

Lynch, M., Vansteenkiste, M., Deci, E. L., & Ryan, R. M. (2011). Autonomy as process and outcome: Revisiting cultural and practical issues in motivation for counseling. *The Counseling Psychologist*, 39(2), 286–302.

MacDonald, R. (1908). *Mind, religion, and health: With an appreciation of the Emmanuel Movement*. New York, NY: Funk & Wagnalls Company.

Mallen, M. J., & Vogel, D. L. (2005). Introduction to the major contribution: Counseling psychology and online counseling. *The Counseling Psychologist*, 33(6), 761–775.

Matsuoka, J. K., Breaux, C., & Ryujin, D. H. (1997). National utilization of mental health services by Asian Americans/Pacific Islanders. *Journal of Community Psychology*, 25(2), 141–145.

McCarthy, K. (1984). Psychotherapy and religion: The Emmanuel Movement. *Journal of Religion and Health*, 23(2), 92–105.

Miller, M. J., & Sheu, H. (2008). Conceptual and measurement issues in multicultural psychology research. In S. D. Brown & R. W. Lent (Eds.), *Handbook of counseling psychology* (4th ed., pp. 103–120). New York: John Wiley.

Morrow, S. L. (2007). Qualitative research in counseling psychology: Conceptual foundations. *The Counseling Psychologist*, 35(2), 209–235.

Munley, P. H. (1974). A content analysis of the Journal of Counseling Psychology. *Journal of Counseling Psychology*, 21, 305–310.

Myrick, R. D., Kelly, F. D., & Wittmer, J. (1972). The Sixteen Personality Factor Questionnaire as a predictor of counselor effectiveness. *Counselor Education and Supervision*, 11(4),293-301.

Norcross, J. C., Karpiak, C. P., & Lister, K. M. (2005). What's an integrationist? A study of self-identified integrative and (occasionally) eclectic psychologists. *Journal of Clinical Psychology*, 61(12),1587-1594.

Oetting, E. R. (1967). Developmental definition of counseling psychology. *Journal of Counseling Psychology*, 14(4), 382-385.

Orlinsky, D. E., & Howard, K. I. (1986). Process and outcome in psychotherapy. In S. L. Garfield & A. E. Bergin (Eds.), *Handbook of psychotherapy and behavior change* (pp.311-381). New York: John Wiley.

Ponterotto, J. G. (2005). Qualitative research in counseling psychology: A primer on research paradigms and philosophy of science. *Journal of Counseling Psychology*, 52(2),126-136.

Pope, V. T., & Kline, W. B. (1999). The personal characteristics of effective counselors: What 10 experts think. *Psychological Reports*, 84,1339-1344.

Robitschek, C., & Hardin, E. E. (2017). The future of counseling psychology research viewed through the cultural lens approach. *Journal of Counseling Psychology*, 64(4),359-368.

Rogers, C. R. (1942a). *Counseling and psychotherapy*. Boston: Houghton Mifflin.

Rogers, C. R. (1942b). The use of electrically recorded interviews in improving psychotherapeutic techniques. *American Journal of Orthopsychiatry*, 12(3),429-434.

Rogers, C. R. (1956). Training individuals to engage in the therapeutic proces. In C. R. Strother (Ed.), *Psychology and mental health* (pp.76-92). American Psychological Association.

Rogers, C. R. (1957). The necessary and sufficient conditions of therapeutic personality change. *Journal of Consulting Psychology*, 21(2),95-103.

Safran, J. D., Crocker, P., McMain, S., & Murray, P. (1990). Therapeutic alliance rupture as a therapy event for empirical investigation. *Psychotherapy: Theory, Research, Practice, Training*, 27(2),154-165.

Safran, J. D., & Muran, J. C. (1996). The resolution of ruptures in the therapeutic alliance. *Journal of Consulting and Clinical Psychology*, 64(3),447-458.

Scheel, M. J., Berman, M., Friedlander, M. L., Conoley, C. W., Duan, C., & Whiston, S. C. (2011). Whatever happened to counseling in counseling psychology. *The Counseling Psychologist*, 39(5),673-692.

Strupp, H. H. (1955). The effect of the psychotherapist's personal analysis upon his techniques. *Journal of Consulting Psychology*, 19(3),197-204.

Sue, D. W., Bernier, J. E., Durran, A., Feinberg, L., Pedersen, P., Smith, E. J., & Vasquez-Nuttall, E. (1982). Position paper: Cross-cultural counseling competencies. *The counseling psychologist*, 10(2),45-52.

Super, D. E. (1955). Transition: From vocational guidance to counseling psychology. *Journal of Counseling Psychology*, 2,3-9.

Tryon, G. S., Birch, S. E., & Verkuilen, J. (2018). Meta-analyses of the relation of goal consensus and collaboration to psychotherapy outcome. *Psychotherapy*, 55(4),372-383.

Tryon G. S., & Winograd G. (2011) Goal consensus and collaboration. In J. C. Norcross (Ed.), *Psychotherapy relationships that work: Evidence-based responsiveness* (2nd ed.). New York: Oxford University Press.

Vera, E. M., & Speight, S. L. (2003). Multicultural competence, social justice, and counseling psychology: Expanding our roles. *The counseling psychologist*, 31(3),253-272.

Wakefield, J. C., Baer, J. C., & Conrad, J. A. (2020). Levels of meaning and the need for psychotherapy integration. *Clinical Social Work Journal*, 48(3),236-256.

Wampold, B. E. (2001). *The great psychotherapy debate: Models, methods, and findings*. Mahwah, NJ: Lawrence Erlbaum Associates.

Wampold, B. E., Baldwin, S. A., Holtforth, M. g., & Imel, Z. (2017). What characterizes effective therapist? In L. G. Castonguay & C. E. Hill (Eds.), *How and why some therapists are better than others?: Understanding therapist effects* (pp.37-54). Washington, DC: American Psychological Association.

Wampold, B. E., & Brown, G. S. J. (2005). Estimating variability in outcomes attributable to therapists: A naturalistic study of outcomes in managed care. *Journal of Consulting and Clinical Psychology*, 73(5),914-923.

Wei, M., Wang, K. T., & Ku, T.-Y. (2012). A development and validation of the Perceived Language Discrimination Scale. *Cultural Diversity and Ethnic Minority Psychology*, 18(4),340-351.

Whiteley, J. M. (1984). Counseling psychology: A historical perspective. *The Counseling Psychologist*, 12(1),3-109.

Wollburg, E., & Braukhaus, C. (2010). Goal setting in psychotherapy: The relevance of approach and avoidance goals for treatment outcome. *Psychotherapy Research*, 20(4),488-494.

2 心理健康的标准

- 2.1 不同视角下的心理健康定义 / 32
  - 2.1.1 最初的心理卫生运动 / 32
  - 2.1.2 世界卫生组织的定义 / 32
  - 2.1.3 《精神障碍诊断与统计手册》的视角 / 34
  - 2.1.4 积极心理健康视角 / 36
  - 2.1.5 宏观心理健康的连续光谱(continua spectrum) / 37
  - 2.1.6 生命历程社会生态系统观 / 38
  - 2.1.7 脑神经科学视角 / 40
- 2.2 心理健康的具体标准 / 42
  - 2.2.1 西方学者关于心理健康标准的研究 / 42
  - 2.2.2 几种经典的心理健康标准 / 46
  - 2.2.3 我国心理学家提出的心理健康标准 / 48
  - 2.2.4 正确理解心理健康的标准 / 51
- 2.3 增进心理健康的不同模式 / 52
  - 2.3.1 精神医学模式 / 53
  - 2.3.2 积极心理干预模式 / 54
  - 2.3.3 基于脑科学和中医的心理咨询方法 / 55

　　心理咨询的目的是：咨询师通过建立信任的工作关系，为来访者赋能，以促进来访者认识自我，接纳自己，更好地适应社会环境，增进心理健康，发挥潜能，逐步实现自我价值(British Association of Counselling, 1986, 引自 Vitanova, 2020)。心理健康的标准为咨询师判断来访者的心理健康状态提供了专业的参考，而咨询师对来访者的心理健康状态的判断，将直接影响其个案概念化及咨询方案的实施。由此可见，学习心理咨询，必须了解心理健康及其标准，以引导和协助来访者沿着心理健康的方向努力。

2.1 不同视角下的心理健康定义

心理健康的英文源为"Mental Health"或"Psychological Well-being",都译作心理健康。作为一个学科领域的专业词语,心理健康(也称为精神健康)是在1946年世界卫生组织成立时才被正式提出的。心理健康的定义和内涵随着多学科知识的参与和多元视野的关注而逐步丰富起来。

2.1.1 最初的心理卫生运动

在此之前一直使用的是心理卫生(Mental Hygiene),"Hygiene"一词系古希腊健康女神之意,最早于1843年英国作为《心理卫生》这本书的标题出现,旨在说明对健康和寿命的影响。

心理卫生运动的起源

1908年,美国人克利福德·比尔斯根据自己在三家精神病院住院的经历,出版了一本自传《一颗找回自我的心》,掀起心理卫生运动,大力呼吁对精神病患者的护理要人性化,根除对精神病患者施加的虐待、暴行或歧视,以改善精神病患者的待遇。1937年,心理卫生运动开始关注早期预防的重要性,受弗洛伊德理论影响,提出"精神疾病往往始于儿童和青年时期,预防措施越早实施越有效"。这场心理卫生运动引起了很大反响,极大地推动了精神病预防、早期诊断和治疗、人性化护理精神病患者以及相关科学研究等方面的发展,并促使心理卫生被列为公共卫生的首要目标;同时,推动了美国国家精神卫生委员会的成立,其他国家也纷纷效仿,之后发展成为精神卫生委员会国际联盟,即世界心理卫生联合会的前身。

心理卫生的目的

按照《简明大不列颠百科全书》(1985)的解释,"心理卫生包括一切旨在维持和改进心理健康的种种措施,诸如精神疾病的康复和预防,减轻充满冲突的世界带来的精神压力,以及使人处于能按其身心潜能进行活动的健康水平"。由此可见,心理健康是心理卫生工作努力的最终目的,而心理卫生注重从公共卫生视角来讨论增进心理健康的路径和方法,是达到目的的手段。因此,心理咨询学界一般以心理健康来替代心理卫生,以便精准描述心理咨询的基本目的,即赋能来访者,促进其走出心理困境,维持心理健康。

2.1.2 世界卫生组织的定义

二战以来,如何评估和治疗心理疾病一直是心理学研究与实践的重点。传统的笛卡尔二元对立论反映在心理健康领域则是病理性心理健康观,大多数学者相信"健康就是没有疾病",由此认为"心理健康就是没有心理疾病,或心理疾病的消除"。世界卫生组织(WHO)从成立之日起就对心理健康的定义不断进行修改丰富,从最初仅对心理健康进行静态描述的观点到整合身、心、社为一体的健康观。

1950 年的定义

世界卫生组织在 1950 年 9 月召开的心理健康专家委员会第二届会议上,第一次给出了完整的心理健康的定义:"心理卫生是指促进心理健康的所有活动和技术;而心理健康是受生理及社会因素的影响而波动,使个体最终能够实现自身潜能,与他人建立并保持和谐关系,参与社会并贡献社会的一种良好的综合状态。"(WHO,1951)此定义备受学界批评,因为 WHO 仅对个人心理健康状况进行了概括性描述,而且无形中忽视了压力的积极作用,忽视了心理发展过程中的动力发展过程,容易让人误以为"心理健康只能以积极快乐为特征,而不能有负面情绪或压力出现"。

1994 年的定义

1994 年,WHO 摒弃分裂身体与心灵、生理与心理的二元对立分法,对健康一词进行整全的定义,"健康不仅仅是没有疾病或不虚弱,而是一种身体、心理和社会功能良好的状态"("health is a state of complete physical, mental and social well-being and not merely the absence of disease or infirmity")(WHO,1994),没有心理健康就没有健康,心理健康被视为健康的一个维度,是与身体健康和社会功能健全并列的。这个身、心、社三维度的健康观是 WHO 最被广泛引用的定义。

2001 年的定义

2001 年,受积极心理学运动的影响,世界卫生组织对心理健康的积极内涵进行列举,提出心理健康不仅仅是一种无精神疾病状态,更可被视为一种幸福状态(well-being)。在这种状态中,每个人认识到自己的潜力,可以应付正常的生活压力,有效地从事工作,并能够对社会作出贡献(WHO,2001)。也就是说,心理健康是个人现有的一种幸福感和自信状态,具备自主性,主动与他人互动,维护良好关系,拥有实现个人潜能的能力,并能实现自己的价值,为社会作贡献。因此,心理健康是个人和社会健康福祉的基础。与此同时,WHO 也承认,处于不同人生阶段的个体,其心理健康的标准不尽相同;不同国家、文化、阶级和性别之间的价值观差异也很大,这样就很难对心理健康的定义达成共识。

2004 年的定义

2004 年,受第二波积极心理学的辩证平衡观(Dialectic Balancing)影响(Lomas 等,2020),WHO 开始将心理健康与心理不健康视为一个连续体,而非与负面情绪或压力简单对立,"可以克服平常生活中的压力"也成为心理健康的重要指标(WHO,2004)。在此定义中,健康是一种动态平衡的发展状态,健康和疾病可能共存;人的健康与社会健康相互依存,身心健康和社会功能相辅相成;心理健康是人类思考、情感、人际互动、谋生存和享受生活的个人与集体能力的基础,健康的个体能够认识到自己的能力,能够应对正常的生活压力,能够富有成效地工作,并能够为社会作出贡献("a state of well-being in which the individual realizes his or her own abilities, can cope with the normal stresses of life, can work productively and fruitfully, and is able to make a contribution to his or her community")(WHO, 2004)。但是,此定义引起了很大的争议,比如,过分强调个人必须富有成效地工作,必须能够对社会作出贡献,忽视结构性失业对大多数人的影响,令心理健康超越社会现实而让许多人备受"不健康"标签的困扰;令先天不足的残障人士(如智力障碍人士)被绝对排除在健康之外,有违公平与公义的社会道义;也令那些因被社会歧视和排斥而心理不健康的人,遭受社会排斥和问题标签的双重打击。由此可见,有关心理健康的定义与标准设立,无形中脱离了社会现实的考虑,即使是权威的 WHO 至今也还没形成定论;同时用什么词语来定义和表达心理健康及评估结果,本身是一种专业权威和话语权的应用。专业的心理咨询人员,要谨慎使用可能带有标签的权威与话语权,尽可能避免滥用专业术语标签和打击我们的来访者,这样才能恪守职业的伦理操守。

几十年来,WHO 对心理健康的定义不断更新:从最初的静态描述到形成整合身、心、社为一体的健康观,从健康与疾病的简单二元对立到承认心理健康是一个动态平衡的过程,从偏重心理疾病治疗的角度到关注预防精神疾病和促进心理健康是两个不同但相互重叠的目标。故此,与促进健康一样,WHO 敦促每个个体要对心理健康负责,而国家或社会更应为促进每个公民心理健康的发展、治疗及恢复创造有利的生活条件或环境。

2.1.3 《精神障碍诊断与统计手册》的视角

《精神障碍诊断与统计手册》(Diagnostic and Statistical Manual of Mental Disorders,简称 DSM),1956 年由美国精神医学学会(American Psychiatric Association, APA)颁布第一版(DSM-I),到 2013 年已至第五版(DSM-5),是最受心理咨询师和精神科医生欢迎的工具书。

DSM-5 的心理健康定义

DSM-5 对心理健康的定义也是以没有精神疾病为基本特征,而对精神(心理)疾病的定义是:个体在认知、情绪调控或行为上可能会出现一种或多种障碍,常表现为心身功能异常或失能,常与痛苦症状或感受相伴,或在社会、职业,或其他重要生活领域中表现失能,并与其所处社会格格不入(APA, 2013)。不过要注意,某些情况虽然也会显著影响个人的认知、情绪或行为,但是并不属于精神疾病的范畴。例如面对压力或失落事件时的反应,如果属于一般可预期的或社会文化上可接受的范围,则不是精神疾病。对于在宗教、政治或性的层面上的社会偏差行为,以及发生在个人与社会之间的冲突冲撞,除非可以用前述个人的精神功能异常来说明,否则不属于精神疾病"。

DSM 心理健康定义存在的不足

DSM 旨在协助专业人士对不同心理疾病的诊断进行标准化,协助专业人士对案例问题进行概念化,以确保来访者(患者)得到适当、有益的治疗。但是,DSM 存在很多不足。

基于病理性疾病模式设置心理健康标准

这本工具书主要是由精神病学家根据经验进行编撰的,并没有任何客观的、生物可验证的(verifiable)的证据,只是给予经验性标准以作参考,并不探讨精神疾病的成因。重视评判或分类心理健康标准的文化背景,基于病理性疾病模式设置心理健康标准,以大多数人所期待的心理状态作为基本参考点,利用统计思维来判断个体的心理是否健康。这样诊断的假设是:心理健康并不是一种主观状态,而是以社会期望的品质为基本参考点;这样的标准往往代表的是社会大多数人的认可和期望。换句话说,个人的心理健康不取决于自己的主观感受和判断,而取决于观察或评估者的价值标准以及社会所认同的期望。

所列出的心理疾病主要依据专家经验

DSM 中所列出的心理疾病类别随着社会文明发展和社会变化而改变,很多改变也只是基于专家经验,未经实证验证。例如,DSM-I 当中列有 60 种不同的精神疾病,而 DSM-IV(Bell, 1994)中则包括了 297 种病症,似乎随着社会的发展,病症反而更加多种化;一些被认为是心理疾病的病症,因为人类文明的提升而被取消,最典型的是同性恋在 1968 年出版的 DSM-II 中被视为精神疾病的一种,但很快就在 1973 年被移除;DSM-5(APA, 2013)的诊断标准强调少年儿童精神疾病与成人精神疾病之间的不同,并且很多疾病被单列出来,如高科技应用时代带来的新型网络成瘾在 DSM-5 中第一次被列为类似药物成瘾的电子病毒式的精神病。

有些疾病诊断过高/过低

精神障碍没有精神病理学的生物标志物,即使是精神分裂症也是如此;精神障碍的特征是功能性而非器质性损害,在可预见的未来,某些精神障碍的诊断很可能仍然是主观的(Friedman, 2013);某些疾病是过度诊断,某些疾病却被过度低估或忽略,例如 ADHD 被怀疑诊断过高(Frances, 2013a, 2013b);DSM 的病态化诊断标签很强大,可能使人们受到社会耻辱方面的伤害(Pies, 2013);最为人所诟病的是,很多参与 DSM 撰写工作的专家与精神药物生产公司有利益关系,创造新的疾病符合这些精神病学家的自身利益,因此会给更多的人贴上需要治疗的标签,从而导致精神疾病过度诊断(Kirk,Gomory和Cohen,2013)。

此外,心理疾病与文化期待和文化价值观息息相关,DSM以西方白人中产男性作为参照常模(Pickersgill,2014),提供了各种疾病特征的检查表,诊断过于主观,缺乏对发生原因的探讨(Greenberg,2013)。因此,对于不善于表达情绪的中国人而言,其文化的局限性不言而喻。

2.1.4 积极心理健康视角

积极心理健康观(positive mental health),也称作有益健康取向(salutogenic approach),被视为人格和社会环境的良性互动状态。杰哈达(Jahoda,1958)最早提出了这一概念,并将之与"消极心理健康"作区分。

塞利格曼的积极心理健康观

积极心理学运动倡导者塞利格曼(Seligman)虽没有特别就心理健康进行定义,但他一直提倡心理工作应该为追求和实现每个人的幸福而服务,并提出一个人真正获得幸福,至少应该拥有快乐的人生(pleasant life)、投入的人生(engaged life)、有意义的人生(meaningful life)以及有成就的人生(achieving life);并提出达至圆融人生和幸福路径的PERMA模式,包括让自己经常感到快乐的积极情绪(positive emotion),参与社会贡献和社会活动的积极投入(engagement),拥有良好的人际关系(relations),过有目标和有意义的人生(meaning),贡献社会、实现自我并获得成就(achivement)。

迪纳的幸福感

迪纳(Diener,1984)一生致力于幸福的研究,他认为人的幸福可以是主观建构的,生活满意度(life satisfaction)或主观幸福感(subjective well-being)对人意义非凡;在没有生存危机的情况下,物质并不能成为幸福的杠杆,能达至内心的丰富与圆融(flourishing)才说明个体已经获得了心理幸福感。

凯斯的三幸福观

凯斯(Keyes)等(Keyes,2002;Keyes等,2002)则直接以幸福感来定义积极心理健康状态,认为应包括三个相互重叠的幸福维度:(1)情感幸福感(affective well-being),即个人经常感受到积极情感(positive feelings),以及对生活的满意度(life satisfaction);(2)心理幸福感(psychological well-being;Ryff和Keyes,1995),即对自己的接纳(self-acceptance),个人成长(personal growth),生活意义感(purpose of life),环境掌控感(environmental mastery)与自主性(autonomy);(3)社会幸福感(social well-being),即社会适应(scoial adaptation),社会接纳(scoial acceptance),社会贡献(social contribution),社会融合(social inclusion)等。

由此可见,积极心理健康观强调个人的情绪健康和自主性,重视个人的价值实现,也重视个人与社会的互动关系,强调个人应该主动适应社会,并为社会作贡献。然而,积极心理健康观似乎为了突出积极,过分强调积极正向的感受,无形中掉入了绝对对立的二元思想陷阱,而忽视了心理健康是一个动态平衡的过程,忽视了过犹不及、否极泰来的辩证平衡。

2.1.5 宏观心理健康的连续光谱(continua spectrum)

没有人是绝对健康的,心理健康的人能够勇于面对人生困难和挑战,且不会逃避可能来临的心理问题。人的心理健康状态是一个动态变化的过程。

心理健康的动态变化

有心理咨询经验的人都知道,我们判断一个人的心理健康状况,绝对不是简单的开心与否,而是要看其心情与面临的事件是否相互匹配,反应的时间和情感卷入程度合适与否。例如,如果一个人失去挚爱,痛苦、哀伤则是正常的反应,但是如果哀伤和痛苦过溢,时间过长,影响个人的社会角色和正常生活,这样的哀伤或痛苦则可能被判定是负面的、不健康的。一个人从健康到不健康再恢复到健康状态,都是需要时间的。换句话说,不健康与健康状态之间是一个动力平衡或失衡的过程,需要相互交融共存的时间。由此可见,简单地将健康或不健康的、静态的心理状态进行对比和描述,某种程度上说是不能揭示真实情况的复杂性和本真面目的。

心理健康的双连续模型

凯斯及其同事以心理健康与心理疾病以及程度的高低两个指标对宏观心理健康进行区分(Keyes,2002;Keyes 等,2002),得出初级的心理健康双连续模型,即心理健康状况的四个象限(如图 2-1 所示)——最健康的而完全没有心理问题的状态是内心富足丰盛的,最差的状态是心理疾病严重且非常低的心理健康状态,心乱如麻,惊慌失措,惶然不知如何是好,也就是我们常说的内心崩溃。

为了更准确地描述出心理健康的动态平衡或失衡状况,凯斯(Keyes,2014)进一步细化心理健康与心理疾病之间的交叉地带,结果如图 2-2 所示,看似矛盾的心理健康与心理疾病其实是可以共存的,比如,人的情绪健康失控出问题,但仍然可以有健康理性的思考能力,这样的心理健康双连续模型打破传统的健康与疾病的二元对立观,更接近心理健康实际的复杂状况。人就是这样,有时心理健康状况很好,但有时却可能很差,甚至有心理疾病。即便是患有抑郁症的人,也不可能一天 24 小时都是抑郁不安的,也有状态良好的时候。这样的动态、辩证统一的心理健康观,无形中为心理咨询师挖掘个体内在的积极资源和力量提供了理论基础,让我们更能立足于对来访者本身复杂状态的好奇和了解,以专业的工作关系和态度,引导来访者对自己内在力量的觉察,并协助他们善用自己的资源,以获得真正的自助。

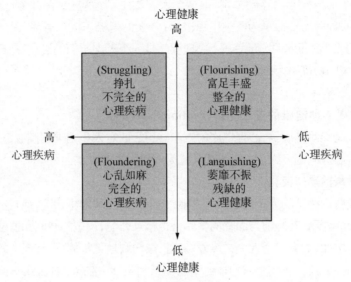

图 2-1　初级的心理健康双连续模型(Dual Continua Model)
（来源：Keyes, 2002）

图 2-2　高阶的心理健康双连续模型(Dual Continua Model)
（来源：Keyes, 2002）

2.1.6　生命历程社会生态系统观

如前所述,世界卫生组织早在 2001 年就已经发现,简单定义心理健康是非常容易出现偏差的。人处在环境中,且随时与环境互动,其心理健康状况必然是动态变化的。也就是说,一个人的心理健康是一种动态的内部平衡状态,只有能够在与社会普遍价值观相协调的情况下,合理应用自己的能力适应环境,达到另外一种心理平衡,才是现实真实的、动态的心理健康存在的形式(Manwell 等,2015)。要确定一个人的心理健康状态,不仅要看其年龄,即处于生命历程(life course)的哪个阶段,是否出现埃里克森所说的发展性心理危机(psychological crisis),而且需要讨论其所处的社会情境,以及个体所持的价值观等。例如,一位中年男人因为全球经济不景气而失业,失业导致其心情不好,心理健康状况变差,但他可能仍然孜孜以求,奋斗求转变。此时评估他的心理健康状况就需要考虑其所处的全球经济背景及中年男人的性别社会期望。失业使他心情变差,但这并非他所愿,他仍然会在第一时间进行自我调整,不过其心理健康状况可能随着失业时间累积越长而变得越差。显然他的心理健康状况的确定,需要与其社会背景、文化背景以及生命所处的阶段挂钩。男人中年失业可能意味着生命意义被剥夺,此时引发的心理危机比刚毕业时显然严重多了。为了全面勾勒出个体心理与社会环境及社会期待等多种因素相互影响的动态变化,曼韦尔与其同事(Manwell 等,2015)提出生命历程社会生态系统观,以多元视角来立体定位一个人的心理健康状况,如图 2-3 所示。

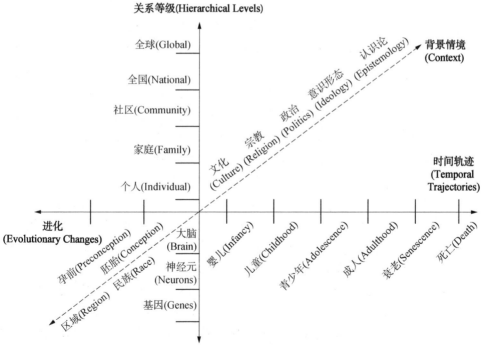

图 2-3 心理健康的生命历程社会生态系统观
(来源：Manwell 等,2015)

由图2-3可以看出,要确定一个人的心理健康状况,不仅要评估其内在的心理状态,包括认知、情绪及行为选择,还要根据其所在的生命历程,评估其与同龄人之间的差异是否显著,最后必须根植于个体所在的社会生态系统,评估个体与自己、与他人、与家庭、与社会以及与全世界之间的关系,即是否愿意付出及担当。由此可见,个体的心理健康首先要与自己的年龄相称,能适应社会文化的期待,并能呈现出不同生命历程中的积极正面的状态。心理健康不仅与个体的基因和脑回路如何联结反应有关,也受其所处的生命历程及社会文化价值等生态系统所影响。

2.1.7 脑神经科学视角

近几年来,随着高科技的应用,人类对脑的认识不断加强。本节内容整合了有关心理健康和心理疾病的脑神经科学的实证研究与结论,用脑神经科学的术语——脑的可塑性(neuroplasticity)及突触修剪(synaptic pruning)来解释心理健康与大脑的关系。

仅占人体重量2%的大脑每天消耗的能量约占20%~30%,因此遵从用进废退的原则("use it or lost it"principle);大脑中有860亿个神经元,在生理条件下,神经元与小胶质细胞的相互作用形成了神经可塑性。而大脑可塑性是指神经系统在一生中可以改变其结构和功能的能力,是对环境多样性刺激的反应,大脑的可塑性主要是通过增加新的神经元以及建立新的神经网络联结来体现的(Wohleb,2016;Lee等,2014)。换句话说,在环境与内在经验的相互作用下,大脑每时每刻都在重新接线(rewire)或修剪无用的信息。越来越多的证据表明,许多心理障碍的症状是由大脑皮质边缘几个关键区域的神经可塑性受损引起的,比如神经元-小胶质细胞相互作用受损,它们受多种分子和细胞途径的调控,这些途径的失调通常会产生神经生物学后果,包括异常的神经元反应和小胶质细胞的激活,可能导致神经可塑性的改变,与心理障碍有关(Wohleb,2016)。其他脑科学研究证据也表明,长期的压力、心理创伤、暴力(包括语言和情绪虐待),都会直接使得已有的脑神经网络被修剪,或神经元死去,从而导致心理障碍或心理功能受损,记忆能力下降,或者出现焦虑或抑郁样行为。许多脑切片研究显示,虐待会损害儿童的脑部发展,致其压力荷尔蒙(cortisol)增加,并在脑皮层积聚,破坏脑细胞,产生更多实时本能反应而缺乏自我控制能力,与负面情绪相关的杏仁核(amygdala)和储存记忆的海马体(hippocampus)的体积减少,情绪调节窗口(window of tolerance)收窄,由此导致易冲动,记忆变差,而且减缓逻辑思维、学习、社交方面的发展,影响智力发展,阻碍胼胝体(corpus callosum)的发展,不能有效地整合思维与情绪(Teicher等,2016)。负面情绪是改变大脑最厉害的武器(洪兰,2019)。鉴于大脑的突触自我修剪功能,当产生负面情绪或心理健康出现问题时,容易激活从海马体回到杏仁核的脑反应回路(responsive loop),这时个体心理反应是一种相对低阶的情绪反应,是一种本能反应,表现为典型的情绪化和情绪不稳定;而大脑的前额叶被认为是大脑的司令部,人若能保持好奇心,主动参与学习,做出有意识的心理努力和保持注意并坚持下去,则可以改变大脑的反应回路,从而进入前额叶思维,令情绪得以控制,使人变得平和(LeGates 等,2018)。由此可见,从脑科学的视角来看,个体的心理健康是指能在认知上保持好奇心,愿意主动学习,保持终身学习的开放态度,有毅力参与,从而促进脑的可塑性的发展,促进神经元突触密度增加或神经网络建立的能力提升,保持大脑的反应回路是高阶的前额叶反应回路。

已经发现的镜像神经元(mirror neuron)为人类提供了能彼此共情、产生同理心的生理基础,也解释了婴幼儿模仿学习的可能性。从这个意义上说,良好的心理咨询是咨询师通过专业的工作关系,为个体在惯常的认知基础上增加新的可能性,促使个体产生新奇感和好奇心,感觉被肯定和被理解,从而促使其脑反应回路从低阶的海马体—杏仁核的反应回路逐渐转变为前额叶的反应回路。例如,对抑郁症病人进行认知行为治疗,可使其症状得以纾解,而且静息态 fMRI 显示抑郁症病人脑中膝下沟回、丘脑和前叶楔的功能性连接显著增加(Greicius 等,2007)。

综上所述,虽然研究者们对心理健康暂无定论,但仍然能达成一定的共识,主要包括以下方面。第一,心理健康最基本的形态是没有严重的心理疾病,但并非与心理疾病简单对立,而是可以共存,并因各自年龄、生活背景、经验以及个人的主观认识不同而呈现出不同的存在形式。第二,心理健康在认知、情绪和行为上呈现出的状态和功能是积极正向的。在个人感觉上,个体能经常感觉到积极、持久的正面感觉,包括环境的掌控感、对自己的自信和自我效能感、对人生的意义感和幸福感以及对未来抱有希望感;在认知方式上,个体则表现为思维开放,具有主动和终身学习的态度,乐观积极,愿意接受挑战,并具备应付日常压力和调整自己的认知弹性;在行为选择上,个体会主动去发现资源,实现自己的价值,并愿意为他人、为社会服务。第三,心理健康总体来说是一种动态平衡、积极向上发展的心理状态。在面对压力时能自我调整,并愿意主动探索周围的资源进行自助,或者对自己负责任,主动求助他人或专业人士。随着社会心理服务体系逐步健全,个人主动参与探索以及动员周围资源进行自助和求助也应被视为心理健康的一种。

人类对心理健康定义的了解,随着高科技的应用,特别是近二十年来脑科学研究的发展,及跨学科知识的参与,如临床医学、社会学以及后现代思潮的涌入,已从单一的疾病问题视角转到跨学科视角。最近的脑神经科学证据的增加,开阔了心理学工作者的视野,对来访者的心理健康形成了多元、复杂且警觉其情境依赖性的专业触角。

2.2 心理健康的具体标准

标准(standard)大多是基于大数据统计而得的"可参考的常态(normal)或常模(norm)",常代表一种社会的大论述,意味着必然有人偏离常态,而被认定为"变态或异常"(abnormal)。标准具有一定的社会期待效应,必然有一定的社会文化背景性,同时也必然带有一定的标签(labeling)作用,这是心理咨询师在应用标准时需要时时觉察的伦理要求。因此,这一节主要对中外心理学工作者对心理健康的具体标准进行简单回顾,但仍然无法简单地给出一个标准的答案。

2.2.1 西方学者关于心理健康标准的研究

心理过程一般包括认知、情绪情感、行为和意志力三个基本范畴(aspects)。有关心理健康的具体指标,一般都是从这三个基本范畴来进行描述的。

全面发展的心理健康指标体系

斯沃布里克(Swarbrick, 2006)和博尔(Boll, 2014)以幸福和福祉(well-being)的状态来建构个体心理健康全面发展的指标,用以展示个体呈现出来的最佳状态(optimal being-well)或健康状态(wellness),如图2-4所示。

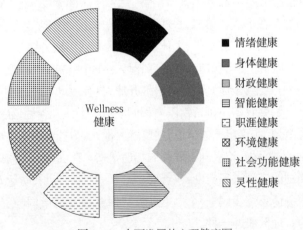

图2-4 全面发展的心理健康图
(来源:Swarbrick, 2006; Boll, 2014)

1. 情绪健康(emotional wellness)——能有效应对生活中突发的事件,建立令人满意的关系。
2. 身体健康(physical wellness)——通过适当的营养、睡眠和体力活动满足身体健康需求。

3. 财政健康(financial wellness)——能够规划和管理财政,达成当前和未来的财务目标。

4. 智能健康(intellectual wellness)——能创新,具备应用知识和技能的能力。

5. 职涯健康(vocational wellness)——在职业生涯中获得生活的目标感和满足感,在职业中获得成长的机会。

6. 环境健康(environmental wellness)——满足对舒适、刺激的环境的需求,促进日常健康。

7. 社会功能健康(social wellness)——能与他人建立良好的关系,获得良好的社会支持,培养归属感和联结感。

8. 灵性健康(spiritual wellness)——在生活中找到人生意义和目标。

积极发展资产视角建构的心理健康状态

对于仍然处在发展中的青少年儿童,描述完美的心理健康结果与状态,反而是一种简单完美的束缚。因此,在一些青少年工作者看来,青少年的心理健康更应被视为一个动态发展的过程,是青少年能否有意识地有效应用内在和外在资源,以促进自己积极成长变化的能力(Damon, 2004; Benson 等,2006; Bonell 等,2016)。比如,戴蒙(Damon)和本森(Benson)等人一直在探索协助青少年发展成为健康独立的个体所需要的内在和外在的资源,为此提出了青少年的积极发展资产框架(Positive Developmental Asset Framework)。在这个理论中,所谓发展资产(developmental asset)是青少年发展的基石(building brick),是有助于青少年积极发展的具体的、积极的、常识性的经验和品质,分为两类:青少年自身内在拥有的资产和外在可发展的资产(Bonell 等,2016),如图 2-5 所示。

图 2-5 青少年积极发展资产框架
(来源:改自 Bonell 等,2016)

由表 2-1 可以看出,促进青少年儿童发展是一个系统工程,需要家庭、学校和社会以及青少年儿童发展过程中的重要他人(significant others)积极提供关怀以及支持的生存学习环境和外在资源,形成社会支持系统,保障他们的生理和心理安全,同时保持合理清晰的关系边界,既相互独立又相互依赖,既协助又不过分介入,并为青少年赋权,助其发展自我管理和自我规划的能力。青少年自身在良好的外在系统存在的同时,应有意识、主动地发展自己内在的力量,包括:保持积极学习的态度,多渠道促进个人的学习和成长;愿意为他人和社会负责,保持社会道德价值;积极发展一系列社会沟通能力,有能力发展、维护和协调人际关系,愿意了解多元文化,积极发展自我的身份和认同,重视自由与自身权益,保持独立自主,对人生有清晰的目的,并对未来充满希望和乐观。换句话说,青少年要注重与外在世界合作,并主动地、有意识地、有效地应用外在资产以加强内在自我,以促使自我可持续地、积极正向地发展,成为愿意终身发展的、独立自主的自我,又注重与他人之间的关系,能与他人合作,愿意对社会和他人付出,有良好的社会道德价值。

表 2-1 青少年积极发展资产表

外在资产	内在资产
A. 社会支持系统	E. 积极主动地投入学习,坚持学习
1. 家庭支持	21. 保持较好的成就动机
2. 积极的家庭沟通	22. 积极参与学校活动
3. 其他成人关系	23. 做好作业,学会学习
4. 关爱邻里	24. 提升归属感
5. 关怀校园气氛	25. 提高学习兴趣,平衡读书与娱乐的关系
6. 家长参与学校教育	
	F. 保持正直的道德价值
B. 为青少年赋权	26. 乐于助人
7. 社区重视青年	27. 平等和社会正义
8. 青年作为资源	28. 正直
9. 服务他人	29. 诚实
10. 安全	30. 责任
	31. 自我管束
C. 清晰的关系边界和期望边界	
11. 家庭界限	G. 良好的社会沟通能力
12. 学校边界	32. 规划和决策
13. 邻里边界	33. 人际交往能力
14. 成人榜样	34. 多元文化的能力
15. 积极的同伴影响	35. 抵抗技能
16. 合适的期望	36. 和平解决冲突
D. 有效地使用和管理时间	H. 积极的身份与认同
17. 创造性活动	37. 重视个人的自由与权益
18. 青年计划	38. 自尊
19. 团体活动	39. 目的感
20. 在家的时间	40. 对个人未来的积极看法

(来源:改自 Bonell 等,2016)

从能力发展的角度来确定心理健康标准

韦兰特(Vaillant, 2012)从能力发展的角度(capaciy-building)来确定心理健康应该具备的重要元素,认为一个心理健康的人应该具备一系列有益自己发展和贡献社会的能力。

1. 终身学习的能力:有终身学习的开放态度,学会学习,学会改变,学会适应。
2. 有助于任务完成的能力:有毅力专注于当前的任务,有能力组织好记忆和信息,具有一定的解决问题和做出决策的能力,愿意担当责任。
3. 保持身心协调,能尽快促进自我内心的平衡状态。
4. 有助于人际关系维护的能力:识别、表达和调节自己情绪的能力;能使用自己的语言/非语言能力与他人进行沟通和互动的能力;与他人共情的能力,能为他人着想(perspective taking),同理或同情他人感受的能力,愿意对他人表达出自己的关心。
5. 能应付日常压力,有足够的心理忍受性和抗逆力以自助;在压力过溢时,能负责任地积极寻求他人支持或专业的协助。
6. 促进与他人、社会及自然相互依存的有意义的担当意识和能力:既保持个性独立,又珍惜与他人、社会及大自然的依赖关系,愿意为他人、社会及大自然付出,并担当责任。

积极心理学家眼中的心理健康概念指标

积极心理学者帕金森(Parkinson, 2007)总结了积极心理健康的特征,包括:

1. 与自己的关系:有较好的自尊感(self-esteem)和自我效能感(self-efficacy);
2. 面对困难时:有足够的抗逆力(resilience)、乐观感(optimism)以及寻求社会支持和专业协助的意识(seeking-help awareness);
3. 与社会互动时:能适应社会(social adaptation)和融入社会(social integration);
4. 对过去的生活感到满意:生活满意(life satisfaction);
5. 对未来:充满希望感(hope),对未来的生涯有合理的规划(career & life planning);
6. 感觉总体人生非常有意义和有目标(purpose of life):生活意义(meaning of life)。

曼韦尔等的心理健康概念八大指标

曼韦尔等人(2015)以深度访谈的方式邀请具有不同学科背景的被试,探索并总结心理健康概念的内涵指标,结果可以概括为八个指标,包括自我、心理抗逆力、情绪、对生活的易满足心态、理性思考、维护有质量的人际关系、参与社会并对未来保持乐观和希望,具体表述如下:

1. 独立自主的自我(autonomy)：能独立解决问题,自我负责,主动开放,愿意积极探索,并拥有良好的自尊和自爱能力；

2. 应对压力和适应变化的抗逆力(resiliency)：能承受适当的压力,有能力应对压力,并适应变化,有一定的心理承受力；

3. 情绪稳定、平衡性好：情绪相对比较稳定、平稳,且能尽快从负面的情绪中恢复过来,情绪的平衡性较好；

4. 心态平和易满足：立足当下,容易知足,珍惜和欣赏生命中任何的小幸福；

5. 保持理性思考：有足够的洞察力和领悟性；

6. 有意义的关系维护：发展各种有质量的人际关系,并有能力做好人际关系冲突的管理；

7. 积极的社会参与：有能力贡献社会,服务社区或社群,愿意为他人和社会付出；

8. 对未来保持乐观：个性乐观,对未来充满希望和乐观。

2.2.2 几种经典的心理健康标准

国际心理卫生大会的心理健康标准

1946年,第三届国际心理卫生大会从健康的角度,提出了明确具体的心理健康指标(引自宋兴川和刘旺,2003)：

1. 身体、智力、情绪十分协调；
2. 适应环境,人际交往中能彼此谦让；
3. 有幸福感；
4. 在工作和职业中,能充分发挥自己的能力,过着有效率的生活。

马斯洛和密特尔曼的"经典十条"

美国心理学家马斯洛和密特尔曼(Mittelmann)提出了心理健康的10条标准(1941),被认为是心理健康的"最经典的标准"。这10条标准是：

1. 有充分的自我安全感。具有自尊心,对自我与个人的成就具备"有价值"之感。

2. 能充分了解自己,并恰当评价自己的能力。不过分夸耀自己,也不过分苛责自己,具有适度的自我批评。

3. 自己的生活理想和生活目标切合实际。个人从事的多为实际的、可能完成的工作。

4. 不脱离周围现实环境。有自知之明。具有适度的自发性与感应性,不为环境所奴役。没有过度幻想。能够容忍生活中挫折的打击。

5. 能保持人格的完整与和谐。个人的价值观能据社会标准的不同而改变,对自己的工作能集中注意力。

6. 善于从经验中学习。具有从经验中学习的能力,能适应环境的需要而改变自己。

7. 有良好的人际关系。与他人和谐相处,交往中宜有利己和利人两种成分。

8. 能适度地表达、宣泄和控制情绪。

9. 在符合团体要求的前提下,能适当地发挥个性。重视团体的需要,接受团体的传统,并能控制为团体所不容的个人欲望与动机。有个人独立的意见,有判断是非、善恶的能力,对人不作阿谀奉承,也不过分追求社会赞许。

10. 在不违背社会规范的前提下,适当地满足个人的基本需求。具有满足此种需要的能力,特别是不应对个人在性方面的需要与满足产生恐惧感或歉疚感。

奥尔波特的"成熟者"模式

美国人格心理学家奥尔波特(G. W. Allpot)在哈佛大学一直从事对高心理健康水平的人的研究,他是第一个研究成熟的、正常的成人而不是神经症患者的心理学家。他认为,心理健康的人即是"成熟者",并提出了心理健康的7个指标(引自李百珍,2003)。

1. 广延的自我意识。能主动、直接地将自己推延到自身以外的兴趣和活动中。

2. 良好的人际关系。具有对别人表示同情、亲密或爱的能力。

3. 具有安全感的情绪。能够接纳自己的一切,好坏优劣都如此。

4. 客观的知觉。能够准确、客观地知觉现实和接受现实。

5. 具有各种技能,并专注和高水平地胜任自己的工作。

6. 现实的自我形象。自我形象现实、客观,知道自己的现状和特点。

7. 内在的统一的人生观。能着眼于未来,行动的动力来自长期的目标和计划。

哈维格斯特总结的9个心理健康指标

哈维格斯特(Havingurst,1952)综合不同的心理学者的研究,提出心理健康的9个有价值的指标,包括:

1. 有足够的幸福感;

2. 能保持自我的内心和谐以及与环境的和谐;

3. 有足够的自尊感和自信;

4. 能促进自我成长,发挥个人的潜质;

5. 成熟的个性;

6. 人格统整;

7. 与社会环境保持良好的接触与互动;

8. 能在社会环境中保持良好的、有效的适应性;
9. 在社会环境中保持相对独立性。

2.2.3 我国心理学家提出的心理健康标准

心理健康的四条标准

台湾地区心理健康专家黄坚厚于1976年提出的"衡量心理健康的标准",被台湾地区心理学界认为"最为简洁适切,且具综合性意义"(朱敬先,2002)。他提出的关于心理健康的4条标准是:

1. 心理健康的人是有工作的,而且能够把他本身的智慧和能力,从其工作中发挥出来,以获取成就,同时他常能从工作中得到满足之感。因之,他通常是乐于工作的。

2. 心理健康的人是有朋友的。他乐于与人交往,而且常能和他人建立良好的关系,在人与人相处时,正面态度(如尊敬、信任、喜悦等)常多于反面态度(如仇恨、嫉妒、怀疑、畏惧、憎恶等)。

3. 心理健康的人对于他本身应有适当的了解,进而能有悦纳自己的态度。他愿意努力发展其身心的潜能,对于无法补救的缺陷,也能安然接受,不做无谓的怨尤。

4. 心理健康的人应能和现实环境保持良好的接触,能对环境进行正确的、客观的观察,并能健全、有效地适应。对于生活中的各项问题,能以切实的方法加以处理,而不企图逃避。

心理健康的六条标准

王以仁、陈芳玲、林本乔(1999)在《教师卫生心理》一书中将心理健康归纳为6种特质。

1. 积极的自我观念——能了解并接受自己:拥有健康性格的人,能够正面看待自己和别人,肯定自己,也觉得自己能够为他人所接纳;了解自己的短处和长处,并对此有适当的自我评价,不过分自我炫耀,也不过于自我责备,即使对自己有不满意的地方,也不妨碍他感受自己较好的一面。

2. 对现实有正确的知觉能力——能面对现实并有效适应:敢于面对压力,心理健康的人可以与现实保持良好的接触,能对环境进行正确的、客观的观察,并可以有效地适应。

3. 从事有意义的工作——有工作,勤于工作并且热爱工作:对工作投入,能使人获得成就感并提高自我价值感,同时也能够从工作中获得成就。

4. 良好的人际关系——能有朋友且有亲密的朋友:与人相处时,尊重、信任、赞美、喜悦等正面态度多于仇恨、疑惧、嫉妒、厌恶等反面态度。能维持和谐的人际关系和清晰的边界,不一定要有许多好朋友,能与亲近的人维持亲密的关系,有健康的社交能力,在与别人交往时感到舒服自在,并能满足自己的需求。

5. 平衡过去、现在和未来的比重——活在现实生活中,吸取过去的经验,并策划未来:心理健康的人,能够吸取过去经验以策划将来。能够重视现在并且预见即将来临的困难而事先设法解决。对生命进行最好的利用。

6. 能自我控制感受与情绪——真实且实际地感受情绪并恰如其分地控制:个体能真实地感知环境,且有如实的感受;能恰如其分地控制,在情绪方面能够恰当地估量并表现得合乎情境。

心理健康的七项标准

在浙江大学马建青(1990)主编的《心理卫生学》中,从临床表现方面提出的心理健康标准有七项:

1. 智力正常:智力正常是人正常生活最基本的心理条件,是心理健康的首要标准。智力异常是导致其他心理功能异常的重要原因之一。

2. 善于协调和控制情绪,心境良好:心理健康者情绪稳定,经常保持愉快、开朗、自信、满足的心情,善于从生活中寻求乐趣,对生活充满希望,具有控制自己的情绪以保持与周围环境动态平衡的能力。

3. 具有较强的意志品质:意志是个体的重要精神支柱,健康的意志品质表现为心理承受能力强,自制力好,不放纵任性。

4. 人际关系和谐:表现为乐于与人交往;在交往中保持独立而完整的人格;能客观评价别人,友好相处,乐于助人;交往中的积极态度多于消极态度。

5. 能动地适应和改造现实环境:对现实环境的能动适应和改造,是很积极的处世态度。与社会广泛接触,对社会现状有较清晰正确的认识,其心理行为能顺应社会文化的进步趋势。

6. 保持人格的完整和健康:人格是个人比较稳定的心理特征的总和。心理健康的最终目标是使人保持人格的完整性,培养健全人格。

7. 心理行为符合年龄特征:心理健康者应具有与同年龄多数人相符合的心理行为特征。

中国人的心理健康标准

中国心理卫生协会前理事长蔡焯基(2011)对中国人的心理健康标准开展了实证研究,经过文献调研、专家调查与讨论,提炼出中国人心理健康标准和评价要素,如表2-2所示。

表2-2 中国人心理健康标准和评价要素

标　　准	评　价　要　素
1. 认识自我,感受安全	自我认识、自我接纳、有安全感
2. 自我学习,生活自立	生活能力、学习能力、解决问题能力
3. 情绪稳定,反应适度	情绪稳定、情绪控制、情绪积极
4. 人际和谐,接纳他人	人际交往能力、人际满足、接纳他人
5. 适应环境,应对挫折	行为符合年龄与环境、接受现实、合理应对

本书的心理健康标准

尽管对于心理健康的标准很难给出统一的指标,但通过综合分析以上众多的定义和指标,可以总结出一些衡量心理健康的基本标准。

1. 心理健康既可以是一种最佳的结果或状态,也可以是一个通过不断努力追求幸福和更好自我(betterment)的过程,是一个螺旋上升(upward spiral)的动态平衡过程;

2. 心理健康不仅体现为与自己和谐相处,也体现为可以与他人、社会及大自然和谐相处的状态;

3. 在个人层面上,心理健康表现为认知、情绪、行为层面的健康,其中情绪健康和积极的人格特征是心理健康的两个核心特征;

4. 情绪健康体现为经常性地感到愉悦心情,情绪相对稳定,具有情绪波动时能迅速恢复的情绪抗逆力;

5. 认知健康包括认知弹性大,保持好奇心,愿意积极主动地探索周围世界与他人,孜孜以求,不耻下问,保持终身学习的开放态度;

6. 积极探索自我,自尊自爱,谦卑但不自抑,开放而不张扬,自我悦纳,具有较高的自我效能感和自信;

7. 面对困难或压力时,勇于接受挑战,敢于直面自己的不足,有勇气探索,能自己解决问题并承担责任,心理抗逆力强,必要时有寻求社会支持和专业协助的意识;

8. 在人际关系方面,愿意聆听他人,能与他人合作,愿意妥协和谦让,尊重彼此的不同意见,愿意对话与相互支持和了解;

9. 行为选择比较积极正面,愿意与人为善,常怀感恩之心,愿意为他人和社会担当责任。

总而言之,心理健康标准的定义一定要包括关于认知、情绪、行为以及脑回路的健康探讨;既要描述相对完美的最佳状态,又要强调这是一个循序渐进的完善过程;既要接纳暂时不能的自我状态,又能转危为机,能求助,愿意走出自我心理舒适区。发现"更好的自己"是一生的发展任务。此外,人在各种关系中定位自我的价值和发展状况,包括与自己、与他人、与社会、与事情(工作)以及与大自然缔结各种关系并在其中发展自己,既能接纳现在的自我状态,又能走出自我安全舒适圈,勇于拓展并提升自我。在发展过程中,可能会出现暂时不能的自我状态,此时寻求社会支持和专业协助,也是健康负责的。由此,本书认为心理健康指标是自我在不同的关系中,动态、渐近地向"更好状态"发展的过程,总结如表2-3所示。

表2-3 "更好自我"取向的心理健康标准

	与自己	与他人	与社会	与事情(工作)	与大自然
认知特征	有积极的自我概念,愿意从错误中学习	对他人保持开放和学习的态度,主动结交朋友,与人为善	把握社会知识和社会规则	认真负责,坚毅,不轻易放弃	对大自然保持敬畏之心,欣赏并能感受到大自然的美
情绪特征	有较高的自尊,能与自己和谐相处,自我爱惜	愿意聆听,友善待人,有较好的宽容性,与他人妥协和合作	愿意为他人付出,并愿意担当的意义感	情绪稳定,就事论事	热爱大自然
行为特征	自信,有较高的自我效能感	与人为善,能帮尽帮	愿意负责任,有担当	积极主动,愿意合作,并愿意承担责任	喜欢亲近大自然,探索大自然,愿意做绿色的环保者
有压力困难时	有勇气面对困难和挑战,不轻易言败,不耻下问,担当负责,有足够的心理弹性;必要时,有寻求社会支持和专业协助的意识				
脑回路	减少由海马回直接连接杏仁核的回路反应,增加心理努力与注意和专注力训练,以加强脑内杏仁核到前额叶的连接,从而进行脑回路重设				

2.2.4 正确理解心理健康的标准

正确理解和运用心理健康标准应注意以下几个问题。

心理不健康与有不健康的心理和行为表现不能等同

心理不健康是指一种持续的不良状态。偶尔出现一些不健康的心理和行为,并不等于心理不健康,更不等于已患心理疾病。因此,不能仅从一时一事而简单地给自己或他人下心理不健康的结论。

心理健康与不健康不是泾渭分明的对立面,而是一种连续状态

从良好的心理健康状态到严重的心理疾病之间有一个广阔的过渡带。在许多情况下,异常心理与正常心理、变态心理与常态心理之间没有绝对的界限,只是程度的差异。

心理健康的状态不是固定不变的,而是动态变化的过程

随着人的成长、经验的积累、环境的改变,心理健康状况也会有所改变。

心理健康的标准是一种理想尺度

心理健康的标准不仅为我们提供了衡量是否健康的尺度,而且为我们指明了提高心理健康水平的努力方向。每一个人在自己现有的基础上做不同程度的努力,都可以追求心理发展的更高层次,不断发挥自身的潜能。

心理健康的基本标准是能够有效地进行工作、学习和生活

如果正常的工作、学习、生活难以维持,那么就应该及时调整。

总而言之,心理健康标准只能是参考标准,不仅要为大多数人提供自我衡量的参考,又不能过分追求完美,而将大多数人标签为不健康的人,将那些先天弱势群体排斥在健康之外,比如残障人士,或精神康复人士。一套富有弹性并兼顾动态发展过程的心理健康标准,可以容纳不同状态的人;主观能动性和乐观性有助于个体免遭"完美标准"的排斥和压迫。

由此可见,心理咨询师应对心理健康标准保持弹性,不能以僵化的、理想的心理健康标准框架来设置每个来访者的成长目标。有经验的心理咨询师应立足于来访者的现实状况,包括来访者的个性特征、年龄阶段、现有的生活环境以及心理发展状态,协助他们探索和发展适合自己成长的独特路径,发现更好的自我。心理咨询没有唯一的有效方案,心理咨询师应主动打破自己既定的专家框架,重视在可信任的工作关系中为来访者赋权,既保持心理咨询关系中可信赖的情感关系,又能有意识地协助来访者接纳现有的自己,勇于走出自我的心理舒适圈;既保持独立的自我,又能保证自我的开放性;既依赖又独立地保持清晰的人际关系边界,与他人合作,向他人学习,在各种现实的人际关系中觉察自我的状态,以保证自我积极发展的独立空间。助人自助,才是心理咨询最终的目的。而从来访者角度看,心理咨询是当来访者在"暂时不能"的自我状态时,有意识地应用专业的心理协助,在可信的工作关系中,向更好的自我发展的一个过渡。每一次的心理咨询,是更好自我发展的新开始,是保证自我可持续成长的一个策略。自我发展是一个螺旋向上的动态过程,是逐渐接近理想的自我以及完美的心理健康的过程。

2.3 增进心理健康的不同模式

人是生理、心理和心灵交汇的统一体,同样地,人在环境中,不仅人能适应环境,而且环境也能塑造和刺激个体的心理健康和个性特征。牵一发而动全身,当人身体不舒适时,容易使心情不好,而心情或情绪变化,往往也会反映在身体和睡眠上,如遇到高压力时,则可能使心情不好,并影响睡眠和食欲。因此,本节先简单回顾增进心理健康的不同模式,提出结合传统中医非药物治疗的优势,总结一套促进身一心一灵—大脑联结的日常心理保健操。因为每个人都是自己最终的心理咨询师,有能力自我疗愈,所以自我调节是最有效的心理健康促进方法。

2.3.1 精神医学模式

二战后,心理学研究与实践主要集中在对诸多心理疾病的理解、诊断、评估和治疗的探索上。精神医学模式(pathological disease model)的特点是以专家为导向,评估诊断问题,有清晰的指引,启动一套标准的处置程序,以消除心理疾病为目标,采用心理治疗的方式,配合药物治疗,在临床环境下解决来访者的各种心理疾病及行为规范问题等。

心理咨询师的角色与工作边界

作为心理咨询师,我们首先要清晰了解心理问题和心理疾病之间的临床边界。心理咨询师没有临床诊断评估和处方权。在这样的医学模式中,心理咨询师需要与精神科大夫合作,在工作初期,主要的角色是协助来访者了解自己心理疾病的严重性,敦促他们去医院求助,或转介到专科医院进行诊治和评估。专业的医学评估必须由符合专业资格的医生加以实施,诊断评估后可能需要进行药物治疗。在药物治疗过程中,心理咨询师应该与来访者合作,协助他们消除服药的病耻感和恐惧感,以及对药物副作用的焦虑和担心;并帮助他们自我觉察药物带来的身心的变化,尤其是头二周,如果药物治疗后有明显的改善,则说明药物对症,可以继续保持用药,要提醒来访者千万不要轻易自行停药。任何药物的增减,都需要医生来最终决定,咨询师可以酌情给予建议。比如一个患抑郁症的学生,咨询师需要评估其是否处于考试的重要时刻,如果是,可以让来访者询问医生是否需要加大药量,在考试后是否需要重新调回药量等。

跨专业的合作模式

在精神医学模式中,初期对来访者的药物治疗非常重要,咨询师应与来访者建立初步的工作关系,其主要的作用是进行知识的普及和情绪支持。精准诊断是为了更好地协助来访者,咨询师要根据经验,建议来访者去专业医院继续进行评估,如需吃药,那么至少要到两周后,等个案情绪相对比较稳定时,咨询师与来访者才真正进入到咨询的工作关系中。与精神科大夫的合作,可以是团队合作,也可以是借助来访者形成合作关系,如通过来访者了解评估结果,并及时通过来访者,与医生反映自己所观察和感知到的患者的问题所在,以协助患者更好地与医生进行配合。

基本的工作方法

除了药物治疗,心理咨询师应根据自己所学所长,与来访者建立良好的工作关系,无条件支持其发展。可采用的心理咨询模式包括:精神分析治疗法、阿德勒治疗法、存在主义治疗法、格式塔治疗法、行为主义治疗法、认知治疗法、现实治疗法等。

值得注意的是,最近发展起来的后现代心理咨询流派,包括优势取向工作方法、聚焦方法以及叙事疗法,对于解构药物治疗带来的病耻感尤为有用。优势取向是咨询师相信解决来访者的心理问题的钥匙在来访者自己手中。咨询师通过工作关系,时刻保持专业的敏锐性,保持对来访者的好奇心,关键任务是协助来访者进行自我能量的探索,发现更好的自己,发现适合自己的论述方法,重新建构自己的人生目标或生命故事,从而降低自己对自己的失望程度,并及时调整自己以面对暂时不能的自己,让自己有机会突破,遇到更好的自己。

2.3.2 积极心理干预模式

对于无需药物治疗的来访者,心理咨询师经常发现他们遭遇双"H"的心理危机,即内心对自己充满无助(helplessness)和无望(hopelessness)。积极心理干预模式(positive psychological intervention)一般来说是积极动员来访者内心的能量,协助来访者自我觉察内在的力量,找寻更好的自我。自我成长并最后自助解决问题,是这个模式最终的目的。

心理咨询师的角色

在这个工作模式中,咨询师的主要角色是来访者自我成长的催化剂(facilitator)、情绪状态的镜子(mirror)以及内心情感需要和渴望的翻译者(translator)。来访者自认为自己很不行,沉溺在失败的挫折感中。通过与咨询师发展出可信任的工作关系,咨询师通过同理心和共情技术,协助来访者在咨询师这个镜子中发现自己点滴的变化,在关系中觉察自己的力量。咨询师在关系中协助来访者进行关键技术的练习,协助来访者首先与自己的身体和解,再用积极语言对自己的心情和感受进行重新解读,从而逐步改变他们对自己的看法。情绪作为咨询师进入来访者内心世界的关键通道,不仅呈现其问题,同时反映其内在深处的情感需要或渴望。心理咨询师要注意不要兀自停留在对问题事件的讨论上,应多邀请来访者留意自己与咨询师之间的工作关系中自己当下的感受,对生活事件的重现认识,觉察自己在事件中的状态,从而从问题泥潭中走出来。

积极干预的工作模式

积极干预是一套科学工具和策略,专注于增加幸福感以及积极的认知和情绪(Keyes,Fredrickson 和 Park,2012)。

首先,协助来访者应用自己的身体资源,利用呼吸的方法来放松自己的身体,唤醒身体。恢复对身体的掌控感,是来访者与自己身体和解的第一步。无助和无望的人,往往心神不定,甚至是内心崩溃的(参考图 3-1)。深呼吸和正念是协助来访者锚定心神,自我放松并进行大脑放空最好的方法,身体放松——呼吸放松——心情放松——大脑放松,才能真正做好心理咨询的身心准备。

其次,尽可能唤起来访者积极的记忆和当下表现出来的积极的变化,来勾兑他们对自己的失望感,并通过咨询师不断呈现和翻译出他们的积极的变化,令他们对自己逐渐恢复信心。在这个过程中,如何对来访者保持好奇心,并能够敏锐发现来访者在叙事过程中的闪光点,是心理咨询师最需要保持的专业敏感性。咨询师应该多问自己,"为什么是我","专业的咨询师,应该如何回应来访者才能更专业呢"。心理咨询应保持自我反省性,保持谦卑心态,向来访者学习,对他们保持好奇和探索之心,才能赋权来访者,使他们有可能在咨访关系中发现更强大的自己。

基本的工作方法

积极干预绝不是积极给意见或给建议,而是积极探索来访者内心世界的真实需要,以及探索和总结出来访者内在的资源和能量。优势取向和赋权的叙事方法,是积极干预中重要的工作方法。此外,正念为本的感恩旅程(mindfulness-based gratitude journey)、希望治疗法(hope therapy)、自我积极肯定技巧(positive affirmations)、积极自我想象法(the imagined self technique),都是积极干预过程中经常用的方法。

比如,自我积极肯定技巧的应用:给自己准备一周七张卡片,每天给自己写一张卡片,如"我原谅自己过去所有的错误"、"从今天起,我会更加爱自己",在咨询师这里大声说出来;咨询师可以带来访者进行深呼吸,进行一组正念,再缓缓与其聊聊要原谅的那个人与自己的故事。

积极自我想象法可以这样做:闭上眼睛,"想象一下,你现在准备要与五年后的自己见面,那会是个什么样的场景","想象你自己在未来,与所有你想与之分享的人一起过着你梦想的生活"。请来访者写下这些内容,并试着让自己沉浸在想象的自我中,试着体会认为自己当时可能感受到的幸福和积极。同时与咨询师探讨以下问题:五年后的我是什么样的?为什么是这样的?那么现在可以做什么?

积极的自我对话(self-talking)、充满希望的想象力以及与支持性社会联系(Shekarabi-Ahari, Younesi, Borjali 和 Ansari-Damavandi, 2012),可帮助来访者对自己的咨询目标有更清晰的概念,制定实现目标的多种途径,并将障碍重新定义为需要克服的挑战(Lopez, Floyd, Ulven 和 Snyder, 2000)。也就是说,通过咨询,咨询师协助来访者发展出三种积极正面的能力,包括积极的自我论述,对未来积极的想象力,以及重塑积极社会支持系统的能力,重新建构来访者与自己、与未来以及与他人或社会之间的积极关系及其意义,从而帮助来访者提高满意度以及心理健康恢复的抗逆力,并降低其抑郁水平。

2.3.3 基于脑科学和中医的心理咨询方法

如前所述,我们每天都在联结或修剪大脑。心理咨询师进入到工作场域中,成为来访者的环境刺激因素之一,其所使用的语言、语调以及词语是否包含丰富的同理心和情感,就在当下成为喂养来访者大脑的"语言营养"(linguistic nutrition)。建立可信的工作关系,让来访者在工作关系中释放自己,不必紧张地掩饰自己,从而令自己一直紧张的大脑得以放松。从脑科学角度来说,心理咨询师能否给予来访者足够的情感和情绪回应,能否让来访者从呼吸放松开始,到身体放松,心情放松直至心理放松,首先即反映在来访者的大脑是否能得到咨询师语言的滋养上。

咨询师的角色

在这种工作方法中,咨询师充当的是来访者的微观系统,是"喂养"来访者大脑的语言营养师。来访者大脑中的镜像神经元决定了我们可以通过工作关系建立一套相互理解和可信的工作关系。脑科学证据显示,我们能在短时间内,通过共情和同理心,让来访者与自己形成信任的工作关系,并尽快让来访者的注意力聚焦(focus),比如从聚焦自己的呼吸开始,放松自己,这种有意识的聚焦瞬间可以打破之前惯常的脑回路链接,从而链接到掌控理性思维的前额叶(俗称大脑的司令部),为个体改变惯常的行为习惯提供一次机会。然而,一次的行为或认知习惯,只是促进脑回路进行一种新的链接,如果没有重复或坚持,则容易退行回到惯常的脑回路,也就是惯常的行为或认知习惯中。因此,要发展出稳定的新行为习惯,则需要来访者坚持并做出心理努力(psychological efforts),比如,有意识地坚持每天做几次眼动、运动和正念,或通过积极的论述来重建生命的意义,或通过自我积极说话改变消极的自我,培育积极的自我论述或正面的行为风格,从而慢慢培养成为习惯(effortlessness),这是需要时间的,也需要足够的决心(determination),才能稳固大脑中所产生的新的神经网络连接。可以说,用共情喂养大脑,改变来访者的大脑回路从习惯了的情绪脑(海马回—杏仁核连接)到大脑司令部(海马回—前额叶连接)是这个咨询视角的关键。也就是说,在某种意义上,心理咨询是咨询师与来访者在共建的、温暖可信的工作关系的基础上,为来访者改变旧有的行为习惯所固化的脑神经回路(经常是海马回—杏仁核连接)。咨询就是为大脑进行重新布线,喂养(FEED)大脑的过程,其基本框架如图2-6所示。

基本的工作模式

要促使来访者的大脑神经回路经过前额叶,喂养来访者的大脑,除了共情的语言营养外,还需要来访者自己的努力。来访者应保持自身的日常保健,为大脑提供喜欢的食物,这是喂养大脑且长期保持大脑可塑性的重要举措。

日常生活的身心保健

根据脑科学研究给予的实证证据,我们总结出了几种最能保持或伤害大脑可塑性的途径,如表2-4所示。

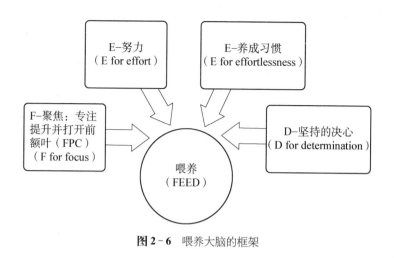

图 2-6 喂养大脑的框架

表 2-4 提升或伤害大脑可塑性的途径

提升大脑可塑性的途径	伤害大脑可塑性的情况
学习/获得新经验(learning/gaining new experience)	物理性损伤(physical injury)
有氧的适量的体育运动(physical exercises)	脑疾病(脑退化)(brain diseases, dementia)
心理放松(psychological relaxation)	长期压力(chronic stress)
充足的睡眠(大于7小时,enough sleeping)	精神疾病(mental illness)
正念(mindfulness)	暴力(violence)
音乐(music)	药物滥用(substance abuse)
健康生活(healthy lifestyle)	
恻隐之心(compassion)	

心脑保健操

心脑保健操是本章作者多年实践和研究所得,整合 EMDR(眼动脱敏疗法)与身体正念方法,应用简单的眼动(eye movement)与身体连线(body link)。

晚上休息躺平在床上时,先做三组深呼吸,再来做身体连线的正念练习。深呼吸的口诀是:鼻吸气口呼气,先用鼻子深吸气,自己数"1、2、3……"。做完深呼吸后,缓缓地将注意力聚焦于自己的鼻尖。

大脑最爱吃的食物

中医一直有着积极探索保持精神健康以及非药物治疗精神疾病的传统,包括针灸、按摩穴位及食疗等。表 2-5 列举了大脑最爱的食物,属于食疗。

中医用情志疗法和阴阳不平衡的视角来看待心理健康问题,避免负面的标签化,使重视面子文化的中国人更愿意接受自己不健康的状况;食疗、穴位按摩、气功、坐禅等方法,则有助于每个人充分发挥内在的身体能量,立足于日常生活,有意识地选择健康的生活方式,以保证心理健康和大脑可塑性的可持续发展。

表 2-5 大脑最爱的食物(举例)

食物	功能	提供大脑养分
花生	改善血液循环,增强记忆能力,延缓衰老,延缓大脑衰退	含有丰富的卵磷脂和脑磷脂
鱼肉	防止脑细胞退化	含丰富的DHA(俗称"脑黄金",脂肪含量非常低),又含有丰富的蛋白质和钙
鸡蛋	促进大脑发育,增强记忆力	有丰富的卵磷脂、甘油三酯、胆固醇和卵黄素
核桃	增强记忆力,延缓衰老	含丰富的不饱和脂肪酸,能够降低胆固醇的含量,含丰富的维生素B和E,可以防止细胞老化
南瓜(子)、深绿色的叶菜、胡萝卜、甜椒、番薯、木瓜、芒果等都含有丰富的β-胡萝卜素	有助于脑部运转,提升敏锐的思考能力	丰富的β-胡萝卜素含有锌元素,可以为脑部发育提供锌元素;锌摄取不足,容易导致记忆力衰退、注意力不集中等问题
海带	健脑益智	含丰富的亚油酸、卵磷脂等营养成分,海带等藻类食物中的磺类物质,是大脑发育过程中不可缺少的
葵花子	保持大脑思维敏捷	含丰富的铁、锌、钾、镁等元素以及维生素E,补脑健脑
香蕉	促进脑细胞生长,是令人开心的降压食品	含丰富的矿物质和钾离子,可以平衡身体内的钠离子,具有促进细胞和组织生长的作用,能制造开心激素氨基酸
牛奶	促进神经细胞生长	有丰富的蛋白质、钙,以及大脑中所必需的氨基酸,含有对神经细胞十分有益的维生素B1等元素
芝麻	健脑黑发	所含有的脂肪大多数为不饱和脂肪酸

(苏细清、樊富珉 撰写)

本章参考文献

蔡焯基.(2011).维护心理健康构建和谐社会——心理健康概念与标准.转载于2011年浙江省心理卫生协会第九届学术年会论文汇编.
樊富珉,费俊峰.(2013).大学生心理健康十六讲.北京:高等教育出版社.
洪兰.(2019).神经认知心理学:情绪与决策.https://www.youtube.com/watch? v = PxVvaGgS1kM.
黄坚厚.(1986).青年的心理健康(再版).台北:心理出版社,3-4.
林崇德.(1999).教育的智慧——写给中小学教师.北京:开明出版社.
马建青.(1990).心理卫生学.杭州:浙江大学出版社,139.
马建青.(1992).大学生心理卫生.杭州:浙江大学出版社,29.
宋兴川,刘旺.(2003).心理咨询与心理健康.海口:南海出版公司.
李百珍.(2003).青少年心理健康教育与心理咨询.北京:科学普及出版社.
王以仁、陈芳玲,林本乔.(1999).教师心理卫生.北京:中国轻工业出版社,7-9.
中美联合编审委员会.(1985).简明不列颠百科全书(第8卷).北京:中国大百科全书出版社,613.
钟成鸿.(2020).心理学不同教学方法及课程内容对军校生心理健康、军校适应及学习动机之影响:教学实践取向研究(博士学位论文).台北:台湾政治大学.
朱敬先.(2002).健康心理学.北京:教育科学出版社,64.
American Psychiatric Association. (2013). *Diagnostic and statistical manual of mental disorders*:*DSM - 5*. Washington

DC: American Psychiatric Association. Retrieved from https://doi.org/10.1176/appi.books.9780890425596.529303.
Benson, P. L., Scales, P. C., Hamilton, S. F., & Sesma, A. Jr. (2006). Positive youth development: theory, research and applications. In W. Damon and R. M. Lerner (Eds.), *Handbook of Child Psychology*, *Vol. 1*: *Theoretical Models of Human Development* (6th ed., pp. 894-941). New York, NY: John Wiley.
Bell, C. C. (1994). DSM-IV: Diagnostic and Statistical Manual of Mental Disorders. *JAMA*, 272(10): 828-829. doi: 10.1001/jama.1994.03520100096046.
Boll, J. (2014). *A holistic approach to mental health and wellness*. Retrieved from https://www.rtor.org/2014/05/02/a-holistic-approach-to-mental-health-wellness.
Bonell, C., Hinds, K., Dickson, K., Thomas, J., Fletcher, A., Murphy, S., ... et al. (2016). What is positive youth development and how might it reduce substance use and violence? A systematic review and synthesis of theoretical literature. *BMC Public Health*, 16,135.
Callhoun, L. G., & Tedeschi, R. G. (2004). The foundations of posttraumatic growth: New considerations. *Psychological Inquiry*, 15(1),93-102.
Cameron, R. J., & Maginn, C. (2008). The authentic warmth dimension of professional childcare. *British Journal of Social Work*, 38(6),1151-1172.
Csiksentmihalyi, M. (1990). *Flow: The psychology of optimal experience*. New York: Harper & Row.
Csikszentmihalyi, M., & Csikszentmihalyi, I. S. (1988). *Optimal experience: Psychological studies of flow in consciousness*. New York: Cambridge University Press.
Damon, W. (2004). What is positive youth development? *The Annuals of the American Academy of Political and Soccial Science*, 591,13-24.
Deci, E. L., & Ryan, R. M. (2008). Hedonia, eudaimonia, and well-being: An introduction. *Journal of Happiness Studies*. 9,1-11.
Diener, E. (1984). Subjective well-being. *Psychological Bulletin*, 95(3),542-575. https://doi.org/10.1037/0033-2909.95.3.542.
Diener, E., & Biswas-Diener, R. (2008). *Happiness: Unlocking the mysteries of psychological wealth*. Boston, MA: Blackwell Publishing.
Diener E., Horowitz, J., & Emmons, R. A. (1985). Happiness of the very wealthy. *Social Indicators Research*, 16, 263-274.
Fordyce, M. (1981). *The psychology of happiness: A brief version of the 14 fundamentals*. Fort Myers, FL: Cypress Lake Media.
Fordyce, M. (1983). A program to increase happiness: Further studies. *Journal of Counseling Psychology*, 30(4),483-498.
Frances, A. (2013a). Saving normal: An insider's revolt against out-of-control psychiatric diagnosis, DSM-5, big pharma, and the medicalization of ordinary life. *Psychotherapy in Australia*, 19(3), 14-18. https://search.informit.org/doi/10.3316/informit.464019439257830.
Frances, A. (2013b). DSM-5: Where do we go from here? *Psychiatric times*. Retrieved from http://www.psychiatrictimes.com/blogs/dsm-5/dsm-5-where-do-we-go-here.
Friedman, M. J. (2013). Finalizing PTSD in DSM-5: Getting here from there and where to go next. *Journal of Traumatic Stress*, 26(5),548-556. https://doi.org/10.1002/jts.21840.
Galderisi, S., Heinz, A., Kastrup, M., Beezhold, J., & Sartorius, N. (2015). Toward a new definition of mental health. *World Psychiatry: Official Journal of the World Psychiatric Association (WPA)*, 14(2),231-233. https://doi.org/10.1002/wps.20231.
Galderist, S., Heinz, A., Kastrup, M., Beezhold, J., & Sartorius, N. (2017). A proposed new definition of mental health. *Psychiatria Polska*, 51(3),407-411. Doi: 10.12740/PP/74145.
Gomory, T., Cohen, D., & Kirk, S. A. (2013). Madness or mental illness? Revisiting historians of psychiatry. *Current Psychology*, 32(2),119-135. https://doi.org/10.1007/s12144-013-9168-3.
Greenberg, G. (2013). *The book of woe*. New York: Penguin Group.
Greicius, M. D., Flores, B. H., Menon, V., Glover, G. H., Solvason, H. B., Kenna, H., ... & Schatzberg, A. F. (2007). Resting-state functional connectivity in major depression: Abnormally increased contributions from subgenual cingulate cortex and thalamus. *Biological Psychiatry*, 62(5), 429-437. https://doi.org/10.1016/j.biopsych.2006.09.020.
Havighurst, R. J. (1952). Social and psychological needs of the aging. *The Annals of the American Academy of Political and Social Science*, 279(1),11-17. https://doi.org/10.1177/000271625227900102.
Jahoda, M. (1958). *Current Concepts of Positive Mental Health*. New York: Basic Books.
Jayawickreme, J., Pawelski, J., & Seligman, M. (2008). *Positive Psychology and Nussbaum's Capabilities Approach*. Conference presentation: Subjective Measures of Well-Being and the Science of Happiness: Historical origins and philosophical foundations Birmingham AL.
Keyes, C. L. M (2002). The mental health continuum: From languishing to flourishing in life. *Journal of Health and Social Behavior*, 43,207-222. http://dx.doi.org/10.2307/3090197.

Keyes, C. L. M. (2014). Mental health as a complete state: How the salutogenic perspective completes the picture. In G. F. Bauer & O. Hämmig(Eds.), *Bridging occupational, organizational and public health*(pp. 179 - 192). Springer.

Keyes, C. L. M, Fredrickson, B. L., & Park, N. (2012). Positive psychology and the quality of life. In K. C. Land, A. C. Michalos & M. J. Sirgy (Eds.), *Handbook of Social Indicators and Quality of Life Research* (pp. 99 - 112). Springer.

Keyes, C. L. M. & S. J. Lopez. (2002). Toward a science of mental health: Positive directions in diagnosis and interventions. In C. R. Snyder & S. J. Lopez (Eds.), *The Handbook of Positive Psychology* (pp. 45 - 59). New York: Oxford University Press.

Kirk, S. A., Gomory, T., & Cohen, D. (2013). *Mad science: Psychiatric coercion, diagnosis, and drugs.* Transaction Publishers.

Krishnan, V., & Nestler, E. J. (2018). The molecular neurobiology of depression. *Nature*, 455(7215), 894 - 902.

Lee, F. S., Heimer, H., Giedd, J. N., Lein, E. S., Šestan, N., Weinberger, D. R., & Casey, B. J. (2014). Mental health. Adolescent mental health—opportunity and obligation. *Science*, 346 (6209), 547 - 549. https://doi.org/10.1126/science.1260497.

LeGates, T. A., Kvarta, M. D., Tooley, J. R., Francis, T. C., Lobo, M. K., Creed, M. C., & Thompson, S. M. (2018). Reward behaviour is regulated by the strength of hippocampus-nucleus accumbens synapses. *Nature*, 564, 258 - 262.

Lomas, T., Waters, L., Williams, P., Oades, L. G., & Kern, M. L. (2020). Third wave positive psychology: Broadening towards complexity. *The Journal of Positive Psychology*, 16, 1 - 34. https://doi.org/10.1080/17439760.2020.1805501.

Lopez, S. J., Floyd, R. K., Ulven, J. C., & Snyder, C. R. (2000). Hope therapy: Helping clients build a house of hope. In C. R. Snyder (Ed.), *Handbook of hope* (pp. 123 - 150). Academic Press. https://doi.org/10.1016/B978-012654050-5/50009-9.

Manwell, L. A., Barbic, S. P., Roberts, K., Durisko, Z., Lee, C., Ware, E., & McKenzie, K. (2015). What is mental health? Evidence towards a new definition from a mixed methods multidisciplinary international survey. *BMJ Open*, 2;5(6): e007079. doi: 10.1136/bmjopen-2014-007079.

Maslow, A. H., & Mittelmann, B. (1941). *Principles of abnormal psychology: The dynamics of psychic illness* (Rev. ed.). Harper.

Nelson-jones, R. (1979). Goals for counselling, psychotherapy and psychological education: Responsibility as an integrating concept. *British Journal of Guidance and Counselling*, 7 (2), 153 - 168. https://doi.org/10.1080/03069887908258156.

Parkinson, J. (2007). *Review of Scales of Positive Mental Health Validated for use with Adults in the UK: Technical Report.* Glasgow: NHS Health Scotland.

Pickersgill, M. D. (2014). Debating DSM - 5: Diagnosis and the sociology of critique. *Journal of Medical Ethics*, 40 (8), 521 - 525. http://dx.doi.org/10.1136/medethics-2013-101762.

Pies, R. (2013). Invitation to a dialogue: Psychiatric diagnoses. The New York Times. https://www.nytimes.com/2013/03/20/opinion/invitation-to-a-dialogue-psychiatric-diagnoses.html.

Rath, T., & Hater, J. (2010). *Wellbeing: The five essential elements.* New York: Gallup Press.

Ryff, C., & Keyes, C. (1995). The structure of psychological well-being revisited. *Journal of Personality and Social Psychology*, 69(4), 719 - 727. Doi: 10.1037/0022-3514.69.4.719.

Schwarzer, R., & Jerusalem, M. (1995). Generalized self-efficacy scale. In J. Weinman, S. Wright, & M. Johnston (Eds.), *Measures in health psychology: A user's portfolio. Causal and control Belief* (pp. 35 - 37). Windsor: NFER-Nelson.

Seligman, M. (2002). *Authentic happiness: Using the new positive psychology to realize your potential for lasting fulfillment.* New York: Free Press.

Shekarabi-Ahari, G., Younesi, J., Borjali, A., & Ansari-Damavandi, S. (2012). The effectiveness of group hope therapy on hope and depression of mothers with children suffering from cancer in Tehran. *Iranian Journal of Cancer Prevention*, 5(4), 183 - 188.

Steger, M. F, Frazier, P., Oishi, S., & Kaler, M. (2006). The meaning in life questionnaire: assessing the presence of and search for meaning in life. *Journal of Counseling Psychology*, 53(1), 80 - 93.

Swarbrick, M. (2006). A Wellness Approach. *Psychiatric Rehabilitation Journal*, 29(4), 311 - 314.

Teicher, M., Samson, J., Anderson, C., & Ohashi, K. (2016). The effects of childhood maltreatment on brain structure, function and connectivity. *Nature Reviews Neuroscience*, 17(10), 652 - 666. Doi: 10.1038/nrn.2016.111.

Thomason, T. (2014). Criticisms, limitations, and benefits of the DSM - 5. *Arizona Counselling Journal*, 30, 1 - 16.

Thompson, A. A. (2002). Perceiving benefits in the cancer experience. *Journal of Clinical Psychology in Medical Settings*, 9, 153 - 165.

Vaillant G. E. (2012). Positive mental health: Is there a cross-cultural definition? *World psychiatry: Official Journal of the World Psychiatric Association*, 11(2), 93 - 99. https://doi.org/10.1016/j.wpsyc.2012.05.006.

Vitanova, P. T. A. (2020). *What is the goal of counselling?* Retrieved from https://www.vitanova.co.za/what-is-the-goal-of-counselling.

Wohleb, E. S. (2016). Neuron-Microglia Interactions in Mental Health Disorders: "For Better, and For Worse". *Frontiers in Immunology*, 7,544-544. https://doi.org/10.3389/fimmu.2016.00544.

Wong, P. T. P. (2011). Positive psychology 2.0: Towards a balanced interactive model of the good life. *Canadian Psychology*, *52*(2),69-81. Doi: 10.1037/a0022511.

World Health Organization. (1951). *Expert Committee on Mental Health: Report on the Second Session*. Geneva: World Health Organization.

World Health Organization. (1994). *Basic documents*(39th ed.). World Health Organization.

World Health Organization. (2001). *The world health report 2001: Mental health: New understanding, new hope*. World Health Organization.

World Health Organization. (2004). *Promoting mental health: Concepts, emerging evidence, practice: summary report*. https://apps.who.int/iris/bitstream/handle/10665/42940/9241591595.pdf.

World Health Organization (2014). *2014 mental health ATLAS*. https://apps.who.int/iris/bitstream/handle/10665/178879/9789241565011_eng.pdf.

3 来访者问题的评估与分析

3.1 来访者问题的心理评估 / 63
　　3.1.1 心理评估的概念 / 63
　　3.1.2 心理评估的作用和意义 / 63
　　3.1.3 评估来访者问题的主要手段 / 64
　　3.1.4 评估来访者问题的主要内容 / 65
　　3.1.5 心理评估的注意事项 / 66
　　3.1.6 来访者的选择与转介 / 67
3.2 不同发展阶段的成长议题和危机 / 68
　　3.2.1 学前期儿童的成长议题和危机 / 71
　　3.2.2 学龄期儿童的成长议题和危机 / 71
　　3.2.3 青少年期与青年期的成长议题和危机 / 73
　　3.2.4 中年期的心理发展议题和危机 / 74
　　3.2.5 老年期的心理发展议题和危机 / 75
3.3 常见心理问题的分类 / 76
　　3.3.1 心理问题的类型及产生原因 / 76
　　3.3.2 一般心理困扰的常见领域与表现 / 78
　　3.3.3 常见精神障碍 / 80

　　在心理咨询中,来访者作为心理咨询的主体,总是带着各式各样的问题和困扰而来。如何给不同的来访者设置合适的咨询目标?如何为不同的来访者开展有针对性的专业助人工作?这些问题的解答都离不开一个基本前提,那就是对来访者的问题进行充分的评估与分析。这既是心理咨询工作的前提,也是心理咨询进程的关键,受到咨询师的受训背景和经验的影响。不同的咨询师对同一位来访者的评估角度和分析视角可能存在差异,这也决定了心理咨询是非常个性化的工作。咨询师开展对来访者问题的评估和分析,需要专业的知识储备。一方面需要了解人在毕生成长发展历程中的心理特点,熟悉人生各个阶段需要面对的发展课题、成长危机以及心理发展特点;另一方面应该了解常见的心理问题和主要症状,具备心理问题的鉴别与评估能力,以便根据不同来访者的情况尽量做出正确的判断,采取及时有效的咨询策略,进行适当的处置与治疗。

3.1 来访者问题的心理评估

判断一个人是否存在心理问题,特别是判断其问题程度是否属于某种心理障碍或精神疾病,实质上是一个心理评估与诊断的问题,需要专业人员,如精神科医生、临床心理学家、心理咨询师等,运用心理学和精神病学的理论、技术、方法和手段,根据严格的诊断标准,按照严格的程序去实施,是一项专业性很强的工作。根据我国精神卫生法,心理咨询师没有诊断权,不能为来访者提供心理问题和精神疾病的诊断,但这并不代表咨询师不需要对来访者的问题和症状进行评估。一名合格的心理咨询师,仍然需要掌握足够的专业知识,在开展心理咨询的过程中,对来访者问题进行持续评估与分析,并以此为依据开展有针对性的咨询工作。

3.1.1 心理评估的概念

心理评估就是咨询师不断收集来访者信息资料和检验假设这二者相互结合的过程,确认来访者到底存在什么样的问题,并以此为依据决定咨询能否解决问题,以及咨询的目标、方向、计划和策略。在心理咨询中,评估并不是"贴标签",它有别于医学中的"诊断",更像是咨询师和来访者在合作与互动中,对来访者的心理问题和"症状表现"进行分析和界定。心理评估受咨询师的理论背景影响,不同咨询理论有着不同的人性观和病理观,因此,具有不同理论背景的咨询师对来访者资料的组织和分析方式可能是不同的,最后做出的评估和假设也会存在差异。心理评估对咨询过程的发展有重要作用,它本身就是深化和聚焦的过程,有助于来访者更整合地理解自身问题,澄清自我认知,同时也有助于明确咨询目标和计划。

3.1.2 心理评估的作用和意义

心理评估在咨询中起着承前启后的作用,一方面它需要咨询师掌握足够的背景信息,这建立在初始访谈时全面收集来访者资料的基础上;另一方面它又是咨询师开展下一步咨询干预工作的基础,为咨询师选择恰当方法实施咨询提供依据。

在心理咨询中对来访者进行评估,首先可以帮助咨询师鉴别来访者的问题是否符合心理咨询的服务范围,避免给不适合心理咨询的对象提供服务,比如需要药物治疗的精神病人,因为这样不但难以获得良好的咨询效果,还会耽误来访者的病情,延误其获得有效帮助的时间。此外,对来访者的问题进行深入的评估和分析,有助于确定合适的咨询目标和咨询方案。在收集了充足背景资料的基础上,咨询师往往会依据某种心理咨询理论,对与来访者问题相关的各种信息进行有意义的综合与分析,利用信息形成临床预测和假设,再根据这些假设与判断形成初步的咨询计划,这一系列的内心活动就是个案概念化(case conceptualization)的过程。

3.1.3 评估来访者问题的主要手段

实施标准化的心理测验

心理测验种类很多,按照测验编制理论与实施方式的不同,可以分为行为评定、客观心理测验、投射心理测验。行为评定是行为治疗咨询师经常使用的工具,包括行为发生出现的频率、行为反应的强弱、行为持续的时间、行为的意义等。客观心理测验是临床应用最多的方法,这类测验在施测、记分以及解释方面已经标准化,非常适合用于收集来访者资料。投射心理测验也是临床上评估来访者人格和社会功能的主要方法,包括罗夏墨迹测验、主题统觉测验、画树测验、语句完成测验等。

按照测验目的不同,可分为人格测验、智力测验、心理健康测验等。咨询师可以根据需要进行选择。例如,症状自评量表可评估来访者的心理健康状况,它包含10个分量表,分别对躯体化、强迫症状、人际关系敏感、抑郁、焦虑、敌对、恐怖、偏执、精神病性及睡眠与饮食情况进行测量并做出判断;焦虑量表或抑郁量表可以对来访者的焦虑或抑郁程度做判断,等等。

需要注意的是,在对来访者的问题进行评估和分析时,即使是做了心理测量,也需要根据临床上对来访者的了解来做综合判断,不能仅仅根据测量结果对来访者进行判定。

临床面谈评估

临床面谈是咨询师最直接获得来访者资料并进行评估的有效方法。通过面谈,咨询师可以了解来访者面临的主要问题、健康状况、行为表现、仪表态度、说话方式、表情感受、成长背景,并结合自身经验做出初步评估。表3-1呈现了临床面谈的基本内容,对来访者的情况了解越多,咨询师就越容易做出准确的评估,从而为确立适当的咨询目标以及计划咨询过程提供参考。

表3-1 临床面谈的内容

1. 身份信息
2. 总体外观形象
3. 现在的问题(给每个问题进行记录)
4. 以往的精神病史或心理咨询史
5. 教育和工作背景
6. 健康和医疗史
7. 社会或成长史
8. 家庭、婚姻和性历史
9. 诊断结果(如果有的话)

在临床面谈中,咨询师要询问的问题很多,其中某些问题还涉及敏感话题,比如自杀想法和行为,杀人念头和暴力行为,物质滥用状况,性取向、性行为、性问题等与性有关的话题,生理、情绪和性虐待等经历,等等。针对此类话题,咨询师更需要具备良好的判断力,抓住合适时机来有技巧地询问来访者。

3.1.4 评估来访者问题的主要内容

在心理咨询中,咨询师需要通过初始访谈来评估来访者的心理状况,评估过程首先需要针对来访者的问题获取信息,然后对信息进行有意义的综合加工,并据此进行临床预测和假设,最终形成应对建议和治疗计划。具体需要评估的指标很多,比如精神症状、主要议题、支持资源、危机程度等。

精神症状评估

在对来访者的问题进行评估时,精神症状评估是非常重要的内容。参考美国精神医学学会制定的《精神障碍诊断与统计手册(第五版)》(DSM-5)所提出的评估系统,即多轴系统,可从五条轴线对来访者问题进行评估。

轴1:临床观察到的主要问题和其他失常表现。主要包括来访者在临床上的失常和其他异常行为。

轴2:人格障碍和精神发育迟滞。如果来访者不足以被确诊为人格障碍,那么搜集这部分信息也可以帮助咨询师评估来访者是否存在防御机制和适应不良的人格特征。

轴3:一般的躯体状态。充分了解来访者的躯体状态,便于咨询师进一步理解和处理其临床精神症状。

轴4:心理社会和环境的问题。这部分涉及的内容很多,比如消极生活事件、社会环境和家庭压力、主要社会支持、教育背景、职业问题、经济问题、与医疗卫生服务有关的问题、与司法/犯罪有关的问题,以及其他心理社会环境问题等。

轴5:机能的整体评估。这部分用于评估来访者的整体社会功能水平。

需要强调的是,心理咨询对来访者的评估不等同于精神障碍诊断,因此不能用精神障碍诊断架构完全代替。无论是美国《精神障碍诊断与统计手册》(DSM),还是《中国精神障碍分类与诊断标准》(CCMD),都只能为咨询师在评估来访者的精神症状时提供参考架构,是专业咨询师需要认真学习和掌握的内容,但对来访者的评估与分析还有更多任务需要完成,有更多框架可以参考。

不同理论背景的心理评估框架

关于心理咨询中对来访者的评估框架,不同理论背景的学者提出过不同观点。

恩斯沃斯(Ainsworth,1989)提出根据依恋理论模式对来访者进行评估,具体包括:(1)来访者对自己和他人的信任程度;(2)来访者在人际关系中的情感自控能力;(3)来访者在人际关系中的偏见程度;(4)来访者依恋方式的平衡性;(5)来访者的独立与依赖的平衡性;(6)来访者的依恋类型。评估者重视来访者早期与主要照料者之间的依恋经验,关注其对来访者成年后社会竞争和情感调控能力的影响作用。

拉扎勒斯(Lazarus,1989)基于认知行为学派,提出了评估和个案概念化来访者问题的BASICID法,认为需要评估来访者的七个方面:(1)行为,包括各种简单和复杂的心理运动和活动,特别要注意那些过度或缺失的行为;(2)来访者的重要情感,包括感觉到或报告出来的情绪和情感;(3)来访者的主要感觉经验和感觉过程,包括五种主要感觉加工过程——视觉、动觉、听觉、嗅觉和味觉;(4)表象过程,包括各种能对个人生活产生影响的心理图像;(5)认知,就是指人们的思想和观念;(6)人际关系性质,即来访者如何表达和接受他人的情感,以及在人际关系中的行为和对别人的反应;(7)药物及其他,来访者问题中的生理和躯体因素,以及整体外貌、一般健康状况和幸福感等。

帕特森和韦尔费尔(Patterson和Welfel,1996)提出了良好评估需要关注的六个方面:(1)来访者问题的界限,即来访者所面临困难的功能范围、既往史、持续时间等;(2)困扰产生和维持的原因,以及困扰减轻甚至消失的例外状况和影响因素;(3)来访者对困难的知觉、看法与感受,以及对这些感觉的觉察;(4)问题对来访者生活中其他功能的影响;(5)来访者在咨询前曾尝试过的解决办法及其有效性;(6)来访者的自我功能、应对方式和能力。咨询师在评估中应该将以上六方面信息相互联系和组合,才能更好地澄清和理解来访者的问题。

综上,不同的理论模式,在咨询评估上的架构有所不同,每一种架构既有自己的优势与特色,也可能存在局限性。因此,咨询师在采用某种架构进行评估时,需要对其有充分的理解,并注意扬长避短。

3.1.5 心理评估的注意事项

在对来访者的问题进行评估和分析的过程中,需要注意以下几方面事项。

避免贴标签

在对来访者问题进行评估和分析的过程中,应该避免给来访者贴标签,尽量不要只用一个名词或术语来作为评估结果,因为来访者可能会将之理解为对自己整个人的决定性结论,比如"自恋型人格""抑郁症患者"等。好的心理评估应该能帮助来访者看到自己身上到底发生了什么,是什么原因引起的,自己的困难和局限在哪里,自己的资源和优势又在哪里。在此基础上,来访者才能看到改变的希望和方向。

避免理论投射和职业投射

任何咨询理论及其评估架构,都会带有历史和文化的局限性,而心理咨询师的职业角色也有其固有的专业视角、思维方式和行为,这些都可能会投射到咨询师对来访者的评估中,从而影响咨询进程和方式。因此,咨询师不能把评估作为自己的特权,而要重视评估的互动性和过程性,以开放的态度,在收集和整合来访者资料的过程中,通过不断和来访者共同探讨,达成对评估结果的共识。

3.1.6 来访者的选择与转介

咨询师通过测验和访谈等方式完成对来访者的心理评估工作之后,就需要考虑来访者是否适合接受进一步的心理咨询,并做出相应的处理。

来访者的选择标准

明确心理咨询来访者的选择标准,了解什么样的来访者适合接受心理咨询,什么样的来访者适合接受心理治疗,是一名合格心理咨询师需要掌握的基本知识。这样才能够在完成评估心理工作后,妥善做出决策并安排后续事宜。

心理咨询的适宜对象

心理咨询的工作对象通常是健康人群,主要解决的是正常人群所遇到的各种各样的一般心理困扰,而非精神障碍。来访者可能主要因为学习问题、工作压力、人际关系困扰、自身发展、职业选择困惑以及恋爱婚姻问题等引发情绪困扰,表现出焦虑、紧张、抑郁等情绪,但还没有达到精神障碍的严重程度,也没有达到精神疾病病程的诊断标准(钱铭怡,2013)。心理咨询的任务侧重于预防,是通过良好的人际关系,运用心理学方法帮助来访者自强自立的过程(陈仲庚,1989),它重视支持、教育与指导,主要目标在于促进成长,帮助来访者实现更大的潜力。

心理治疗的适宜对象

心理治疗的工作对象多为存在某种心理异常或精神障碍的病人,对于那些尚未达到精神疾病诊断标准的个体来说,心理治疗是促进和谐与适应的有效方法(钱铭怡,2013)。心理治疗的任务侧重于干预,是在良好的治疗关系基础上,由经过专业训练的治疗师运用心理治疗的有关理论和技术,对来访者进行帮助的过程,是激发和调动来访者改善其动机和潜能,以消除或缓解来访者的问题与障碍,促进其人格成熟和发展的过程(陈仲庚,1989)。在心理治疗中,重点是改变已有的问题,消除症状和重建人格。因此,心理治疗更适合于已有明确临床症状的人,如恐怖症、抑郁症、焦虑症、强迫症等神经性、心身疾病。值得强调的是,对于符合精神障碍诊断的患者,即使是开展心理治疗,也需要以精神科医生建议患者接受心理治疗的明确医嘱为前提,以起到辅助与配合药物治疗的作用。

来访者的转介

心理咨询中来访者的转介,主要是咨询师出于对自身胜任力或咨访双方匹配性的评估以及现实因素的考量而做出的决定。转介的决定必须出于对来访者的福祉的考量。

不同类型的转介

有的来访者可能需要接受精神科的专业诊治,那么咨询师需要给来访者明确的反馈和建议,加强来访者对自身症状的理解。如果有需要,可能还要针对相关精神症状以及精神科的治疗方式进行心理教育,强化来访者的就医动机,缓解来访者的病耻感以及对药物治疗的焦虑。

有的来访者可能需要接受心理治疗而不是心理咨询,那么咨询师需要给来访者明确的反馈和建议,并向来访者说明其需要接受心理治疗的原因,向来访者提供可求助的资源,建议来访者到正规医院寻求心理治疗服务。如果有条件,咨询师也可以帮助来访者安排转介。

有的来访者虽然适合接受心理咨询,但可能超出了当前咨询师的能力范围,或者因为种种原因与当前咨询师不匹配,那么咨询师就需要向来访者说明情况,妥善做好转介工作。

心理咨询转介步骤

咨询师在转介过程中应做好三方面工作:第一,可以向督导请教,评估转介的适宜性与必要性,商定转介的对象、方式与过程等工作细节。第二,应该让来访者充分知情同意,以真诚、帮助的态度与来访者说明转介的有关情况,解释转介的原因,避免来访者产生误解;介绍继任咨询师情况,与来访者充分讨论对转介的想法、需求与期待,了解来访者对转介的感受,尽量避免转介对来访者可能造成的困扰和情感伤害。第三,应该与继任咨询师做好交接工作,按照"最低限度原则"披露来访者的相关信息。

3.2 不同发展阶段的成长议题和危机

在毕生发展过程中,人在每个年龄阶段都有特定的生理与心理发展课题,此外,还会受到内在与外在、生理与心理、遗传与环境的综合影响,可能产生心理功能障碍,形成各种心理问题(见表3-2)。了解个体在不同年龄阶段可能遭遇的危机与挑战,有助于咨询师及时、有针对性地采取相应策略,协助来访者维护身心健康。

表 3-2　不同年龄阶段的心理发展特征、影响因素及成长危机

阶段	心理发展特征	影响因素	成长危机
学前期 2—6岁	1. 通过模仿及认同,肯定自己的性别。 2. 模仿别人的想法、特点、态度、价值观及行为。 3. 希望自己动手做某些事情,未能做到时会感到愧疚。 4. 时常混淆事实与幻想,因此容易恐惧,如怕黑。 5. 情绪容易受刺激,难以指导及控制,2—4岁更是较易发脾气及有较多恐惧的时期。 6. 开始为争夺空间和玩具而产生攻击行为。	1. 父母的行为、情绪表现是儿童模仿的对象。 2. 主要从父母那里得到安全感和快乐。父母离婚、死亡等情况会严重影响子女的情绪。 3. 父母的教育方式直接影响子女性格形成,过分要求、过分照顾或过分放纵都有不良影响。 4. 电视文化是儿童模仿的对象。	1. 入园入学适应。 2. 弟弟或妹妹出世。 3. 转变照顾者。 4. 父母分离(如离婚、分居等)。 5. 失去心爱的东西(如宠物、玩具)。
学龄期 6—12岁	1. 情绪相对较平静,对事物的恐惧感渐渐消失。 2. 六七岁后儿童的攻击行为会减少,较能站在别人立场了解别人行为的原因,由同理心取代自我中心的观念。 3. 开始建立正面的自我概念。通过以往的经验及与同伴能力的比较,逐渐建立自我价值。	1. 父母、老师和同伴的赞同与否,直接影响自我概念的建立与行为。 2. 容易受偶像或权力者的影响。 3. 同伴的影响十分重要,若与同伴比较时自觉不足,可能会退缩至较早期的发展阶段。	1. 读小学或初一。 2. 转校、留级。 3. 在学校内的成绩或行为表现。 4. 弟弟或妹妹出世。 5. 父母分离(如死亡、离婚、分居两地等)。
青少年期 12—19岁	1. 由儿童依赖别人的特点向独立自主的时期过渡,此时期青少年不愿受限制及约束。 2. 寻求生活方向及生命的价值,但在订立价值标准和观念上有困难。 3. 适应性别角色及学习如何与异性相处。 4. 对"性"产生好奇,易有性幻想及性冲动。 5. 充满理想及不切实际的期望,故容易有挫败感。 6. 性格反叛,不易接受别人的批评。 7. 为获得认同及自我肯定,很重视与同伴的关系。 8. 情绪容易波动,但又不懂得有效处理。	1. 不断追寻自己的理想及建立自己的价值观,容易受周围朋友的影响。 2. 父母因子女迈向独立自主而产生失落感,转而加强对青少年的控制甚至压抑其成长。 3. 大众传媒所传递的有关性的信息会直接影响青少年性观念的形成。 4. 社会对成功的定义,如学业成就、工作种类、收入等会影响青少年所追求的理想与价值观。 5. 青少年身体的变化,如增高、肥胖和性器官的变化会令他们产生不安的情绪和困扰。 6. 学校的功课及考试压力、老师及家长的态度、与同学及兄弟姐妹比较会直接影响自我形象。	1. 学业上的转变,升入中学、高考等。 2. 转学、移民。 3. 第一份工作。 4. 恋爱问题。 5. 性的困扰。

续表

阶段	心理发展特征	影响因素	成长危机
青年期 19—40岁	1. 性格发展趋向稳定、成熟。 2. 希望与人建立亲密而有承诺的婚姻关系。 3. 由被父母支配走向自主、独立。 4. 选择配偶建立家庭,养育子女。 5. 建立及巩固个人的事业。 6. 寻找及建立个人在社会中的地位。	1. 社会经济、政治状况是否稳定。 2. 个人经济能力。 3. 在社交圈子中能否找到合适对象。 4. 家庭关系与配偶的适应及协调。	1. 选择单身或结婚。 2. 婚姻危机,如离婚、婚外情。 3. 子女出世,适应父母角色。 4. 已婚女性继续发展职业还是当家庭主妇。 5. 工作的稳定性与发展性。
中年期 40—55岁	1. 发展友谊的时间和精力减少,主要专注于家庭、工作与建立退休后的安全感。 2. 中年除去养儿的责任后会表现出过去所压抑的人格特征,如女性会变得更自我肯定,男性则更多情绪表达。 3. 身体系统逐渐衰退,更年期会影响个人情绪变化,引发身体不适。 4. 有些中年人会处于事业巅峰状态,但有些人可能因中年期的自我评估而促发转变职业行动。	1. 社会经济、政治状况十分稳定。 2. 个人事业、家庭发展,若事业稳定,子女长大,会步入收成阶段;若事业仍未稳定或单身,则需要面对更多压力。 3. 个人健康状况。 4. 更年期所导致的情绪变化及生理变化。	1. 女性更年期。 2. 适应家庭的空巢期,子女长大离开家庭,如留学、结婚、移民等。 3. 适应做祖父母的角色。 4. 预备退休后生活。 5. 婚姻危机,如离婚、丧偶、婚外情。
老年期 55岁以上	1. 害怕转变。 2. 安全感较低。 3. 情绪较易低落。 4. 开始思索面对死亡。 5. 自我形象偏低。 6. 对事物的观念较保守。 7. 与子女关系转变。	1. 因已有固定的生活习惯和喜好等,又加上身体机能衰退,对熟悉的环境和事物会感到安全,因此不习惯改变。 2. 由于经济来源自退休减少,身体状况变差,亲友相继离开,会感到自己对外在的控制能力降低,因此缺乏以往可依赖的安全感。 3. 面对各种失落,如亲友发生离死别,社会角色和地位转变,原有的朋友日渐减少,社交圈子缩减,建立友谊和认识朋友的机会不多,因此会郁郁寡欢。 4. 当看到同辈的朋友相继离世,加上身体疾病日渐增多,老人在客观和主观上皆感到时日不多,死亡将会降临。	1. 不愿改变,甚至不容许别人改变,积存残旧的物品,不愿抛弃旧物,过分依恋某些事物。 2. 产生一些怪异行为,如拾垃圾或收集某些物品以建立其安全感和控制能力。 3. 严重者患抑郁症。 4. 对死亡产生很大的恐惧,否认和逃避与死亡有关的事情,如不可提及与死亡有关的不吉利的话等。 5. 不愿参与社会事务,贬低自我。 6. 固执、不肯听取别人的意见,以旧有思想处理事情,不能与年轻人沟通。 7. 过分要求和依赖子女。

续表

阶段	心理发展特征	影响因素	成长危机
		5. 社会普遍对老人存有轻视和负面的看法,而老人在高效率、快节奏、经济至上的社会中也感到无所贡献及无所作为。 6. 由于长期经验积累,老人有固有的待人处世方法,同时较少机会接触新事物,因此更为保守。 7. 由于身体越来越差,配偶死亡及朋友越来越少,加上经济上依靠子女供养,老人视子女为情感和经济的支持者。	

(来源:樊富珉,1997)

3.2.1 学前期儿童的成长议题和危机

学前期(2—6岁)儿童正处于个体发展的关键期,这段时期对环境影响的敏感性增强,因此,在此段时间发生的事情可能对以后的心理发展起决定性的影响作用。儿童在学前期可能存在以下几方面的成长危机。

父母离婚对儿童心理发展的影响

父母离婚这件事本身,并不是影响儿童心理发展的唯一因素,但此后发生的一系列生活事件的变化才是主要因素。父母离婚后,孩子的成长环境发生了巨变。一方面,父母离婚后如果不再婚,常常会继续争执,有的甚至不惜拿孩子作为斗争工具,形成复杂的单亲教养家庭环境;另一方面,如果父母离婚后再婚,孩子会面对包括生父母、继父母在内的复杂关系,可能面临更多的矛盾和困扰。

电视暴力节目对儿童心理发展的影响

电视暴力节目中过多的打斗杀戮场面,很容易引起儿童模仿,以攻击行为代替其他方法解决问题。此外,即使暴力节目没有让儿童习得攻击性行为,也可能导致其对成人社会感到恐惧与悲观。

3.2.2 学龄期儿童的成长议题和危机

学龄期一般指6—12岁,这个时期的儿童正好处于接受基础教育的初期。学龄期贯穿了整个小学教育时期。

生理发育和心理发展速度不均衡的矛盾

由于外部条件制约和个体差异等影响,学龄期儿童的生理发育和心理发展在客观上常常表现出发展速度不够均衡的现象,从而产生矛盾。比如,有的儿童虽然在身高、体重、内脏器官和神经系统的发育上均达到了同年龄的正常水平,但其智能发展却低于常态,而造成这一矛盾的原因可能是来自环境、教育中的不利因素,以及非智力因素薄弱等。

心理过程发展不协调的矛盾

学龄期儿童的心理过程具体包括认知过程、情感过程和意志过程。认知过程以思维为核心,推动儿童的认知特点从具体形象水平向抽象逻辑水平过渡。情感过程以高级情感为重点,促使儿童的情感水平向理智的、审美的和良好道德的方向发展。意志过程以自觉性、果断性、坚持性、自制力为指标,促进儿童优良意志品质的巩固和发展。但在实际发展过程中,学龄期儿童心理过程的发展往往会基于种种原因而出现不协调的局面。有的是认识过程的发展跟不上,导致行动上的盲目和情感发展方向上的偏离;有的是情感过程的发展跟不上,使得认知与行为的发展失去生机和活力;还有的是意志过程的发展跟不上,造成儿童情感脆弱和言行脱节。

个性心理结构发展不完整的矛盾

由于儿童个性心理结构复杂多样,同时社会环境、学校教育对个性塑造都会产生影响,学龄期儿童在个性心理结构的发展中常常出现失衡状态,表现出个性心理结构发展不完整的矛盾。比如,儿童的学习需要、学习兴趣得到发展,但学习动机和志向尚没有较好地形成,这种个性倾向性上的不完整状态,就可能会阻碍儿童学习需要和学习兴趣的健康发展。再比如,学生在性格上的缺陷(如怯懦、退缩、自卑、自私或傲慢等)可能会对智能发展带来不良影响。

自我发展与外部要求不一致的矛盾

在家庭熏陶和学前教育的影响下,儿童的心理发展水平有了一定提高,他们已形成初步的自我发展能力,如果这些能力与家庭、学校的外部要求相匹配,就可以更好地促进儿童的心理发展和心理品质提升;如果儿童的自我发展能力与家庭特别是学校的外部要求不一致,则会造成心理困扰,影响孩子的心理发展。例如,有的小学生在良好的家庭教育影响下,智力水平和某些能力得到超前发展,其自我发展的需求和能力就会明显高于同龄人,因此可能会对学校的常规教学条件和教育发展要求感到不适应、不满足。如果老师不能接纳和鼓励这种学生的自我要求和自我发展差异,甚至因为其"不听话""难管教"而加以忽视或压制,则可能引发学生的自卑、忧郁、抵抗等现象,也可能造成其形成不良习惯。相反,如果外部要求过高,学生的自我发展水平和需求偏低,也同样不利于学生的心理平衡和心理发展。由于青少年儿童的心理发展水平和速度差异较大,在学龄期常常出现外部环境要求和个体发展需求不匹配的情况,咨询师需要对此特点加以重视。

3.2.3 青少年期与青年期的成长议题和危机

青少年期是个体从儿童期走向成人期的转变期,个体从儿童期的内在稳定世界脱离,会先经历一段不稳定的时期,才能最终形成成人期固定的心理结构,因此,青少年期被称为人生发展过程中"狂风骤雨"的时期,或人生的"第二次断乳",需要引起咨询师的足够重视。

性发育迅速成熟与性心理相对幼稚的矛盾

现代青少年期个体的身心发展特点是生理成熟较早,而心理成熟较晚。由于营养及生活环境等因素的影响,近几年欧美各国女性月经初潮的平均年龄从16.5岁提前为12.5岁,大约每十年提前四个月,身体早熟容易引发身心发展的不平衡。性器官和性机能的迅速发育成熟,必然会带来性心理的发展变化,但由于青少年期心理过程和个性发展的限制,以及教育引导不够得力等原因,青少年期的性心理发展往往表现出相对幼稚性。例如,性发育的成熟客观上使一些青年学生内心渴望异性间的吸引和交往,但其行为上却表现出异性间的故意疏远或排斥;"早恋"的青少年很认真地对待爱情,但也很容易为情所困,因为他们对什么叫真正的爱情以及爱情所包含的社会责任和义务知之甚少。这些现象都是性发育成熟与性心理幼稚矛盾的一种表现。

自我意识迅猛增长与社会成熟相对迟缓的矛盾

中学时期是自我意识迅猛增长的时期。从初中阶段开始,中学生就感觉自己是"大人"了,他们不愿再受到特殊的照顾,希望别人把他们像成人一样看待;高中学生的成人意识和独立性更加强烈,他们渴求自治,希望独立解决自己的问题,期待自己提出的观点和建议能够得到社会的承认和尊重,试图在平等的基础上重新建立与父母或其他人的关系。但是,与自我意识发展速度相比较,他们的社会成熟程度相对不足。他们对社会的认识还比较肤浅,尤其缺乏复杂社会生活的直接体验,社会实践的锻炼刚刚起步,人生观和世界观尚处在初步形成阶段。自我意识的迅速增长与社会成熟的相对迟缓这一矛盾,会造成中学生出现许多适应上的问题。他们既不想依赖成人,可又不具备独立自主的经济基础和物质条件;他们想切中时弊,提出对社会变革有重大价值的见解,但思维发展和认识水平还远远达不到这种程度,由此容易造成情绪上的困扰和适应障碍,有的还很容易引发亲子关系矛盾,从而影响心理健康。

情感激荡要求释放与外部表露趋向内隐的矛盾

青春发育期的生理剧变必然要引发情绪情感上的动荡,而情绪情感上的动荡又需要得到合理的释放才能获得平衡,这本来是一种身心调节的正常规律。但由于中学生认知能力的发展和控制能力的增强,以及外界家庭或校园文化的要求,他们倾向于压抑而不是释放这种激荡的内心情感。他们表面上看起来平静,但内心可能充满了激动、高兴或苦恼的情绪;他们渴望对人倾吐和诉说,但是在长辈或老师面前又迟迟不肯开口。这种现象如果不能被成年人理解,并通过适当的方式加以引导和处理,便很有可能造成对中学生的误解和感情上的隔阂,进而影响中学生的情绪生活和社会适应。

形成和确立自我统一性

"自我同一性"这一概念是美国心理学家埃里克森在《童年与社会》中提出的,即个体熟悉自身,知道个人未来生活目标,有内在的自信能从信赖的人们中获得所期待的认可。自我同一性是个体在青年时期的主要发展课题,自我同一性发展良好的个体往往有较好的自我认同感,有清晰的自我概念,接纳自我,有明确的生活目标和前进方向。而自我同一性发展不良的人,往往表现出对自己缺乏清晰完整的认识,"自我"各部分混乱、矛盾、冲突,导致自我与生活方向迷失,难以适应复杂的社会生活。在形成自我同一性的过程中,青年人往往会表现出自我意识矛盾的特点,具体表现为主观自我与客观自我的矛盾,理想自我和现实自我的矛盾,独立意识与依附心理的冲突,交往需要和自我封闭的冲突。这些矛盾所带来的痛苦会促使青年人努力寻求自我的统一和整合,也就是建立自我同一性。

从青春期开始到青年后期,是自我意识的主观化时期,自我意识在这期间经过分化、矛盾、统一,最终趋于成熟。随着个体的世界观、人生观、价值观的形成,个体的心理自我走向成熟。个体从青春期开始思考一系列关于"我"的问题,对自己的人格特征和自我情绪过分关注,随着"心理断乳期"的来临,他们想要努力摆脱对父母的依赖,独立人格逐渐出现,但是由于发展不协调,此时的心理能力明显滞后于自我认识。在青年初期,个体对他人关于自己的评价非常敏感,自我意识还不稳定,需要通过生活中的成败经验以及他人的评价来修正自我认识,并在这一过程中表现出自我接纳和自我否定两种形式。通过多次的自我接纳和自我否定,青年慢慢学习客观地评价和认识自我,建立起稳定的自我认识。到了青年期,个体对自我的认识更加客观,自我中心倾向逐渐减弱,也能更清晰地认识自己的人格特征和情绪特点。

3.2.4 中年期的心理发展议题和危机

个体在度过了青年期动荡的心理自我发展时期,发展出成熟的心理自我之后,将步入中年期和老年期。在中年期,由于各方面已比较稳定,个体对自我的看法通常更加积极和满意。但是,激烈的社会竞争,以及来自事业和生活的挫折,会给很多人带来"中年期危机"。一般而言,中年期个体面临的心理发展议题和危机主要有以下几方面。

更年期综合征

心身社会学研究表明,男女都有更年期。女性早一些,一般为45—50岁;男性晚一些,一般为55—60岁。更年期是中年人从成熟走向衰老的过渡时期,是衰老过程的一个转折点。可以说,这个时期是中年人的"多事之秋":他们的身体组织发生改变,大脑皮层功能失调,体力和性欲开始衰退,等等。此时也是情绪变化复杂、心理问题多发的时期。

婚姻中的危机

婚姻危机是成年期个体面临的主要危机,他们可能会遭遇离婚、丧偶、婚外情等挑战。有些婚姻危机可能源于婚姻中的亲密关系冲突,有些可能源于工作上的挫败或压力,还有些可能源于某些人通过婚外性、婚外情来缓解内心的苦闷。面对婚姻危机,离婚既是一种解脱,也是一种痛苦。无论是离婚前还是离婚后,个体都可能产生严重的心理困扰。离婚带来的丧失感、空虚感、挫败感、耻辱感和愤怒感,可能会给个体造成极大的心理困扰。

家庭问题的处理

中年人的家庭问题非常突出。中年人一方面要考虑家庭经济状况,承担养家重任,另一方面要协调好与伴侣、与父母、与伴侣父母、与子女等各方面的关系;一方面要维系夫妻感情和保持性生活协调,另一方面要处理子女的成才教育以及青春期等问题。这种"上有老、下有小"的局面如果得不到很好的应对,就会引发家庭冲突,加重生活的压力。

工作压力与夫妻关系

中年期个体的工作压力主要体现在两方面:一方面,因为中年期的个体随着工作的熟练,常常有机会在职位上升迁,从而不可避免地需要承担更多更繁重的工作职责和任务,需要在工作中投入更多时间精力,经常加班或出差,因而必然影响到家庭生活与夫妻关系。另一方面,配偶一方可能会因需要在时间和精力上承担更多家庭责任而产生困扰,从而引发一系列的情绪和关系挑战。

3.2.5 老年期的心理发展议题和危机

当个体进入老年期,会逐渐面临身体健康、经济基础、社会角色和生活价值等对人生具有重大意义的东西的相继丧失,从而表现出不安全感、孤独感、适应性差、拘泥刻板等特点。有的老年人会意识到衰老,接受自己的一生;而有的老年人则会消极评价自己,陷入绝望之中。老年期个体面临的心理发展议题和危机主要有以下几方面。

对死亡产生很大的恐惧

死亡是人生命的终结,谁都无法回避。但是,由于各种身体功能的退化甚至丧失,以及身边亲朋好友的经历,老年人会更强烈地感受到死亡的迫近。受我们文化中种种禁忌的影响,老年人往往容易否认和逃避与死亡有关的议题,很难客观面对和讨论死亡,使得内在的死亡焦虑及一系列情绪感受难以被接纳和处理。

"空巢"综合征

由于子女长大成人,离开原生家庭独立生活,许多老年人往往会面对独居甚至寡居的生活。告别了中年期"上有老、下有小"的生活,老年人可能会在生活中体验到更多的空虚感和缺失感。孤独、抑郁、寂寞、无所事事、不知所措等心理感受,会给老年期的心理造成很大的问题,引发老年抑郁症等心理疾病。

3.3 常见心理问题的分类

心理问题是指各种心理及行为异常的情形。心理的"正常"和"异常"之间并没有明确绝对的界限,一般认为,人的心理及行为是一个由"正常"逐渐向"异常"、由量变到质变,并且相互依存和转化的连续谱(见图3-1)。因此,生活在现实社会中的每一个人都可能存在心理问题,只是程度不同而已(见图3-1)。

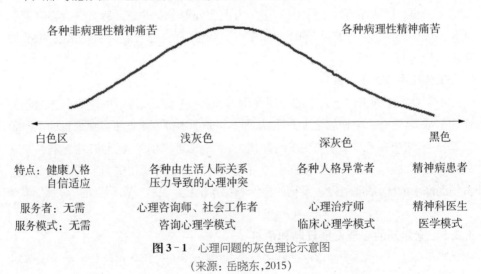

图 3-1　心理问题的灰色理论示意图
(来源:岳晓东,2015)

3.3.1　心理问题的类型及产生原因

心理问题的类型

心理问题泛指所有的心理困扰和精神障碍。人的心理问题会因为个体年龄与发展阶段的不同而不同,也会因问题对正常生活功能产生妨碍程度的不同而不同(见图3-2)。本节根据障碍的程度与症状的不同,将心理问题由轻到重分为一般心理困扰和精神障碍。那些心理功能障碍程度比较明显,已经影响到个人生活、学业、工作或人际关系的心理问题,被称为精神障碍。精神障碍的诊断分类依据有《中国精神障碍分类与诊断标准(第三版)》(CCMD-3),美国精神医学学会编著的《精神障碍诊断与统计手册(第五版)》(DSM-5),世界卫生组织主编的《国际疾病分类(第十版)》(ICD-10)中的"精神与行为障碍"等。我国精神医疗机构目前对精神障碍的分类与诊断标准统一参照 ICD-10。虽然心理咨询的工作对象主要是一般心理困扰的来访者,但对于患有精神障碍的来访者,心理咨询师也需要有敏锐的鉴别能力,通过评估初步判断其是否需要转介或者寻求专业的精神科治疗或心理治疗。有时候,处于病情稳定期或康复期的精神障碍患者可以遵照精神科医生的医嘱接受支持性的心理治疗。因此,了解和掌握不同类型心理问题的症状特点和诊断标准,是心理咨询师的必备功课。

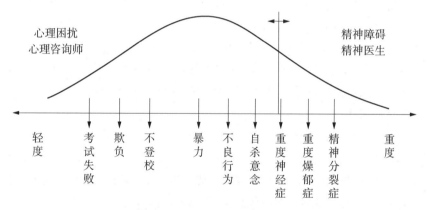

图 3-2 心理问题的程度与范围
(来源:松原达哉《咨询心理学》)

心理问题产生的原因

心理问题产生的原因非常复杂,有个人的原因,有家庭、社会等外部环境的原因,也可能由遗传因素和突发性事件所致。改革开放以来,中国社会发生了巨大改变。随着我国市场经济体制的确立,竞争机制的导入,人们的生活方式和价值观念都发生了重大变化。大量来自外界环境的社会刺激对人们心理健康的影响越来越大,导致心理问题发生率逐年增多。学校教育中重智育轻德育,升学、考试、就业竞争激烈,家庭教育中父母不良的教育方式,以及父母人格特征等因素都会影响子女的心理健康。国外学者对恐怖症、强迫症、焦虑症和抑郁症四种当事人的早期经历与家庭关系进行调查,表明当事人的父母与正常个体的父母相比,往往表现出较少的情感温暖、较多的拒绝态度或者较多的过度保护。如果儿童在生命早期缺乏信任感和安全感,随着心理发展就会逐渐形成一种无助的性格,难以与他人相处,因而容易产生心理疾病。

3.3.2　一般心理困扰的常见领域与表现

一般心理困扰属于轻度的心理问题,包括各种适应问题、自我发展问题、人际关系问题等。事实上,生活中真正患有心理障碍或精神疾病的人较少,大多数人遇到的都是一般性心理困扰,它们是个体在自身成长过程中面临发展课题方面的困难而产生,如新环境适应问题、情绪管理问题、自我接纳问题、学习策略问题、人际关系问题、异性交往问题等。20世纪80年代中期,奥德菲尔德调查了到英国某心理咨询中心的144名来访者,发现促使他们前来咨询的最突出的问题是感情的应激。研究表明,来访者当中最常出现的问题是苦恼的体验,其次是人际关系的问题(有的是一般的与人交往的问题,有的是与某个特定的人,如父母、异性朋友或与自己孩子的关系问题),此外还有工作与学习的问题,以及一些躯体症状和特殊症状的问题。但是,即使是一般心理困扰,也会伴随紧张、不安、焦虑、抑郁、恐怖、强迫等症状,严重的还会出现各种身心反应,导致心理疾病。因此,心理咨询师应该对各种一般心理困扰的特点和应对策略加以重视和熟悉,以帮助来访者及时调节和进行疏导。

环境适应困扰

与环境适应有关的心理困扰的出现常常与个体的生活和环境变化有关,包括进校、升学、毕业工作、升迁或失业、结婚或离婚、生育、搬家迁居等。比如,大学新生来自全国各地,在自然环境、生活方式、自我认知、同学交往等方面都面临着全面的调整适应,而在适应过程中就容易产生焦虑、紧张、抑郁、挫败等情绪反应,以及一系列现实的应对困难。

学习适应困扰

现代社会已经进入终身学习时代,学习是人一生发展的必修课,是适应社会的前提和保证。由于学习能力、学习习惯、学习方式、学习动机、学习兴趣、学习态度、学习条件等方面的制约,人们在学习上容易产生困难与挫折。比如,学习成绩差是引起大学生焦虑的主要原因之一;由于大学学习与中学学习存在很大不同,尽管大学生在学业方面已经是同龄人中的佼佼者,但仍普遍面临学习适应困扰。

自我探索与发展困扰

自我概念是个体对自身全面而相对稳定的认知,具体包括对自己身体、能力、性格、兴趣、思想等方面的认识。自我探索其实就是个体在社会生活中,通过人际互动与生活实践,逐渐形成自我概念的过程。在自我探索的过程中,人们可能会产生各种困扰,比如自卑、低自我价值感、迷茫等。在金尼尔(Kinnier,1997)提出的心理健康九条标准中,有三分之一以上都与自我意识有关,分别是自我接纳、自我认识、自信心、具有自制能力。樊富珉和付吉元通过研究(2001)发现,在大学生群体中,自我概念与心理健康有较高正相关,消极的自我概念容易诱发忧郁、强迫、人际关系敏感、精神病性等心理状况;心理疾病与自我认同程度、自我接纳程度和自我调节能力均存在较高负相关。除了自我探索之外,人们还普遍面临自我发展的课题,比较常见的困扰是生涯规划,每个人都需要去探索自己适合从事什么职业,以及如何才能实现职业目标,而这也常常会带来心理困扰。

人际关系困扰

人际交往是个体健康成长的基本条件。著名心理学家马斯洛(A. H. Maslow)认为,人人都具有归属需要,需要得到他人的尊重,这些社会性需要是与吃饭睡觉等生理需要同等重要的、不可缺失的需要,否则将会影响心理健康。每个人在生活中都处在一定的人际关系中,如家庭关系、同事关系、上下级关系、师生关系、同学关系、朋友关系等,如何与周围的人友好相处,建立和谐的人际关系,满足归属和尊重的需要,是每个人都要面对的重要课题。一个人的痛苦、焦虑、失落、孤独、自卑,常常都源于人际关系困扰。

恋爱、婚姻与性困扰

恋爱与性作为一种生理、心理、社会现象,始终伴随着每一个人,深刻地影响着一个人的健康、幸福和人格完善。人都有建立亲密关系的需要,恋爱与性的问题对于任何一个人来说都是不可回避的。在心理咨询中,这方面困扰主要有失恋、单相思、恋爱冲突、夫妻关系失调、同性恋、离婚、性心理障碍等。

情绪困扰

情绪是人对客观事物的态度体验及相应的行为反应。马斯洛曾提出健康情绪的六个特征,包括:清醒的理智;适度的欲望;平和、稳定、愉悦和接纳自己;对人类有深刻诚挚的感情;富于哲理、善意的幽默感;丰富深刻的自我情感体验。大量研究表明,情绪会直接影响人的心理健康和身体健康,与个体的生理发展,潜能开发,学习、工作效率的提高,以及人格的塑造等都有着密切关系。很多心理问题与心理障碍都与个体情绪调节不当有关,常见的情绪困扰有:情绪反应过度、情绪反应不足、负性情绪泛化或持续、不能接纳情绪、情绪难以控制等。

针对一般性的心理困扰,心理咨询机构可以通过发展性的心理咨询,帮助来访者处理好环境适应、自我管理、学习成才、人际交往、交友恋爱、求职择业、人格发展和情绪调节等方面的困惑,消除不良症状,调整不合理认知,摆脱心理困扰,学习新的经验和思维模式,开发来访者自身的潜能,增强自信,提高心理调适能力和社会生活的适应能力,预防和缓解心理问题,提升心理健康水平。

3.3.3 常见精神障碍

美国精神医学学会编著的《精神障碍诊断与统计手册(第五版)》(DSM-5)指出,精神障碍是一种综合征,其特征表现为个体的认知、情绪调节或行为方面有临床意义的功能紊乱,反映了精神功能潜在的心理、生物或发展过程中的异常。精神障碍通常有更明确的诊断标准,比如 ICD-10、CCMD-3 和 DSM-5。相比于一般心理困扰,精神障碍的严重程度更高,对当事人的生活、工作等正常功能的影响也更大。精神障碍实际上已经超出了心理咨询师的工作范围,需要到精神病专科接受精神科医生或心理治疗师的专业诊断和治疗。在咨询中心预约的来访者中,有相当一部分人可能患有精神障碍,合格的咨询师需要具备鉴别常见精神障碍的能力,以便及时转介来访者到专业精神科诊治。表3-3 是 DSM-5 对心理障碍的分类。由美国精神医学学会编著的《精神障碍诊断与统计手册》已成为世界各国心理咨询与心理治疗专业人员评估与诊断心理问题时的主要参考依据。

表3-3 美国 DMS-5 的分类

1. 神经发育障碍,包括:智力障碍、交流障碍、孤独症(自闭症)谱系障碍、注意缺陷/多动障碍、特定学习障碍、运动障碍、抽动障碍,以及其他神经发育障碍。
2. 精神分裂症谱系及其他精神病性障碍(Schizophrenia and Other Psychotic Disorders),包括:分裂型(人格障碍)、妄想障碍、短暂精神病性障碍、精神分裂症样障碍、精神分裂症、分裂情感性障碍、物质/药物所致的精神病性障碍、由其他躯体疾病所致的精神病性障碍、紧张症(与其他精神障碍有关的紧张症、由其他躯体疾病所致的紧张症、未特定的紧张症),以及其他特定的精神分裂症谱系及其他精神病性障碍、未特定的精神分裂症谱系及其他精神病性障碍。
3. 双相及相关障碍,包括:双相Ⅰ型障碍、双相Ⅱ型障碍、环性心境障碍、物质/药物所致的双相及相关障碍、由其他躯体疾病所致的双相及相关障碍,以及其他特定的双相及相关障碍、未特定的双相及相关障碍。
4. 抑郁障碍,包括:破坏性心境失调障碍、重性抑郁障碍、持续性抑郁障碍(心境恶劣)、经前期烦躁障碍、物质/药物所致的抑郁障碍、由其他躯体疾病所致的抑郁障碍,以及其他特定的抑郁障碍、未特定的抑郁障碍。
5. 焦虑障碍,包括:分离焦虑障碍、选择性缄默症、特定恐怖症、社交焦虑障碍(社交恐怖症)、惊恐障碍、广场恐怖症、广泛性焦虑障碍、物质/药物所致的焦虑障碍、由其他躯体疾病所致的焦虑障碍,以及其他特定的焦虑障碍、未特定的焦虑障碍。
6. 强迫及相关障碍,包括:强迫症、躯体变形障碍、囤积障碍、拔毛癖(拔毛障碍)、抓痕障碍、物质/药物所致的强迫及相关障碍、由其他躯体疾病所致的强迫及相关障碍,以及其他特定的强迫及相关障碍、未特定的强迫及相关障碍。
7. 创伤及应激相关障碍,包括:反应性依恋障碍、去抑制性社会参与障碍、创伤后应激障碍、急性应激障碍、适应障碍,以及其他特定的创伤及应激相关障碍、未特定的创伤及应激相关障碍。
8. 分离障碍,包括:分离性身份障碍、分离性遗忘症、人格解体/现实解体障碍,以及其他特定的分离障碍、未特定的分离障碍。

续 表

9. 躯体症状及相关障碍,包括:躯体症状障碍、疾病焦虑障碍、转换障碍、影响其他躯体疾病的心理因素、做作性障碍,以及其他特定的躯体症状及相关障碍、未特定的躯体症状及相关障碍。
10. 喂食及进食障碍,包括:异食癖、反刍障碍、回避性/限制性摄食障碍、神经性厌食、神经性贪食、暴食障碍,以及其他特定的喂食或进食障碍、未特定的喂食或进食障碍。
11. 排泄障碍,包括:遗尿症、遗粪症,以及其他特定的排泄障碍、未特定的排泄障碍。
12. 睡眠-觉醒障碍:失眠障碍、过度嗜睡障碍、发作性睡病、与呼吸相关的睡眠障碍(阻塞性睡眠呼吸暂停低通气、中枢性睡眠呼吸暂停、睡眠相关的通气不足、昼夜节律睡眠-觉醒障碍、延迟睡眠时相型、提前睡眠时相型、不规则的睡眠-觉醒型、非24小时的睡眠-觉醒型、倒班工作型、未特定型)、异常睡眠(非快速眼动睡眠唤醒障碍、梦魇障碍、快速眼动睡眠行为障碍、不安腿综合征)、物质/药物所致的睡眠障碍,以及其他特定的失眠障碍、未特定的失眠障碍,其他特定的过度嗜睡障碍、未特定的过度嗜睡障碍,其他特定的睡眠-觉醒障碍、未特定的睡眠-觉醒障碍。
13. 性功能失调,包括:延迟射精、勃起障碍、女性性高潮障碍、女性性兴趣/唤起障碍、生殖器-盆腔痛/插入障碍、男性性欲低下障碍、早泄、物质/药物所致的性功能障碍,以及其他特定的性功能失调、未特定的性功能失调。
14. 性别烦躁,包括:性别烦躁,以及其他特定的性别烦躁、未特定的性别烦躁。
15. 破坏性、冲动控制及品行障碍,包括:对立违抗障碍、间歇性暴怒障碍、品行障碍、反社会型人格障碍、纵火狂、偷窃狂,以及其他特定的破坏性、冲动控制及品行障碍、未特定的破坏性、冲动控制及品行障碍。
16. 物质相关及成瘾障碍,包括:物质相关障碍、酒精相关障碍、咖啡因相关障碍、大麻相关障碍、致幻剂相关障碍、吸入剂相关障碍、阿片类物质相关障碍、镇静剂、催眠药或抗焦虑药相关障碍、兴奋剂相关障碍、烟草相关障碍,以及其他(或未知)物质相关障碍、非物质相关障碍(赌博障碍)。
17. 神经认知障碍:谵妄及其他特定的谵妄、未特定的谵妄,重度和轻度神经认知障碍,由阿尔采莫氏病所致的重度或轻度神经认知障碍,重度或轻度额颞叶神经认知障碍,重度或轻度神经认知障碍伴路易体,重度或轻度血管性神经认知障碍,由创伤性脑损伤所致的重度或轻度神经认知障碍,物质/药物所致的重度或轻度神经认知障碍,由HIV感染所致的重度或轻度神经认知障碍,由朊病毒所致的重度或轻度神经认知障碍,由帕金森氏病所致的重度轻度神经认知障碍,由亨廷顿氏病所致的重度或轻度神经认知障碍,由其他躯体疾病所致的重度或轻度神经认知障碍,由多种病因所致的重度或轻度神经认知障碍,未特定的神经认知障碍。
18. 人格疾患(Personality Disorders),包括:A类人格障碍(偏执型人格障碍、分裂样人格障碍、分裂型人格障碍)、B类人格障碍(反社会型人格障碍、边缘型人格障碍、表演型人格障碍、自恋型人格障碍)、C类人格障碍(回避型人格障碍、依赖型人格障碍、强迫型人格障碍)、其他人格障碍(由其他躯体疾病所致的人格改变,以及其他特定的人格障碍、未特定的人格障碍)。
19. 性欲倒错障碍,包括:窥阴癖、露阴癖、摩擦癖、性受虐癖、性施虐癖、恋童癖、恋物癖、异装癖,以及其他特定的性欲倒错障碍、未特定的性欲倒错障碍。
20. 其他精神障碍,包括:由其他躯体疾病所致的其他特定的精神障碍、由其他躯体疾病所致的未特定的精神障碍,以及其他特定的精神障碍、未特定的精神障碍。
21. 药物所致的运动障碍及其他不良反应,包括:神经阻滞剂所致的帕金森氏综合征、其他药物所致的帕金森氏综合征、神经阻滞剂恶性综合征、药物所致的急性肌张力障碍、药物所致的急性静坐不能、迟发性运动障碍、迟发性肌张力障碍、迟发性静坐不能、药物所致的体位性震颤、其他药物所致的运动障碍、抗抑郁药撤药综合征,以及其他药物不良反应。
22. 可能成为临床关注焦点的其他状况:关系问题,虐待与忽视,教育和职业问题,住房和经济问题,与社会环境相关的其他问题,与犯罪相关或涉及法律系统的问题,咨询和医疗建议的其他健康服务,与其他心理社会、个人和环境情况相关的问题,个人史的其他情况,与获得医疗和其他健康服务相关的问题,对医疗的不依从。

(来源:美国精神医学学会,2014)

以下将简单介绍在心理咨询机构来访者中常见的精神障碍。

神经症性的精神障碍

神经症(neurosis)以前也叫神经官能症,是一组精神障碍的总称,包括神经衰弱、强迫症、焦虑症、恐怖症、躯体形式障碍等,这类精神障碍往往使人深感痛苦且妨碍心理功能或社会功能,病程大多持续迁延或呈发作性。但其没有可证实的器质性病变作基础,与当事人的现实处境不相称。患有这类精神障碍的个体通常具有病识,自知力完整,多数能自我照顾,保持正常的心理功能,可以上班上学。在寻求心理咨询的来访者中,有相当比例的人患有这类精神障碍,心理咨询师需要认识到,心理咨询与治疗对于这类来访者可以起到一定的支持作用,比如帮助来访者缓解内心痛苦,改善社会功能等,但心理咨询与治疗对于来访者的帮助作用又是有限的。症状严重的来访者,则需要寻求精神科的诊断治疗。因此,咨询师需要有能力鉴别当事人症状的类别和严重程度,及时做好心理教育和转介工作。

焦虑障碍

(1) 焦虑障碍及其症状

焦虑障碍(anxiety disorder)是指持续性的精神紧张或发作性惊恐状态,当事人以焦虑情绪反应为主要症状,同时伴有明显的植物性神经系统功能的紊乱。焦虑是无明显原因的恐惧、紧张发作,并伴有植物神经功能障碍和运动性紧张。焦虑障碍在正常人身上也会发生,这是人们对于可能造成心理冲突或挫折的某种特殊事物或情境进行反应时的状态,同时带有某种不愉快的情绪体验。这些事物或情境包括一些即将来临的可能造成危险或灾难,或者需付出特殊努力加以应对的东西。如果无法预计其结果,不能采取有效措施加以防止或予以解决,这时心理的紧张和期待就会促发焦虑反应。过度而经常的焦虑就成了神经症性的焦虑症。

根据焦虑的表现和对象等特点,焦虑障碍又可以具体分为广泛性焦虑障碍、社交焦虑障碍、惊恐障碍、广场恐怖症等不同类型。其中恐怖症(phobia)是指当事人具有一种在正常情况下对某一特定物体、人际交往或处境,产生异乎寻常的强烈恐惧或紧张不安的内心体验,从而出现回避表现,难以自控。当面临所恐惧的物体或处境时,出现显著的焦虑。根据恐怖对象的不同,可分为社交焦虑障碍、广场恐怖症等。社交焦虑障碍又叫社交恐怖症(social phobia),患者不敢在大众面前讲话,不敢与人接近,因而逃避参与社交活动。有研究表明,人群中大约有10%的人(而且还在呈上升趋势)正深受社交焦虑障碍的折磨,那些看起来非常简单的人与人之间的交往都会使他们极度恐惧,并尽可能地回避,极大地影响了他们的职业发展和日常生活的质量。广场恐怖症(agoraphobia)患者会对空旷的地方(如大街)与人多的地方(如市场)产生不合理的恐惧感,因而逃避外出,更不敢参与旅游之类的活动。

（2）诊断和治疗

焦虑障碍诊断必须同时具有精神性焦虑和躯体性焦虑，两者缺一不可，即只有精神性焦虑或只有躯体性焦虑，无论其焦虑严重程度如何，都不能诊断为焦虑症。

对于焦虑障碍患者，可以根据其症状严重程度采取不同的治疗方案，对于症状比较严重的患者可以药物治疗为主，有些症状较轻、功能受损较小的患者也可以心理治疗为主，还有一些患者可以通过药物治疗与心理治疗相结合的方式来改善症状。一些行为学派的心理咨询与治疗方法对于焦虑症、恐怖症的治疗被认为是非常有效的，比如系统脱敏、满贯疗法、冲击疗法等。根据相关研究数据，心理治疗（包括认知疗法、行为暴露疗法、动力学取向的支持心理疗法，以及各种放松疗法）对于社交焦虑障碍的治疗也具有非常明显的效果。

强迫症

（1）强迫症及其症状

强迫症（obsessive-compulsive disorder）是指当事人主观体验到源于自我的某些观念和意向的出现是不必要的，或其重复出现是不恰当的，但又难以通过自己的意志努力加以抵制，从而引起强烈的紧张不安和严重的内心冲突，并伴有某些重复动作和行为。

强迫症主要表现为严重影响个体日常生活的周期性强迫思维或者强迫动作。强迫思维是在某一时间所体验过的思想、冲动意向或想象，会反复地或持久地闯入头脑，以致引起显著的焦虑和痛苦烦恼（钱铭怡，2016），常见的有强迫性穷思竭虑、强迫想象、强迫回忆等。强迫动作指的是通过反复的行为或者精神活动来阻止或降低焦虑和痛苦，常见的强迫动作包括反复洗手、反复检查和计算等。

通常当事人深感焦虑，主观上力图和强迫思维、动作对抗，结果反而愈演愈烈。部分当事人性格有易焦虑、自信不足而又要求完美的特点，从而容易对日常生活事件产生强迫性质的心理反应。

（2）诊断和治疗

强迫症的诊断主要在四方面：第一，至少有以下四项强迫症状之一：①强迫观念；②强迫情绪；③强迫意向；④强迫行为（动作），且强迫症状出自内心而非外力所致，即自我强迫。第二，当事人明知强迫症状不合情理或毫无意义但仍反复出现。第三，当事人对强迫症状力图抗拒和排斥，但又不能控制，无力摆脱。第四，强迫症状的出现会导致严重的内心冲突，并伴随着强烈的焦虑和痛苦情绪。

此外，值得注意的是，强迫症通常还伴有其他情绪类的心理障碍，例如抑郁症、恐怖症和焦虑症等。根据流行病调查，30%的强迫症患者会并发抑郁症；40%睡眠受到干扰；20%伴有社交焦虑障碍。此外，强迫症往往使患者的自我功能受到严重的影响,比如影响患者的学习、工作以及导致人际关系恶化。

对强迫症的治疗主要分为两个方面:心理治疗和药物治疗。从短期疗效来看,两者对强迫症都具有明显效果。但是就现有的资料来看,如果采用单纯的药物治疗,那么只有不断用药才能维持强迫症状的改善。美国的一项研究发现,停止用药几周后,90%的患者会复发强迫症状(钱铭怡,2013)。

疑病症

(1) 疑病症及其症状

疑病症(hypochondriasis)是躯体形式障碍的一种,表现为当事人对自身的健康状况或身体的某一部分功能过分关注,怀疑患了某种疾病但又与实际健康状况不符。医生对疾病的解释或客观检查也很难消除当事人对自身健康固有的成见。疑病症常表现在以下几方面:①坚信自己有一种严重的疾病。②在看过医生,医生也做了全面的体检并说没有任何问题之后,当事人仍然相信自己有病。③这样的担心持久不散(至少6个月)并干扰当事人的生活。当事人终日为之忧虑、恐惧,四处觅医,结果常是医药无效。④对自身健康的毫无根据的先占观念,叙述身体某部分有特殊的不适感、疼痛或异常感觉。

(2) 诊断和治疗

在诊断疑病症的过程中,需要注意四方面:第一,当事人具有疑病症状,躯体某一部位或全身具有明显的疾病性不适,如疼痛、四肢乏力等;第二,不存在产生疑病症状的相应疾病;第三,反复检查的否定结果以及医生的解释、保证都不能消除当事人坚信自己患有某种疾病的信念,仍然无休止地要求进行种种检查;第四,当事人伴有与目前健康状况不相称的、强烈的、无法解脱的苦恼。

对于疑病症一般以支持性的心理治疗为主,药物治疗为辅。森田疗法和认知行为治疗都被认为有一定效果,有助于帮助当事人改变对症状的看法,认识到引起躯体症状的真正原因,缓解疑病行为。

情感性的精神障碍

情感性精神障碍又叫心境障碍(mood disorder),是指由各种原因引起的以显著而持久的情感或心境改变为主要特征的一组疾病。临床上主要表现为情感高涨或低落,并伴有相应的认知和行为改变。多数患者有反复发作倾向,每次发作多可缓解,部分可有残留症状或转为慢性。根据当事人心境高涨或心境低落的症状特点,情感性的精神障碍可以大致分为以下几种类型。

抑郁障碍

(1) 抑郁障碍及其症状

抑郁障碍也叫抑郁症(depressive),以持久的心境低落状态为主,且常伴有焦虑、躯体不适和睡眠障碍,但无明显的运动性抑制和幻觉、妄想、思维与行为紊乱等精神病特征。抑郁症不同于正常的悲伤、丧亲等情感体验,是一种持续的、明显影响人的思维、行为、情感、活动、躯体健康的重性精神障碍。临床多表现为持久的情绪低落、忧郁、苦闷、沮丧、凄凉和悲哀;感到生活处处不如意,对生活和活动的兴趣显著减退,不与外界的人和事进行沟通,似乎与世隔绝;不愉快、悲观、丧失希望,厌世而不能自拔;说话声调平淡,时时发出叹息,甚至流泪哭泣,自感人生暗淡,对生活甚至生命都失去信心,存在自杀意念且会使少数人付诸行动;自卑、自责、自我贬低、自我评价下降、后悔、内疚……

据世界卫生组织报告,全世界抑郁者已达到两亿多,将成为21世纪的流行病,每十位男性中就有一位可能患有抑郁,而女性则每五位中就可能有一位患有抑郁。如果及时治疗,抑郁症的预后较好,但若延误治疗,很有可能造成毁物、自杀等悲剧。

(2) 诊断和治疗

在诊断抑郁症的过程中,需要注意以下方面:第一,当事人的情绪低落时间至少持续两周以上。第二,症状标准以心境低落为主,当事人情绪低落的具体表现几乎每天大部分时间都符合以下至少5项以上:①持续的情绪低落;②对日常活动的兴趣显著减退;③在未节食的情况下体重明显减轻或增加,食欲减退或增强;④失眠或睡眠过多;⑤精神运动性激越或迟滞;⑥自觉疲乏无力、精神不振;⑦感到自己毫无价值,内疚自责,夸大缺点,缺乏信心;⑧思考或集中注意力的能力减退,犹豫不决;⑨反复出现想死的念头或有自杀、自伤行为。

抑郁症的表现形式多种多样,上述几条是抑郁症较为典型、较为常见的表现。也有少数抑郁症患者尽管内心深处感到极度压抑、忧愁和悲哀,但外在表现仍是面带"微笑",临床上称为"微笑性抑郁"。这种人在外观上和正常人完全一样,能够正常工作,正因为如此,他们更易被忽视,往往因突发性的自杀、毁物和剧烈冲动行为而招致悲剧。根据ICD-10对抑郁障碍诊断标准的症状描述,可以包含三条核心症状和七条附加症状。三条核心症状为:①持续的心境低落;②对日常活动的兴趣和愉悦感丧失;③劳累增加和精力减退。七条附加症状为:①思考和集中注意力的能力减退;②自信和自我评价降低;③内疚自责,自罪感,低自我价值感;④对前途感到悲观绝望;⑤反复出现想死的念头或有自杀、自伤行为;⑥睡眠障碍,失眠或睡眠过多;⑦在未节食的情况下体重明显减轻,食欲减退。

根据严重程度、病程长短、伴有或不伴有精神病性症状、有无相关原发病因等指标,抑郁障碍又被分为不同亚型,如轻度抑郁、中度抑郁、重度抑郁等。

对于心理咨询师来说,如果通过对来访者进行心理评估考虑有抑郁症的可能,就应该及时建议其到精神专科接受诊治,以免因延误治疗而造成悲剧。

抑郁障碍作为重性精神障碍,需要及时使用药物进行治疗,在改善情绪状态和社会功能之后,对于有明显心理困扰的患者,也常常可以遵照医嘱,辅以支持性的心理治疗。

双相情感障碍

(1) 双相情感障碍及其症状

双相情感障碍(bipolar disorder)属于心境障碍的一种类型,表现为既有躁狂发作又有抑郁发作。躁狂发作以心境高涨为主,与当事人的处境不相称,可以从高兴愉快到欣喜若狂,某些病例仅以易激惹为主。病情轻者其社会功能无损害或仅有轻度损害,严重者甚至可出现幻觉、妄想等精神病性症状。抑郁发作以心境低落为主,与其处境不相称,可以从闷闷不乐到悲痛欲绝,甚至发生木僵。严重者可出现幻觉、妄想等精神病性症状。某些病例的焦虑与运动性激越很显著。

双相情感障碍的症状可能是某一型的躁狂或抑郁标准,也可能是混合性发作,比如在躁狂发作后又有抑郁发作或混合性发作。根据具体症状的不同,双相情感障碍又可以分为双相Ⅰ型障碍、双相Ⅱ型障碍、环性心境障碍等。

(2) 诊断和治疗

躁狂发作的症状标准以情绪高涨或易激惹为主,主要表现为"三高"症状——情感高涨、思维奔逸、活动增多,可伴有夸大观念或妄想、冲动行为等。常见症状有:①注意力不集中或随境转移;②情感高涨;③思维奔逸(语量增多、语速增快、言语迫促等)、联想加快或意念飘忽的体验;④自我评价过高或夸大;⑤精力充沛、不感疲乏、活动增多、难以安静,或不断改变计划和活动;⑥鲁莽行为(如挥霍、不负责任,或不计后果的行为等);⑦睡眠需要减少;⑧性欲亢进,等等。发作应至少持续一周,并有不同程度的社会功能损害,可能给自身或他人造成不良后果和危险。

抑郁发作的症状标准以心境低落为主,主要概括为情绪低落、思维迟缓、意志活动减退"三低"症状,可能出现的症状有:①兴趣丧失、无愉快感;②精力减退或疲乏感;③精神运动性迟滞;④自我评价过低、自责,或有内疚感;⑤联想困难或自觉思考能力下降;⑥反复出现想死的念头或有自杀、自伤行为;⑦睡眠障碍,如失眠、早醒,或睡眠过多;⑧食欲降低或体重明显减轻;⑨性欲减退,等等。需要强调的是,抑郁发作应至少持续2周,且给当事人带来了不同程度的功能损害和痛苦。

双相情感障碍的成因复杂,可能受生物因素、心理因素、社会环境因素等多方面的影响,治疗难度较大。目前主要依靠药物治疗并结合心理治疗的方式。由于此类患者情绪往往不稳定,因此需要给予很好的陪护。

人格障碍

人格障碍及其症状

人格障碍(personality disorder)作为一种精神障碍,早期也称为病态人格

(psychopathic personality)或异常人格(anomalous personality)。人格障碍是一种自幼年或青少年时出现,并在成年期持续少变的、持久的、根深蒂固的、适应不良的行为模式。通常表现为人格各成分之间的失衡或人格性质上的失常,有明显的社会功能障碍,常使自己和社会蒙受损害,并影响正常的人际关系。鉴别人格障碍与人格特征突出、精神病有时不太容易。一般认为轻度的人格偏离,没有或很少有社会功能障碍,则可称之为人格特征突出,通常不属于心理异常范畴。而人格障碍与精神病的鉴别关键在于异常行为的持续时间。如果当事人的以往行为正常,但如今行为异常,则可能是精神病;如果当事人一贯行为异常,则有可能是人格障碍。

人格障碍的特点主要表现在个人的内心体验与行为特征(不限于精神障碍发作期)在整体上与其文化所期望和所接受的范围明显偏离,这种偏离是广泛、稳定和长期的,并至少有下列1项表现:①认知(感知及解释人和事物,由此形成对自我及他人的态度和形象的方式)的异常偏离;②情感(范围、强度、及适切的情感唤起和反应)的异常偏离;③控制冲动及对满足个人需要的异常偏离;④人际关系的异常偏离。

临床实践表明,人格障碍的治疗难度非常大,主要治疗手段包括药物治疗和心理治疗。但患者的病程长,依从性差,治疗方法很有限,疗效通常也欠佳。药物治疗对人格障碍患者通常没有明显作用,在心理治疗方面,可以尝试认知疗法、分析性治疗、行为治疗、家庭治疗等方法,主要目标在于帮助患者建立良好的行为模式,促进环境适应。部分人格障碍患者的人格特征随着年龄的增长会有所缓和。

人格障碍的常见类型及其症状

人格障碍可以分为三大类型:A类人格障碍(偏执型人格障碍、分裂样人格障碍、分裂型人格障碍);B类人格障碍(反社会型人格障碍、边缘型人格障碍、表演型人格障碍、自恋型人格障碍);C类人格障碍(回避型人格障碍、依赖型人格障碍、强迫型人格障碍)。下面介绍几种常见的人格障碍。

(1) 偏执型人格障碍

偏执型人格障碍(paranoid personality disorder)是一种具有病理性固执信念,易走极端的人格障碍。临床症状主要有:①广泛猜疑,常将他人无意的、非恶意的甚至友好的行为误认为敌意或歧视,或无切实根据,便怀疑会被人利用或伤害,因此过分警惕与防备。②将周围事物解释为不符合实际情况的"阴谋"。③易产生病态嫉妒。④过分自负,若有挫折或失败则归咎于人,总认为自己是正确的。⑤好嫉恨别人,对他人过错不能容忍。⑥好脱离实际地争辩与敌对,固执地追求个人不合理的"权利"。⑦忽视或不相信与当事人想法不相符的客观证据,因而很难以说理或事实来改变当事人的想法。

(2) 分裂样人格障碍

分裂样人格障碍(schizoid personality disorder)是一种具有精神分裂症样表现的人格障碍,但分裂样人格障碍与精神分裂症之间并不具有因果关系。临床症状主要有:①有奇异的信念,或与文化背景不相称的行为,如想念透视力、心灵感应、特异功能和第六感官等。②奇怪的、反常的或特殊的行为或外貌,如服饰奇特、不修边幅、行为不合时宜、习惯或目的不明确。③言语怪异,如离题、用词不当、繁简失当、表达意思不清,并非文化程度或智能障碍所引起。④不寻常的知觉体验,如错觉、幻觉,看见不存在的人。⑤对人冷淡,对亲属也不例外,缺少温暖体贴。⑥表情淡漠,缺乏深刻或生动的情感体验。⑦多单独活动,主动与人交往仅限于生活或工作中必须的接触,除一级亲属外无亲密友人。

(3) 反社会型人格障碍

反社会型人格障碍(antisocial personality disorder)是一种人格偏离社会化,内心体验与外在行为违背社会常情和社会规范,不能正常地进行社会交往及适应社会生活,具有一定社会危害性的人格障碍。其临床症状主要有:①高度攻击性。当事人具有高度的冲动性和攻击性,不过也有一些并无攻击行为。反社会人格可分为具有攻击行为和不具有攻击行为两类,前一类具有终生发生人身暴力的倾向。②无羞愧感。传统认为此类人无羞愧感,缺乏与焦虑相关的植物神经反应。③行为无计划性。当事人的行为大多受偶然动机、情绪冲动或本能愿望驱使,缺乏计划性或预谋。④社会适应不良。适应不良是此类人格障碍当事人的重要特征。由于他们对自己的人格缺陷缺乏自知力,不能从经验中获得教训,因此是一种持久和牢固的适应不良行为模式。

(4) 表演型人格障碍

表演型人格障碍(histrionic personality disorder)又叫癔症型人格障碍(hysterical personality disorder),是一种以自我为中心,过分寻求他人注意,具有某些癔症样表现的人格障碍。其临床症状主要有:①表情夸张像演戏一样,装腔作势,情感体验肤浅。②暗示性高,很容易受他人的影响。③自我中心,强求别人符合他的需要或意志,一遇到不如意就给别人难堪或表达强烈不满。④经常渴望被表扬和同情,情感易波动。⑤寻求刺激,过多地参加各种社交活动。⑥需要别人经常注意,为了引起注意,不惜哗众取宠,危言耸听,或者在外貌和行为方面表现得过分吸引他人。⑦情感反应强烈易变,完全按个人的情感判断好坏。⑧说话夸大其辞,掺杂幻想情节,缺乏具体的真实细节。

(5) 边缘型人格障碍

边缘型人格障碍(borderline personality disorder)是一种在人际关系、情绪表现与自我形象诸多方面都显得不稳定的人格障碍。当事人情绪困扰的程度比其他人格异常类型严重,其症状也较复杂,是介于神经症与精神病之间的一种心理异常,故以"边缘"名之。其临床症状主要表现为情绪不稳定、人际关系波动和自我同一性混乱。其临床症状主要有:①对自己有害的冲动性行为;②多变的情绪;③不稳定的人际关系;④过分的激怒;⑤对自己身份识别的疑惑;⑥难以忍受的孤独;⑦有自伤或自杀的企图和行为;⑧长期的厌烦。

(6) 自恋型人格障碍

自恋型人格障碍(narcissistic personality disorder)是一种需要他人赞扬的、自大的、缺乏共情的人格障碍。其临床症状主要有:①先入为主地认为自己应该获得无限制的成功、权利、才能、美貌或理想的爱情。②认为自己特别、独一无二,应当且只能被其他同样特别或地位高的人理解和跟随。③夸大自我重要性。④要求过度的赞美。⑤有一种权利感,不合理地期望自己被他人特殊优待或顺从。⑥为了达到自己的目的而在人际关系上剥削他人。⑦缺乏共情,不愿感知和认同他人的需求感受。⑧常常妒忌他人,或认为自己被他人妒忌。⑨常表现出高傲、傲慢的行为或态度。

(7) 强迫型人格障碍

强迫型人格障碍(obsessional personality disorder)是一种过度拘泥于细节、刻意追求完美以致无法适应新情况的人格障碍。其临床症状主要有:①做任何事情都要求完美无缺、按部就班、有条不紊,因而有时反而会影响工作效率。②当事人不合理地坚持别人也要严格地按照本人的方式做事,否则心里就很不痛快,对别人做事很不放心。③犹豫不决,常推迟或避免做出决定。④常有不安全感,反复考虑计划是否得当,反复核对检查,惟恐疏忽和差错。⑤拘泥于细节,甚至生活小节也要"程序化",不遵照一定的规矩就感到不安或要重做。⑥完成一件工作之后常缺乏愉快和满足的体验,相反容易悔恨和内疚。⑦对自己要求严格,过分沉溺于职责义务与道德规范,无业余爱好,拘谨吝啬,缺少友谊往来。

(8) 依赖型人格障碍

依赖型人格障碍(dependent personality disorder),又叫被动型人格障碍或无力型人格障碍,是一种过度顺从或依附他人,害怕分离,严重缺乏独立性的人格障碍。其临床症状主要有:①需要他人大量的建议和保证,否则难以自己做决定。②需要他人为自己承担责任。③因为害怕失去支持而难以表达自己的不同意见。④因为缺乏自信而很难开始独立做事。⑤为了得到他人的支持而过度努力甚至委屈自己。⑥独处时会感到不适和无助,害怕不能自我照顾。⑦难以忍受亲密关系的结束,会迫切寻求新的关系作为替代。⑧害怕只剩下自己照顾自己的不现实的先占观念。

(9) 回避型人格障碍

回避型人格障碍(avoidant personality disorder)是以全面的社交抑制、能力不足感、对负面评价极其敏感为特征的人格障碍。其临床症状主要有：①因为害怕被批评、否定和排斥，因而回避需要较多人际接触的职业活动。②除非确定能被喜欢，否则不愿与人打交道。③感到害羞或害怕被嘲弄，因而在亲密关系中表现拘谨。④具有在社交场合被批评和被拒绝的先占观念。⑤感到能力不足，因而在新的人际关系情况下受抑制。⑥认为自己在社交方面笨拙、缺乏吸引力或低人一等。⑦为避免困窘，非常不情愿冒风险参加任何新的活动。

性心理障碍

性心理障碍(sexual deviations)主要表现为个体在性欲对象以及性别身份认同等方面出现的心理障碍，在DSM-5中主要提到了性欲倒错障碍和性别烦躁两种类型。

其中性欲倒错障碍表现为当事人往往厌恶正常性行为，会对常人不引起性兴奋的某些物体或情境产生强烈的性兴奋，或者采用与常人不同的异常行为方式满足性欲，其满足性欲的行为方式或性质对象明显偏离常态，并且这种性偏离是其获得性兴奋和性满足的主要或唯一方式，这种偏离常态的性冲动呈强迫性，难以克制和摆脱。而除了性心理偏离常态之外，当事人的一般精神活动通常没有明显异常。在性欲倒错障碍中，有的属于性对象变异，如恋童癖、恋物癖；有的属于性动作变异，就是以间接的行为或以古怪方式引起性兴奋和获得性满足，比如窥阴癖、露阴癖、摩擦癖、性受虐癖、性施虐癖、异装癖等。性欲倒错障碍的当事人多数不会主动就医，很少有强烈的、持久的矫治愿望，但只要积极配合，采用心理治疗尤其是行为疗法能取得一定的成功。

性别烦躁又叫性别认同障碍，主要表现为个体所体验到的或行为表现出来的性别与其生物性别不一致，导致个体的主观痛苦，并强烈希望通过使用激素或变性手术的手段来得到自己渴望的另一种性别。这类当事人由于厌恶自身生物学性别，强烈的身心冲突往往带来极大的痛苦体验，容易产生焦虑、抑郁等情绪问题，甚至出现更严重的精神问题。性别烦躁的原因与生物学、心理、社会文化因素等都有关系。对于有求助意愿的当事人，通常需要多专业的联合治疗小组进行科学干预和综合治疗。需要强调的是，对于这类当事人的治疗原则，学界当前还存在争议，一般认为治疗重点应主要聚焦于改善其伴发的焦虑、抑郁等精神症状，而不一定需要纠正和治疗当事人的性别身份认同障碍。

精神分裂症

精神分裂症(schizophrenia)属于最严重的精神障碍，是指人脑机能活动失调，当事人丧失自知力，心理功能严重受损，不能应付正常生活，不能与现实保持恰当接触，但当事人却不认为自己有问题,主要症状有幻觉、妄想、错乱等。精神分裂症多半与神经化学系统的失调有关,必须配合药物治疗。当咨询师发现来访者有精神病症状时,应该尽快转介给精神科医生。

精神分裂症的确切病因还不清楚,当前学界认为可能由遗传、大脑结构、妊娠问题以及后天生活的家庭、环境等多种因素共同激发造成,但具体发病机制和病因都未完全明确,所以这种疾病很难治愈。精神分裂症多起病于青壮年,常缓慢起病,具有思维、情感、行为等多方面障碍,以及精神活动不协调。精神分裂症患者不能清楚地进行思考,无法区分现实和幻想,无法驾驭情感,无法做出决定等。大多数精神分裂症呈慢性病程,自然病程多迁延,反复加重或恶化,但部分当事人可保持痊愈或基本痊愈状态。其实患上精神分裂症并不是父母不好或者是患者自己本身不好,绝大多数患者对别人都没有暴力风险。世界卫生组织已经把精神分裂症列为人类的十大残疾症病之一。

精神分裂症的症状大致分为三类:阳性症状、分裂症状、阴性症状。临床上就是依据这些症状来诊断精神分裂症的。目前还没有任何一种仪器能帮助我们诊断精神分裂症。

1. 阳性症状也叫"精神病性症状",包括幻觉、妄想。这里所说的"阳性"并不是"好"的意思,而是指患者具有不同于正常人的突出症状。具有妄想症状的患者或者坚信别人洞悉他的悲伤,正在谋划对付他,或者坚信别人秘密地监视他、威胁他,甚至控制他。常见的有被害妄想、关系妄想、影响妄想和钟情妄想等。这种妄想一旦出现,病人就立即深信不移。

2. 阴性症状。包括情感平淡或缺乏,对亲朋好友冷淡疏远,对周围事物反应迟钝或漠不关心,对外界刺激缺乏相适的情感反应。行为上缺乏主动,活动减少,对工作学习和生活缺少主动性和进取心。行为孤僻、离群,生活懒散,不注意仪表,无故不上班、不上课,表现为日益脱离现实、被动和退缩。有的患者出现紧张性综合征:患者长期不动、不语、不食,或只有轻微的反应;有的患者始终维持一种固定的、不舒服的、僵硬的姿态等。

精神分裂症患者一般没有意识障碍,妄想、幻觉和其他精神症状一般都在意识清晰的情况下出现,智力一般较好,但自知力缺乏,不认为自己的精神不正常,也不会主动要求治疗。此外,精神分裂症患者还可能出现继发的焦虑、抑郁等情绪问题,以及暴力攻击或自杀行为等问题,因此常常需要更多看护和照顾。

其他心理因素相关的生理障碍

在常见的精神障碍中,还有一些是与心理因素相关的生理障碍,具体而言就是一组与心理社会因素有关的以进食、睡眠及性行为异常为主的精神障碍,包括:进食障碍,以进食行为异常为主的精神障碍,如神经性厌食、神经性贪食、暴食障碍等;非器质性睡眠障碍,指由各种心理社会因素引起的非器质性睡眠与觉醒障碍,如失眠障碍、嗜睡症和某些发作性睡眠异常情况(如睡行症、夜惊、梦魇等);非器质性性功能障碍,指一组与心理社会因素密切相关的性功能障碍,如性欲低下、勃起障碍、早泄、女性性高潮缺乏、性交疼痛等;创伤后应激障碍(PTSD),如因战争、灾害、交通事故、犯罪被害而引起的异常心理反应和精神障碍。

（何　瑾　撰写）

本章参考文献

Corey, G., Corey, M. S., Corey, C. (2019).专业助人工作伦理(修慧兰,等译).台北:新加坡商圣智学习.
Patterson, L. E., Welfel, E. R. (1996).谘商过程(吕俐安,等译).台北:五南图书出版有限公司.
Cormier, S., Nurius, P. S. (2004).心理咨询师的问诊策略(第五版)(张建新,等译).北京:中国轻工业出版社.
陈仲庚.(1989).心理治疗与心理咨询的异同.中国心理卫生杂志,3(4),184-190.
樊富珉.(1997).大学生心理健康与发展.北京:清华大学出版社.
樊富珉,费俊峰.(2013).大学生心理健康十六讲.北京:高等教育出版社.
郝伟,陆林.(2018).精神病学(第8版).北京:人民卫生出版社,2018.
马喜亭.(2010).转介在大学生心理危机干预中的应用.北京航空航天大学学报(社会科学版),(2),109-112.
美国精神医学学会.(2014).精神障碍诊断与统计手册(案头参考书)(第五版)(张道龙,等译).北京:北京大学出版社.
钱铭怡.(2013).变态心理学.北京:北京大学出版社.
钱铭怡.(2016).心理咨询与心理治疗(重排本).北京:北京大学出版社.
世界卫生组织.(1993).ICD-10 精神与行为障碍分类(范肖东,等译).北京:人民卫生出版社.
松原达哉.(2015).咨询心理学(张天舒,译).北京:机械工业出版社.
岳晓东.(2015).心理咨询基本功技术.北京:清华大学出版社.
Ainsworth, M. D. S. (1989). Attachment beyond infancy. *American Psychologist*, 44, 709-716.
Lazarus, A. A. (1989). The practice of multimodal therapy. Baltimore, MD: Johns Hopkins University Press.

4 影响心理咨询的共同要素

4.1 影响咨询有效的因素 / 94
    4.1.1 绝对疗效——咨询的有效性 / 94
    4.1.2 相对疗效——不同疗法之间的斗争 / 95
    4.1.3 对共同要素的认识 / 96
    4.1.4 共同要素的模型 / 98
    4.1.5 关于共同要素的评论 / 102
4.2 咨询关系与工作同盟 / 103
    4.2.1 咨询关系概述 / 103
    4.2.2 咨询关系的作用机制 / 105
    4.2.3 工作同盟 / 107
4.3 跨流派咨询模型 / 112
    4.3.1 情境模型 / 112
    4.3.2 同化模型 / 114
    4.3.3 探索、领悟、行动三阶段助人过程模型 / 115
    4.3.4 改变过程的五阶段论 / 116

心理咨询究竟有没有效果？什么因素使得心理咨询有效？是否存在更好的治疗方法？这些问题一直是心理咨询与治疗行业的从业者们孜孜不倦研究的问题。咨询效果是过去心理咨询的研究重点和热点，目前对此较为一致的看法是：心理咨询几乎对所有的心理困扰都有较为积极的效果，并且各理论流派的疗效几乎相当（Luborsky 等, 1975；Shadish 等, 2000；Smith 和 Glass, 1977；Wampold 等, 1997）。1936年，罗森茨威格(Rosenzweig)最早注意到，尽管各种疗法之间存在差异，但是效果大致相似，背后或许有一些共同的因素在起着作用(Rosenzweig, 1936)。共同要素说法的提出逐渐引起学者们的重视和讨论，心理治疗从一开始关注疗法之间的差异逐渐转为寻找其中的共通点，从关注特定的技术和治疗方法发展为找寻更根本的理论与架构。

4.1 影响咨询有效的因素

心理治疗一开始就关注疗法的差异,心理治疗各取向之间的争论有着混乱而悠久的历史,比如弗洛伊德坚持认为他的疗法是正确的;行为主义者认为精神分析无法验证,并不科学;人本主义者则认为精神分析和行为主义对人性的态度过于悲观和机械。特定疗法的拥护者各自宣称他们支持的治疗取向才是有效的,在很长一段时间内,心理学界为哪个流派的治疗效果更好争论不休。治疗过程的复杂也使研究者们难以厘清心理治疗和咨询起效的机制到底是什么,以及哪些因素会决定咨询结果的成功或失败。

4.1.1 绝对疗效——咨询的有效性

当今已经少有人会再质疑心理咨询的有效性,但在 20 世纪 50 年代,这一问题引发了长达 30 年的争论。争论起源于 1952 年艾森克(Eysenck)通过对 24 项心理动力疗法和折中心理治疗研究的回顾而得出的结论:

> 接受精神分析治疗的患者的治愈率为 44%,接受折中心理治疗的患者的治愈率为 64%,接受一般看护和全科治疗的患者的治愈率为 72%。因此,心理治疗与康复之间似乎是负相关,即心理治疗越多,治愈率越低。(Eysenck,1952,p. 322)

这对当时的心理治疗来说无疑是一个重大的打击。然而,同样是基于对文献的系统回顾,其他研究者得出的结论则是心理动力学和折中主义心理治疗均有效(Bergin,1971;Luborsky 等,1975;Meltzoff 和 Kornreich,1970)。这种矛盾并不少见,由于早期的文献综述过于依赖主观纳入标准和归纳方法,研究者得出的结论总难以摆脱先入为主的立场。

1977 年,史密斯(Smith)和格拉斯(Glass)率先使用元分析对心理治疗的效果进行研究,他们汇总了所有将心理治疗/心理咨询与对照组或其他疗法进行对比的研究结果,从而确定了心理治疗效应量的大小。史密斯和格拉斯得出了简单但重要的结论——心理咨询和心理治疗是有效的(Smith 和 Glass,1977)。这一元分析结果产生了深远影响,虽然依然存在批评的声音,但至此学界关于心理治疗的绝对疗效逐渐达成了共识,即采取心理治疗的效果优于不采取治疗。事实证明,通过元分析确立的心理治疗效应量在之后那些纳入了更多文献、运用了更复杂分析方法的研究中也被证明是相当稳固的。瓦姆波尔德(Wampold)等在书中描述道:

从多年来进行的各种元分析来看,与绝对疗效有关的合并效应量非常一致,基本在 0.75—0.85 之间。包含多种疗法和患者的大量元分析的效应量很少有变化。心理治疗合理的、经得住检验的效应量是 0.80……意味着平均来看,接受心理治疗的当事人比 79% 的未接受心理治疗的当事人要好,心理治疗能解释 14% 的结果变异。每三个接受心理治疗的当事人中就有一个当事人会获得比未接受治疗的当事人更好的结果。(瓦姆波尔德,艾梅尔,2019,p. 108)

元分析证据具有至关重要的意义,这意味着心理治疗作为科学的理念有了立身之本,也是对外界一些质疑心理治疗价值的声音的有力回应。

4.1.2 相对疗效——不同疗法之间的斗争
治疗师的忠诚效应

除了证明心理治疗的科学性和有效性,特定疗法的支持者们还想要证明自己践行的疗法比其他疗法更为有效。他们宣称是疗法中某些独特的成分产生了治疗效果,一些治疗的特定成分要比其他治疗的特定成分更有效。一般来说,随机对照实验可以很好地解决疗效比较的问题,但事实上并没有这么简单,不同治疗取向的研究者们得到的结果并不相同。

造成这种现象的原因之一可能是治疗师的忠诚效应。进行不同心理治疗方法疗效之间的比较时,治疗师忠诚度是影响研究结果的一个关键概念。忠诚度是咨询师或研究者认为治疗有效的程度。治疗师自身的治疗取向会有意无意地被带入到研究中,在比较两种疗法的相对疗效时,研究人员希望自己践行的疗法比另一种疗法更有效,这种治疗师对疗法的忠诚度会使特定治疗更为有效,尤其是当研究人员还参与研究实践时。这也不难理解,因为如果治疗师都不认为自己的治疗是有效的,就更无法使当事人相信接受治疗会对他们的情况有所助益。

那么治疗师忠诚度对治疗结果的效应有多大呢?这是一个棘手的问题,在医学研究中,忠诚效应可以通过安慰剂和双盲实验设计控制,但在心理治疗中,治疗师很清楚自己提供的治疗方法是什么,而且治疗师之间的忠诚度也无法保持一致。相较而言,研究者的忠诚度反而好控制一些。总的来说,忠诚效应普遍存在,蒙德等人 (Munder 等,2013)对 30 个元分析进行研究发现,治疗效果与忠诚度之间的相关性 $r = 0.26, d = 0.54$[①],属于中等效应大小,相当于每四位相信所持疗法有效的治疗师

---

① Cohen's d 为组间差异常用效应量,在社会科学领域,通常以 0.8、0.5 和 0.2 界定效应量的大、中和小;Pearson r 是相关性参数,d 与 r 的转换公式为:$r^2 = d^2/(d^2+4)$。

中就有一位的治疗效果比不相信疗法效果的治疗师好。

对照组的选择

造成疗效比较结果迥乎不同的另一原因可能是对照组的选择。所谓"疗效",是与那些"设计为无效"(designed to fail)或"刻意无效"(intent-to-fail)的疗法进行比较的结果(Westen 等,2004)。这类疗法仅是模仿治疗,并不真正具有治疗效果,也不符合真正治疗的标准。早期对疗效比较的研究结果的回顾因各种各样的混淆(如忠诚度的混淆、缺乏疗法之间的直接比较以及分类和多重比较的问题等)而在结论上存在分歧(瓦姆波尔德,艾梅尔,2019),而那些控制比较好、比较严谨的回顾研究多数发现各类心理疗法结果等效,如对心理动力疗法和行为疗法的比较发现二者几乎没有区别(Sloane 等,1975)。

元分析方法

元分析方法的出现带来了更具说服力的证据,瓦姆波尔德剔除了一些非系统性治疗的干预,对 277 项直接比较两对或两对以上心理疗法效果的研究进行元分析,发现这些以治愈为目的的心理疗法之间的真正差异为零(Wampold 等,1997)。更进一步的比较是针对特定障碍的治疗进行的,在抑郁症(Barth 等,2013)、焦虑障碍(Baardseth 等,2013)、创伤后应激障碍(Powers 等,2010)和酒精滥用(Imel 等,2008)等特定领域内进行的元分析也未发现相对疗效的存在,这表明疗法中特定因素的作用被过分夸大了。罗森茨威格用《爱丽丝梦游仙境》中的裁判渡渡鸟的话描述各流派对心理治疗的贡献为"每个人都赢了,每个人都有奖",各种心理疗法都有效且疗效相当这一结论也被称为"渡渡鸟效应"。

4.1.3 对共同要素的认识

既然心理治疗各种疗法的疗效并无差别,那么究竟是什么因素使得心理治疗有效呢?对这个问题的回答受到研究设计、理论方向、治疗设置、研究措施及多样化的当事人和治疗师等因素的限制。在影响心理治疗结果的众多变量中,任何给定的研究中只有少数变量可以包含在内。治疗结果没有差异或差异很小也有许多可能的解释(瓦姆波尔德,艾梅尔,2019):(1)不同的疗法可以通过不同的过程实现相似的目标,因不同的原因而有效;(2)不同的疗法之间存在差异,但受限于当前的研究技术,还无法检测出来;(3)不同的疗法包含了有治愈作用的共同要素。其中,对不同疗法中共同要素的强调受到最多研究关注,并且可能对实践具有最明显的影响。

共同要素理念的提出

共同要素的理念始于罗森茨威格提出的渡渡鸟效应。他认为,虽然各流派对疾病的解释和治疗各不相同,但心理治疗效果等值,可能是潜在的共同要素在起作用。自共同要素的概念出现后,相关的研究层出不穷。尽管心理治疗结果具有不可分割的复杂性,但研究者们依旧在澄清问题和解决不确定性方面取得了巨大进步。

两种心理治疗结果的模型

诺克罗斯(Norcross)和兰伯特(Lambert)认为,根据已有研究结果可以暂时得出两种心理治疗结果的模型,并强调模型中的百分比并非确切的数字,而是粗略的经验估计(Norcross 和 Lambert, 2019)。

第一个模型估计了心理治疗中当事人的改善百分比与治疗因素的关系(图4-1),结果代表的是这些治疗因素之间的相对重要性(Lambert, 1992)。在心理治疗可以解释的改变中,当事人的治疗外改变(自我改变、自发缓解、社会支持、偶然事件)大约占40%;共同要素可能占30%,包括治疗关系、当事人和治疗师因素等;特定治疗方法和技术因素可以解释大约15%的变异,如生物反馈、解释移情、脱敏、暴露疗法和双椅技术等;而期望,或者说安慰剂效应,则与技术因素的重要性不相上下。

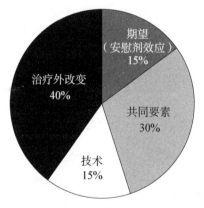

图4-1 心理治疗中当事人的改善百分比与治疗因素的关系
(来源: Norcross 和 Lambert, 2019)

第二个模型将心理治疗结果的方差归因于不同的治疗因素(Norcross 和 Lambert, 2019)。如图4-2所示,除去由测量误差、错误方法以及人类行为的复杂性等因素造成的无法解释的方差,当事人自身的贡献(如治疗动机、障碍的严重程度等),约占总变异的30%,治疗关系占15%,具体治疗方法占10%,治疗师的影响占7%。

诺克罗斯和兰伯特(2019)认为,这两种模型至少提示了我们以下几点:(1)当事

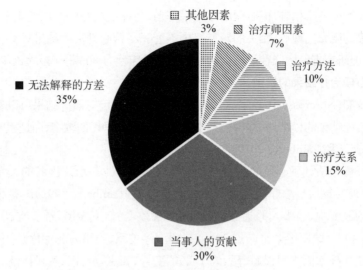

图 4-2　心理治疗结果的方差归因
(来源：Norcross 和 Lambert, 2019)

人对心理治疗结果的贡献最大；(2)治疗关系通常至少与治疗方法一样有助于心理治疗的成功；(3)在某些情况下，特定的治疗方法确实很重要，尤其是当事人情况更复杂或更严重时(Lambert, 2013)；(4)心理治疗师应当循证地考虑多种因素及其最佳组合，从利用当事人的自身资源和自愈能力开始，强调对治疗关系等共同要素的关注并采用实证支持的治疗方法。最重要的是，将所有这些与当事人的性格、个性和世界观相匹配，以达到治疗的成功以及治疗效果的最大化。

4.1.4　共同要素的模型

心理治疗的几个概括水平

研究者们提出了很多共同要素的模型，试图归纳出那些影响心理治疗效果的因素。哥德弗雷德曾提出心理治疗的三个概括水平(Goldfried, 1980)。

最高的概括水平

最高的概括水平是理论框架和相应的心理治疗取向及其所隐含的哲学人性观，其研究问题主要是某种特定疗法是否有效以及是否比其他疗法更有效。

最低的概括水平

最低的概括水平是治疗过程中的技术，如认知行为取向的治疗师会与不合理信念辩论，心理动力取向的治疗师会解释移情，相关的研究问题是某种治疗技术是否能够产生治疗效果、能够娴熟使用技术的特征是什么等。

临床策略

在治疗取向和技术之间还存在一个概括水平,哥德弗雷德称之为临床策略,临床策略可能存在跨取向的共性,代表了不同理论取向之间的某种共识。哥德弗雷德提出所有疗法所共有的两种临床策略,分别是提供矫正性体验和给予直接反馈。

元理论

瓦姆波尔德在《心理治疗大辩论》(*The Great Psychotherapy Debate*)一书中提出了第四个概括水平——元理论,即关于心理治疗理论的理论,如医学模型和情境模型,在元理论水平的探讨能够更好地解释所有关于心理治疗效果的研究结果(瓦姆波尔德,艾梅尔,2019)。

我们可以从这四个水平上理解以下众多模型,将共同要素视为不同心理治疗理论背后共同的原理或原则,并将治疗师的成功归结为在多样化的临床情境中整合地应用这些原理或原则的能力(杨文登,张小远,2017)。

早期的共同要素模型

最具影响力的早期共同要素模型是20世纪60年代由杰罗姆·弗兰克(Jerome Frank)提出的,也是现代共同要素观点的基础。弗兰克认为心理治疗产生效果主要是因为直接处理了心力委顿,其次才是缓解那些外显的症状。弗兰克在他的著作《说服与治疗》(*Persuasion and Healing*)中详细阐述了他认为心理治疗之所以有效的四个非特异性因素(Frank, 1961),它们分别是:

1. 与一位鼎力相助的人(即治疗师)保持密切、信任、注入了情感的信赖关系。

2. 一种治疗背景或设置。营造一种安全的氛围,当事人能够袒露自我,相信治疗师能够帮助自己,治疗师也为当事人的利益而努力。

3. 一套治疗理念或概念构想,用以解释当事人的症状。弗兰克及其女儿认为,这套理念只需要当事人和治疗师均能信服接受即可,可以是神秘主义的,而并不一定要被"科学地"证明。因此,这一点的关键是要结合当事人的文化背景、世界观、价值观,才能够被当事人所认可。

4. 与治疗理念相匹配的治疗仪式或程序,治疗师和当事人都积极参与。同样,当事人需要相信这种仪式或程序是有帮助的。而在所有的治疗仪式和程序中,同样也包含了六种要素,包括:(1)发展一段稳固的关系,在当事人表露其心力委顿的感受之后仍然可以维持,从而战胜当事人的疏离感;(2)治疗师在治疗过程中激起和维持当事人获助的期望;(3)治疗师提供新的经验,帮助当事人获得看待问题和自己的新视角;(4)唤起当事人的情绪,促进当事人重新认识自己的问题;(5)增强当事人自我效能感或主宰感;(6)提供练习的机会,使当事人能够内化治疗中新的认识、体验和行为模式,并在生活中实践和维持下去。

心理治疗中共同要素的探讨

哥德弗雷德和帕德瓦(Goldfried 和 Padwaer, 1982)提出了各种治疗中存在的五个要素,分别是:当事人对治疗会有助益的期望、治疗关系、获得对自己和世界的一种外来视角、矫正性体验、不断进行现实检验。

奥尔林斯基和霍华德(Orlinsky 和 Howard, 1984)曾发展了一个心理治疗的通用模型,包括治疗协议、治疗干预、治疗关系、当事人的自我关联性(与周围人互动时感知和反映自己的方式)、治疗实施和治疗效果,并假定这些元素在治疗情景和社会情境之中是互相联系的。

格林科威治和诺克罗斯(Grencavage 和 Norcross, 1990)将治疗的共性划分为五个领域:当事人特征、治疗师品质、改变过程、治疗结构和关系要素。

兰伯特(Lambert, 1992)认为影响心理治疗效果的四类要素按照重要性排序分别为:当事人/咨询外的因素;关系因素;安慰剂、希望和期望因素;技术因素。

卡斯顿圭(Castonguay, 1993)认为存在三类共同要素。第一类是治疗的共有方面,类似于哥德弗雷德的策略概括水平,比如领悟、矫正性体验、情绪表达等;第二类是独立于治疗的方面,包括人际与社会因素,如治疗情境和治疗关系;第三类是影响治疗效果的其他方面,例如当事人的期望和参与程度。

兰伯特和贝京(Lambert 和 Bergin, 1994)将有实证研究支持其治疗效果的各种策略和技术提取出来分为三大类,分别是支持因素、学习因素和行动因素(详见表 4-1)。迄今为止,许多人认为兰伯特和贝京提出的对共同要素的概括框架是最综合和易于理解的。

表 4-1 不同疗法中与积极疗效有关的共同要素

支持因素	学习因素	行动因素
宣泄	忠告	行为调控
认同治疗师	情感体验	认知性掌控
减轻孤独感	同化困难经验	鼓励直面恐惧
积极的关系	改变对个人效能的预期	冒险
放心感	认知学习	掌控的努力
舒缓紧张	矫正性情绪体验	示范模仿
结构化	对内部参考系的了解	实践
工作同盟	反馈	现实检验
治疗师/当事人积极参与	领悟	成功体验
治疗师的专家形象	理性态度	修通
治疗师的温暖、尊重、同感、接纳和真诚信任		

(来源:Lambert 和 Bergin, 1994)

查彻等人(Tschacher 等,2014)对已有文献中所涉及的共同要素重新进行总结和概括,得出了 22 项共同要素,包括:治疗同盟、社会隔离的减轻、提供一个探索性的框架、注入希望、准备好改变、当事人的卷入、资源的激活、情感体验、情感宣泄、直面问题、脱敏、矫正性情绪体验、正念、情绪调节、领悟、同化问题经验、认知重建、心智化、行为调节、掌控体验、自我效能期望、有关自我的新的叙事。同时尝试将各个理论流派相应的治疗技术同特定的共同要素进行匹配。

此外,彼得森(Peterson,2019)将共同要素分为三大类。最常见的一组共同要素是治疗师和当事人之间的真实关系。促进这种关系的治疗师的特征包括共情、温暖和真诚,以及对当事人的积极关注和尊重(Cuijpers 等,2019)。第二组共同要素是共同创造一个连贯的叙述和概念框架,在其中理解和减轻当事人的痛苦,包括建立治疗性框架和仪式(地点、时间、频率和会谈时长、预约方式和缴费方式)、治疗经历、教育和培养对改变的期望,与当事人就问题所在、起源、目标和所需的治疗程序达成共识并加以维系。第三组共同要素是从事促进健康的活动,包括在不同程度上提供建议、确认效果、指导、学习、情绪宣泄、练习、对抗恐惧和反馈,所有这些都增强了当事人的自我掌控感(Wampold,2015)。

情境模型

近年来,情境模型逐渐为人们所认可。瓦姆波尔德提出,那种认为治疗中的特定成分能够修复特定心理障碍的医学模型已表现出一些退化的迹象,心理治疗中更进步的研究纲领是情境模型(瓦姆波尔德,艾梅尔,2019)。情境模型认为心理治疗是一种社会情境中的治疗实践,是通过社会过程起效的,本质上是一种关系治疗。它提供了三条解释心理治疗效果的路径,分别是真实关系、当事人的期望以及特定成分,我们将在本章第三节做出更详细的介绍。

尽管用词和表述不尽相同,但在关于影响心理治疗效果的共同要素有哪些这一问题的看法上,研究者们的共识多于分歧。虽然共同要素并未完全确定,但许多要素一直在被研究,而且彼此之间高度相关,如工作同盟、共情、积极关注/肯定、一致/真诚等(瓦姆波尔德,艾梅尔,2019)。近年来,共同要素的研究逐渐精细化和实证化,研究者们试图得出各要素分别对心理治疗效果的效应量大小。瓦姆波尔德汇总了这些要素与效果相关性的元分析结果(表 4-2),可以看到,与当事人达成共识和合作、建立工作同盟、罗杰斯的助长条件(无条件积极关注、真诚一致和共情同感)等都是共同要素研究中常见的焦点。

表 4-2　一些共同要素的效应量

要素	研究(个)	当事人(人)	效应量 d	在效果变异中所占的百分比
同盟	190	>14 000	0.57	7.5
共情	59	3 599	0.63	9.0
对目标的共识/合作	15	1 302	0.72	11.5
积极关注/肯定	18	1 066	0.56	7.3
一致/真诚	16	863	0.49	5.7
对治疗的期望	46	8 016	0.24	1.4
循证治疗的文化适应	21	950	0.32	2.5

(来源：瓦姆波尔德,艾梅尔,2019)

4.1.5　关于共同要素的评论

心理治疗各理论取向看似蓬勃发展,实际上在解释治疗改变时如同盲人摸象。研究者们也尝试寻找新的视角,除了共同要素,还有理论整合和技术折中主义(Arkowitz, 1992)。

理论整合是将两种或更多理论整合成一个概念模型,或者将不同的方法融合到一个已有的疗法中(Norcross 和 Goldfried, 2005)。例如,瓦赫特尔(Wachtel)曾提出将心理动力疗法和行为疗法联合起来解释行为与心理障碍,并解释了以此为基础的干预如何促进治疗性改变:心理动力学强调无意识的过程和冲突,以及意义和幻想如何影响我们与世界的互动。这些元素运用到行为疗法中则表现为:采用积极的干预技术、关注行为发生的情境、关注治疗目标以及尊重实证研究证据等(Wachtel, 1982)。心理治疗理论整合的核心问题是要产生与原理论不同的新的假设,提供新的解释,避免整合的理论又成为单一的理论。

技术折中主义产生于对"什么环境下由谁实施何种治疗对特定问题来说疗效更好"的回答。技术折中主义专注于综合当事人、治疗师等各方面因素,找出尽可能多的治疗方法,其理念是特定疗法治疗特定障碍的效果最优。顾名思义,技术折中主义更关注技术和解决实际问题的有效性,而回避理论上对问题的解释。

对共同要素理论也并非没有质疑的声音。批评之一是,这种模型意味着无论当事人的疾病或其他特征如何,相同的治疗方法都可以适用于所有当事人。但正如拉斯卡等人(Laska 等,2014)所言,强调共同要素并不意味着拒绝为当事人的问题提供针对性的解释。事实上,知晓共同要素会帮助治疗师依据当事人的特点调整治疗,而又不至于损害疗效,既给治疗师更大的空间,也使治疗具有灵活性(Beutler 和 Larry, 2014)。

共同要素是基于科学的理论。弗兰克的改变理论不是随机收集一些共同要素，然后简单地罗列在一起，而是对心理治疗如何引发变化的一个连贯的科学解释(Frank等，1978)。瓦姆波尔德等人扩展了弗兰克的观点，认为共同要素视角下的心理治疗是建立在人们如何在社会环境中被治愈的科学基础上的(Laska和Wampold，2014)。共同要素的理论模型并非一个封闭的系统，而是允许研究者们不断提出一些要素和支持性的证据加以补充和完善的系统。

另外，瓦姆波尔德强调，治疗是结构性的，并不是仅仅将有效的共同要素加以整合就可以进行治疗的。所有治疗都必不可少的一个方面是向当事人提供关于他们紊乱状况的解释，即治疗的基本原理，并且有与该解释相一致的治疗行动。也就是说，提供给当事人的心理治疗必须包含对当事人痛苦的有说服力的解释和解决他们问题的计划(Wampold和Budge, 2012)。如果没有任何结构，治疗不太可能达到最佳效果，尤其是在症状的缓解方面(Hofmann和Barlow, 2014)。同样，当事人为实现目标而做出努力也是一个重要的治疗因素(Powers等，2008；Weinberger, 2014)。

4.2 咨询关系与工作同盟

心理治疗的效果与关系背景密不可分。汉斯·斯特鲁普(Hans Strupp)提供了一个类比来说明这些组成元素的不可分割性：假设你想让你的孩子打扫他或她的房间，为实现这一目标有两种循证方法——建立明确的标准和施加后果。诚然它们是很合理的方法，但这两种方法有效与否取决于你和孩子之间的关系是温暖、相互尊重的，还是愤怒、不信任的。强调治疗关系的重要性并不是说治疗方法没用，而是再好的治疗方法也要在合适的环境下才能发挥作用，治疗关系就是这样的环境(Norcross, 2010)。

4.2.1 咨询关系概述

咨询关系的两种含义

咨询关系通常有两重含义：一是与当事人签订购买和提供助人服务的商业契约关系；一是指治疗师与当事人之间具有情感联结的治疗性人际关系。一般情况下，我们所说的治疗关系均是后一种，需要在初见当事人起就开始建立并在整个咨询过程中维系。乔叟和卡特(Gelso和Carter, 1985, 1994)将治疗关系的操作性定义界定为治疗师和当事人对彼此的感觉和态度，以及表达这些感觉和态度的方式。尽管略显笼统，但它仍然是一个简明的、被广泛认可的、理论上中立且足够精确的定义(Norcross和Lambert, 2019)。

有疗愈作用的专业关系

当事人与治疗师的关系是一种独特的社会关系,它通常是保密的,并涉及在某种程度上非常私人的内容的披露,暴露核心的、脆弱的内心体验,而不用担心在一般人际关系中可能产生的威胁。这种无条件的接受建立了一种人际联系,缓解了存在主义的孤独感(Peterson, 2019)。众所周知,减少孤独感可以促进健康,治愈各种身体和情绪疾病,并降低全因死亡率(Wampold, 2015)。

美国心理协会的治疗关系跨部门循证工作组根据几项元分析得出结论,表达共情(Elliott 等, 2011)、治疗同盟(Horvath 等, 2011)、收集结构化的当事人反馈(Lambert 和 Shimokawa, 2011)是所有心理治疗模式中均有效的治疗关系因素(Hofmann 和 Barlow, 2014)。诺克罗斯受美国心理学会的邀请,在治疗关系如何影响心理治疗效果方面做了很多工作,他在书中写道:

> 尽管大多数治疗手册都提到治疗关系的重要性,但很少能具体说明哪些治疗师特质或治疗中的行为会对治疗关系产生有益影响。随着培训、研究和实践中越来越需要实践指南和治疗手册,治疗关系、治疗师的人际交往能力及与当事人匹配度将被忽视,这是一个真实而迫在眉睫的危险。(Norcross, 2002, p.5)

诺克罗斯等人将治疗关系比喻成一颗钻石——包含多面且各个方面互相联系在一起。治疗关系除了工作同盟外,还包括治疗中的个人投入、互动协调、表达协调、情感态度和经验一致性等(Norcross 和 Lambert, 2019)。在相关研究中,也很难将治疗关系与治疗师变量(个人风格、特性)、助长条件对治疗结果的影响区分开来。最终,诺克罗斯等人根据元分析结果报告了9个明确影响治疗效果的关系因素,7个可能有效的因素,以及1个预期有效的因素(见表4-3),所有与治疗关系相关因素的效应量范围在0.24到0.80之间。例如,个体心理治疗中的同盟与疗效相关为0.28,效应量为0.57,这使得同盟的质量成为心理治疗成功的最强和最可靠的预测因素之一。诺克罗斯等人由此得出结论,关系本身具有疗愈作用。

也许有些人会因此将心理治疗简单地描述为"与有爱心的人建立良好关系"或"购买友谊",诺克罗斯认为这贬低了心理治疗的价值,也与元分析结果不相称。有效的心理治疗师是采用特定方法、提供牢固关系并根据个人和病情定制治疗方法和关系立场的人。这通常需要能力的培训和经验的积累,而非"任何人都可以进行心理治疗"。

表 4-3 关系因素和心理治疗效果之间的相关

关系因素	研究(个)	当事人(人)	效应量 r	效应量 $d\|g$①	证据强度的共识
个体心理治疗中的同盟	306	30 000+	0.28	0.57	明确有效
儿童和青少年治疗中的同盟	43	3 447	0.20	0.40	明确有效
夫妻和家庭治疗中的同盟	40	4 113	0.30	0.62	明确有效
合作	53	5 286	0.29	0.61	明确有效
目标一致	54	7 278	0.24	0.49	明确有效
团体治疗中的凝聚力	55	6 055	0.26	0.56	明确有效
共情	82	6 138	0.28	0.58	明确有效
积极关注/肯定	64	3 528	0.28	无	明确有效
一致/真诚	21	1 192	0.23	0.46	可能有效
真实关系	17	1 502	0.37	0.80	可能有效
自我表露及即时化	21	≈140	NA	NA	预期有效,缺乏研究
情感表达	42	925	0.40	0.85	可能有效
培养积极期望	81	12 722	0.18	0.36	可能有效
提升治疗可信度	24	1 504	0.12	0.24	可能有效
管理反移情	9	392[a]	0.39	0.84	可能有效
修复破裂同盟	11	1 318	0.30	0.62	可能有效
收集和兑现当事人的反馈	24	10 921	0.14	−0.49[b]	明确有效

NA:质性研究未提供效应量;a:治疗师;b:效应量大小取决于对照组和反馈方法,反馈对有恶化(deterioration)风险的当事人更有效,而对所有当事人效果较差。
(来源:Norcross 和 Lambert,2019)

4.2.2 咨询关系的作用机制

江光荣(2003)归纳的咨询关系作用机制的理论假设主要来源于三方面:心理动力理论、社会影响理论和当事人中心理论。

心理动力理论

许多心理动力取向的治疗师认为当事人对治疗师的移情以及治疗师和当事人之间的真实关系是治疗关系的两个关键要素,这为我们提供了两个视角理解治疗关系的作用机制。

其一,将当事人的依恋模式与当事人—治疗师之间的移情关系联系起来(Mallinckrodt 等,1995)。早期与照顾者的互动经验不仅会导致安全或不安全的依恋模式,更根本的是,个体依此发展出了有关自我和他人的内在表征。这些表征被

---

① Cohen's d 在样本量较小情况下会产生偏倚,Hedges' g 基于 d 值在小样本量时有所矫正。

称为内部工作模型(internal working models, IWMs),它们对心理治疗关系的发展具有重要意义(Gelso等,2013)。当事人的内部工作模型指导着与自我和他人相关的行为、认知和情感,同样也会被带到治疗关系中。也就是说,当事人会对治疗师产生移情,在治疗关系中"再现"依恋模式。治疗师可以由此切入,帮助当事人理解其内部工作模型,检视他们建立及参与一段关系的方式,包括如何感知治疗师和治疗关系。通过帮助当事人修改内部工作模型,使其能够适应现实中的新经验和新关系。

其二,一种牢固的、基于依恋的真实关系本身可能是治愈性的。乔叟把真实关系(real relationship)定义为"两个或两个以上的人之间存在的个人关系,反映彼此之间的真诚程度以及如其所是地知觉对方的程度",并视其为治疗关系的基础(Gelso, 2011, 2013)。在鲍尔比的术语中,"稳固的工作同盟和人际关系为当事人提供了一个安全的避风港和大本营——一个他们可以冒险出去(或者更恰当地说,冒险进去)探索其他威胁性感觉的地方"(Bowlby, 1988)。治疗师作为一个真实的人、一个值得信赖的同伴,从根本上明确地与当事人的内在存在或自我保持一致,这相当于提供了一个安全强大的"纽带",有这"纽带"牵系的当事人因此能够向内探索和面对痛苦经验,并走得更远。

社会影响理论

人际影响过程

社会影响理论把心理治疗看成一个说服和态度改变的过程。斯特朗第一次将咨询描述为一个人际影响过程(Strong, 1968),在这个过程中,咨询师有意地建立、增强和利用当事人的社会能量(social power)。与大多数咨询理论不同,人际影响过程模型从系统因果关系和社会心理学的角度来解释治疗关系的影响。系统因果关系假设当事人的思考、感觉、行为是当下在当事人身上的各种力量相互作用的结果。正如咨询师有可能影响当事人一样,其他与当事人有社会关系和互动的人也会对当事人产生影响,咨询师需要与当事人生活中的其他社会力量竞争。咨询师与当事人之间信任的、稳固的关系是咨询师对当事人产生影响的前提(Goodyear和Robyak, 1981)。人际影响过程的一个主要假设是,当事人由于尝试改变失败而寻求专业的助人服务提供者的帮助,该"提供者"受到社会认可,并被认为拥有当事人所需的资源。尽管当事人有做出改变的想法,但当咨询师采取行动或言语表明需要改变时,当事人会感到不舒服。为了减轻这种不舒服,当事人会尝试: a. 在咨询师的指导下做出改变;b. 质疑咨询师;c. 贬低改变的重要性;d. 说服咨询师改变并不适宜;e. 为不做改变寻求社会支持。为了咨询的有效性,咨询师需要最大限度地提高当事人选择 a 选项的可能性,而尽量减少他们选择 b、c、d 或 e 选项的可能性。

精密可能性模型

另一个可以提供解释的模型是蓓提和凯西普(Petty 和 Cacioppo,1986)提出的"精密可能性模型"(elaboration likelihood model,ELM),该模型认为说服导致态度改变的路线有核心路线和边缘路线两类。影响态度改变的核心因素包括说服性信息本身的一些特征,如重要性、合理性或说服力等;边缘因素包括说服者的专业性和吸引力等。两类因素说服作用的相对大小以及到底主要由哪条路线引起态度改变,要视说服信息、当事人的动机和当事人对信息的加工能力三者的相互作用而定。如果当事人面对的是有重要个人意义的事件且有加工说服性信息的能力,当事人就极可能按说服性信息引导的方向发生改变,这就是核心路线的改变,通常改变持续的时间长,且较为稳定。而在缺乏动机或加工能力的情况下,态度改变可能主要受边缘因素的影响。按这个理论模型,心理治疗中的关系因素属于边缘因素。

以人为中心理论

以人为中心理论认为,咨询关系的主要作用在于促进当事人进行探索和实现一致性(congruence)。罗杰斯认为心理治疗的目标可以说是促进当事人由不一致向一致转化,即达到当事人内心出现的感受和体验、这些感受和体验在意识中的表征以及当事人表达之间的统一。咨询师可以凭借共情同感与当事人建立情感联结,真诚透明地与当事人进行互动,在温暖安全的关系中让当事人有机会重新审视自己的内在体验和感受。罗杰斯将咨询关系视为有效心理治疗的充分必要条件。一个人内心的真诚遇到另外一个人的真诚,这种深层的、双向的相遇不经常发生,但如果这种情况从没发生过,我们就没有成为一个真正的人。马丁·布伯称这种关系为我—你关系(I-thou relationship),我们能从这种关系中获得关于个人建设性的、促进成长的体验。

4.2.3 工作同盟

在对共同要素的研究中,工作同盟是当之无愧的第一热点(Grencavage 和 Norcross,1990;Norcross,2011)。工作同盟可能是心理治疗中最典型的共同要素,无论哪种理论流派都无法否认其对治疗效果的影响,工作同盟还是情境模型中的核心构念。工作同盟之所以受到研究者们持续关注,可能有以下原因(朱旭和江光荣,2011):一是工作同盟被视作所有治疗共有的核心治愈因素,与咨询效果之间有稳定的关联。在几篇元分析研究里,工作同盟与咨询效果之间的相关在 0.21 到 0.26 之间,且不受工作同盟与咨询效果的评价者(咨询师、当事人和观察者)、工作同盟和咨询效果的测量工具、工作同盟的测量时间、咨询类型等多种因素的影响(Horvath 和 Symonds,1991;Martin 等,2000)。二是工作同盟为理解咨询关系与咨询过程提供了一个新的视角。以往的咨询理论往往只强调咨询师或当事人单方面的因素。例如,罗杰斯强调咨询师真诚、尊重、共情的态度,假定所有当事人对于咨询师的正确态度都会有一个注定的反应(Horvath 和 Luborsky,1993)。斯特朗(Strong,1968)从社会影响理论的角度来看咨询过程,强调当事人对咨询师专业性、可信性和吸引力的知觉会影响当事人的改变。工作同盟的概念与以上两种理论最大的区别在于相互性(Horvath 和 Greenberg,1989),将咨询师与当事人双方都包括在其中,认为治疗的成功取决于双方的共同合作。

工作同盟的概念

工作同盟的概念经历了漫长的发展与演变过程。有研究者梳理了工作同盟从一个精神分析的概念发展为跨理论概念的历程(朱旭和江光荣,2011),有助于我们更好地理解其内涵。

工作同盟的概念起源可以追溯到精神分析中的治疗师—当事人同盟。在弗洛伊德的早期著作中,他认为人有面对无意识的恐惧,也会抗拒去探索那些被压抑的部分,是积极的移情使分析师具有权威性,让当事人接受分析师的解释,忍受被分析的痛苦而留在治疗中(Freud,1913)。后期,弗洛伊德似乎认为当事人与分析师的关系并非全然是移情,可能是基于现实的,当事人有意识的、基于现实的、未受损的自我部分有能力与真实的分析师形成治疗契约,从而承担治疗任务(Horvath 和 Luborsky,1993)。

斯特巴(Sterba,1934)提出的自我同盟(ego alliance)一词首次引入了同盟的概念。他认为自我中有两部分:一部分只管感受和体验;一部分则可以对这些感受和体验进行理性的观察。同盟来自当事人成熟的自我功能对分析师的认同。当事人的理性部分与分析师结盟,使当事人能够自我观察,从而从分析师的解释中获益,也使得当事人能够在体验对咨询师的负面感受时不中断治疗。泽泽尔(Zetzel,1956)用治疗同盟(therapeutic alliance)来指当事人利用自我中的健康部分与治疗师建立联系,共同完成治疗任务的能力。

格林森(Greenson,1965,1967)提出了工作同盟(working alliance)的说法,并将其与治疗同盟加以区分。前者指当事人与治疗师任务保持一致的能力;后者指治疗师和当事人之间建立个人联系的能力。工作同盟开始成为精神分析中广泛使用的概念。到了20世纪70年代,卢伯斯基(Luborsky,1976)对泽泽尔的治疗同盟概念进行扩展,提出帮助同盟(helping alliance),将治疗师和当事人之间的同盟分为两个发展阶段。第一阶段称为"Ⅰ型同盟",意味着当事人相信治疗师是可以提供温暖、支持、关怀和助益性关系的强大来源;第二阶段的"Ⅱ型同盟"则代表当事人对治疗过程本身的投入和信任,以及主动参与和决定治疗过程的意愿。尽管卢伯斯基的同盟概念也是以心理动力学为基础的,但他对治疗过程的描述适用于所有形式的治疗。

最具影响力的工作同盟理论是鲍丁提出的。他整合各理论的观点,提出同盟是一个泛理论构念,核心是咨询师和当事人的合作与协商,由目标一致(goal)、任务一致(task)和情感联结(bond)三部分组成(Bordin, 1979; Bordin, 1994)。目标一致指咨访双方对咨询所要达到的目标有一致的看法;任务一致指咨访双方对达成咨询目标的方法和途径达成了一致;情感联结指咨访双方之间的情感联系。鲍丁认为"所有的治疗关系都有一些基本水平的信任,但当注意力转移到更受保护的内在体验时,就需要建立和发展更深的信任和依恋关系",在治疗中对当事人的深入探索需要建立在良好同盟的基础上,工作同盟的强度决定了治疗效果。

在工作同盟概念的发展过程中,出现过许多不同的名称。加斯顿(Gaston, 1990)提出这些不同定义可以被看作相互补充而非相互对立的部分。霍瓦特和贝迪(Horvath 和 Bedi, 2002)以鲍丁的理论为基础,将工作同盟定义为咨询中当事人与咨询师之间合作关系的质量与强度。这个定义被广泛使用,但基于不同立场仍有不同的解释和侧重。例如,有研究者认为同盟贯穿于整个治疗过程,存在于所有治疗成分之中,是一个比这些成分高一层级的概念,而同盟本身并不是一个成分。因此,将同盟与技术作为治疗中相对应的成分混淆了不同的概念层次,将同盟看作整个治疗关系也是如此(Hatcher 和 Barends, 2006)。这种视角有助于整合治疗过程中的不同方面,但出于研究的考虑,我们仍选择将工作同盟看作一种关系,一种治疗中的共同要素,而将这种视角作为理解工作同盟的背景(朱旭和江光荣,2011)。

工作同盟对治疗结果的影响

工作同盟是被研究最多的与成功的心理治疗相关的变量之一,更强的工作同盟确实与更好的结果相关。在成人面对面的心理治疗中这种相关为 $r = 0.278$,相当于 $d = 0.58$,线上心理治疗中 $r = 0.275$,效应量之间有较大异质性(Flückiger 等,2018)。另一项针对线上心理治疗的元分析则报告工作同盟与心理治疗结果之间的相关为 $r = 0.203$(Kaiser 等,2021)。同盟与疗效的关联通常被认为是支持共同要素理论的有力证据。

拜尔等人(Baier 等,2020)对 37 篇研究工作同盟—治疗结果关系的相关文章进行回顾,发现工作同盟在 70.3% 的研究中作为潜在中介影响了治疗结果,但这些研究在工作同盟评估的时间安排、研究设计、中介模型中使用的结构和分析方法等方面各不相同,因此结论仍然有局限性。

有研究者(Zilcha-Mano, 2017)对相关研究进行综述,结果表明同盟的变化先于症状减轻,并认为同盟本身足以引起当事人改变,强调与他人形成满意的人际关系的一般倾向存在个体差异,这种差异影响当事人与治疗师的关系(同盟的特质成分——

由当事人带入治疗),以及在与治疗师的互动中这种倾向的发展变化的过程(同盟的状态成分发生改变——作为治疗的结果)。良好的特质性同盟(trait-like alliance)是当事人参与治疗并使其有效的先决条件,而治疗期间状态性同盟(state-like alliance)的变化则可以预测随后的治疗效果,并且本身具有治疗作用,可以被治疗师操控。研究者还认为,理清特质性同盟和状态性同盟之间的差异可能会有助于阐明不同治疗流派之间工作同盟作用的差异。事实上,与那些不太重视工作同盟的疗法(如 CBT)相比,在心理动力学等更强调工作同盟的疗法中工作同盟与治疗效果的联系更为紧密(Huibers 和 Cuijpers, 2015)。

需要强调的是,在探讨因果机制时,时间上的先后性只是应满足的众多标准之一(Kazdin, 2014)。虽然目前的研究并不能完全证明同盟与疗效的因果关系,但绝对是朝着正确的方向迈出了重要一步。

与不同当事人的工作同盟

同盟代表了当事人和治疗师在几次会谈之间和会谈即时互动中的积极合作。从伦理的角度来看,所有心理治疗参与者首先必须同意整体治疗目标和任务,没有当事人的参与就没有心理治疗过程和结果(Pope 和 Vasquez, 1998)。而对于寻求心理治疗帮助的大多数人来说,本身就带着一定的主动性和改变的动机,这为咨询师建立工作同盟提供了极大的便利。

工作同盟的建立和维系

治疗师对同盟的发展作出了最大的贡献,作为互动关系中另一方的当事人对治疗师的信任、依恋风格、人际技能、社会支持、问题严重性等也可能会影响工作同盟的质量。例如,与具有人格障碍的当事人建立工作同盟就极具挑战性,由于其不稳定的情绪状态,他们对工作同盟的评价以及工作同盟与治疗结果的关系都是高度变化的。

在整个心理治疗过程中,建立和维系工作同盟需要与当事人建立温暖、信任、理解的情感纽带和协同工作的意识。这要求治疗师与当事人工作时针对当事人的个人问题以及他们的偏好、动机和能力做出应对性的反应,采用协商性的、包容性的交流方式,也可以与当事人在交流中创建"独特"的表达(Stiles 和 Horvath, 2017)。咨询师应以积极的态度接受当事人对工作同盟和治疗进展的评价,与当事人针对工作同盟进行即时的、真诚的交流,并在同盟破裂时立即加以处理和解决。目标和任务达成一致并不意味着治疗师自动接受当事人的目标和任务,反之亦然,强大的同盟通常是协商的结果。治疗师的非言语行为也对工作同盟的建立至关重要,人类检测和感知非语言行为不是在特定时间点,而是每时每刻,也就是说,治疗师要对自己的非言语行为有所觉察。

与儿童和青少年的工作同盟

在过去的十多年中,研究人员越来越多地关注儿童和青少年心理治疗中工作同盟的性质。与儿童和青少年的工作同盟主要被概念化为两个主要组成部分:一个涉及情感联系,被弗洛伊德称为"情感依恋"(affectionate attachment);另一个涉及治疗中的协作工作。需要注意的是,与当事人建立积极的、信任的关系是达到治疗目的的手段,它有助于促进当事人参与到治疗任务中来。同盟并不简单地等同于一种温暖、友好的关系,而是必须包括在需要解决的问题上进行治疗工作的实际合作。这一点在面对缺乏行动力的儿童和青少年时尤其重要。被倾听和与成人正式的交流可能会令未成年的当事人感到愉快,他们很可能喜欢与治疗师共处但拒绝参与实际治疗工作,如表露自己的想法或感受、学习和尝试新的应对策略等。虽然这种模式可以称为积极关系,但它不符合积极工作同盟的条件。积极的工作同盟是指以信任、温暖、支持等积极的情感联系和合作参与治疗工作为标志的治疗关系。

鉴于儿童和青少年许多独特的发展特点,与他们形成工作同盟往往更具挑战性。最突出的原因是儿童和青少年来接受治疗一般是因为监护人认为他们需要这样(Barmish 和 Kendall,2005),而成功的心理治疗需要当事人的积极参与。非自愿前来求助的当事人可能不相信自己存在问题,或是将问题归咎于环境中的其他人(Clark,1999)。如果当事人意识不到问题的存在,缺乏求助的动机,那么他们改变行为的可能性要小得多(Bundy,2004;Lincourt 等,2002)。

在对儿童和青少年的治疗中,不仅仅要与当事人建立同盟,而且在整个治疗过程中治疗师与当事人的父母或照顾者的同盟对治疗结果具有同等的重要性。治疗师需要与照顾者合作并讨论对彼此的期望,以达成一致。如果照顾者不能充分参与治疗,即使青少年与治疗师的关系很好,治疗可能也很难进行下去。此外,在儿童和青少年眼中,治疗师的形象也是另一种成人权威,在关系初期不太可能得到当事人的信任,治疗师需要更多的技巧、耐心和理解。青少年可能在治疗师开始对他们提出以改变为导向的要求(例如,开始暴露、挑战认知、完成家庭作业)时想要退出治疗(Pekarik 和 Stephenson,1988;Reis 和 Brown,2006)。因此,治疗师表现得过于正式、过分推动表露、过度关注情绪敏感的内容以及批评都有可能破坏与青少年的工作同盟(Creed 和 Kendall,2005;Karver 等,2008)。更合适的做法可能是表现出友好的性格,在适当的时候表现有趣和幽默,不吝啬表扬,态度公正而不是自动采取父母的观点,在尊重的态度下平等地与儿童和青少年当事人互动,了解他们的主观体验并适时表达支持。

夫妻或家庭治疗中的工作同盟

在夫妻/家庭治疗中的挑战是,治疗师需要同时建立和维系多重同盟,这些同盟彼此之间会有隐晦或公开的相互影响,尤其是当家庭成员彼此发生冲突时。每个家庭成员不仅与治疗师建立个人同盟,而且还会观察治疗师与其他家庭成员之间的同盟,以及家庭作为一个整体与治疗师的同盟。当一个家庭成员与治疗师的同盟明显强于另一个时,同盟就是分裂的。分裂的同盟可能是有害的,因为家庭成员对自己与治疗师关系看法的不同,最终可能会引起对治疗价值观念的两极分化(Escudero 和 Friedlander,2017;Friedlander 等,2006)。分裂或不平衡的工作同盟可能会因为不良的相互作用而治疗效果不佳。家庭治疗中可能存在一些成员是被"胁迫"参与的,这类成员的体验可能类似于"人质",尤其需要治疗师的关注。

每一位家庭成员在治疗系统中如何安全地产生情感联结并就他们相互合作的目标和任务与治疗师以及其他家庭成员达成一致是一个错综复杂的问题(Friedlander 等,2006)。治疗师或许可以保持专业且中立的态度来回避这个问题,但这同样有可能导致成员之间的冲突升级失控。治疗师应该确保对每个家庭成员来说,治疗意味着一个治愈的机会而不是被审判和惩罚。

总体来说,心理健康从业人员学习如何与当事人建立和维持稳固的工作同盟是必要的(Constantino 等,2017)。然而,这说起来容易做起来难,技巧和态度缺一不可。态度是基础,对当事人真诚、温暖的关怀才能换得当事人的信任;技巧能够最大限度地保证治疗师的"真心"被当事人接收到。

4.3 跨流派咨询模型

心理治疗经历了"治疗效果不证自明→证明治疗确实有效→治疗为什么有效→在什么情境下针对哪些病人采取哪种治疗更为有效"的发展之后,对"到底是共同要素还是特定技术引发了心理治疗的改变"这一问题的回答已经不再是非此即彼的了(杨文登,2016)。基于各流派的理论,博采众长,提炼出更精确、普遍且实用的理论解释,成为研究者们不断探索和开拓的主题。

4.3.1 情境模型

一直以来,心理治疗遵循医学的理念,认为一种心理障碍有其成因,心理治疗对心理障碍的产生发展有一套理论,并依此提供治疗方案,这是对症治疗的医学模型。瓦姆波尔德(瓦姆波尔德,艾梅尔,2019)总结了医学模型,并提出与之相对的情境模型(图4-3)。情境模型是共同要素的产物,强调心理治疗是一种社会性实践,通过社会过程起效。当事人和治疗师首先必须建立基本的联结,治疗师与当事人之间信任、理解且又不失专业性的关系,是当事人改变发生的前提。

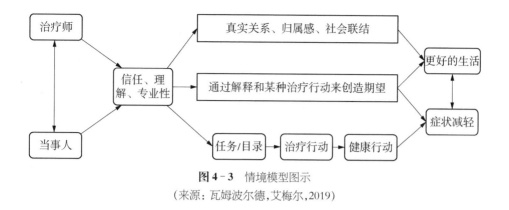

图4-3 情境模型图示
（来源：瓦姆波尔德，艾梅尔，2019）

真实关系

当事人发生改变的第一条路径是真实关系。情境模型认为，真实关系本身就具有某种程度的治疗性。社会联结就像食物和住所一样，是人类的基本需求，心理治疗让当事人有机会与另一位给予共情和关怀的个人联结，这种联结能够增进健康，对社会关系缺乏或混乱的人尤其如此。建立真实关系的关键在于共情。

当事人的期望

第二条路径是当事人的期望。人们在特定情境中的期望会对自身产生强烈影响。安慰剂效应是医疗和心理治疗领域都无法回避的话题，人的主观意志有时会有强大的能量。弗兰克认为，寻求心理治疗的人通常是心力委顿（demoralization）、抑郁、焦虑的，带着各种问题。人们寻求帮助的目的是想从症状导致的心力委顿中解脱出来，而心力委顿的原因不仅是痛苦，还在于多次尝试却发现什么都不起作用的挫败感。当事人对心理治疗的信任能够带给他们对更好生活的希望，这被弗兰克称为"重新振作"（remoralization），也常被认为是最突出的共同要素之一。

在这条路径中，当事人接受治疗师提供的对自己心理障碍的解释，认可为了克服问题自己需要采取某些行动，这就会带来期望，会对当事人的情感和认知带来强有力的直接影响。当事人相信寻求心理治疗师的帮助会对他们有用，这个信念本身对当事人就有重要的意义。不同的疗法有不同的解释体系，唤起期望的关键不在于理论的科学有效性，而在于当事人能否接受对障碍的解释，以及这个解释是否与治疗行动一致。

特定成分

第三条路径是治疗的特定成分。治疗师就治疗目标和任务与当事人达成一致。当事人参与到治疗行动之中，就意味着接受了治疗的特定成分。医学模型认为这些特定成分能有针对性地用于修复当事人的缺陷,是心理治疗真正起作用的部分。情境模型认可投入特定治疗行动的重要性,区别在于情境模型假设所有治疗中的"特定成分"都能使当事人受益,其原理在于当事人投入到一些促进健康的活动中就会让自己变得更健康或缓解不健康程度。例如,人际关系疗法可以改善当事人的社会关系,认知行为疗法可以帮助当事人采用有益的思维方式,接纳承诺疗法让当事人更加接纳自己。弗兰克早在1961年就说明有效的治愈包含"迷思"(myth)和仪式。换句话说,共同要素之一就是以令人信服的方式系统地使用一套特定成分并为当事人所接受。不同的疗法根据其自身的性质,使用不同的干预方法来提升心理健康,并减轻症状。

4.3.2 同化模型

共同要素可以被看作对各个疗法改变机制等同的一种解释,但凯斯丁(Kazdin, 2014)认为,成分是一种独立性、静态性的因素,并不能够解释改变发生的确切过程。机制则解释了改变发生的步骤或过程,是一种过程性、动态性的解释。因此,仅从共同要素的角度去探讨改变的机制是片面而缺乏解释力的。斯蒂尔斯等人(Stiles等, 1990)在20世纪90年代初提出了有关心理治疗中改变的泛理论的解释——同化模型。同化模型融合了心理动力、经验、认知行为和个人建构理论,是一种对有效的心理治疗改变过程的理论构想。

同化模型简介

同化模型认为,个体之所以会产生问题是因为产生了和自我主体不一致或冲突的问题经验(也常使用问题声音来指代),而自我主体对这些问题经验的排斥、隔离或拒绝引起了精神病理症状和心理痛苦(Stiles, 2011)。治疗中当事人改变的含义是个体完成对问题经验的同化,而治疗师的任务就是促进个体不同部分的表达和彼此之间的对话。需要说明的是,同化模型将正常和病理的人格组织都看作对话式的和多声音特性的,区别在于病理性的声音之间缺少联系、相互疏远、彼此冲突或阻滞,而健康个体的内部声音之间彼此接纳、协作并能够平滑灵活地转变。

同化过程的八个阶段

根据同化模型,当事人的问题经验在治疗过程中会经历识别(recognizing)、重构(reformulation)、理解(understanding)以及最终解决(resolve)的发展顺序(Stiles和Angus, 2001)。这个同化过程可以用"同化问题经验量表"(Assimilation of Problematic Experiences Sequence, APES)来表述(表4-4),包括八个阶段,每个阶段都伴随着认知和情感的标识,反映了问题经验被同化进自我主体的潜在过程。

表4-4 同化问题经验量表

阶段	描述
0. 回避/隔离	当事人没有觉察到问题经验;问题声音是沉寂的。情感可能很微弱。反映出当事人对问题声音的成功回避。问题声音可能会通过躯体症状、见诸行动或状态转换来表达自身。
1. 不想要的想法/主动逃避	当事人主动回避问题经验。问题声音的出现仅是为了回应治疗师的干预或者外部的情境,并且是压抑或回避的。情感包含未聚焦的负面情感;情感与内容的联系可能是不明确的。
2. 模糊觉察/出现	当事人能够意识到问题经验,但是不能清晰地对问题进行表述。问题声音持久地出现在意识之中。情感包括与问题材料相联系的剧烈的心理痛苦。
3. 问题陈述/澄清	当事人能够清晰地对问题进行陈述,并且这些问题是可以被影响的。对立的声音是分化的,并且能够独立诉说。情感是负面的,但是可控的,不会存在恐慌。
4. 理解/领悟	当事人能够在某种程度上理解问题。声音之间达成相互理解(意义之桥)。情感可能是混合的,伴随一些不愉快的识别,也伴随一些愉悦的惊喜。
5. 应用/修通	理解被用来处理问题。声音协同工作来处理生活中的问题。情感是积极的、乐观的。
6. 问题解决	当事人成功地解决了特定的问题,代表能够灵活地整合多个声音。情感是积极的、满意的。
7. 掌控	当事人自动地对解决办法进行泛化;声音被整合了,并成为服务新情境的资源。情感是积极的或者是中立的(例如,这里有些事情不再使之兴奋)。

(来源:Stiles, 2007)

APES的八个阶段都是建立在前一个水平之上并连续发展的,有顺序性,而且阶段之间不是彼此分裂的。APES序列代表了主导声音和问题声音之间关系的转变,从同化序列的低端到高端代表了经验之间从彼此回避、拒绝、不相容到能相互接纳、灵活转变,并最终能够相互协作地处理生命任务(鲁艳桦和江光荣,2012)。理论上,当事人可以在APES序列上的任何一点带着问题进入咨询治疗,而沿着同化序列向前的推进都可以被看作是治疗带来的改善。

4.3.3 探索、领悟、行动三阶段助人过程模型
助人过程模型

希尔将不同理论流派的思想整合到一起,提出了包括探索、领悟和行动三阶段的助人过程模型(Hill, 2019)。希尔将助人定义为一个人帮助另一个人探索情感、获得领悟,并使其在生活中做出改变。希尔认为人有一种强大的生物性动力,不同于罗杰斯的人性本善,也不同于弗洛伊德的本能驱动,而仅仅是一种生物性的倾向,驱动个体潜能的发展,并使这种倾向得以完满。受这种倾向和早期经验的制约,人终其一生都在改变和适应当中。如果个体能够获得对自己背景、需求和意愿的领悟,那么自由意志就会得到强化。

探索阶段

助人过程要先让当事人"沉下来"了解自己,再"浮出来"融入世界。具体来说,探索阶段以当事人中心理论为基础,助人者要建立良好的治疗关系,鼓励当事人讲述自己的故事,谈论自己的想法和感受,促进情感唤醒。可以使用的技术包括专注、倾听、情感反映、开放式提问等。助人者的耐心倾听不仅可以深入了解当事人,还能够使当事人更加开放自己并检视自己的问题。

领悟阶段

领悟阶段以精神分析理论和人际理论为基础,助人者可以使用挑战、解释、自我表露、即时化等技术帮助当事人获得看待问题的新视角。希尔认为,从一位体贴的助人者那里聆听新观点并获得反馈可以帮助当事人培养更深层次的自我觉察。当事人和助人者一起处理关系中出现的问题,能让当事人获得矫正性关系体验,以及对关系的领悟。

行动阶段

行动阶段的理论则来自行为治疗理论,可以使用直接指导、策略表露、过程建议、行为演练等技术。在此阶段,助人者帮助当事人思考能够体现所获得的领悟的改变,在现实中实践并一起探讨改变的意义和关于改变的感受。

希尔强调,助人过程模型中的每一个阶段都是同等重要的。彻底深入的探索是当事人获得领悟的基础;建设性的领悟为行动的决策指明道路和方向;而做出行动上的改变可以巩固获得的领悟,并促使当事人回头探索其他问题。在实际过程中,探索、领悟和行动三个阶段并不是明确分开或按序进行的,当事人有可能会转回到前一阶段或跳到下一阶段。每个阶段有特定的目标和技术,建立在共情同感基础上的合作贯穿全过程。助人者的工作是"授之以渔",使当事人自己做出选择和改变。

4.3.4 改变过程的五阶段论

过去 30 年中,普罗查斯卡(Prochaska)等人从跨理论的视角出发,对自发或治疗促发的行为改变的内在结构进行研究,将当事人的改变划分为如下五个阶段(Prochaska 等,2013;Prochaska 等,1993;Prochaska 和 Norcross,2001)。

前沉思阶段

此阶段的当事人缺少对自己问题的了解,忙于否认自己的问题,也并不认为自己需要改变,更可能把自己的问题归因于他人和社会。在这一阶段,当事人给旁人造成的烦扰通常胜过他们自己体验到的烦扰。

沉思阶段

此阶段的当事人意识到自己的问题并承认自己要对问题负责。他们开始考虑要改变,但还没有做出积极改变的决定。当事人因为害怕失败而滞留在这个阶段,并花费很多时间思考导致问题的原因以及思考改变的后果。

准备阶段

当事人承诺改变并开始为改变做准备。一些当事人甚至公开宣布自己要改变,并对改变后的生活有所期待。如想要减肥的当事人可能会说出自己的减肥计划,并觉得减肥成功后自己会更健康、更有魅力,也会更容易锻炼身体。

行动阶段

当事人开始积极地改变他们的行为和周围的环境。改掉不良行为,或开始学习,采取行动改变当下的生活状态。沉思阶段和准备阶段所做的承诺和思想及行动上的准备对这一阶段的成功起着关键作用,因为当事人需要清楚他们应该努力做些什么以及为什么这么做。

维持阶段

这个阶段需要对当事人已做出的改变进行巩固,防止半途而废。改变过程并不是随行动阶段一起结束的,当事人可能需要很长的时间去改变并维持这种改变,直到逐渐形成新的稳定的生活方式。俗话说"江山易改,本性难移",维持阶段极具挑战性,改变顽固的过去是不容易的,没有及时的巩固和强化,当事人可能会退回到改变过程的早期阶段。

普罗查斯卡等人认为,大多数当事人以螺旋上升的方式经过这些改变阶段,可能会出现前进中的后退,如因为行动和维持阶段的困难而退回准备阶段,但当事人的退缩是可以接受的,重要的是与当事人一起学习经验以用于之后的成长。同时,该模型中的每个阶段都对应特定的改变处理方式和策略,在前沉思和沉思阶段适宜使用那些与体验、认知和心理分析流派相联系的治疗策略,而与存在主义和行为主义相联系的策略最适宜在行动和维持阶段使用。同时,该模型还规定了与阶段相匹配的关系,不同阶段对治疗师角色的要求有所不同,如治疗师在前沉思阶段的角色是"养育的父母",在沉思阶段则是"苏格拉底似的老师",在准备阶段担任"经验丰富的教练",在行动和维持阶段则扮演"顾问"(Prochaska等,2013)。

对共同要素的研究和理论模型是对心理治疗有效成分的确认,也是对心理治疗起效机制的一种探索。要明确心理治疗改变过程中的因果关系,除了支持性实证研究和解释性理论框架外,还要排除其他潜在中介,并对时序关系、剂量—反应关系等进行验证,这要求研究设计上的改进。心理治疗是一个复杂的过程,是各种变量之间的相互作用,并非简单地将所有有效的因素包含在治疗之内就可以有好的疗效。这要求咨询师对干预措施以及当事人的内在变化过程有更深的理解,有跨理论的视角,关注共同要素,充分发挥主观能动性,在特定的条件和情境下协调各种因素以取得疗效的最大化。

(朱　旭、杨　雪　撰写)

本章参考文献

布鲁斯·E.瓦姆波尔德,扎克·E.艾梅尔(Wampold, B.E., Imel, Z.E.).(2019).心理治疗大辩论(第2版)(任志洪,等译).北京:中国人民大学出版社.

江光荣.(2003).心理治疗关系之作用机制研究述评.心理科学进展,11(5),555-561.

鲁艳桦,江光荣.(2012).心理治疗中的同化模型.心理科学进展,20(12),2042-2051.

杨文登.(2016).心理治疗中共同要素理论的历史发展.心理科学,39(4),1017-1022.

杨文登,张小远.(2017).心理治疗中的共同要素理论与特殊成分说:争议与整合.心理科学进展,25(2),253-264.

朱旭,江光荣.(2011).工作同盟的概念.中国临床心理学杂志,19(2),275-280.

Arkowitz, H. (1992). Integrative theories of therapy. In D. K. Freedheim, H. J. Freudenberger, J. W. Kessler, S. B. Messer, D. R. Peterson, H. H. Strupp, & P. L. Wachtel (Eds.), *History of psychotherapy: A century of change* (pp. 261-303). New York: American Psychological Association.

Baardseth, T. P., Goldberg, S. B., Pace, B. T., Wislocki, A. P., Frost, N. D., Siddiqui, J. R., Lindemann, A. M., Kivlighan, D. M., Laska, K. M., Del Re, A. C., Minami, T., & Wampold, B. E. (2013). Cognitive-behavioral therapy versus other therapies: Redux. *Clinical Psychology Review*, 33(3), 395-405.

Baier, A. L., Kline, A. C., & Feeny, N. C. (2020). Therapeutic alliance as a mediator of change: A systematic review and evaluation of research. *Clinical Psychology Review*, 82, 101921.

Barmish, A. J., & Kendall, P. C. (2005). Should parents be co-clients in cognitive-behavioral therapy for anxious youth? *Journal of Clinical Child & Adolescent Psychology*, 34(3), 569-581.

Barth, J., Munder, T., Gerger, H., Nüesch, E., Trelle, S., Znoj, H., Jüni P., & Cuijpers, P. (2013). Comparative Efficacy of Seven Psychotherapeutic Interventions for Patients with Depression: A Network Meta-Analysis. *PLoS Medicine*, 10(5), e1001454.

Bergin, A. E. (1971). The evaluaton of therapeutic outcomes. In S. L. Garfield & A. E. Bergin (Eds.), *Handbook of psychotherapy and behavior change* (pp. 217-270). New York: Wiley.

Beutler, & Larry, E. (2014). Welcome to the party, but… *Psychotherapy*, 51(4), 496-499.

Bordin, E. S. (1979). The generalizability of the psychoanalytic concept of the working alliance. *Psychotherapy: Theory, Research & Practice*, 16(3), 252-260.

Bordin, E. S. (1994). Theory and research on the therapeutic working alliance: New directions. In A. O. Horvath & L. S. Greenberg (Eds.), *The working alliance: Theory, research, and practice* (pp. 13-37). New York: John Wiley & Sons.

Bowlby, J. (1988). *A Secure Base: Parent-Child Attachment and Healthy Human Development*. New York: Basic.

Bundy, C. (2004). Changing behaviour: Using motivational interviewing techniques. *Journal of the Royal Society of Medicine*, 97(Suppl 44), 43-47.

Castonguay, L. G. (1993). "Common factors" and "nonspecific variables": Clarification of the two concepts and recommendations for research. *Journal of Psychotherapy Integration*, 3(3), 267-286.

Clark, M. D. (1999). Strength-Based Practice: The ABC's of Working with Adolescents Who Don't Want to Work with You. *Federal probation*, 62(1), 46-53.

Constantino, M. J., Morrison, N. R., Coyne, A. E., & Howard, T. (2017). Exploring therapeutic alliance training in clinical and counseling psychology graduate programs. *Training and Education in Professional Psychology*, 11(4), 219-226.

Creed, T. A., & Kendall, P. C. (2005). Therapist Alliance-Building Behavior Within a Cognitive-Behavioral Treatment for Anxiety in Youth. *Journal of Consulting & Clinical Psychology*, 73(3), 498-505.

Cuijpers, P., Reijnders, M., & Huibers, M. J. H. (2019). The Role of Common Factors in Psychotherapy Outcomes. *Annual Review of Clinical Psychology*, 15, 207-231.

Elliott, R., Bohart, A. C., Watson, J. C., & Greenberg, L. S. (2011). Empathy. *Psychotherapy (Chicago, Ill.)*, 48(1), 43-49.

Escudero, V., & Friedlander, M. L. (2017). *Therapeutic Alliances with Families: Empowering Clients in Challenging Cases*. Cham, Switzerland: Springer.

Eysenck, H. J. (1952). The effects of psychotherapy: An evaluation. *Journal of Consulting Psychology*, 16(5), 319-324.

Flückiger, C., Del Re, A. C., Wampold, B. E., & Horvath, A. O. (2018). The alliance in adult psychotherapy: A

meta-analytic synthesis. *Psychotherapy* (*Chicago*, *Ill.*), *55*(4),316-340.
Frank, J.D. (1961). *Persuasion and healing*. Baltimore, MD: Johns Hopkins University Press.
Frank, J.D, et al. (1978). *Effective ingredients of successful psychotherapy*. Oxford, England: Brunner/Mazel.
Freud, S. (1913). On the beginning of treatment: Further recommen-dations on the technique of psychoanalysis. In J. Strachey (Ed.), *Standard edition of the complete psychological works of Sigmund Freud* (pp. 122-144). London: Hogarth Press.
Friedlander, M.L., Escudero, V., Horvath, A.O., Heatherington, L., & Martens, M.P. (2006). System for Observing Family Therapy Alliances. *Journal of Counseling Psychology*, *53*(2),214-225.
Gaston, L. (1990). The concept of the Alliance and its Role in Psychotherapy: Theoretical and Empirical Considerations. *Psychotherapy: Theory, Research, Practice, Training*, *27*,143-153.
Gelso, C.J. (2011). *The Real Relationship in Psychotherapy: The Hidden Foundation of Change*. New York: American Psychological Association.
Gelso, C.J. (2013). A tripartite model of the therapeutic relationship: Theory, research, and practice. *Psychotherapy Research*, *24*(2),117-131.
Gelso, C.J., & Carter, J.A. (1985). The Relationship in Counseling and Psychotherapy: Components, Consequences, and Theoretical Antecedents. *Counseling Psychologist*, *13*(2),155-243.
Gelso, C.J., & Carter, J.A. (1994). Components of the psychotherapy relationship: Their interaction and unfolding during treatment. *Journal of Counseling Psychology*, *41*(3),296-306.
Gelso, C.J., Palma, B., & Bhatia, A. (2013). Attachment theory as a guide to understanding and working with transference and the real relationship in psychotherapy. *Journal of Clinical Psychology*, *69*(11),1160-1171.
Goldfried, M.R. (1980). Toward the delineation of therapeutic change principles. *American Psychologist*, *35*(11), 991-999.
Goldfried, M.R., & Padawer, W. (1982). Current status and future directions in psychotherapy. In M.R. Goldfried (Ed.), *Converging themes in psychotherapy: Trends in psychodynamic, humanistic, and behavioral practice* (pp. 3-49). New York: Springer.
Goodyear, R.K., & Robyak, J.E. (1981). Counseling as an Interpersonal Influence Process: A Perspective for Counseling Practice. *Journal of Counseling & Development*, *59*(10),654-657.
Greenson, R.R. (1965). The Working Alliance and the Transference Neurosis. *The Psychoanalytic quarterly*, *34*(2), 155-181.
Greenson, R.R. (1967). *The technique and practice of psychoanalysis*. New York: International Universities Press.
Grencavage, L.M., & Norcross, J.C. (1990). Where Are the Commonalities Among the Therapeutic Common Factors? *Professional Psychology: Research & Practice*, *21*(5),372-378.
Hatcher, R.L., & Barends, A.W. (2006). How a return to theory could help alliance research. *Psychotherapy: Theory, Research, Practice, Training*, *43*(3),292-299.
Hill, C.E. (2019). *Helping Skills: Facilitating Exploration, Insight, and Action* (Fifth edition). New York: American Psychological Association.
Hofmann, S.G., & Barlow, D.H. (2014). Evidence-based psychological interventions and the common factors approach: The beginnings of a rapprochement? *Psychotherapy*, *51*(4),510-513.
Horvath, A.O., & Bedi, R.P. (2002). The alliance. In J.C. Norcross (Ed.), *Psychotherapy relationships that work: Therapist contributions and responsiveness to patients* (pp.37-69). New York: Oxford University Press.
Horvath, A.O., Del Re, A.C., Flückiger, C., & Symonds, D. (2011). Alliance in individual psychotherapy. *Psychotherapy*, *48*(1),9-16.
Horvath, A.O., & Greenberg, L.S. (1989). Development and validation of the Working Alliance Inventory. *Journal of Counseling Psychology*, *36*(2),223-233.
Horvath, A.O., & Luborsky, L. (1993). The role of the therapeutic alliance in psychotherapy. *Journal of Consulting and Clinical Psychology*, *61*(4),561-573.
Horvath, A.O., & Symonds, B.D. (1991). Relation between working alliance and outcome in psychotherapy: A meta-analysis. *Journal of Counseling Psychology*, *38*(2),139-149.
Huibers, M.J.H., & Cuijpers, P. (2015). Common (non-specific) Factors in Psychotherapy. In *The Encyclopedia of Clinical Psychology* (Vol.2). New York: Wiley & Sons.
Imel, Z.E., Wampold, B.E., Miller, S.D., & Fleming, R.R. (2008). Distinctions without a difference: Direct comparisons of psychotherapies for alcohol use disorders. *Psychology of Addictive Behaviors*, *22*(4),533-543.
Kaiser, J., Hanschmidt, F., & Kersting, A. (2021). The association between therapeutic alliance and outcome in internet-based psychological interventions: A meta-analysis. *Computers in Human Behavior*, *114*,106512.
Karver, M., Shirk, S., Handelsman, J.B., Fields, S., Crisp, H., Gudmundsen, G., & McMakin, D. (2008). Relationship Processes in Youth Psychotherapy: Measuring Alliance, Alliance-Building Behaviors, and Client Involvement. *Journal of Emotional & Behavioral Disorders*, *16*(1),15-28.
Kazdin, A.E. (2014). Moderators, mediators and mechanisms of change in psychotherapy. In W. Lutz & S. Knox (Eds.), *Quantitative and qualitative methods in psychotherapy research* (pp.87-101). New York: Routledge.
Lambert, M.J. (1992). Psychotherapy outcome research: Implications for integrative and eclectical therapists. In

J. C. Norcross & M. R. Goldfried (Eds.), *Handbook of psychotherapy integration* (pp. 94–129). New York: Basic Books.

Lambert, M. J. (2013). The efficacy and effectiveness of psychotherapy. In M. J. Lambert (Ed.), Bergin and Garfield's *Handbook of Psychotherapy and Behavior Change* (6th ed., pp. 169–219). New York: Wiley.

Lambert, M. J. & Bergin, A. E. (1994). The effectiveness of psychotherapy. In Allen E. Bergin & Sol L. Garfield (Eds.), *Handbook of psychotherapy and behavior change* (pp. 143–189). New York: Wiley.

Lambert, M. J., & Shimokawa, K. (2011). Collecting client feedback. *Psychotherapy*, 48(1), 72–79.

Laska, K. M., Gurman, A. S., & Wampold, B. E. (2014). Expanding the lens of evidence-based practice in psychotherapy: A common factors perspective. *Psychotherapy (Chicago, Ill.)*, 51(4), 467–481.

Laska, K. M., & Wampold, B. E. (2014). Ten things to remember about common factor theory. *Psychotherapy*, 51(4), 519–524.

Lincourt, P., Kuettel, T. J., & Bombardier, C. H. (2002). Motivational interviewing in a group setting with mandated clients: A pilot study. *Addictive Behaviors*, 27(3), 381–391.

Luborsky, L. (1976). Helping alliances in psychotherapy. In J. L. Cleghhorn (Ed.), *Successful psychotherapy* (pp. 92–116). Oxford, England: Brunner/Mazel.

Luborsky, L., Singer, B., & Luborsky, L. (1975). Comparative Studies of Psychotherapies: Is It True That "Everyone Has Won and All Must Have Prizes"? *Archives of General Psychiatry*, 32(8), 995–1008.

Mallinckrodt, B., Gantt, D. L., & Coble, H. M. (1995). Attachment patterns in the psychotherapy relationship: Development of the Client Attachment to Therapist Scale *Journal of Counseling Psychology*, 42(3), 307–307.

Martin, D. J., Garske, J. P., & Davis, M. K. (2000). Relation of the therapeutic alliance with outcome and other variables: A meta-analytic review. *Journal of Consulting and Clinical Psychology*, 68(3), 438–450.

Meltzoff, J., & Kornreich, M. (1970). *Research in psychotherapy*. Chicago: Adline.

Munder, T., Brütsch, O., Leonhart, R., Gerger, H., & Barth, J. (2013). Researcher allegiance in psychotherapy outcome research: An overview of reviews. *Clinical Psychology Review*, 33(4), 501–511.

Norcross, J. C. (2002). *Psychotherapy relationships that work: Therapist contributions and responsiveness to patients*. New York: Oxford University Press.

Norcross, J. C. (2010). The therapeutic relationship. In B. L. Duncan, S. D. Miller, B. E. Wampold, & M. A. Hubble (Eds.), *The heart and soul of change: Delivering what works in therapy* (pp. 113–141). New York: American Psychological Association.

Norcross, J. C. (2011). Empirically supported therapy relationships. *Psychotherapy Relationships That Work?: Evidence-Based Responsiveness*, 57(3), 3–16.

Norcross, J. C., & Goldfried, M. R. (2005). The future of psychotherapy integration: A roundtable. *Journal of Psychotherapy Integration*, 15(4), 392–471.

Norcross, J. C., & Lambert, M. J. (2019). *Psychotherapy Relationships That Work, Volume 1: Evidence-Based Therapist Contributions (Third edition)*. New York: Oxford University Press.

Orlinsky, D. E., & Howard, K. I. (1984). A generic model of psychotherapy. Paper presented at the 1st annual meeting of the Society for the Exploration of Psychotherapy Integration(SEPI), Annapolis, MD.

Pekarik, G., & Stephenson, L. A. (1988). Adult and Child Client Differences in Therapy Dropout Research. *Journal of clinical child psychology*, 17(4), 316–321.

Peterson, B. S. (2019). Editorial: Common factors in the art of healing. *Journal of Child Psychology & Psychiatry*, 60(9), 927–929.

Petty, R. E., & Cacioppo, J. T. (1986). *Communication and Persuasion: Central and Peripheral Routes to Attitude Change*. New York: Springer-Verlag.

Pope, K. S., & Vasquez, M. J. T. (1998). *Ethics in Psychotherapy and Counseling: A Practical Guide (Second Edition)*. San Francisco: 350 Sansome.

Powers, M. B., Halpern, J. M., Ferenschak, M. P., Gillihan, S. J., & Foa, E. B. (2010). A meta-analytic review of prolonged exposure for posttraumatic stress disorder. *Clinical Psychology Review*, 30(6), 635–641.

Powers, M. B., Smits, J., Whitley, Bystritsky, A., & Telch, M. J. (2008). The effect of attributional processes concerning medication taking on return of fear. *Journal of Consulting and Clinical Psychology*, 76(3), 478–490.

Prochaska, J., Norcross, J., & Diclemente, C. (2013). Applying the Stages of Change. In G. P. Koocher, J. C. Norcross, & B. A. Greene (Eds.), Psychologists' desk reference (pp. 176–181). Oxford University Press.

Prochaska, J. O., DiClemente, C. C., & Norcross, J. C. (1993). In search of how people change: Applications to addictive behaviors. *Journal of Addictions Nursing*, 5(1), 2–16.

Prochaska, J. O., & Norcross, J. C. (2001). Stages of change. *Psychotherapy: Theory, Research, Practice, Training*, 38(4), 443–448.

Reis, B. F., & Brown, L. G. (2006). Preventing therapy dropout in the real world: The clinical utility of videotape preparation and client estimate of treatment duration. *Professional Psychology: Research and Practice*, 37(3), 311–316.

Rosenzweig, S. (1936). Some implicit common factors in diverse methods of psychotherapy. *American Journal of Orthopsychiatry*, 6(3), 412–415.

Shadish, W. R., Navarro, A. M., Matt, G. E., & Phillips, G. (2000). The effects of psychological therapies under clinically representative conditions: A meta-analysis. *Psychological Bulletin*, 126(4), 512-529.

Sloane, R. B., Staples, F. R., Cristol, A. H., Yorkston, N. J., & Whipple, K. (1975). *Psychotherapy Versus Behavior Therapy*. Cambridge, MA: Harvard University Press.

Smith, M. L., & Glass, G. V. (1977). Meta-analysis of psychotherapy outcome studies. *The American Psychologist*, 32(9), 752-760.

Sterba, R. (1934). The fate of the ego in analytic therapy. *The International Journal of Psychoanalysis*, 15, 117-126.

Stiles, W. B. (2011). Coming to Terms. *Psychotherapy Research*, 21(4), 367-384.

Stiles, W. B., & Angus, L. (2001). Qualitative research on clients' assimilation of problematic experience in psychotherapy. *Psychologische Beiträge*, 43(3), 112-127.

Stiles, W. B., Elliott, R., Llewelyn, S. P., Firth-Cozens, J. A., Margison, F. R., Shapiro, D. A., & Hardy, G. (1990). Assimilation of problematic experiences by clients in psychotherapy. *Psychotherapy: Theory, Research, Practice, Training*, 27(3), 411-420.

Stiles, W. B., & Horvath, A. O. (2017). Appropriate responsiveness as a contribution to therapist effects. In L. G. Castonguay & C. E. Hill (Eds.), *How and why are some therapists better than others?: Understanding therapist effects* (pp. 71-84). New York: American Psychological Association.

Strong, S. R. (1968). Counseling: An interpersonal influence process. *Journal of Counseling Psychology*, 15(3), 215-224.

Tschacher, W., Junghan, U. M., & Pfammatter, M. (2014). Towards a Taxonomy of Common Factors in Psychotherapy—Results of an Expert Survey. *Clinical Psychology & Psychotherapy*, 21(1), 82-96.

Wachtel, P. L. (1982). What can dynamic therapies contribute to behavior therapy? *Behavior Therapy*, 13(5), 594-609.

Wampold, B. E. (2015). How important are the common factors in psychotherapy? An update. *World psychiatry: official journal of the World Psychiatric Association (WPA)*, 14, 270-277.

Wampold, B. E., & Budge, S. L. (2012). The 2011 Leona Tyler Award Address The Relationship—And Its Relationship to the Common and Specific Factors of Psychotherapy. *Counseling Psychologist*, 40(4), 601-623.

Wampold, B. E., Mondin, G. W., Moody, M., Stich, F., Benson, K. P., & Ahn, H. N. (1997). A meta-analysis of outcome studies comparing bona fide psychotherapies: Empiricially, "all must have prizes". *Psychological Bulletin*, 122(3), 203-215.

Weinberger, J. (2014). Common factors are not so common and specific factors are not so specified: Toward an inclusive integration of psychotherapy research. *Psychotherapy*, 51(4), 514-518.

Westen, D., Novotny, C. M., & Thompson-Brenner, H. (2004). The empirical status of empirically supported psychotherapies: Assumptions, findings, and reporting in controlled clinical trials. *Psychological bulletin*, 130(4), 631-663.

Zetzel, E. R. (1956). Current concepts of transference. *The International journal of psycho-analysis*, 37, 369-375.

Zilcha-Mano, S. (2017). Is the alliance really therapeutic? Revisiting this question in light of recent methodological advances. *American Psychologist*, 72(4), 311-325.

第二编 咨询心理学的理论

5 心理分析取向的咨询理论

5.1 经典心理分析的咨询理论 / 126
  5.1.1 弗洛伊德及精神分析理论的创立 / 126
  5.1.2 核心观点 / 129
  5.1.3 心理咨询过程 / 135
5.2 个体心理学理论 / 138
  5.2.1 阿德勒与个体心理学创立 / 138
  5.2.2 核心观点 / 140
  5.2.3 咨询过程 / 142
5.3 新心理分析理论 / 145
  5.3.1 自我心理学 / 145
  5.3.2 人际关系理论 / 147
  5.3.3 客体关系理论 / 148
  5.3.4 自体心理学 / 150
5.4 心理分析取向咨询的最新研究进展 / 152
  5.4.1 心理分析取向咨询理论发展 / 153
  5.4.2 心理分析取向咨询技术发展 / 154
  5.4.3 心理分析取向咨询设置发展 / 155

  心理分析(Psychoanalytic Therapy)，或称为心理动力(Psychodynamic Therapy)取向心理治疗(咨询)，是指以精神分析理论为基础特征和要素的咨询形式。如果从支持性咨询(supportive therapy)到精神分析(psychoanalysis)是一个连续谱，那么心理分析取向的咨询介于两者之间(McCarthy, Zilcha-Mano 和 Barber, 2019)。精神分析是第一个现代西方心理治疗体系。它由弗洛伊德(Sigmund Freud)创建，不止是一种心理治疗的理论体系，更是一种价值观，对西方文明产生了重大影响。

  在百年的历史长河中，心理分析的发展并不是一帆风顺的。弗洛伊德及其后继者不断对其理论和实践进行变革。弗洛伊德创建的驱力模式，经过阿德勒(Alfred Adler)的个体心理学和荣格(Carl Jung)的分析心理学，进一步发展为以安娜·弗洛伊德(Anna Freud)为代表的自我心理学，沙利文(Harry S. Sullivan)为代表的人际关系心理学,梅莱因·克莱因(Melanie Klein)为代表的客体关系,以及科胡特(Heinz Kohut)为代表的自体心理学。尽管上述这些理论都是在批评弗洛伊德的基础上发展起来的,但是它们还是保留了弗洛伊德的理论作为这些理论的共同点。病理理论中关于无意识动机的基本概念,内驱力的作用,早期发展的影响,以及在咨询中对移情、反移情和阻抗的分析,是整个心理分析理论——从支持性治疗到精神分析,从经典精神分析到当代心理分析——都同样重视的。有人说,就如同西方哲学只是对柏拉图所做的一系列脚注,心理分析的发展也是对弗洛伊德理论所做的一系列脚注——无论是阿德勒、荣格对弗洛伊德理论的反对与重新构建,还是安娜·弗洛伊德、沙利文、克莱因、科胡特对弗洛伊德的认同与发展,都被人们视为弗洛伊德这棵大树上的枝桠(米切尔,2007)。然而,这些演变发展的理论从内部极大地推动了心理分析向前发展。同时,心理分析也逐渐融入其他学科,如医学、社会学、人类学、哲学等,推动科学和社会发展。

5.1 经典心理分析的咨询理论

人们通常将弗洛伊德创建的理论称为精神分析或者经典心理分析理论。该理论不仅对心理咨询,而且对整个人类史都产生了重要影响。1895年,《癔症研究》的出版标志着经典精神分析的开端。在1900年出版的《梦的解析》中,弗洛伊德旗帜鲜明地指出无意识理论和性本能是精神分析理论的两大基石,这标志着精神分析逐渐走向成熟和蓬勃发展。从此,"弗洛伊德犹如幽灵一样在我们周围徘徊了一个多世纪",可以说弗洛伊德的影响方兴未艾(米切尔,布莱克,2007)。为什么精神分析如此有魅力?有研究者说,"催眠师通过给予建议来帮助人们,与之相反,精神分析是帮助人们变得更有怀疑精神",精神分析致力于帮助人们去面对自身不适的真相,而不被社会和文化洗脑(韦丁,科尔西尼2021)。本节将介绍弗洛伊德及其精神分析理论的起源、核心理论,以及经典精神分析的心理咨询理论与技术要领。

5.1.1 弗洛伊德及精神分析理论的创立
早年经历

弗洛伊德于1856年出生于弗莱堡(Frieberg)市(现属于捷克斯洛伐克)一个多子女的中产犹太家庭,有三个弟弟和四个妹妹。父亲是一名羊毛商人,在家庭中是"独裁者"。母亲是父亲的第三任妻子,长相漂亮但性格暴躁。尽管弗洛伊德家庭的收入十分有限,一家人不得不都挤在一间小小的公寓之中,但是他的父母还是竭力培养年少就天资非凡、智力超群的弗洛伊德。最初,弗洛伊德在父亲的影响下考虑做军事家、律师或者从政,然而,当时风靡欧洲的达尔文的"物种起源"学说让弗洛伊德产生了浓厚的兴趣,加之歌德关于大自然的散文也激起他对自然世界深入探索的渴望,于是他选择学医。他于1873年进入维也纳大学医学院学习,1881年,26岁的弗洛伊德获医学博士学位。四年之后,他便成为维也纳大学一名颇有声望的讲师。

学习和实践催眠术

弗洛伊德最初致力于研究神经病病理学,然而,他发现一些看似表现为神经病症状的问题,却很难用神经病学本身的知识体系去解释。比如,他遇见没有任何器质性损伤,只是跟兄弟吵架就半身偏瘫的工人(叶孟理,1990)。从1887年开始,弗洛伊德在自己开的小诊所中,使用他在法国留学期间(1885—1886年),从萨尔佩特里埃医院研究歇斯底里症治疗的沙克(Jean-Martin Charcot)教授那里学习到的催眠术来治疗这样的病人,效果非常显著。当时催眠术最为著名的阵营包括巴黎学派和南锡学派。虽然催眠术的产生和使用被誉为精神病疗法的革命,但在那时却是深受精神病学教授们鄙视的,被认为是一种骗术。不过,弗洛伊德的反传统和挑战权威精神,让他继续坚持,尽管他被限制进入研究所。由于治疗效果较为让人满意,弗洛伊德原本门可罗雀的小诊所生意兴隆起来。在临床实践中,弗洛伊德发现催眠术背后还存在更为基础的效果机制——暗示。同时,他发现在催眠状态下,患者会呈现出压抑的、难以在正常状态下表现的原始意识状态——无意识。为了进一步研究催眠的治疗机制,弗洛伊德于1889年夏季去法国拜访了南锡学派的代表人物伯恩海姆(Hippolyte Bernheim)和李厄保(Ambrose-Auguste Liébeault)。这两位催眠大师技艺精湛,并且操作更为简单,对弗洛伊德影响深远。在这段时间,他又接触了大量的病例。这些都让弗洛伊德更加深入地去思考催眠术的本质以及患者的无意识产生的作用。

精神分析学的诞生和发展

自由联想与释梦的运用

布罗伊尔(Breuer Josef),比弗洛伊德大14岁,是当时有名的医生,与弗洛伊德志趣相投,并与之成为忘年之交。布罗伊尔也对歇斯底里症感兴趣,进行了大量的治疗实践,其中最有名的一个个案就是安娜·欧。布罗伊尔将通过让患者用语言表达幻觉以除去病因的方法叫作"谈话疗法"。这对弗洛伊德具有非常重要的启发作用。基于此,弗洛伊德提出了"宣泄疗法"。他认为,只要建立对医生的信任,再用恰当的方法,患者就完全可以倾吐出藏在内心的隐患,把受到压抑的情绪完全宣泄出来。于是,他让病人躺在一张床上,身心放松,无拘无束,思想游荡。不用管病人怎么言辞颠倒、语无伦次、意象杂乱、荒谬绝伦,医生对其诉说或洞若观火,或寻机发问,或趁机提示。然后,医生与患者一起分析这些材料,直到达成统一,找到病因。

这种方法就是自由联想。自由联想取代催眠术的过程,标志着精神分析学的萌芽。在此之后,弗洛伊德不断在临床中尝试、观察、总结,并于1895年与布罗伊尔合作出版《癔症研究》。这本书包括了五个病例,布罗伊尔提供了部分安娜·欧的病例,其余都是弗洛伊德研究的成果。该书奠定了弗洛伊德理论的基础,标志着精神分析学的诞生。令人感叹的是,《癔症研究》最初印了800册,随后的13年中,才卖了625册。

从1985年到1906年,弗洛伊德通过个人独立研究和治疗实践,以及自我分析、释梦,进一步揭示了无意识,为精神分析学奠定了基础。尤其是1900年出版的《梦的解析》,被荣格评论为"是一部划时代的巨作,而且可能是迄今为止在经验主义基础上掌握无意识心灵之谜的最勇敢尝试"。不过,该书1900年出版,最初印刷的600册,8年之后才卖完。在该书出版十年之后,随着精神分析理论逐渐被人所知,这本书逐渐畅销起来,在弗洛伊德生前就出版了8次,被翻译成英、俄、法、日等多种文字在全世界发行,产生了广泛影响。

性学三论引发的争议

1905年,弗洛伊德发表了一篇已经压了四年的病理报告《少女杜拉的故事》,其中描述了一位18岁有歇斯底里症和严重自杀意念的少女,弗洛伊德总结了对她进行成功治疗的经验。弗洛伊德发现歇斯底里是无意识欲望所致,而且这些欲望都与性有关。一切心理症患者都是有强烈的性异常倾向的人,这种倾向在发展过程中通过压抑进入了无意识。这些受压抑的原始意象往往可以在人的童年时代找到蛛丝马迹。由于性的话题在当时是禁忌,弗洛伊德遭受了学术界和社会舆论的抨击、斥责和讽刺,甚至被人污蔑为"色情狂""淫棍"。他发表了《论性变态》《论幼儿性欲》《论青春期的转变》三篇论文,也就是后来著名的《性学三论》。在这些论著中,弗洛伊德阐述了性变态病理、性心理发展过程,以及行动力在人类心理活动中的种种表现与规律,进一步论证了性动力对无意识形成的决定作用。然而,当时这些论文的出版让弗洛伊德的处境雪上加霜,同事、朋友都对他敬而远之,"好像见到麻风病人",诊所生意冷清,生计艰难。弗洛伊德也感叹"命运……几乎把朋友遗忘在孤单的角落里……我只能在黑暗中与落后我10到15年的人打交道"。

精神分析学派的发展与分化

然而,所谓山穷水复,柳暗花明。针对弗洛伊德的非议不断,但是也有"忠实信徒"接踵而至,如组建"星期三学会"的斯特科尔(Wilhelm Stekel),以及享誉盛名的阿德勒、荣格等。1908年,弗洛伊德在一次"星期三学会"上提议将整个同仁圈子改名为"维也纳精神分析学会"。大家热烈赞同,并于同年举行了一次集会,来自多个国家的40多名学者参加,这就是第一届国际精神分析学大会。1909年,弗洛伊德应邀访问美国,受到了享誉盛名的威廉·詹姆斯、斯坦利·霍尔等心理学家的接待。他的讲座引起了强烈反响,得到美国媒体的极力追捧。这一年,是弗洛伊德的转折时期,也是他的成果极为辉煌的一年。

在弗洛伊德的推动之下,精神分析逐渐成为一门新型学科,不仅被医学界重视,而且被推广到教育、艺术、人类学、宗教学等领域。不过,弗洛伊德在维护精神分析发展的同时,也历经曲折。不仅世人对其有许多诽谤和误解,而且最初合作的布罗伊尔、器重的阿德勒、看好的接班人荣格等诸多同仁和学生最终都跟他分道扬镳。弗洛伊德坦诚、坚定而又固执地坚守在精神分析的阵地上,尽管有时显得茕茕子立。

本能学说的发展与人格结构理论的形成

虽然弗洛伊德固执地坚守着精神分析理论,但他同时也在不断地对自己的观点进行反思和革新。弗洛伊德最初提到的性本能和自我本能是最主要的生的本能。然而,经历第一次世界大战之后,弗洛伊德对他的学说进行了修订,他认为人类内部存在着独立于性本能以外的破坏性力量,这种力量与生的本能相抗衡,组成了生活的本质。弗洛伊德在 1920 年出版的《超越快乐原则》一书中正式提出死的本能这一概念。1923 年弗洛伊德出版《自我与本我》,在这本书中提出将人格结构分为自我、本我和超我,形成系统的人格理论。

20 世纪 20 年代后,弗洛伊德被发现得了口腔癌,经历了大大小小的 30 多次手术,饱受痛苦和折磨。即便如此,他仍坚持研究和写作,几乎每天工作 18 个小时之久。甚至在 1938 年,一次较大拆除手术之后,他只休息了 12 天就又恢复工作,每天看 6 个病人,并继续投入写作。在遭受病痛折磨的同时,弗洛伊德也遭受纳粹的摧残。20 世纪 30 年代初,他的著作被宣布为"禁书"并且遭到焚烧,而且他的四个妹妹都在奥地利被纳粹分子杀害。1938 年,由于女儿安娜·弗洛伊德的安全受到严重威胁,弗洛伊德决定离开居住了 79 年的维也纳,搬到英国伦敦,次年病逝。有学者认为"弗洛伊德是继康德之后,又一个从广阔领域对人类精神进行解剖的探索者",为人类留下了丰厚的精神遗产。

5.1.2 核心观点

从总的倾向上来看,精神分析理论是一种描述人的内部各种力量矛盾运动的心理学说。冲突是人存在的状态,这种冲突可以理解为生物性的人与社会性的人之间的二元对立(江光荣,2012)。也正是这种冲突、二元对立,引发了人格发展,并导致心理障碍的出现。弗洛伊德的核心观点,体现在意识—无意识理论、人格结构理论以及人格发展理论等方面。

无意识

无意识(unconscious)是弗洛伊德最为关键的理论。尽管在弗洛伊德之前,也有人注意到无意识现象,如19世纪的赫尔巴特(J. F. Herbart),以及与弗洛伊德同时代的法国精神病学家让内(P. Jannet),但弗洛伊德在临床观察和研究中发现了无意识活动的现象。

无意识的含义

无意识有两层含义:一是指一种描述性的、结构性的、无法觉察的思想或者观念;二是指无意识领域思想、观念的动态活动。"我们并不是自己的主人。"(韦丁,科尔西尼,2021)人的几乎所有的心理活动都是无意识发生的,都是由深藏在内心深处的无法觉察的思想、观念及其活动所激发。"无意识为人们的行为提供基本的动力,是人们行为的真正动机之所在,对人的心理活动和心身健康起着决定性的影响。"(钱铭怡,2002)

冰山理论

弗洛伊德将人的心理世界比作一座漂浮在海面上的冰山。海平面以上的部分,只是冰山一角,这部分代表"意识",即被人感知到的心理活动,比如有意的记忆、思考、体验和自主行为。冰山的大部分潜埋在海平面以下,这部分代表"无意识",即未觉察的心理材料或心理活动,包括原始冲动、欲望、本能、冲突、创伤等。冰山在海平面时隐时现的部分代表"前意识",即那些可以进入意识、被我们觉察的无意识领域中的内容(钱铭怡,2002)。

无意识的意义

无意识中充斥着大量的冲突、欲望以及被压抑的经验,这些感受太过危险或者不被所处的文化所接受。因此,无意识无法被直接观察,只能从行为来推论,诸如遗忘、口误、笔误、梦,以及神经症的各种症状。虽然无意识难以被直接观察,但是它对人却有着极为重要的影响——无意识为行为提供了基本的动力,是人们行为的真正动机之所在,神经症的各种症状大多可以追溯到无意识的精神活动层面(钱铭怡,2002;江光荣,2012)。尽管无意识理论存在争议,但大多数研究者认同以下观点:(1)个体的体验和行为受到意识之外的心理过程的影响;(2)为了逃避痛苦、冲突,一些无意识的心理过程被排除在意识之外(韦丁,科尔西尼,2021)。

人格结构

在三层心理结构的基础上,弗洛伊德又提出了动力学人格结构理论。他把人格分为本我、自我、超我三个部分,每一个部分都有相应的心理反映内容和功能,三部分始终处于冲突—协调的矛盾之中。一个人的人格是三部分整体运作的结果。

本我

本我是人格的生物成分,从个体出生时即已存在。本我是本能和被压抑的内容,

"像一个沸腾的大锅",包含一切能量之源。弗洛伊德认为这些能量包含两种本能或者对立的驱力:一种是生的本能,是与性本能有关的,代表一种进取性、建设性和创造性的驱力;另外一种是死的本能,是与生命发展对立的力量,代表着潜伏在人类生命中的一种破坏性、攻击性、自毁性的驱力。本我缺乏组织,是盲目的、顽固的,不遵循逻辑,不判断善恶是非,不关心社会要求。本我服从快乐原则,不考虑道德和现实,只寻求直接满足。

自我

自我是人格的心理成分,在个体发展过程中逐渐形成。自我是在本我基础上发展起来的,是人格组织中专司管理和执行的机构,"像交通警察",对人格起着治理、控制和调整的作用。自我跟外在世界有接触,协调着本能与周遭环境之间的关系,同时协调内部人格结构中各部分之间的关系。自我遵循现实原则,会进行实际而又符合逻辑的思考,并拟定计划以满足个体的需求,缓和本我和超我之间的对抗。

超我

超我是人格的社会成分,源自童年期父母设定的行为标准。超我是在自我的基础上发展起来的,是观察和监督自我的人格组织部分,"像司法部门",依据自我的所作所为和意图对自我实施奖励和惩罚。超我包括自我理想(ego ideal)和良心(conscience),前者是内化的受到父母奖赏和认可的完美的人的形象,后者是内化的受到父母惩罚、失去关爱的行为标准。超我遵循至善原则,按照社会文化标准和道德规范行事,不讲合理不合理,只讲应该不应该,是苛责的、吹毛求疵的。超我一味追求完美,与本我一味追求快乐,同样是非现实的。

三个部分均贯穿无意识、前意识和意识领域,然而,由于本我更加难以被社会接受,从而更多地处于无意识的深层。正是三个部分的特点和复杂的互动关系,造成了人格差异。当一个人的能量大部分被本我操控,他可能是一个放荡不羁的人;如果大部分能量被自我控制,他的言行则会很现实;如果大部分能量被超我所占据,他可能会成为一个严于律己、道德感较强的人。

防御机制

自我面临的威胁

按照人格结构理论,自我常常处于三个方面的压力和威胁之中:

(1) 来自外部世界的可能的危险;

(2) 来自本我的冲动,要冲破自我的控制而产生实际的行动,并且这些行动会以某种方式受到惩罚;

(3) 来自真实的行为与超我产生的矛盾(钱铭怡,2018)。

这些压力和威胁让自我产生恐惧和担忧,即为焦虑(anxiety)。焦虑是心理分析取向理论中的重要概念。

现实焦虑、神经性质焦虑与道德焦虑

以上三种威胁分别对应了现实焦虑、神经性质焦虑与道德焦虑。这些焦虑产生之后,自我在不断地协调、解决矛盾的过程中,逐渐发展出一些方法、技巧,或者一些习惯性的反应方式,使得超我、本我都能得到满足,同时主观上感受到与现实相适应。如同弗洛伊德所指出的:"自我使用各种程序来完成其任务,即避免危险、痛苦和焦虑。"这些程序被称为防御机制(defensive mechanism)。

防御机制特征及类别

常见的防御机制见表5-1。防御机制具有两方面的特征:(1)一般是对现实的否认或者扭曲,通过将痛苦排除到意识之外来回避痛苦;(2)防御机制在无意识水平上运作。

表5-1 常见的防御机制

防御机制	定义	特点	例子
压抑	将那些危险的、令人痛苦的想法排除到意识之外。	压抑是最常见的防御机制。通过压抑,自我暂时避免了本我和超我、本我和外部现实之间的冲突。	一个小男孩受母亲性吸引,他会将这一无法忍受的痛苦想法从意识之中清除出去。
否认	拒绝告知和接受现实。	否认是最简单的防御机制。这是在创伤情景下对思想、感觉或者知觉加以扭曲的方法。	一个孩子打破了盘子,他捂住自己的眼睛,说这不是我干的。
投射	将自己内心不允许的冲动、态度和行为投向他人。	这是一种自我欺骗的机制。	一个丈夫深受公司一位女同事的吸引,却转而谴责他的妻子欺骗他。
反向形成	当面临危险的冲动时,主动表现出相反的冲动。	借助形成与令人不安的欲望截然相反的有意识的态度和行为,人们就不必承受自身这些焦虑所引发的焦虑。	一个人不愿意接受自己的吝啬,变得极为慷慨大方。
退行	回到需求较少的早期发展阶段。	当面临巨大的压力和挑战时,个体以不成熟、不恰当的行为来处理焦虑。	受到惊吓的青少年重新抱回儿时的玩具,吸吮其手指。
置换	用另一个目标作为替代品,从而安全地释放或者满足冲动。	将冲动从一个危险的客体,转向"更安全的客体"。	一个老实人在单位受了老板的气,回家对他的孩子大吼大叫。
合理化	创造一个可接受的借口,为不可接受的行为开脱。	使某些行为正当化,平复失望感。	当应聘失败时,说服自己这个职位并不适合自己。
升华	改变原来的冲动或者欲望,以社会赞誉的方式表达出来。	把性驱力和攻击能量转移到社会接受的甚至令人钦佩的领域中。	一个很有攻击性的青年变成了拳击手。

按照出现的先后顺序与心理障碍的类型,防御机制可以分为四类,分别为:精神病性防御机制(如否认、投射)、不成熟的防御机制(如退行)、神经症性防御机制(如合理化、置换、反向形成)与成熟的防御机制(如升华)(钱铭怡,2002)。

性心理发展阶段

弗洛伊德认为人格发展实际上是性心理发展的过程,因此,弗洛伊德的人格发展理论又常常被称作心理—性欲发展理论。弗洛伊德认为追求快乐是一切生物的天性,而一切快感都直接或间接地与性有联系。性欲不是青春期之后才产生的,儿童与生俱来就具有性欲。不过,性欲不单纯是与生殖活动相联系的欲望,而是来自身体不同部位的快感。儿童在不同发展阶段,产生快感的部位是变化的。快感部位的活动又与外界刺激和父母的养育活动有直接关系。因此,儿童追求快感的欲望与父母满足这些欲望的情况相互作用,就对儿童人格的发展产生了决定性的影响(江光荣,2012)。弗洛伊德按照儿童身体上最集中产生快感部位转换的规律,将儿童心理—性欲发展分为五个阶段。

口欲期

口欲期从出生开始到1岁。此阶段口唇是快感来源的主要部位。婴儿不仅通过口唇的吸吮、咀嚼和吞咽等活动来满足其进食和维持生存与成长的需要,而且可以满足力比多和攻击的冲动。此时,母亲的乳房、奶瓶乃至玩具,都可以成为婴儿口唇的刺激物。婴儿需要得到母亲的基本照料,适当满足需要。如果得不到适当满足或者被过度满足,都可能会导致此发展阶段的"固着"(fixation),而形成"口欲性格"。如果需要被剥夺,可能会导致以后安全感缺失,拒绝、不信任他人,对建立亲密关系感到恐惧;如果未得到恰当满足,以后就会变得贪婪且充满占有欲;如果过度满足,之后可能会有过度依赖、嫉妒等特点。

肛欲期

肛欲期从1岁到2、3岁。此阶段肛门是快感来源的主要部位。幼儿在此期间已经能够控制肛门括约肌,主要从保留和排泄粪便中获得满足。此阶段,成人开始对儿童实施大小便控制训练。幼儿的"自体享乐"与父母的大小便训练之间会产生冲突,这形成了人格发展中的第一个困难。此阶段幼儿需要学会掌控,接受个人力量,而且需要面对自己与父母关系中的生气、敌意等情况。因此,父母的教养方式和态度,会对儿童人格发展产生深远的影响。如果发展顺利,个体以后会形成独立自主的人格,表现为既能自我决定行动,也能友好合作,自信而无过分羞耻。如果发展出了问题,个体会出现强烈的焦虑。这种焦虑持续存在便会形成肛欲固着,影响以后的人格特征。一种是排放型,如表现得无条理、浪费、邋遢、放肆等;另一种是便秘型,如表现得过于谨慎、追求整洁、吝啬、节俭、固执等。

性器期

性器期从2、3岁到5岁。此阶段生殖器是快感来源的主要部位。儿童在此阶段发现可以从抚弄生殖器中获得快感和满足。这是弗洛伊德最为重视的时期，对儿童的心理发展极为重要，儿童从自恋转为他恋，俄狄浦斯情节活跃。男女儿童都对母亲产生带有性爱色彩的爱。男孩发现爱母亲，而母亲属于父亲，于是对父亲产生嫉恨。但男孩发现父亲强大，自己无法抗衡，甚至产生父亲会割去他的阴茎的恐惧，便产生阉割焦虑。之后不得不放弃对母亲的爱，转而产生对父亲的认同，内化父亲对乱伦的攻击和禁忌，为超我的确立奠定基础。女孩一开始也和男孩一样产生对母亲的爱恋，但后来发现父亲拥有阴茎而自己没有，就出现所谓的"阴茎羡慕"，转而将兴趣转向父亲，之后又发现这种欲望无法被接受，便退回到对母亲的依赖性认同上。可见，此阶段男孩、女孩都经历了无意识的性欲上的冲突，发展了对同性别父母的认同，并结合父母的价值观、性取向等使超我得以发展。此阶段如果出现问题，是今后神经症症状的主要根源。

潜伏期

潜伏期从6岁到11岁。经过之前性冲动的折磨后，儿童的性欲被"冻结"。该阶段相对平静，儿童性的兴趣被转移到学校、玩伴、运动和新的活动范围中。这是一个社会化的时期，儿童开始走出家庭，发展和他人的关系。潜伏期有两种发展倾向：一种是性能量脱离目标本身而升华为更高的文明、被社会认同的行为；一种是性能量被压抑使得性活动倒退，形成神经症、心理障碍（钱铭怡，2002）。

生殖期

大致相当于青春期，可以持续很长时间（可能延续至老年）。此阶段性的兴趣再次被唤醒。然而不同的是，随着生理上的成熟，个体开始了一系列重大的转变，总的趋势是向一个成熟的、社会化的成人转变。性欲对象不再指向自己或者父母，而是家庭之外的异性。即便有很多约束和禁忌，个体也可以使用很多社会认可的方法处理性能量，如交友、获得良好的社会地位、运动等。

总体来看，弗洛伊德关于心理—性欲发展的思想，强调了个体早期发展过程对个体人格形成的作用，而父母（养育者）与个体早期的互动，对人格发展具有更为深远的影响。这一点也与精神分析的病理理论、治疗理论紧密联系。

心理障碍的本质

焦虑与防御机制的使用

弗洛伊德认为行为正常与异常之间并没有严格的界限，是程度上而不是性质上有差异。无论是正常人还是有心理障碍的病人，其内心深处都经常存在着本我、自我、超我之间的冲突，以及与冲突相伴的焦虑。行为正常的人，其三部分人格结构相对平衡，自我有力量去控制本我的本能，抵挡超我的谴责。行为异常的人，其三部分人格结构则相对失衡。个体为了缓解自我焦虑,发展出相应的防御机制,以把思维、欲望、情绪以及幻想排除到意识之外的方式来回避情绪上的痛苦。低级的防御机制被过度地、僵化地使用,是个体心理障碍的表现。比如,抑郁障碍患者将本来指向他人的愤怒,置换为指向自己。

心理—性欲发展阶段的固着

弗洛伊德认为人的大多数心理痛苦源自童年。一个人在童年时代,心理—性欲发展过程中所受到的创伤,尽管可以忘却,但并未消失,而是被压抑到无意识之中。这些压抑的内容,对个体的人格、身心健康、婚姻和家庭生活乃至学习都会产生持续的、深远的影响。创伤往往就是源于现实原因导致人的欲望不能满足(剥夺或者过度满足)。如果个体在心理—性欲发展的某一阶段出现需要未被满足的情况,便出现固着,力比多就会退行到该阶段,以该阶段的儿童性欲的表现形式出现。在这种情况下,个体行为是在自我防御机制的作用下,对力比多欲望的变相、伪装的满足。正如弗洛伊德所说,"症状乃是对欲望的替代满足"。例如,强迫症可能是源于以下情况:不适宜的大小便训练导致力比多倒退并固着于肛欲期的心理发展水平(科里,2010;钱铭怡,2002;江光荣,2012)。

5.1.3 心理咨询过程

心理咨询目的

弗洛伊德的经典精神分析心理咨询的要旨与目的是无意识的意识化。一是对自身无意识冲突的领悟过程。弗洛伊德认为,症状是一种伪装。"要消除病人的症状,就必须剥去伪装,揭穿各种症状的真面目",揭示症状所代表的、被压抑在无意识中的冲突。二是帮助个体意识到超我过于严苛的特点,从而减少自我惩罚。通过对冲突和自我结构失衡的意识化,增加自我的力量,使个体的行为更多以现实为基础,而不是被本能驱力或者无理性的内疚所牵制(科里,2010;韦丁,科尔西尼,2021)。

为了达到意识化的目的,治疗师可以使用自由联想、释梦、阻抗和移情分析,以及其他诸多手段帮助来访者探索其无意识,并通过解释使其获得领悟,从而消除心理障碍,恢复健康。

心理咨询技术

自由联想

弗洛伊德最早借助催眠的方式帮助来访者唤醒无意识中的记忆与相关的情感。然而,催眠的效果不稳定,让他不得不考虑对催眠进行改进和发展。弗洛伊德说:"真正的精神分析始于放弃催眠。"布罗伊尔提出了谈话疗法,同时在治疗病人安娜·欧时发现,在她病症发作时让她用语言表达幻想和妄念,就能除去错乱的意识状态,这被安娜·欧称为"清扫烟囱"法;之后弗洛伊德又提出"宣泄疗法"。这些是自由联想技术的基础。弗洛伊德发现,在患者对治疗师产生信任的基础上,让患者"不加删减地表达任何浮现于头脑中的念头"(韦丁,科尔西尼,2021),便可以意识化隐藏的冲突,宣泄压抑的情绪。

自由联想的哲学基础是决定论。弗洛伊德认为自由联想并不是"自由"的,它一定是被某种原因决定的。在自由联想的过程中,看似毫无关联的语言、紊乱的逻辑,但是在无意识的链环上却好似有一根有规律的链条。"自由联想是达到无意识的康庄大道",因此,自由联想的过程给了深藏的意识一个表露、宣泄的机会(叶孟理,2002)。一旦病人把被压抑的东西宣泄出来,就获得了解脱,减轻了负担,其病症就有了治愈的途径。

在操作过程中,治疗师先说明自由联想的原理、目的和方式,之后邀请来访者观察并报告头脑中流露出的任何念头、意象或者思想。然而,这个过程并不容易,因为来访者不能不考虑给治疗师的印象。在治疗师的鼓励和促进下,当事人会逐渐进入状态。为了减少来访者感受到来自治疗师的影响,增加自由联想的流畅性,在经典的精神分析中,来访者使用躺椅,增加放松程度,减少与咨询师的交流。治疗师的任务是帮助来访者识别那些深藏在无意识中的内容。治疗师会对来访者自由联想的素材进行加工,如对素材出现次序、包含的情感、可能的隐喻进行解读。

在当代的治疗中,常用一种可称为"制定联想"的方式来运用自由联想技术(江光荣,2012)。当来访者谈及某个焦点议题时,治疗师邀请来访者在焦点议题上进行联想。比如,咨询师对来访者说:"你说当你闭上眼就感到很害怕。对于这种情景的害怕,你联想到什么?"

梦的解析

梦是通向无意识的捷径。对梦的机制的探索,弗洛伊德在其《梦的解析》中有深入的介绍。在睡眠之中,人们的防御机制减弱,通过梦把被压抑的无意识的希望、需要与害怕表达出来。梦有显相与隐意之分。显相的是梦中的情景与事件,隐意则是隐藏在显相后面的无意识动机。梦是无意识层面的内容经过浓缩、置换、象征之后的表达——这些隐意的方式就是弗洛伊德提出的。一般来说,梦的内容较多反映:(1)生理感受,比如憋尿的紧张;(2)欲望;(3)近期焦虑;(4)过去的创伤。梦的解析工作就是通过显相揭示隐意。这个过程不仅是了解来访者被压抑的内容的途径,也是一种理解来访者当前机能的方法。咨询师常常很难就梦的显相直接得出其隐意,而需要借助自由联想技术来产生更多材料,以找到显相与隐意之间的联系。

阻抗分析

阻抗是指个体表现出破坏治疗过程的行为。阻抗是一种防御,会对咨询产生改变可能性的妨碍。例如,来访者在较长一段时间内每次访谈都迟到或者忘记时间,可能被理解为一种阻抗。可能该来访者的迟到,反映了其想要逃避谈论某个引发痛苦的议题的无意识愿望。这种防御干扰了治疗师的工作,妨碍了治疗过程。早先的阻抗分析,就是治疗师和来访者通过对来访者阻抗加以探讨,减少阻抗,增加治疗效率。然而,后来的研究者认为仅仅将阻抗理解为不配合治疗师的"错误行为"是不全面的,需要用更积极的视角,将阻抗视为来访者固有心理功能的体现,是需要被保护和被理解而不是被忽视的个性特征,是一种自我保护机制。因此,对于阻抗分析有两个原则需要治疗师考虑。第一,尊重来访者的阻抗,并帮助来访者看到自己的保护功能是一种自我欺骗的机制;第二,治疗师通过指出并解释来访者的阻抗,加强与来访者的同盟,并选择足够明显的阻抗行为进行解释,以减少来访者对解释的抵抗,促使来访者正视自己的阻抗行为。

移情分析

移情是指来访者根据自己与重要养育者以及在其发展过程中扮演重要角色的重要他人相处的经历来看待治疗师的倾向(韦丁,科尔西尼,2021)。移情在治疗中颇有价值,因为来访者可能再次体验到那些无法觉察到的感受。通过治疗关系,来访者可以将尘封在无意识深处的感受、信念和愿望呈现出来。移情分析,就是治疗师对来访者的移情进行探索和揭示的过程,该过程被视为精神分析治疗的核心技术。对移情的解释能够帮助来访者此时此地领悟过去对自己当前机能的影响,并且通过处理当前治疗关系中的冲突来帮助来访者处理那些导致其固着、阻碍其成长的旧有冲突。

解释

解释是指治疗师指出、说明甚至教导来访者其梦境、自由联想、阻抗以及治疗关系背后的含义(科里,2010)。如果说先前的解释更强调教导,那么现代对解释的定义更加注重来访者的主动领悟——是对来访者提供的素材进行澄清以及翻译的过程。解释的目的在于促进来访者对无意识素材的觉察和领悟。一般来说,适当的解释需要考虑以下几点。第一,注重选择解释的时机。如果时机过早,来访者的阻抗很强,可能会抵制治疗师的解释。如果时机过晚,可能会降低效率,同时让来访者处于没有必要的困境。因此,治疗师需要仔细考察对这一问题的准备程度。较好的准备程度是要解释的现象已经接近来访者意识领域了。也就是说,当来访者已经内化了这种解释,但是无法言语化这种解释时,治疗师就可以开始解释过程。第二,解释过程应该由浅入深,在充分考虑来访者能够理解的程度上逐步深入。第三,先提出解释的靶点,然后实施解释。在提供解释之前,让来访者充分地自我探索,以减少抵制,增加认可解释的可能性。如在解释阻抗背后的冲突前,最好先指出来访者的阻抗。

5.2 个体心理学理论

同弗洛伊德一样,阿德勒是心理分析取向的咨询理论早期发展的主要贡献者。阿德勒曾与弗洛伊德合作了约十年,产生了大量的思想火花,但后来也是因思想(心理分析的观点)不同而分道扬镳,成为第一个从精神分析内部公开反对弗洛伊德的人。正如阿德勒自己所说的,他的理论受到了弗洛伊德很大的影响,他认同弗洛伊德发展的谈话疗法,及其关于无意识、儿童期在人格形成中的关键作用,以及解释、释梦等方面的论述。然而,阿德勒也发展了自己独特的理论体系。

阿德勒与弗洛伊德理论的最大分歧在于驱力理论,阿德勒反对弗洛伊德的生物决定论观点,认为人主要是由社会关系所驱动的,而不是性驱动,行为有其目标和目的,最主要的目的是社会兴趣。尽管如此,阿德勒也并非走向了弗洛伊德的另一极端——可以成为任何想成为的人。阿德勒认为人是受到遗传和环境双重影响的,同时人也可以有能力解释、影响和创造世界,从而产生自主性。因此,人是自己生活形态的创造者、决定者。阿德勒从人的整体性、目的性、社会性以及建构的视角来审视人性,发展了个体心理学理论。社会兴趣、自卑与补偿、生活风格、气馁与勇气是心理病理关注的内容。治疗师需要与来访者合作,帮助来访者更加积极地投入到社会生活之中。

正是由于个体心理学是一个与整体论、目标论、乐观主义和社会嵌入密切相关的理论,它对后来的许多心理治疗理论产生了巨大的影响,包括认知行为理论、家庭治疗理论、团体治疗理论、积极心理学等。阿德勒的咨询是成长模式而非医疗模式,且常常为短程,因此,可应用于不同层次的人和不同形态的咨询情景。许多咨询及治疗的模式,如儿童辅导、亲子咨询、家庭婚姻治疗、儿童青少年个别或团体治疗、文化冲突、矫正与康复咨询、药物滥用防范计划及社会问题等"凡是与教育、亲子关系、婚姻及社会问题有关的咨询中,都有阿德勒的影子"(韦丁,科尔西尼,2021;Corey,2012)。

5.2.1 阿德勒与个体心理学创立

阿德勒简介

个体心理学的创始人阿尔弗雷德·阿德勒(Alfred Adler)(1870—1937年)出生在奥地利维也纳近郊一个富裕的粮食商家庭。在家里的六个孩子中,阿德勒排行第二。由于患有佝偻病,他身材矮小、驼背,四岁时才能走路。可以说,他早年一直与疾病做着斗争。五岁时,他患上了肺病,几乎丧命。他听见医生对他的父亲说:"阿尔弗雷德快不行了。"这时候,他励志成为一名医生。也是由于身体羸弱,阿德勒受到母亲的娇惯。后来,他的地位被弟弟取代。于是,他与母亲的关系疏远,与父亲的关系很好。阿德勒的哥哥相貌出众、体格健壮,是一个模范儿童,他嫉妒哥哥西格蒙德(与弗洛伊德同名,让人容易联想到后来与弗洛伊德的决裂)。与哥哥相比,他感到自卑,因此在童年和少年期,他和哥哥的关系一直很紧张。同时,他也下决心弥补自己身体上的缺陷,渐渐克服自己的弱点。阿德勒早年学习成绩很差,他的老师曾经向阿德勒的父亲说阿德勒除了能做一名鞋匠,其他的将一事无成。然而,通过自身努力,阿德勒跻身成为班上成绩最好的学生。1888年,阿德勒考入维也纳大学医学院。1895年,25岁的阿德勒获得医学博士学位。

个体心理学产生过程

1902年以前,他的主要兴趣是研究一般医学领域中的精神病理学。在拜读了弗洛伊德《梦的解析》一书后,他撰文为弗洛伊德的观点辩护。阿德勒后来的"向上驱力"、先天"社会兴趣"潜能的思想均带有弗洛伊德精神分析的生物学化的烙印。弗洛伊德在1902年邀请他和另外三个人一起创立了每周三举行的精神分析研讨会,开始了阿德勒和精神分析运动的联系。1910年,他成为维也纳精神分析协会的第二任主席(第一任是弗洛伊德)和《精神分析杂志》的主编。但是阿德勒不赞成弗洛伊德的性本能理论,强调社会文化因素在人格形成和发展中的决定性作用。他发表的一系列文章和弗洛伊德的观点产生了分歧,最终他在1911年和弗洛伊德分道扬镳。此后,阿德勒成立了一个"自由精神分析研究协会"。1912年,他把其理论体系称为"个体心理学",并逐渐形成了一个颇有影响力的个体心理学派。同年,阿德勒在《神经症的性格》一书中详述他所主张的个体行为在社会中的效用,尤其是个体无意识指导性支配自卑感与优越感而形成的心理问题。同年,他创办了该学派的刊物《个体心理学杂志》,开始把自己的理论应用在儿童的抚养和教育上。他和他的学生们在维也纳30多所中学开办诊所(进行治疗以及对教师、社工、外科医生进行培训工作)取得的巨大成功,使他声名鹊起。第一次世界大战期间,阿德勒在奥地利军队中担任内科医生,他最初在苏联前线工作,后来被调往后方的儿童医院工作。在亲眼目睹了战争带来的巨大灾难后,阿德勒对社会的思想发生了极大的转变。他认为,如果人类想要生存,就必须改变他们的社会兴趣。后来,他开始研究社会责任和合作精神,并提出了"社会兴趣"的概念。1926年,他访问美国,受到教育界人士的热烈欢迎。1927年,他受聘哥伦比亚大学教授。1937年,在欧洲讲学的阿德勒由于过度劳累,在赶往苏格兰阿伯丁市讲演的途中因心脏病突发去世,终年67岁。美国心理学史家墨菲把阿德勒的个体心理学评价为"心理学历史上第一个沿着我们今天应该称之为社会科学方向发展的心理学体系"(李冬梅,2013),他的思想对家庭、团体、积极心理学都产生了巨大的影响。

5.2.2 核心观点

人格整体性

与弗洛伊德、荣格的人格结构理论不同,阿德勒认为人不应该被分为各种元素或者部分。因为心理成分、意识—无意识、感性与理性体现的是一种人为的两极化,不能据此看到真实的人的全貌(韦丁,科尔西尼,2021)。阿德勒注重整体性,认为只有从整体上看才能了解人。个体心理学中的"individual",本身也有"整体"或者"整体中的个体"的意思,强调了人是一个与社会、与他人不可分割的有机整体,一个有自己独特目的、寻求人生意义、追求未来思想的和谐整体。这也提示要理解个体及其行为,需要把个体的家庭、社会、文化、工作等社会背景加以考虑,"人是所在社会系统的一个完整的组成部分"(科里,2010)。脱离个体行为背景来谈个体行为,如同离开个体整体来谈个体的情绪一样,是毫无意义的。因此,个体心理学派看重人际关系,看重社会网络中的整体之人。

目标和取向性

个体心理学认为,人的行为是具有目的性的。人类为自己设定目标,且会依据这些目标将行为整合起来。行为的目的性,被认为是阿德勒理论的基础。阿德勒用目的论(有目的、有取向性的)替代弗洛伊德的生物决定性。个体可以通过对自我目标的感知,进行思维、感受和采择。只有先知道行为的目标,才能完全理解行为。阿德勒认为个体做出决定是建立在个体过去的经历、现状以及未来方向基础上的,个体通过目标取向来达到整合和连贯。当行为符合个体设定的目标(阿德勒称之为"引导性的自我理想")时,个体才会体会到安全感和自我接纳。

社会兴趣

弗洛伊德提出了"力比多"这一概念来解释人的行为的动力,他认为性本能是人的行为的动机和基础,而阿德勒认为人的行为主要是由社会力量决定的,而不是生物本能,因此提出社会兴趣的概念(这也是阿德勒最重要和独特的概念)。社会兴趣,是指个体与他人协作、作出贡献的能力(科里,2010)。阿德勒认为每个人都有一种关心他人与社会的潜能,这种潜能不仅指对自己的亲人、朋友的情感,而且在适宜的条件下,这种情感的发展可能扩及全人类,甚至整个宇宙。阿德勒认为社会兴趣虽是与生俱来的,但还经过了教授、学习和运用的过程。个体在社会化的过程中,为自己在社会中找到合适的位置,并获得归属感和贡献感(科里,2010)。

阿德勒认为人类有三个基本生活任务:建立友谊(社会任务)、建立亲密关系(爱情—婚姻)和为社会作贡献(职业任务)。这些任务都需要人发展友谊、合作和作出贡献(社会兴趣)。如果任何一方面出现问题,就会导致心理问题。阿德勒认为社会兴趣是心理健康的核心指标。心理健康的人往往有浓厚的社会兴趣,懂得互助合作,有健康的生活风格和正确解决问题的方法,生活的意义在于奉献、对别人发生兴趣以及互助合作。若个体不能体会人类的重要性是按其对别人生活所作的贡献而定的,那么就会很容易孕育出错误的意义。"在所有人类的过失中,在神经症和心理变态中,在犯罪、自杀、酗酒、吸毒和性倒错中……都可以看到社会兴趣的极大丧失。"这些个体的生活的意义是狭隘的、个人的,兴趣也只停留在自己身上。

生活风格

生活风格是指在个体环境中作为一个整体所表现出的独特的生活形态与方式。可以说,生活风格涉及个体组织和解释现实的核心信念、假设、价值观。莫萨克(Mosak等,1999)将其概括为四个方面:(1)自我概念,关于我是谁或者不是谁的认知;(2)自我理想,关于我应该是谁,或者不应该是谁的认知;(3)世界观,与人、生活以及整个世界相关的看法;(4)伦理观念,关于对错、好坏的观念(韦丁,科尔西尼,2021)。这些个体的核心假设、信念、价值观将会引导个体行为,实施各种活动,组织现实生活并为其生活事件赋予意义。

生活风格基于早年在家庭中的互动学习而形成,每个人都有自己的私人逻辑,朝向自己的生活目标。阿德勒的虚构目的论认为,一个人所做的每一件事都会与最终的虚构目标相联系,因此目标能够指导个体的行为,在个体前进的方向上具有重要的引导作用。在这个基础上,阿德勒把生活风格分为健康的生活风格与错误的生活风格。个体自我、理想、世界观、伦理判断所指导的行为、追求、生活形态与社会利益相结合,促进个体较好地融入社会,为群体作出贡献,这是健康的生活风格。若个体的追求与社会目标相抵触,这时的生活风格就是错误的生活风格。

奋斗动机

奋斗动机是指人倾向于由不良情景发展为较优情景。阿德勒认为,人追求优越是"生命的基本事实",人总是力图从低劣的位置上升到优越的位置——从失败到成功,从虚弱到强壮,从自卑到优越和完美等。这种"优越",并非比别人优越,而是发挥出个人的潜能,使自己的能力由低变高、由负转正。

在早期,阿德勒认为人们先体会到不良情景,感受到负性的情绪(如自卑),然后再努力超越不良情景(如自卑超越)。这类似于弗洛伊德的紧张降低模型。随着不断思考和经验积累,阿德勒在晚年改变了两者的次序。他认为所有人都首先努力去实现某个目标,当遭受挫折后,才会感觉到自卑。这是一个天性发展模型(growth model of human nature),强调了缓解紧张不是主要目的,努力奋斗才是目的;当人们无法达到目标的时候,才会产生紧张情绪。

出生次序

阿德勒讨论了孩子出生次序与个体的生活风格的问题。由于孩子有大量的时间是与同胞在一起的,兄弟姊妹会影响其选择。因此,童年的兄弟姊妹关系以及童年的角色对成人的目标、生活风格可能会产生相当重要的影响。阿德勒区分了五个位置:老大、老二、年龄居中、老小,以及独生子女。老大往往是领导者,老二是叛逆者,年龄居中是取悦者,老小是寻求关注者,独生子女常常是完美主义者。

5.2.3 咨询过程

心理障碍本质

阿德勒认为心理问题源于因错误的生活风格而缺乏足够的社会兴趣。当个体缺乏社会兴趣而面临无法解决的困难时,心理上就会失调。尤其是当个体受到失败的威胁时,一些症状就"可以用来保护他的自尊心,并为他的那种错误的、自我中心的生活风格找借口"。阿德勒认为可以通过提高来访者的社会兴趣来达到咨询的目的。在咨询过程中,咨询师向来访者揭示人性的需要,通过各种方式鼓励来访者在应付生活问题时,做出有意义的选择(沈德灿,2005)。

心理咨询目的

从本质上来说,个体心理学治疗的目的是帮助来访者调整错误的生活风格,发展社会兴趣。阿德勒不认为来访者是需要咨询的患者,咨询的目的在于再教育。咨询师向来访者提供信息、教育、指导和鼓励,让来访者以全新的方式去看待自己、别人和生活,帮助来访者重建自信,重新组织其认知,表现出更多的符合社会要求的行为。具体的目标包括:(1)帮助来访者培养社会兴趣;(2)帮助来访者减少自卑感,减少精神症状;(3)调整生活风格,更具有适应性、灵活性和亲社会性;(4)改变错误的动机以及具有破坏性的价值观念;(5)鼓励平等,接纳自己和他人;(6)帮助个体成为对社会有贡献的人(韦丁,科尔西尼,2021)。

心理咨询阶段

个体心理治疗一般分为四个阶段:建立关系、调查生活风格、解释生活风格和重新定向(韦丁,科尔西尼,2021)。

建立关系

个体心理学理论认为良好的咨询关系应该是平等的,建立在合作、互信、尊重以及目标一致的基础上。咨询师是心理专家,而来访者是他自己的专家,两人要相互合作。治疗目标是双方共同建立的,治疗师单方面强加的目标,会导致治疗失败。阻抗就是咨询师和来访者目标的错位。来访者不是被动的接受者,而是应主动地投入到咨询关系中,并从合作关系中学会对自己的行动负责。咨询师需要进入到来访者世界中,通过了解来访者的生活背景,才能更好地共情来访者。当来访者感到咨询师理解自己并给予接纳时,会与咨询师建立良好关系。此时咨询师会逐渐转移视角,鼓励来访者以另外一种符合常识的方式来审视自己的生活,发展健康的生活风格。由于关系牢固,来访者开始遵循咨询师的指引,全新地看待事物,改变便开始发生。

探索生活风格

在该阶段,咨询师要帮助来访者了解自己的生活风格及其对自己生活中各项功能的影响,以此进行初步的评估。咨询师往往使用常规诊断和特殊诊断来了解来访者的生活风格。常规诊断关注以下五个方面的内容:(1)确认信息,确认来访者的基本信息,如人口学变量;(2)呈现问题,了解来访者遇到什么问题;(3)近期相关情况,如现病史;(4)当前机能,即当前的生活功能;(5)治疗期望。特殊诊断关注来访者的童年经历,了解诸如出生次序,学习经历,性发展,社会性发展,宗教或精神发展,对父母的描述,对父母关系的描述,社群文化和经济动态,童年生活中其他重要他人的角色、榜样等。这个过程可能会激活来访者的早期记忆。早期记忆可能作为一种投射,反映来访者生活风格的各种模式。

解释生活风格

咨询师在评价完来访者的生活风格之后,要通过解释使来访者察觉到自己的生活方式、目标与意图、目前的行为等。通常解释的重点是放在行为及其结果上,而不是行为产生的原因。阿德勒流派的治疗师往往通过经典的"生活风格总结"来呈现和解释生活风格,包括四个部分:(1)"家庭星座"总结;(2)早期记忆总结;(3)来访者错误假设清单;(4)来访者有利条件和优势清单。

重新定向

一旦来访者接受了生活风格的总结,很可能就会开始重新定向。在该阶段,咨询师要通过引导与再教育,帮助来访者自我努力、重新定向,将对自己的了解转化为行动,帮助来访者正视自己的优点和资源,鼓励他们认识到面临生活问题时自己有新的选择以及做出选择的勇气。

心理咨询技术

在个体心理学治疗中,咨询师不像经典精神分析那样使用躺椅技术,而是采用了更为平等的交流方式。这些交流方式更像是后来的人本主义咨询中的尊重、真诚、接纳、平等的态度下的互动。阿德勒使用弗洛伊德的谈话技术,但不限于使用任何特别的技术,尤其是现代的阿德勒治疗较为开放、整合。在咨询四阶段中,常用以下基本技术。

鼓励

鼓励是阿德勒心理学中的专有名词。阿德勒认为鼓励是改变个体最为有力的办法,鼓励可以帮助个体恢复信心和勇气。恢复信心和勇气是治愈心理障碍的关键因素。表现出对来访者的兴趣,尊重、接纳、信任来访者,认可来访者的感受,温和地提示可以再试一次等都可以起到鼓励作用。在建立关系、重新定向阶段,合适地使用鼓励尤为重要。

提问

阿德勒学派的咨询师擅长提问,并引导来访者自己探索答案。提问可以帮助咨询师对来访者的问题、行为以及症状进行评估。咨询师常常问:"如果你摆脱了这个问题,那么你的生活会有怎样的不同?"这就是所谓的"这个问题"(The Question)。这个问题可以有一些明显的功能,比如,它的答案往往揭示了来访者在回避什么。如果来访者回答,如果没有这个问题,我可能会好好学习。从这点看,来访者可能是在回避学习。

早期记忆

早期记忆是来访者能够清晰回忆出来的发生过的事件。让来访者提供早期记忆的具体事件,以及相应的感受或者反应,可以帮助来访者找到自己的模式和目标。阿德勒认为我们有数以万计的回忆,但我们只会选择那些反映我们核心信念或者基本错误的记忆并将其表述出来。回忆一系列小的事件,将它们组合在一起便可以理解我们对自己和世界的看法,了解我们的生活目标、动机、重视的东西、秉承的信念以及对未来的预期。该技术常常在探索生活风格阶段使用。

猜想

个体心理学理论假设没有人能知道另一个人内心世界的真相,只能冒险去猜测。因此,他们在做解释时,会以开放式的语句进行,如"我有个预感想跟你分享……""我觉得情形似乎是……""情况会不会是这样……"等。这样的解释方式不会令来访者出现抗拒,并能够自在地讨论。通过这样的方式和过程,来访者最后能够了解自己在哪些地方出了问题、问题是怎样产生的以及应该如何弥补。该技术常常在解释生活风格阶段使用。

家庭雕塑

家庭雕塑是一种以行动为导向的技术,旨在揭示家庭动力和期望。咨询师邀请来访者用其他人或者道具扮演自己家庭中的各个角色,构建家庭成员的位置和姿态。之后,让来访者重新构建理想的家庭布局以及姿态。让来访者觉察对比前后的变化,并提示来访者思考。许多时候,症状是他们将家庭成员从初始雕塑变化为理想雕塑时产生的。该技术往往在探索或解释生活风格阶段使用。

释梦

阿德勒学派的咨询师也使用释梦技术。不过,阿德勒不认同弗洛伊德有关梦的观点。阿德勒学派认为梦的主要功能是情绪工厂,梦所制造出来的感觉和情绪可以延续到人清醒的时候,因而梦能够促使人朝向某个方向。梦反映的是来访者近期关注的问题,以及为未来所做的准备,来访者的行为是有目标指向的,因此,需要跟来访者一起进行关联联想和界定才能理解来访者的梦境所指。该技术有时在重新定向阶段使用。

5.3 新心理分析理论

心理分析取向的心理咨询理论发展经过不断变革,在继阿德勒之后,进一步演化为自我模式、人际模式、人际关系模式、自体模式,分别对应自我心理学、人际精神分析理论、客体关系理论和自体心理学。这几个流派都基于弗洛伊德的驱力理论,但是各有创新,自我心理学强调人格结构中自我的关键作用,人际精神分析理论强调驱力的社会性,客体关系理论强调驱力来自重要客体,自体心理学提出自体是驱力来源。新心理分析在病理模型上具有较大差异,然而在干预技术上,各个流派差别不大,均保留了经典精神分析的自由联想、释梦、阻抗分析等技术。

5.3.1 自我心理学

自我心理学是弗洛伊德经典精神分析理论框架最忠诚的继承者,它保留了经典精神分析的人性观、驱力理论、人格结构以及攻击和性动机等主要理论。自我心理学最大的革新是深入探索了自我的结构与功能,将更多的兴趣从深层的无意识内容,转变为较浅层的期待、焦虑和幻想等信息,这些信息更接近意识层面(麦克威廉斯,2015)。

核心观点

自我防御机制的作用

1923年,弗洛伊德在《自我与本我》一书中完善了他的人格结构,开始正式使用自我这个概念来代表三个基本心理成分中的一个。自我的功能主要是表征现实,并筑起防御,在现实面前(包括社会习俗和道德的要求)引导和控制内部驱力所带来的压力(米切尔,布莱克,2007)。弗洛伊德的爱女安娜·弗洛伊德是儿童精神分析先驱,是深入探索自我的关键人物。她认同弗洛伊德关于人格结构的假设,也认同在治疗中对本我的意识化,然而她发现当治疗师直接去"解救"本我的时候,需要绕过自我设置的防线,而与此同时,自我可能将治疗师及其工作设定为入侵者,这不仅大大降低了工作效率,而且没有做出实质性的改变。"就像冷战时期,仅仅营救了少量的东柏林市民,而没有解决柏林墙继续存在的问题一样","错综复杂的安全系统依然存在","让一部分人获得自由,对于另外一部分接近边界的人的命运却没有产生影响"。因此,何不直接对"看守人"进行工作,以便拆除防御机制,从而增加工作效率。例如,来访者对他人非常热情,以至于无暇顾及自己。治疗师不断去理解来访者在治疗中呈现的愤怒(本我)与对责罚的恐惧(超我)。如果让来访者理解反向形成的防御机制,告诉来访者其好心的背后其实是对坏脾气的掩盖,那么可能不仅会让来访者的本我释放出来,更会影响来访者的整体生活方式。安娜·弗洛伊德观察到,不仅症状基于防御机制,个体的人格功能也根植于防御机制。1936年,在《自我与防御机制》一书中,安娜·弗洛伊德系统总结和扩展了其父对于自我防御机制的研究。

自我的适应功能

海因兹·哈特曼(Heinz Hartmann)指出经典精神分析在自我的研究方面的最大问题是过于强调关注自我与本我、超我的冲突,而忽视了"没有冲突的自我领域"。没有冲突的自我领域是指一套心理机能,这些心理机能在既定的时间内可以在心理冲突的范围之外发挥作用。在哈特曼看来,知觉、思维、记忆、语言、创造力的发展,以及各种动作的成熟和学习等,不是自我与本我、超我相互冲突的产物,而是属于自我的适应机能。1937年,哈特曼在《自我心理学与适应问题》一书中指出了治疗的目标不再是揭露人类心中被压抑的原始冲动,而是修复心理结构本身,增强自我功能的适应性。这一理念的提出使精神分析对自我的研究找到了立脚点,扩展了精神分析的范围,标志着自我心理学的真正建立,因此哈特曼也被誉为自我心理学之父。

自我来历与发展过程

安娜·弗洛伊德和玛格丽特·马勒(Margaret S. Mahler)认为自我及其功能是在与母亲共生联合中逐步发展的,这个阶段的关键期在前俄狄浦斯期。安娜·弗洛伊德认为自我发展经历了六条路线。从依赖他人到情绪上的自信,从吮吸动作到正常饮食,从大小便不能自理到自我控制,从对自己身体管理不闻不问到负责,从关注自己身体到关注玩具,从自我中心到发展友谊。马勒在其与儿童的大量工作经验的基础上,提出自我发展过程是分离一个体化过程:个体自我发展经历了从自闭、共生融合到分离一个体化三个主要阶段。

心理障碍本质

自我心理学认为心理障碍的本质包括两个部分:(1)自我功能较弱,无法协调本我和超我,以及现实环境和自我的冲突;(2)自我发展受挫,退行至较为原始的阶段。

心理咨询目的

自我心理学的治疗目标仍然主要是无意识的意识化。然而,增强自我功能成为重要的目的。

心理咨询技术

咨访关系发生变化,咨询师与来访者是"工作结盟",二者是伙伴关系而不是对抗关系。咨询过程像是(应自我需要)邀请三方"元首"(本我、自我、超我)进行谈判的过程。通过保持各方当事者的利益平衡,咨询师帮助来访者在竞争性要求中达成一种更为可用的解决方案。自由联想、释梦、阻抗分析、移情分析等弗洛伊德常用的方法,自我心理学同样也会使用。通过对自我防御机制的解释,增强自我功能是较为独特的干预方式。

5.3.2 人际关系理论

人际关系理论(也称人际精神分析理论)继承了弗洛伊德的无意识理论。然而,用人际驱力替代了本能驱力。人际关系理论将人的本质看作社会性的而非生物性的,从而赋予人更多的主动性和积极性。哈瑞·沙利文是人际关系理论的代表,与弗洛伊德不同,沙利文认为与他人发生关联的需要是最为根本的人类动机,因而消解了性欲作用的特殊地位。他强调人格的自我系统,突破了弗洛伊德所重视的无意识和本我在人格中的根本作用。

核心观点

紧张与能量转化

沙利文把人看作一种能量系统,能量的积累导致紧张,能量转化的功能在于消除紧张。而这些紧张与转化的过程,都是在人际关系中完成的。沙利文认为人类具有趋于心理健康的动力,同时每个人都有减少内心紧张的动机。欣快,产生于对生存的生物需求和心理社会需求的减少或消除。紧张,包括需要紧张和焦虑紧张。需要紧张是对各种特定生物需求成分的经验,诸如饥、渴、睡眠、触觉、人的接触等一般生理需求。焦虑紧张是个体的人际安全受到实际或想象的威胁而产生的。由于人类寻求特定生物需求满足的方式受到社会文化的制约,因而对满足的追求就不是一个生物学的过程,这种追求离不开人际关系。焦虑紧张最初可能来自焦虑的母亲,如母亲焦虑的面孔、不安的声音、慌乱的动作等都可能使儿童感到生活的焦虑。

自我系统

自我系统是指在儿童社会化过程中,个体形成的一种具有防御功能的自我知觉系统或一套衡量自己行为的标准。自我系统的主要活动是减轻焦虑,获得满足而产生欣快感,认识外界环境中的种种人际关系,并加以应对和适应。自我系统通过接收重要他人对我的反应——基于重要他人赞许、反对以及不置可否三种反应,个体形成好我、坏我和非我三部分。自我系统一旦形成,就成了个体的一个过滤器或选择器。它会将可能引起焦虑的经验过滤掉,而只允许那些不引起焦虑的经验进入个体的意识之中。

心理障碍本质

沙利文认为精神疾病主要是由人际关系困境造成的。这些人际困境包括:与重要他人互动不良,引发焦虑,自我系统防御失灵,导致自尊、自信损害,人际关系破坏,退行,等等(如精神分裂症可能是因为早期与母亲关系不良,导致自我系统的防御功能失灵,引起人格发展停滞甚至倒退)。

心理咨询目的

人际关系治疗主张建立良好的咨访关系。通过一系列互动,咨询师引导来访者正确认识自己,从人际关系中树立起对前途的信心,使来访者恢复健康的人格。沙利文认为治疗过程就是一个社会学习和模仿过程。咨询师通过恰当地示范温暖性和支持性的人际行为,投射和修正来访者以前错误的人际学习。

心理咨询技术

维护咨访关系

沙利文认为咨询态度比治疗技术重要。在人际关系咨询中,维持人际安全是最重要的咨询要素。咨询师是人际关系知识的专家,通过尊重、共情地倾听来访者,让来访者产生人际安全。同时,当来访者体验到咨询师给予的安全时,就能够详尽地阐述充满焦虑的人际混乱,并揭示和修正此时此地的关系困惑。人际交流和相互确证是沟通来访者体验和咨询师体验的桥梁。

细节询问

沙利文认为每个人的语言都具有独特性以及独特意义。如果咨询师自以为了解来访者的词汇含义,就有可能引起更大的混乱,并导致产生有意义领悟的期望破灭。因此,咨询师为了获得更流畅的人际沟通,了解来访者想要表达的是什么,唯一的办法就是询问细节。而且在一些核心的问题上,来访者因防御会忽略很多细节,只有询问细节,咨询师才能探索到未经防御的内容。

5.3.3 客体关系理论

客体关系理论较好地保持和继承了弗洛伊德的经典精神分析取向,两者所使用的术语均一致。客体关系学派对弗洛伊德理论的更新在于:弗洛伊德聚焦于个体内部的心理结构,而客体关系学派聚焦于人际及其对个体内部的影响。而且,客体关系理论不再强调先天生物学因素,转而强调早期母婴关系对儿童心理发展的影响。

核心概念

客体

"客体"最早是弗洛伊德在讨论本能驱力和母婴关系中使用的术语。客体,并不是指无生命的物体,而是指爱、恨以及渴望等带有感情的人性客体。在客体关系理论中,对客体与客体关系的关注超越了对本能欲望的关注,进而对人格形成中的关系影响给予了更大的重视。婴幼儿对外在关系体验的内化,形成了内在客体。这些内在客体,成为个体对关系理解、体验的原型,对今后遇到其他人的感知的反应产生了深远影响。

力比多客体寻求

费尔贝恩(W. R. D. Fairbairn)和鲍比(John Bowlby)提出了个体有依恋早期照料者的倾向,并以这种互动为核心来建立日后的情绪生活。个体会强迫性地重复寻找与早期照料者相似的客体。研究者观察了那些遭受虐待的儿童,震惊地发现孩子对虐待他们的父母仍怀有强烈的依恋和忠诚。快乐和满足的缺乏并没有削弱亲子联结,这些孩子反而以寻求痛苦作为与他人联系的形式。爱的基本范式是寻求关系,不是依据它们快乐的可能性,而是按照它们能够引起内在客体共鸣的程度。

好客体与坏客体

梅兰妮·克莱因认为人天生就是朝向客体的。婴儿在出生时,寻找乳房和食物不仅仅是为了能量的释放,同样也是为了关系的需要。婴儿最初的客体关系是与母亲乳房的关系。克莱因强调了最初婴儿内部幻想的重要性,婴儿通过不断地运用投射、内射、分裂等机制去控制强烈的需求、恐惧和焦虑,使自己感到安全,并建立客体关系。克莱因认为人生来就有两种原始有力且充满强烈情感的与世界关联的模式:一种是敬慕的、浓浓关切的、深深感激的爱;另一种是具有令人敬畏的毁灭性、破坏性,以及强烈嫉妒的恨。当婴儿吃饱时,充满奇妙的事物转化为爱,对为他提供的保护满怀感激,此时母亲的乳房成为好客体;其他时候,婴儿的肚子空空如也,被饥饿侵袭,那个曾经喂过奶的乳房,现在抛弃了他,他恨它并且充满报复性的幻想,此时乳房变成了坏客体。后来,克莱因发展了心位的概念(偏执分裂心位、抑郁心位),用来描述早期婴儿的两种基本精神状态。克莱因认为每个人都是在与毁灭的恐惧(偏执性焦虑),以及完全的放弃(抑郁性焦虑)做斗争。

真自体与假自体

唐纳德·温尼科特(Donald W. Winnicott)以自体来描述心理并建构人格结构模型。在他看来,人格由三部分组成:一是作为真实感缺失之结果的假自体(false self);二是"我"与"非我"明确建立的真自体(true self);三是被完全且无情地用来表达攻击的自体(Winnicott, 1949)。其中,假自体是母亲未能感受并充分满足婴儿的需要,反之要求婴儿适应和顺从外界环境(主要是母亲自己)的结果。假自体会导致不真实感、失败感和无价值感,使得个体在人际关系中缺乏真诚感。但健康的假自体对于个体的成长和生活是必要且有意义的,其最重要的功能就是通过对环境要求的顺从来掩藏并保护真自体。

足够好的母亲

温尼科特提出,随着婴儿需要和愿望在非整合的意识流中浮现,足够好的母亲能迅速知觉了解到孩子的需要,并且根据周遭事实实现孩子的愿望。这也是温尼科特提到的抱持环境,在这种环境中,婴儿获得但不觉知是母亲提供的保护。母亲需要在场,同时也需要退场,母亲慢慢地将世界带给孩子,这个过程是痛苦的,但是也具有建设性,孩子需要与他人妥协,因为他人也有自己的欲望和计划。

心理障碍本质

心理障碍本质是早期客体关系缺陷,或者过度使用防御机制来应对混乱的、不足的客体关系。

心理咨询目的

咨询师的解释、翻译等无关紧要,关键是来访者的自体在与他人(咨询师)关系中的体验。通过体验,内化客体。

咨询技术

反移情分析

弗洛伊德曾经将对来访者产生的强烈感情归因于咨询师缺乏自我认识,没有保持温和、中立的态度。随着对反移情的理解,很多治疗师发现,遇到精神病性来访者,或者边缘的、创伤性的来访者,他们所能使用的最好工具就是反移情。恰是因为自身的强烈反移情以及对这种反移情的理解,咨询师可以帮助来访者理解令他们饱受折磨、痛苦不堪的情绪(米切尔,布莱克,2007)。

投射性认同分析

投射性认同是诱导他人以一种限定的方式做出反应的行为模式。它源于一个人的内部关系模式(即当事人早年与重要抚养人之间的互动模式)。咨询师通过对自己反移情的觉察,识别出来访者的投射性认同机制,以理解和干预来访者的强迫性重复行为模式。

抱持与涵容

抱持与涵容均是指,咨询师提供温暖、支持的环境来满足来访者的需求。比昂(Wilfred Bion)认为咨询师与来访者工作时,需要留意自己的情绪,帮助来访者把他们的情感用语言表达出来是抱持的一种。更有挑战性的是,治疗师需要容纳、加工并设法应对那些被唤起的有冲击力的情绪。抱持过程本质上是概念性和情绪性的。"被抱着、被转动、被哄睡、被叫醒,当然还有被喂养"这个句子总结了温尼科特所指的作为环境的最初的三个主要功能:抱持、照料、客体到场。温尼科特关于抱持指的是对身体的也同样是对精神的维持。

5.3.4 自体心理学

自体心理学继承了弗洛伊德经典精神分析的驱力理论,同时对自我心理学和阿德勒心理学进行发展:驱力源于自我和人际关系。自体心理学抛弃本能冲动的框架,关注人际和文化下的个体主观性。自体心理学是科胡特(Heinz Kohut)在深入研究自恋的基础上提出的。该理论对现代精神分析具有举足轻重的作用,有人认为,"若不是科胡特,精神分析可能会被其他取向的咨询理论替代"。

核心理论

自体与自体客体

自体即指一个人精神世界的核心。这个核心在空间上是紧密结合的,在时间上是持久的,是个体心理创始的中心和印象的容器。一个具有内聚性自体的人,通常会体验到一种自我确信的价值感和实实在在的存在感(吕伟红,2014)。自体客体是对另一个人的体验维度,关联于这个人所具有的支持我们自体的功能,即他人被感知为自己的一部分,为自己提供支持功能(Mcwilliams, 2015)。

自恋

弗洛伊德认为自恋涉及本能性能量从客体撤回以及对自我的投注,这样的自恋与环境隔绝并拒绝人际关系,被看成是病理性的。科胡特认为自恋不是病理性的,而是自体形成与发展中的正常现象。自恋有自己独立的发展线,最终没有一个个体能够成为一个完全不自恋的人,即发展的过程不可以被理解为从自恋过渡到客体爱的过程。个体心理是否健康取决于是否拥有成熟的自恋(吕伟红,2014)。

健康自恋的发展

儿童都是自恋状态的,生活在超级英雄和超级力量的世界中。应该保护儿童的这种健康的自恋,因为它与一个人的活力、热情、开朗和创造力相关。如果这种自恋发展脱轨,会导致个体出现"病态自恋"(过着毫无意义的生活,防御地保护脆弱、夸大的自我形象,使自己孤单和易受伤害)。那么,儿童怎样才能拥有健康的自体呢?一般来说,需要有三个自体—客体关系(镜像、理想化、孪生)的良好回应。如镜像移情关系,镜像移情是一种所有人的需要,个体在婴儿时期发展的需要,一种渴望被记得、被看到、被注意、被欣赏的需要。镜映促使儿童能够发展并维持一种自尊和自我肯定的抱负与雄心。儿童怎样从自恋状态中脱离出来呢?必须让他们自己慢慢蜕变,这种蜕变只需要接触现实就可以了。当儿童对自己和父母的看法在日常生活中遭遇挫折和幻灭时,儿童便开始理解这些看法具有不符合现实的特性。"蜕变内化"以细小的方式无数次地重复,建立了内心结构,最终形成安全、弹性的自我,保持着原初幼稚自恋状态的兴奋和活力的精髓。

心理障碍本质

自恋障碍的实质是自体结构的缺陷,就是个体不具备一个内聚性的自体,没有形成现实可行的雄心和理想,也没有发展可安身立命的才华和技能,进而无法获得关于自身的良好感受,无法调节与维持自尊的平衡。科胡特在长期的临床实践中得出结论,在三极自体中,只有当至少有两极因自体客体缺乏回应或回应失败而出现严重缺陷时,才会导致个体自恋的病理性改变(徐萍萍等,2010)。

心理咨询目的

自体心理学认为,咨询任务不是处理心理冲突,而是要培植一个较为完整和坚固的内在心理结构,即内聚性的自体。

心理咨询技术

共情

科胡特认为只有共情的治疗师才能成为一个好的自体客体,从而能够养育来访者健康的自恋。咨询师视母亲安抚儿童的图景为共情性自体客体的原型。科胡特论述了由共情到内部结构的形成和发展再到功能良好的内在机制。治疗师的共情不可能是完美的,少量的共情失败构成了治疗中非创伤性的挫折,这些挫折将并入来访者整体的转换性内化过程。

阻抗

科胡特通过对病人的深度共情,发现了阻抗对自恋疾患者的独特作用,即阻抗是来访者保护其自体免于崩溃的有价值的活动。他由此揭示出内在精神活动的序列,即"自体保存最为重要"原则。在治疗中,很多难以破解的防御和阻抗其实是来访者保存其自体实力的本能的智慧选择,并且很多阻抗是治疗师缺乏共情的结果。

解释

不是解释内容,而是解释过程的回应起作用。科胡特认为认识到此时起作用的是治疗师解释的姿态,即解释所传递给来访者的本质信息。解释本身起到了回应来访者的作用,从而满足了来访者对治疗师作为自体客体的需求。只有治疗师的自恋相对饱满,才能运用健康的直觉共情地领会来访者,让解释具有回应性和治疗性(吕伟红,2014)。

5.4 心理分析取向咨询的最新研究进展

总的来说,心理分析的鼎盛时期已经过去。1990年,美国《时代》周刊刊发《弗洛伊德已经死去》的封面报道,就可以佐证这一点。原因有很多,诸如心理分析理论中的生物学倾向越来越明显,其他流派的崛起,注重实证、效率,对实用主义或技术至上的强调等。然而,2006年,美国《新闻周刊》做了《弗洛伊德并未死去》的封面报道,也回应了《时代》周刊的论点。应该说,尽管已经盛行百年,但心理分析理论仍然具有强大的生命力,其中至关重要的一点是:得益于弗洛伊德理论的后继者对其理论的不断革新。

5.4.1 心理分析取向咨询理论发展

理论革新：从心理性欲理论到非线性的动态系统理论

心理分析取向咨询理论是革新的、变化发展的。"精神分析疗法是一个与时俱进的体系，从其诞生之日起，精神分析的理论学家和临床工作者们就从未停止过对该理论的修订和改变。这种对理论的发展最早始于弗洛伊德本人，他时常会对自己的观点进行思考和改进。"（科里，2010）在弗洛伊德创建经典心理分析理论的同时期，就有持续的分化或者革新出现。就人格发展理论来说，弗洛伊德、阿德勒、荣格、安娜·弗洛伊德、马勒、埃里克森、克莱因、温尼科特、科胡特等都提出了迥异的理论框架。每一个时期的发展，与其对应的年代，以及研究者所深入探索的领域，尤其是科技水平均不无关系。如今由于科学研究的进步（如功能磁共振成像、神经心理学测试），研究者得以测量从婴儿期到成年晚期的大脑发育、认知发育、心理发育，因此提炼和检验理论的技术上了一个新的台阶。在此基础上，奈特（Knight，2022）整合近些年科研成果，提出了非线性的动态系统理论。该理论的主要观点如下：

人的一生都在不断变化和成长

个体在内部以及与外界的互动中——无论是在关系上还是在文化上——都是灵活的，心理结构永远不会在特定的发展时期"固定"下来。个体生来有一个发展的基因蓝图，但该蓝图会同时受到生物学和环境的影响。当遇到生物学的或环境的新刺激时，这些结构会出现一种新的功能替代性变化，以响应传入的刺激（Piaget，1952）。

就心理成长而言，每一种新的状态都是渐进的、离散的、独特的和不可预测的

一种结构的变化（如认知）会影响其他结构的变化（如自我状态），导致系统内部和系统之间的变化。基于这种方式，一种高度复杂的发展模式出现了，即个体化的不可预测性——一种能够对生物学或环境中的异常情况做出反应的个体化反应。

发展是转化为更成熟的结构水平

心理结构形成的每个发展阶段都被折叠成更高层次的发展变化，并转化为更成熟的结构水平。回归到早期状态是不会发生的，因为早期状态已被纳入到不断发展的系统中。基于此，咨询师和来访者共同思考被压抑并保存在精神和身体记忆中的过去，可以促进来访者的成长。

整合趋势：从咨询理论到咨询效果

心理分析理论发展过程中充满内部的分裂，但是在看似不断分化的过程中，实际上充满着不断整合与统合的过程（徐萍萍等，2010）。整合的过程就是不断地克服片面性、极端性，从而从分化走向融合与相互吸收。如前文所述，弗洛伊德开创心理分析理论以来，不同流派或驳斥弗洛伊德的观点，或发展新的理论，然而，这其中也不乏一些学者尝试将不同的理论进行整合，如雅各布森（Edith Jacobson）、科恩伯格（Otto

F. Kernberg)、米切尔(Stephen A. Mitchell)以及科胡特。

雅各布森提出个体人格结构(本我、自我、超我)的发展是通过父母与孩子互动实现的。科恩伯格进一步提出婴儿通过内化,与环境中的他人(如母亲)形成初步的客体关系,而客体关系本身就包括人格结构和驱力。米切尔提出心理是由关系构成的,人类的本质是寻找各种各样的关系,关系模式的建立和维持是体验的核心结构。这些论述,整合了经典心理分析的驱力理论与客体关系理论。科胡特把自体看作一个人心理世界的核心,本能和自我都从属于自体这一整体,从而整合了自体心理学与驱力理论、客体关系理论。

除了理论机制上的整合,也有人尝试从心理分析的效果上进行整合。神经精神分析学是一个尝试将神经科学与精神分析理论和方法相结合的研究领域。研究者们希望借助精神分析的理论框架,探索心理咨询的生理变化的效果与过程。1999年《神经精神分析学》杂志创刊,2000年国际神经精神分析学协会在伦敦创建,标志着神经精神分析学正式成立(索姆斯,2018)。当前,神经精神分析学在情绪、动机、无意识、人格结构、睡眠与梦等领域的探索发现,表明了精神分析正走向神经生物学、科学化整合之路。

5.4.2 心理分析取向咨询技术发展

咨询关系:一元、二元到分析二联体

经典心理分析咨询师是一个权威的医生角色,或者说常常以一种匿名、中立、客观的"空白屏幕"的姿态来接受来访者的移情。后来,在客体关系学派兴起之后,临床工作者逐渐重视反移情的作用,这推进了工作效率。然而,随着二元心理学应用逐渐扩大,一些分析师发现,仅仅根据来访者和治疗师视角来进行工作仍然是不完整的。相反,治疗师与来访者之间会产生一个新的、意外的成果——分析二联体。有学者从咨询师与来访者之间构建意义对话的视角来理解心理咨询。这种保留个人体验的同时,把他人当作一个独立的、真实的主体进行体验的能力,被称为主体间性。研究者指出主体间的协商,实际上是治疗过程的核心,因为它允许来访者逐渐学习到人类关系是灵活的,认识到他人视角的潜在价值,而不会感觉到自己被驳倒或者无价值(Gelso,2014;韦丁,科尔西尼,2021)。

咨询技术:支持性技术使用频率更高

心理分析取向咨询技术可以分成支持性技术和表达性技术(Luborsky 和 DeRubeis,1984;Piper 等,2001)。支持性技术包括强化优势(如满足患者需求、支持适应性防御)、减少脆弱性(如破坏适应不良的防御)、改变行为和环境以及自我借贷(如依靠咨询师作为辅助问题解决者)(Piper 等,2002)。表达性技术包括通过探索、面质、澄清和解释,揭示或促进来访者对可能重复的人际模式的认识。研究发现,目前在实际的工作中,支持性技术的使用频率更高,为18%~60%,而表达性技术的使用频率为18%~23%(McCarthy和Barber,2009；Roy,Perry,Luborsky和Banon,2009；Tschuchke等,2015)。支持性干预可以加强治疗联盟(Ogrodniczuk等,1999),并使具有情绪挑战性的咨询工作成为可能,但也有报告指出使用支持性干预的患者的症状改善最少(Piper等,2002)。表达性干预具有一定的风险——因为从数据上来看,表达性干预与咨询效果的相关具有很大的波动性,有时甚至会观察到表达性干预与咨询效果的负相关(Høglend,2014)。

咨询方案：针对心理诊断的专门化技术

尽管心理分析可以普遍用于应对不同的心理病理。然而,随着心理分析理论与技术的发展以及对心理病理认识的深入,更为专门化的咨询方案出现了。有研究开发了心境障碍的心理分析模式,其重点是帮助来访者意识化冲突和指向自我的攻击,以应对丧失和丧失的愧疚以及恢复自尊(Busch,Rudden和Shapiro,2004；Summers和Barber,2009)。布施(Busch,2011)发展了针对焦虑的心理分析模式,旨在通过识别来访者无意识的冲突和自我惩罚来降低恐慌。更为人所知的是针对边缘型人格障碍开发的移情焦点治疗与心智化治疗。前者是通过识别来访者分裂("好"或"坏")的防御机制,后者是通过整合完全不同且两极分化的自我—客体表征,帮助来访者提高他们的现实感、感知他人的想法和感受的心智化能力(Batman和Fonagy,2006)、人际关系稳定性以及内部连贯性和整体感。在专门的干预方案中,可能使用的心理分析技术颇有不同,比如移情焦点治疗侧重移情分析,而心智化治疗侧重反移情分析。研究发现,专门化咨询方案提升了干预效果与效率。

5.4.3 心理分析取向咨询设置发展

短程化心理分析取向咨询受到欢迎

心理分析取向咨询以长程为主流,这是其最为遭人诟病的方面。在社会需求、社会医疗体系的影响下,如今有大量的理论研究和实践项目在探索发展短程的心理分析。与长程心理分析不同,短程心理分析能够：(1)以较短、通常有时限的形式进行(至少8次,通常12至20次,但有时多达40次,具体取决于治疗手册、患者状态等);(2)通常针对特定症状与整体或结构变化;(3)通过识别和处理特定的动态人际关系来实现。短程心理分析通常被归类为从"表达"到"支持"的连续统一体(Luborsky,1984)。科伦(2012)的《短程心理治疗：一种心理动力学视角》、布克(2017)的《短程动力取向心理治疗实践指南：核心冲突关系主题疗法》、莱马等(2018)的《短程动力性人际治疗》均介绍了短程心理分析的咨询技术与结构,受到较多关注。

动态系统整合使用

当前,为解决现实的问题,心理分析试图使用动态系统理论(Gabbard 和 Westen,2003;Galatzer-Levy,2007)。在基于非线性动态系统理论的治疗中,其设置倾向于催化咨询师与来访者建立一种变革性的伙伴关系,共同探索心理、思维和行为的多种决定因素,目的是将适应的叙述结合起来,以满足来访者当前和未来的需求(Abrams,1996)。实际上,已有实践者使用动态系统理论治疗儿童和青少年,与孩子的父母一起工作是一种常见的做法。咨询师还经常与教师、儿科医生和家庭服务社工等儿童环境中最突出的人一起合作。通过这种方式,咨询师能够了解影响儿童生活的变量,帮助儿童理解并适应他们所生活的家庭、文化和环境,以及他们在成长过程中可能必须应对的生物及认知问题。考虑所有因素有助于新的结构构建,帮助孩子在咨询关系中建立一个更具功能性、安全性的脚手架和一个新的叙事结构,这将使他们回到发展轨道,引领未来的成长和发展。

注重文化适应性

咨询中的文化因素复杂且难以研究。对文化因素的重视是心理分析咨询提升的一个重要因素,尤其是在对多重交叉身份的概念,以及对个人内部和个人之间需求冲突的认识上(Tummala-Narra,2016)。现代的心理分析取向理论和实践都强调基于文化适应性的考虑。例如,有研究者探讨心理分析的自我文化殖民与文化适应问题(贾晓明,2016)。经典精神分析强调个人内部冲突解决,而阿德勒注重投入集体、归属、发展社会兴趣,按理来说,偏向人际、群体、社会的理论应该对于中国的集体主义文化更具有适应性。不过,目前还没有明晰地看到这样的现象。难道是因为阿德勒理论并未为人所熟知?值得乐观的是,咨询理论本土化是发展的必然趋势,越来越多的学者在探索更加适应本群文化的心理分析理论与实践方式。

如同洛伊沃尔德所说,我们承认心理分析取向理论现在仍是一门相当杂乱的学科,它还在寻找方向。

(张英俊 撰写)

本章参考文献

阿德勒.(2010).心理与生活(叶颂姿,等译).上海:上海三联书店.
布克(Book,H. E.).(2017).短程动力取向心理治疗实践指南:核心冲突关系主题疗法(邵啸,译).北京:中国轻工业出版社.
常若松.(1999).人类心灵的神话——荣格的分析心理学.武汉:湖北教育出版社.
丹尼·韦丁,雷蒙德·科尔西尼(Wedding,D.,Corsini,R.).(2021).当代心理治疗(第十版)(伍新春,等译).北京:中国人民大学出版社.
郭本禹.(2017).沙利文人际精神分析理论的新解读.南京师大学报(社会科学版),211(3),86-96.
贾晓明.(2016).精神分析培训在中国——文化殖民或文化适应.神经疾病与精神卫生,(4),377-382.
江光荣.(2012).心理咨询的理论与实务.北京:高等教育出版社.
科里(Corey,G).(2010).心理咨询与治疗的理论及实践(第八版)(谭晨,译).北京:中国轻工业出版社.

科伦(Coren, A.).(2012).短程心理治疗:一种心理动力学视角(张微,译).北京:中国轻工业出版社.
莱马(Lemma, A.),等.(2018).短程动力性人际治疗(聂晶,主译).北京:北京大学医学出版社.
李冬梅.(2013).阿德勒心理健康思想解析.杭州:浙江教育出版社.
吕伟红.(2014).科胡特自体心理学理论对心理治疗的启示与助益[J].学术交流,247(10),49-53.
马克·索姆斯(Solms, M.).(2018).神经精神分析入门(仇剑崟,主译).北京:化学工业出版社.
南希·麦克威廉斯(McWilliams, N.).(2015).精神分析诊断:理解人格结构(鲁小华,郑诚,等译).北京:中国轻工业出版社.
钱铭怡.(2002).变态心理学.北京:高等教育出版社.
钱铭怡.(2018).变态心理学.北京:高等教育出版社.
沈德灿.(2005).精神分析心理学.杭州:浙江教育出版社.
斯蒂芬·A.米切尔,玛格丽特·J.布莱克(Mitchell, S. A., Black, M. J.).(2007).弗洛伊德及其后继者——现代精神分析思想史(陈祉妍,等译).北京:商务印书馆.
徐萍萍,王艳萍,郭本禹(2010).独立学派的客体关系理论:费尔贝恩、巴林特研究.福州:福建教育出版社.
叶孟理.(2002).弗洛伊德传.北京:中国广播电视出版社.
Abrams, S. (1996). Offerings and acceptances: Technique and therapeutic action. *The Psychoanalytic Study of the Child*, 51(1),71-86.
Barber, J. P., Muran, J. C., McCarthy, K. S., & Keefe, J. R. (2013). Research on dynamic therapies. In M. J. Lambert (Ed.), *Bergin and Garfield's handbook of psychotherapy and behavior change*, (6th ed., pp.443-494). New York: Wiley.
Bateman, A. & Fonagy, P. (2006). *Mentalization-based Treatment for Borderline Personality Disorder: A Practical Guide*. Oxford: Oxford University Press.
Bateman, A. & Fonagy, P. (2010). Mentalization based treatment for borderline personality disorder. *World psychiatry*, 9(1),11-15.
Busch, F. N.(2011). Reflective Functioning in Panic Disorder Patients: Clinical Obserations and Research Design. In Fredric N. Busch (Ed.), *Mentalization* (pp. 203-224). New York: Routledge.
Busch, F., Rudden, M., & Shapiro, T. (2004). *Psychodynamic treatment of Depression: Development of a psychodynamic model of depression*. Arlington: American Psychiatric Publishing.
Clarkin, J. F., & Levy, K. N. (2006). Psychotherapy for patients with borderline personality disorder: Focusing on the mechanisms of change. *Journal of Clinical Psychology*, 62(4),405-410.
Corey, G. (2012). *Theory and practice of counseling and psychotherapy* (9th ed.). Boston: Cengage learning.
Gabbard, G. O., & Westen, D. (2003). Rethinking therapeutic action. *The International Journal of Psychoanalysis*, 84(4),823-841.
Galatzer-Levy, R. M. (2007). The Importance of Being Fuzzy and the Importance of Being Precise: Commentary on Harrison and Tronick. *Journal of the American Psychoanalytic Association*, 55(3),883-889.
Gelso, C. (2014). A tripartite model of the therapeutic relationship: Theory, research, and practice. *Psychotherapy Research*, 24(2),117-131.
Høglend, P. (2014). Exploration of the patient-therapist relationship in psychotherapy. *American Journal of Psychiatry*, 171(10),1056-1066.
Knight, R. (2022). Reconsidering Development in Psychoanalysis. *The Psychoanalytic Study of the Child*, 75(1),215-232.
Luborsky, L., & DeRubeis, R. J. (1984). The use of psychotherapy treatment manuals: A small revolution in psychotherapy research style. *Clinical Psychology Review*, 4(1),5-14.
McCarthy, K. S., & Barber, J. P. (2009). The multitheoretical list of therapeutic interventions (MULTI): Initial report. *Psychotherapy Research*, 19(1),96-113.
McCarthy, K. S., Zilcha-Mano, S., & Barber, J. P. (2019). Process research in psychodynamic psychotherapy: Interventions and the therapeutic relationship. In David Kealy, John Ogrodniczuk (Eds.), *Contemporary Psychodynamic Psychotherapy* (pp.75-88). Academic Press.
Mosak, H, H, & Maniacci M. P. (1999). *Primer of Adlerian Psychology: The Analytic-Behavioral-Cognitive Psychology of Alfred Adler*. Routledge.
Ogrodniczuk, J. S., Piper, W. E., Joyce, A. S., & McCallum, M. (1999). Transference interpretations in short-term dynamic psychotherapy. *The Journal of Nervous and Mental Disease*, 187(9),571-578.
Piaget, J. (1952). *The origins of intelligence in children* (M. Cook, Trans). W. W. Norton&Co.
Piper, W. E., Joyce, A. S., McCallum, M., Azim, H. F., & Ogrodniczuk, J. S. (2002). *Interpretive and supportive psychotherapies: Matching therapy and patient personality*. American Psychological Association.
Piper, W. E., McCallum, M., Joyce, A. S., Rosie, J. S., & Ogrodniczuk, J. S. (2001). Patient personality and time-limited group psychotherapy for complicated grief. *International journal of group psychotherapy*, 51(4),525-552.
Roy, C. A., Perry, C. J., Luborsky, L., & Banon, E. (2009). Changes in defensive functioning in completed psychoanalyses: The Penn Psychoanalytic Treatment Collection. *Journal of the American Psychoanalytic Association*, 57(2),399-415.
Summers, R. F., & Barber, J. P. (2010). *Psychodynamic therapy: A guide to evidence-based practice*. Guilford Press.

Summers, R. J., & Barber, J. P. (2009). *Dynamic psychotherapy: A guide to evidence-based practice*. New York, NY: Guilford Press.

Tschuschke, V., Crameri, A., Koehler, M., Berglar, J., Muth, K., Staczan, P., & KoemedaLutz, M. (2015). The role of therapists' treatment adherence, professional experience, therapeutic alliance, and clients' severity of psychological problems: Prediction of treatment outcome in eight different psychotherapy approaches. Preliminary results of a naturalistic study. *Psychotherapy Research*, 25(4), 420–434. https://doi.org/10.1080/10503307.2014.896055.

Tummala-Narra, P. (2016). Psychoanalytic theory and cultural competence in psychotherapy. American Psychological Association. https://doi.org/10.1037/14800-000.

Winnicott, D. W. (1949). Hate in the counter-transference. *The International Journal of Psychoanalysis*, 30, 69–74.

6 行为治疗取向的咨询理论

6.1 行为治疗的发展与现状 / 160
    6.1.1 对行为的理解 / 160
    6.1.2 对行为治疗的理解 / 160
    6.1.3 行为治疗的发展与现状 / 161
6.2 行为治疗的基本理论 / 162
    6.2.1 经典条件反射理论 / 162
    6.2.2 操作性条件反射理论 / 163
    6.2.3 社会学习理论 / 164
    6.2.4 行为功能分析 / 165
6.3 行为治疗的目标与过程 / 168
    6.3.1 行为治疗的目标 / 168
    6.3.2 行为治疗的过程 / 169
6.4 行为治疗的常用技术与方法 / 171
    6.4.1 行为的观察与纪录 / 171
    6.4.2 躯体治疗 / 173
    6.4.3 行为训练 / 177
    6.4.4 人生线技术 / 186
    6.4.5 呈现技术 / 188
    6.4.6 资源利用技术 / 192
6.5 行为治疗的最新研究进展 / 196
    6.5.1 行为治疗用于不同心理障碍的有效性 / 197
    6.5.2 与科技在行为治疗中的应用相关的研究 / 197
    6.5.3 神经系统科学研究对行为治疗的启示和影响 / 198

    行为(behavior)是指一个人所有内在、外在活动的呈现。行为治疗(Behavior Therapy)自 20 世纪 50 至 60 年代正式诞生以来,因其基于循证、操作性强、高效、包容、不断发展等特点,已成为心理咨询与治疗的主流学派。本章将以理论与实践案例相结合的方式,从行为治疗的发展与现状、基本理论、目标与过程、常用技术与方法、最新研究进展这五个方面,对行为治疗进行介绍。

6.1 行为治疗的发展与现状

6.1.1 对行为的理解

首先要正确理解行为治疗中的行为是指什么。通常人们对"行为"的理解就是"可观察到的行为或动作",其英文表达为"action"。

而行为治疗中"行为"这一术语的英文是"behavior",翻译为"表现、呈现",是指一个人内在心理结构的外在呈现。除了一般人理解的外显动作,还包括诸如"这人一动不动,但是感觉血压冲高"等生理反应的呈现,以及所选的专业、着装特点、家装风格、口头语等内在心理结构的外在呈现。行为包括外显行为、内隐行为和生理行为。

外显行为

面部表情(面相)、目光眼神、声音特点(语音、语调、语气、语速)、躯体姿势(动作以及动作的速度、习惯动作、体相等)、服装服饰发型、装修装饰风格(家、办公室或汽车里)等都是一个人内在心理结构的外在呈现。外显行为还包括个人的职业、字体、作品(包括文章、小说、电视、电影、音乐、绘画等)、恋爱对象和婚姻的特点、人际交往的模式、爱好、梦等。新时期个人行为特点还呈现在如网名、邮箱名、游戏中的角色、邮件风格等方面。

内隐行为

思维、语言和表象被视为"内隐行为"。例如,听到"妈妈"这个词时,不同人脑海中出现的妈妈形象是不一样的,或温暖,或严厉,或高,或矮……诸如这样的表象也是一个人内在心理的呈现,妈妈的表象会影响个人在生活中与女性的交往。

生理行为

个体的肌肉、骨骼、腺体、胃肠道蠕动,以及血压、皮温皮电、脑成像、常患疾病、疼痛等都是生理行为,如悲伤时肩膀处的感觉、内疚时心脏部位的感觉、焦虑时的呼吸状态等。一个当众发言紧张的人,即便意识层面知道没必要紧张,但是身体会控制不住地出汗、发抖,声音颤抖,行为层面会越说越快,或者放弃发言机会,这个时候认知和躯体感受是分离的。按照行为治疗的理解,无意识存在于我们的骨骼、肌肉、腺体里。

6.1.2 对行为治疗的理解

任何行为都有功能。这里的功能是指生存意义,即趋利避害。平时我们所说的"正常行为和异常行为",是按照某种诊断标准来做的判断,比如 DSM-5 或者 ICD-

11两种诊断标准。评价某些行为"好"或者"不好",是按照社会约定俗成的评价标准来做的判断。例如,从社会评价的角度来说,迟到不是一种好行为,然而如果一个人总是迟到,一定有功能,也许是为了获得关注,或是表达对讲者的愤怒和不满,或者的确有更有优先权的事情要做。

任何行为都是功能性行为,包括解离状态、恍惚状态、分裂等,它们也可以带来娱乐、节省能量、消除或降低生命威胁,或者减轻伤害与痛苦。行为治疗认为,行为没有绝对的好坏之分,只有运用的情境是否恰当。例如,当孩子乖巧的时候,妈妈不关注他;当出现调皮行为时,则会引来妈妈的批评。对孩子而言,调皮行为的功能是获得了妈妈的关注。因此,在症状初始形成时,一定是适应当时情境的,而之所以后来成为"症状"或问题行为,是因为它因情境的变化而变得不符合社会期望,成了僵化的非适应性行为。

6.1.3 行为治疗的发展与现状

20世纪初期,是行为主义发展的早期阶段,以巴甫洛夫(I. P. Pavlov)、华生(J. B. Watson)、桑代克(E. L. Thorndike)为主要代表的早期行为主义学家提出并研究了经典条件反射与操作性条件反射,这奠定了行为治疗的理论基础。

20世纪20至50年代,斯金纳(B. F. Skinner)在桑代克的基础上,进一步发展了操作性条件反射,以琼斯(M. C. Jones)、莫勒(W. M. Mowrer)等为代表的行为主义学家开始了基于行为主义原理的干预训练。比如,莫勒利用经典条件反射的原理,发明了"警铃和尿垫法"来治疗尿床行为。

20世纪50至60年代是行为治疗正式确立的阶段,被称为行为治疗的"第一浪潮"。以沃尔普(Joseph Wolpe)、艾森克(H. J. Eysenck)等为代表的行为主义学家开始了一系列更系统、更严谨的干预研究,并开始使用术语"行为治疗"(Behavioral Therapy)。例如,沃尔普进行了著名的对猫的条件反射过程的研究,并创立了系统脱敏疗法。艾森克于1963年创办了第一本行为治疗期刊《行为研究与治疗》(*Behavior Research and Therapy*)。该阶段行为治疗的特点是完全遵循刺激—反应的行为主义理论,认为人的正常或异常行为都是通过学习而形成的,因而可以通过对学习各环节的干预来矫正不恰当的行为。

20世纪60年代末,班杜拉(A. Bandura)提出了不同于经典条件反射和操作性条件反射的另一种学习形式——社会学习理论。随着认知治疗的兴起,行为治疗也开始强调"认知"在刺激—反应之间的中介作用。认知治疗认为人的心理问题源于不合理的或歪曲的认知,因而可以通过改善认知来进行治疗。融入认知治疗的行为治疗被称为认知行为治疗(Cognitive-Behavioral Therapy, CBT),这被称为行为治疗的

"第二浪潮"。CBT 因其基于循证、结构清晰、短程高效等特点,已成为世界上流行最为广泛且被使用最多的心理治疗方法。认知行为治疗是行为治疗和认知治疗相互补充而形成的整合疗法,在两者整合的过程中,发展出在德国盛行的偏行为的认知行为治疗,以及在美国盛行的偏认知的认知行为治疗。两者除了对"认知""行为"的侧重有所不同外,前者更强调躯体反应和躯体治疗。

20 世纪末,以融入正念(mindfulness)元素的正念认知治疗(Mindfulness-based Cognitive Therapy, MBCT)、辩证行为治疗(Dialectical Behavior Therapy, DBT)以及接纳承诺治疗(Acceptance and Commitment Therapy, ACT)为主要代表的心理疗法已成为认知行为治疗的"第三浪潮"。正念是指有目的地、不加评判地将注意力集中于当下时涌现出的一种觉知力。融入正念的认知行为治疗,在关注"改变"的同时,也开始关注"接纳""顺其自然"等思想。

6.2 行为治疗的基本理论

行为治疗的主要理论包含:经典条件反射理论、操作性条件反射理论、社会学习理论与行为功能分析。这四种理论的共同点是学习,其中前三种理论各说明了一种学习形式。

6.2.1 经典条件反射理论

经典条件反射(classic conditioning)的提出源于 20 世纪初俄国生理学家巴甫洛夫的实验。外界刺激与有机体反应之间与生俱来的固定神经联系,称为无条件反射,如膝跳反射、婴儿的吮吸反射等。能引起无条件反射的刺激称为非条件刺激,而不能引起无条件反射的刺激称为中性刺激。狗看到食物会分泌唾液,这是无条件反射,对狗的唾液分泌行为来说食物是非条件刺激,而其他(如铃声、图片)不能直接引起狗的唾液分泌行为的刺激是中性刺激。在实验中,巴甫洛夫将食物(非条件刺激)与铃声(中性刺激)多次结合后,狗在只听到铃声时也会分泌唾液,这便是经典条件反射,铃声也成了可以引起狗的唾液分泌行为的条件刺激。因此,经典条件反射是某一中性刺激反复与非条件刺激相结合,最终成为条件刺激,引起原本只有非条件刺激才能引起的行为反应的强化过程。"望梅止渴""画饼充饥"均可以用经典条件反射来解释。经典条件反射包含了强化、泛化和消退这三种基本规律。

强化

强化指将条件刺激多次与非条件刺激相结合,使得条件反射增强的过程。例如,经常去医院打针会增强儿童看到医生和注射针时的哭泣行为;若某人多次在电梯里出现胸闷、心慌的反应并伴有濒死感,那么其对电梯的恐惧反应会增加。

泛化

泛化指某些与条件刺激相似的刺激也可引起条件反射的现象,如"杯弓蛇影""一朝被蛇咬、十年怕井绳"就可以用泛化来解释。经常去医院打针的儿童对穿白衣服的人也产生了恐惧,因担心出现濒死感而害怕乘电梯的人对地铁、超市等人多的地方也开始感到恐惧,这些都是泛化。

消退

消退指非条件刺激长期不与条件刺激结合,使已经建立的条件反射消失的现象。例如,在巴甫洛夫的实验中,若铃声与食物长期不结合,那么铃声引起狗的唾液分泌的条件反射便会逐渐消退。当个体在电梯中不再出现濒死感时,其对电梯的恐惧也会逐渐消退。

6.2.2 操作性条件反射理论

操作性条件反射(operant conditioning)的提出源于美国心理学家斯金纳的实验。实验的情境之一是将饥饿的老鼠放进装有杠杆的箱子里,当老鼠按压杠杆时,便会得到食物;另一种情境是将老鼠放入有杠杆和电击的箱子,当老鼠按压杠杆时,电击便会被取消。结果发现,当老鼠多次按压杠杆均能获得食物或回避电击后,老鼠就会出现更多按压杠杆的行为。这种个体做出某种行为反应后获得某种结果,该结果决定个体是否会继续做出该行为反应的现象,称为操作性条件反射。若获得了奖励或厌恶性刺激被消除,则个体会逐渐表现出更多该行为反应;若获得了厌恶性刺激或积极刺激被消除,则个体会抑制该行为反应。

操作性条件反射与经典条件反射的区别在于,前者强调行为反应后的结果对行为的影响,而后者强调刺激对行为反应的影响。操作性条件反射包含了强化、消退和惩罚这三种基本规律。

强化

强化指某行为反应经常能得到积极结果,从而使该行为反应增强的过程。经典条件反射也存在强化,但侧重于条件刺激与非条件刺激的反复结合,进而导致条件反射增强。而操作性条件反射中的强化侧重于行为的结果对行为的影响。根据积极结果是获得奖励还是厌恶性刺激被消除,强化又可以分为正强化和负强化。

正强化

正强化指某行为反应经常能获得奖励,从而使该行为反应增强的过程。一位平时感受不到家人关心的孩子,却在生病时经常获得家人的关爱,那么今后可能会通过"生病"来获取关注。

负强化

负强化指某行为反应经常会使得厌恶性刺激被消除,从而该行为反应得到增强的过程。很多问题行为的维持与负强化有关。比如,逃避或回避社交会使得社交焦虑患者的焦虑水平下降,进而使逃避或回避行为得到增强。若孩子的哭泣、尖叫行为经常使得父母停止争吵,那么其行为就会被增强。

消退

消退指某行为反应导致原有的积极结果减少,包括奖励减少和厌恶性刺激不再被消除,从而使该行为反应减弱的过程。在斯金纳的实验中,如果老鼠按压杠杆后,不再获得食物或者电击未被消除,则老鼠按压杠杆的行为会减弱。经典条件反射也存在消退,但强调的是行为反应前,非条件刺激与条件刺激的结合减少,进而导致反射行为减弱。而此处的消退强调的是行为反应后的积极结果减少而导致行为减弱。

惩罚

惩罚指某行为反应获得了消极结果,从而使该行为减弱的过程。例如,在生活中,父母的批评可能会减少孩子的哭闹行为,违反交通规则后的经济惩罚有助于减少交通违规行为。

以上三种基本规律可以解释个体在与环境互动过程中保留下来的诸多行为模式,且这些行为模式的存在经常是多个规律共同作用的结果。例如,电子游戏一方面容易让人获得即时的快乐(正强化),另一方面又可以使人暂时忘记苦恼(负强化),从而使个体玩电子游戏的行为得到增强。撒谎行为让我们免去责骂、惩罚的同时(负强化),也可能让我们获得一些好处(正强化),而当撒谎被戳穿时,我们也可能会受到责骂(惩罚),因此个体需要在特定情境中权衡利弊来决定是否要撒谎。

6.2.3 社会学习理论

社会学习理论的代表人物是美国心理学家班杜拉。社会学习理论认为,对他人行为活动的观察和模仿,可以使个体学会一种新的行为,这种学习方式被称为观察学习或模仿学习。生活中的重要他人(如家人、老师、同学)、榜样人物、影视作品等均可以成为观察、模仿的来源。

不管是适应性行为还是非适应性行为,都可以通过社会学习来习得。例如,如果儿童经常看到父亲心情不好时砸东西,那么也会学着通过砸东西来宣泄自己的情绪。学校、单位、社会中宣传的榜样事迹,会起到一定的示范作用,让更多的人模仿学习,营造积极的群体氛围和良好的社会风气。

经典条件反射与操作性条件反射属于自我强化,而观察或模仿学习则是一种替代性强化。班杜拉总结了观察学习的四个阶段。

注意阶段

个体注意到他人的某种行为,并为之所吸引,这是观察学习的起始阶段,也是下面各阶段的基础。例如,妹妹看到妈妈表扬了正在做家务的姐姐,同时看到妈妈很开心。

保持阶段

当个体被他人的某种行为所吸引时,并不一定会即刻模仿,但与该行为有关的信息会被编码并储存在大脑里。

行动阶段

在一定情境下,个体表现出了曾经注意到并储存在记忆里的榜样行为。例如,吃饭时,妹妹看到妈妈心情不好,饭后便抢着洗碗。

强化阶段

个体表现出榜样行为后获得了积极结果,这会使得个体表现出更多的榜样行为。如果没有获得积极结果,或者获得了消极结果,那么个体今后表现出榜样行为的次数会减少。例如,妈妈表扬了抢着洗碗的妹妹,同时妹妹看到妈妈笑了,那么妹妹的洗碗行为就会被强化。

6.2.4 行为功能分析

人的行为受到环境、遗传、个体心理易感性等诸多因素的影响,很多行为很难用单一的经典条件反射、操作性条件反射或社会学习理论来解释。行为功能分析(Kanfer 和 Saslow, 1974)整合了以上三种学习理论,解释了人的行为是如何发生、发展和维持的,是目前行为治疗中最核心的概念及评估方法。

行为功能分析的基本假设

个体独有的生物、心理和社会特质促使个体在特定的情境下表现出某一特定的行为,该行为又会产生一定的行为结果,而该结果会影响个体的行为是否得以维持。只要是个体维持下来的行为,不论适应与否,都是有功能的。例如,一位对自己外貌和能力缺乏自信的孩子,在与老师说话时,与老师眼神的接触让其感受到压力,感觉被关注和评价,于是做出了回避老师眼神的行为。该行为缓解了目光接触引发的压力,进而强化了回避眼神的行为(负强化)。

行为功能分析的基本内容

行为功能分析的对象是问题行为。问题行为是指那些反复出现的,个体为此感到苦恼而又无力改变的,影响社会功能的行为。例如,成瘾行为、强迫思维与行为、过度回避行为、非自杀性自伤行为等。行为功能分析包括微观行为功能分析和宏观行为功能分析。

微观行为功能分析

微观行为功能分析又称为 SORC 模型,是针对某一具体情境下个体行为的分析,包括四个元素:刺激源或情境(Stimulus/Situation, S)、有机体或个人因素(Organism, O)、反应(Reactions, R)、结果(Consequences, C),见图 6-1。

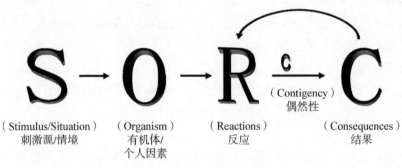

图 6-1 SORC 模型示意图

(本图参考以下文献绘制:Kanfer 和 Saslow,1974;第四届中德高级认知行为治疗师讲义)

(1) 刺激源或情境

指引起反应的刺激或情境,可分为外部刺激和内部刺激。外部刺激是指来自有机体外部的环境刺激,如拥挤的超市、考试、他人的言行等。内部刺激是指来自有机体内部的刺激,如头脑里的想法、画面,身体感受等。

(2) 有机体或个人因素

指使得个体在特定情境下表现出某种反应的,相对稳定的生物、心理和社会因素。例如,个体的遗传因素、性格特点、职业身份等。

(3) 反应

指个体在特定情境下表现出的认知、情绪、躯体和动作反应。认知反应(cognitive reaction)是指在特定情境下头脑里出现的想法或画面,包括对情境的解释、态度、观念等。情绪反应(emotional reaction)是指在特定情境下出现的喜、怒、哀、惧等情绪体验。躯体反应(physical reaction)是指在特定情境下出现的生理反应,如头痛、心慌、出汗、乏力等。动作反应(motor reaction)是指在特定情境下出现的言语反应和肌肉运动,如说话、检查门窗、离开等。

(4) 结果

指在特定情境下,个体做出的反应所引发的结果,可分为短期结果和长期结果。短期结果是指个体做出某种反应后当时出现的结果;长期结果是某种反应持续存在的对个体的长期影响。初始时,某种反应引发的短期结果带有偶然性,但结果对个体的意义决定了该反应是否得以维持。例如,孩子在情绪不好时,不小心用铅笔划伤了手臂,身体的疼痛让其感觉情绪稍有缓解,那么孩子今后可能会在情绪不好时继续做出划伤手臂的行为,进而发展成自伤,这也是操作性条件反射中所讲到的负强化。问题行为之所以持续存在,通常是因为它们引发了短期的积极结果,但长期而言必然导致消极结果。

宏观行为功能分析

微观行为功能分析是对某一具体情境下的具体行为的功能分析。而宏观行为功能分析是在个体成长过程这样的宏观背景下理解问题行为的功能。其中,最主要的是对个体在社会化过程中形成的个人规条与系统规条的分析,这些规条决定了个体在具体情境下的一系列反应。

(1) 个人规条分析

个人规条的内容包含设定的目标及为达到此目标所需的策略和方法。例如,个体的目标是成为一个成功的人,为了达成此目标,个体会努力学习,积极参加实践活动,回避做有挑战性的事,将失败归因为外部因素,向他人掩饰失败等,这些都是个人规条。规条分析的目的在于理解问题行为的功能是满足个体内在的重要目标及需求。

个人规条有很多种,而且规条间存在着等级关系。等级越高的规条对人的影响越大,比如价值观。高等级的规条与人类的基本内在需求或动机有关,比如尊重需要、依恋需要、安全需要、成就需要、享乐需要等。

当不同规条间出现矛盾时,问题行为便成为不同规条间的妥协结果。例如,孩子渴望被老师认可,但又需要享乐,不想付出努力,便可能会通过"抄袭"来平衡冲突。

个人规条并不一定都能被个体所觉知,尤其是有关社会交往的规条,通常是极其自动化的结果,比如来访者具有的"在关系中的付出一定要有同等的回报""拒绝别人会导致关系破裂"等人际规条,通常要在密集的交谈和持续的观察中,才能在咨询师的引导下被清晰地呈现出来。规则意识化有利于个人了解问题行为背后的操作机制,有时仅仅是意识化就能达到减少问题行为的效果。

(2) 系统规条分析

系统规条是指系统内约束其成员行为的各种规则。咨询师可以通过与来访者的密集会谈,与来访者一起梳理其所身处的各个系统,以及在哪些系统内会出现问题行为,进而辨别出其所处环境内重复出现的、典型的系统规条。系统规条的效力足以管制系统内的所有成员,并对个人规条的发展有重大影响,例如父慈、子孝、兄友、弟恭、夫正、妇顺便是中国传统文化传达的系统规条。

系统规条在不同系统成员身上可能有不同的行为表现。例如,"吃亏是福"的家庭规条,在不同的家庭成员身上可能表现为不同的个人规条,如"不计较得失""吃亏后忍气吞声"。

系统规条可以是显性的,即大家都知晓的,也可以是隐性的,即未被意识化的。多数的系统规条是隐性的。行为偏差通常是由某个成员对系统规条的错误理解或对隐性规条的过分遵守所造成的。例如,"家里要保持整洁"在个体身上可能会变成"家里要一尘不染","物品一定要放在固定的地方"。

个体会身处多个系统,如家庭、学校、公司等,个体需要发现并允许不同系统中规条的多样性。特别是当两个系统的规条有冲突时,如果个体固执地坚守一个规条,就易陷入困境。

6.3 行为治疗的目标与过程

6.3.1 行为治疗的目标

在行为治疗中,目标占据着中心重要地位。行为治疗的总体目标是通过提供特定的环境创造新的体验,利用强化使来访者选择和创造新的适应性行为。当代行为治疗强调来访者在制定具体的、可测量目标方面的积极作用。

近期目标、中期目标和远期目标

所有心理咨询的远期目标都存在着相当程度的一致性,即要使来访者成为一个心理健康、人格完善的人。无论是西方的人格完善理论,还是我国儒家文化的人格理论,都说明了人格完善的重要性和长期性。在心理咨询实践中,人格完善往往受各种因素的限制而很难被实现,因此,人格状态有所改善是心理咨询中可能达到的远期目标。

在实际的心理咨询过程中,多数咨询往往注重短期或中期目标,在咨询之初以来访者的需求为基础共同商定。短期目标一般是使来访者缓解症状,增加适应性行为,恢复或增强社会功能。中期目标一般是使来访者消除或适应症状,加强适应性的行为和人际关系,具有调节自身以适应环境的能力。

个体目标和家庭目标

在行为治疗中,需要对症状行为的功能进行微观和宏观的分析。宏观上需要从时间维度和空间维度来理解来访者当前的问题行为。当前的问题行为并不仅仅是个人的,也受其所在家庭的影响。因此,在咨询过程中,咨询师不仅要了解来访者个人需要达到的目标,还要理解来访者所在家庭(父母、配偶、子女等)对其提出的目标,咨询师需要考虑到个体目标和家庭目标的平衡,以增强来访者对所属环境的适应性。

咨询目标确立的过程

咨询目标需要在咨询初期和来访者讨论确立。有时随着咨询的进展,来访者心理状态的改善,以及来访者对自己内心需求的认识不断清晰,咨询目标也可能会发生变化。有时当咨询陷入困境时,对于目标的调整和讨论也会再次出现在咨询过程中。整个咨询过程中的持续评估决定了已确定目标的实现程度。

6.3.2 行为治疗的过程

行为治疗的过程一般分为信息收集、确定目标、评估阶段、干预阶段、巩固与结束阶段。咨询的过程虽然由这些不同的阶段组成,但各阶段之间是相互重叠、相互关联的,既有各自的侧重点,又形成完整的统一体。

信息收集

在信息收集阶段,主要任务是深入收集与来访者及其问题行为有关的资料。一般来说,收集的资料越全面,就越能对来访者的问题行为进行准确的评估。但在实际咨询工作中,资料的收集往往贯穿于整个咨询过程。随着咨询过程中安全和信任的咨访关系逐步建立,来访者对咨询师能够提供更多的信息。有些来访者由于创伤体验而记忆缺失或者言语化能力不足,造成信息收集困难,但随着咨询的进展,来访者会越来越有能力提供更多的信息。需要注意的是,信息收集时不要过于刻板生硬,而是在共情来访者情绪宣泄需要的同时自然而然地进行。收集的信息包括:

人口统计学资料

名字、年龄、民族、宗教背景、教育背景、工作状态、关系状态或家庭结构、居住情况等。

问题行为呈现

对问题行为或症状的描述;问题行为的起始和进程;问题行为的出现或发作的频率;与问题行为相关的刺激事件及认知、情绪、躯体、行为的反应;问题行为的强度和持续时间;问题行为的例外情况;之前针对问题行为的治疗情况等。

家庭系统背景

父母和兄弟姐妹的年龄、职业、性格特点;抚养状况和家庭关系;父母的婚姻状况和经济状况;父母的成长环境;家族病史和精神疾病病史、重大事件等。

个人生活史

成长过程中的重要事件;早期病史;对学校(工作)适应和学业(事业)成就;行为表现方式;同辈关系;兴趣爱好;恋爱经历;伴侣关系等。

确定目标

一般在咨询之初需要和来访者讨论并确立咨询目标,但要避免在没有得到来访者初步信任,也没有对来访者的问题形成理解时,过早地设定目标。因此,评估和确定目标在咨询中经常是并行的。同时,目标需要具备明确积极、具体、重要、可测量(可观察)、具有心理学意义,并被来访者及咨询师理解和同意的特点。

明确积极

来访者都是带着问题来到咨询室的,他们对目标的表达通常是希望问题消失。而明确积极的目标需要将问题转化,把不想要什么转化为想要什么,这个过程可以把来访者的注意力从问题转移到没有问题的未来。

具体

将来访者本来模糊的目标具体化后,能够让来访者清楚咨询的方向。思考和想象具体的、积极的结果有助于集中来访者的资源和精力,增加希望感。

重要

当来访者追求对自己来说很重要的目标时,会激发咨询动机并取得良好的咨询效果。对被动来做咨询的来访者来说,咨询师尤其需要找到对其真正重要的咨询目标。

可测量(可观察)

可量化的目标有助于咨询依照小步走的原则,不断强化来访者的适应性行为,增强其对咨询的信心。

具有心理学意义

咨询目标需要聚焦于心理层面的问题,并非现实困难的解决。例如,面对被单位辞退而一蹶不振的来访者,咨询师不是解决辞退这一现实问题,而是将目标放在调整来访者心理状态并使其获得积极的心理状态,增加努力寻找新的工作的行为上。

评估阶段

评估阶段包括行为观察、行为微观分析、行为宏观分析、认知概念化。

行为观察

通过行为的呈现来了解和评估行为,是行为观察的重要手段之一。行为呈现包括外显行为、内隐行为和生理行为。这种观察可以由来访者本人进行,也可以通过来访者父母、伴侣等有关人员的反馈来进行。咨询师可以观察行为呈现的变化特征和问题行为发生的强度、频率、时间间隔及持续时间,以此进行咨询评估。

行为微观分析

将收集到的来访者信息进行归类,划分为有意义的组群,确定问题行为及该行为在什么条件下产生,明确问题行为在认知、情绪、躯体以及动作四个层面上的反应,以及该行为在什么样的条件下持续出现,是否有例外的资源情境。

行为宏观分析

通过对来访者所处的家庭、社会系统的了解,理解其在社会化过程中形成的价值观、个人规条、系统规条以及被强化的行为模式。

认知概念化

把对自动思维、核心信念、条件化信念和个人化图式的现存认知评价与发展性观点、现存应对方式联系起来。

通过以上观察和评估,咨询师形成对于来访者个案概念化的理解。这个过程从第一次访谈就已经开始,而且随着咨询的不断深入,收集的资料不断丰富和变化,咨询师最初的理解也需要不断加以修正或者重新修订。

干预阶段

干预阶段包括激发动机、不断促进咨访关系、根据咨询计划选择适当的方法和技术。

激发动机在初次访谈时就已经开始,在咨询的过程中也可能不断呈现出矛盾的动机、隐藏的深层动机,咨询师需要对其保持敏感并且接受。咨询关系也同样贯穿咨询的始末,行为治疗关注认知、情绪、躯体、行为四个层面的此时此地的共情,同时运用跟和领的技术不断促进咨访关系。在干预阶段,根据咨询计划选择适当的方法和技术是整个行为治疗过程中占比最大的部分,具体的行为治疗技术将在后面的章节中详细介绍。

巩固与结束阶段

在这一阶段,咨询师需要帮助来访者重新回顾咨询要点,检查咨询目标实现的情况,指出其在咨询中已取得的成绩和进步,进一步巩固咨询所取得的成果。

6.4 行为治疗的常用技术与方法

6.4.1 行为的观察与纪录

传统的行为治疗经常为人诟病的一点是,咨询师常常忽略来访者的情绪感受。现代行为治疗强调反应的四个层面,即认知、情绪、躯体及行为,且认为行为层面的改变也能促进其他三个层面的改变。

行为的观察与纪录是干预的起点

从行为治疗的核心观点来看,产生问题的是适应不良的行为,这些行为是在过去的经验中习得的,并形成了条件作用,被称为治疗中的目标行为。观察并记录环境中的问题行为是干预的起点,这一部分既是咨询师的工作,也是来访者需要学习和掌握的技能。毕竟,心理咨询的学习模型中最强有力的部分之一,就是来访者开始吸纳咨询师的许多治疗技术。

行为的观察与纪录的内容

行为的观察与记录可以从以下五个层面开展,以帮助来访者觉察原有的行为模式,建立新的适应性的行为模式。记录者既可以是专业人员,即咨询师,也可以是来访者本人或其父母。

What——定义目标行为

什么是来访者求助的问题行为？是其想要消除的行为吗，例如厌学、拖延、暴食或是失眠？

Who——确认与问题行为有关的对象

例如自己、父母、老师、伴侣、同事、咨询师。

When——问题行为出现的时间

问题行为发生的时间点，某一时段、某天，或是问题行为出现的外部刺激事件。

Where——问题行为出现的地点

例如家里、学校、诊室、办公室、公共场所。

How——问题行为的发展变化

用图、表等形式描述情绪、认知、躯体、动作及反应结果（详见 6.2.4 行为微观分析），如表 6-1 所示。

表 6-1 青少年暴食行为观察记录表

刺激事件	情绪	认知	躯体	动作	结果
初中时被同学说胖得像猪	伤心、愤怒	觉得自己太胖、太丑	胃不舒服，堵着的感觉	用手抠嗓子催吐，当下感觉舒服很多	短期：当下情绪和胃部舒服很多，被妈妈揍 长期：在进食后使用各种方法催吐，月经不规律，与父母关系变差
最好的朋友过生日没有邀请自己	愤怒、沮丧	自己和同伴格格不入	胃部觉得恶心	找到朋友质问，暴食	短期：当下情绪和胃部感觉舒服一些，和朋友争吵 长期：暴食的量和频率增加，催吐增加，人际关系变差
路过男生群体时听到有些人在笑	害怕、愤怒、沮丧	他们在嘲笑我，没有男孩子会喜欢我	心跳快，胃部堵着的感觉	暴食	短期：当下情绪和身体舒服一些 长期：暴食的量和频率增加，催吐增加，回避人群，不愿去学校

从表 6-1 中可以了解到，来访者的问题行为强化的过程，对社会功能的影响不断扩大，以及问题行为与不同方面的联系，如特殊的触发事件、自我的调节功能等，这对于行为功能分析是极为重要的。

表 6-2 的记录着重于来访者解决问题的层次，认知、情绪、躯体、动作的连环反应。通过表格的记录可以让来访者感到，问题行为的转变是具体、可测量的，这有助于增加来访者的控制感。

表6-2 减少暴食行为的记录表

时间	动作	情绪	躯体	认知	结果
周一	正常吃早餐：鸡蛋、麦片	没什么情绪	不太困了	我可以吃早餐	上午可以学习
周二	正常吃午餐：两个菜、花卷	开心	没有不舒服	我可以正常进食了	与许久没说话的伙伴聊天了
周四	两个面包（没考好，晚上想吃很多零食）	不那么伤心了，甚至有一点开心	胃没那么堵了	觉得能管住自己一点点	晚上睡得不错，父母少了点焦虑

6.4.2 躯体治疗

躯体治疗是行为治疗中非常重要，也是最具亮点的一种治疗方法，聚焦在来访者的躯体层面进行干预，把躯体调整到一个适当的状态。在临床情境中，当来访者处于悲痛、紧张、恐惧等情绪状态时，大脑皮层的认知加工会停滞或减弱，仅仅通过谈话的方式很难让治疗起效。同时，来访者很多过去的创伤体验会以内隐记忆的形式存储在身体之中，以意识无法控制的方式塑造和影响着现在。聚焦躯体并与之联结，读懂和利用身体的语言，是打开治疗大门的一把钥匙。

随着神经生理心理学研究的发展，越来越多的证据也表明躯体治疗在心理咨询中的重要作用。神经科学家保罗·麦克莱恩(Paul MacLean)的"三位一体脑学说"将人类大脑分为灵长类哺乳动物脑——负责认知功能的大脑皮层；哺乳动物脑——由杏仁核、海马和下丘脑共同组成的边缘系统，属于情绪中枢；爬行动物脑——由脑干和小脑组成的维持生命运转的躯体中枢。当危机来临时，躯体的生理反应是完全自动的，来访者处于应激状态，大脑皮层的认知工作会停滞。而此时躯体治疗的干预，会使来访者降低应激水平，逐渐找到安全稳定的状态，随后大脑皮层的认知加工功能才能参与到治疗工作中。1994年，史蒂芬·波格斯(Stephen Porges)提出的多层迷走神经理论清楚地阐释了身体如何根据细微的内在感觉、外界的声音和面部表情的交互作用判断安全和危险。波格斯的理论同样提示了在创伤治疗中调节身体系统有多么重要。

躯体治疗技术包括放松训练、力量训练、躯体脱敏等。

放松训练

也称为松弛训练，来访者按一定的练习程序，学习有意识地控制或调节自身的心理生理活动，以达到降低机体唤醒水平，调整因紧张刺激而紊乱了的功能。也就是说，通过主动地放松肌肉，以达到心理上的松弛，从而使机体保持内环境平衡与稳定。

深呼吸法

呼吸会随着心理状态不同而不同,焦虑状态时呼吸短促;抑郁状态时进气短、出气长;哭时进气多、出气少;笑时进气少、出气多等。我们同样也可以通过呼吸的调节来调整心理状态。常见的腹式呼吸就是非常养生的呼吸练习:深吸一口气(鼻),腹部鼓起;然后慢慢呼出来(嘴),腹部落下。此外,在应激状态(比赛、面试、考试、讲课等)下,可以深吸一口气(鼻),屏住呼吸几秒钟,然后慢慢呼出(嘴)。

渐进式放松

采取舒适的坐位或卧位,循着躯体从上到下的顺序,逐渐对各部位的肌肉先收缩5—10秒,深吸气和体验紧张的感觉;再迅速地完全松弛30—40秒,同时深呼气和体验松弛的感觉。如此反复进行,也可只进行某一部位或是全身肌肉一致的紧张松弛练习。练习时间可以从几分钟到20分钟不等,根据训练肌群范围灵活运用。

自主训练

训练时,在自我指导语的暗示下,缓慢地呼吸,由头到足地逐部位体验身体需要的暗示词,使全身得到放松。暗示词一般有6种标准程式:沉重感(伴随肌肉放松);温暖感(伴随血管扩张);缓慢地呼吸;心脏慢而有规律地跳动;腹部温暖感;额部清凉舒适感。也可根据病情选做某一部位及某一程式,例如,对高血压病人加前额清凉感训练;对心动过速者加心脏训练;对胃肠不适者加腹部温暖感训练(溃疡病活动期例外)。

想象放松

咨询师引导来访者找一个自己曾经经历过、曾带来最愉悦感觉、有着美好回忆的场景,可以是海边、草原、湖边、高山等美丽的场景,从视觉、听觉、触觉、嗅觉、味觉以及运动觉等多个感觉通道去感觉、回忆。咨询师需要和来访者同步呼吸,并且在呼气时说指导语。

适用范围与常见问题

放松训练很适合用于调整由心理应激引起的心理和生理功能失调,不仅对一般的精神紧张、焦虑等有显著疗效,而且也适用于各种心身疾病。这是在咨询室里常用的技术,同时教授来访者进行自主训练,使其学会有意识地控制自身的心理生理活动,增强适应能力。常见问题如下:

(1) 来访者对此训练有抗拒。要共情来访者此刻的需要,理解其拒绝的原因,进行耐心的说明,给予其充分的心理准备时间。

(2) 来访者突然从放松状态中醒来。这并不意味着训练的失败,也是来访者心理状态的一种呈现,也许是躯体的疼痛、某种创伤感受等,具体情况需要具体应对。

力量训练

来访者按一定的练习程序,学习有意识地调节自身的心理生理活动,以激活机体觉醒水平,并通过主动地绷紧肌肉或运动,增加身体内激素的分泌水平,改善情绪状态。

上肢训练

双手握拳,抬起手臂,用力绷紧上半身肌肉,感受肌肉的力量,继而可左右用力交替出拳,反复多次,直到感到上肢发热。

下肢训练

站姿,用力绷紧下半身肌肉,感受肌肉的力量,继而可左右用力交替蹬腿,反复多次,直到感到下肢发热。

运动

根据自身情况,每天设置固定时间进行全身运动。对抗性运动项目的效果更佳,能更有效地帮助来访者找到身体拥有力量的感觉,例如拳击、跆拳道、篮球、足球等。

适用范围与常见问题

力量训练很适合用于精神状态衰弱、抑郁、总感到四肢无力和缺少行动力的来访者。常见问题如下:

(1) 训练初期启动困难。训练需要循序渐进,根据来访者的具体情况把握尺度,避免造成压力。

(2) 训练坚持困难。需要即时给予肯定和鼓励,积极反馈以强化来访者运动的行为。

躯体脱敏

躯体脱敏包括学会哭和想象暴露治疗。通过宣泄和躯体运动的方式,处理来访者麻木、紧张的躯体状态;释放压抑、焦虑、恐惧的情绪;修复在躯体和大脑共同运载下的内隐创伤记忆;重获对自己生命的掌控感。

学会哭

哭是非常重要的帮助宣泄的方式,是天然的加工丧失和悲伤、绝望感和无助感的方式。

(1) 像孩童一样地哭。大口地喘气呼吸,大声痛快地哭。

(2) 彻底地擤鼻涕。将鼻腔的分泌物全部清除干净,感受到舒服和痛快。

(3) 呼吸法。大口地深吸气,感受吸入腹腔的深度,同时感受氧气进入到身体的各个部位,让身体的每个细胞更加饱满,使全身充满能量。

(4) 身体脱敏。尽可能舒展四肢和腰背,感受全身都是灵活的。

适用范围:无论是在咨询室还是来访者自己家里,都可以用这样哭的方式帮助自己宣泄、缓解情绪。

想象暴露治疗

以往行为治疗中的暴露疗法包括想象暴露和现场暴露。由于现场暴露的条件受限,很多刺激性事件无法在现场重现,因此在临床工作中,咨询师更多地使用想象暴露治疗技术。此技术让来访者想象暴露在令其感到强烈恐惧的刺激情境之中,调整躯体的反应状态,使其脱敏。

(1) 让来访者寻找一个记忆中曾经让自己感到安全和稳定的空间,从视觉、听觉、嗅觉、感觉等多通道进行详细描述。咨询师需要将此场景记录下来。让来访者想象暴露在问题情境中,并观察其躯体、情绪和行为反应。

(2) 此时让来访者将注意力集中在身体感觉上,聚焦于躯体的不适部位,通过呼吸、抖动、肢体运动等身体此时最想要的方式,充分地做任意想做的动作,直到躯体感觉到舒服和轻松。

(3) 引导来访者想象进入到记忆中的那个安全空间,根据之前的场景记录进行描述,语气轻柔和舒缓,让来访者体会到安全和稳定后结束治疗。

适用范围与常见问题

这项技术需要排除来访者有高血压、心脏病等器质性疾病因素和可能带来的疾病发作风险,并且来访者对咨询师足够信任,有安全的治疗氛围。常见问题如下:

(1) 创伤发作。需要在周围准备随时可以拿得到的垫子或毯子,预防有些来访者极度恐惧时可能出现的剧烈躯体反应,提供垫子或用毯子包裹以给予安全感。

(2) 治疗超时。预留出充分的治疗时间,考虑到与平时50分钟的治疗不同,会有超时的可能性,也需要和来访者进行事先说明。

案例解析

主诉28岁,女性,因幽闭恐怖症来寻求治疗。在密闭空间会感觉到呼吸困难和紧张,如果和朋友在一起或者门是打开的,就感觉正常;不敢独自坐飞机、乘电梯。这样的情况在上小学的时候就会有,一直有些紧张,到后来越来越严重,现在发展到自己一个人无法在密闭空间里待着。因为工作岗位的变动,现要开始经常出差,所以必须马上解决无法乘坐飞机的问题。

确定咨询的短期目标是能够独自坐飞机和乘电梯。在初始访谈时,虽然和咨询师在一起,但来访者在密闭的咨询室里也呈现出躯体的紧张感。从第二次咨询到第四次咨询,总共进行了三次躯体脱敏治疗。

第一次想象暴露治疗:来访者感受到焦虑发作时胸口的憋闷感,咨询师引导其通过呼吸进行调整。再后来,咨询师发现来访者微微晃动头部,于是将关注点放在头部。来访者一边将头向后仰,一边大口喘气,面颊发红,咨询师用手托住头部,并不断给予安全感,直到来访者逐渐平静。

第二次治疗：当来访者再次感受身体时，咨询师发现其右腿微微抖动，让其聚焦于右腿之后，晃动开始变得剧烈；右腿逐渐稳定后，左腿开始抖动；左腿稳定后，头前后摆动；再次稳定，最后右手开始抖动，来访者前倾身躯，用力伸展右手臂，并开始哭泣。过程中来访者想起5岁时被妈妈关在地窖中的事件，大哭宣泄后逐渐平稳。

第三次治疗：咨询前来访者反馈说，感觉身体轻松了很多，已经能够坐电梯，也尝试独自坐了一次飞机，开始的时候仍有些紧张，但全程还算安定。感受身体时，脖子紧张，感到悲伤，没有画面，转动头部舒缓脖子的僵硬。感到心口闷，呼吸调整后，右手开始抖动，表达说想抓住什么，并且左手也开始抖动。咨询师用手握住来访者的右手，来访者双手紧紧握住咨询师的手，开始大声哭泣，说冷，咨询师不断给予安全感，语言暗示，让其感受咨询师手部的温暖，在其稳定后唤回。来访者反馈说全身非常放松、舒服。

以上三次躯体脱敏治疗，都是在聚焦身体感觉后，咨询师细致地观察来访者身体的需要，充分地让来访者进行肢体的运动和充分的情绪宣泄，使其感到平静。四次咨询后，来访者的幽闭恐惧问题得以解决，短期目标达成。后续的咨询工作则围绕中期目标开展。

6.4.3 行为训练

行为训练指通过创建相应的情境和规则，利用活动刺激来访者的感知系统，使其对客观环境刺激产生新的体验，在情境中感受认知、情绪、躯体及行为等层面的变化，调节心理活动的强度和水平，产生适应性行为。

行为训练包括行为技能训练、自信训练、表象训练、角色扮演和行为激活。

行为技能训练

行为技能训练指在训练过程中结合使用示范、指导、演习和反馈等方式，帮助个体熟悉有用的行为技能。开始训练之前要对所需技能进行区分和定义，并对复杂技能(行为链)进行任务分析；区分出需要这些技能的所有相关的刺激情境；确定学习者的基线，对其技能进行评估，然后从最简单的技巧或最容易的刺激情境开始训练。

示范

咨询师向来访者示范正确的行为。来访者先观察示范行为，然后进行模仿。来访者必须能够对示范集中注意力，并能表现出所示范的行为。要保证适当的示范，可以采用角色扮演或在真实环境中进行。

指导

要向来访者恰当地描述某种行为。

演习

在接受指导及观察行为与示范后,对这种行为进行实践。

反馈

对正确的行为进行表扬,对不正确的行为进行进一步指导。行为完成后要立即给予反馈。在进行更正性反馈时,不要用否定的方式,一次只对一方面进行更正性反馈,这个反馈会在下一次演习时成为激发正确行为的前提,具有促进和强化的作用。

行为技能训练需要反复进行演习和反馈。在某一种情境训练完成后,再继续另一种情境下的训练,直至来访者掌握了各种情境下的各种技能,并设法将技能泛化到所需的自然情境中去。

适用范围与常见问题

这项训练适用于有意愿获得某种行为,但不知道如何去做的人。常见问题如下:

(1) 实践困难。与技能相关的刺激情境的划分要循序渐进,跨度不宜过大,这样才能更容易让来访者泛化到所需的自然情境中。

(2) 信心不足。发现来访者每一点的进步并给予肯定,增加来访者的信心。

自信训练

也称为决断训练或肯定训练,是运用人际关系的情景,用于帮助来访者以正确、适当的方式与他人交往,表达自己的情绪、情感。

一般了解阶段

了解来访者的具体困难情景。

情景分析阶段

自信训练会涉及来访者的固有观念,比如很难说"不"的人,虽因难以拒绝他人的某些过分要求而感到不快,但又认为拒绝别人的请求是一种不礼貌行为或是认为自己太自私了。在这种情况下,需要帮助来访者认识到自私和决断的区别。自私的含义是只顾自己不顾别人的利益,而决断行为并非不考虑他人的利益,是在别人提出过分要求时进行拒绝,或当自己感到做不到某事时说"不"。当来访者意识到这一点时,才能认识到自信训练的意义。

寻找适当行为阶段

这一步是咨询师与来访者共同找出来访者问题领域中的适宜行为。观察他人有效的行为,或由咨询师作为模型,使来访者认识到同一种问题还可能有另一种解决或应对方法。让来访者认识到自己的行为是不适宜的,同时咨询师也及时把自己对来访者行为的感想反馈给对方。

实际练习阶段

这一阶段更多地采用角色扮演的方法,使来访者在这一过程中通过主动模仿来学习新的行为方式。咨询师不仅要帮助来访者学会用言语表达自己的感情,而且应该教来访者正性和负性的情绪表达。可以采用咨询师说一句,来访者重复一句的模仿学习方式进行。

迁移巩固阶段

每次自信训练结束后,咨询师都应该给对方以信息反馈,肯定成绩,指出不足,并布置家庭作业或鼓励来访者把学习到的新的行为运用到实际生活中去。

适用范围与常见问题

这项训练适用于想要争取自己的权利(与权威有不同意见的权利),或者想要表达自己的情感,知道怎样做但又害怕引起对方不快的来访者。常见问题如下:

(1) 挫败的体验感。教给来访者运用决断行为的场合,一定不要给其带来某种消极的后果。

(2) 设定情境的不适宜。需要了解来访者家庭的规则或存在的禁忌,才能进行准确的情景分析。

(3) 破坏社交关系。进行训练的言语和行为的表达一定要遵循以尊重双方权利为基础的原则,也要注意非言语信息的传递。

角色扮演

与自信训练有共同的出发点,即扮演自己希望发生的行为,经过扮演与练习而形成新的行为。这一方式在家庭治疗时常被采用,也用于人际关系的训练。经过实际训练,可帮助来访者建立起所期望的新行为。

问题及情境说明

咨询师帮助来访者找出一个典型事例,让来访者对此进行具体说明。可以是针对对话内容、语音语调、肢体动作、周围环境等做详细介绍的情境再现,也可以是只提供人物和场景框架的现场演绎。

角色分配

根据具体需要解决的目标问题,在咨询师的配合下,可以让来访者扮演自己或者他人,也可以扮演不同的角色分别进行体验,灵活多样。

信息反馈

扮演结束后,让来访者充分地表达其体验和感受,并给予积极的反馈,必要时可以根据来访者的需求重复进行,给予其自主修改行为的机会,通过体验激发来访者的自主行为。也可以通过录音、录像的方式让来访者以观察者的视角进行体验和讨论。

模仿学习

当来访者出现改变行为的困难时,咨询师可叫暂停,帮助示范新的行为,再让来访者进行主动模仿。之后也可进行角色替换并再次体验。

结束扮演

咨询师要对来访者在扮演中表现出的新的适宜行为进行强化,并鼓励来访者尝试把这种新的行为方式运用到现实生活中,也可以以作业的方式让来访者对新行为进行练习。

适用范围与常见问题

在自信训练、社交技能训练和共情能力训练中,角色扮演都是非常有效的行为干预方法。在行为的团体治疗中,也经常会用到此方法让团体成员参与到多角色的扮演和体验当中。常见问题如下:

(1) 无法进入角色。角色扮演时尽量越真实越好,咨询师尽量贴近所扮演角色,不要停下来进行说明,激发来访者真实的情感体验,扮演结束后再进行讨论。

(2) 信心不足。咨询师要善于捕捉进步行为,即时给予肯定,强化适应性行为。

表象训练

从认知、情绪、躯体和行为四个层面,找到最佳的心理状态,通过想象和预演,与情境建立条件反射,改善面对困难情境的行为。

想象并描述

来访者在清醒状态下想象并描述困难情境,也就是将要发生的场景、人物,按时间顺序通过六个感觉道(外感觉和内感觉)描述得越细致越好,并做好记录。

寻找曾经体验过的资源情境

来访者寻找一个曾经体验过的资源情境状态。例如,应对考试焦虑,可以寻找记忆中最深刻的一次发挥良好和应对自如的考试状态;应对公众发言恐惧,寻找一次虽然起初有些紧张,但最后顺利完成、取得成功的发言状态。将资源情境状态用词语表达出来,最好编成口诀,比如双肩打开、目光坚定、沉着冷静等。

按顺序进行想象

来访者闭眼、舒缓身体后,体验资源情境状态,增强四个层面的体验,强化口诀。接下来,咨询师带领来访者将困难情境按之前记录的时间顺序进行想象,通过六个感觉道让来访者身临其境。来访者随时报告自己认知、情绪、躯体和行为的变化,咨询师根据报告给予反馈,强调口诀。

结束并讨论

来访者带着资源情境的行为状态,在咨询师的带领下,完成整个困难情境的流程,最后睁开眼睛,与咨询师进行反馈和讨论。

适用范围与常见问题

对于在困难情境之前,有例外的资源情境的来访者来说,表象训练非常适用,能够快速地激活资源情境的行为方式,并将其运用到困难情境中。同时,表象训练需要

来访者有一定的安全感,能够建立对咨询师足够的信任,有意愿闭上眼睛体验训练过程。常见问题如下:

(1) 来访者在咨询室中的情境描述和现实有误差。咨询师的问诊一定要细致,要涉及各个感觉道,力求准确。时间顺序、空间位置都要陈述准确,如果咨询师在引导的过程中,突然记不清楚,可以在表述中加上"也许",描述的最后加上开放性的引导语"也许还有其他的……"。

(2) 噪声干扰。在训练过程中,如果咨询室有其他干扰的声音,需要处理利用,如"这些声音都会帮助你更加聚焦于当下的体验"。

案例解析

20岁,大二女生,一个月后有期末考试,担心成绩不好会影响保研机会,目前无法集中注意力备考,再加上和舍友相处的困难,造成当前焦虑的情绪,因此前来咨询。咨询师在进行资料收集和评估后,确定短期目标为缓解焦虑情绪,能够集中注意力备考,提高交往技能。咨询过程中运用了表象训练、角色扮演和行为技能训练等行为训练技术。

表象训练步骤如下:

1. 描述困难情境。先让来访者仔细描述备考复习的时间和场所,包括在学校从宿舍出发前整理书包,去自习室路上必经过的路线,到进入自习室自己座位的位置、需要复习的科目和返回的时间。记录整个过程中躯体、动作、情绪和认知四个层面的反应及六个感觉道的体验。比如去自习室路上经过花园可以闻到花香;在教室走廊听到同学低声说话的声音;背的书包在肩膀上压迫的重量等。

2. 选择资源情境。来访者描述了在高考备考前一个月的复习状态,虽然当时紧张、焦虑,担心考试发挥不好,但复习的时候依然很投入,最后高考发挥也正常。描述当时的状态后形成口诀:一鼓作气,专注眼前,投入认真,浑身充满能量。

3. 闭上眼睛,通过放松训练,缓解身体的紧张感。进入资源情境,强化口诀与身体体验的联结。之后咨询师按照困难情境的记录开始带领来访者,在不确定的个别信息前加入"也许",后面加入开放式的引导语。比如也许可以闻到花园的花香(花香不一定每一次都会有),或者其他味道;也许走廊有同学的低声说话声,或者其他声音。跟随来访者提供的六个通道的反馈进入每一个场景。

4. 在座位上开始进行复习时,将口诀反复强化,建立与身体体验的联结。来访者反馈四个层面的信息为:躯体(感到充满力量),动作(投入地做题),情绪

(平稳沉静),认知(自己一定可以)。之后咨询师陈述结束引导语:只要在你需要这样的复习状态时,你都能想到一鼓作气、专注眼前、投入认真并浑身充满能量,随时可以带着这样的状态排除杂念,做当下的事情。现在你可以做几个深呼吸,让这样的感觉随着吸气更加地深入,直到足够深入,你就可以在准备好的时候,睁开眼睛。来访者反馈身体很有力量,感觉有信心,很想回学校尝试。

在此次表象训练结束后,来访者顺利地在学校进行了备考复习。

之后,咨询师又通过角色扮演让其感受和上铺同学的互动情况。咨询师扮演来访者,来访者扮演上铺同学,使其了解到自己的某些言语和行为会让对方感觉到尴尬和不被信任,渐渐地就有了交往的距离。来访者明白自己的困难在于无法用适宜的语言表达自己的感受,不知道如何委婉地拒绝对方而不至于伤害对方的好意。多次示范和模仿练习之后,来访者渐渐地能够在生活中主动尝试和舍友建立融洽的关系。

行为激活

行为激活(behavioral activation)是基于对抑郁症的理解和治疗模型的发展而产生的。费尔斯特(Charles B. Ferster)于1973年提出了抑郁激进行为模型,他认为个体的外部因素(如环境因素)是抑郁潜在的诱因和维持因子。卢因松(Peter M. Lewinsohn)认为,愉快事件的减少或厌恶事件的增加是抑郁发生、发展的主要机制。贝克(Aron T. Beck)于1979年提出抑郁的治疗始于行为激活。抑郁情绪会抑制个体的健康行为,甚至使之出现退缩行为,而这些行为的变化又会加重个体的抑郁情绪,进而形成恶性循环,导致抑郁症的发生、发展和维持,这称为螺旋向下模型。当个体参与日常活动,尤其是那些能让个体产生愉快感与掌控感的活动时,抑郁情绪便会减少,积极情绪会增加,情绪的变化会激发个体参与更多的活动,进而打破恶性循环,进入良性循环,这称为螺旋向上模型。因此,行为激活就是激发来访者参与日常活动并加以维持,增加与环境的互动,以获得愉快感与掌控感,减少退缩行为,恢复社会功能的一系列行为策略的总和。

行为激活的操作程序如下所述。

心理教育与动机激发

在整个治疗过程中都需要心理教育与动机激发。咨询师向来访者解释螺旋向下模型和螺旋向上模型,帮助其理解行为激活的原理,激发来访者参与咨询的动机,并告知如何做,解决来访者可能存在的困惑。

了解目前的活动状态

让来访者回顾过去一周的生活,了解其目前的活动状态,也可以作为家庭作业,让来访者记录接下来一周的活动情况,一般以 1 小时为记录单位,见表 6-3。可以根据来访者目前典型一天的作息情况调整表格中的时间。

表 6-3　活动状态记录表举例

时间	周一	周二	周三	周四	周五	周六	周日
……							
6:00—7:00	睡觉						
7:00—8:00	起床						
……							
13:00—14:00	躺床上						
14:00—15:00	上网						
……							
20:00—21:00	发呆						
21:00—22:00	看电视						
……							

商定行为活动计划

结合来访者目前的活动状态,与其讨论活动清单,尽可能多地列出能让其产生愉快感与掌控感的活动,并让其选择一些活动安排在接下来的一周日程里,活动需要具体、可行、由易到难。在咨询初期,应选择一些对来访者当下来说简单、易完成的活动,且需要与来访者讨论可能遇到的困难与解决方法,尽可能地推动来访者完成活动计划。见表 6-4。

表 6-4　活动计划表举例

时间	周一	周二	周三	周四	周五	周六	周日
……							
6:00—7:00							
7:00—8:00						浇花	
……							
13:00—14:00							
14:00—15:00	去文具店	画画	画画	给外婆打电话			看电影
……							
20:00—21:00	散步				画画	做手账	画画
21:00—22:00							
……							

实施并监测活动计划

从计划实施开始,记录每一天的活动,并分别对与每一活动相关的愉快感、掌控感进行0—10分打分,0分表示一点也不强烈,10分表示非常强烈。必要时,可以通过他人和自我强化来激励自己按照计划完成活动。见表6-5。

表6-5 活动监测表举例

时间	周一	周二	……
……			
6:00—7:00	起床(愉快感0,掌控感1)	睡觉(愉快感1,掌控感0)	
7:00—8:00	吃早饭、洗碗(愉快感1,掌控感1)	起床(愉快感0,掌控感1)	
……			
13:00—14:00	午睡(愉快感1,掌控感0)	洗碗(愉快感1,掌控感1)	
14:00—15:00	去文具店(愉快感3,掌控感2)	画画(愉快感4,掌控感4)	
……			
20:00—21:00	小区散步(愉快感2,掌控感1)	看综艺节目(愉快感3,掌控感1)	
21:00—22:00	听音乐(愉快感2,掌控感1)	睡觉(愉快感1,掌控感0)	
……			

反馈与效果维持

对于来访者反馈的活动实施情况,咨询师强化其积极体验,并引导其以解决问题的态度面对可能的计划失败情况。

适用范围与常见问题

行为激活适用于行为活动明显减少,希望恢复日常社会功能的来访者,比如发作期抑郁症患者。常见问题如下:

(1) 心理教育与动机激发不够。咨询师未向来访者充分解释行为激活的原理和具体做法,这会导致来访者的治疗动机不充分,或对行为激活的理解存在偏差,如抱以不现实的期待,希望立即看到明显效果等。因此,充分的心理教育以及动机激发是必须的。

(2) 活动任务不恰当。表现为任务太难、太多、太复杂、不具体,或未与来访者充分讨论。咨询师安排行为活动时,需要与来访者讨论,不能将较难的任务放在治疗初期,并进行任务分级,避免来访者因行动失败而放弃治疗。

(3) 活动监测不够。在咨询中,来访者需要监测自己的行为活动,并记录从事相应活动时的愉快感与掌控感,这有助于咨询师确定来访者行为激活的有效靶点,及时发现问题以修订活动计划。此外,监测本身就有利于促成行为的改变。

(4) 不能准确理解不适反应的原因。来访者在执行活动计划时,若发生了能诱发其负性情绪的事件,可能会歪曲地认为自己之所以出现负性情绪是因为自己执行了活动计划,进而再也不愿意继续行动。例如,当来访者画完一幅画时,觉得自己画得不好,没有人欣赏,产生了沮丧、低落的情绪。这时来访者可能会歪曲地认为是因为自己画画了,所以情绪才不好,进而再也不愿意拾起画笔。咨询师需要与来访者讨论出现不适反应的真正原因,帮助来访者看到自己在画画过程中的积极体验。

案例解析

××,女生,21岁,大三学生,独生女,父母均为小学教师。大约从半年前开始,陆续经历了宿舍人际矛盾、资格考试失败等一连串事件,渐渐出现情绪低落、兴趣下降、精力不济、自我评价低、睡眠差、回避社交等状况。去专科医院就诊,医生将其诊断为"抑郁症",予以抗抑郁剂治疗,同时在医生和家人的建议下接受心理治疗。心理治疗师进一步评估后发现,来访者目前无法上学,在家的行为活动也明显减少,经常卧床不起,不愿出门,觉得自己一无是处。经与来访者讨论,将恢复日常生活作为治疗的初期目标。

××目前的情况适合使用行为激活技术来帮助其实现初期目标,计划实施6次治疗,方案及实施效果见表6-6(收集资料、心理评估及后续治疗过程略)。

表6-6 ××行为激活治疗方案与反馈

治疗次数	治疗任务	具体工作	布置作业	来访者反馈
第1次治疗	心理教育与动机激发	介绍抑郁的螺线向下模型和螺旋向上模型;行为激活的操作过程及常见问题	记录接下来一周的活动状态	比较清楚地了解了自己目前所处的恶性循环,但担心自己无法执行行为活动计划
第2次治疗	制订一周行为活动计划	回顾上一周的活动状态,见表6-3;列活动清单;制订下一周的行为活动计划,见表6-4	实施并监测活动计划	更了解自己目前的活动状态,发现目前能让自己有愉快感和掌控感的活动很少
第3—5次治疗	制订一周行为活动计划	回顾上一周的活动监测表,见表6-5;讨论遇到的困难;制订下一周的行为活动计划	实施并监测活动计划	发现躺床上并不能让自己开心起来,相反坚持按计划去活动,即便是洗碗、拖地,情绪也会好一些,情绪好一些后也更想活动了,感觉自己开始进入良性循环
第6次治疗	反馈与效果维持	回顾上一周的活动监测表;讨论遇到的困难;反馈与总结行为激活效果;讨论后续如何自行制订活动计划并加以监测	实施并监测活动计划	目前还没法进入学习状态,但日常生活已经逐步恢复

6.4.4 人生线技术

技术介绍

在咨询师对来访者的问题做出评估之后,针对来访者对自身发展或与重要他人的关系等方面的困惑、对现实或未来生活的迷茫或不确定,利用人生发展的线索来呈现其过去或未来的人生,促进咨询师和来访者对问题行为的理解,以及对未来的把握。在走人生线的过程中,咨访双方讨论并修正错误的认知与行为,从而激发来访者的内在动机,使之在未来能够建立新的行为模式(相较于过去更健康、更有弹性的行为模式)。

操作步骤

1. 确定问题行为:咨询师通过来访者的主诉,了解来访者的困扰是什么,是考前焦虑还是做事拖拉? 或者存在亲子关系问题、夫妻关系问题等。

2. 了解问题行为的功能:微观分析。

3. 了解问题行为的形成:宏观分析。

4. 咨询师运用言语与非言语信息,重现来访者的重要人生发展阶段:通常是从其出生的时间和环境开始,讲述其在每一个发展阶段所经历的重要事件、遇到的重要他人等,以促进来访者对自己或重要他人的问题行为的理解。

5. 邀请来访者谈论走完人生线的感受、反馈:咨询师在此阶段可以针对来访者的不合理期待,利用重构等技术加以引导和修正。在走人生线到生命的最后时刻时,咨询师会邀请来访者回顾自己的一生,并且邀请其以过来人的身份对当下的自己说一些人生忠告。通常来访者在此时所说的话都是正向的,甚至很励志,对于来访者解决问题有积极的促进作用。

适用范围与常见问题

人生线技术对于焦虑症、抑郁症、情绪障碍、关系问题、发展问题都有效。例如,考前焦虑,对当下处境感到失望,易激惹,与重要他人的关系困扰,对于自身发展的困惑等。

在运用人生线技术时,最常见的问题就是做成"流水账",不分主次,将来访者的人生复述了一遍。无法有效地呈现来访者过往经历中存在的问题行为,进而无法促进来访者对既往问题行为的理解与反思。

此外,没有确定问题行为,以及宏观分析和微观分析有偏差,都可能导致人生线技术流于形式,无法有效帮助来访者。

案例解析

个案主诉

一对人到中年的夫妻来求助,自述遇到的困惑:儿子网瘾,不学习。但是当与儿子沟通的时候,儿子的学习成绩和学习态度都很正常。这时妻子的话引起了咨询师的注意：儿子成绩是还行，但是没达到我的要求……而且丈夫也是甩手掌柜，让他管孩子，他也不管。听起来这位妻子有控制的味道，进而访谈围绕着她的期待展开。

解析

妻子：他太不要强了，现在大家业余时间都去学习点东西，好能多挣些钱，改善家庭生活，可他就知道玩，养花、养鸽子，就是不干正事。

丈夫：生活这不都挺好的嘛，你看在二环以内有住房，你我都有工作。再过几年，你的户口也能转为北京户口了。儿子在重点中学，学习还不错，有啥可着急的呀？

妻子：你就是被你爹妈惯坏了，一点都不要强。我和他俩说，他俩还指责我给你压力……

看起来，这对夫妻对于生活的认识有很大偏差。于是咨询师邀请这对夫妻走人生线：咨询师将一根绳子摆成了Y字形，请他俩各自站在Y字形的起始两端。请妻子先讲述她的成长经历。

妻子：我出生于边远的农村，母亲早逝，只有我和父亲，还有三个哥哥。我初中没毕业就退学了，在家里洗衣做饭，收拾屋子。冬天来临前一家五口的棉衣都要做好，干事不麻利，不争强好胜能行吗？生活太苦了，我看电视里大城市的人吃得好、穿得好，就特别向往去大城市生活。我觉得只要到了大城市，生活境遇就会好转。最后，我来到了北京，在公园里认识了我丈夫。

Y字头的另一端，丈夫开始讲述他的成长经历。

丈夫：我家父母都是工薪阶层，家在二环里，有两个姐姐。我是家里的小儿子，我爸我妈还有我姐都特疼我，从小我没受什么委屈。学习就一般般。长大了，接父亲的班，当上了工人。我去公园玩，她正坐在椅子上看书，我一下子就喜欢上了她。

当两个人说到相恋并结婚的时候，他们走到Y字中间的结合点。咨询师邀请两个人携手向前走那一条共同的人生线。有意思的是：丈夫紧紧拉着妻子的手，往前走，在回顾共同生活的同时，也对未来的生活充满美好的愿景。但是妻子的脚步却显得很迟疑，她在展望未来生活的同时，还不断地回头张望Y字的两端——他们各自曾经的成长轨迹。

丈夫问妻子：咱往前走吧，你怎么总是往后看呀？

妻子：我想把你的那段给剪断，我怎么看那段，怎么不舒服。

丈夫：别呀，那我就没根了。

妻子：都赖你爸妈没把你教养好，把你惯得不成样子。

6 行为治疗取向的咨询理论

丈夫：那是我的成长轨迹,只要咱俩同心协力,将日子过好,不就行了嘛。

咨询师再从认知层面进行分析：各自成长经历导致处理问题的思维和行为方式不同,回顾过去是为了理解当下,调和夫妻之间的偏差是为了未来生活得更好。同时咨询师也针对两个人的行为模式做了分析,这时妻子不再回头看既往的生活轨迹,而是与丈夫携手面向未来,尽管她对于未来的发展还是存有疑惑,但是她毕竟答应尝试用新的行为模式应对生活……

在此案例中,咨询师运用人生线技术,呈现出夫妻二人不同的成长经历导致不同的人生观以及行为模式等,促进来访者对于当下问题的思考,尝试找到解决问题的方法,并且展望未来,希望用新的行为模式面对生活。

6.4.5 呈现技术

技术介绍

"behavior"一词有表现、呈现的意思,所以"Behavior Therapy"也可以翻译成"呈现疗法"。咨询师在治疗过程中通过个案的外显行为(面部表情、目光眼神、声音特点、游戏中的角色以及来访者的求治经历等)、内隐行为(思维、语言和表象等)、生理行为(肌肉、骨骼、腺体、胃肠道运动等)所呈现出来的问题,找到来访者问题的成因,并且通过与问题相匹配的各种呈现技术,帮助来访者理解问题行为,找到新的行为模式,促进其改变。

操作步骤

呈现技术 I：内在矛盾的呈现——行为治疗中椅子的灵活运用

当来访者遇到两难选择时,我们可以灵活运用咨询室里的物品来帮助来访者。

(1) 确定来访者的内在矛盾是什么,比如来访者对于毕业后是留在北京发展,还是回到三线城市的家乡发展？

(2) 请来访者在咨询室中找出他感觉可以代表他内在冲突各部分的物品,或者直接找出两张纸,写上其内在冲突(留北京、回家乡),并分别放在两把同样的椅子上。

(3) 邀请来访者分别坐在内在冲突的两个部分上,当来访者坐在留北京的位置上时,就要站在留北京的立场上分析留北京的好处与缺点。同理,当来访者坐在回家乡的椅子上时,就要站在回家乡的立场上分析回家乡的好处与缺点。

(4) 咨询师在来访者的讲述过程中,遇到来访者表述不清的时候,可以运用复述、澄清、面质等技术,促进来访者思考。

(5) 通常需要来访者在不同的立场上来来回回几次,在两个立场间进行对话,将内在的矛盾通过言语信息与非言语信息呈现出来,此时来访者也会逐渐清晰自己的倾向,最终做出选择。

(6) 咨询师与来访者讨论结果,形成新的行为模式。

呈现技术 II：重要他人或物的呈现——行为治疗中椅子的灵活运用

当来访者与配偶、父母、上司、下属、亲密朋友等重要他人的关系出现问题,或者与自己常年用惯的工具、对自己有意义的玩偶、住了很多年的老房子等重要物品产生分离焦虑的时候,可以运用此技术。

(1) 确定来访者与重要他人或物的困扰是什么。

(2) 将写着重要他人或物的纸片以及自己名字的纸片,分别放在两把同样的椅子上。

(3) 邀请来访者分别坐在写有自己名字或重要他人或物的名字的椅子上。坐在不同名字的椅子上时,整个人就要从内到外地认同这个人,站在这个人的立场上思考问题。

(4) 咨询师在来访者的讲述过程中,遇到来访者表述不清的时候,可以运用复述、澄清、面质等技术,促进来访者思考。

(5) 通常需要来访者在不同的人物状态中来来回回几次,使双方或多方进行对话,将内在的冲突通过言语信息与非言语信息呈现出来,此时来访者也会逐渐清晰自己与重要他人或物的问题所在。

(6) 咨询师与来访者讨论结果,形成新的行为模式。

呈现技术 III：多重人物关系的呈现

咨询室物品灵活摆放技术是指咨询室中的物品都可以用作人物关系呈现的道具,比如咨询室中椅子、纸张的灵活摆放等,帮助来访者处理其对于多重人物关系(比如一个家庭、一个办公室等)的错误认知与行为问题。通过呈现其与他人的内在关系,促进来访者的思考及改变。

咨询师在运用该技术的过程中,要贴近来访者的情感,帮助来访者识别并命名其当下的情感。

(1) 确定困扰来访者的问题是什么？例如,一个多子女家庭中的长女,她总是感觉受委屈,明明自己干得很多,但是得不到父母的关注,好像这些都是她应该干的,看到弟弟妹妹不干活还备受父母的照顾,她心里就不舒服。

(2) 请来访者在咨询室中找出可以分别代表多重关系中的人或物的物品。在咨询室中的所有物品皆可以使用。

(3) 邀请来访者摆放代表不同人或物的物品,用各物品物理位置的远近,呈现来访者与各人或物之间的亲疏关系。

(4) 邀请来访者分别与不同的人或物对话,将自己对他人的看法说出来,也可以扮演对话的另一方予以回应。用谁的身份说话,就要从内到外地认同这个人,并站在这个人的立场上思考问题。

(5) 咨询师在来访者的讲述过程中,遇到来访者表述不清的时候,可以运用复述、澄清、面质等技术,促进来访者思考。

(6) 通常需要来访者在不同的人或物状态中来来回回几次,使双方或多方进行对话,将内在的冲突通过言语信息与非言语信息呈现出来,此时来访者也会逐渐清晰自己在多个人或物关系中的问题所在。

(7) 咨询师与来访者讨论结果,形成新的行为模式。

适用范围

呈现技术 I:当遇到有内在冲突的问题时,皆可运用此技术,帮助来访者厘清其内心真实的想法,并促成其做出最终的选择。

呈现技术 II:遇到与重要他人或物的关系出现变化,或者分歧,而且难以沟通或无法解决时,可以使用此技术。

呈现技术 III:当来访者在一个群体中感觉适应不良时,可以使用此技术。

常见问题

1. 来访者分不清角色。来访者有时会分不清角色,比如坐在留北京的位置上,却说着回家乡的优劣,这时咨询师要提醒来访者,坐位与选择要保持一致。

2. 咨询师急于给来访者做干预,用自己的判断来干扰来访者,失去中立的位置。咨询师要注意不能以自己的价值观影响来访者的选择,可以帮助来访者澄清,但是最后的决定一定是来访者自己做出的。

3. 咨询中,来访者可能会出现对另一方人身攻击的情况,此时咨询师要邀请来访者体察此时的认知、情绪、躯体反应、想要采取的行动等,将攻击转为对问题深层次的思考,不能简单制止,或者对来访者与所扮演角色互相攻击的情况置之不理。

4. 在多重人物关系呈现技术中,来访者有可能会混淆身份,这时需要咨询师提请其注意,再次确定其所代表的人物。

案例解析

1. 呈现技术 I

个案主诉

女性,36 岁,正在事业上升期,认为只要努力,不远的将来应该能升职。可是近日发现自己怀孕了,如果此时怀孕、生孩子,且不说前面的努力都会前功尽弃,更重要的是不知道升职要延后到何时。双方父母和丈夫都坚持要孩子。于是她找到咨询师,想要寻求帮助,希望咨询师能帮助劝一劝家人同意她先不要孩子,再努力拼搏两三年,等升职后再要孩子。

案例分析

咨询师在了解了来访者的诉求,以及做了个案概念化之后,对来访者运用了处理内在矛盾的呈现技术。

咨询师:请将你内在冲突的两部分,即生孩子和升职,分别写在两张纸上,并放到面前的椅子上,当你想要表达哪部分的想法时,就请坐在哪张椅子上。

来访者将纸分别放在两张椅子上,并坐到了升职的位置上。

来访者:我从小就努力,一直是好学生,上了985大学;研究生毕业后,好不容易找到理想的工作。这十来年,我每天都兢兢业业,努力工作,成绩也是有目共睹的,现在终于快要升职为公司的高层,我不能放弃这次机会。这个孩子来的不是时候,坚决不能要。

看到来访者说话告一段落,咨询师征求来访者的意见:是否要转到另一边?来访者同意,并坐到了生孩子的椅子上。

来访者:说起来,我也挺不容易的,已经36岁了,即便现在生孩子,也算是高龄产妇,再往后拖,对大人和孩子都不好。可是,我不能为了孩子,就放弃了我多年的辛苦打拼呀。我从小就努力,不就是为了出人头地吗?眼看就要实现了,我不能功亏一篑呀。

咨询师:你好像在替升职说话,你确定是继续在生孩子这边坐着,说生孩子的优劣,还是回到升职的一边,说有关升职的事情?经过咨询师的提醒,来访者表示继续说生孩子的事情。

来访者:双方父母都不同意我打掉孩子,先生也不同意,其实我知道,双方老人盼孩子都盼了好几年了。我妈说如果我不要孩子,她也不要我了。(掉泪)……

经过几个来回的对话,个案理解她之所以结婚多年迟迟不要孩子,并不仅仅因为担心职业受影响,而且她从小到大一路打拼,太辛苦了,她不想孩子也受同样的苦。同时她也说出对于大龄生子可能会导致的健康出问题的担忧。最终,个案决定选择要孩子,而且距离生孩子还有一段时间,她将会安排好自己的工作,尽量不受孕产的影响,为将来回归岗位打好基础。

2. 呈现技术 III

个案主诉

一对母女,母亲五十多岁,女儿二十多岁。开始时母亲讲述:女儿在两年前被诊断为抑郁症,经过治疗,病情好转,平时生活起居与健康人无异。前一段时

6 行为治疗取向的咨询理论

间自行停药,逐渐出现敏感多疑的症状,怀疑母亲与父亲离婚后与别的男人有染,经常与母亲吵架,母亲实在受不了了,带女儿前来求助。

案例分析

咨询师(对女儿说):你能用咨询室中的物品,分别代表你与父母吗?

女儿从架子上拿下来一辆坦克、一只大黄鸭、一只小黄鸭,表示坦克代表妈妈,大黄鸭代表爸爸,小黄鸭代表她自己。小黄鸭依偎在大黄鸭的身边,坦克在黄鸭的对面。

咨询师:你为什么用坦克来代表妈妈呀?

女儿:我妈妈特厉害,总是和我爸吵架,每次他们吵架,我就特害怕,躲到自己的房间里。有时候爸爸说妈妈:你能不能小点声呀,孩子都被吓着了。但是生起气来的妈妈,不管不顾,根本不听爸爸的。

咨询师:看起来鸭子与坦克不是势均力敌的!

女儿:是呀,我爸受不了,就和妈妈离婚,搬出去住了。

听了女儿的话,咨询师将大黄鸭移走了。问女儿:大黄鸭都抵御不了坦克的炮火,你这只小黄鸭可怎么办呢?

女儿想了想,又从架子上找了一辆坦克,放在了小黄鸭与坦克的中间,说:我有它来帮助我。

咨询师:它是谁呀?

女儿:我也不知道,应该不是什么具体的人,反正我就知道它可以帮我……

经过咨询师的解释,来访者了解了第二辆坦克就是来访者的抑郁症。来访者言语上无法说服妈妈,潜意识里就发动症状来对付妈妈,当她的症状严重了,妈妈就不敢吵她了。看了女儿呈现出来的三者关系的画面,母亲表示一定改变自己爱指责他人、爱吵架的毛病,一定好好与女儿沟通,好说好商量。

6.4.6 资源利用技术

技术介绍

资源包括所有那些能让我们活下来的方法。从来访者自身而言,资源包括过去生存的经验与教训、个体改变的动机、自身的优势与特点、来自榜样的力量;从来访者外部角度而言,资源又包括社会支持系统,如家庭、学校、专业机构、文化环境的影响,诸多人类生存经验的借鉴,等等。很多人认为心理咨询和治疗就是给人治病,改变错误的行为。相反,现代行为治疗看待行为的概念,更偏重于将其视为"人类的生存经验"。

北卡罗来纳大学的史蒂芬·波格斯(Stephen Porgess)揭示出自主神经系统的三

种调节功能,当人们感受到威胁时,会自动进入第一种生理状态:寻求社会参与,例如向身边的人求助,寻求安慰。如果没人响应,在面对即刻的威胁时,那么身体会转换到一种更原始的求生方式——战斗或逃跑,例如击退攻击,或者跑到一个安全的地方。如果以上策略都失败了,被伤害抓住、无法逃脱,那么身体会为了保存自己而尽量节省能源,关闭一切不必要的功能,进入一种惊呆或崩溃状态。

因此,无论是寻求对关系的依赖,还是充满攻击性,抑或抑郁退缩,其行为的目的都在于生存。而问题行为的存在,是固有的、僵化的生存经验无法适应灵活的外在环境所致。以"青少年互联网使用行为"为例。2020年5月,中国青少年新媒体协会和清华大学共同发布了《青少年互联网平台参与风险研究报告》,指出当下的网络游戏、社交平台以及短视频在青少年群体中显现出了一系列安全风险;尤其是在网络游戏平台,青少年受到不良信息影响、沉迷网络、违法侵害的现象较为严峻;网络游戏沉迷成瘾,已经成为青少年的核心风险来源。根据中国互联网络信息中心数据,当下青少年网民平均每周上网时间超过20小时。为什么那么多的孩子迷恋网络?青少年在成长中由于身心的发育特点,开始对外部世界充满好奇,对性产生冲动,渴望伙伴关系,渴望建立自我认同。然而学习的压力、单调的课余生活、家庭关系问题以及与养育者的不良沟通等,使得许多青少年感到不被理解,内心焦虑痛苦,倍感压抑,却又找不到倾诉对象。而在网络上,青少年可以了解到超出他们身边现有环境的新鲜世界,可以在游戏的对抗中释放攻击的冲动,获得成就感、独立意识和自信;也可以在社交平台上敞开心扉,获得认同。通常情况下,正是现实的压力、无助和难以纾解的痛苦情绪,让孩子转而逃向网络中的虚拟世界。因此,深刻地理解"症状背后的功能",是行为治疗最核心的内容。在人的成长过程中,每个人都会被灌输很多的社会评价,觉得"这种行为是好的,那种行为是不好的"。但是,从行为治疗的角度看,我们需要改变这样的看法,因为所有的行为都可以是"好行为",都是"有功能的行为"。

操作流程

任何行为都是因为得到了强化而固定下来的,所以,在拿走来访者的生存武器之前,我们要先帮助来访者掌握新的武器。具体而言有以下步骤:

1. 通过收集信息了解来访者的个人成长史、人际关系及社会支持系统,发掘问题行为得到强化的外在刺激因素;
2. 加强个人的学习能力,增加自我价值感,减少无助感;
3. 认可积极的行动、意图和想法;
4. 帮助构建更为有效的社会支持系统;
5. 分享成功的案例;
6. 利用催眠技术和隐喻故事,在人们意识觉察水平之外沟通、输出和吸收信息。

注意事项

1. 加强资源要基于精准的行为功能分析,其经验要么来自成功的个体体验,要么来自个体认同的榜样或模板;

2. 注重对来访者周围人的心理教育,帮助他们理解症状及意义;

3. 良好的适应性行为需要满足以下条件:在日常环境中可操作,过程可以自我管控;

4. 注重行为反应的四个层面,尤其是躯体层面的体验。

适用范围

适用于创伤后应激反应、回避行为及症状复发后的稳定化等。

案例解析

案例一: 我爱簪花仕女图

Z女士是广告公司的项目经理。因为工作的原因,她需要经常当众讲话,尤其是当着许多公司领导或是重要客户介绍设计方案。但是,Z女士从青少年时期开始,就有当众发言时感到紧张、焦虑的问题,她的躯体反应是心跳加快、出汗,导致说话时丢三落四、词不达意。

Z女士颇有才华,工作能力也很强,但是因为项目宣介推广屡出问题,所以职业生涯受到影响。咨询师在了解Z女士的症状成因后发现,她在青春期时因为体型发胖,在学校屡遭同龄人耻笑,这段经历使得她在受到众人关注时极为紧张,总觉得人们关注她的身材与容貌,甚至在看到人们交头接耳时就会认为是在评论自己。咨询师还了解到,Z女士的业余爱好是中国古典服饰,尤其是唐代女性的妆容、服饰,有的时候会拍一些介绍唐代仕女风的小视频,并且反响颇佳。于是咨询师鼓励Z女士在介绍唐代仕女服饰时为自己画上唐妆,穿着唐代衣裙。Z女士花了一些心思钻研,并得到了良好的反馈。接着,咨询师鼓励Z女士在工作环境中戴上些唐风的配饰,画上少许妆容。当人们注意到并加以询问时,Z女士会兴致勃勃地介绍这些她喜欢并熟悉的细节,使得自己颇受欢迎,并感到放松和自信,甚至有一次因为相同的喜好赢得了女性老总的肯定。这些新的经验逐渐替代了她当众讲话的焦虑,使其在工作中重拾自信。

在这个案例中,来访者利用以往的经验,建立了新的行为模式,带来新的正性的体验,并产生了新的结果。

案例二: 追星少女

少女小Y因为在学校遭受霸凌而产生了恐惧,在退学之后无法回到校园。

小Y对伙伴交往产生了恐惧,也对自己产生怀疑,并因此陷入抑郁。小Y的父亲常年在外挣钱,母亲是老实巴交的打工人。从小城镇来到都市,陌生的环境和懦弱的个性,使得小Y在遭遇人际困境时无法获得更多帮助。

咨询师在谈话中觉察到:小Y虽然不去学校了,但挺聪明,成绩不错,平时喜欢看书,还喜欢写作。小Y最喜欢的书是哈利·波特系列,谈到故事情节时会兴奋不已,一改沉闷沮丧的样子。咨询师进一步了解到,小Y最喜欢的人物是女主角赫敏,她来自麻瓜家庭,在魔法世界中备受歧视,但聪慧正直,与哈利波特和罗恩结成死党,面对来自纯血统家庭的马尔福之流的欺辱,她从不胆怯、退缩,并总能在抗争中赢得胜利。由于喜欢该人物形象,小Y还会特别关注扮演赫敏的女生爱玛·沃特森,关注她在现实生活中的各个方面。咨询师抓住这一资源,引导小Y:如果赫敏遭遇校园霸凌会怎么应对?小Y对这个想法很感兴趣,写了一篇架空小说,在其中让自己化身为中国校园中的正义少女,勇敢面对霸凌。同时在现实层面,对霸凌者的恐惧和愤怒也在削弱,甚至可以当面嘲笑她们。

班杜拉的社会学习理论特别强调榜样的示范作用,他认为人的大量行为是通过对榜样的学习而获得的。儿童青少年的自我成长需要好的榜样和模板,除了养育者和伙伴关系外,崇拜模仿出色的文体明星也是极为重要的资源,主动的模仿更有利于行为改变的发生。

案例三: 隐喻故事之四季轮替中的大树(创伤的修复)

请大家调整姿势,让自己舒服地坐好。轻轻闭上眼睛,把注意力集中到你的呼吸上。

现在,开始觉察自己的呼吸。呼气时,觉察到自己正在呼气;吸气时,觉察到自己正在吸气。不管你的呼吸是浅还是深、是急促还是缓慢,都放开对它的控制,只是觉察就好。

现在,想象你是一棵大树,有着成千上万的根须和茂密的树冠。现在正是春天,万物萌发的季节。一场春雨过后,空气中有种淡淡的青草和泥土混合的气息,一片片嫩绿的树叶从你的树梢上悄悄地钻出来,在春风中轻轻摇摆,舒服地沐浴着阳光和春风。

当树叶越长越大、越来越多的时候,夏天到了。你长成了一棵茂盛的大树。你用树叶遮住炎热的阳光,给人们送去大片阴凉。突然,乌云密布,狂风刮过你粗壮的身躯,一些树叶和小枝杈被无情地卷走,但是你的树干仍然安稳地扎在泥土里,你的成千上万条根须和大地母亲紧紧相连,让你安然地迎接狂风暴雨的洗礼。

夏天的炎热很快过去了,就在一个夜里,你经历了今年秋天的第一次霜降。你的色彩渐渐变得丰富、美丽,树叶从绿色变成火红、橙色、金黄……树上还结了果子,人们高兴地收获着果实。但是天气越来越冷,你的叶子渐渐变得干枯,很容易从树枝上被秋风扯掉,被卷到空中飞舞,最后,轻轻地掉落在地面上。很快,树叶全都掉光了。

天越来越冷,寒风阵阵,你迎来了今年冬天的第一场雪。你用光秃秃的树干顶着沉重的积雪,虽然冬天一片肃杀,但你的体内,全都蕴藏着生命力——从地下的每一条根须,到头顶最高的枝杈,生命力就在你体内,静静地流淌。

每棵树都有自己的节奏、自己的季节。也许你的树正好处于春天,生机萌发,但也要经历干旱,受到小虫的侵扰;也许你的树正好处于夏天,十分茂盛,但也要经历暴风雨的洗礼;也许你的树正好处于秋天,色彩斑斓、收获满满,但也要被秋风卷走你所有的树叶;也许你的树正好处于冬天,大地一片肃杀,但是生命力在你体内深深地蕴藏。

好,现在请你带着你心中的生命之树,回到教室里来。深吸一口气,再用力呼出去。好,现在活动一下手指,轻轻转动一下脖子。然后,在你舒服的时候,慢慢睁开眼睛,适应这里的光线。

看看周围的人,你知道每一个人的心里都有一棵属于自己的生命之树。

案例三是利用隐喻故事进行自我强化。隐喻是人们在日常生活中经常使用的沟通模式,也是人们认识世界、交流思想、表达情感的方式之一。隐喻故事源于人类的身体体验和生存经验,甚至来自所有生命的生存经验,仿佛是存在于人们潜意识宝库中的财富。美国催眠咨询师米尔顿·艾利克森认为,症状通常是来访者过去经历的隐喻,现代行为治疗也采用催眠的方式,利用各种暗示机制,激活来访者潜意识层面的需求。

6.5 行为治疗的最新研究进展

基于近年来《行为治疗》(*Behavior Therapy*)和《行为研究与治疗》(*Behaviour Research and Therapy*)两本领域内权威学术期刊中出现频率较高的话题,本节将从以下三个方面介绍行为治疗最新的研究进展:行为治疗用于不同心理障碍的有效性,与科技在行为治疗中应用相关的研究,神经系统科学研究对行为治疗的启示和影响。

6.5.1　行为治疗用于不同心理障碍的有效性

充分的心理学实验和实证研究的支持一直是行为治疗的重要特点。"第一浪潮"的行为治疗本就脱胎于实验室中的行为实验。"第二浪潮"的认知行为治疗则是以"以实证研究为基础的疗法"而著称,被美国心理学会(APA)推荐为治疗抑郁障碍、双相及相关障碍、焦虑障碍、强迫及相关障碍等精神障碍的首选疗法,还可用于孤独症谱系障碍、神经发育障碍患者的社交和行为技能训练(诺伦-霍克西玛,2017)。迪米杰恩(Dimidjian)等人(2016)对行为治疗"第三浪潮"的实证研究进行了系统性的评述,他们指出:现有的研究已经证实,在焦虑障碍、强迫及相关障碍等的治疗中,接纳承诺疗法及认知行为治疗、行为治疗在症状改善方面表现出了相当不错的治疗效果;辩证行为疗法对于边缘型人格障碍的治疗而言是最佳的选择;以正念为基础的认知疗法在疼痛和注意缺陷/多动障碍(ADHD)等的治疗中表现出色;行为激活被咨询师广泛地整合到原有的行为治疗、认知治疗等疗法的框架内,改善了治疗效果。这一领域中的更多的实证研究还在持续进行。

6.5.2　与科技在行为治疗中的应用相关的研究

随着科技的发展,电脑、互联网、智能手机、移动软件应用等数字技术逐渐普及,心理问题的治疗方法也面临着巨大改变。目前有许多日益完善的数字疗法被用于不同心理问题的治疗,包括抑郁、焦虑、失眠等(Andersson 和 Titov, 2014)。从疗法的内容来看,大多数数字疗法基于认知行为治疗的理论和技术,其中许多是衍生自现存的线下治疗干预方式,或在此基础上编著的自助手册。总体而言,这类数字干预手段更多地使用了行为层面的技术以及心理教育。值得指出的是,真正全新的数字疗法目前十分有限,仍在发展阶段,例如基于虚拟现实(virtual reality, VR)的暴露疗法在焦虑症、精神分裂症、物质滥用相关障碍、进食障碍中的应用(Valmaggia, Latif, Kempton 和 Rus-Calafell, 2016; Freeman 等,2017),机器人技术在提高自闭症和痴呆患者的社会交往能力中的应用(Riek, 2016)。另一项仍在实验阶段的例子是在创伤发生后,即时利用电脑游戏阻绝侵入性创伤记忆的巩固加强(James 等,2015; Kessler 等,2020)。

费尔伯恩和帕特尔(Fairburn 和 Patel, 2017)认为,数字疗法作为一个新兴的领域,表现出以下几个特点:(1)一些用户可直接使用的数字治疗手段广受欢迎,它们还能够帮助到治疗资源短缺的人群;(2)在线医疗服务能够在较大范围内取得临床意义上的变化;(3)有额外支持的数字干预手段比没有额外支持的数字干预手段的效果更加显著;(4)当有额外支持时,数字疗法与面对面线下治疗的效果没有显著差别(例如,Andersson 等,2014)。这些结论对我国在未来发展线上数字治疗有重要的启示作用。

6.5.3 神经系统科学研究对行为治疗的启示和影响

在过去,行为治疗的基础科学依据主要来源于动物模型和精神病理学实验。近几十年来,随着脑成像等研究技术的发展,以及大家越来越多地认识到心理治疗对大脑改变的促进有重要的临床意义,研究人员开始将神经生理学与学习理论相结合,以更好地理解不当行为的动态及其对治疗的启示。

神经科学研究在行为治疗临床实践中的运用主要体现在以下几个方面:(1)对行为治疗过程的选择和优化;(2)与神经生理学干预手段的结合;(3)基于来访者神经认知特征的行为治疗计划;(4)神经科学在心理教育中的应用(De Raedt,2020)。例如,克拉斯克(Craske)等人(2014)提出,使用抑制性学习模型优化暴露治疗过程,即通过在暴露中着眼于相互矛盾的学习经历,来提高抑制性学习及其记忆检索。这一模型得到了恐惧记忆消退的神经机制相关研究的支持:在恐惧的条件反射中特别活跃的杏仁核,其功能在消退学习下会被内侧前额叶皮层中发生的皮层作用所抑制(Milad 等,2007,Milad 等,2009)。同时,一些神经生理学干预手段可以辅助行为治疗。例如,一些来访者可能心理问题较为严重,皮层功能受损,无法直接进行认知重构,使用经颅磁刺激技术(Transcranial Magnetic Stimulation, TMS)可以帮助他们调节认知改变过程所涉及大脑区域的脑部活动和功能(De Raedt, Vanderhasselt 和 Baeken,2015),以更好地配合行为治疗。来访者的神经心理结构对治疗也有指导意义。例如,有研究表明,使用脑成像技术界定抑郁症的神经生理学分型对治疗有重要借鉴作用(Drysdale 等,2017),然而,这一方面的研究处于早期阶段,目前较为缺乏,需要未来进一步探究。此外,心理教育是行为治疗中重要的一环,咨询师可以充分利用神经心理学知识帮助来访者理解自己,这也可以促进来访者对治疗工作的积极预期。例如,运动对大脑和认知功能有积极作用的相关研究(Mandolesi 等,2018),可以帮助缺乏运动动机、需要行为激活的抑郁症来访者理解发展这一行为的重要性。

(方　新、王　寒、杨　华、叶海鲲、于晓东、张竞一、祝　捷　撰写)

本章参考文献

巴塞尔·范德考克(Van der Kolk, B.).(2016).身体从未忘记:心理创伤疗愈中的大脑、心智和身体(李智,译).北京:机械工业出版社.

彼得·莱文(Levine, P. A.).(2017).创伤与记忆:身体体验疗法如何重塑创伤记忆(曾旻,译).北京:机械工业出版社.

大卫·韦斯特布鲁克,海伦·肯纳利,琼·柯克(Westbrook, D., et al.).(2014).认知行为疗法:技术与应用(方双虎,等译).北京:中国人民大学出版社.

丹尼尔·西格尔(Siegel, D. J.).(2013).第七感：心理、大脑与人际关系的新观念(黄钰萍，等译).杭州：浙江人民出版社.

方新.现代行为治疗基本功培训班教材.

胡佩诚.(2007).心理治疗.北京：人民卫生出版社.

马丁·M.安东尼,丽莎白·罗默(Antony, M. M., Roemer, L.).(2016).行为疗法(庄艳,译).重庆：重庆大学出版社.

钱铭怡.(2016).心理咨询与心理治疗(重排本).北京：北京大学出版社.

苏姗·诺伦-霍克西玛(Nolen-Hoeksema, S.).(2017).变态心理学(邹丹,等译).北京：人民邮电出版社.

Andersson, G., Cuijpers, P., Carlbring, P., Riper, H., & Hedman, E. (2014). Guided internet-based vs. face-to-face cognitive behavior therapy for psychiatric and somatic disorders: A systematic review and meta-analysis. *World Psychiatry*, 13, 288–295. https://doi.org/10.1002/wps.20151.

Andersson, G., & Titov, N. (2014). Advantages and limitations of Internet-based interventions for common mental disorders. *World Psychiatry*, 13, 4–11. https://doi.org/10.1002/wps.20083.

Corey, G. (2016). Behavior Therapy. In *Theory and practice of counseling and psychotherapy* (pp. 231–268). Cengage Learning.

Craske, M. G., Treanor, M., Conway, C. C., Zbozinek, T., & Vervliet, B. (2014). Maximizing exposure therapy: An inhibitory learning approach. *Behaviour Research and Therapy*, 58, 10–23. https://doi.org/10.1016/j.brat.2014.04.006.

De Raedt, R. (2020). Contributions from neuroscience to the practice of cognitive behaviour therapy: Translational psychological science in service of good practice. *Behaviour Research and Therapy*, 125, 103545. https://doi.org/10.1016/j.brat.2019.103545.

De Raedt, R., Vanderhasselt, M. A., & Baeken, C. (2015). Neurostimulation as an intervention for treatment resistant depression: From research on mechanisms towards targeted neurocognitive strategies. *Clinical Psychology Review*, 41, 61–69. https://doi.org/10.1016/j.cpr.2014.10.006.

Dimidjian, S., Arch, J. J., Schneider, R. L., Desormeau, P., Felder, J. N., Segal, Z. V. (2016). Considering Meta-Analysis, Meaning, and Metaphor: A Systematic Review and Critical Examination of "Third Wave" Cognitive and Behavioral Therapies. *Behavior Therapy*, 47(6), 886–905. https://doi.org/10.1016/j.beth.2016.07.002.

Drysdale, A. T., Grosenick, L., Downar, J., Dunlop, K., Mansouri, F., Meng, Y., ... Liston, C. (2017). Resting-state connectivity biomarkers define neurophysiological subtypes of depression. *Nature Medicine*, 23(1), 28–38. https://doi.org/10.1038/nm.4246.

Fairburn, C. G., & Patel, V. (2017). The impact of digital technology on psychological treatments and their dissemination. *Behaviour Research and Therapy*, 88, 19–25. https://doi.org/10.1016/j.brat.2016.08.012.

Freeman, D., Reeve, S., Robinson, A., Ehlers, A., Clark, D., Spanlang, B., & Slater, M. (2017). Virtual reality in the assessment, understanding, and treatment of mental health disorders. *Psychological Medicine*, 47(14), 2393–2400. https://doi.org/10.1017/s003329171700040x.

James, E. L., Bonsall, M. B., Hoppitt, L., Tunbridge, E. M., Geddes, J. R., Milton, A. L., et al. (2015). Computer game play reduces intrusive memories of experimental trauma via reconsolidation-update mechanisms. *Psychological Science*, 26, 1201–1215.

Kanfer, F. H. & Saslow, G. (1974). Verhaltenstheoretische Diagnostik. In D. Schulte (Hrsg.), *Diagnostik in der Verhaltenstherapie* (S. 24–59). München: Urban & Schwarzenberg.

Kessler, H., Schmidt, A.-C., James, E., Blackwell, S., von Rauchhaupt, M., Harren, K., Kehyayan, A., Clark, I., Sauvage, M., Herpertz, S., Axmacher, N., & Holmes, E. (2020). Visuospatial computer game play after MEMORY reminder delivered three days after a Traumatic film reduces the number of intrusive memories of the Experimental trauma. *Journal of Behavior Therapy and Experimental Psychiatry*, 67, 101454. https://doi.org/10.1016/j.jbtep.2019.01.006.

Mandolesi, L., Polverino, A., Montuori, S., Foti, F., Ferraioli, G., Sorrentino, P., et al. (2018). Effects of physical exercise on cognitive functioning and wellbeing: Biological and psychological benefits. *Frontiers in Psychology*, 9, 509. https://doi.org/10.3389/fpsyg.2018.00509.

Milad, M. R., Pitman, R. K., Ellis, C. B., Gold, A. L., Shin, L. M., Lasko, N. B., et al. (2009). Neurobiological basis of failure to recall extinction memory in posttraumaticstress disorder. *Biological Psychiatry*, 66, 1075–1082. http://dx.doi.org/10.1016/j.biopsych.2009.06.026.

Milad, M. R., Wright, C. I., Orr, S. P., Pitman, R. K., Quirk, G. J., & Rauch, S. L. (2007). Recall of fear extinction in humans activates the ventromedial prefrontal cortexand hippocampus in concert. *Biological Psychiatry*, 62, 446–454. http://dx.doi.org/10.1016/j.biopsych.20.

Riek, L. D. (2016). Robotics technology in mental health care. In D. D. Luxton (Ed.), *Artificial intelligence in behavioral and mental health care* (pp. 185–203). London: Academic Press.

Valmaggia, L. R., Latif, L., Kempton, M. J., & Rus-Calafell, M. (2016). Virtual reality in the psychological treatment for mental health problems: An systematic review of recent evidence. *Psychiatry Research*, 236, 189–195. https://doi.org/10.1016/j.psychres.2016.01.015.

Young, M. E. (2013). Goal-Setting Skills. In *Learning the art of helping: Building blocks and techniques* (pp. 221–240). Prentice Hall.

7 以人为中心的咨询理论

> 7.1 以人为中心咨询的历史 / 201
>   7.1.1 以人为中心咨询的概念发展 / 201
>   7.1.2 以人为中心咨询发展的四个阶段 / 201
> 7.2 以人为中心咨询的基本理论 / 203
>   7.2.1 人性观 / 203
>   7.2.2 自我理论 / 205
>   7.2.3 治疗过程 / 207
> 7.3 以人为中心咨询的基本技术 / 213
>   7.3.1 助长条件 / 214
>   7.3.2 无条件积极关注 / 214
>   7.3.3 共情 / 215
>   7.3.4 真诚 / 218
> 7.4 以人为中心咨询的评价 / 220
>   7.4.1 以人为中心咨询的贡献和影响 / 220
>   7.4.2 以人为中心疗法的局限及本土适用性 / 221

卡尔·罗杰斯作为西方现代心理学领域的第三思潮——人本主义心理学派最有影响的代表人物之一,在心理咨询实践和研究的基础上,逐步形成了独具特色的"以人为中心"的心理咨询理论。以人为中心的咨询理论充分尊重求助者的人格尊严,以当事人为中心,建立一种真诚、共情、无条件积极关注的咨询关系,使当事人能够自我探索、自我接纳并且自我成长。罗杰斯强烈地希望把他的体系扩展到传统心理咨询与治疗领域之外,使之应用于社会生活的不同方面,诸如教育、家庭、团体等,使当代大多数人过上一种以人为中心的生活。在这样的生活中,每个人都能够开放并信任机体的全部经验,朝着机体评估的方向充分发挥自己的潜能,完成自我实现。在与他人的关系中,真诚地表达自己,理解他人的处境和情绪,对他人始终保持不加评判的关切,建立助益性的关系。这也是罗杰斯所说的,功能充分发挥的人所拥有的美好生活。

7.1 以人为中心咨询的历史

7.1.1 以人为中心咨询的概念发展

以人为中心咨询理论最初被称为非指导性治疗,又称为当事人中心理论或当事人中心心理治疗,近年来逐渐被以人为中心的理论或治疗的名称所代替。以人为中心疗法(Person-centered Therapy)被称为心理治疗理论的"第三种势力",它兴起于20世纪60年代,主要代表人物为美国心理学家卡尔·罗杰斯(Carl Rogers, 1902—1987)。

7.1.2 以人为中心咨询发展的四个阶段

根据姆林和拉斯金(Zimring 和 Raskin, 1992,转引自科里,2021, p.162)等人的看法,以人为中心疗法的发展分为四个阶段。

第一阶段及代表性事件

第一阶段是在20世纪40年代,以《咨询和心理治疗:实践中的若干新概念》的出版为标志。1939年,罗杰斯的处女作《问题儿童的临床治疗》出版,这本书集合了他在罗切斯特的12年里根据大量的实践工作得来的经验与观点。受到杜威的教育思想"以儿童为教学的中心,围绕儿童的活动组织教学"的影响,他对治疗工作有了新的认识——可以依靠当事人来指引治疗过程。1940年,罗杰斯在明尼苏达大学学术报告厅做了题为"心理治疗中的若干新观点"的演讲,他直接批评了传统心理治疗的做法,尤其指出治疗师在治疗中直接给建议和劝告的做法非常不可取。这篇演讲文章发表出来后引起了学术界两极分化的反响——高度赞誉和严词批评共存。罗杰斯将他的这些理念进行整理,形成了《咨询和心理治疗:实践中的若干新概念》一书,于1942年出版。在书中,罗杰斯提出了一个关键思想:当事人比咨询师更了解他们内在的自我,他们应该在治疗中发挥更大的作用,要由当事人来指导治疗过程,才能取得更好的疗效。针对当时心理咨询和治疗中由咨询师主导一切的倾向,此时的罗杰斯体系被称为"非指导性治疗"。

第二阶段及代表性事件

第二阶段是在20世纪50年代,以《当事人中心疗法》一书的出版为标志。1945年,罗杰斯受聘于芝加哥大学,并建立了一个心理咨询中心。在这里的12年间,罗杰斯与咨询中心的成员们相互合作,民主的氛围让团队充满了多元的视角和新颖的观点。1951年,《当事人中心疗法》出版,这本书包括了咨询中心做的所有研究,罗杰斯称之为芝加哥大学心理咨询中心所有人共同努力的结晶。罗杰斯提出,要调动当事人的主观能动性,发掘其潜能,不主张给予疾病诊断,治疗更多地是采用倾听、接纳和理解的方式,即以当事人为中心或围绕当事人开展心理治疗。这本书是对前一本书《咨询与心理治疗:实践中的若干新概念》的深化和扩展,涉及的领域更加扩大。在此期间,很多专业学者和期刊开始积极地看待罗杰斯提出的"以当事人为中心"的治疗体系,其中的基本主题——治疗关系,也逐渐成为研究者关注的中心。1956年,美国心理学会(APA)授予罗杰斯杰出科学贡献奖,这个奖意味着美国心理学界公开承认并赞赏罗杰斯所做的工作以及他提出的新观点。

第三阶段及代表性事件

第三阶段是在20世纪60年代,以罗杰斯的《论成为一个人》一书的出版为标志。1957年,罗杰斯发表了《治疗中人格改变的充分必要条件》一文,这是一篇重要的论文,因为它明确地把治疗关系放在了最重要的位置,并提出了治疗关系的一些条件。同年,罗杰斯为了实现更远大的抱负,辞去了芝加哥大学的职务,来到母校威斯康星大学,任心理学和精神病学教授。这个时候他开始有意识地检验人格改变的充分必要条件的假设是否适宜于治疗严重的心理障碍患者。虽然实验研究未能成功,但罗杰斯却因为《论成为一个人》一书而声名远扬。这是他最为轰动的一本著作,由多篇独立论文集合而成,是罗杰斯在1951—1961年的十年间陆续完成的。这本书的重点在于"成为一个忠于自我的人"。他感觉在心理治疗领域没有多少有共同语言的人,他想将他的思想带出专业圈子,让那些关心人的生存价值,因为现代生活中人与人的疏离而迷失了自我的普通人也能从中获得启发,走出困境(江光荣,2021,p. 36)。

第四阶段及代表性事件

第四阶段是从20世纪70年代开始,也就是"以人为中心疗法"阶段。1963年,罗杰斯辞去了威斯康星大学的职务,来到了加利福尼亚南端的一个名为拉霍亚的海滨小镇,应邀在这里的西部行为科学研究所(BSI)工作。直至罗杰斯1987年去世,他在这里工作长达23年之久。在研究所的日子里,罗杰斯对团体活动产生了强烈的兴趣,积极投身"会心团体"的热潮中,并于1970年出版《卡尔·罗杰斯论会心团体》一书。到20世纪60年代末,罗杰斯的名字在美国已经家喻户晓。随着罗杰斯的影响日益扩大,晚年罗杰斯的兴趣也从心理治疗扩大到社会和普通人生活的各个方面,"当事人中心疗法"体系已经无法涵盖罗杰斯的全部思想。于是在1974年,罗杰斯将此疗法进一步延伸,改称为"以人为中心疗法",进一步突出当事人是心理发展过程中潜能未尽发挥的正常人,治疗本身就是协助当事人认识和了解自我、发挥潜能。在罗杰斯看来,以人为中心已经不仅仅是一种心理治疗方法,而是一种人生哲学,是指引个人、机构和社会乃至国家活动的哲学(江光荣,2021,p. 40)。同时罗杰斯所提出的良好的咨询关系,也进一步拓展为助益性关系,不仅适用于咨询师与当事人,也适用于老师和学生、家庭成员以及上司与职员(罗杰斯,2004,p.35)。

罗杰斯于1987年2月去世,享年85岁。罗杰斯去世后,心理咨询和治疗领域发生了一个历史性的转变,传统上不同流派各执一词的格局逐渐淡化,折中主义和整合学说逐渐受到重视。尽管人本主义思潮的鼎盛时期已经过去,以人为中心疗法的影响有所衰弱(江光荣,2021),但总体而言,它仍是当今世界上地位比较稳固、影响很大的治疗流派之一。

7.2 以人为中心咨询的基本理论

卡尔·罗杰斯作为西方现代心理学领域的第三思潮——人本主义心理学派最有影响的代表人物之一,在心理治疗实践和研究的基础上,逐步形成了独具特色的"以人为中心"的心理治疗理论。罗杰斯认为人的本性是积极且富有建设性的,人天生就有自我实现的趋向,并且机体评估过程总是与实现趋向一致。现象场是每个人独一无二的主观经验世界,而自我是从一个人的现象场中分化出来的一部分,它是自我意识与自我评价的统一体。当经验中存在与自我不一致的成分时,个体会感到自我受到威胁,因而产生焦虑,进而会运用防御过程(歪曲、否认等)对经验进行加工。若个体无法通过防御过程使经验与自我概念协调,就会出现心理适应障碍。因此,心理适应问题的根源在于个体自我中那些无效的、与其本性相异的自我概念。而治疗的目标在于"去伪存真",帮助当事人分辨价值条件,重启机体评估过程,找到真实自我,成为机能充分发挥的人。

7.2.1 人性观

人有自我实现的倾向

罗杰斯假定实现趋向是人身上一种最基本的、统筹人的生命活动的驱动力量。他认为,实现趋向是一切有机体的共有属性,任何生物天生就赋有的、体现生命本质的东西。关于实现趋向,最充分的表述是"朝着充分发挥机能的方向前进"。就好像阴暗潮湿的地窖里的土豆,哪怕得不到任何滋养,仍拼死向着有光的地方发芽。任何生物都拥有这样的生命力——努力生存、积极向上的倾向。对于每个人来说,实现趋向就是要将遗传物质赋予的所有天赋潜能充分发挥出来,发挥程度越高,自我实现就越充分。而所有这些发挥都是具有方向的,这个方向如罗杰斯所说,是积极的、建设性的、朝向自我实现的、朝向成熟成长的、朝向社会化发展的(罗杰斯,2004,p.24)。每个人都有对生的渴望,想要成为更好的、更加优秀的人,过上自己期待的生活,这是存在于每个人身上的潜在驱动力。就好像很多身处困境的人,哪怕饱经创伤、漂泊流离，依然尽自己最大努力和能力生活着，并热爱着生活。来咨询中求助的当事人也具备这样的实现趋向和对美好生活的渴望，可以说正是因为有了这样的动机，当事人才能促使自己主动寻求帮助，走出困境。罗杰斯也提到，在州立医院住院部的精神病人会像地窖里发出苍白的芽的土豆一样，哪怕他们的成长环境那样恶劣，他们的行为在旁人看来那样怪异和扭曲，但他们身上也依然具备实现趋向，他们在以其唯一可行的方式奋斗着，趋向成长和成人(罗杰斯，2014，p.91)。

人拥有机体评估过程

前面提到每个人都有自我实现的趋向，但我们如何才能自我实现呢？罗杰斯认为，我们可以通过机体评估过程找到答案。个体在成长过程中与外界环境发生互动，并不断地对互动中产生的经验进行评价，这种评价不依赖于某种外部的标准，而是通过"机体评估过程"来评价什么是好的，什么是不好的。在人身上，这种机体评估的直接体现形式是感受或体验。"只要某项活动感觉好像是值得去做的，那么它就是值得去做的。换句话说，我体会到，我对某种情景的总体上的机体感觉比我的理智更加值得信赖……'跟着自己的感觉走'。"(罗杰斯，2004，p.20)例如，当你在做一些事情或处于某些情境时，如果体会到了满足、自信、成就感、兴奋、创造力等，那么这些感觉就是在提示这可能是适合你生存发展的自我实现之路。相反，当做另外一些事情时，觉得挫败、无助、厌烦、痛苦、死气沉沉，则可能是在提示这些事情可能不太适合你，结果你会倾向于回避和拒绝。因此，如果每个人都能信任自己的感觉，依照其指引就能够自我实现。

人性基本可以信赖

在心理治疗中，很多当事人都具有一定的人际交往障碍和人格缺陷，也总是存在着加以掩饰的敌意和反社会倾向，以至于有人将人的劣根性看作人根本的天性。但罗杰斯在长期研究和临床实践之后得到了一个新的观点，即这些野性的和非社会化的情感并不是人最深层的、最强烈的情感，人性最深层次的部分在本性上是积极的，从根本上是社会性的，是向前运动的，是理性的，是现实的，并且是可以信赖的。也就是说，如果把一个人放进社会中，与环境中的他人相互作用、发生关系，那么可以相信他的反应是积极的、向上的、建设性的。当他对自己的经验全都趋于开放时，他自然而然就会做出更高层次的理性的选择，会知道哪些对自己而言是更好的、更现实的。罗杰斯说："我们不需要追问谁可以使他社会化，因为他最深层的需要之一就是与他人建立联系和沟通……我们也不需要追问谁能够控制他的攻击性冲动，因为当他对自己的所有冲动变得更加开放时，他对被他人喜欢的需要和付出情感的倾向将会像他的攻击冲动一样强烈。"(罗杰斯，2004，p.180)。

7.2.2 自我理论

自我概念

罗杰斯认为自我概念是指当事人如何看待自己,对自己总体的知觉和认识,是自我知觉和自我评价的统一体,主要包括以下四个部分(罗杰斯,2013, p. 367)。第一,对自己性格和能力的知觉。例如,"我是一个内向的人","我什么都做不好"。第二,对自己与其他人以及环境的知觉。例如,"没有人会喜欢我","我在宿舍里待着感觉呼吸都困难"。第三,被觉察和体验到的与客体相联系的价值质量。例如,"我所做的工作非常枯燥、毫无意义"。第四,被认为有正性或负性价值的目标和理念。例如,"如果我不好过,别人也别想好过","我要不惜一切手段拿到第一名"。

刚出生的婴儿没有自我与他人的区分,一切都是混沌一片的,孩子并没有"我"的概念。自我概念是在个人与他人和环境的相互作用中形成的。自我概念的核心是一套评价标准,用一套评价标准来评价自己,于是会产生各种满意或不满意的结果。这一套自我评价标准主要有两个来源。一个是来自内部的机体经验,若这些经验产生满足、愉快的情绪,那么个体就认为这是积极的;若经验让其感到悲伤、痛苦,那么个体就将这些看作消极的。因此,快乐就是快乐,悲伤就是悲伤,个体对经验是开放的、坦诚的和不加掩饰的。在这些经验中,个体形成的对自我的看法和评价也是黑白分明、非常真诚的,这就是以人为中心理论所说的真实自我。另一部分的自我评价来自外部,即价值条件。

价值条件

价值条件从何而来呢?由于婴儿无法独立成长,早期需要依靠养育者提供保护和抚育,因此他们为了生存,必须让父母喜欢自己,也就形成了积极关注的需要(the need for positive regard)。积极关注的需要也就是需要别人对自己认可和喜爱。在孩子成长的过程中,需要从父母那里获得积极关注,家长则握有是否给予孩子积极关注的权力。为了让孩子更听话,更符合自己的心意和迎合社会价值,家长开始有选择地对待孩子,即家长开始有条件地给予孩子积极关注,什么行为可以得到关怀和尊重,什么行为会受到忽视和惩罚,这些条件体现了父母和社会的价值观。对孩子而言,为了获得父母的积极关注,他们开始有区别地对待自我经验,某些行为得到了父母的关注,那么就继续保持;对另一些不被允许的行为,就选择回避。这个时候,孩子就习得了价值条件(conditions of worth)。罗杰斯认为,当外在的价值条件进入自我概念后,当事人就不再能开放地面对经验以及依靠机体评估来行动,而是需要根据价值条件来有选择地面对经验,这是一件非常悲哀的事情,也是儿童发展过程中必然经历的。下面举一个例子来描述价值条件进入自我概念的过程。

一个孩子到处涂鸦,玩得很开心。这个时候他的母亲告诉他:"你怎么又不听话啊,把家里弄得乱七八糟的,你再不听话,我就不喜欢你了啊。"

这句话就是一个价值条件,孩子能否被妈妈喜欢取决于一个前提条件——他听不听话。对于这个小男孩而言,妈妈的爱和自己愉快的玩耍体验发生了冲突,二者只能选择其一。对于小孩而言,妈妈的爱自然是最重要的,所以他可能需要否认或扭曲刚才玩耍的体验来换取妈妈的爱,比如,涂鸦是不好的,听话才是对的,这就是一个价值条件进入个体自我概念的过程。一旦价值条件进入自我概念,他就不会觉得是妈妈让他听话了,而会觉得是他自己要做一个听话的孩子。在上面这个例子中,涂鸦也可以换成吃饭穿衣、行为举止,以及后来的学习、工作、与人交往等各种情景,而妈妈的爱也可以换成老师的表扬、领导的欣赏、社会的认可等各种形式。通过同样的方式,在每个人的成长过程中无数的价值条件被内化,这也是社会化的一个过程。

心理失调的实质

在日常生活中,当出现一种与个体的自我概念(包括在其中的价值条件)相冲突、不一致的经验时,个体会感受到威胁,因为这种新的经验挑战了原来稳固的自我结构。举例来说,如果一个孩子的自我概念中包括"我很爱我的妈妈""子女应该尊敬父母,听父母的话"等价值条件,而在他成长过程中,他发现自己时常会因为母亲的冷漠而沮丧,会因为母亲的辱骂和虐待而恐惧,还会在突然之间冒出"如果妈妈就这样消失就好了"的想法(自我经验)。这些经验都可能会让这个孩子感受到威胁,因为这些经验和原来自我概念中的价值条件发生了冲突,从而产生了焦虑。为了维持自我概念的完整与一致,个体会启动自身的防御过程(process of defense)。这一过程主要有三种形式:(1)忽视——只允许那些与自我概念相一致,或对自我概念不构成矛盾的经验被意识到;(2)歪曲——将与自我概念不一致的经验从认知上予以部分或全部歪曲,使之在总体上与自我概念一致;(3)否认——否认经验的真实性(罗杰斯,2013,p. 368)。罗杰斯在防御过程这一部分基本认可精神分析学派关于心理防御机制的观点,但罗杰斯有一个新见解,即一些精神病性的症状,如妄想、幻觉等,实际上也是防御的表现形式(江光荣,2021)。

心理失调(incongruency)的实质是自我概念与经验之间的冲突与不协调。因此,几乎所有人都会体验到心理失调,只是程度轻重有差别。失调程度较轻的人对经验较为开放,更少去否认和歪曲经验,而失调程度严重的人则相反。对于大多数正常人而言,能够将自我概念与经验的关系维持动态的平衡:尽管与自我概念不一致的经验频频出现,但人们可以通过防御过程来将自我维持在一个相对完整和稳定的状态,从而使自我不会受到真正的威胁,因此他们的焦虑会降低或消除,不会产生很严重的烦恼。但当个体的防御手段失效,那些与自我概念不一致的经验最终还是突破重围进入了意识,就会使个体出现紊乱。当经验和自我概念不一致的程度非常严重时,最终会导致自我的解体,出现"神经症性"的适应问题。这个时候个体面对内在矛盾束手无策、无能为力,自我将不再能发挥其机能。

7.2.3 治疗过程

治疗目标

以人为中心疗法将治疗目标分为两个方面:一是人格结构上的改变,是一个人的人格更为整合、使自我发生建设性变化的过程;二是行为上的改变,是一个从不太成熟和异常的行为向成熟且适应社会的行为转变的过程(Rogers,1957)。自我的建设性变化意味着自我概念中的价值条件减少,以及无条件的自我关注增加。简而言之,以人为中心疗法的目标可以概括为"去伪存真"四个字。"伪"是指从外界进入到当事人自我概念里的价值条件,"真"是与当事人机体体验一致的真实自我(江光荣,2012,p.270-271)。罗杰斯常用"变成自己""从面具背后走出来"这样的话来表达以人为中心疗法的治疗目标。以人为中心疗法就是咨询师提供无条件积极关注、共情、真诚等助长条件,帮助当事人分辨价值条件,重启机体评估过程,找到真实自我,成为机能充分发挥的人的过程。

当事人在咨询中变化的七阶段

罗杰斯认为当事人在咨询过程中人格的变化是一个连续谱,当事人在从固定到流动变化的过程中处在连续谱不同的位置上,他将这个变化的过程分为七个连续的阶段(罗杰斯,2004,p.121-143)。

第一阶段

第一阶段的当事人的个人体验是僵化和冷漠的,此时当事人不会主动来寻求治疗。他不承认或没有意识到自己的问题,并缺乏改变自己的动机和意愿。另外,他不接受情感和个人的意义对自身的重要性,并且经常用非黑即白的思维模式来看待问题。

第二阶段

第二阶段的当事人以外化的方式表达自己,包括体验、问题和自我,不少当事人是在这个阶段来咨询的,但咨询的成功率并不高。此时当事人与咨询师相互接受,能谈论自我以外的一些问题,但常推卸责任。

第三阶段

第三阶段的当事人能够流畅地谈论自我的情况和情感问题,但大多数以过去的情感为主,对经验的解释仍是刻板的。罗杰斯认为,大多数初次来咨询的当事人就处于该阶段,且这一阶段会在咨询中停留相当长的时间。

第四阶段

第四阶段的当事人完全、真正地接受咨询师,能更自由地流露个人情感,过去体验更真切,偶尔谈论当下情感,可以承认自我的矛盾,并体现出对问题的自我责任感。

第五阶段

第五阶段的当事人虽仍有恐惧感,但可自由表达当前的情感,解释方式更加灵活,出现新的领悟。并且能够日益清楚地正视矛盾与不协调,对问题的责任感增强。

第六阶段

第六阶段的当事人已有丰富的情感体验,自我由不协调变为协调。作为客观对象的自我逐渐消失,自我就是目前的情感,就是瞬间的存在。

第七阶段

在第七阶段中,当事人能够生活在自己的情感中,能够自如地进行自我交流,并在与他人的交往中自由地表达自己。他变得清晰、灵活、新颖、新鲜和开放。

概括的咨询三个阶段及其特征

罗杰斯所划分的七个阶段理解记忆起来并不容易,对大多数新手咨询师来说不好掌握,因此,这里将罗杰斯的七个阶段简要划分为疏离僵化、松动混乱、充分体验三个阶段,每个阶段分别从情感、认知、行为和关系这几个方面来描述。

疏离僵化阶段及其特征

(1) 情感方面

这一阶段的当事人基本体会不到太多的内心感受,感受要么完全被屏蔽,要么非常单一。在旁人看来,他们显得十分冷漠,而他们自己也不接受甚至不承认情感对自身的重要性。当事人的生活主要是靠认知和事情主导,很少交流情绪和感受,甚至认为"情感没有任何作用,不能解决任何问题"。尤其是对悲伤、自责和愧疚等消极情绪,他们会觉得处理这些情绪非常浪费时间并且毫无意义。

(2) 认知方面

他们的思维也比较僵化,体现为很容易将事情绝对化,评价的标准非黑即白,所以发生了一件事后,很容易做出判断,而且深信不疑,不容易改变。这种僵化的认知不仅是对事情的加工,最终也会影响到对自我的评价。比如,当事人认为男性就应该坚强,不能显得脆弱,他不但会用这个标准评价别人,也会用来评价自己,而自己一旦不达标,就会非常沮丧。罗杰斯认为,这就是将自我当作一个客观对象来看,自我就像一个物件,可以用各种固定的标准来衡量,而且自我还是一块铁板,难以通融。在咨询中也有很多当事人因为达不到自己的标准,就觉得自己一无是处,或者是将某些外在目标当作自己的全部价值所在。

(3) 行为方面

由于没有太多情感卷入,当事人做事情的执行力很强,这也是当事人的重要支撑。但由于认知上的僵化,当事人做起事来可能有些刻板,缺少灵活变通,特别是很难在模糊情境中做决策。这也让他们不敢创新,不敢尝试新方法,对新东西的接受比较慢。这一阶段的当事人不喜欢变化,喜欢常规的生活,解决问题的办法也十分有限,难以跳出原来的习惯模式。因此,看似少了情感的干扰,但这种僵化的做事方式却使得当事人错过了许多好的发展机会,遇到困难适应起来也更慢。

(4) 关系方面

这一阶段的当事人会在人际关系中经常受挫,因为他们无法体验自己的情感,所以通常也难以觉察他人的情感和需要。有些人因此害怕或拒绝亲密关系,因为他们不知道如何应对。另一些人用行动来表达情感,但难以用语言表达。比如,一位当事人知道妻子心情不好,特地早起为妻子做早餐,但却难以说出一句关心的话。人际关系是影响生活满意度和主观幸福感的重要因素,对人际关系的迟钝和疏离让他们变得更加孤独,并且在遇到人际冲突和矛盾时习惯于将过错推卸到对方身上,不愿意承担责任。

处于疏离僵化阶段的人缺乏对自身问题的自知力,所以一般不会来咨询,即使来咨询,也是因为生活中具体的一些事情需要帮助,比如找不到工作、考研困难等。在咨询中,他们更多地是描述所发生的事情,而很难描述自己当时的感受,他们的咨询目标大多是希望咨询师帮助其解决问题。

松动混乱阶段及其特征

(1) 情感方面

在咨询师提供的助长条件下,当事人原来铁板一块的壳开始松动了,开始体会到自己的情感,并尝试表达。但这些情感的体验还比较抽象,只能用一些概括的情绪形容词来描述,比如"我很难受",并且表达的情感大部分是过去的,比如"小时候我老是一个人,很孤独"。当事人还是会把情感当作客观对象来看,比如"只要是我有压力,抑郁就会出现"。他面对情感的态度一方面觉得新鲜、想尝试,另一方面感觉仍有很多限制,不能自由流动,依然会害怕情感。在这一阶段,当事人一边想体验情感,一边又想控制情感,对于未知的情感有种莫名的恐惧。此时,咨询师需要进行示范,并陪伴在当事人身旁,及时共情当事人所表露的各种情感,帮助当事人接触更多的情感。一旦有更多的情感被体验到,这些各式各样的情感难免会与当事人好不容易构建起来的井然有序的内部世界相互冲突,并产生混乱。许多情感相互冲突,当事人对此无法控制,而另一些之前一直被压抑的情感被暴露出来,引起当事人的恐慌,使其不知如何面对。最后,当事人开始慢慢习惯这种有点混乱的状态,并进一步开放,体验自己的情感。

(2) 认知方面

当事人之前一些深信不疑的观念开始松动，变得没有那么绝对化，有更多的想法出现，但与此同时也就带来了更多的不确定性。对许多事情的判断不会是非黑即白那么简单，会考虑到更多的因素和不同的方面，但他们仍然希望有一个确定的答案，不过他们也意识到这好像已经变得非常困难，所以会比之前有更多的困惑。他们对自己的评价也开始松动，不再将自己全然当作一个外物，可以体验到自己，可以看到自己不同的一些方面，可以体会到自己是可以重新建构的。原来的自我概念不断被各种新的体验和信息修正，越来越丰富。也是因为如此，对自己的评价会变得不稳定，常常困惑自己到底是个什么样子。对自己仍然有许多不满意，因为觉得自己无法达到某些自己设定的标准。此外，开始思考一些关于自己和生活的更深层次的问题。

(3) 行为方面

由于情感和认知上的冲突和困惑，当事人做事的效率可能受到影响，他们会将心思更多地放到探索和理解自己身上。当事人开始反思之前做事的一些方式，想尝试一些新的方法，有时能行有时行不通，但关键是有了尝试的勇气。遇到问题时思路更多、更灵活，在一些模糊情境中偶尔尝试用直觉来做判断。对控制的需求降低，对变化更能接受，似乎这是一种新的挑战。正是有了更加开放的心态，可能会把握一些新的机会，开创新的局面。

(4) 关系方面

由于当事人能够进行更多情感的觉察和表达，与他人的关系逐渐变得更加亲密，但也同样由于情感的出现，他们会体会到更多的人际冲突，发现更多的问题。他们对亲密关系的态度更加接纳，不那么害怕，希望尝试。他们越来越看重关系，能意识到关系对自己的重要性和影响，愿意为关系投入更多情感。

绝大多数当事人是在松动混乱阶段进入咨询的，因为他们有了各种各样的症状，有困惑、有痛苦。这也是整个咨询中最长的阶段，当事人需要非常多的时间在这个阶段学习、适应一种新的体验方式，他们需要大量时间谈论情感，谈论自我，谈论体验。在这个新的学习过程中，一方面会不断有新鲜的体验，另一方面也会伴随大量的冲突和困惑，造成阶段性的混乱状态。一些当事人甚至因为无法忍受这种冲击而选择放弃咨询。咨询师在这个阶段要做大量工作，利用无条件积极关注让当事人卸下防御，运用共情撬开当事人坚硬的壳，让其体会到情感的流动，还要用真诚打动当事人，为其示范这种新的生活方式。如果当事人能坚持下来，就有可能发生人格的改变，看到一个全新的自我。

充分体验阶段及其特征

(1) 情感方面

这个阶段当事人的情感被充分地体验和表达，那些情感的阻碍越来越少，情感可以自由流淌。最明显的特点就是当事人表达的此时此刻的情感越来越多,如"我流泪是我觉得我这几年太委屈自己了";情感的表达越来越生动,如"我觉得我的内心是块木头,硬邦邦的","好像有个罩子把我罩起来了,我感觉不到其他人的存在";可以表达对咨询师的当下情感,如"你这么关心我,我很感激,也很困惑,不明白你为什么要这么对我"。当事人处在体验之中,而不是仅仅谈论情感。他们对情感的态度不再是害怕,而是接纳与信任。之前觉得情感如洪水猛兽,里面一定蕴藏着破坏性的力量,现在当暴风骤雨过后,反而觉得里面蕴含的是智慧,愿意跟随,会时常因为体会到新的情感而兴奋开心。

(2) 认知方面

当事人用于规范自己的框架越来越少,越来越灵活与开放。对事物的认知不再有绝对化的评价,能够接受各种可能,可以是白的也可以是黑的,还可以既白又黑。他们意识到相互矛盾的认知可以并存,同时对不确定性的忍受力越来越强。基于这种开放性,他们对事物的认识更遵从于其本来的样子,而较少受预设的干扰。他们对自己的认知也更加基于当下的体验,而非某种固定的结构和评判。因为他们认识到新的信息随时随地都会出现,所以对自己的认识也会随时调整,变得更加丰富。此时当事人经常出现各种新颖的领悟,其思维方式也不断扩展。

(3) 行为方面

当事人做事的效率提高了,也喜欢尝试新的方法,对各种新鲜刺激都能保持开放,愿意接受挑战。他们更多地听从自己内心的感觉和经验行动,依据机体评估过程逐步实现自我价值,个人的创造性在此时能够得到最大程度的发挥。在咨询中,当事人对自己遇到的问题常常能够提出让人意想不到的解决方案。在生活中,当事人能够找到机会充分发挥自己的才能。

(4) 关系方面

当事人能够在人际交往中放松、自然,既能完全呈现自我,又能充分觉察他人的需要。当遇到不一致和矛盾时,能充分意识到和表达自己的需求,能用即时的方式沟通,情感交流充分且深刻,此时绝大多数的关系中的问题都能被及时化解。当事人与周围的人保持着相当和谐的状态,很像孔子所说的从心所欲不逾矩的境界。

通常到了充分体验阶段,早期咨询就结束了。在这个阶段,咨询师基本不用做太多工作,当事人可以自己在这样一个方向上向前发展,直到最后成为功能充分发挥的人。这是一个漫长的过程,和马斯洛所说的自我实现的人一样,罗杰斯所说的功能充分发挥的人也是少数人。

功能充分发挥的人

罗杰斯所提到的功能充分发挥的人的特点,也被描述为对过上美好生活的看法,包括：对经验日益增长的开放性，日益提升的存在性的生活，对机体日益增长的信任，更加充分地发挥机能的过程(罗杰斯，2004，p. 171-172)。这些特点与前面描绘的当事人在咨询变化阶段中的充分体验阶段是一致的。

对经验日益增长的开放性

罗杰斯最看重的是对经验的开放性。很多当事人在面临外界威胁时，倾向于有意识地将自己的体验和感受封闭或歪曲，从而保护自己。而经验的开放性意味着当事人对自己身体内部的感觉、自己的情感体验、外界各种环境刺激的敏感与如实接纳，在这个过程中经验较少受到阻碍与扭曲。这是一个逐渐远离自我防御，向着对经验的开放性而转变的过程。"他对自己的恐惧、沮丧以及痛苦的情绪更加开放，他也对自己的勇气、软弱以及敬畏的情感更加开放。他能在主观上自由地体验内心的感受，并能够自由地意识到这些感受。他越发能够充分地体悟他的机体经验而不是把它们拒之于意识的大门之外。"(罗杰斯，2004，p. 174)

日益提升的存在性的生活

日益提升的存在性的生活(increasingly existential living)，这里的"存在性"指的是"活在当下"的经验，是充分地体验当下的感受，投入当下的活动中，不评价和控制自我的过程(江光荣，2021，p. 80)。美好生活的最佳状态是一个流动、变化的过程，其中没有什么是固定不变的(罗杰斯，2004，p. 24)。如果当事人能充分地向新的经验开放，并且对这些经验不加防御，那么对他来说每一个瞬间都会是崭新的，而充分生活在存在的每一个瞬间里，就是对美好生活的最好诠释。因为身处具有流动性的存在性生活之中，所以当事人的自我和人格是从经验中显现出来的，而不是由预先设定的自我结构得出的。当事人不再将某种固定的自我结构强加于经验，而是用经验来表现自我。比如，这一刻当事人对父母感到愤怒和怨恨，但同时他又知道他们是自己最在乎最关心的人；当事人一方面觉得父母不了解自己，同时又担心他们的身体，有时非常想念他们，很想给他们打电话，但又不知道说什么等。这个此刻的自我包括了许多不同的经验，这些经验之间可能还是相互冲突、相互对立的，所有这些经验构成了当下的自我。当下如实的经验就是真实的自我，如果一段时间后经验发生了变化，那么下一刻的新的经验集合就是下一刻的自我。

对机体日益增长的信任

我们依靠什么来指引自己做出选择呢？大多数人会依靠父母、老师的建议和忠告，法律和道德的约束和要求等。罗杰斯认为，如果当事人对经验开放的程度不断增加，做"感觉正确"的事情，他们就能够日益信任他们的机体会在新的情景中做出真正令人满意的行为选择。当然，当事人的机体不可能达到绝对的正确无误，但由于当事人对经验一直保持开放，那些错误的、令人不满的行为会很快得到纠正(罗杰斯，

2004, p. 176－177)。对经验的全然开放的前提是对人性的信任。人们之所以会屏蔽一些经验是因为觉得这些经验不好,让人害怕,具有破坏性,就像觉得内心某处藏着一个潘多拉的魔盒,不能打开,需要严加防范。而罗杰斯认为人虽然有攻击、敌意、自私、贪婪、恐惧等特点,但同时也有善意、友爱、勇气、克制等品质,如果个体能充分体验所有这些情感与需要,它们就会相互制约平衡,最后的结果一定不是破坏性的。

更加充分地发挥机能的过程

罗杰斯将上述体验美好生活过程的人所具备的三条特征概括为:更加充分地发挥机能的过程。机能充分发挥的当事人对自己的体验完全开放,不做任何预先的限定,让内外部的各种刺激和信息充分进入,然后凭借机体的智慧对信息进行加工并做出决策。因为这个过程最大限度地利用了所有可用信息,所以也是当下能做出的最好决策。他能够更多地信任自身的这种机能,虽然有时因为一些情况,比如信息不全或有偏差,最后的结果会出错,但由于他对经验保持开放,一旦出错,很快就会发现,然后加以纠正。当事人的所有机体功能都参与了这一过程,充分发挥作用,能够完全沉浸在个人形成的变化过程中,更加充分地活在生活的当下瞬间,并且认识到这就是人生最美好的生活(罗杰斯,2004, p. 178)。

在以人为中心疗法中咨询师提供助长条件,基于这样的一种咨询关系,当事人僵化的体验开始松动,开始不断扩展自己的体验,将之前压抑的、不能接受的、没有觉察的经验进行充分体验,并对内外部的经验保持开放,让这些经验得到充分加工,从而成为功能充分发挥的人。没有了各种限定约束,当下这个开放的、自由流动的自我,也就是真实的自我。罗杰斯关于功能充分发挥的人的描述显然不仅适用于咨询中的当事人,也适用于所有的人,包括咨询师。罗杰斯所说的助长条件,也不只存在于心理咨询室内,同样可以推广至人与人之间的日常交往中。

7.3 以人为中心咨询的基本技术

很多咨询理论流派很看重影响性的技巧,但罗杰斯并不看重这些技术,与"技术至上"相反,罗杰斯强调的是"态度至上"(江光荣,2021, p. 188)。以人为中心疗法的咨询策略和技术的重点在于创造一种良好的关系氛围,使得当事人能够自由地探索内在的感受。咨询师将自己作为一种工具,把整个人投入到关系中,通过表现咨询师本身的态度,即无条件积极关注、共情和真诚来建立所需要的咨询关系。这三个要素是治疗改变的助长条件,若能实现就能创造出一种具有治疗效果的咨访关系。以人为中心的治疗理论把咨询师和当事人之间的关系转换为人与人之间的关系,充分尊重当事人个人的人格和尊严,以当事人为中心,建立一种关怀、宽松、理解的氛围,使当事人能够自我探索、自我理解并且自我成长。

7.3.1 助长条件

咨询师在咨询中能做的最好的工作是创造一种氛围,一种能够让当事人(也包括咨询师自己)不感到威胁和限制,能够自由地感受情感、探索自我的氛围,其首要条件是建立、发展和维持咨询关系。

咨询关系的重要性

罗杰斯在 1957 年发表了《治疗中人格改变的充分必要条件》一文,提出咨询关系是治疗中人格改变的充分必要条件,即只有关系才能产生治疗效果,有治疗效果也必然是咨询关系所致。"若这六个条件存在,那么当事人就会发生建设性的人格改变。如果缺乏这些条件中的一个或多个,建设性的人格改变将不会发生。这些假设适用于任何情况,无论它是否是'心理治疗'。"(Rogers, 1957)罗杰斯在这篇文章中罗列了六个条件,认为它们是心理治疗的充分必要条件,后来进一步的研究和实践使其中三个条件分离出来受到特别的重视,也就是后面所提到的三个关系要素(江光荣,2021,p.147)。罗杰斯认为决定一段关系是否具有助益性可以从两个方面进行阐述,即咨询师自身的态度和情感,以及当事人对双方之间关系的感受(罗杰斯,2004,p.40)。具体而言,态度是指咨询师能做到无条件积极关注、共情与真诚,同时咨询师的上述态度要被当事人体验和感受到,这样就能创造出这样一种具有治疗效果的咨询关系。

三个关系要素

在罗杰斯及其同事和学生的推动下,从 20 世纪 50 年代到 70 年代,检验人本主义咨询关系的治疗效果成为心理治疗研究领域最为重要的研究主题,积累了大量的研究成果。20 世纪 70 年代有研究者对这些研究进行回顾和分析,得到的结论是,罗杰斯提出的这三个关系要素和治疗效果呈正相关,即在咨询过程中无条件积极关注、共情、真诚越多,治疗效果越好。不过,只要有咨询效果就一定会有这三个条件的相关证据不太充分(Lambert 等,1978),即罗杰斯提出的咨询关系是治疗改变的充分必要条件没有得到研究的完全支持。因此,后来的学者们更倾向于称这三个关系要素为治疗改变的助长条件(facilitative conditions)。

7.3.2 无条件积极关注

无条件积极关注的定义

无条件积极关注(unconditional positive regard)也被称为"关怀""尊重"等。它指的是咨询师不以评价的态度对待当事人,不依据当事人行为的好坏来决定怎么对待当事人。"无条件"这一限定语很重要,罗杰斯说,"无条件"意味着要从整体上接纳对方,对当事人的那些阴暗、痛苦和脆弱的消极体验,就像对待当事人的愉悦、自信和满足等积极体验一样加以接纳;对他自己不认可和不能接受的部分,也如同对他身上所拥有的建设性的部分一样加以接纳。无条件积极关注不是狭义的"喜欢",而是一种"大爱"。江光荣认为无条件积极关注与儒家的"仁"很接近,孔子对"仁"的解释是"爱人"(《论语·颜渊》)。仁是一种大爱,不是有选择的对某个特定的人的爱,而是"泛爱众",是博施之爱(江光荣,2012,p.98)。

无条件积极关注的非评价特点

无条件积极关注的核心是非评价。面对当事人的感受、想法和情绪,咨询师抱持着接纳的态度,即使这些想法和感受是消极负面的,或者是咨询师不赞成的,与咨询师原本的价值体系相冲突的。我们每个人无时无刻不处于评价的环境中,处在外在评价的奖励或惩罚的压力之中。罗杰斯认为,外部评价无法促进个人的成长,反而会强化当事人有条件的价值感。咨询师对当事人的表扬有时候也是一种评价。从长远来看,一个积极的评价和一个消极的评价一样,都具有威胁性。因为咨询师告诉当事人"表现好",同时也暗示着咨询师有权力评价当事人是糟糕的。咨询关系要尽量远离判断和评价,无论当事人呈现什么,好的或坏的,咨询师要始终如一地保持接纳态度,使得当事人解除被评价的外部威胁,慢慢放松下来,更多地将注意力放在自己的内心体验上,学着进行内在评价。这样可以帮助当事人了解到评价的焦点和责任的核心都在于他自己。他的经验的意义和价值最终要由他自己来负责,无论多少外在评价也无法改变这一点,这样可以使他获得自由,成为一个自我负责的人。

对事不对人

非评价并不意味着咨询师完全不能有自己的态度、倾向和评论,只不过要注意的是咨询师的态度是对事不对人的,即在这件事上咨询师不认可当事人的做法,但同时又不会因此而否定当事人的整个人和价值,这样咨询师仍然保持了对当事人的无条件积极关注。例如,当事人是监狱里的罪犯,他很有可能是穷凶极恶、毫无道德感的人,这个时候咨询师可以尝试把事和人分开。罪犯现在被关在监狱就是为其犯罪行为付出的代价,咨询师可以谴责他的犯罪行为,但当和他谈话的时候,不要忘了他还是一个完整的人。他有各种情感,除了罪犯之外还有其他各种身份,说不定还有一些好的品质和优点,所以你是在和一个与你一样的人说话,而不是一个罪犯,那只是一个标签,你永远无法和一个标签建立情感联结。

7.3.3 共情

共情的定义

共情(empathy)也被翻译为同感、同理心。在心理咨询中使用共情概念始于罗杰斯，罗杰斯认为共情就是咨询师体察当事人内部世界的态度和能力。"感受当事人的私人世界就好像感受你自己的世界，但这绝不会失去'好像'这一特点——这就是共情……感受当事人的愤怒、惧怕或迷惑，就好像感受的是你自己的一样，然而你的愤怒、惧怕或迷惑并没有牵涉进去。"(罗杰斯，2004，p. 260)咨询师在共情当事人时，一半是当局者，另一半则是旁观者，在设身处地感受当事人内部世界的同时，也不能失去客观理性的部分，这样才能帮助当事人一起重新看待他所面临的问题。

共情的水平

艾维和艾维(Ivey 和 Ivey，2007，转引自江光荣，2012，p. 95)归纳了多位作者的观点，将共情分为三种水平：基本共情(basic empathy)、加共情(additive empathy)和减共情(subtractive empathy)。

基本共情

基本共情的特点是咨询师的反应跟当事人的表达大致相等，较容易被当事人接受，因为它与当事人意识到的内心活动是一致的。在咨询中咨询师大部分时候对当事人进行的共情都是基本共情。

加共情

加共情的特点是咨询师的反应较之当事人的表达有所增加，往往说出了当事人"心中所有，意(意识)中所无"或"意中所有，语(言语)中所无"的东西。这些内容可能是当事人忽略的，甚至是无意识想要回避的。此时当事人往往会产生一种顿悟、震撼的感觉，认为咨询师"说到了心里""非常懂我""很受触动"。加共情有很强的影响力，但也存在风险，一个是咨询师更容易出错，一个是当咨询师所表达的"意识之外"的部分当事人暂时还无法面对时，也可能对咨询关系造成负面影响。

减共情

减共情就是咨询师的反应较之当事人的表达有所减少，或者有所曲解。咨询师没有理解当事人真正想要表达的部分，站在自己的立场进行评判和分析，直接给建议或者压根就没认真听当事人所说的话。在这种情况下，当事人会觉得咨询师没有理解，谈话会因此受阻，甚至无法继续。我们日常生活中的很多反应都是减共情。

举例与分析

下面举个例子来说明这三种共情水平的差别。

  当事人：我这周打电话给我爸，说我在学校认识了一个女孩，那个女孩怎么好，我怎么喜欢她。结果他听完后说了句，你别整天想着这事儿，学业才是第一位的。

  咨询师(减共情)：你爸这是为你好啊。

分析：咨询师在很大程度上忽略了当事人的感受，站在更高的权威层面劝告当事人，当事人很有可能就不想再进行任何回复了，因为此时咨询师的回应和他身边的朋友或家人没有差别。当事人不说话后，咨询师只好继续说或者提问，但此时已经不是一种有效的互动了。在咨询中，咨询师要避免这样的反应，因为这样会阻碍咨询进程，而且会让咨询师变得很被动。

咨询师（基本共情）：你和爸爸分享了一件对你而言十分重要的事情，但他的反应让你很失望。

分析：这个反应的前半句为释义反应，即重述当事人所说的事实信息，后面半句为情感反映，即回应当事人的情感体验。此时咨询师的回应基本与当事人想表达的内容对等，咨询师的理解使当事人可以继续自我探索。基本共情是咨询师在咨询中的主要反应方式，而且也是咨询师的基本功，要做到非常熟练。

咨询师（加共情）：你和爸爸分享了一件对你而言十分重要的事情，但他的反应让你很失望，好像根本不关心你的幸福。

分析：当事人听了爸爸的话后感觉很失落，但他可能不清楚原因，只有一种模模糊糊的感觉。咨询师在基本共情后面加上的最后半句可能会将当事人心里那种模模糊糊的感觉清晰地符号化，知道为何不舒服，进而扩展了当事人的自我觉察。

共情的方法

共情是一种态度

共情是一种态度，咨询师需要对当事人保持好奇和开放，愿意去理解他。这样咨询师才能做出好的共情反应，当事人也才能感受到这份理解。

语言与非语言的表达

共情需要通过合适的方式表达出来。有时候咨询师心里有很多触动，但无法恰如其分地表达出来，这也会影响共情的传递。在非言语方面，咨询师倾听的姿态、专注的表情都可以传递共情；在言语方面，释义和情感反映是最常用的反应方式。

共情的重点是当事人的情感

很多时候当事人表达的信息很多，而咨询师的反应又要求简洁，此时需要优先关注当事人的情感。因为人的情绪感受是进化保留下来的具有适应功能的本能，相比认知，和人的本性更为贴近。因此，以人为中心治疗通过不断共情当事人的情绪感受来重启当事人的机体评估过程，进而帮助当事人重新找回真实的自我。

留意当事人的反馈信息

必要时咨询师可以直接询问当事人自己的理解是否恰当,以判断当事人是否感到自己被理解了,这样做在很大程度上可以减少错误或纠正错误。

7.3.4 真诚

真诚的定义

真诚(genuineness)有时也被称作"真实""内外的一致性",就是咨询师在咨询关系中"真实地做自己"。罗杰斯曾这样论及真诚:

> 我们已经发现,如果心理治疗师能够真实地存在,在治疗关系中对当事人真诚以待,不加"掩饰",不戴面具,在当下开放地与他自身流动的情感和态度成为一体,那么他就可以促进当事人的变化。治疗师能够开放地体验他自己的情感,他的意识对于情感是开放的,而他自己也能够体验这些情感,并在适当的时候表达这些情感。没有人能够完全达到这种状态,但如果治疗师越能够更多地倾听并接纳他内心正在发生的一切,越能够无所恐惧地体验自己的复杂情感,他的真诚透明的程度就越高。研究发现,正是我们感觉到的这种真诚透明的品性与成功的治疗有关。在治疗关系中,治疗师越是真诚和透明,当事人的人格越有可能发生变化。(罗杰斯,2004,pp. 55-56)

真诚是对咨询师的一种要求,但这并不意味着咨询师需要时时刻刻,不论是在工作中还是在生活中,不论是对当事人还是对身边的其他人,都要做到真诚。这要求太过苛刻,咨询师也无法做到,因为除却咨询师这个身份之外,咨询师也是一个拥有喜怒哀乐和内心局限的普通人。罗杰斯为此做出了澄清,他认为,只要在与当事人进行咨询的这段时间里,咨询师能够真诚地做自己,能够表里如一,就足够了(Rogers, 1957)。

真诚的层次

最内层是感受

真诚的起源是内心的某种感受。一个人要做到对内心感受明察秋毫并不容易,有些有经验的咨询师能够随时觉察当下自己不同的感受,但多数人无法做到。因此,对于新手咨询师而言,觉察自己当下的感受,尤其是负面的感受是十分重要的,我们需要进行一定的刻意练习,和自己这些消极感受"多待一会儿",而不是很快地回避或压抑这些感受。提高对消极感受的耐受性,是每一位新手咨询师的必修课。

中间层是意识

中间层是对某种感受在意识层面的表征。当内心有了某种感受，还需要立马准确地在意识层面进行表征、命名。有时候我们心里有某种感觉，却说不清道不明。作为新手咨询师，了解并熟悉各种情绪词汇可以帮助我们对感受进行命名，比如指向自我的沮丧、自责、羞耻，指向他人的愤怒、不满、失望等。另外，需要注意的是，我们在此时此地的感受很多时候是复杂的，有时候既有积极感受，又有消极感受，比如当你面对一件从来没有经历过的事情时，你既会期待又会害怕。如果在当下没有办法很快地对自己的感受命名，那么可以在事后再重新复盘和澄清，这也会帮助我们在下次遇见类似的情景时，能够更快和清晰地表征自己的感受，做出相应的反应。

最外层是行为

最后是外显的行为表现。真诚就意味着内在的感受、对感受的表征和外在的行为反应是一致的。不过，即使咨询师十分清楚当下的感受，也不一定要将这种感受表达出来。真诚并非对自己的即时感受不加任何节制地都要表达出来。新手咨询师需要谨慎考虑如何表达这些感受，尤其是对当事人的负面感受。咨询师首先需要对自己的感受进行判断，如果这些负面感受主要因自身因素而起，比如受到未完成事项的影响，那最好是先处理好自己的情绪，表达这些对当事人可能没有益处。

真诚的作用

真诚是一种透明度，这种透明度可以使得咨访双方坦诚相见，以一种非常个人化的方式进行互动。只有这样才能形成罗杰斯所看重的两个人之间的真实关系，只有这种真实关系才能起到治疗作用。咨询师需要把自己完完全全地放进关系里，但做到这一点并不容易，尤其是在当事人表达出对咨询师的不满、不赞成或责怪时，咨询师很容易进行自我防御，躲在咨询师的角色后面，用角色来保护自己。更常见的一种情况是，咨询师觉得自己不够好，不敢呈现真实的自己。很多当事人来做咨询就是觉得自己不好，而咨询师也是人，也一样会觉得自己不好，就想掩饰自己的缺陷。只有接纳自己的人才敢真诚，只有喜欢自己的人才敢透明，所以咨询师的真诚可以给当事人做榜样。

对于罗杰斯强调的三个助长条件，只有与以人为中心理论的人格理论和病理学理论结合起来，才能真正理解其含义。无条件积极关注是要提供一个非评价的环境，去除当事人的价值条件，让其评价由外转内。共情则是为了重启当事人的机体评估过程，助其找到真实的自我。真诚是建立真实关系的前提，最考验咨询师的个人素质。三者结合，构成以人为中心的治疗理论。

7　以人为中心的咨询理论

7.4 以人为中心咨询的评价

罗杰斯创立的以人为中心疗法影响深远,他率先对心理治疗过程进行科学研究,助长条件随后成为研究者们最关注的主题。罗杰斯所倡导的积极的人性观、对人的信任影响了很多人。当然,也有对以人为中心疗法的质疑和批评。在中国,学习以人为中心疗法还需要考虑文化的影响。

7.4.1 以人为中心咨询的贡献和影响

推动心理咨询的科学研究工作

在罗杰斯所处的时代,心理咨询是一个极不成熟的学科,几乎所有人都是通过弗洛伊德式的案例法来研究心理咨询的,甚至有不少人怀疑心理咨询是否可以运用科学的方法来进行研究。罗杰斯率先将会谈过程进行录音,用于科学研究。他带领同事和学生对自己提出的理论,例如咨询关系对治疗效果的影响,用科学研究进行检验,推动了心理咨询领域的科学研究工作。在目前对心理治疗共同要素的所有研究中,治疗关系得到了最多的实证支持,而助长条件是其中最为重要的因素(Lambert, 2011,转引自江光荣,2021,p. 413)。

对人的信任

对人的信任一直是人本主义理念的核心,罗杰斯作为人本主义理念的倡导者,相信人性本善,人在最绝望、糟糕的环境中,仍然是充满建设性的、积极向上的。他主张人们根本不必害怕人性,而应去相信人性,因为人本身值得信任。罗杰斯的信念感染了很多人,从心理治疗领域以当事人为中心、相信当事人能够找到自己的问题和非指导性原则,到他晚年投入会心团体(罗杰斯,2006)、教育(罗杰斯,2015)和家庭等其他领域,贯穿始终的核心信念都是对人的信任。

重视咨询关系

罗杰斯认为治疗之所以产生疗效,核心不在于咨询师用了什么巧妙的技术,而是在于咨询师对当事人的态度是什么。在会谈过程中,若咨询师能够做到真诚地倾听、理解和关注当事人,并将这些如实地传达给当事人,那么治疗就已经产生疗效了。在一段良好的咨询关系中,咨询师不需要再额外花精力去"控制"当事人,当事人自然而然就会向着建设的方向改变。发展咨询关系,培养咨询师对当事人的真诚、共情和无条件积极关注的品质,如今已经成为所有流派的共识,被吸收到咨询师的基本训练中。

7.4.2 以人为中心疗法的局限及本土适用性

以人为中心疗法的局限

轻视理性的力量

以人为中心疗法的整个体系透露出一股强烈的轻理性气息。罗杰斯对机体评估过程尤其钟爱,他认为机体评估是最为理想的行为选择方式。机体评估靠的是人的直觉、感受等,如果是婴儿那确实不需要逻辑和理性,及时满足就能保证他们的生存,但作为成年人,在现实生活中所遇到的情景无法依靠这种直觉来应对。"跟着感觉走"的生活只存在于特定的时候,不能应用于所有情境。不过罗杰斯之所以强调机体评估过程的重要性是有其原因的。对接受心理治疗的当事人来说,他们的自我概念中装有太多的价值条件,这让他们过于依靠理性和道理,而逐渐远离了人的本性和感受。心理治疗中一定程度上的"反理性"是非常有必要的,但这不应该成为要求人以及人的健康生活的基本标尺(江光荣,2012,p.276)。

忽视社会环境的影响

以人为中心疗法的个人取向缺乏对他人的责任感,也缺乏清楚明确的目标和目的,忽视了时代条件和社会环境对人的先天潜能的制约和影响。在罗杰斯所提到的价值条件进入自我概念的过程中,他的字里行间所传递的信息是:这是一件非常悲哀的事情,因为这意味着孩子不能再真诚地表达自己,接纳自己的全部经验,依据自己的喜好行事,跟着内部感觉走,而是需要根据父母和社会的价值条件来进行选择。其实人不仅是自然人,也是社会人,其行为会受到当时社会文化背景和历史环境条件的影响,社会的规范和父母的管教对个体成长是必不可少的。个体需要对自己的行为有一定的约束,遵守大多数人的规则,这就是价值条件。这些规范和制约可以帮助社会稳定运转,帮助群体和睦相处,也帮助个体清晰边界,知道哪些可为、哪些不可为。人们同样需要学习如何在价值条件下生活,而不是完全撇弃价值条件。

咨询师过于被动

以人为中心疗法将咨询进程的主导权完全交给当事人,强调当事人知道路的方向,咨询师在其中显得过于被动,有时甚至易受当事人操纵。如果当事人是比较聪明且领悟能力较高的,那么这种方法比较合适。但对于很少关注自身情绪、很难进行自我觉察的当事人来说,咨询会一直浮于表面,无法深入。由当事人主导治疗过程并不意味着咨询师完全不干预,咨询师在治疗过程中也需要进行一定的引导。

排斥诊断与评估

以人为中心疗法排斥任何诊断与评估,不对障碍进行任何分类,也忽视具体策略和技术的运用,认为心理诊断违背了其人性观。林家兴等(2004)认为心理诊断与评估在心理治疗与咨询中有着重要的意义与作用,它有助于咨询师更有效地了解当事人的问题,排除生理与药物的因素(及时进行医疗转介),辨别具有危险性与紧急性的精神症状(如幻觉、妄想、自伤和伤人),制定一个有效的治疗计划(不同情绪主导所采用的治疗方案有一定的差异),进行诊断与治疗的相关研究等。心理诊断与评估在某些时候还能帮助咨询师与当事人建立良好的咨询关系。当事人带着一堆令其十分困惑和深感恐惧的问题、不适或症状前来咨询,他们可能觉得自己的问题独有和特殊,也可能感到世界上没有人会像他们这样古怪、焦虑或精神错乱。正确的心理诊断可以使他们的问题得到命名和分类,这在一定程度上能使当事人意识到很多人都有过类似的心理问题,也曾有过类似的情绪、认知反应并采取了一些不良的应对方式,这对他们而言也许会是一种安慰(萨默斯-弗拉纳根等,2014)。

以人为中心疗法的本土适用性

最后,我们再从文化的角度看看以人为中心疗法的本土适用性。以人为中心疗法的人本主义基础强调的是自主、自由和自我实现。许多跨文化研究表明,与西方文化相比,中国人的自我概念是与他人和社会相连的(Zhu 和 Han, 2008)。中国人更倾向于与他人保持融洽的关系而不是自我实现,也更倾向于社会和共同利益的最大化。在这种文化中,强调自主性和个人成长可能会被视为自私(科里,2021, p. 179)。

由于受到儒家文化的影响,中国当事人的责任感和道德观念很强,时常对自己和他人进行道德评价;重视理性而不善于表达情感;看重权威,依赖咨询师。这些都对以人为中心的治疗理念提出了挑战。中国当事人常常有着太多道德规范和价值条件,过着过于理性化的生活,而以人为中心疗法强调回归人的本性、凭心而动,重新重视和接纳自己内在真实的感受(江光荣,2021, p. 420)。事实上,在中国的以人为中心疗法会不可避免地中国化。因此,就像罗杰斯所强调的,那些技术细节并不重要,真正触动我们的还是以人为中心疗法那种对人的态度。

(朱　旭、宋星瑶　撰写)

本章参考文献

杰拉德·科里(Corey, G.).(2021).心理咨询与治疗的理论及实践(原著第 10 版)(朱智佩,等译).北京:中国轻工业出版社.
萨默斯-弗拉纳根,等(Sommers-Flanagan, J., Sommers-Flanagan, R.)(2014).心理咨询面谈技术(第四版)(陈祉妍,等译,).北京:中国轻工业出版社.
江光荣.(2012).心理咨询的理论与实务(第 2 版).北京:高等教育出版社.
江光荣.(2021).人性的迷失与复归:罗杰斯的人本主义心理学.北京:生活·读书·新知三联书店.
卡尔·罗杰斯(Rogers, C.R.).(2004).个人形成论:我的心理治疗观(杨广学,等译).北京:中国人民大学出版社.
卡尔·罗杰斯(Rogers, C.R.).(2006).卡尔·罗杰斯论会心团体(张宝蕊,译).北京:中国人民大学出版社.
卡尔·罗杰斯(Rogers, C.R.).(2013).当事人中心治疗:实践、运用和理论(李孟潮,等译).北京:中国人民大学出版社.
卡尔·罗杰斯(Rogers, C.R.).(2014).论人的成长(石孟磊,等译).北京:世界图书出版公司.
卡尔·罗杰斯、杰罗姆·弗赖伯格(Rogers, C.R., Freiberg, H.J)(2015).自由学习(王烨晖,译).北京:人民邮电出版社.
林家兴,王建平,蔺秀云,陈海勇,孙海霞.(2004).诊断与评估在心理治疗与咨询中的意义与作用.中国心理卫生杂志,18

(9),667-670.
Ivey, A. E., & Ivey, M. B. (2007). *Intentional interviewing and counseling: Facilitating client development in a multicultural society*. Belmont, CA: Thomson Brooks/Cole.
Lambert, M. J. (2011). Psychotherapy research and its achievements. In J. C. Norcross, G. R. VandenBos, & D. K. Freedheim (Eds.), *History of psychotherapy: Continuity and change*. (2nd ed., pp. 299-332). American Psychological Association.
Lambert, M. J., DeJulio, S. S., & Stein, D. M. (1978). Therapist interpersonal skills: Process, outcome, methodological considerations, and recommendations for future research. *Psychological Bulletin*, 85(3),467-489.
Rogers, C. R. (1957). The necessary and sufficient conditions of therapeutic personality change. *Journal of Consulting Psychology*, 21(2),95-103.
Zhu, Y., & Han, S. H. (2008). Cultural differences in the self: From philosophy to psychology and neuroscience. *Social and Personality Psychology Compass*, 2,1799-1811.

8 认知取向的咨询理论

8.1 认知治疗的历史与发展 / 225
    8.1.1 认知治疗的产生 / 225
    8.1.2 认知治疗的发展演变 / 225
    8.1.3 认知治疗在中国的本土化发展 / 227
8.2 贝克认知治疗理论与方法 / 228
    8.2.1 贝克认知治疗的基本理论 / 228
    8.2.2 贝克认知治疗的基本技术 / 231
    8.2.3 关于贝克认知治疗的评价 / 232
8.3 理性情绪行为疗法 / 233
    8.3.1 理性情绪行为疗法的基本理论 / 233
    8.3.2 理性情绪行为疗法的基本技术与过程 / 234
    8.3.3 关于理性情绪行为疗法的评价 / 237
8.4 森田疗法的理论与实践 / 237
    8.4.1 森田疗法的基本理论 / 237
    8.4.2 森田疗法的治疗方式 / 239
    8.4.3 关于森田疗法的评价 / 241

认知治疗(Cognitive Therapy)是当前心理咨询与治疗领域的重要疗法之一。该理论的基本假设是,某种特定的心理障碍都有特定的非适应性信念和行为模式,因此,咨询师或治疗师可以通过各种方法来引起来访者的认知改变,从而带来情绪和行为上的持久的改变。后来认知治疗逐渐演变为认知行为治疗。由于该疗法在人格和心理病理方面的理论获得了可靠的实证研究结果的支持,大量研究也证实这一疗法对多种精神障碍和心身疾病有效,因此,从20世纪80年代开始,认知治疗逐渐成为心理咨询与治疗领域的一种主流疗法。

8.1 认知治疗的历史与发展

8.1.1 认知治疗的产生

认知治疗的提出

作为一种心理治疗方法,认知治疗最初由美国心理学家贝克(A. T. Beck)在20世纪60年代提出。贝克在对抑郁症患者进行治疗和研究的过程中,发现抑郁症患者存在一种结构性缺损的思维特征,由此提出了自动思维、中间信念、核心信念和图式等概念,并发展出一种有结构性的、以改变认知作为主要干预技术的心理治疗方法。

认知对情绪的影响

关于认知对人们情绪的影响的论述,素有丰富的哲学理论根源。希腊哲学家爱比克泰德(Epictetus,约55—135年)曾提出:"人们并非为事物本身烦恼,而是为他们自己对事物所持的想法而烦恼。"马可·奥勒留(Marcus Aurelius,121—180年)也曾经说道:"如果你因为存在的任何事物而痛苦,搅乱你的并不是事物本身,而是你自己对它的判断。"由此看来,人们对事情的看法和态度会在很大程度上影响人们的情绪和行为,因此,如果改变对事物的看法和态度,就有可能改变相应的情绪和行为。正如贝克所说:"适应不良的行为与情绪,都源于适应不良的认知。"因此,认知疗法的策略,在于重新构建认知结构。

理性情绪疗法的提出

在贝克提出认知疗法的同时期,也有类似的认知疗法,如艾利斯(A. Ellis)在1955年左右提出了理性情绪疗法(Rational Emotive Therapy, RET),也是针对人们的非理性信念进行干预的疗法,而且在当时具有很强的影响力。不过,贝克在实证研究的基础上不断完善和发展认知疗法,使之发展成为与动力性治疗、行为治疗等流派并重的心理疗法。

8.1.2 认知治疗的发展演变

50年代的理性情绪疗法

较早提出非理性信念影响情绪和行为的心理学家艾利斯在20世纪50年代创建了理性情绪疗法(Ellis, 1962),主要是指出了产生问题行为或者情绪的非理性信念的特点,并创建了ABCDE等干预方法,后来发展成为理性情绪行为疗法(Rational Emotive and Behavioral Therapy, REBT;艾里斯等,2005)。艾利斯的理性情绪疗法更加注重挑战来访者的信念,干预更具有主动性,同时也提出了无条件接纳的概念。因此,艾利斯认为理性情绪疗法也具有人本主义的特点。

60年代的认知疗法

贝克(A. T. Beck)在20世纪60年代创立认知疗法(Beck, 1970),他认为主要是非适应性认知引发了人们情绪和行为问题。也就是说,有些信念在来访者的早期生活经历中可能有助于来访者应对刺激,但是随着时间和环境的变化,来访者的认知模式无法适应当前的环境,从而表现出与当前环境不符的情绪和行为反应。在帮助来访者改变认知和情绪的过程中,贝克把治疗师与来访者的关系界定为合作关系,他认为合作关系是来访者能够积极参与治疗、实现自助的重要基础。在这种合作关系中,认知治疗帮助来访者通过自己的努力寻找到事件的新意义,而不是由治疗师灌输替代性信念。治疗师在诠释来访者对现实的歪曲信念的时候,主要是帮助来访者了解到自我的认知功能存在紊乱,而这种紊乱是心理障碍产生的原因。贝克认为,内在沟通可以通过内省实现,而来访者自己推论的过程,也是内省的过程。

70年代的认知行为矫正法

后来,梅钦鲍姆(D. Meichenbaum)于1977年提出了认知行为矫正法(CBM),主要采用角色扮演或者角色预演的方式对来访者进行干预,因此也称为自我指导训练法(Miltenberger, 2004)。随后,比较有影响力的新的认知流派有杰弗里·杨(Jeffrey Young)提出的图式治疗(Schema Therapy)。该治疗理论提出,图式是一个人生活中的广泛而深入的关于自己及与他人关系的一种认知模式,由记忆、情感、认知和身体感知构成。根据图式理论,拥有比较健康的图式的人一般有能力采取适当的方式满足自己的需求,因此也表现出比较好的心理健康水平,而那些早期形成适应不良图式的人由于缺乏能力去满足自己的正常需要,则可能会产生严重的功能性障碍(Young, Klosko和Weishaar, 2003)。图式治疗主要包含一个有限再养育的过程,治疗师与来访者会形成一种识别、表述、验证并在某种程度上满足患者需求的治疗关系。

整合的认知行为疗法

随着治疗技术的不断发展,认知治疗与行为疗法不断整合为认知行为疗法(Hawley等,2017)。现在的认知治疗常被称为认知行为治疗(CBT)。认知行为治疗是一组治疗方法的总称,这组方法强调认知活动在心理或行为问题的发生和转归中起着非常重要的作用,并且在治疗过程中既包含各种认知矫正技术,又包含行为治疗技术,具有积极取向、指导性强、注重整体性和时间短等特点。在认知行为疗法被用于解决各种心理障碍的过程中,也发展出很多有针对性的治疗方案,如焦虑症、抑郁症、物质成瘾等认知行为治疗手册。

辩证行为治疗

20世纪80年代后期,玛莎·李纳翰(Marsha Linehan)及其同事在治疗边缘型人格障碍的过程中创立了辩证行为治疗(DBT),该疗法也被认为是认知行为治疗的一种类型。DBT 的主要理论假设有:一切事物都是相互联系的;改变一直在持续且不可避免;相互对立的两方面能够被整合在一起,变得更接近真理。DBT 的主要目标是教会人们活在当下,健康地应对压力,调节情绪并改善与他人之间的关系。DBT 克服了传统 CBT 的一些限制,采用个体咨询、电话咨询、团体干预等综合形式来帮助有自我毁灭倾向或者严重心理障碍的来访者(Linehan, 2014)。

接纳承诺治疗

20 世纪 90 年代,史蒂文·海斯(Steven Hayes)提出了接纳承诺治疗(ACT),主要通过接纳、正念、承诺和行为改变等过程,帮助来访者增强心理灵活性。ACT 依据关系框架理论,主要采用个体和团体治疗的形式。其主要内容在于:帮助来访者接纳自己所无法控制的事物,并理解其重要性;进行认知解离,让来访者能够关注思想本身,而不是它所代表的意义;通过换位思考,理解自我的意义;通过正念的形式理解活在当下的意义;探索价值观、信念对于生活的重要性;随后是承诺行动,在认知改变的基础上尝试改变行动(Hayes 等,1999)。

8.1.3 认知治疗在中国的本土化发展

自 20 世纪 70 年代改革开放以来,中国本土的心理治疗工作开始得到发展,中国临床心理工作者在学习、吸收西方心理治疗的过程中,也不断开发具有中国特色的心理疗法。在认知取向的心理治疗方法的本土化发展中,比较有代表性的有悟践疗法(李心天,1960,1998)和道家认知疗法(杨德森,1996)。这些疗法具有相对系统的心理治疗理论和规范的心理操作技术,带有中国传统文化影响的痕迹,并且长期应用于临床实践,具有一定疗效。

悟践疗法

20 世纪 50 年代末,神经衰弱症成为新中国城市居民的一种常见慢性心理疾患,患者表现为思维、记忆等心理功能的下降,伴有悲观、焦虑甚至绝望的负性情绪,而单纯的药物治疗效果不佳。1958 年左右,李心天等专家对患有神经衰弱的学生们采用讲课、药物治疗结合集体活动的综合快速治疗,取得了较好的疗效。后来,李心天将这种疗法更名为"悟践疗法",并认为它是一种整体的心理治疗方法。悟践疗法的主要理论观点是:人的个性是由身体素质、心理素质和社会素质所组成的,因此需要在三种素质方面去促进健康或者治疗疾病。在对神经衰弱症等心理疾患的干预方面,悟践疗法主要包括心理治疗(讲解人的三种属性,使其领悟心理问题的来源)、生物治疗(药物、物理疗法)和社会治疗(个体或集体的社会实践活动)三方面内容。在当时中国社会急缺心理干预方法的时期,该疗法在一定程度上促进和推动了中国心理治疗的发展。不过,由于该疗法属于一种综合性的心身干预方法,其局限在于缺乏系统的理论基础,后期也缺乏适应证方面的研究。

道家认知疗法

道家认知疗法被认为是中南大学杨德森、张亚林和肖水源等教授在20世纪90年代创立和发展的。杨德森及其科研团队经过多年的临床实践,在心理治疗的基本原则和方法基础上,结合道家的处事养生哲学,提出了道家认知疗法这一具有中国传统文化特色的心理治疗方法。道家认知疗法认为人们对环境和自身的信念会影响情感和行为,一些扭曲的信念会导致适应不良的情绪和行为,而道家养生信念的干预,有助于改善病人过于极端的情绪、想法和行为。在个人信念层面,杨德森团队总结出8项32字道家养生处事原则,即"利而不害,为而不争;少私寡欲,知足知耻;知和处下,以柔胜刚;返璞归真,顺其自然",主要从人与人的关系、自我修养以及生命态度等方面阐释了基本思想。该团队认为这几个方面的心理教育和讨论,有利于减轻焦虑、抑郁以及精神应激障碍等心理症状。该团队依据这8项基本治疗原则,制定了一系列干预流程,其中张亚林教授仿照艾利斯的理性情绪疗法的治疗模式,提出了道家认知疗法的ABCDE治疗技术,并在针对焦虑障碍的干预研究中获得了较好的疗效。经过一系列研究和发展,道家认知疗法形成了操作化手册,同时也被证实对神经症和应激障碍具有一定的疗效。

道家认知疗法除了关注个体关于自我的认知方式偏差,如绝对化、以偏概全等,同时也关注个体的价值观方面的认知偏差,如欲望、利益等方面的信念,并依据道家的顺其自然、超脱处事等人生态度的灌输来帮助患者摆脱过于控制、过于竞争的心态,从而缓解焦虑和痛苦。而且这些观念与中国人的生活信念息息相关,更容易引起中国来访者的认同,从而使得道家认知疗法成为一种具有本土化特征的心理治疗方法。

8.2 贝克认知治疗理论与方法

8.2.1 贝克认知治疗的基本理论

贝克的认知治疗理论的提出

贝克被称作认知治疗的创立者。他于1946年获医学博士学位,1953年获精神病学证书后开始从事精神分析理论的学习与研究,并于1958年在美国精神分析学院毕业。在临床工作中,他逐渐意识到患者情绪障碍的核心是思维障碍。贝克最初在对抑郁症患者进行治疗的时候,按照精神分析的理论,他推测抑郁症患者的梦境里应当会出现很多自我攻击的愤怒,但是在分析抑郁症患者梦境的时候,他发现事实并非如此,因为患者的梦境里更多的是残缺和剥夺等主题,而这些内容与抑郁症患者现实中的忧虑是比较类似的。贝克发现抑郁症患者存在一些固定的、特征性的思维模式，并提出了抑郁障碍的认知模型。

贝克认为，若想了解那些困扰我们的情绪的本质，必须把焦点放在那些引发情绪的反应或想法上(Beck, 1987)。在调节情绪的时候，治疗的目标应该是改变来访者的那些自动化的想法以及相应的个人图式。在 1976 年贝克出版的《认知情绪和困扰》一书中，贝克阐述了自己的认知疗法的观点，并且在 20 世纪 80 年代中期，推动认知疗法成为系统性心理治疗方法，主要依据是认知疗法提出了关于人格和心理病理的理论，建立了相应的心理治疗模型，并且通过可靠的实证研究结果证实了该疗法的有效性。后来贝克的女儿朱迪·贝克发展了认知理论，逐渐将其发展成为认知行为治疗，并出版《认知疗法：基础与应用》，进一步阐释了认知模式、信念、自动思维等重要概念和理论。认知疗法自产生以来，对心理治疗领域产生了巨大的影响，现在已经成为心理治疗的主要流派之一。

认知治疗的主要理论观点

认知模型

1976 年贝克在《认知情绪和困扰》一书中提出，人们对事物的认知会影响和决定情绪情感。人们的情绪和行为都与对情境的理解和想法有关。因此，在贝克的认知模型中，情境作为刺激源出现，激发出人们对此情境的不同解释，进而导致各自不同的情绪行为反应。在对抑郁症患者的认知特点进行研究之后，贝克提出抑郁症患者对于自我、世界和未来均存在负性认知，形成了负性认知三角。在贝克关于抑郁症的认知模型中，认知因素包括浅层次的自动思维和深层次的功能失调性假设或图式。后来认知模型中的认知因素主要是指自动思维、中间信念和核心信念(贝克，2013)。

(1) 自动思维

在贝克的认知模型中，负性情绪多是在歪曲或错误的认知影响下出现的。而这些歪曲的认知常以自动思维的形式出现。这些自动思维常是不知不觉地、习惯性地产生并影响着人们，导致情绪障碍。贝克发现自动思维的存在源于他的临床实践。当与患者一起工作的时候，贝克发现抑郁症患者讲述自己想法的同时，还有一些似乎意识不到的思想。经过提醒和提示后，患者慢慢能够表达出这些自动出现的想法，而且这些自动想法与患者的抑郁情绪存在直接的关联。贝克将这些想法称为自动思维。其中负性自动思维，一般是指与不愉快的具体事件有关的、自动出现而非深思熟虑产生的想法。负性自动思维的内容可能是对当时所经历事件的消极解释，也可能是对未来的消极预期，而这些负性自动思维会迅速导致消极情绪的出现，以至于人们常常只感受到情绪，而没有注意到这些自动思维的出现。这些自动思维的根源往往在于中间信念和核心信念。

(2) 中间信念

中间信念一般包括一系列态度、规则和假设。态度一般是对一些事情的看法,如"考试失败是非常可怕的事情";规则一般是对自己设定的一些原则,如"我必须要让身边的人满意";假设一般是对事情的预期,如"如果身边的同学比我优秀,我就是一个失败的人"。这些信念影响个体对情境的看法,对于情绪障碍患者来说,其中间信念通常是负向的,而且与相关的核心信念密切相关。

(3) 核心信念

核心信念早期也被称为图式,主要是指关于自我、他人和世界的基本认知的一种心理结构,是一种比较稳定的心理特征。通常从个体的童年期就开始形成,是一种相对根深蒂固、影响深远的信念,使得人们认为这些信念是绝对真实和正确的(Beck,1987)。这些核心信念有积极的(如"我是个有能力的人"),也有消极的(如"我总是令人讨厌"),而且通常是内隐的,平时不被个体所觉察,但一直在发挥作用。对于一个心理健康水平良好的人来说,通常是积极的核心信念占优势,而对于抑郁症患者,则是那些消极的核心信念占优势。如"我很糟糕""我一无是处""未来没有希望"等想法都是导致抑郁的想法,而这些想法多是从生活经验中学习而来的。

认知歪曲

贝克认为,有情绪困扰的人倾向于用一种认知歪曲的方式来解释生活事件,而心理问题的产生也是源于这种认知方式。他将这些造成人们苦恼和不符合事实的想法称为认知歪曲,即指具有逻辑谬误的认知(Burns, 1980, 2006)。贝克在1967年的时候定义了6种认知歪曲,后来伯恩斯(David Burns)和贝克一起发展了认知歪曲的种类,总结了十种认知歪曲,分别是:全或无思维、过度概括、精神过滤、优势打折、妄下断语、夸大与缩小、情绪推理、应该陈述、贴标签和责备。其中常见的认知歪曲有:

(1) 全或无思维

指思考或解释某一问题时采用全或无的方式,或是非黑即白的方式进行简单分类。如"如果我不是老师喜欢的学生,就一定是老师讨厌的学生"。

(2) 过度概括

指仅根据个别事件就对自己的能力、价值等整体方面进行普遍性结论。如"这次面试没成功,所以我就是个无能的人"。

(3) 断章取义

指根据整个事件的部分细节或一时的情况做出结论,而不考虑事件的前因后果和整体背景。如"今天老师批评我没交作业,是因为她很讨厌我"。

(4) 过分夸大与缩小

指过度夸大某些糟糕事件的影响或是最小化自己的能力或价值。如"如果考研不成功,我的人生就完了","考上大学也不算什么,我没有任何能力"。

(5) 个人化

指将一些无关事件与自己相关联,尤其是认为不好的事情都是自己造成的。如"大家聊着天忽然都沉默了,一定是认为我刚才问的问题太愚蠢,我真是傻透了"。

(6) 任意推断

指没有充足及相关的证据便任意下结论。如"我就是什么都做不好的笨蛋"。

8.2.2　贝克认知治疗的基本技术

根据认知理论,贝克发展出了以认知重建为核心的认知治疗方法。他认为,认知治疗对来访者的改变是通过检验和修正当事人的信念来完成的,而识别自动思维和认知歪曲等技术能帮助来访者从不同的方面来觉察和检验自己的信念,从而帮助当事人改变适应不良的信念。

认知疗法强调让当事人在治疗中学会成为自己的治疗师,学会运用认知治疗的技术,如为自己的负性自动想法寻找现实证据,寻求不同的解释或行为依据,进而修正自己歪曲的认知部分,发展出恰当的信念。主要有以下几种认知治疗技术。

识别自动思维

自动思维是指在某些事件发生时,或身处某些特定环境时,个体在自己没有意识到的情形下自动产生的某些想法,而这些想法会引发某些特定的情绪反应。

如当一个人在演讲时,听到台下窃窃私语,立刻开始感到紧张和不安,这时候,产生的想法可能是"我出错了""他们一定是在嘲笑我"或者"我出丑了"等。由于这些想法产生的时间非常短,类似于自动化的反应,因此,这个演讲者可能只是发现自己惶惶不安,但是并没有感到这些自动思维的存在,以及它们对自己情绪的影响。

在认知治疗中,治疗师要做的工作之一就是帮助当事人学会识别自动思维,尤其是帮助当事人觉察到那些能够引发自己愤怒、焦虑或者难过等负性情绪的特定思维。治疗师会通过请来访者自己完成每日情绪记录表,请来访者记录自己在何种情况下会出现明显的负性情绪,以及记录与这些情绪同时出现的想法,再帮助来访者一起甄别那些引发负性情绪的特征性自动思维。

识别中间信念和核心信念

在识别中间信念时,常用的方式有:首先识别一种与负性情绪明显关联的自动思维;然后根据这种负性思维进行初步假设,以引出一个态度或者假设。这些态度和假设,常常是绝对的、非黑即白的或者是非适应性的。如有的来访者存在社交焦虑,当他处在一个社交场景中时,最常见的自动思维就是"我一定会出丑",然后就会出现焦虑不安等情绪和逃避的行为。而在讨论为什么"一定会出丑"这一想法时,来访者可能会想到"一个人在社交时的行为举止必须要完美无缺才行,否则就会被人耻笑",这就是对于社交行为的一种绝对化假设。当与来访者讨论这一观念的合理性的时候,来访者才会意识到自己设定了一个根本达不到的社交原则,所以才会出现如此多的负性情绪。

在帮助来访者识别中间信念之后,咨询师也会运用箭头向下等技术,帮助来访者探寻自己的核心信念,一般的负性核心信念常与消极的自我价值、自我能力有关。在讨论"社交行为必须完美"这一中间信念的来源时,来访者可能会联想到自己小时候妈妈总是说自己笨,自己在外人面前显得很蠢,大家都在取笑自己。因此,自己小时候非常不喜欢见生人,唯恐自己表现不好被妈妈骂。通过这些信念识别技术,来访者可能会意识到自己成人后还存在人际焦虑,可能是因为"我很笨"这样的核心信念。

矫正非适应性信念

非适应性信念,也被称为认知歪曲,是指采用与现实不符的、带有消极倾向的视角来看待自身、他人以及环境。这些非适应性认知使当事人难以客观评价自身的现状,也阻碍了当事人情绪调节能力的发挥。治疗师会通过心理教育的方式,帮助来访者认识到以偏概全、过度推论或者非黑即白等信念的不合理之处,同时帮助来访者认识到自己存在哪些非适应性认知,这些想法又是如何影响到自己的情绪和行为的,从而更深入地理解自己,促进改变。也可以通过真实性检验、去注意等技术矫正非适应性信念。

真实性检验是指治疗师与来访者一起来检验那些非适应性信念的真实性,治疗师通常会鼓励来访者将其自动思想作为假设,到真实环境中去验证自己的想法是否属实。通常来访者会发现,这些消极认知和信念与现实并不相符,由此会开始质疑自己的错误信念,并且产生改变。例如,某一来访者认为他一上公交车,所有人都会看他,因此他感到苦恼,连买票的时候都紧张地说不出话来。而相应的治疗计划则是让来访者去坐一次公交车,然后数一下有多少人在看自己,结果可能会发现几乎很少有人会看他,从而修正自己的错误信念。

8.2.3 关于贝克认知治疗的评价

贝克认知治疗目前已成为心理治疗领域的主要流派之一。贝克从理论上提出了情绪困扰认知模型,并由此发展了认知治疗。通过挑战当事人的假设和信念等技术,创建了有效治疗焦虑症和抑郁症的治疗方法。

在治疗上,认知治疗提供了一种有结构、有重点、积极主动的治疗取向,聚焦当事人的内心世界,是一种以现在为核心以及以问题为导向的结构性治疗方法,可以在相当短的时间内有效地治疗抑郁与焦虑,并且能通过临床研究加以证明。贝克在理论上的主要贡献之一是将心理治疗带到能进行科学探讨的领域。

在临床应用方面,认知治疗对抑郁症、非精神病性抑郁以及躯体疾病或生理功能障碍伴发的抑郁状态都有较好的疗效。认知治疗也可作为神经性厌食、性功能障碍和酒精中毒等病人的治疗方法之一。认知治疗还适用于患有焦虑障碍、社交恐怖、人格障碍、偏头痛、考试前紧张焦虑、情绪易激惹,以及慢性疼痛的病人。不过,对于那些患有幻觉、妄想、严重精神病或精神病性抑郁症的病人,由于他们的认知功能受到了严重损害,则不适合进行认知治疗。

8.3 理性情绪行为疗法

8.3.1 理性情绪行为疗法的基本理论

理性情绪行为疗法的提出

理性情绪行为疗法的创始人艾利斯在1953—1955年期间提出理性情绪理论。在提出该理论之前,艾利斯经历了10年的自由精神分析的实践。他认为精神分析虽然能让来访者在会谈后感觉良好,但是却难以"稳定地减少有害健康的情绪问题",因此,越来越倾向于采用更为积极和直接指导的方式与来访者工作。艾利斯于1956年在美国心理学会上介绍了理性情绪治疗的理论,1957年出版了《如何和神经症共存》,1962年出版了《心理治疗中的理性与情绪》。艾利斯于1959年创立了研究所,开展了众多的培训和研究。后来,他将其疗法扩展为理性情绪行为疗法。

艾利斯认为是人们对事物的非理性信念导致情绪障碍和异常行为,理性情绪行为疗法的核心理念是帮助来访者辩驳自己的非理性信念,"无条件接受"现实。艾利斯提出,人们在遇到挫折事件时,如果存在无法接受自己、他人和现实的非理性信念,就会出现适应不良的情绪和行为。治疗师的作用在于帮助来访者认识到无法接纳所带来的困扰,并且帮助来访者通过无条件接受来改善情绪和行为。在20世纪后半叶,艾利斯不断将理性情绪疗法扩展和完善,著有多部专著和学术论文。在美国心理学会临床与咨询心理学家的调查报告中,艾利斯曾在最有影响力的心理治疗专家中排名第二,仅次于卡尔·罗杰斯(艾利斯等,2015)。

理性情绪治疗理论的基本观点

理性情绪治疗理论认为,人的思想、情绪和行为之间是交互影响、相辅相成的关系,其中思想起主导作用。在此基础上,理性情绪治疗的基本原理是:认知是情感和行为反应的中介,引起人们情绪和行为问题的原因不是事件本身,而是人们对事件的解释(想法和信念);非理性认知是情感、行为障碍迁延不愈的重要原因,因此改变非理性认知是治疗的关键;帮助情绪障碍患者识别和矫正其关键的非理性认知,能够迅速改善其情绪障碍。理性情绪治疗理论的主要内容有以下几个方面。

ABC 理论

艾利斯提出,引发人们情绪和行为的不是事件本身,而是人们对事件的态度和看法。艾利斯指出,人的情绪和行为障碍不是由某一不幸事件(A)直接引起,而是由个体对该事件的非理性的认知和评价(B)所引起,最后 A 和 B 相结合,共同导致情绪困扰这一后果(C),因此称为 ABC 理论。

理性信念与非理性信念

从思维方式的特性来说,人类天生具有理性与非理性两种思维方式。一般来说,理性思维的特点是:建立在实际经验的基础上,对事物持比较客观正确的认识,希望事情按照自己的意愿发展,对自己、他人和生活不抱有敌意,而且抗挫折能力较强,具有健康合理的情绪。而非理性思维的特点是:一般会夸大事实且常把事情往坏处想,认为事情必须、应该按照自己的意愿去发展,经常采取的是批评指责的方式,对抗挫折的能力弱,且产生的是不健康的负性情绪。因此,非理性思维常常是一些绝对化的要求,以及过分概括化和糟糕至极的想法,这些想法常常根深蒂固地存在于个人的头脑中,并影响其对外在事件的反应模式。艾利斯认为,心理治疗的关键就是帮助当事人改变非理性的思考方式,学习用新的观念来理解事情,直至产生新的情绪与行为。

无条件接受

基于对非理性思维的辨析,艾利斯提出,如果一个人希望在生活中保持稳定的情绪或者良好的状态,就可以使用无条件接受的原则,主要分为无条件接受自我、他人和生活三个方面。其中,无条件接受自我主要是指能接受自己的弱点,不因为一些过失就诅咒自己或者贬损自己;无条件接受他人是指不因为他人的过失而责怪或者否定他人;无条件接受生活是指去完善生活而不是认为生活是可怕的,对生活保持乐观而不是充满绝望(艾利斯等,2015)。

8.3.2 理性情绪行为疗法的基本技术与过程

理性情绪行为疗法的基本技术

理性情绪行为疗法的基本技术主要包括认知技术、情绪调节技术以及行为技术。认知技术主要有改变非理性信念的 ABCDE 技术、对伴随症状的合理化解释、评估效用成本、分散注意力以及模仿等。情绪调节技术主要有理性情绪想象技术、角色扮演、自我辩论、使用幽默技巧等。行为技术主要有系统脱敏、强化、技能训练、歌唱疗法等。其中,最具特色的是 ABCDE 技术和理性情绪想象技术。

改变非理性信念的 ABCDE 技术

在 ABC 理论的基础上,艾利斯提出了 ABCDE 辩论技术,除了之前的 A(诱发事件)、B(信念)、C(后果)之外,D 表示辩驳、辩论,即在区分自己的理性思维和非理性思维之后,与自己的非理性思维部分进行辩论,以矫正自己对事物的不合理认知,从而保留和产生新的理性思维,而这种思维辩论之后产生有效用的新观念则是 E。例如,一个人对"如果我这次考砸了,我的人生就毁了"这样的非理性信念(B)进行辩驳(D)之后,可能会得到一个新的适用性信念(E):"虽然我这次考砸了,感觉很失败,但我还有机会重新开始。"

理性情绪想象技术

理性情绪想象技术被认为是一种将不良消极情绪迅速转换为健康情绪的练习方式。艾利斯认为,面对不幸的事情,人们存在一种健康的消极情绪,如失望、后悔,这些消极情绪是人们面对困境的正常反应,而那些长期存在的焦虑、抑郁等情绪则可能构成人们的困扰,是一种不良情绪。这些不良情绪容易使人们心力憔悴,影响人们的生活和体验。而通过想象的方式,一个人可以尽量想象一下在一件不愉快的事件中自己常出现的不良情绪,通过强烈地感受这种情绪,然后意识到自己在此境遇中的想法,随后通过调整这些想法,将不良情绪转变为健康的消极情绪。艾利斯认为,通过几分钟的练习,个体一般能够很快调节自己的情绪,如果能够坚持练习,会将不良情绪很快地转化为可接受的、有利于问题解决的、健康的消极情绪。

理性情绪行为疗法的主要过程

理性情绪行为疗法提倡使用心理教育的方法帮助来访者自助,因此,理性情绪行为疗法的方式比较多元,有时候会采用讲座、工作坊以及课程等形式。在治疗过程中,主要的核心内容是帮助来访者改变绝对性思维、反对僵化思维和学习使用理性的应对性信念。

改变绝对性思维

根据理性情绪理论,那些患有重度焦虑、抑郁或者敌意很强的来访者通常会有一些根深蒂固的、非理性的、绝对化的思维模式,如"一个人在任何时候都要表现完美","我必须要做好",而如果做不好,就对自己的价值和能力产生深深的质疑和否定。这些绝对性思维体现了他们给自己制定的绝对化的要求,如"我必须让所有人满意","我必须尽善尽美"。当现实与自己的绝对化要求不符的时候,常常会得出错误的结论,如"我的老师对我不满意,所以我是个没用的人","我没有达到目标,我就不配拥有任何快乐","我没有做好,我将会被所有人厌弃"。这种过于绝对化的要求,限制了个体全面地、客观地看待生活中遇到的挫折,并且无法接受自己、他人或者生活,从而持续地感受到情绪的困扰和痛苦。

在理性情绪行为疗法中,核心部分在于教育来访者识别出这些绝对性假设和结论给自己造成的影响,鼓励来访者保留健康显示的需求和欲望,澄清自己的目标,确认自己的价值,并且摒弃那些带有绝对化意味的"应该、应当、必须"的自我对话。

使用理性的应对信念

在帮助个体识别出情绪困扰的非理性信念的基础上,引导来访者发展出理性的、更符合实际的现实性信念,是理性情绪行为疗法的重要工作内容。艾利斯认为,帮助来访者梳理自己的理性和非理性信念之后,保留那些理性的思维或者采用新的理性的应对思维是非常重要的治疗步骤。例如,当来访者意识到自己持续的情绪困扰来源于"我必须在事业和家庭中都要表现完美"这一非理性信念时,也许可以再发展出一些更为客观、理性的信念:

"我很想家庭事业双完美,不过这一要求太高了,我其实不能保证事事都做得尽善尽美,而且我大部分事情做得还挺好的,有些瑕疵也是不可避免的。"

"我即使表现不那么好,我的家人依然是爱我的。"

"尽管我工作没有那么出色,但我尽力了,努力工作也是值得认可的事情。"

治疗师与来访者经过讨论以上信念与情绪的关系,可以让来访者意识到使用这些理性应对信念能够有效地减少不良情绪,从而增强管理情绪的信心和调节情绪的技能。

治疗设置

理性情绪行为疗法有短程和长程的治疗设置。通常短程治疗是个体治疗,艾利斯认为那些自我功能较好、动机强的来访者,一般通过 5—12 次疗程,就可以取得较好的疗效。对于那些由于生理和环境原因而极度感到困扰的个体,比较适宜采用长程治疗及团体治疗的形式。在长程的治疗团体中,通常采用的是简洁的教育模式,一般采用小组活动的形式,8—12 人一组,每周一次,至少 6 周;一般流程是:参与者找出情绪困扰的认知性原因,成员之间相互理解和相互帮助以摆脱当前的症状,并且学会接受自我、他人和现实,掌握改变非理性信念的方法。

在治疗关系方面,艾利斯认为理性情绪行为疗法的治疗师对于来访者来说,主要是平等合作者的身份。他主张在帮助来访者提高对自己的认识和改变自己的过程中,治疗师与来访者是平等合作的,治疗师尊重来访者的改变意愿和需求。而在帮助来访者处理自我困扰、自我帮助方面,艾利斯认为治疗师的角色可以转变为积极的指导老师,对来访者的问题行为进行解释、探索和解读,并且对来访者的非理性信念进行辩驳。治疗师在相对主导的过程中,可以更快地帮助来访者摆脱困境,达成自我协调的目标。

8.3.3 关于理性情绪行为疗法的评价

理性情绪行为疗法（REBT）自产生以来，在心理治疗领域产生了深远的影响，一直到现在，REBT 都是认知行为治疗理论中不可或缺的一部分。该疗法也被证实在很多情绪问题人群中具有较好的疗效，尤其是那些人格比较完整、认知功能好、改变动机强的来访者，常会在短期内见效。而对那些问题严重、自我功能差、患有严重学习障碍、阻抗严重或者具有自恋性人格障碍的来访者而言，效果常常不好。尽管在建立之初，艾利斯的理性情绪疗法曾经比贝克认知疗法更有影响力，不过由于 REBT 主要是培训治疗师，较少开展实证性研究，在后来的循证实践中难以形成更大的影响力，尤其是缺乏对一些特殊心理障碍的实证研究，因此其影响力渐渐让位于 CBT。此外，由于早期的理性情绪行为疗法的干预方式强调辩驳非理性信念，显得更为主动和激进，对于一些自我意识较弱或者过强的来访者来说，缺乏一定的适用性。

8.4 森田疗法的理论与实践

8.4.1 森田疗法的基本理论

森田疗法的产生

森田疗法由日本森田正马教授于 1920 年前后创立。森田正马自己在学生时期患有严重的神经衰弱，出现了睡眠障碍和严重的焦虑症状。最严重的一次是他正面临一场重要的考试，而同时他的家庭发生重大变故，父母没办法给他寄来生活费，在这种内忧外困的情况下，森田正马几乎要陷入绝望，最后他决定不再顾及自己的心身症状，带着这些痛苦全力以赴地准备考试，结果竟然发现他的心理症状得以减轻。这一经历激发了森田正马对于神经症的病因学的兴趣，并且开展了广泛的研究。后来他采用"顺其自然，为所当为"的治疗理念来治疗焦虑症、疑病症等神经症，发现效果良好。1938 年，在森田正马教授病逝后，他的弟子将其疗法命名为"森田疗法"。

森田疗法主要用于强迫症、恐怖症、惊恐发作等焦虑障碍的治疗，对广泛性焦虑、疑病症、抑郁症等也有疗效。随着应用领域的扩展，森田疗法被扩展到一般人群的心理问题解决领域，同时，森田理论也被认为是一种人生态度和价值观。

森田疗法的神经症理论

森田正马认为，每个人身上都有一个现实的自己和理想的自己。现实的自己是指处于实际状况中的自己，理想的自己是指期望中的自己。这两种状态之间必然存在一定的差距，而有神经质倾向的人常常有一个很高的理想自己，却有一个对自己评价很低的实际自己，因而形成了很大的落差，进而引发出焦虑不安等情绪，甚至出现躯体症状。随后,又将自己的注意力转向这些症状,进而被这些症状所困扰和束缚,更难以实现理想自我,最终这种心理症状和自我期待之间的不良交互作用导致了神经症的发生。

森田在著作中将神经症称为"神经质",主要是指疑病素质的人,他将这种倾向强烈者称为森田神经质。森田认为,神经症起病的必需条件主要包括素质、机遇和病因。素质主要是指疑病性素质,以及现实自我评价过低的个人特质;机遇通常指引发症状的诱发因素,如考试、经济压力等诱因;病因则是个体的自我心理冲突与心身症状之间的精神交互作用。

疑病性素质的人往往内向、敏感、容易担心,对一般人常有的感觉、情绪和想法都容易过分地认为其是病态,倾向于追求完美,对自己和他人是一种理想主义的态度,在现实中好强、执着、固执,容易产生偏见,同时还有过强的求生欲和对死亡的极度恐惧,因此会对自己的健康过度关注。

精神交互作用是指注意力集中于某种感觉,使得此感觉变得过度敏感,如关注自己的头痛症状。由于对此感觉过分关注,使得注意力全都固着于此感觉,注意力和头痛症状之间互相作用,导致个体越来越关注自己的头痛症状,使头痛症状也成为生活的核心问题,并且进一步影响个体的心情。森田正马认为疑病性素质是神经质症状产生的决定性要素,但是精神交互作用是症状发展的决定性要素。

森田疗法的治疗原则

"顺其自然,为所当为"是森田疗法的基本治疗原则。在森田理论中,由于患者存在思想矛盾,无法接受现实的自己,同时过度重视自己的心身症状,因此无法顺利地完成日常的生活,也无法体验到愉悦感。而通过帮助患者消除思想矛盾,使其意识到自己的疑病性素质所造成的后果,并且了解神经交互作用维持症状的机理,然后遵从顺应身心功能的自然规律,按照当前的需要和目标去做自己该做的事情,不逃避感受,也不刻意控制自己的行为,则可能达成自我协调的境界,从而摆脱症状,过上自己想要的生活。

从顺其自然的角度看,森田理论认为对于烦恼、痛苦等负性情绪,可以当作人的一种自然的感情来接受和接纳,不必当作异物去排除或者克制。在这种自然接纳和感知的情况下就不会出现思想矛盾和不良的精神交互作用,也就避免了内心世界的强烈冲突,达成"消除或者避免神经质性格消极面的影响"的效果,并且发挥"生的欲望"的积极作用。

森田疗法强调带着症状去生活,不能简单地把消除症状作为治疗目标,因此也不需要立即消除症状,而是重新调整思考问题的方式,调整注意力和生活,让自己的生活发生全面的改变。具体治疗原则有:

不强调过去,注重现实

森田疗法认为有疑病性素质的人因在现实生活中遇到挫折而发病,因此,森田疗法不提倡追溯过去,而是重视当前的现实生活,着重从现实生活中去发掘问题的产生、发展和解决之道,同时顺应情绪的自然变化,努力按照目标去行动。

症状改变的主动方在患者,治疗师只起辅助作用

森田理论认为症状只是心理状态的一种夸大性的变化,可以随时发生改变,而患者有能力改变自己的症状,因此,不必强调症状的顽固性,治疗师可以辅助患者自己改变症状。

重视行动,而不是关注症状

森田理论认为,人的情绪是难以去控制的,既然不能控制,就不要去克制或者回避,而人能够控制的是自己的行动,只需要采取正常的行动,情绪也能慢慢恢复正常。因此,森田疗法提出"行动本位,顺其自然,事实为真,照健康人那样做,便能成为健康人"。

在生活现实中治疗

该疗法的主要目标是帮助患者适应现实,因此,主张在实际生活环境中去体验和实践,而不借助特别的干预工具和设施。

强调性格修养

森田疗法强调神经症性特质是一个人产生神经症的主要因素之一,因此强调对个性的修养和锻炼。养成具有灵活性、稳定性和开放性等特点的性格,自然也就具备了预防神经症问题的基础条件。

8.4.2 森田疗法的治疗方式

根据神经症的严重程度,森田疗法可以分为住院疗法和门诊疗法。住院疗法适用于症状水平较重、个体社会功能受损较为严重的神经症患者。门诊疗法适用于症状水平较轻、自我社会功能较好的轻型神经症个体。此外,生活发现会也是森田理论的一种实践方式,主要适用于一些有生活困扰但是适应能力尚可的普通人。

住院疗法

住院疗法主要分为四个治疗阶段:绝对卧床期、轻体力劳动期、重体力劳动期和日常生活训练期。

第一阶段:绝对卧床期(3—5天)

在治疗的第一阶段,会给患者提供一个封闭的单间,让患者处于绝对卧床的状态,除了进食和上厕所之外,患者都要卧床休息,禁止与他人会面、谈话,也不能读书、吸烟及从事消遣活动等。这一阶段的目的是通过静养休息,让患者的躯体疲劳得以消除,调整心身节律,并且通过隔离的方式断绝外在刺激对患者的影响,让患者短时间内不必去应付外界的压力,也可以有充分的时间去体验苦闷,感受烦闷和苦恼如何与自己相伴,并且可能会自然消失的过程。

第二阶段:轻体力劳动期(1—2 周)

在绝对卧床期结束后,可以开始轻作业期。这一时期仍处于隔离状态,患者不能社交和谈话,不过可以外出接触户外的新鲜空气。此时开始进行一些手工活动,如折纸、整理房间、清理花园杂草等轻体力工作,并且遵循严格的作息制度,每天开始记日记。这一时期的目标是促使患者产生自发性的活动,激发起做事情的欲望,并且让患者理解痛苦或烦恼是生活的一部分,即使有这些烦恼也可以正常工作。

第三阶段:重体力劳动期(3—4 周)

在重体力劳动期,患者需要从事一些搬运重物、锯木头、劈柴或田间作业等需要更多体力的活动。在此期间,仍然禁止社交,只是自己做事或读书。这一时期的目标是让患者将注意力投注到外在的劳动和劳动对象中,并且从完成体力劳动的过程中体会到成就感,恢复自信心和自尊感,以改变过低的自我评价。另一方面,这些基础体力劳动,也让患者消除人格、体面等顾虑,唤起对自然和劳动的兴趣,通过这种体验来调整自己的生活观念和人生态度。

第四阶段:日常生活训练期(3—4 周)

在这一阶段,患者开始进行适应外界生活的日常训练,恢复与外界的各种联系,为回到实际生活进行必要的准备,主要是处理人际关系方面的训练和准备。患者每天书写日记,并交给医生批阅。该时期的主要目标是让患者能够对外界环境中可能需要处理的人际关系有思想准备和应对策略,同时帮助患者形成坦诚、开放的心态去面对外界环境,不轻易为情绪所束缚,而能够按照自己的目标去做自己需要做的事情。

门诊疗法

门诊疗法主要是针对神经症症状相对较轻、个体功能较好的当事人。他们定期去见治疗师,治疗师指导其学习森田理论,并给予生活实践的指导。主要根据"如果有健康人的举止,心理自然健康起来"这一治疗原理,指导当事人通过阅读森田的科普书籍或日记指导等方式帮助其改善症状和观念,实现自我的目标。

生活发现会

生活发现会可被认为是一种集体森田疗法,是以小组的形式,鼓励当事人以森田理论为学习内容,彼此互相帮助、相互启发,又可以分为地区性集体座谈会和学习会。生活发现会适用于有共同困扰的人群,也适用于有共同情感问题或者生活目标的普通人,如学生和职业人群。

8.4.3 关于森田疗法的评价

森田疗法是一种源于道家"清静无为"指导思想的心理干预方法,也被认为是促进自我发展的一个过程(田代信维和施旺红,2001)。既往研究显示,森田疗法比较适合于治疗神经症、植物神经失调等患者。我国研究者李振涛等人(1998)运用森田疗法的理论及住院疗法对神经症患者开展治疗,结果显示对强迫症、疑病症、恐怖症和焦虑症患者有效。温泉润等人(1993)采用门诊疗法,对100名神经质症患者开展治疗,也取得了较好的疗效。

不过,森田疗法中的绝对卧床期禁止患者与他人会面、谈话,禁止读书、吸烟及其他消遣活动,可能会导致某些焦虑症患者产生不安。此外,由于森田理论的核心思想是"顺其自然,为所当为",富含对于人生态度和原则的哲理性思考,因此要求患者有一定的理解能力;对于那些理解能力较差、认知受损较为严重的患者则不太适合。而且由于森田疗法是一种以改变生活态度为主的认知性干预,对于症状应对和人际互动中的实际困难没有相应的行为干预策略,因此对于一些人格问题突出和人际困难较大的心理障碍患者的有效性较低。

(官锐园 撰写)

本章参考文献

阿尔伯特·艾里斯,黛比·约菲·艾利斯(Ellis, A., Ellis, D. Y.).(2015).理性情绪行为疗法(郭建,叶建国,郭本禹,译).重庆:重庆大学出版社.
贝克(Beck, J. S.).(2013).认知疗法:基础与应用(第二版)(张怡,孙凌,王辰怡,译).北京:中国轻工业出版社.
李心天.(1960).认识活动在神经衰弱治疗上的作用.心理学报,1:36-45.
李心天.(1998).医学心理学.北京:北京医科大学中国协和医科大学联合出版社.
李心天.(2003).悟践疗法——一种整体的(Holistic)心理治疗方法.医学与哲学,24(4):56-57.
李振涛,靳陶聪.(1998).住院森田疗法治疗神经症.中国心理卫生杂志,2(5):205-208.
彭旭,屈英,李心天.(2006).悟践疗法与中国心理治疗本土化.医学与哲学(人文社会医学版),27(4):45-46.
森川正马.(1992).神经质的实质与治疗——精神生活的康复(臧修智,译).北京:人民卫生出版社.
田代信维,施旺红.(2001).森田疗法理论及其进展.神经疾病与精神卫生,1(1):49-51.
温泉润,刘福源,姜长青,李家珍,甄中科,储呈平,刘秀英,顾秀玲,李雯.(1993).森田疗法门诊治疗神经质症100例临床报告.中国健康心理学,1(1):35-37.
亚伯·艾里斯,凯瑟琳·麦克赖瑞(Ellis, A., Maclaren, C.).(2005).理情行为治疗(刘小箐,译).成都:四川大学出版社.
杨德森.(1996).中国人的心理与中国特色的心理治疗.载于曾文星(主编),华人的心理与治疗(页417—436).台北:台湾桂冠图书公司.
中国科学院心理研究所医学心理组.(1959).心理治疗在神经衰弱快速综合治疗中的作用.心理学报,3,151-160.
钟友彬.(1992).认识领悟疗法的要点及其对强迫症的治疗.上海精神医学,4(3),161-163.
钟友彬.(1999).认识领悟疗法.贵阳:贵州教育出版社.
朱金富.(2003).森田疗法与道家认知疗法的比较.中国行为医学科学,12(6),712-713.
Beck, A. T. (1970). Cognitive therapy: Nature and relation to behavior therapy, *Behavior Therapy*, 1(2),184-200.
Beck, A. T. (1987). Cognitive approaches to panic disorder: Theory and therapy. In S. Rachman & J. Maser (Eds.), *Panic: Psychological perspectives* (pp.91-109). Hillsdale, NJ: Erlbaum.
Burns, D. (1980). *Feeling good*. New York: Morrow.
Burns, D. (2006). *When panic attacks*. New York: Broadway Books.
Ellis. A. (1962). *Reason and emotion in psychotherapy*. New York: Lyle Stuart.
Hawley, L. L., Padesky, C. A., Hollon, S. D., Mancuso, E., Laposa, J. M., Brozina, K., & Segal, Z. V. (2017). Cognitive-behavioral therapy for depression using mind over mood: CBT skill use and differential symptom alleviation. *Behavior Therapy*, 48: 29-44.

Hayes, S. C., Strosahl, K., & Wilson, K. G. (1999). *Acceptance and Commitment Therapy: An Experiential Approach to Behavior Change*. New York: Guilford Press.

Linehan, M. (2014). *DBT® Skills Training Manual* (Second Edition). New York: Guilford Press.

Meichenbaum, D. (1977). *Cognitive-Behavior Modification*. New York: Plenum Press.

Young, J. E., Klosko, J. S., & Weishaar, M. E. (2003). *Schema therapy: A practitioner's guide*. New York: Guilford Press.

9 后现代及积极心理取向的咨询理论

9.1 叙事治疗 / 244
    9.1.1 叙事治疗的哲学立场 / 244
    9.1.2 叙事治疗如何理解问题的产生 / 247
    9.1.3 叙事治疗如何给予疗愈的力量 / 248
9.2 焦点解决短期治疗 / 250
    9.2.1 焦点解决短期治疗的兴起与发展 / 250
    9.2.2 SFBT 的工作信念与价值 / 251
    9.2.3 咨访关系 / 254
    9.2.4 咨询阶段 / 255
    9.2.5 重要代表技巧 / 257
    9.2.6 改变导向的对话特色 / 259
    9.2.7 结语 / 261
9.3 接纳承诺疗法 / 262
    9.3.1 ACT 基本知识 / 263
    9.3.2 关系框架理论 / 266
    9.3.3 咨询过程 / 266
    9.3.4 咨询方法 / 267
9.4 辩证行为疗法 / 268
    9.4.1 DBT 产生的背景 / 269
    9.4.2 理论基础 / 270
    9.4.3 DBT 的假设与基本构架 / 271
    9.4.4 DBT 的治疗阶段与策略 / 273
    9.4.5 DBT 的治疗效果与评价 / 275
9.5 积极心理治疗 / 276
    9.5.1 积极心理治疗概述 / 276
    9.5.2 积极心理治疗的理论基础 / 278
    9.5.3 积极心理治疗的干预模式和方法 / 282
    9.5.4 积极心理治疗的研究进展 / 285

    后现代主义与现代主义相对应,指的是一种文化、一种观念,并不是年代的划分。现代主义的核心是理性主义精神,相信人们能够并且只能用客观的方法去发现普遍规律,蕴含着理性至上、科学至上的思想。现代主义者崇尚客观的事实真相,因为事实可以被观察及系统化的探讨;真相就是真相,不会因为观察的人或是观察的方法不同而有所差别。后现代主义思潮的核心是:科学知识并不是绝对的,即使是在科学主义崇尚的观察中,也存在观察者与观察对象的互动,观察对象并不是绝对不变的存在,真理依赖具体的语境而存在,因此不能够用任何非语境的方式予以证实。后现代主义者相信主观的事实真相,也就是说,事实真相会随着使用的观察历程的不同而改变,事实真相取决于语言的使用,并且大部分受到人们所处的文化的影响。如此一来,人们"看"和"评价"人的眼光(标准)变了,从科学变成了艺术,从"标准件"变成了"私人定制"。这样的观点为心理咨询打开了一扇新的大门,为来访者建构他们的世界提供了新的"世界观"。

总的来说,后现代心理咨询理论有四个显著特征。第一是相信世界是流动的,没有标准;没有标准就没有批判,就没有话语主权,就会珍惜来访者个人生命里的经验。第二是世界是多元的,因为多元,咨询师才可能对来访者产生好奇心,而不是预设的立场。第三是更看重未来和结果,对事物产生的原因没有那么关切。第四是强调资源,强调建构与创造。后现代心理咨询理论是正在发展的开放的理论体系,有叙事治疗、焦点解决、合作取向、女权主义等理论流派。本章将重点介绍叙事治疗、短程焦点解决、接纳承诺疗法、辩证行为治疗以及积极心理治疗。

9.1 叙事治疗

叙事治疗(Narrative Psychology)作为后现代心理治疗中具有典型意义的疗法,兴起于20世纪80年代,由澳大利亚的麦克·怀特(Michael White)和新西兰的大卫·艾普斯顿(David Epston)创始。1986年,萨宾的《叙事心理学:人类行为的故事性》一书出版,标志着叙事心理学开始作为一个正式的领域在心理学家族中显现出来,直到今天还在继续发展着。

9.1.1 叙事治疗的哲学立场

麦克·怀特等人认识到现代的心理治疗学派所持的科学决定论、因果论的论断与治疗方式都不能非常有效地帮助来访者解决问题。在长期的家庭治疗实践中,他们发现来访者症状背后的原因是复杂的,而且往往是由来访者自己主观建构的,站在不同角度的人对问题的看法也不一致。对于同一个来访者的问题,不同治疗流派的咨询师的解释是不一样的,因此,各种心理治疗流派用语言建构出来的心理治疗假说,反映的只是冰山一角,充其量只能如同盲人摸象般得出片面的认识。他们认为,个人的经验从根本上来说是模糊的,也就是说它们的意义不是天生的或是显在的,而是要通过多重的解释才能够显现出来。

叙事治疗被称为后现代主义的心理治疗方法,因为它强调建构,强调文化的制约,不强调问题的原因,比较看重问题的改变,这和后现代主义思潮有密切的关系。其理论源于后结构主义、社会建构论和福柯(M. Foucault,法国思想体系史学家)思想。后结构主义中对"意义"和"自我认同"的不同解读,社会建构论中对"现实"概念的独特阐述,以及福柯在知识/权力上与众不同的观点,都为叙事治疗奠定了深厚的哲学基础。

自我是被文化建构出来的

叙事治疗认为,人的自我是被建构出来的,是社会的产物,是经由历史和文化塑造的,一个人的生存背景决定了其行为的方向。后现代主义重要的代表人物福柯认为,人的本质——假如人有本质的话——并不是一种与生俱来的、固定的、普遍的东西,而是由许多带有历史偶然性的规范和准则塑造而成的,而那些规范和准则,又是由每个人都必须在其中成长的风俗、习惯和制度所规定的。所有的文化都为生活在其中的人们灌输了各种各样的思维方式、价值观念、行为规范和道德习俗。因此,叙事咨询师不会以静态的视角去看待人们的问题,而是帮助来访者通过自己的叙说,打破其负向的自我认同,重新建构较为积极的自我,带着较期待的自我去发展人生。

例如,对于一个学习成绩不好的孩子,在主流文化的价值观中,人们会过分关注其成绩不好的一面,而忽视了这个孩子曾刻苦努力的一面,也忽视了人们自己看重学习成绩这一主流文化的意义。在叙事治疗中,咨询师不关心这个孩子的成绩为什么会提高不上去,而是与其探讨成绩对于孩子意味着什么;即使成绩不好,孩子自己眼中的自己是什么样子的;孩子如何面对成绩不好的问题;成绩不好,仍然愿意坚持,展示了孩子的什么品质;孩子如何看待自己与成绩不好的关系;等等。这样的对话使孩子摆脱"成绩不好自己就一无是处"的想法,进而将其对自己的认同转到更为积极的一面上。叙事治疗的好处就在于,使人不仅看到了"症结"所在,更看到了自己的力量和能力。

叙事治疗并不是让咨询师帮助来访者找到其"真实的自我",而是找到"较期待的自我",然后带着自己喜欢的自我去发展人生。比如说,对于一个离家出走的孩子,一般人会认为这是个问题孩子,但是叙事治疗关心的是孩子离家过程中是如何照顾自己的,再通过照顾自己这个特质去看待自己是一个什么样的人,然后将类似的闪光特质串成一条线(即支线故事),帮助其克服现在的困难。可见,从相同事件的不同角度,可以发现不同的意义,最后也许会达到曲径通幽的效果,再次证明真理的不唯一性。

打破主流知识的话语霸权

"主流知识"即权力,是福柯对知识和权力的经典论述。他认为社会的论述决定了什么样的知识是该社会中真实、正确或适当的知识,所以控制论述的人也控制了知识,同时特定环境中的主流知识也决定谁能占据有权力的位置。也就是说,知识就是权力,权力就是知识。当知识经过历代的传承变为真理的时候,就会成为一种权力来压制人们。

在叙事治疗中,麦克·怀特也指出人有内化其文化中"主流故事"的倾向,而这样就会使人们忽略其他的故事和可能。任何文化中成为故事的个人经历毕竟是少的,还有很多事件没有成为故事。比如,在应试教育为主流文化的情景下,"功课好才是好学生"会主宰我们的行为,成为主流知识。而人们也想当然地认为那是唯一的真理,成为一种权力,以至于"功课不好的学生"被忽视。然而,正像社会建构论中提到的"没有唯一的真理",叙事的哲学就是要鼓励人们挑战主流故事。这意味着,通过叙事治疗的对话,人们将烦恼、痛苦、压抑等情绪唤回到以前的不同事件中,组成新的故事,或者从另类故事的次文化中寻求支持。

人不等于问题,问题才是问题

人不等于问题,问题才是问题,这句充满了外化精神的语言把人从问题中解脱出来,拉开一个空间,让人与问题的对话成为可能。叙事咨询师会用好奇的态度,提出和问题有距离的问话,去请教来访者对问题的看法、想法,去珍惜人们在面对问题历程时的想法、困难、挣扎、无力、害怕、惶恐,因为这些想法和感受贴近人们真实的内在的体会,让个案充分感受到他是面对自己问题思考的主人和专家。当来访者的地方性/非主流故事被人们看到、珍惜、欣赏、感谢时,这些故事被见证,故事的主人对自己的故事会有不同的感觉,对自我价值的感受也会有变化。

来访者是解决自己问题的专家

叙事治疗认为,传统的治疗方法反映了咨询师和来访者的权力是不平等的,这无形中削弱了来访者的能力。在传统治疗中,咨询师为来访者进行诊断、提供解释、开处方、挑战不合理信念、反思情感,最后确认解决方法。而叙事咨询师在倾听来访者故事的时候,采用的是"好奇的学习者"的态度。来访者被认为是拥有智慧和资源的专家,而不是咨询师。这种态度使叙事咨询师在治疗过程中与来访者共同构建他们的生活,而不是削弱来访者的能量。在叙事治疗中,来访者看到他们的生命故事被积极地建构,而不是被消极地解释。

因此,叙事治疗彻底解构了咨询师和来访者的关系。因为来访者是他自己生命的主人。叙事咨询师并不是拥有真理的专家,而是与来访者合作,一起重写生命故事的人。

9.1.2 叙事治疗如何理解问题的产生

叙事治疗如何理解问题的出现(个案概念化)？后现代心理咨询理论强调在人格塑造中文化系统的力量,强调自我认同被文化塑造,个人的自我认同取决于文化脉络、个人在社会中的位置与资源。

叙事治疗的定义

叙事,顾名思义,就是叙说故事。叙事治疗是通过多元文化视野好奇、贴近来访者问题故事,帮助来访者用替代故事(较期待的故事)去替换主线故事(压制的问题),从而引导其重构积极故事,构建期待的自我认同,以唤起来访者发生改变的内在力量的过程。由此看出,故事是表,自我认同是本。

主流文化对个体心理的形塑作用

主流文化是指一个社会、一个时代倡导的起着主要影响作用的文化,一般常有高度的融合力和较强大的传播力,并受到广泛的认同。它往往符合一个社会的核心价值观,为社会绝大多数成员所认可和共享。每个时期都有当时的主流文化。亚文化是指在这一范围里相对处于次要状态的文化,只有少数成员认同的价值观及所采取的行为方式。在叙事治疗的框架内,主流文化常常是人们问题故事产生的原因。

主线故事的形成

主线故事(dominant story)又被称为问题故事,或被压制的故事,是指因文化和主流价值评价没有达到"标准"而导致个体被压抑、被贬低、被排斥的故事。人出生时作为一个自然人,是没有任何社会属性的。因此,没有被比较,也没有被评价,也无所谓自卑或自信,每个人平等而自然地存在着。就像在大自然中,从来不会有一朵花去取悦另一朵花,去嫉妒另一朵花,去模仿另一朵花。每一朵花对自己的存在,都有本来的自信。然而人在成长过程中,在经历社会化历程里,这个社会的政治制度、社会体制、道德标准、习俗、文化等逐渐内化到个体的人格结构中,成为个体的超我,因此人们有了好坏、对错、道德与否的看法,人们对自己的故事就不再如自然那般纯净天然,而是会受到文化、主流价值的深刻影响。符合这个社会的政治制度、道德标准、习俗与文化的人被赞扬和肯定,而不符合的人在某种程度上会被压抑、被贬低、被排斥。个体通过这样的社会化过程,将文化、主流价值慢慢融入到一个人的血液里、骨骼里、细胞里、生命里,和个体完全融为一体,社会化的过程就是形塑人们成为这个社会"合格"人的过程。然而,如果在这个形塑过程中没有"合格",或者在某个方面没有达到"标准",个体因此感受到被压抑、被贬低或者被排斥,那么这个个体的故事就被称为主线故事。

消极自我认同是来访者产生困扰的根本

自我认同是心理学家埃里克森自我发展理论中的一个核心概念,也称为自我同一性,是自我概念的高级成熟形式,形成于青年后期。自我认同是指个体在寻求自我发展的过程中,通过与社会及文化环境的相互作用,形成的对自我的确认,以及对有关自我发展的重大问题,诸如理想、职业、价值观、人生观等的思考和选择,它体现了个体通过不断地同化和顺应而主动寻求内在一致感和连续感的过程。

自我认同中与心理健康水平高低相关的有三个核心因素。第一个是人对自我的认识,当一个人认为自己是有能力的,他就对自己拥有信心;如果一个人认为自己没有能力,他就会充满自卑。第二个是人对自我的体验,当一个人认为自己是可爱的,就有一种自爱的感觉,就感觉被别人喜欢;如果一个人认为自己不可爱,就有一种不被他人喜欢的感觉。第三个是人对存在感的体验。当一个人认为自己有存在感,就有价值感、自尊感;如果一个人存在感低,就有一种低价值、低自尊的感觉。

叙事治疗认为,当一个人具有积极的自我认同时,会表现出自信的、可爱的、有价值的状态,表现出身心一致的、健康的自恋状态,既同意自己,也不贬低别人。而当一个人具有消极的自我认同时,会表现出自卑的、自怜自艾和没有价值感的状态。来访者常常是带着他们的主线故事来到咨询室中,他们的主线故事里有主流文化的浸淫。咨询师们也常常会在来访者的主线故事中发现消极自我认同,而消极自我认同就是来访者产生心理困扰的原因。

9.1.3 叙事治疗如何给予疗愈的力量

在帮助来访者替换被压制的问题故事的过程中,独特结果(unique outcomes,又被称作例外、特殊意义事件或者新异时刻)起到了桥梁的作用。通过这个桥梁,主线故事走向了支线故事,消极自我认同走向了积极自我认同。

独特结果

独特结果是任何不"符合"主流故事的事情,因为它们的存在使来访者的问题难以达成。具体来说,独特结果是指来访者在其痛苦挣扎的生命历程中的努力、不容易的地方,是与其被压制的故事不一样的事件,是被来访者和咨询师共同建构出来的。独特结果是新故事的入口,是来访者从问题的自我认同转向较期待的自我认同的桥梁。在寻求来访者被压制故事之外的较期待故事的过程中,独特结果起到了至关重要的作用。

叙事治疗相信,问题不会拥有百分之百的影响力,独特结果一定存在,而且有很多。独特结果特指那些在困难中想办法、不断挣扎的时刻或事件,也可以是来访者喜欢的事件或者品质;可能是来访者的期待,也可能是现实;可以是客观发生的事件,也包括将要发生的事件,或者在想象中发生的事件;可以是现实存在的行动,也可以是内心的计划、感受、渴望、想法、宣誓或约定;可以是很小的一件事,当然也可以是很大的一件事;可以来自过去,也可以来自现在和未来。只要能从中发现来访者的积极的资源,就可被看作独特结果。

有个来访者,一直对于母亲不爱她耿耿于怀。在她的记忆里,母亲从没有像其他母亲对女儿那样与她亲近,还强迫她在小小的童年里做了很多她自己不愿意做的事情,整个问题故事充满了母亲不爱孩子的气息,似乎看不到有什么特殊意义事件。当咨询师问道:"听到你的童年故事,心里有一种心疼,小小的你那么盼望与母亲亲近,那是一种什么样的情感?"来访者谈到那其实就是对母亲的爱的渴望时,对爱的渴望在她的生命故事里就成了独特结果。

如果事件本身有特殊意义,但是咨询师没有看到,那该事件不能成为独特结果。而更多的情况是,事件本身在积极建构后才呈现出特殊意义。然而,是否是独特结果一定要得到来访者的同意。换句话说,独特结果是咨询师和来访者共同建构的结果。

支线故事

当来访者与咨询师一起构建的新故事中展现了来访者的力量、资源和优势时,这个故事被称为支线故事,也被称为替代故事(alternative story),能从中看到非主流文化、地方性文化给故事所赋予的意义。叙事咨询师会用好奇的态度、多元文化视野去看来访者的生命故事,提出和问题有距离的问话,去请教来访者对问题的看法、想法,去珍惜他们在面对问题历程时的想法、困难、挣扎、无力、害怕、惶恐,去帮助来访者看到自己在面对问题时的努力、能力、勇气、智慧,去看到人们多元的地方性故事,放下专家结论性的量尺,让来访者充分感受到他是面对自己问题的主人和专家。当人们可以看到故事的例外,看到故事在主流文化以外的内涵、意义时,人们对自己的看法就跨越了主流文化的制约,开始慢慢被自己感动,促使新的力量缓缓上升,逐渐形成新的故事,这就是支线故事。在叙事对话中,支线故事代替了问题故事,积极自我认同代替了消极自我认同,这个来访者就被"治愈"了。

问话技术

尽管独特结果本来就存在于来访者的生命故事里,但我们仍需要通过一种治疗性的对话把它挖掘出来。因为独特结果是一种主观的判断,源于咨询师看待它的角度,更源于咨询师的治疗哲学观。问话技术使叙事治疗的哲学观、问题观和疗愈观得以在咨询过程中体现。最常见的问话技术有外化的对话(externalization conversation)、改写的对话(re-authoring conversation)、重塑成员的对话(re-mummering conversation)、见证的对话(witnessing conversation)、解构的问话(reconstruction conversation)等。

咨询实践常常从外化的对话开始,从来访者的问题故事开始。当在对话中发现了来访者的力量、资源和优势时,咨询可能转向改写的对话、重塑成员的对话甚至见证的对话。这些对话的顺序没有一定之规,如何组合、哪种对话在前或者在后取决于当时咨询情境和来访者的期待。在这个过程中,独特结果越来越多,经过丰厚支线故事的对话,这些独特结果串成支线故事,积极自我认同就蕴含其中,并蓬勃发展,咨询便完成了它的使命。

9.2 焦点解决短期治疗

焦点解决短期治疗(Solution-Focused Brief Therapy, SFBT)是后现代咨询取向的代表之一。"建构解决之道"(solution-building)是 SFBT 工作的主轴,在咨询师与当事人的合作关系中,咨询对话会持续聚焦于当事人的优势(strengths)与资源,并以当事人能够做到及愿意采取的行动,朝向当事人所欲未来(preferred future)的咨询方向迈进。所以,SFBT 是一个胜任(competency)导向、优势导向及当事人中心的治疗模式(Bavelas 等,2013;Franklin 等,2020)。

9.2.1 焦点解决短期治疗的兴起与发展

由于 SFBT 创始人德沙泽尔(de Shazer)、博格(Berg)及其团队无法满足当时主流心理治疗取向的运作,于 1978 年在美国威斯康星州密尔瓦基成立短期家族治疗中心(Brief Family Therapy Center, BFTC),正式建立 SFBT。自德沙泽尔于 1982 年发表 SFBT 相关论点开始,SFBT 的发展已有近三十年的历史。由于德沙泽尔的阅读兴趣与涉猎领域甚为广泛,影响 SFBT 的思潮包括:格雷戈里·贝特森(Gregory Bateson)的早期沟通学与系统观点、米尔顿·艾瑞克森(Milton Erickson)的催眠治疗取向、帕洛阿尔托(Palo Alto)的 MRI 策略学派、东方佛教与道教思想等,其中,又与社会建构论联结最深(许维素,2018;De Shazer 等,2007)。

SFBT 的发展,并不是先有特定理论假设再加以验证,而是以"何谓有效性"为重点,结合研究与实务逐步成长起来的。在此发展过程中,因发现当事人与咨询师对咨询的观点与期望不尽相同,转而更为重视咨询师全然尊重与"真正听到当事人声音"的核心专业能力。近年来,关于沟通语言微观分析(microanalysis)的心理语言学研究,大为彰显与说明 SFBT 治疗语言及其独特效益。例如,在对照不同咨询流派代表人物的咨询历程之后,研究发现 SFBT 运用治疗对话的语言意义共构过程,就是特别通过咨询师提问,凸显当事人优势、愿景、行动等积极层面,从而催化当事人在实际生活脉络中逐步建构属于自己的解决之道。因而,SFBT 更为强调有效的治疗改变机制来自咨询室内观察得到的对话,以及当事人在现实生活中的实际行动(De Jong, Bavelas 和 Korman, 2013; De Jong, 2019)。

关于 SFBT 在各应用领域的实用性与疗效性的相关研究与著作日益增多,特别是元分析(meta-analysis)等实证研究,极大支持了 SFBT 的有效性(Franklin 等, 2011; Franklin 等, 2016)。SFBT 所具有的重视当事人主观知觉(perception)运作、强调"多做有效的事情"(work on what works)以及短期奏效等特色,让 SFBT 能突破文化的藩篱,在不同文化区域里极为快速地拓展应用(宫火良,许维素,2015; Franklin 等, 2020; Gong 和 Hsu, 2017)。

9.2.2 SFBT 的工作信念与价值

知觉转换与建构解决之道

社会建构论尊重人们主观知觉到的现实,认为无所谓对错,也不同意一个人理解知识的方式会比另一个人更为优秀(Corey, 2013)。呼应社会建构论,SFBT 相信,当事人在这世界上的经验是由他自己所建构的,而这一建构过程是一个心理历程,深受各种社会关系与文化脉络经验的交互影响。同样地,所谓的问题及解决之道,都有其发展的脉络,反映了当事人建构的主观世界,并存在于包含情绪、认知、行为及其相互作用的主观知觉里。因此,咨询师需要尊重当事人所反映出的对自我与生命的感知,看重当事人的世界观、自我观、价值观,以及对问题和解决之道的理解,以便能脉络化(context)、整体性(whole)地认识当事人(Bannink, 2014; De Johg 和 Berg, 2012)。

当事人创造改变的能力,与当事人能够对事情拥有不同的、多元的视角相关。所以,咨询师需要在当事人的知觉及参照架构中进行咨询工作,并逐步引导当事人扩大原有知觉的范畴。尤其是通过确认当事人想要的目标愿景,辨认和重组已经存在的优势与资源,以及形成具体可行的行动方案,协助当事人从"以问题为焦点"的思维,"转移"(shift)至"以解决之道为焦点"的解决导向思考。因此,帮助当事人"知觉转移",是 SFBT 重要的工作方向(Bannink, 2014)。

如社会建构论所言,每个人的生活与生命脉络有其独特性,所谓的解决之道并没有绝对正确的答案与方法,应该由懂得设定咨询目标、拥有资源与力量的当事人这位"知者"(knower),自主地建构编辑或予以决定。所谓的解决之道,来个人的独特经验,常包含所欲目标、偏好未来、优势资源与具体行动等,并不总是与当事人和咨询师所认为的问题有着直接对应的因果关联。尤其是应对生活脉络与生命挑战的种种,当事人的解决之道是多元的,没有唯一的答案。不一定只是让问题消失而已,也可能是让问题的影响力缩减,再次联结资源启动,与问题共处,不再视问题为生活主轴；或者，能懂得自问自答、懂得自助；甚至，能接受"够好"(good enough)的生命哲学(许维素，2018；De Johg 和 Berg, 2012)。

建构解决之道有多个可能的路径，但是最具建设性的方式是：帮助当事人从个人经验中提炼，并通过语言精准表达出当事人自己认为如何通往解决的道路(Berg, 2006，引自 Bannink, 2014)。建构解决之道的语言，常使用的是"希望出现什么，而非不要什么"的语言，迥异于探讨问题的词汇。SFBT 视"语言—谈话"是一个治疗工具，特别关注当事人表述中使用的语言方式与故事结构，希望通过解构与重新建构当事人的故事叙说，让咨询从"问题式谈话"中转而发展出积极、希望、未来导向的"焦点解决式谈话"(solution-focused talk)。在发展焦点解决式谈话的对话过程中，需让当事人觉得咨询师能够理解其真实痛苦，同时还开放对愿景、目标、胜任、成功等方面的好奇，这样，才能创造出"认可目前知觉"与"开发未来可能性"(possibilities)之间具有动态平衡的咨询对话，也才能使咨询过程成为"对目前问题的定义"与"可能的解决之道"两者之间的重要桥梁(Froerer 和 Connie, 2016；Froerer 等，2018；Nelson 和 Thomas, 2007)。

人性观

强调发展性、复原力、去病理化、尊重、好奇以及实用主义的 SFBT，其人性观至少包含以下几个方面(许维素，2018；De Jong 和 Berg, 2012)。

人们都希望自己的生活是美好且能够更好的，也希望别人过得好

人们希望被尊重，愿意尊重别人，也希望与别人和睦相处、被别人接纳并拥有归属感。此外，人们希望表现出仁慈、道德、友善、礼貌、诚实，并对周围的人与世界有所贡献。

当事人不等于他们的问题；当事人是当事人，问题是问题

问题并不是暗示着当事人有缺陷，而只是暂时让当事人卡住而已。虽然当事人不见得总是能做到想做的事情，但拥有优势、资源、智慧与能力去解决自己的问题，即使处境十分艰辛，也会尽力去应对。

每一位当事人都是独特的，也是带着个人化的优势进入咨询的

当事人常一时忘了既有的资源存在，或尚未知道自己已经握有解答。解决之道存在于个人经验之中，只有当事人自己最了解自己的状况，因此当事人是能够依据自己的独特性，分辨出适合自己的目标、进展，判定咨询何时开始、何时结束，以及将有效之处应用在未来判断中。

一个人会被过去影响，但不会被过去所决定

人们拥有自然复原力，也会持续运用这个复原力来改变自己。过去经验提供人们学习与成长的机会，即使是历经创伤，当事人也能从受害者(victim)位置蜕变成为幸存者(survivor)或生命繁荣者(thriver),并拥有创伤后的成功(posttraumatic success)与智慧。

未来是可以被创造与协商的

人们对未来的愿景,往往会影响现在的行动。因为人类行为与大脑、基因、环境相关,但不会被其所控制,反而会获得无穷变化的可能性。如果人们能开始思考未来的各种可能性,勾勒出愿景并有所准备,将会带来改变。

当事人之所以来谈,是因为想要改变

当事人有能力改变并会尽全力做出改变,也愿意实践自己构想出来的意见。在任何时候,人们都会为自己做出最好的选择。拥有选择权,将带来实践与力量。

专业价值

专业价值(professional values)包含对咨询专业的基本承诺与认同,并提供咨询师相关标准来评估自己与当事人的工作是否落在可被咨询专业接受的范畴内。德容和博格(De Jong和Berg, 2012)提出SFBT发挥的专业价值为:(1)尊重人类尊严;(2)个别化服务;(3)滋长当事人的未来愿景;(4)以当事人的优势为基础;(5)鼓励当事人参与咨询;(6)充分提升当事人的"自我决定"能力(self-determination);(7)助长迁移性(transferability);(8)极大化当事人的赋能感;(9)保密性;(10)促进一般化(normalizing);(11)监测改变。

由前述专业价值可知,尊重每位当事人的独特性与差异性为焦点解决咨询的基础,也是人们的共同渴望。SFBT并不深究当事人的负向故事与过去历史,尊重当事人愿意表露问题的速度与内容,减少当事人尴尬与阻抗的出现,同时也创造了咨询室内一种保密的安全性。

对于当事人处境的痛苦,咨询师在理解的同时,也会辨认其是否为人生某一发展阶段的暂时性挑战,或是人们处于特定处境时会有的共同反应;希望通过一般化的接纳,帮助当事人产生"去病理化"以及"与问题共处"的能耐。特别是,当咨询以当事人优势为焦点时,将会促使当事人更有意识地关注并参考过去的成功方法,而让当事人开始减少对问题严重性的忧虑,转而能够思考解决与应对困境的各种可能性与具体策略。与此同时,当事人的自信心与赋能感等积极情绪也会大幅提升。

积极邀请当事人勾勒更为满意的未来愿景,并厘清现今的期望、动机与信心程度,能够滋长当事人对生活的希望感等积极情绪。积极情绪的出现,除了能帮助当事人更能承受负向情绪外,也将能引导当事人更愿意开放接受多元信息,发展周全清晰的思考历程,从而产生新的意义建构及创意的行动与结果。在当事人更能弹性化地转换不同知觉及落实行动时,更多的自主性、自我调节、自我掌控,将会在当事人身上一一出现。

一如"人生无常"的理念,改变(change)随时在发生;所有情况不会一直一样,总会有例外(exception),而更美好的改变也将会有机会出现。由于改变的不可避免性,人们定义个人经验、问题、目标、进展等语言描述,都是暂时性的,将会通过社会互动、沟通对话、行动后的新结果而有所变化。因此,咨询师有义务协助当事人通过治疗对话,不断觉察和确认个人的独特优势与愿景,持续反思如何在实际生活情境中创造并维持改变,进而扩大迁移至更多生活领域中去运用。这样,将会减少当事人对咨询师给予建议的依赖,也能促使当事人拥有处理问题的主控权与责任感,并逐渐发展出成熟的"我是谁"的意识以及"自我决定"的能力。

9.2.3 咨访关系

SFBT咨询师希望与当事人发展出合作协同的咨访关系。虽然SFBT承认咨访关系中地位差异的存在,但是咨询师会努力创造平等、尊重及民主的互动,并且营建一种能够开放对话的积极氛围,使得当事人相信和咨询师在咨询中可以安全、自由地一同探索和创作自己的生命脉络与生活故事(De Shazer等,2007)。因此,在咨询过程中,咨询师需要对当事人怀有真诚好奇的心,开放接收当事人的各种知觉,不评价地运用语言匹配(language match)与当事人进行对话(Macdonald, 2007)。同时,在对话的历程中,咨询师还会累积对当事人各方脉络的理解,并持续根据彼此都确认的谈话内容,营建具有共识的"共同理解基础"(common grounding),以推进咨询对话(De Jong, Bavelas和Korman, 2013)。

由此可知,SFBT看重咨询师自己的专业知识,但不会将所知的一切直接套用在当事人身上,反而信任当事人对自身经验的了解,将自己放在需要由当事人告知如何协助的位置上;而此,也正是SFBT咨询师会持续保有的"未知"(not knowing)之姿及"身后一步引导"(leading one step behind)的立场。因而,SFBT相信,当事人都是愿意与咨询师合作的,并无所谓阻抗(resistance)的存在,只有咨询师才会有与当事人困难合作的可能。可将当事人所谓的阻抗善意解读为当事人保护自己的一种方法,或是咨询师没有理解当事人需求与目标的信号,从而提醒咨询师要谨慎处理并放慢脚步。SFBT咨询师会致力于辨识当事人愿意合作的方式,与之建立咨访关系,这样才能显现出真正的专业性所在。

然而,SFBT重视咨访关系,但并不认为咨访关系是造成当事人改变的核心因素,当事人自身的动机才是更为关键的因素。当事人的动机,往往会因对个人愿景、目标、例外、行动的探讨,而被大大提升。所以,SFBT咨询师的主要责任是帮助当事人对改变的可能性产生期待,从而滋长当事人的希望感与乐观性。咨询师是一个合作伙伴的角色,同步引导着当事人觉察目前不想要的行为模式与希望改变的生活形态,以发展出当事人认同的其他选择及达成目标的有效行动。

SFBT相信,治疗的成功,是基于当事人所做的决定;而治疗的无效,则正是咨询师再次思考如何与当事人合作的契机。SFBT咨询师与当事人是一个治疗团队,会相互合作,一起进行实验。通过咨询对话与提问,SFBT咨询师是一位"邀请"的专家,也是一位创造改变环境脉络却不主导改变内容的专家;而当事人则是他自身生命与生活的专家,为咨询过程的决定者与行动执行者,以及,是真正创造成功的主体所在(许维素,2013;De Johg和Berg,2012;Thomas,2013)。

9.2.4 咨询阶段

SFBT的主要咨询阶段包括(许维素,2009;De Jong和Berg,2012;Trepper等,2010;De Shazer等,2007):

积极开场

一个简短的社交开场,以及对咨询架构流程的简要说明,会让当事人更为安心地参与咨询。为能营造一个支持解决式谈话的"积极运作"(yes-set)咨询氛围,咨询师可以询问当事人的基本生活背景,让当事人从容易回答的人事物开始回应,或者,找到可以肯定当事人之处,以自然轻松的方式建立关系。

问题简述

在当事人谈论问题的主观诠释、问题对当事人的影响、当事人尝试如何处理问题,以及当事人非说不可的故事时,咨询师会给予积极倾听并展现理解接纳。与此同时,咨询师希望能厘清当事人的在意之处与对咨询的最大期望(best hopes),以能形成咨询共同的大方向。此外,邀请当事人回想从预约咨询到初次咨询之间微小的、积极变化的"咨询前改变"(pre-session change),也是让咨询开始转为优势导向的方式之一。

建立良好构成的目标

SFBT十分看重当事人对未来愿景与咨询目标的自主选择与决定。SFBT并不是忽略当事人的问题,而是更为看重当事人想要达成的目标,而且在了解当事人目标的同时,往往会一定程度地了解当事人的问题。

在咨询中,咨询师会协助当事人逐步澄清希望问题解决时的详细愿景或具体目标,以引发当事人的改变动力并更能投入到行动计划的发展过程中。同时咨询师会根据当事人论及的多个目标尝试予以聚焦,并引导当事人从问题描述与抱怨的位置,转而与咨询师共同建构出"良好构成目标"(well-formed goal):明确具体可行、具有人际情境互动、为当事人能力意愿所及、符合当事人生活现实,以及可以立即开始的行动步骤。

探讨例外

问题未按照预期发生的时候,或者问题较不严重、较少出现的时刻,即为"例外"。当事人的力量、资源、优势、智慧、技能、经验、策略等,皆可被视为例外架构的内涵。SFBT 会协助当事人有意识地运用例外中包含的既有优势方法,或将有效要素予以组合并应用于行动。当咨询积极聚焦于例外如何出现并探讨如何再次出现时,快速改变是有可能会发生的。

同样地,让身陷困境与危机中的当事人,觉察到自己如何应对(coping)困境,并能认可自己各种微小且不可否认的有效方法与隐含力量时,将促使当事人拥有信心与策略,也会对生命与生活抱持着"接受限制但不放弃希望"的态度。

新近的例外、近期的应对以及与当事人目标有关的优势资源,最值得优先深入;而此,也是 SFBT"有效就多做一点"的核心原则。

反馈

每次咨询进行了四十分钟时,会暂停(break)十分钟。在暂停时段,咨询师会单独反思或与工作团队讨论如何给予当事人反馈(feedback)。反馈包含赞美(compliments)、桥梁(a bridge)和提议(a suggestion)三个部分,以期鼓励当事人在咨询室外的现实生活中继续促发改变。反馈中的赞美,是对当事人整体的肯定,并特别提出与目标达成有关的优势力量。桥梁则是在赞美与提议之间,提供一个有意义的连接性信息,让当事人觉得执行后续提议,是很重要且有意义的行动。提议即为鼓励当事人可以立即开始尝试的行动,并将尝试的结果在下次咨询中提出。常见的提议包括:鼓励多做一些在咨询中提及的例外方法,朝着未来愿景可以开始的一小步行动,或者先观察生活中例外的发生与期望的所在等。

后续咨询

后续咨询常以评量进展与探讨改变为开场,包含提问"什么地方比较好些"(what is better?)、积极讨论进展何以能发生及如何维持进展等。后续咨询开场的主要介入模式为 EARS:E——引发(elicit),观察与引发当事人注意到什么地方已经比较好了;A——扩大(amplify),探讨达成进展的种种方法、行动细节历程,以及自我、人际互动,以便能在日后迁移到别处应用;R——增强(reinforce),用态度与语言来增强当事人的积极改变;S——开始(start),再次探索其他进展的成功经验。EARS 会多次循环使用,以便能在与目标一致的轨道下,继续使进展稳定与扩大,甚至引发"滚雪球效益"。当然,如果咨询没有进展,则需重新检视当事人真正想要的目标与能执行的小步骤,并继续完成前述咨询阶段。

若当事人对于维持改变的信心程度已有七八分,即可考虑结束咨询。在需要时,也可与当事人探讨如何应用咨询所得来预防与处理日后的复发。

9.2.5 重要代表技巧

成果问句

成果问句(outcome question)用于咨询开场时,协助当事人具体表达对咨询的期待与希望出现的改变,以催化咨询迈入目标导向的轨道。例如:

今天你来到这里,你希望我如何能对你有所帮助?你最大的期望是什么?

目前,和同事相处对你而言是一个挑战,那么,你希望情况可以有什么不一样?当这个问题对你不再是一种困扰时,你会如何知道呢?

假设问句

假设问句(suppose question)是以假设性语句探问当事人偏好的结果,或者在达成目标时,当事人可能会有的反应与行动。常用来协助确认当事人所期待的咨询大方向。例如:

假设在今天咨询结束后,你有所改变了,你会看到自己有什么不一样,就知道自己不再受到他语言的控制了?

奇迹问句

奇迹问句(miracle question)引导当事人进入想象:当问题已经获得解决或没有该问题时的未来美好愿景、相关细节变化以及积极连锁影响;之后,再结合其他问句带领当事人思考如何由目前的处境朝向此未来愿景逐步迈进。奇迹问句常让当事人产生一种深层的信任与想象:目前生活是可以改变的,同时还能加强当事人原有的希望感,甚至能戏剧化地让当事人从谈论问题转而开始聚焦思考解决之道。例如:

你的想象力好吗?我要问你一个奇怪的问题。(停顿)今晚你回家睡觉时,有一个奇迹就这么发生了,你带来这里的问题解决了。(停顿)由于你在睡觉,所以不知道奇迹已经发生了。当你明天起来时,你会注意到什么,便知道奇迹已经发生了?

当奇迹发生后,你会有哪些不同?

谁会注意到你有哪些不同?他们又会如何反应?

例外问句

例外问句(exception question)企图引导当事人觉察例外的存在,如问题没发生、比较不严重、发生时间较短或发生次数较少等时刻。通过详细询问促发例外的相关人事时地物、有用的资源及历程的细节，将能用于解决之道的建构。例如：

　　你什么时候觉得这个创伤事件比较没有影响到你的生活？
　　你是如何做到的，或让这情况发生的？

应对问句

应对问句（coping question）能共情与支持当事人当下的感受，同时帮助当事人觉察能持续承受或对抗某一困境的细微优势或有效方法。应对问句暗示着当事人拥有值得肯定与讨论的自发力量，将能减少被困境击垮的挫折感。例如：

　　在婚姻这么辛苦的过程中，是什么力量支撑你一路走过来的？
　　你虽然害怕，但是，你是怎样做到还能到学校去的？

关系问句

关系问句（relationship question）常用来探问当事人生活中重要他人的特定反应，特别是对当事人的具体肯定、期待或建议。关系问句可催化当事人的现实感与多元角度的观点，并能强化人际支持系统。例如：

　　如果询问把你送来咨询室的老师，他会希望你能有些什么改变？
　　是什么让他这样关心你？

评量问句

一个有着特定向度的1—10刻度量尺上，评量问句（scaling question）邀请当事人将未来愿景或积极目标的描述，置于10分的位置，1分则为相反的状况，再进行现况的刻度评量，进而探讨向前迈进1分的方法。在当事人各种感受与态度（如恐惧）、安全性评估（如自救意愿）等多个向度上，都能使用评量问句；除了能确认一小步行动或进展外，甚至还能松动当事人非黑即白的二元思维。例如：

　　从0到10分，10分是你认为奇迹发生后能平静充实地过日子的样子，0分是你最担心的状况，你觉得现在的自己在几分的位置上？
　　你怎么在这个分数上，而不是更低的分数？
　　你觉得需要发生什么，才能够再进1分？

赞美

对于当事人的优势、应对或有益于朝向目标的行动,咨询师经常予以赞美。赞美是以当事人表达与经验的"现实为基础"(reality-based)。除"直接赞美"外,"自我赞美"(self-compliment)或"振奋性引导"(cheer leading)能让当事人自行吐露自己的能力,从而更欣赏、接纳自己的成功,并对制造成功的方法更为意识化。此外,还可结合假设问句、关系问句来提出"间接赞美"(indirect compliment),以探讨他人可能会肯定当事人之处。例如:

如果有一天你的孩子能够说话了,他会最感谢你这段时间为他做的什么事?

你是如何为他做到这些的?

重新建构

"重新建构"即是在当事人的参照架构里,以另一个新的角度或观点,重新诠释特定议题。凡是当事人行为与观点所反映的特质、优点、能力、资源、动机、意图、努力、本意,或某事件的意义与功能,都可以是重新建构的重点。例如:

从你担忧如何处理父母生病的过程中,感到你很爱你的父母,也对处理问题过程中能做什么、不能做什么,有着很实际的现实感。

一般化

一般化即是在共情与接纳当事人情绪的脉络下,加入对人生共同的发展任务或人们在特定处境下的常态反应的考虑,并以阶段性、暂时性、去病理化的语言,协助当事人更为理解和接受自己的负向反应。例如:

青少年的父母,真是特别辛苦,因为青少年开始有自己的想法与意见了。

9.2.6　改变导向的对话特色

SFBT 咨询对话的原则

基于前述,科曼等(Korman, De Jong 和 Jordan, 2020)再次强调 SFBT 咨询对话历程有以下几点原则。

（1）心理治疗是一个可观察的互动过程，即：对话历程。

（2）以咨询师在治疗环境中与当事人所进行的具体对话互动，作为了解治疗历程的内容与单位。

（3）产生改变，是咨询师和当事人会面之目的。

（4）当事人通过咨询而产生的改变，发生在一个可观察的互动之中；在此互动中，咨询师与当事人找到方法一起合作。

（5）在短期治疗中，咨询师与当事人一同发展出解决之道。

（6）心理治疗这一种可被观察到的、互动的对话过程，将会使当事人的语言含义通过协商而有所变化。

倾听、选择、建构的循环过程

在咨询对话中，德容与博格（De Jong 和 Berg，2012）强调 SFBT 咨询师会通过"倾听、选择、建构"（listen，select and build）的活动，与当事人发展合作协同的解决式谈话。

倾听

倾听是指咨询师会持续展现自然共情与全然接纳的态度，非常仔细地扫描、捕捉与倾听当事人所言，全神贯注地理解当事人的词汇及其意义，特别关注当事人重视什么、想要什么不同、相关的成功经验及曾经的尝试努力等可能性征兆（hints of possibilities）。

选择

选择是指咨询师从所注意到的诸多可能性征兆中，挑选出最为有用的内容，并在合宜的时机予以反应。

建构

建构则表示咨询师需要形成并提出一个回应或问句（通常两者皆会有）。在建构时，咨询师常会并入当事人独特的关键词、语言使用习惯及价值观，同时依据当事人后续的反应，调整对话的速度、语调或内容，以能"同步"（pacing）邀请当事人朝建构解决之道的方向迈进（De Jong 和 Berg，2012；Trepper 等，2010）。

在咨询师"建构"的活动中，SFBT 的问句是最重要的介入工具，常具有"预设的建设性立场"，会引导着当事人朝向特定方向聚焦思考，以帮助当事人产生新的意义理解，思考多元化可能性，激发积极情绪，制定后续行动策略。由于 SFBT 的问句具有积极思考引导效益，常不为当事人所熟悉，需要当事人费心思考后，才能诉诸言语，所以，咨询师除了就问句的方向努力获取相关细节（get details）外，还需平稳耐心地等待当事人回答。之后，还需多问几次："还有呢？"（What else?）让当事人能继续维持同一方向的思考，或引发更多相关的联想与回答（Bavelas 等，

2013)。

形塑

在倾听、选择、建构的循环过程里,咨询师会依据双方对话的共同理解基础,运用形塑(formulation)的原则。形塑就是对发言者刚才所讲的内容,加以描述、说明、阐述、转译、摘要,或者进行特征化、归纳化。例如,在使用重新建构或一般化时,省略或保留当事人表述中的某些字,或对保留的内容进行用字与意义的增修;而这些语言的变化组合,具有暗示性,把当事人置于特定的积极位置。也就是说,形塑并不是一般的人际沟通反应,而是想要推动或制造"改变"的一种选择;而SFBT咨询师会对当事人的说话内容,"选择性"地谈论或回应,并能通过语言,"转化"当事人的主观知觉(De Jong, Bavelas 和 Korman, 2013; Nelson 和 Thomas, 2007)。特别是,在发挥治疗语言的选择性与转化性的同时,SFBT咨询师会大量保留当事人使用的语言文字,对于当事人所说的内容,不妄加臆测分析,而能保持在尊重当事人直述意义与描述故事方式的"维持表层的描述导向"(surface-only, description orientation)里(Froerer 等,2018)。

SFBT的改变历程

SFBT认为,对于生活的故事,当事人常会有所选择,而且,人不等于故事,故事不等于人,故事只是一个过程、一个工具,让人们能对自己的生活与生命建构意义。当通过SFBT的对话,更多的可能性进入当事人过去与现在的故事中时,当事人关于现在与未来的可能性就会增加,在建构解决之道的过程中,对自我的了解与形塑(self-understanding and self-shaping)也将有所转变(Iveson 和 McKergow, 2016)。因此,基姆和富兰克林(Kim 和 Franklin, 2015)汇整了SFBT的改变历程,认为SFBT通过代表问句与技术,遵循并实施了焦点解决咨询历程、架构、专业价值,从而带动当事人各个向度的改变,比如:外在行为的改变(如强化有效方法、扩大解决选项、练习新行为等)、积极情绪的增加(希望、幸福、愉悦),以及整体思考—行动功能的提升(如对新观点与行为改变的态度更为开放接受、增加胜任感并减少负向思考与情绪)等。当事人若能持续累积多元改变体验,并让各项改变相互循环增强,将会出现螺旋形的成长蜕变,并能转化(transform)自己成为更具有创造力、复原力和智慧的人。

9.2.7 结语

心理咨询大师科里(Corey,2013)认为,当心理咨询能着重于未来导向,协助当事人进行以解决之道为焦点的咨询,并能以个人优势来重新自我导向时,那么心理咨询很可能会在短期内发挥效用;而SFBT正是一个具有时间敏感度的短期取向。由于SFBT的限时(time-limited)导向的特征,在咨询中会优先开发与激励当事人的优势力量与胜任才能,而使得咨询变得更有效能。SFBT 也强调"不设置没有必要的咨询次数",咨询次数视当事人的需求而定,且每次咨询都可能是最后一次,也无明确的咨询开始或结束阶段,所以极大地加快了咨询对话的节奏。由此可知,SFBT 的短期治疗风格,可谓是咨询师工作时的"心理意向"(mind set)。这样的哲学态度与工作模式,使得 SFBT 有着不同于其他派别的重要信念、咨询关系与工作重点(许维素,2018;Lightfoot,2014)。

在执行与应用上,强调未来愿景、解决之道、优势、有效性的 SFBT,与分析问题根源或修通过去历史的咨询取向距离最远。SFBT 尊重当事人对咨询方向与速度的决定,看重当事人对问题及解决之道的评估,配合着当事人"描述"(description)的内容、方式、语言,包含愿意表露的内容与展现的情绪,因而也有别于侧重咨询师分析诊断或主导咨询方向的流派(Bannink,2014;Iveson 和 McKergow,2016)。相对而言,SFBT 最相近于以胜任或复原力为导向的流派,也与动机式咨询(motivational enhancement interviewing)和积极心理学(positive psychology)共同享有优势导向的咨询要素。SFBT 与叙事治疗有着多处相似,如皆采取非病理化的姿态,以当事人为中心来营建对话空间,将当事人视为一个整体,重视寻求生命其他可能性,以及认为情绪、认知、行为需要通过情境脉络来理解彼此间的互动意义,才能创建有意义的现实世界等(Bavelas 等,2013)。综上,正如博格和多兰(Berg 和 Dolan,2001)所言,若要为 SFBT 下定义,那么 SFBT 可谓是"希望与尊重的实用主义"(pragmatics of hope and respect)。

9.3 接纳承诺疗法

接纳承诺疗法(简称为"ACT",不读 A‑C‑T),是美国内华达大学临床心理学教授史蒂文·海斯及其同事于 20 世纪 80 年代至 90 年代初创立的一种新的行为咨询方法。接纳承诺疗法的前身是海斯在 1987 年提出的综合疏离疗法(comprehensive distancing, CD),1992 年以后加上了价值这一维度,ACT 这一概念才被正式使用。

接纳承诺疗法基于功能性语境主义(functional contextualism)哲学、语境行为科学(contextual behavioral science, CBS)以及关系框架理论(relational frame theory, RFT)的行为咨询理论和心理实践,不仅仅用于临床心理咨询、心理咨询,还用于学校教育、企业管理等非临床心理行为训练,因此,ACT 也是指接纳承诺训练(acceptance and commitment training)。总之,ACT 与其说是一种咨询方法,不如说是一种心理实践,一种生活态度和行为方式,被广泛用于非临床领域。ACT 与正念认知疗法(MBCT)、辩证行为疗法(DBT)一起推动了行为咨询第三代浪潮的发展,后来又统称为基于正念的干预(mindfulness-based intervention，MBI)或语境性认知行为咨询(contextual CBT，cCBT)。

ACT 创始人海斯教授认为，人类的痛苦根源在于人类的语言，特别是僵化遵循语言规则而忽视变化的现实导致无效的行为，因此，他提出基于正念觉察的心理灵活性可以帮助人们缓解心理痛苦，过上充实、丰富而有意义的人生。海斯还认为心理问题本身并不是问题，而人们与问题之间的关系才是问题，当过分回避不良经验、控制问题行为、与想法过分融合时，才导致无效的行为和痛苦的情绪。以正念的态度接触当下，以接纳的态度面对行为、情绪，并与僵化的规则、信念解离，才是解决问题的前提。同时，澄清价值方向，朝着价值方向承诺行动，才是解决问题的根本途径。本节主要介绍 ACT 相关的基本知识、主要理论、咨询过程和咨询方法。

9.3.1 ACT 基本知识

接纳承诺疗法的基本假设

接纳承诺疗法的基本假设包括：(1)生活变化无常，僵化的语言规则支配行为成为心理问题的根源。(2)痛苦是人生常态，痛(pain)是机体反应，无法消除；苦(suffering)是认知、言语所致，可以改变、减少；一切苦恼的情绪情感是大脑功能反应，越控制、越回避就越痛苦，只有接纳。(3)没有不变的统一的实体的"我"，经验性自我时刻在变，概念化自我相对僵化，观察性自我才是不变的。(4)观察性自我是无内容的、无边界的、恒久不变的，是一种观点采择，是人类才有的智慧。可以概括地说，ACT 是一种以有关人类语言、认知的关系框架理论和功能性语境主义哲学为基础的行为咨询理论和实践(Hayes，2011)。接纳承诺疗法不以消除症状为目标，而是提升心理灵活性，接纳症状，了解症状产生的语境，理解症状的功能，通过基于正念的觉察，澄清价值方向，采取承诺行动，帮助人们过上充实、丰富而有意义的生活。

功能性语境主义

ACT 的哲学背景是功能性语境主义，这是一种基于语境主义和实用主义的现代科学哲学流派。语境主义把心理行为事件理解成个体与具体语境(包括历史和环境)之间持续不断的相互作用，功能性语境主义的根隐喻是"行动在语境之中"——没有脱离语境的行为，没有脱离行为的语境。因此，基于语境主义的行为功能分析以整体性不遭受破坏的方式分析心理行为事件，通过预测和影响心理事件与具体情境之间的连续互动，使行为分析达到一定的精度、广度和深度。以此为基础，ACT 将心理事件看作个体与语境之间的一系列互动。如果仅仅是分析问题行为的症状表现，实际上是脱离了心理事件发生的语境，错过了认识问题本质和查找解决途径的时机。这就不难理解，为何在 ACT 中，即便心理事件在形式上是"消极的""非理性的"，甚至是

"异常的",咨询师也都明显保持着开放接纳的态度。心理事件的功能,即个体与所处语境之间的相互作用是咨询师所关注的焦点。此外,功能性语境主义的实用主义取向使得目标变得尤其重要,ACT鼓励来访者投入到与自己价值观相一致的生活中,实现自己的生活目标。因此,功能性语境主义可以被看作斯金纳的激进行为主义的拓展和语境解释,强调了有用性、语境和目标在行为分析中的重要性,它不仅是关系框架理论的基础,也充分体现在了ACT的实际应用中(Hayes,2005)。

心理灵活性

心理灵活性(psychological flexibility)是ACT的核心概念,然而,海斯等人在1999年出版的第一本ACT专著中,并没有提到心理灵活性的概念,也没有六边形模型。2004年,海斯首次提出心理灵活性这一概念,直到2006年,海斯等人才正式定义这一概念。心理灵活性意味着"作为有意识的人类能够充分接触当下,并基于实际情况,为了选择的价值方向而改变或坚持自己的行为"。这一概念意味着心理灵活性是一种能力,也是一种状态,通过ACT训练可以提升。虽然ACT的目标不是消除症状,但是已经有大量研究表明,提高心理灵活性可以缓解焦虑、抑郁等消极情绪,而且与传统的认知行为咨询相比,ACT对抑郁症、焦虑症等精神障碍的咨询效果的持续时间更长,更不易复发。与心理灵活性对应的概念是心理僵化(psychological inflexibility),心理僵化意味着脱离现实,生活在头脑里,回避或控制某些消极情感体验,把头脑里的想法等同于事实,过分依恋于僵化的概念化自我,价值方向不清晰,没有明确的生活目标,行为往往冲动、盲动或不行动。大量研究表明,心理僵化与焦虑、抑郁等各类消极情绪相关,也是各类精神障碍患者的心理特征(Hayes,2005)。

心理病理模型

海斯认为,现代精神医学的诊断评估系统(如DSM)根据临床症状综合征将精神障碍看作独立的"疾病实体"是错误的策略,因为精神障碍并无明确的定位、定性的病理改变,而且临床表现形式往往多种多样,精神障碍之间的共病现象也很普遍,所谓某种精神障碍可能有不同的病理机制,并非真正意义上的"疾病实体"。海斯等人主张寻找各类精神障碍背后跨诊断的共同的心理病理过程,ACT将人类的心理病理直观地用一个心理僵化六边形模型来表示。六边形的每一个角对应造成人类痛苦或心理问题的基本过程之一,六边形的中心是心理僵化。

从ACT的心理病理模型来看,六大基本过程是相互影响和联系的,打破了以往那种具体心理病理过程导致特定心理问题的传统模式,这六大基本过程同时对特定心理问题产生不同程度的影响(Luoma等,2007)。

经验性回避

经验性回避指的是人们试图控制或改变自身内在经验(如想法、情绪、躯体感觉或记忆等)在脑海中出现的形式、频率,或对情境的敏感性。由于思维压抑的"悖论效应",经验性回避并不能起到有效的作用。这一效应同样也会出现在对情绪的控制上,如当我们试图控制焦虑时,势必会想起焦虑,同时也会连带唤起焦虑的情绪体验。而且,即便单纯回避的方式能暂缓消极情绪,往往也会造成来访者对刺激的麻木或过敏,最终导致生活空间受限。

认知融合

认知融合指的是人类行为受限于思维内容的倾向。该倾向使人们的行为受语言规则和认知评价的过度控制,从而无法用此时此地的经验和直接的经验指导行为。ACT/RFT 理论认为,认知内容并不会直接导致问题,我们与认知内容的关系才是问题。当陷入认知融合时,会把头脑中的想法当作真实的现状,而没有意识到这些想法不过是不断发展的认知过程的产物而已。

概念化过去与未来

这指的是我们容易沉浸在过去的思维反刍中或对未来威胁的忧虑思维中,而让我们无法体验当下。当我们置身于概念化的世界时,我们就失去了直接的、此时此刻的真实经验,沉浸于过去的错误或可怕的未来,我们的行为会受制于过去已有的想法和习惯反应。

依恋于概念化自我

自我概念是言语和认知加工过程的核心。在既定的语言模式下,每个人逐渐形成了关于自己过去和将来的自我描述,过去的历史是通过言语构建和描绘的,未来的发展是通过言语预测和评价的,在这样的自我描述过程中就形成了概念化自我。这个概念化自我就像一张蜘蛛网,包含了所有与自我相关的分类、解释、评价和期望。来访者来求助的时候,正是被这种概念化自我所限制,使自我变得狭隘,导致不灵活的行为模式。

缺乏明确的价值方向

这指的是由不良的社会环境和过去经验的历史导致来访者没法看清自己的价值方向,尤其是当来访者的行为受限于经验性回避时,就无法选择有意义的方式生活,缺乏价值感和自尊感。

不动、冲动或持续回避

这指的是来访者把时间和精力都浪费在过程目标(process goal)的实现上。这些过程目标从短期效益来看,可能会降低来访者的负性情绪反应,让来访者觉得舒适或快乐,但从长远来看,最终让来访者迷失了他们在生活中真正重视的价值方向,导致长远生活质量的降低或生活空间狭窄。

9.3.2 关系框架理论

ACT 的主要心理学理论是关系框架理论(RFT)，RFT 是有关人类语言和认知的一个全面的功能性语境模式(Törneke, 2010)。RFT 认为，人类在进化过程中产生了语言，无论是现实社会生活还是内心世界，语言无处不在，了解语言和认知是了解人类行为的关键；语言是人类沟通的桥梁，也是心理痛苦的根源。人类在分析和整合相关刺激并形成刺激关系方面具有非凡的能力。

关系框架的三个特征

关系框架(relational frames)是指一些具体的不同类型的关系反应，具有三个主要特征。

第一，这种关系具有双向的"相互推衍性"。如果一个人学习到 A 在某一语境中与 B 有着特定的关系，那么意味着在这一语境中 B 也对 A 有着这种关系。

第二，这种关系具有"联合推衍性"。如果一个人学习到在特定的语境中，A 与 B 有着特定的关系，而 B 与 C 有着特定的关系，那么在这一语境下，A 与 C 势必也存在某种相互之间的关系。

第三，这种关系能使刺激的功能在相关刺激中转化，如望梅止渴，耳朵听到"meizi"的声音，头脑里就想到"梅子"的样子，并引发梅子具有的各种物理特性，如颜色、味道、质地、曾经吃过的体验，特别是酸的味觉记忆，导致唾液分泌增加，这样"meizi"的声音就转化为生理刺激功能。当上述所有三个特征确定并形成某种特定的关系时，我们就称这种关系为"关系框架"。

关系框架理论的临床应用

根植于功能性语境主义的 RFT 之所以与临床应用紧密相关，原因在于某一事件被赋予某些功能之后，往往会改变与该事件相关的其他事件的功能。ACT 的心理病理模型和咨询模式与 RFT 紧密相关，到目前为止，已经有大量基于 RFT 的实证研究证明了关系框架理论，而且 ACT 和 RFT 所包含的许多关键要素几乎都得到了某种程度的检验。

9.3.3 咨询过程

ACT 咨询模式包括接纳、认知解离、关注当下、以己为景、明确价值和承诺行动六大核心过程以及相应的方法技术，六个过程相互依存，互为支持，而不是孤立的、割裂的。在咨询时可以从任何环节切入，选择的依据是咨询师对来访者心理病理模型的评价，看看哪个维度最严重，可以从哪个环节入手。如缺乏明确的价值方向，就可以从探讨生活价值入手。但是，每个核心过程都不是孤立的，而是互相联系、互相支持的。

从整体结构来看，ACT 的六大核心过程可以划分为三种应对风格和两大基本过程。

ACT 三种应对风格

三种应对风格指的是开放(open)、中心化(centered)和投入(engaged)。接纳和认知解离对应的是开放的风格,主要是面对、接纳体验而不是逃避控制。关注当下和以己为景的觉察对应的是中心化的风格,主要是正念过程,不做评价和判断地觉察当下体验。明确价值和承诺行动对应的是投入的风格,主要是将心理能量专注于与价值方向一致的行动上。

ACT 两大基本过程

第一步是正念与接纳过程。ACT 试图通过无条件接纳、认知解离、关注当下、以己为景,减少主观评判,减弱语言统治,减少经验性回避,更多地生活在当下。与此时此刻经验相联系,与我们的价值相联系,使行为更具有灵活性。

第二步是承诺与行为改变过程。ACT 通过关注当下、以己为景的觉察、明确价值、承诺行动来帮助来访者调动和汇聚能量,朝向目标迈进,过一种有价值和有意义的人生。

这一咨询模式之所以被称为"接纳承诺疗法",其原因就在于这两大过程在 ACT 中被融合成一个有机的整体。因此,ACT 在某些语境中是另一种缩写,指接纳(acceptance)、选择(choose)和采取行动(take action)三个关键行为策略。

9.3.4 咨询方法

依据 ACT 的六边形模型,其咨询过程主要包含六大核心咨询方法和技术(Hayes, 1999, 2004, 2005, 2006, 2011, 2012, 2018)。

接纳

接纳指的是对过去经历的个人事件和此时此刻经验的一种积极而非评判性的接受,是一种在明确价值方向时自愿做出的一种选择,是为痛苦感受、冲动和负性情绪让出心理空间,将其作为客体去观察,而不抗拒、控制和逃避它们。例如,我们会告诉来访者把焦虑情绪作为一种客观事物来面对,体验观察其起伏消长、生生灭灭的过程,而不去抗拒、逃避或消除。ACT 往往先采取"创造性无望"策略帮助来访者认识到以往策略是无效甚至是更糟的原因。这时采用"泥沼中挣扎的人""掉进洞中的人""与怪兽拔河"等隐喻,帮助来访者放弃原有控制或回避策略,使其愿意面对症状,观察症状,理解症状的意义。通过接纳,减少内耗,停止恶性循环(Stoddard 和 Afari, 2014)。

认知解离

认知解离(cognitive defusion)指的是将自我从思想、意象和记忆中分离,如同观察外在事物一样客观地注视思想活动,将思想看作语言和文字本身,而不是它所代表的意义,不受其控制。ACT发展了很多技术来达到认知解离,如大声重复某个词,直到这个词只剩下声音,而没有意义,或者通过外化的方式,给某个想法赋予具体的形状、大小、颜色,从而使它成为客观的事物。

活在当下

活在当下(being present)是指有意识地注意此时此刻所处的环境及心理活动,不做评价,完全接受。目的是帮助来访者更直接地体验周围的世界,从而提高他们行为的灵活性,与自己的价值观保持一致。例如,在治疗过程的开始阶段做一次简短的一到两分钟的正念练习(如觉察自己的吸气和呼气),会帮助来访者培养出对当下的关注与觉知。

以己为景

以己为景(self as context)是指把自己的经验当作观察的背景,采用某一视角关注自己真实的经验,促进认知解离和接纳。ACT通常采用正念技术(mindfulness)、隐喻(metaphor)和体验性过程(experiential processes)来帮助来访者达到以自我为背景的觉察。在ACT治疗中,咨询师要求来访者选取不同的角度看待问题,穿越时间、地点和人物的观点采择的技能可能有助于来访者建立更灵活的视角,扩大心理空间。例如,要求来访者站在将来回头看看现在的自己;甚至也许要求来访者给自己写一封信,谈谈关于如何以健康的方式来处理当前的状况;也有可能要求来访者将自己放到空椅子上,从另一个人的角度与自己对话等。

价值

价值(values)指的是用语言建构的,来访者所向往的和所选择的生活方向。价值与人们的行为不可分离,有意识地贯穿在生活的每一个有目的的行动中。与价值方向一致的行动是有建设性的、选择的,而不是为了逃避或消除痛苦。价值选择如同轮船的舵,或者汽车的方向盘,只有某个方向,没有终点。在澄清价值方向时常用的练习是"墓志铭""八十岁生日晚宴"等。

承诺行动

承诺行动(committed action)就是承诺朝着价值方向的目标采取有效的行动。ACT的目的是帮助来访者按照自己的价值方向做出行为改变,对自己的行动负责,建构有效的与价值方向一致的生活。"开垦花园"是经典隐喻,帮助来访者选择某个价值方向,采取一致性行为。

9.4 辩证行为疗法

辩证行为疗法(Dialectical Behavior Therapy, DBT)是在20世纪90年初,由美国

心理治疗师玛莎·李纳翰创立。最初,它是为应对慢性自杀和边缘型人格障碍(BPD)而开发的干预策略,后来几经发展,逐渐形成了一个独特的治疗体系,并成为"第三代行为治疗"代表之一。

DBT以行为主义理论、生物社会理论、辩证法以及中国禅宗为哲学基础,主要通过提高情绪调节能力、压力耐受性、人际交往能力等生活技能,达到心理治疗的目的。大量的研究证明了DBT对自杀自伤、边缘型人格障碍、物质滥用等严重的、顽固的心理问题,具有良好的治疗效果。不仅如此,DBT也可应用于难治型抑郁症、焦虑(Harley等,2008)等,更是灵活适用于青少年、成人、智力障碍人群等多种群体,以及门诊、住院治疗、社区、大学咨询中心等不同的治疗情境(Neacsiu等,2012),其应用范围与影响力在逐步增大(谭梦鸽等,2021)。

9.4.1 DBT产生的背景

认知行为治疗理论的发展

如果将认知行为治疗理论作为一个整体,那么可将其划分为三个阶段:第一代(1910—1960年)以华生、斯金纳、沃尔普(J. Wolpe)等为代表人物,治疗理论更注重行为。第二代(1960—1990年)以贝克、艾利斯等为代表人物,治疗理论注重行为,但更注重认知。第三代(1990年至今)以海斯、马克·威廉姆斯(M. Williams)、李纳翰等为代表人物,治疗理论更加注重对行为、认知和情绪的综合工作(如理性情绪行为疗法),同时也更加具有积极心理学色彩(如强调对生活的适应,而不是一味地改变症状)。

实践需要

传统的行为疗法、认知行为疗法主要适用于行为问题、情绪障碍等症状的干预,然而,这些传统的疗法对人格障碍治疗却没有明显的效果。人格障碍是普遍存在的,而且对人的生命质量造成了巨大威胁,因此,需要有实证的、可操作性强的治疗手段加以干预。李纳翰等(1993)研究发现,DBT不仅能有效改善BPD的症状,而且还降低了治疗的脱落率。研究者对20多项DBT治疗BPD的随机对照试验进行元分析,肯定了DBT的疗效。此后,DBT几乎成为治疗边缘型人格障碍的"标准"治疗手段(Miller, 2015)。

创始人

DBT的创始人李纳翰是美国华盛顿州立大学心理学教授,早期她主要研究自杀预防。由于自杀和自伤风险是BPD的一个显著症状,她在一次自杀预防的项目申请中,以干预BPD作为项目关键词,最后该项目申请获得成功。李纳翰以认知行为疗法(CBT)为核心,并对治疗框架、治疗策略、干预技术进行了更加贴合干预对象的改进和延伸,如更加关注正念、接纳、认知解离、咨询关系等(Ost, 2008),进而发展出系统的干预方法(Linehan, 2015)。

9.4.2 理论基础

DBT 是在传统的 CBT 基础上发展起来的新型、整合的 CBT(Linehan, 2015)。因此,DBT 的理论基础是认知行为理论。此外,DBT 还融入了辩证哲学、生物社会理论和禅宗的理念(Neacsiu 等,2012;Linehan, 2015)。

认知行为理论

DBT 对行为的定义、评估以及治疗均与认知行为主义高度一致。DBT 认为个体症状的维持是因个体的问题行为受到强化、错误认知以及情绪管理能力不足所致。因此,DBT 的治疗策略也有行为暴露、系统脱敏、认知重构、社交技巧训练等(Rizvi 等,2013;Linehan, 2015)。相比 CBT 中强调来访者的主动性,DBT 更重视治疗师的指导性,对治疗过程主导更多,干预内容也更加结构化(Linehan, 1993)。

辩证哲学

辩证哲学是 DBT 最显著的哲学理念。辩证哲学认为,现实是由互相关联、对立统一的事物共同塑造的,并且永远在变化(Rizvi 等,2013;Linehan, 2015)。这包括了三个基本哲学原理。

第一,整体性,部分存在于整体之中,个体与环境相互作用。该哲学原理强调治疗师要通过来访者的生活背景,来理解和干预来访者的问题;强调治疗的开展,不仅要针对来访者本人,还需要干预来访者的生活环境或增加来访者对环境的适应性。

第二,矛盾性,矛盾的双方相互排斥又相互依存,使得事物统一。这也是 DBT 最主要的哲学理念:所有命题都同时包含"命题"和"反命题"(thesis vs. antithesis)。(1)"有病与非病""适应与非适应"都是相对的,因此,在干预策略上要注重接纳与改变的平衡,即需要认可(validate)来访者功能的部分,而改变失功能的部分。(2)个体出现心理病理是因为个体的认知、行为和情绪处于"极"性(polarity)状态,无法迈向综合(syntheses),因此,在干预策略上要让个体"去极化",走向辩证。例如,训练个体停止过于理性或者过于感性的状态,发展出综合理性与感性的"智慧心"(Linehan, 2015)。

第三,发展性,现实并不是静止的。(1)需要变化、发展地看问题,而僵化是一种"辩证失败"。这可以帮助治疗师激发来访者的动机:技巧是可以学习的,问题行为(即使是人格)是可以改变的。(2)接纳和改变可以达成动态平衡。这会启发治疗师和来访者思考:过于强调"改变"会引起来访者的阻抗以至于退出治疗,而单纯强调"接纳"则等同于漠视来访者的内心痛苦和强烈的改变欲望(Boritz, Zeifman 和

McMain,2018;谭梦鸽等,2021)。

生物社会理论

李纳翰(Linehan,1993)通过对BPD的深入观察发现,情绪功能(表达、调节)异常是心理病理的主要原因。问题行为是来访者为了表达或者调节情绪,所做出的非适应性行为(Swales和Heard,2016)。而情绪功能异常是由生物学和社会因素共同造成的。生物学因素在于个体天生情感脆弱,对刺激反应更大,需要更长时间回到情绪基线(Linehan,1993),而社会因素在于个体所处的社会环境。李纳翰(1993)和弗拉泽蒂(Fruzzeti,2005)描述了一种容易引发心理病例的典型社会环境——不认可环境(invalidation)。在不认可环境中,个体正常的想法、感受、需要等,长期遭受着重要他人的忽视、否定、惩罚甚至病理化的反应(张英俊和钟杰,2013)。而个体对不认可环境的应对,会恶化个体的情绪表达。比如,一个小孩天生对热的感受阈限低(生物性的),他觉得洗澡水很烫,于是他对母亲说:"不能洗澡,水太烫了。"(表达正常的需要和感受)母亲说:"水不烫啊,你就是不想洗澡。"(不认可)于是,小孩开始哭闹(过激的情绪反应)。正是在生物—社会环境的交互作用下,个体无法习得正常的情绪表达与情绪调节技能。因此,学习必要的情绪表达与情绪调节技巧,成为DBT治疗的重点内容之一(Linehan,2015)。

禅宗

禅宗思想主要通过正念技术体现在DBT中,其基本理念是允许一切事物在当下如其所示,接纳世界、他人和自己(Robins,2002)。DBT中的正念有三个相互联系的技巧:观察、描述和融入,并且要非评判、一心一意、有效地运用这三种技巧(Linehan,2015)。"观察、描述"是通过对当下非评判的觉察,增加接纳。"融入"是一种忘我的境界,融入到对生活的体验之中。这些技巧有助于来访者接纳自己的生活和体验,增强情绪调节能力,提高痛苦耐受性(Linehan,2015)。

9.4.3 DBT的假设与基本构架

基本假设

DBT的基本假设主要有以下几点。

第一,来访者已经做到了最好。

哪怕是最困难的来访者(如高自杀意念),当出现在治疗师面前时,已经是处于最佳状态的来访者了。治疗师如果能深刻共情来访者的经历和所处的环境,就可以发现来访者已经"把一手烂牌,打到了最好的状态"。这提示治疗师需要深刻地共情、理解来访者,认可而不是评判、否定来访者。更重要的是,帮助来访者增加自我接纳程度。

第二,来访者想要改变需要更多的动力。

治疗师可以做动机激发的工作,让来访者看到自己可以在特定的情景下学习新的行为,以达成改变的目的。

第三,认可来访者。

治疗师最重要的工作就是认可来访者,并帮助他们达成想要的改变目标。

第四,现实关系可以帮助来访者(而非移情关系)。

治疗师是专家、教师、朋友的角色,具有指导性。

第五,治疗师也需要支持。

基本构架

以上假设便形成了DBT的基本架构。标准的DBT包括个体心理治疗、团体技能训练、电话教练和治疗师小组四个部分。

个体心理治疗

个体心理治疗指的是传统的来访者和治疗师的一对一治疗,治疗师负责解决来访者的失能、动机激发、治疗过程规划、危机评估和解决等问题。

团体技能训练

团体技能训练一般包括四个模块的内容:正念、痛苦耐受、人际有效性和情绪调节。其中,正念和痛苦耐受属于接纳的技巧,情绪调节和人际有效性属于改变的技巧(Linehan,2015)。完整的团体技能训练一般是一周一次,需要持续至少24周(如图9-1)。

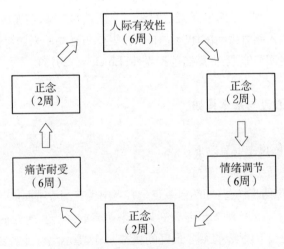

图9-1 完整的DBT团体技能训练
(来源:张英俊,2018)

电话教练

电话教练是指在非治疗时间,来访者与治疗师可以进行电话交流、沟通,治疗师借此帮助来访者将所学技能应用到真实的日常生活中,以及提供必要的支持或危机干预。电话教练不同于一般的治疗设置,能有效支持来访者,但成本较高,需要投入大量的人力、时间和精力,一般需要团队合作才能完成。

治疗师小组

治疗师小组是治疗师的支持小组。标准的 DBT 治疗设置需要多个角色配合:个体治疗师、团体技巧训练师、个案管理师、精神科医生。治疗师小组可以沟通个案的治疗情况,解决其遇到的实际问题,也为治疗师和来访者之间的互动提供了一种辩证性平衡,更重要的是能够增加对治疗师的支持,减少精力耗竭和倦怠(Linehan,2015)。

9.4.4　DBT 的治疗阶段与策略

治疗阶段

DBT 的治疗阶段,包括前治疗阶段和四个治疗阶段。

前治疗阶段

即治疗前定位和承诺阶段。本阶段的目标是建立基本的咨访关系,明确来访者需要承担的义务和遵守的承诺。

获得基本能力阶段

通过减少来访者的创伤性行为和情绪体验,使来访者获得正常稳定的生活模式。一般首先处理威胁到生命的行为,如自残、自杀行为。其次处理干扰治疗的行为,包括侮辱治疗师、迟到、缺席和缺乏继续合作的意愿等。最后增强来访者行为能力和提升生活质量,包括处理其他临床诊断如社交障碍、饮食失调,处理伴侣关系,明确工作和生活的目标等。

减少创伤后应激阶段

帮助来访者体验健康的情绪,治疗其心理创伤,减少羞耻感、自我非合理化认同和自我责备,减轻否认和侵扰等压力反应。

解决生活中的问题并提高自尊阶段

减少或解决来访者生活中正在发生的,但还没有被完全接受的一系列障碍或问题,帮助来访者培养合理的自我效能感及独立的自尊。

获得持续愉悦能力阶段

帮助来访者处理不完整的感觉,增强其维持快乐的能力,提高生活质量(舒姝,刘将,2010)。

治疗策略

DBT 基于其哲学理念和假设，发展了一系列特殊的治疗策略，并将其融入到 DBT 咨询构架设置以及治疗过程之中。最基本的五套治疗策略有：辩证策略、核心策略、沟通风格策略、个案管理策略、整合策略。在每套策略下，又发展出相应的具体操作技术来实现该策略。

辩证策略

辩证策略是五套治疗策略的基础，该策略的目标是维持治疗的平衡。例如，在设置上需要综合考虑内容和历程、规则与例外、来访者与治疗师之间的辩证平衡。在咨询的过程中，要考虑来访者接纳与改变、感性与理性、遵守规则与自我授权之间的辩证平衡。DBT 提出了多种用于达到辩证平衡的操作技术，如自相矛盾、隐喻、魔鬼的提倡技术、扩展、慧其心智、榨取柠檬中的柠檬汁、允许自然变化以及辩证性评估等。

核心策略

核心策略是 DBT 的核心理念，该策略的目标是协助来访者聚焦"认可"与"问题解决"。

(1) 认可

"认可"代表 DBT 核心理念中的接纳。李纳翰（Linehan, 1993）发现过分强调改变会挫败来访者的自我效能，从而导致高脱落率。针对这样的情况，DBT 发展出了"认可"部分。认可，类似于禅宗的"顺其自然"，治疗师在情绪、认知和行为上对来访者的不批判和合理化认同，能增强来访者的效能感与自我认同，并促进来访者在此基础上发展出改变的动力。在 DBT 治疗的每次干预（无论是个体心理治疗、团体技能训练还是电话教练）中，都应该不吝啬地给予来访者认可。

基于此理念，李纳翰（Linehan, 2015）发展了不同的认可层级和操作方式。第一层次，倾听与观察来访者的话语、感受和行为；第二层次，将来访者的感受、想法、假设和行为精确反映给来访者；第三层次，描述未用语言表达的经历和回应；第四层次，从成因认可行为；第五层次，从现有的情景或规范性功能角度进行认可；第六层次，以真诚态度对待来访者。除此之外，还有"鼓励啦啦队"和"功能性认可"，这两者都是更为深入的认可形式，不仅是在言语层面，更是在态度和非言语层面的认可。

(2) 问题解决

"问题解决"代表 DBT 核心理念中的改变。来访者需要接纳，同时也需要进步。DBT 的问题解决包括后效管理（强化适应性行为）、暴露疗法以及认知重建等 CBT 常用的技术。

沟通风格策略

沟通风格策略是保证治疗师和来访者之间进行平衡沟通的策略。治疗师可以平衡"相互的沟通"(reciprocal communication)和"无礼的沟通"(irreverent communication)的使用。前者是来访者中心的、温暖的、真诚的沟通风格,能增进来访者与咨询师之间的关系,增加来访者的接纳部分。后者可以将来访者从平衡点上推开,获得来访者的注意,呈现另类观点或者转移来访者的情感回应。尤其是在咨询"卡住"的时候,这样的沟通策略尤为有效。相对于相互沟通,无礼沟通风格有一种实事求是的、冷硬死板的、坦率的、天真无邪的特色。比如,当来访者说"我想要退出治疗"时,治疗师可能回应:"然而,你做出过不退出治疗的承诺。"

个案管理策略

个案管理策略是要求DBT治疗师维持常规咨询与环境介入之间的平衡。DBT要求治疗师在实践过程中,根据来访者的不同情景、不同需要给予不同的干预。当来访者的生活环境妨碍了治疗进程时,治疗师要指导来访者去管理好生活环境以帮助其实现生活目标,同时促进治疗的顺利进行。个案管理策略主要有三种:咨询病人、环境介入以及督导讨论。

整合策略

整合策略是指在DBT中使用整合的资源来干预治疗中的特殊议题。这些议题包括辅助治疗、危机事件、自杀行为、治疗关系问题等情景。

9.4.5 DBT的治疗效果与评价

DBT的疗效

大量研究表明,DBT作为一种心理治疗方法,能够有效帮助来访者。其中一个显著的疗效因子是能增加生活技能,提升来访者的情绪调节能力,从而促使良好治疗效果的产生。DBT的疗效在BPD及成人和青少年自杀自伤等问题行为方面获得了最多的实证证据,在其他心理障碍和患病群体方面也得到了一定的实证支持,如能够减少罪犯的再犯率,能有效改善物质滥用、饮食障碍、分裂性情绪失调障碍、双相情感障碍、围产期未成年母亲抑郁等。不仅如此,威尔克斯等(Wilks等,2018)开展的随机对照实验结果还显示,网络的DBT技巧训练可以有效减少上瘾和自杀行为。

DBT的特点

DBT根植于CBT,但吸纳了辩证哲学、生物社会理论和禅宗的相关原理,发展出独特系统的干预架构、策略与技术,成为行为主义的"第三波"势力。DBT具有实证有效、操作性强等显著优点,这也是其应用范围甚广的原因。DBT的产生与发展是基于有挑战性的对象(BPD或者慢性自杀等严重心理问题),同时李纳翰等研究者多年的实践探索证明了其稳定性和有效性。DBT的干预方案符合理论依据;其干预过程目标明确,结构清晰,可复制性强;其干预结果可观测、可验证。这些特点都使得

DBT便于实证验证,而大量的实证研究又可以促进DBT的完善,这使DBT的发展形成了良性循环。

DBT的不足之处

尽管如此,目前的DBT还存在一些不足之处。

第一,由于DBT是作为一种整合的干预策略发展起来的,在CBT的基础上整合了多种理念,虽然在实践中的效果已得到肯定,但是其理论基础似乎仍然缺乏更高维度的整合。

第二,大量的研究证明了其干预效果,但是对效果机制缺乏整理和研究。

第三,标准的DBT体系庞大,难以开展。因此,目前很多研究集中在DBT团体技能训练模块的单独疗效上。

第四,DBT发展出了较为庞杂的策略、分策略、技术,显得体系非常复杂,有待进一步整理和简化。

第五,DBT虽极力整合了东西方的文化渊源,但其创立者、研究人群和治疗对象大都来自西方,治疗手段和技巧方法也大都以西方文化为背景,故该疗法是否能够在东方来访者中顺利实施,是否能取得良好的治疗效果,以及有无进行本土化改良的空间,都有待进一步探索与检验。

9.5 积极心理治疗

积极心理学(Positive Psychology)是21世纪美国心理学界兴起的一个新的研究领域,主张研究人类积极的品质,充分挖掘人固有的、潜在的、具有建设性的力量,促进个人和社会的发展,使人类走向幸福。积极心理治疗(Positive Therapy)是以积极心理学为理论指导的心理干预,也称积极干预、快乐干预,集中关注人的积极力量和积极品质的发掘和培养。相对于心理学的其他流派,如精神分析、人本主义,积极心理干预起源较晚,但在近几十年发展得非常迅速。

9.5.1 积极心理治疗概述

积极心理治疗的起源和发展

在第二次世界大战之前,心理学家的工作主要基于三项使命:治疗人的精神或心理疾病,帮助普通人生活得更加充实和幸福,发现并培养具有非凡才能的人(Faller, 2001)。但是在二战后,心理学界将更多精力放在了病理学研究上,例如药物滥用、性犯罪、抑郁症等心理障碍,心理治疗师也更关注伤害、缺陷及功能障碍的改善,而对如何鼓励人们过上美好生活一无所知,逐渐背离了心理学的最初使命。在

1998年的美国心理学年会上,时任心理学会主席的马丁·塞利格曼提出20世纪心理学的发展存在两方面的不足,其中之一就是对于人的积极品质和积极力量重视不够。他和契克森米哈伊(Csikzentmihalyi)于2000年1月发表了论文《积极心理学导论》,倡导心理学的积极取向,主张采用科学的原则和方法来研究幸福,研究人类的积极心理品质,关注人类的健康幸福与和谐发展。这标志着积极心理学的诞生,赛利格曼也被称为积极心理学和积极心理治疗的创始人。

其实在更早时期,远在欧洲的德国心理治疗专家诺斯拉特·佩塞施基安,就基于多年心理治疗实践,在1969年创立了独具特色的积极心理治疗。这种方法关注来访者自身的各种能力,认为治疗师的任务是激发和巩固来访者获得和保持健康的能力;它强调人的发展可能性和能力,同时也兼顾社会因素对个体心理的影响,是一种在跨文化研究的基础上以解决冲突为核心的治疗模式。在赛利格曼倡导积极心理学之后,开始有越来越多的心理治疗师关注当事人的积极资源,并在临床实践中不断探索积极心理学取向的干预方式。短短二十多年,积极心理治疗取得了稳步发展,许多学者发表了一系列实证有效的积极心理学取向的干预方法。

积极心理治疗的概念和原理

什么是积极心理治疗

积极心理治疗是在当代积极心理学运动背景下发展出来的一种心理治疗取向,它运用积极心理学中的积极情绪、性格优势、有意义的关系等研究成果,在心理治疗中重视给生活注入快乐、投入和意义,进而增进当事人的幸福感。

积极心理治疗的特点

塞利格曼认为积极心理治疗应该培养人的性格优势和积极品质,从而缓解心理痛苦,激发生活积极性。诺斯拉特·佩塞施基安所提出的积极心理治疗方式,主张在更积极的视角下,让来访者体验积极的认知和情感,从而激发自身的认识能力和爱的能力。我国学者任俊曾归纳出积极心理治疗的三点要素(任俊,叶浩生,2004)。

(1) 跨文化性

对每个人的文化现象做出具体分析,在跨文化基础上激发每个人自身的"积极"体验,并使之变成积极的人格特质。

(2) 冲突

通过识别个体冲突,寻找冲突中的积极因素,从而解决冲突。

(3) 积极人格特质

通过培养个体的积极人格特质来激发其自身力量,改变对问题的片面看法。

需要强调的是,积极心理治疗并不是要取代传统的更关注"消极"的治疗方法,而是试图平衡心理治疗中对消极和积极的生活事件的关注倾向。它更像是一种治疗视角上的重新定位，而非严格意义上的全新的心理治疗类型。

基本假设和起效因素

在《当代心理治疗》(韦丁，科尔西尼，2021)一书中，塞利格曼将积极心理治疗的基本假设归纳为三点：

(1) 如果当事人的成长、满足和幸福的内在能力遭到社会文化因素阻碍，就会产生心理病理性结果。

(2) 积极的情绪和优势与心理病理症状以及混乱一样都是真实存在的。

(3) 有效的治疗关系可以建立在对积极个人特质与体验的探索和分析之上。

积极心理治疗之所以起效，主要基于五方面原因：积极心理治疗建立了各种治疗资源，灵活释放了消极情绪，开展了积极心理练习，帮助当事人运用优势解决问题，引领当事人从关注消极到注意积极(韦丁，科尔西尼，2021)。结合前人研究结果，本书将积极心理治疗的起效因素归纳为以下几点：

(1) 积极心理治疗将来访者注意、记忆、期望方面的消极偏差引导到积极方向，能迅速修复个体的内在破损，增加个体生存的可能性。

(2) 积极心理治疗能帮助来访者体验到更多的积极情绪，进而扩展即时思维，建造更多个人资源，促进问题解决和个人发展。

(3) 积极心理治疗常常让个体围绕生活的积极方面进行写作，可以增强健康和幸福感。

(4) 积极心理治疗帮助个体确认并运用性格优势，使其有更多机会获得沉浸体验，从而增加幸福感。

(5) 积极心理治疗的很多练习(比如画优势家谱、写原谅信等)能够改善来访者的人际关系，增进幸福感。

(6) 积极心理治疗强调温暖、共情、真诚的咨访关系。

9.5.2 积极心理治疗的理论基础

积极心理治疗的理论基础主要来自积极心理学的研究成果，它们分布于积极心理学的三大主要研究领域：第一是积极的情感体验，这部分研究主要针对主观幸福感，聚焦于人在过去、现在和未来的积极情感体验的特征和产生机制；第二是积极的人格特质，比如积极品质或美德的分类、界定和测量；第三是积极的社会组织系统，探索社会、家庭、学校、单位等怎样才有利于一个人形成积极的人格，并产生积极情感体验。众多积极心理学家以这三个主要领域的研究成果为基础，发展出了积极心理治疗的主要理论和干预方法。

情绪拓展理论

情绪拓展理论(The Broaden-and-Build Theory of Positive Emotions)是积极心理学家芭芭拉·弗雷德里克森(Fredrickson)等人针对积极情绪体验的研究所得出的。积极情绪体验泛指人对于外界各种刺激所做出的积极心理反应,比如积极情感和积极心境、感官愉悦和心理享受等。该理论认为积极情绪能使个体冲破限制,产生更多的思维,增强思维灵活性,使个体在当下反应更准确、认知更全面、思维创造性更活跃。可能的原因是个体在积极情绪状态下能构建更广泛的瞬间思维—行为指令库,更容易看到更多可供选择的行为或者机会(如图9-2)。而消极情绪会缩小个体的认知范围,让个体在当下情境只产生某些特定的行为。因此,个体如果想得到更好的发展,具有更大的创造力,就必须去更多地体验积极的情绪。

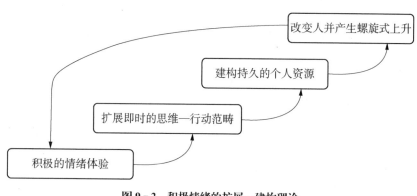

图 9-2 积极情绪的扩展—建构理论
(来源:卡尔,2008)

除此之外,积极情绪还能帮助个体构建有利于未来发展的长远资源(比如体力、智力、社会、心理等层面的资源),并将其迁移到今后其他情景中,有助于促进个体更好地生存和获得成功。

幸福 PERMA 理论

许多积极心理学家对主观幸福感及其影响因素做了丰富的研究,最新的富有影响力的幸福理论是马丁·塞利格曼于 2011 年提出的 PERMA 理论。积极心理学的目标不只是过上满意的生活,而是使人生更加丰盈蓬勃,其核心是构建幸福理论,而幸福的五个元素是积极情绪、投入、人际关系、意义、成就。

积极情绪(positive emotion)

积极情绪包含幸福和快乐、兴奋、满意、自豪和敬畏等。这些情绪常被认为与积极结果相关,例如:更长的生命和更健康的社会关系;激活积极的行为趋势,如兴趣激发探索、自豪激发分享等;有利于心理和身体健康。

投入(engagement)

当个体投入到某项活动中时,通常会产生一种"心流"的状态。积极心理学家契克森米哈伊将"心流"定义为人们对某一活动或事物表现出浓厚的兴趣,并能推动个体完全投入到某项活动或事物中的一种情绪体验。人们进入"心流状态"时会产生"心流体验",能够被做的事深深吸引,自身的兴趣完全融入其中,专注于事情,并且丧失其他不相关的知觉,就好像被活动吸引进去一般。

人际关系(relationship)

塞利格曼认为社会性是人类已知的最成功的高等适应形式,人类可以通过积极地彼此反应来加强关系,积极的人际关系会对幸福带来深刻的积极影响。

意义和目的(meaning)

意义也被称为目的,指归属于和致力于某样超越自我的东西,追求意义感就是去了解有比自己更重要的东西存在。塞利格曼认为,意义不是单纯的主观感受,是从历史、逻辑和一致性的角度所做出的客观评判。

成就(acccomplishment)

成就是对成功和主导权的追求,它可以激活 PERMA 的其他元素,比如积极情绪中的自豪感。塞利格曼认为,对于追求成就人生的个体来说,在追求成就的同时,往往也可能体会到投入,在胜利时感受到积极情绪。

性格优势理论

积极心理学对于人格的研究,是建立在反思和批判传统心理学的基础上的,认为人可以通过自身努力,主动形成积极人格。具体来说,积极心理学视角下的人格理论聚焦于积极人格特质,认为人格的形成和发展是个体主动建构的过程,一方面个体的人格发展具有潜在动力和需要,能激发自身朝着特定目标前进,另一方面良好的行为和外部环境又能促进积极人格的形成。为了区别于传统心理学的人格概念,积极心理学家又将积极人格称为性格优势(character strength),并提出了性格优势理论。

性格优势的概念

"性格优势"被定义为反映在个体的认知、情绪与行为等各个心理层面的积极特质(周雅,刘翔平,2011),它并不是特定的某种积极特质,而是一系列积极特质的有机整体。帕克等(Park, Peterson 和 Seligman, 2004)在回顾涉及性格优势和美德的多个领域的大量文献的基础上,总结出了在各种文化中普遍存在并受到重视的 6 种核心美德,并进一步扩展出 24 种性格优势,建构起了性格优势的价值实践分类体系(values in action classification of strength, VIA - IS),见表 9 - 1。

表 9-1 VIA-IS 界定的核心美德与性格优势

核心美德	性格优势
智慧和知识(wisdom and knowledge)	创造性(creativity) 好奇心(curiosity) 开放的心态(open-mindedness) 热爱学习(love of learning) 远见(perspective)
勇气(courage)	勇敢(bravery) 毅力(perseverance) 正直(authenticity) 活力(zest)
人性(humanity)	爱(love) 善良(kindness) 社会智力(social intelligence)
正义(justice)	合作精神(teamwork) 公平(fairness) 领导力(leadership)
节制(temperance)	原谅和宽恕(forgiveness) 谦虚(modesty) 谨慎(prudence) 自控(self-regulation)
超越(transcendence)	审美(appreciation of beauty and excellence) 感恩(gratitude) 希望(hope) 幽默(humor) 信仰(religiousness)

(来源：Park, Peterson 和 Seligman, 2004)

性格优势的效能

大量研究表明,性格优势的发挥能够促进自我实现与幸福(Quinlan, Swaint 和 Vella-Brodrick, 2012)。帕克等(Park, Peterson 和 Seligman, 2004)发现,希望、热爱学习、感恩、爱和好奇心这五种特质与生活满意度高度相关。周雅与刘翔平(2011)以中国大学生作为研究对象,发现除谨慎与谦虚外,其余 22 种特质均与幸福感的情感成分高度相关,希望、社会智力、远见、爱和毅力与生活满意度高度相关。因此,在日常生活中认识自身性格优势,并通过良好的干预方法强化优势,对人们建立正面的态度和快乐的生活非常有帮助。

9.5.3 积极心理治疗的干预模式和方法

积极心理治疗以积极心理学的理论为指导,关注人的积极力量和积极品质的发掘和培养,也重视对积极认知和积极情感的培养。在临床应用中,它常常与认知疗法、行为疗法、理性情绪疗法等一些经典治疗方法结合。又因为其强调对来访者的尊重,所以治疗过程相对于认知行为疗法来说更为人本,也吸收了以人为中心疗法中的一些理念。此外,由于积极心理治疗强调跨文化影响,它还常常使用家庭治疗、社区治疗、团体辅导等治疗模式。近几十年来,许多学者已发展出一系列各有特色且实证有效的积极心理治疗方法(如表9-2)。

表9-2 国外比较成熟的积极心理学干预方法

序号	项目名称及开发时间	开发者
1	积极心理治疗(2006, 2008)	Tayyab Rashid 和 Martin Seligman
2	十四要点的幸福项目(1983)	Michael Fordyce
3	幸福治疗(2003—2004)	Giovanni Fava
4	生活质量治疗(2006)	Michael Frisch
5	创伤后成长治疗(1999)	Lawrence Calhoun 和 Richard Tedeschi
6	焦点解决治疗(2007)	Steve de Shazer 和 Insoo Kim Berg
7	积极家庭治疗(2009)	Collie 和 Jane Conoley
8	针对严重心理问题基于优势的治疗(2006)	Robert Cloninger、Chaeles Rapp 和 Tony Ward

在分析了前人实践探索成果的基础上,本文将从干预模式和干预方法两个方面具体介绍积极心理治疗。

积极心理治疗的干预模式

积极心理治疗的干预框架

塞利格曼在《当代心理治疗》(2021)一书中指出,积极心理治疗的会谈策略应聚焦在以下几方面:(1)挖掘和确认优势;(2)将优势应用于治疗;(3)宽恕;(4)感恩和满意;(5)亲密关系。基于这五项会谈策略,又具体可以发展出积极心理治疗的十四次会面的会谈模式。

我国学者曾光等人(2018)依据PERMA理论以及前人的实践成果,总结出积极心理教育模式图(如图9-3),提出积极心理治疗应该以引导个体发现和善用性格优势为核心,帮助个体创造和

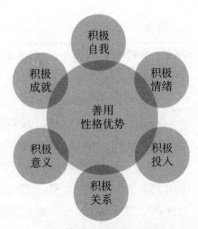

图9-3 积极心理教育模式图
(来源:曾光等,2018)

体验更多的积极情绪,学会积极地投入,发现积极自我,建立和维系积极的人际关系,寻找和发现积极意义,创造积极成就(曾光,赵昱琨,2017)。

依据干预的心理功能角度,刘诗、樊富珉(2010)把积极心理治疗的干预框架总结为三个层面(如图9-4)。

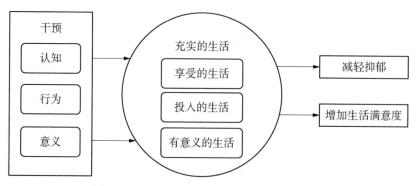

图9-4 积极心理学的主要内涵以及干预示意图
(来源:刘诗,樊富珉,2010)

(1)认知层面:引导来访者把注意力从负面事件上移开,关注生活中积极的、有希望的一面。

(2)行为层面:引导来访者在工作学习中使用自身个性优势,进而引发投入和沉浸的积极情绪,使来访者能够更好地学习与工作,形成良性循环。

(3)意义层面:来访者和咨询师一起设计如何在工作、爱、养育、友情和休闲中使用自己的显著优势。

积极心理治疗的干预形式

积极心理治疗因其有效性和简单丰富的干预策略,能广泛应用于学校、司法机构、医院、社区、家庭等领域,而其干预也可以和现有的许多心理咨询形式相结合,创造出积极心理治疗理念下的个体辅导、团体辅导、家庭治疗、课堂干预、社区干预等形式。

塞利格曼在最初探索积极心理治疗的研究中,采用了线上干预方法,比如三件好事、"用一种新的方式运用显著优势"等。后来许多积极心理学家发展出了更多线下干预方式,更加注重在认知层面进行积极心理学知识的讲授(Seligman等,2009),让个体学习建立新的性格优势,以及认识他人的性格优势等(Proctor等,2011)。积极心理治疗从线上到线下的转变,一方面可以增加人际互动,建立更好的人际关系;另一方面,线下干预在干预时长上也有明显增加,比如针对大学生的积极心理干预常常以课程形式开展,这样能够让受助者对干预的意义有更深刻的认识,养成更稳固的行为习惯。

积极心理治疗的干预策略与方法

根据积极心理治疗的干预框架,积极心理治疗的干预内容很丰富,但在临床实践中,积极心理干预并不一定会覆盖到干预框架内的所有内容。有的可能选择其中某一项或几项作为干预重点,比如,针对积极情绪的干预方法有:传授有关增强快乐策略的课程,想想你的幸事,三件好事,有目的地改善心情,回想并写下积极生活事件等。针对积极关系的干预方法有:在家庭和朋友上投入时间和精力等。针对性格优势的干预方法有:感恩干预(感激日记、感谢访问、做善事等),宽恕干预(学会谅解、写原谅信),乐观干预(表达乐观和希望),希望干预(设想理想自我、邀请来访者确认什么目标对自己是重要的、鼓励来访者以多种方式追求目标等)。

在众多积极心理治疗实践中,以性格优势为干预重点,聚焦于帮助来访者发掘和善用自身性格优势的干预方法是最热门的,其干预主题也十分丰富,主要可以分为以下两类。

针对重要性格优势进行干预

针对重要性格优势进行干预就是针对某一文化内普遍认可的某种或几种性格优势进行干预。因为不同性格优势的效能存在差别,干预者可以根据不同的干预目标来选择相关联的重要性格优势进行干预,比如希望、热情、感恩、爱与好奇这5种性格优势与生活满意度呈高度相关(Park, Peterson 和 Seligman, 2004),就可以通过干预这几项重要性格优势来增加个体的生活满意度。

甘德等(Gander 等,2013)开发了为期一周的在线干预项目,来培养人们的感恩、幽默、善良、爱与希望等特质;普鲁瓦耶等人(Proyer 等,2013)开发了苏黎世优势干预项目(Zurich Strengths Program),来提升个体的好奇、感恩、希望、活力与幽默等特质,从而提升生活满意度;我国学者何瑾等曾根据希望思维理论,通过干预希望这项性格优势来提升大学生的学习适应水平(何瑾,樊富珉,2015);北师大的刘翔平教授等曾对乐观疗法进行探索,根据积极心理学对习得无助和悲观情绪的解释,设计出归因训练和认知策略训练来干预乐观这项性格优势,从而矫正学习障碍学生的消极情绪(周雅,刘翔平,2011)。

针对个人显著优势进行干预

性格优势理论认为,对个人而言,在其显著优势上努力要比在相对弱项上努力获益更多(Quinlan, Swain 和 Vella-Brodrick, 2012)。基于此,一些研究者尝试通过识别与开发个人显著优势来增加幸福感与个人成就,这种干预方式更为个性化。塞利格曼等人(Seligman 等,2005)首次使用了针对显著优势的干预方法——"用一种新的方式运用显著优势"(using signature strengths in a new way)。首先通过VIA-IS测试出个体最突出的 5 种显著优势,并要求个体在随后的一周内每天用一种新的方式来使用这 5 种优势中的一种。奥斯汀(Austin, 2005)在一项新生心理健康教育项目中,引导学生理解性格优势对过去与未来成功的重要性,并要求学生在学术环境下使用自己最突出的 5 种性格优势。我国学者段文杰曾在心理健康课程中干预学生显著优势:首先向学生讲授性格优势的意义与在日常生活中的使用策略,然后要求学生留意自己在生活中对显著优势的使用,并以小作文的形式记录下来(Duan 等,2013)。还有的干预模式会同时关注受众的显著优势和"次级优势"(lesser strength),即弱项(weakness)。如拉希德(Rashid, 2003)在一门为期 15 周的课程中,让学生在生活中更多地使用 5 种显著优势,同时也让学生制订一个改变一项自身弱点的计划。

9.5.4 积极心理治疗的研究进展

积极情绪干预研究

大量研究表明,培养积极的情绪体验能够提高个体的幸福感和心理健康水平。例如,曾延风采用理性情绪行为疗法对抑郁大学生进行团体和个别干预,发现促进积极情绪的培养能够提升个体的心理健康水平。杜迦德(Tugade)等人发现,积极情绪体验能促进个体获得有效的情绪控制,加速心血管病人从积极情绪中恢复过来(Tugade 等,2004)。

性格优势干预研究

大量研究证明,聚焦于个体性格优势的积极心理治疗是显著有效的。无论是针对个人显著性格优势的干预,还是针对特定优势特质的干预,都已被证明有效且具有很好的推广价值。

塞利格曼等人(Seligman 等,2005)发现,"用一种新的方式运用显著优势"的干预方法能够帮助个体在 6 个月内使幸福感增加及抑郁症状减轻。对 50—79 岁的老年人进行"用一种新的方式运用显著优势"的在线干预,能够在长时程内持续提高老年人的幸福感,降低其抑郁水平,说明这种干预方法对不同年龄群体都有一定效果(Proyer 等,2014)。米切尔等人(Mitchell 等,2009)采用相似的在线干预,发现能够明显提升被试在健康、关系、社区等 8 个生活领域内的幸福感。

与此同时,针对单项性格优势的干预方法和效果研究也得到了蓬勃发展。比如,宽恕干预可以帮助个体缓慢释放愤怒(Harris 等,2006;Worthington, 2005),创造力与双相情感障碍之间存在关系(Murray 和 Johnson, 2010)。

在感恩干预的研究中,多位学者发现,感恩干预能有效减轻个体的适应不良程度,同时促进个体的积极人际关系、认知能力、心理弹性等方面的发展(Ong, Bergeman, Bisconti 和 Wallace 等,2006;Wood, Froh 和 Geraghty, 2010;郑裕鸿,范方,喻承甫,罗廷琛,2011;张萍,2012)。在已有的感恩干预方法(感恩记录、感恩沉思、感恩拜访)基础上,不断有研究者探索新的感恩干预方法。比如,向同伴分享感恩经历比单纯记录感恩经历更能显著唤起个体更多的积极情绪和幸福感(Lambert 等,2011);我国学者张萍提出了认知重评法,通过引导个体对施恩者动机、施恩者付出的代价、恩惠的价值等方面进行评价解释,来提升个体的感恩水平(张萍,2012)。

在希望干预的研究中,研究者发现希望干预能提升大学生的学业适应性(何瑾,2015),能有效缓解癌症患者、终末期病人或不育症妇女的病痛感受并提升其幸福感(Ho 等,2012;Knabe,2013)。塞利格曼和亚隆(Yalom)也曾分别强调了灌注希望在临床心理治疗中的重要作用,前者认为灌注希望是好的心理疗法的深层次策略(Seligman 等,2006),后者将灌注希望作为团体疗效因子之一(Yalom,1985)。在干预方法上,我国学者陈海贤和陈洁(2008)根据辛德(Synder)的希望理论提出了希望干预的具体策略。

积极心理团体辅导研究

由于积极心理治疗强调跨文化影响,所以它很适合与团体辅导模式相结合。相对于个体治疗,积极心理团体辅导更加结构化和有力量,它能够借助团体成员的文化差异,促进彼此之间产生跨文化的认知和情感的积极影响,同时激发治疗性的协同作用,帮助成员相互联结,提升幸福感。

塞利格曼很早就尝试应用积极心理团体辅导并进行实践研究(Seligman 等,2006)。他使用的积极心理团体辅导模式主要包括以下活动:发现和运用自身优点、寻找生活中的高兴事件、培养感恩的想法和行动等。结果发现,积极心理团体辅导可以缓解个体的抑郁情绪症状,提高其生活满意度,对于治疗抑郁症病人有很好的效果。

我国的樊富珉教授在积极心理团体辅导领域持续开展了近二十年的实践探索,对象涉及社会各个群体,团体辅导主题也非常丰富。例如,积极心理学取向的贫困生自强团体,主观幸福感团体,积极取向的生命教育团体,性格优势团体辅导,地震灾后心理成长积极心理团体,生命意义干预团体,大学生希望干预团体,"宽恕、信任、沟通、人际和谐"辅导团体,等等。结合实践探索,樊富珉教授也提出了不同主题的积极心理团体辅导干预模式。例如,积极心理品质辅导的干预模式主要聚焦于同理心、宽恕、希望、创造力、韧性(刘诗,樊富珉,2010);积极心理学视角下的生命教育团体的干预模式主要聚焦于感恩人生、规划人生、珍惜人生、减压人生、自强人生(樊富珉,张天舒,2009)。

综上,积极心理治疗在积极心理学运动的背景下,关注个体的自身优势,注重积极情绪的培养,在增强积极人际关系的同时,也致力于让个体的生活充满意义和目标。这种教导人们如何使自己心灵丰盛的治疗方法已在当代逐渐成为一种重要的心理治疗方法。伴随着更多的临床实践探索，它还将继续蓬勃创新，并进一步推动当代心理治疗向前发展。

（李　焰、许维素、祝卓宏、张英俊、何　瑾　撰写）

本章参考文献

艾莉丝·摩根(Morgan, A.).(2000).从故事到疗愈：叙事治疗入门(陈阿月,译).台湾：心灵工坊出版社.
伯恩斯(Burns, G. W.).(2014).积极心理学治疗案例——幸福、治愈与提升(高隽,译).北京：中国轻工业出版社.
陈海贤,陈洁.(2008).希望疗法：一种积极的心理疗法.桂林师范高等专科学校学报,22(1),121-125.
丹尼·韦丁,雷蒙德·科尔西尼(Wedding, D., Corsini, R.).(2021).当代心理治疗(第十版)(伍新春,等译).北京：中国人民大学出版社.
樊富珉,金子璐.(2019).品格与责任：儿童和青少年学校积极心理团体辅导教师手册.北京：人民日报出版社.
樊富珉,张天舒.(2009).自杀及其预防与干预研究.北京：清华大学出版社.
宫火良,许维素.(2015).焦点解决短期疗法应用效果的分析.心理与行为研究,13(6),799-803.
何瑾,樊富珉,程化琴,尚思源,陶塑.(2015).希望干预改善大学新生学习适应的效果.中国临床心理学杂志,(4),750-755.
卡尔(Carr, A.).(2008).积极心理学(郑雪,等译).北京：中国轻工业出版社.
卡尔(Carr, A.).(2013).积极心理学：有关幸福和人类优势的科学(第二版)(丁丹,等译)北京：中国轻工业出版社.
克里斯托弗·彼得森(Peterson, C.).(2010).打开积极心理学之门(侯玉波,等译).北京：机械工业出版社.
林内翰(Linehan, M. M.).(2009).边缘性人格障碍治疗手册(吴波,译).北京：中国轻工业出版社.
李明,杨广学.(2005).叙事心理治疗导论.济南：山东人民出版社.
刘诗,樊富珉.(2010).基于积极心理学的团体辅导对提升大学生主观幸福感的干预研究.第十三届全国心理学学术大会.
马丁·塞利格曼(Seligman, M.).(2012).持续的幸福(赵昱鲲,译).杭州：浙江人民出版社.
玛莎·林纳涵(Linehan, M. M.).(2015).DBT®技巧训练手册(上、下)(江孟蓉,等译).台北：张老师文化事业股份有限公司.
任俊,叶浩生.(2004).积极心理治疗思想概要.心理科学,(27),746-749.
舒姝,刘将.(2010).辩证行为疗法的回顾与前瞻.医学与哲学(人文社会医学版),31(1),58-59.
谭梦晗,任志洪,赵春晓,江光荣.(2021).辩证行为疗法：理论背景、治疗效果及作用机制.心理科学,44(2),481-488.
肖凌,李焰.(2010).叙事治疗的西方哲学渊源.心理学探新,30(5),29-33.
徐娜,王国霞,盖笑松.大学生自我同一性发展研究[J].黑龙江高教研究,2011,(4).137-140。
许维素.(2009).焦点解决短期心理治疗的应用.北京：世界图书出版公司.
许维素.(2013).建构解决之道——焦点解决短期治疗.宁波：宁波出版社.
许维素.(2017).焦点解决短期治疗于台湾应用的文化适用性.载于陈秉华(主编),多元文化咨商在台湾(页325—368).台北：心理出版社.
许维素.(2018).尊重与希望：焦点解决短期治疗.宁波：宁波出版社.
曾光,赵昱鲲,等.(2018).幸福的科学：积极心理学在教育中的应用.北京：人民邮电出版社.
张萍.(2012).感恩情感的形成机制及其干预(博士学位论文).上海师范大学.
张英俊.(2018).边缘性人格障碍倾向者自我反思缺陷及其干预(博士学位论文).北京：清华大学.
张英俊,钟杰.(2013).家庭无效环境在心理病理发展中的地位.中国临床心理学杂志,21(2),251-255+243.
郑裕鸿,范方,喻承甫,罗廷琛.(2011).青少年感恩与创伤后应激障碍症状的关系：社会支持和心理弹性的中介作用.心理发展与教育,27(5),522-528.
周雅,刘翔平.(2011).大学生的性格优势与主观幸福感的关系.心理发展与教育,27(5),536-542.
Austin, D. (2005). The effects of a strengths development intervention program upon the self-perceptions of students' academic abilities. Azusa Pacific University, Azusa, Ca. Dissertation Abstracts International, 66 (05A), 1631-1772. (UMI No. AAT3175080).
Bannink, F. (2014). *Post traumatic success: Positive psychology and solution-focused strategies to help clients survive and thrive.* New York: W. W. Norton & Company.
Bavelas, J., De Jong, P., Franklin, C., Froerer, A., Gingerich, W., Kim, J., Korman, H., Langer, S., Lee, M. Y., McCollum, E. E., Jordan, S. S., & Trepper, T. S. (2013). *Solution-focused therapy treatment manual for working with individuals* (2nd). Retrieved February 1, 2018, from http://www.sfbta.org/research.html.
Berg, I. K., & Dolan, Y. (2001). *Tales of solution: A collection of hope-inspiring stories.* N. Y.: W. W. Norton & Company.
Boritz, T., Zeifman, R. J., & McMain, S. F. (2018). Mechanisms of change in dialectical behaviour therapy. In M. A. Swales(Ed.), *The Oxford Handbook of Dialectical Behaviour Therapy.* Oxford University Press.
Corey, G. (2013). Theory and practice of counseling and psychotherapy (9th ed.). Brooks & Coles, Cengage

Learning.

De Jong, P. (2019). A brief, informal history of SFBT as told by Steve de Shazer and Insoo Kim Berg. *Journal of Solution-Focused Brief Therapy*, 3 (1),9-16.

De Jong, P., Bavelas, J. B., & Korman, H. (2013). An introduction to using microanalysis to observe co-construction in psychotherapy. *Journal of Systemic Therapies*, 32(3),17-30.

De Jong, P. D., & Berg, I. K. (2012). *Interview for solutions* (4th ed.). Pacific Grove: Brooks/Cole.

De Shazer, S., Dolan, Y. M., Korman, H., Trepper. T., McCollum, E., & Berg, I. K. (2007). *More than miracles: The state of the art of Solution-focused brief therapy*. Philadelphia, PA: Haworth Press.

Duan, W., Ho, S. M., Tang, X., Li, T., & Zhang, Y. (2013). Character Strength-Based Intervention to Promote Satisfaction with Life in the Chinese University Context. *Journal of Happiness Studies*, 15,1347-1361.

Faller, G.. (2001). Positive psychology: A paradigm shift. *Journal of Pastoral Counseling*, 36, 7-20.

Flaxman, P. E., Bond, F. W., & Livheim, F. (2013). *Mindful and Effective Employees: A Training Program for Maximizing Well-Being and Effectiveness Using Acceptance and Commitment Therapy*. New Harbinger Publications.

Franklin, C. G. S., Trepper, T. S., McCollum, E. E., & Gingerich, W. J. (2011). *Solution-Focused Brief Therapy: A Handbook of Evidence-Based Practice*. Oxford University Press.

Franklin, C., Gus, S., Zhang, A., Kim, J., Zheng, H., Hai, A. H., Cho, Y. J., & Shen, J. (2020). Solution-focused brief therapy for students in schools: A comparative meta-analysis of the English and Chinese literature. *Society for Social Work and Research* 2020. Preprint. https://doi.org/10.1086/712169.

Franklin, C., Zhang, A., Froerer, A., & Johnson, S. (2016). Solution Focused Brief Therapy: A Systematic Review and Meta-Summary of Process Research. *Journal of Marital and Family Therapy*, 43(1),16-30. doi: 10.1111/jmft.12193.

Froerer, A. S., & Connie, E. E. (2016). Solution-building, the foundation of Solution-focused brief therapy: A qualitative Dephi Study. *Journal of Family Psychotherapy*, 27(1),20-34.

Froerer, A., Walker, C. R., Kim, J., Connie, E. E., & Cziffra-Bergs, J. V. (2018). Language creates a new reality. In A. Froerer, J. Cziffra-Bergs, J. Kim (Eds.), *Solution-Focused Brief Therapy with Clients Managing Trauma* (pp. 24-47). Oxford University Press.

Fruzzetti, A. E., Shenk, C., & Hoffman, P. D. (2005). Family interaction and the development of borderline personality disorder: A transactional model. *Development and Psychopathology*, 17, 1007-1030.

Gander, F., Proyer, R. T., Ruch, W., & Wyss, T. (2013). Strength-based positive interventions: further evidence for their potential in enhancing well-being and alleviating depression. *Journal of Happiness Studies*, 14(4), 1241-1259.

Gong, H. & Hsu, W. (2017). The Effectiveness of Solution-Focused Group Therapy In Ethnic Chinese School Settings: A Meta-Analysis. *International Journal of Group Psychotherapy*, 67(3),383-409.

Harley, R., Sprich, S., Safren, S., Jacobo, M., & Fava, M. (2008). Adaptation of dialectical behavior therapy skills training group for treatment-resistant depression. *Journal of Nervous and Mental Disease*, 196(2),136-143.

Harris, A. H. S., Luskin, F., Norman, S. B., et al. (2006). Effects of a group forgiveness intervention on forgiveness, perceived stress, and trait-anger. *Journal of Clinical Psychology*, 62(6),715-733.

Hayes, S. C. (2004). Acceptance and Commitment Therapy, Relational Frame.

Hayes, S. C., Bond, F. W., Barnes-Holmes, D., & Austin, J. (2006). *Acceptance and Mindfulness at Work: Applying Acceptance and Commitment Therapy and Relational Frame Theory to Organizational Behavior Management*. Haworth Press Inc.

Hayes, S. C., & Hofmann, S. G. (Eds.). (2018). *Process-based CBT: The science and core clinical competencies of cognitive behavioral therapy*. Oakland, CA: Context Press/New Harbinger Publications.

Hayes, S. C., & Smith, S. (2005). *Get Out of Your Mind and into Your Life: The New Acceptance and Commitment Therapy*. New Harbinger Publications.

Hayes, S. C., Strosahl, K. D., Wilson, K. G. (2011). *Acceptance and com-mitment therapy: The process and practice of mindful change*. Guilford Press.

Hayes, S. C., Strosahl, K., & Wilson, K. G. (1999). *Acceptance and commitment therapy: An experiential approach to behavior change*. New York, NY: Guilford Press.

Hayes, S. C., Strosahl, K., & Wilson, K. G. (2012). *Acceptance and commitment therapy: The process and practice of mindful change* (2nd ed.). New York, NY: Guilford Press.

Ho, S. M., Ho, J. W., Pau, B. K., Hui, B. P., Wong, R. S., Chu, A. T. (2012). Hope-based intervention for individuals susceptible to colorectal cancer: A pilot study. *Familial Cancer*, 11(4), 545-551.

Iveson, C. & McKergow, M. (2016). Brief therapy: Focused description development. *Journal of Solution Focused Brief Therapy*, 2 (1),1-17.

Kim, J. S., & Franklin, C. (2015). Understanding emotional change in Solution-focused brief therapy: Facilitating positive emotions. *Best Practices in Mental Health*, (11)1,25-41.

Knabe, H. E. (2013). The meaning of hope for patients coping with a terminal illness: A review of literature. *Journal of Palliative Care & Medicine*, S2, 004. doi: 10.4172/2165-7386.S2-004.

Korman, H., De Jong, P., & Jordan, S. S. (2020). Steve de Shazer's theory development. *Journal of Solution Focused Practices*, 4(2).

Lambert, N. M. , & Fincham, F. D. (2011). Expressing gratitude to a partner leads to more relationship maintenance behavior. *Emotion*, *11*(1), 52–60.

Lightfoot, J. M. , Jr. (2014.) Solution-focused therapy. *International Journal of Scientific & Engineering Research*, *5*(12), 238–240.

Luoma, J. B. , Hayes, S. C. , & Walser, R. D. (2007). *Learning Act: An Acceptance & Commitment Therapy Skills-Training Manual for Therapists*. New Harbinger Publications.

Lynch, T. R. , Trost, W. T. , Salsman, N. , & Linehan, M. M. (2007). Dialectical behavior therapy for borderline personality disorder. *Annual Review Clinical Psychology*, *3*, 181–205.

Macdonald, A. J. (2007). *Solution-focused therapy: Theory, research & practice*. London, UK: Sage.

Miller, A. L. (2015). Introduction to a special issue dialectical behavior therapy: evolution and adaptations in the 21st Century. *American Journal of Psychotherapy*, *69*(2), 91–95.

Mitchell, J. , Stanimirovic, R. , Klein, B. , & Vella-Brodrick, D. (2009). A randomised controlled trial of a self-guided internet intervention promoting well-being. *Computers in Human Behavior*, *25*(3), 749–760.

Morris, E. , Johns, L. C. , & Oliver, J. E. (2013). *Acceptance and Commitment Therapy and Mindfulness for Psychosis*. Wiley-Blackwell.

Murray, G. , & Johnson, S. L. (2010). The clinical significance of creativity in bipolar disorder. *Clinical Psychology Review*, *30*(6), 721–732.

Neacsiu, A. D. , Ward-Ciesielski, E. F. , & Linehan, M. M. (2012). Emerging approaches to counseling intervention: Dialectical behavior therapy. *The Counseling Psychologist*, *40*(7), 1003–1032.

Nelson, T. S. , & Thomas, F. N. (2007). Assumptions and practices within the solution-focused brief therapy tradition. In T. S. Nelson, & F. N. Thomas (Eds.), *Handbook of Solution-Focused Brief Therapy: Clinical Applications*. Binghamton, NY: Haworth.

Ong, A. D. , Bergeman, C. S. , Bisconti, T. L. , & Wallace, K. A. (2006). Psychological resilience, positive emotions, and successful adaptation to stress in later life. *Journal of Personality and Social Psychology*, *91*(4), 730–749.

Park, N. , Peterson, C. , & Seligman, M. E. (2004). Strengths of character and well-being. *Journal of Social and Clinical Psychology*, *23*(5), 603–619.

Proctor, C. , Tsukayama, E. , Wood, A. M. , Maltby, J. , Eades, J. F. , & Linley, P. A. (2011). Strengths gym: The impact of a character strengths-based intervention on the life satisfaction and well-being of adolescents. *The Journal of Positive Psychology*, *6*(5), 377–388.

Proyer, R. T. , Gander, F. , Wellenzohn, S. , & Ruch, W. (2014). Positive psychology interventions in people aged 50–79 years: Long-term effects of placebo-controlled online interventions on well-being and depression. *Aging & mental health*, *18*, 997–1005.

Proyer, R. T. , Ruch, W. , & Buschor, C. (2013). Testing strengths-based interventions: A preliminary study on the effectiveness of a program targeting curiosity, gratitude, hope, humor, and zest for enhancing life satisfaction. *Journal of Happiness Studies*, *14*(1), 275–292.

Quinlan, D. , Swain, N. , & Vella-Brodrick, D. A. (2012). Character strengths interventions: Building on what we know for improved outcomes. *Journal of Happiness Studies*, *13*(6), 1145–1163.

Rashid, T. (2003). Enhancing strengths through the teaching of positive psychology (Doctoral dissertation, Fairleigh Dickinson University).

Rizvi, S. L. , Steffel, L. M. , & Carson-Wong, A. (2013). An overview of dialectical behavior therapy for professional psychologists. *Professional Psychology: Research and Practice*, *44*(2), 73–80.

Robins, C. J. (2002). Zen principles and mindfulness practice in dialectical behavior therapy. *Cognitive and behavioral practice*, *9*(1), 50–57.

Rusbult, C. E. , Hannon, P. A. , Stocker, S. L. , & Finkel, E. J. (2005). *Handbook of forgiveness*. Routledge.

Seligman, M. E. , Ernst, R. M. , Gillham, J. , Reivich, K. , & Linkins, M. (2009). Positive education: Positive psychology and classroom interventions. *Oxford Review of Education*, *35*(3), 293–311.

Seligman, M. E. P. , Rashid, T. , & Parks, A. C. (2006). Positive Psychotherapy. *American Psychologist*, *61*, 774–788.

Seligman, M. E. P. , Rashid, T. , & Parks, A. C. (2006). Positive Psychotherapy. *American Psychologist*, *61*, 774–788.

Seligman, M. E. P. , Steen, T. A. , Park, N. , & Peterson, C. (2005). Positive Psychology Progress: Empirical Validation of Interventions. *American Psychologist*, *60*(5), 410–421.

Öst, L. G. (2008). Efficacy of the third wave of behavioral therapies: A systematic review and meta-analysis. *Behaviour research and therapy*, *46*(3), 296–321.

Stoddard, J. A. , & Afari, N. (2014). *Big Book of ACT Metaphors: A Practitioner's Guide to Experiential Exercises and Metaphors in Acceptance and Commitment Therapy*. New Harbinger Publications.

Swales, M. A. , & Heard, H. L. (2016). *Dialectical behavior therapy: Distinctive Features*. New York: Routledge. Theory, and the third wave of behavior therapy. *Behavior Therapy*, *35*, 639–665,

Thomas, F. N. (2013). *Solution-Focused Supervision: A Resource-Oriented Approach to Developing Clinical Expertise*. New York: Springer Science + Business Media.

Trepper, T. S. , McCollum, E. E. , De Jong, P. , Korman, H. , Gingerich, W. , & Franklin, C. (2010). Solution-

focused therapy treatment manual for working with individuals. Retrieved November 15, 2010, from http://www.sfbta.org/research.html.

Törneke, N. (2010). *Learning RFT: An Introduction to Relational Frame Theory and its Clinical Applications*. New Harbinger Publications.

Tugade, M. M., Fredrickson, B. L., & Barrett, L. F.. (2004). Psychological resilience and positive emotional granularity: Examining the benefits of positive emotions on coping and health. *Journal of Personality*, 72(6), 1161–1190.

White, M. (1993). Deconstruction and therapy. In S. G. Gilligan & R. Price (Eds.), *Therapeutic conversations* (pp. 22–61). W W Norton & Co. (Reprinted from the "Dulwich Centre Newsletter," 3, 1991, 1–21)

Wilks, C. R., Lungu, A., Ang, S. Y., Matsumiya, B., Yin, Q. Q., & Linehan, M. M. (2018). A randomized controlled trial of an Internet delivered dialectical behavior therapy skills training for suicidal and heavy episodic drinkers. *Journal of Affective Disorders*, 232, 219–228.

Wood, A. M., Froh, J. J., & Geraghty, A. (2010). Gratitude and well-being: a review and theoretical integration. *Clinical Psychology Review*, 30(7), 890–905.

Worthington, E. L., van Oyen Witvliet, C., Lerner, A. J., & Scherer, M. (2005). Forgiveness in health research and medical practice. *Explore: The Journal of Science and Healing*, 1(3), 169–176.

Yalom, I. D. (1985). *The theory and practice of group psychotherapy* (3rd ed.). New York: Basic Books.

第三编 咨询心理学的方法

第三篇 各國之國十日程

10 个体心理咨询

10.1 个体咨询的阶段与特征 / 293
    10.1.1 不同学者对咨询阶段的观点 / 294
    10.1.2 建立关系与评估阶段 / 295
    10.1.3 问题解决阶段 / 299
    10.1.4 结束与巩固阶段 / 302
10.2 心理咨询的常用技术 / 305
    10.2.1 建立关系的技术 / 306
    10.2.2 基本会谈技术 / 308
    10.2.3 心理咨询中的非语言技术 / 317
10.3 初次会谈的任务与内容 / 320
    10.3.1 咨询预约阶段的任务 / 320
    10.3.2 初次会谈的任务 / 323
    10.3.3 如何结束初次会谈 / 327

    个体咨询作为心理咨询的最常见形式,是解决来访者深层问题最有效的咨询形式。但是,个体咨询是怎样进行的,有哪些环节,起到哪些作用？用什么样的技术可以实现咨询的目标？本章将针对个体咨询的实施过程以及个体咨询的常用技术进行详细阐述。

10.1 个体咨询的阶段与特征

    心理咨询的实施是一个需要花费时间,在认知、情绪、态度、行为等层面逐渐发生变化的过程。有些来访者常误以为好的心理咨询应该像灵丹妙药一样,一次就能解决问题。虽然有些简单的问题可以一次解决(比如讨论出一些应对办法,或厘清了一些困惑,缓解了情绪,等等),某些流派如强调问题解决的短程焦点疗法认为"应该把每次咨询当作最后一次咨询",但大多数来访者问题的解决还是需要一个过程的。

10.1.1 不同学者对咨询阶段的观点

对于咨询过程,无论时间长短,可以根据目标和功能等差异将其进一步划分出不同阶段。不同学者对于咨询阶段的划分持不同观点,我国学者江光荣(2005)总结了国外学者的主要观点,详见表10-1。

表10-1 咨询阶段的划分

布拉默 (Brammer)	卡可夫 (Carkhuff)	艾维 (Ivey)	威廉姆森等 (Wiliamson)	厄本 (Urban)	伊根 (Egan)	卡瓦纳 (Cavanagh)	布劳赫 (Blocher)	一般阶段模型
进入;澄清问题;结构化;确定关系						咨询协议	发展关系	进入与定向阶段
探索问题	探讨和了解问题 定义问题	对问题进行定义	分析 综合 诊断	确定问题	识别、探讨和厘清问题以及当事人的机会和潜能	收集信息 评价诊断 信息反馈	问题确认	问题—个人探索阶段
探索目标、探讨改变的策略	界定目标;提出各种方案;讨论当事人的价值层次;选择方案	探讨解决方案 选择方案	预测结果	提出假设 检查假设 采取决定	找出并确定目的、目标或行动议程;策划达成目标的行动策略,形成计划		确定目标	目标与方案探讨阶段
收集事实、表达深层感受、学习新技能 巩固计划	实施方案	实行之	劝导或治疗	参与行动	实施	行为改变	认知改变 行为改变 迁移和巩固	行动/转变阶段
终止与评价			追踪	评价结果	终止关系和随访	结束	结果评估	评估/结束阶段

(摘自:江光荣,2005)

在国内,著名学者钱铭怡(1994)将心理咨询过程分为三个阶段:心理诊断阶段(信息收集、心理诊断、信息反馈、确立治疗目标)、帮助和改变阶段(领悟、修通)以及结束阶段(巩固成果、适应结束)。

林孟平(1999)将心理咨询过程分为预备阶段(建立初步的咨询关系)、探讨感应阶段(协助来访者宣泄并寻找问题症结)、行动阶段(协助来访者积极改变)、跟进阶段

(支持来访者重回生活)这四个阶段。

江光荣(2005)将心理咨询过程分为三个阶段,分别是开始阶段、探索—行动阶段、结束阶段。

林家兴和王丽文在《心理咨询与治疗实务》一书中曾将心理咨询的过程模式用图10-1表示:

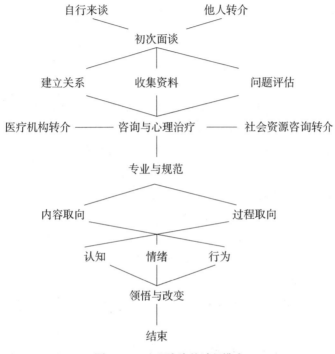

图 10-1 心理咨询的过程模式
(来源:林家兴,王丽文,2009)

本节作者综合前人观点,将个体咨询分成三个阶段来阐述:建立关系与评估阶段;问题解决阶段;结束与巩固阶段。

10.1.2 建立关系与评估阶段

当来访者预约好咨询,确定了咨询的时间和地点后,就可以进入咨询过程了。当咨询师和来访者开始第一次咨询会面时,咨询就进入了建立关系与评估阶段。这一阶段的任务是:建立关系,心理评估,确定咨询方案。

建立咨询关系中容易出现的问题

前面的章节曾提到,咨询师和来访者之间的咨访关系非常重要,是咨询中的第一要素,也是咨询能够开展的前提条件。在咨询过程中,新手咨询师常常会犯以下错误,从而影响咨询关系的建立。

直接指导

心理咨询的目标是促进来访者成长,让来访者解决自己的问题。因此,咨询关怀的对象是来访者,咨询的重点应该是启发来访者思考解决策略,而不是咨询师直接给予指导。咨询师谈的所有问题都应该是围绕来访者、启发来访者的。例如:对这个问题,你是怎么想的?你觉得有什么样的解决办法?哪种方法你觉得实施起来更容易?这个问题使你很难受吗?你觉得问题在哪?你觉得问题解决之后,你会有什么样的变化?只有让来访者自己去思考和领悟,才能使其更好地理解自身,并促进个人成长。

进行道德评判

有的来访者的问题或价值观可能违背道德、社会习俗以及社会主流文化,对此,有的新手咨询师可能会立刻站在社会道德或主流文化的立场,对来访者进行指责和道德判断。比如,"你不应该这样","这样对别人太不道德了","你居然能做这样的事情","你应该痛改前非,重新做人",等等。这样的评判很容易让来访者产生不安全感,感到被咨询师拒绝和不接纳,会对咨询师失去信任,关上心灵的门。因此,当遇到违背自身价值观的来访者时,咨询师首先需要在态度上对来访者保持接纳和好奇,在言语上可以说:"你的做法可能跟别人不一样,也可能不符合道德标准,但你这样做一定有你的道理。你能谈一下你是怎么想的吗?"

过早地解释或判断

有的新手咨询师喜欢在初步搜集完信息后,尽快对来访者的问题或症状给予判断和解释,这样虽然可以缓解咨询师的焦虑,让咨询师感觉自己"做了干预",但却容易破坏咨询关系,甚至有可能使咨询偏离方向。因为有的来访者在对咨询师没有产生充分信任之前,常常有防备心理,很难谈及自己真正的问题,具体表现为首先会提出一个较简单表浅的问题来试探咨询师的态度,等到对咨询师足够信任了才去谈真正的深层次问题。比如,咨询师接待了一位大学生来访者,来访者表明要解决的问题是学习不好,咨询师就跟来访者一起探讨学习中存在的问题,怎样学习更有效率。半个小时过去了,这位来访者说,其实不是学习的问题,是情绪不好。这位咨询师愣了半天,但又鼓足精神跟来访者一起讨论如何处理情绪。等咨询快结束的时候,来访者说其实是自己失恋了。这样咨询师就很被动,会产生懊恼和痛恨的情绪。因此,咨询师在咨询初期对来访者保持足够的好奇和开放,询问和搜集充足的信息,对于建立良好咨访关系是非常重要的。

空洞的许诺

在咨询中,当咨询师听到来访者的问题困扰后,给予一些空洞的许诺和苍白的安慰,这样通常并没有用处,会影响咨访关系的建立。比如,"你很快就会好的","别想那些事就行了","你没有事","这一段时期过去就好了","你一定能闯过这一关的","你一定能出国的",等等,这些回应很像生活中朋友的安慰,是没有共情的结果。这些空洞的许诺没有力量,也不会带给来访者力量,还会使来访者感到咨询师并不真正了解他。

为他人辩护

来访者在咨询时常常会谈及对身边重要他人的不满,比如对上司、对父母、对同事、对儿女、对配偶等的不满。这些情绪也许会过于强烈和偏激,比如可能是来访者无中生有,可能源于来访者的偏见。没有经验的咨询师会不自觉地想要纠正来访者的不合理感受,为他人辩护,比如,"也许你太片面了","父母哪里有对孩子不好的,是你理解错了","你怎么可以这样说自己的爱人","你可能看错了,上司没有理由对你不好"。这些话都是为他人辩护的话,即使他人真的是如咨询师所说的那样,来访者也不会承认,反而觉得咨询师在袒护他人,根本没有理解来访者的痛苦和愤怒,对咨询师失去信任,不愿意再向咨询师袒露胸怀,从而破坏咨访关系。如果遇到上面所述情况,咨询师可以给予接纳和好奇,尝试问:"看来你对他的印象不好,你能告诉我他做了什么事使你对他印象不好吗?"这样才有利于咨询深入下去。

劝说

当看到来访者沉浸在自己的痛苦里不能自拔时,咨询师如果急切地想让来访者从痛苦里解脱出来,就会倾向于劝说来访者,"你何必在意他们说什么,坚定地走自己的路就行了","你爱人其实还是很爱你的","天涯何处无芳草,忘了他吧","职称有什么用,一个月才多挣几个钱,晚一年上又有什么关系"。事实上,生活中很多人也是这样来劝慰自己的亲朋好友的。但是劝说的做法不能使来访者感受到咨询师的理解和支持,容易产生"站着说话不腰疼"的感觉。

事实上,在建立咨询关系的过程中要注意的问题不止上面所谈到的六点,还有很多。比如,排斥和否定来访者的消极情感;过分夸赞来访者,盲目乐观;谈话没有针对性;过分真诚,自我暴露太多;过分热情,使来访者担心咨询师的真诚;等等,这些态度都是在建立关系时要尽量避免的。如何才能更好地建立咨询关系?本章第二节会从技术层面详细介绍咨询师需要掌握的建立关系的技术。

心理评估

咨询师在建立咨访关系的同时就在收集资料,为心理评估作准备。评估阶段要完成如下任务:收集资料,心理测验,心理评估。

收集资料

在预约阶段,很多来访者会填写基本信息资料,从中咨询师可以初步了解来访者的基本情况。在建立关系的同时,咨询师要进一步确认来访者基本资料的细节和意义。比如,来访者父母是离异的,咨询师初步判断来访者会有被抛弃感或内疚感,但事实上,经过访谈发现,来访者的父母一直不和,家庭常年充满争吵,来访者饱受煎熬,所以离婚是父母和孩子共同希望的选择。父母离婚后,来访者的感觉更好,并没有因为父母离异而造成心理问题,这就明确了父母离异不是来访者产生心理问题的途径。再比如,来访者幼年时曾被送到亲属家抚养,那么咨询师可以初步判断他和父母的关系可能存在问题。经过访谈后发现,来访者并没有对父母感到不满,但对他的弟弟却怎么也看不惯,因为弟弟一直在父母身边生活,父母很喜欢弟弟。咨询师通过了解来访者的成长背景,初步可以确认,来访者对他弟弟看不惯事实上也可能是对父母不满的反映或是对父母爱的呼唤。此外,预约时填写的信息毕竟有限,咨询师在与来访者进行初始访谈的过程中还可以进一步收集资料,就自己疑惑的问题和细节进行澄清,或者发现新的信息等。这些信息都会成为评估的依据。

心理测验

并不是每次咨询都要进行心理测验,因为对心理测验持不同意见的人很多。很多有经验的咨询师也不需要用心理测验。而对于新手咨询师,或者遇到比较困惑的问题时,使用心理测验可以帮助咨询师做判断。有时候也可以将心理测验安排在预约填写资料的阶段,比如可以设置评估抑郁焦虑水平的心理量表,这样方便咨询师在咨询时对来访者的情绪状态有所了解。

心理评估

尽管前文提到在建立关系的过程中,咨询师不要过早对来访者的问题做出判断,但心理评估仍然是心理咨询初始阶段的重要环节,它可以帮助咨询师制定咨询策略。在收集资料包括心理测验的基础上,咨询师已经对来访者的问题比较了解,在制定咨询策略前,就可以对来访者的问题进行全面的评估。干预心理评估的内容和方法可以参考第3章"来访者问题的评估与分析"。

确立咨询方案

咨询方案是指为来访者问题解决制订计划,包括:咨询的目标是什么,可以采用哪些理论和方法来指导,大约需要多少次会面,会面的频率如何,大概会出现哪些问题,如何处理咨询中出现的问题等。

在确立咨询目标的同时需要确立咨询的理论依据。如第二编所述,心理咨询有着丰富的理论流派,不同理论因学者的观点立场不同呈百花齐放之势。各个理论对人性观的阐释、心理咨询的含义、心理咨询的方法和技术以及心理咨询结果的评价等都存在不同的看法。因此,不同咨询师对同一个问题的阐释所依据的理论不同,看到的东西不同,解决的策略也会不同。同样的心理问题可能会有不同的咨询方案,这些方案都可以达到改变来访者的目的。就如同切苹果,竖着切,苹果核呈两瓣花;横着切,苹果呈六瓣花。苹果还是那个苹果,但人们看到的图像不一样了。

行为主义以学习理论和行为疗法理论为依据,注重当前问题的解决,认为人的行为是通过学习形成的,也可以通过学习改变。它主张不分析来访者的过去,而是采取行为矫正的方法去改变或塑造行为,改变了来访者行为就达到了咨询的目的。所以,行为主义取向的咨询师看到的是来访者不当的行为。

精神分析理论注重来访者的过去和早年经历对心理问题的影响,认为心理问题都是由压抑在无意识中的幼儿期的精神创伤和痛苦体验造成的,幼儿期未能得到解决的压抑在无意识中的欲望是心理问题的根源,它常常会在人生其他阶段以心理问题的形式表现出来。在咨询中通过讨论和分析来访者的幼年经历,就能找到原因,同时经过顿悟,使来访者发生改变。所以,精神分析取向的咨询师看到的是来访者童年的经历。

认知心理学关注阐释人是如何理解这个世界的,致力于探索大脑如何工作,认为人的心理问题都是非理性思维导致的,非理性思维是个体对世界错误的看法,或者是不能带给人前进动力的看法,非理性思维常常引发不良的情绪。所以,认知心理学取向的咨询师看到的是来访者的非理性思维。

以人为中心的理论认为,人的本质是好的,人天性就有向好的方面发展的倾向,每个人都有可能发展成自我实现的人。但为什么那么多的人没有达到自我实现呢?是因为人在成长过程中,遇到了"狂风暴雨",遇到了各种可能阻碍自我发展的环境因素。通过良好的咨访关系,咨询师能带给来访者足够的关怀、足够的温暖、足够的尊重,使来访者重新拥有勇气和能量来抵挡狂风暴雨,顺利成长。所以,人本主义取向的咨询师更看重咨询关系。

可见,咨询的理论既是阐释问题的工具,也是解决问题的工具。咨询师在确定理论依据后,就可以根据来访者的问题及咨询师所依据的理论来确定咨询时间,包括:大概需要多长时间,共需要接受咨询多少次,每次咨询时间多长,中间间隔多长时间等。

10.1.3 问题解决阶段

这一阶段是心理咨询的核心阶段,也叫中期阶段,核心任务是通过解决问题来实现来访者的自我接纳和自我成长。咨询师在这一阶段可以应用各种咨询技术,本章第二节会详细介绍心理咨询的常用会谈技术。除了掌握并运用合适的咨询技术之外,咨询师在这一阶段还特别要注意解决阻抗、移情、反移情等问题,因为心理咨询的本质是人际互动——咨询师与来访者之间的互动。有的来访者在咨询中会出现抗拒咨询、拒绝改变的现象,叫作阻抗;来访者在与咨询师的人际互动中体验到对咨询师的喜欢或厌恶等情感,叫作移情;咨询师体验到对来访者的喜欢或排斥等情绪感受,叫作反移情。当阻抗、移情、反移情等现象出现时,咨询师首先要坦然面对,因为这是咨询中的正常现象。当然在接纳的基础上,更重要的是要引起足够重视,要和来访者充分讨论和处理阻抗与移情现象。

心理阻抗及其应对方法

阻抗的含义

阻抗是精神分析学派的概念,指来访者在心理咨询过程中对自我暴露与自我变化产生抵抗。它常常表现为对痛苦经历或感受的否认,以及对咨询进程的抗拒。阻抗在咨询中常常出现,对心理咨询过程有深刻影响。事实上,阻抗的出现往往表明咨询已经触及问题实质,是咨询的重要好信号。如果咨询师能紧紧抓住阻抗,积极地认识与处理阻抗,就能达到预期的咨询目标。认识及学习应对阻抗的方法,是每一位咨询师必须面对的挑战。

阻抗的常见表现形式

(1) 谈话程度上的阻抗

当来访者出现沉默、寡言或多语现象时,阻抗其实已经发生了。沉默是指来访者在咨询中常常闭口不语,拒绝回答或沉默很长时间才回答,这种现象常常发生在被强制来咨询的人身上。比如,一位咨询师曾接待过被父母强行拉来咨询的十四五岁的少年。当咨询师问候他时,少年一言不发,脸上带着愤怒的表情。咨询师意识到这是一个拒绝咨询的孩子,就问他:"你来这里是要解决什么问题?"少年说:"我没有问题。"咨询师问:"是别人让你来这里的吗?"少年又不说话了。咨询师灵机一动,说:"我看你也没有什么问题,我正好太累了,想休息,我们正好不用讨论问题,随便聊一聊好吗?"通过这种方法化解了阻抗。此外,在咨询进程中,来访者突然话语减少或话语增多,也可能是在拒绝咨询的深入。这时候,咨询师切忌操之过急,更是要慢下来,耐心地探索来访者阻抗背后的原因。

(2) 谈话内容上的阻抗

在咨询中,有的来访者并不拒绝沟通,但常常会通过直接或间接地控制谈话内容,来实现对自我探索或个人改变的阻抗。比如,与咨询师纠缠心理咨询的理论,故意谈论与自己无关的其他小事,或者提一些与咨询无关的问题等。从表面上看,来访者与咨询师交谈热烈,实际上回避了来访者最担心的问题。如果是在咨询初期,来访者这样做也可能是在试探咨询师的态度,当来谈者确认咨询师可以信任时,才会谈更真实、更核心的问题。当觉察到来访者在谈话内容上存在阻抗时,咨询师一方面要通过真诚温暖的态度来增强来访者的安全感,另一方面也要运用恰当的提问技术来促进咨询。

(3) 谈话方式上的阻抗

讲话的方式也可以表现出来访者的阻抗,一般有心理外归因、健忘、顺从、控制话题等表现。来访者不从自身角度认识问题,而是把一切错误都归咎于别人,这是心理外归因;来访者忘记了使人感到焦虑和痛苦的问题,这是健忘;来访者对咨询师的每一句话都表示绝对赞同和服从,很少表达自己的意见态度,使咨询师难以进入来访者的内心世界,这是顺从;来访者跟随咨询师的谈话节奏,邀请咨询师讲感兴趣的问题,而不谈来访者自己想谈的问题,这是控制话题。咨询师要积极识别来访者可能在谈话方式上出现的阻抗,当阻抗发生后,更要思考阻抗背后的原因,并耐心鼓励和促进来访者把话题聚焦到自己的内心世界。

(4) 咨询关系上的阻抗

有时候,来访者会用故意破坏咨询关系的方法来达到自我防御的目的。比如,故意迟到、早退、请假缺席,不认真完成咨询师布置的作业,甚至诱惑咨询师等。

总之,为了自我防御,来访者可能会主动地或无意识中表现出各种各样的阻抗行为。对此,咨询师要有深刻的洞察力发现阻抗,并且在接纳和不评判来访者的前提下,及时与之讨论和探索可能原因,并积极采取措施化解阻抗。

移情与反移情

移情及其表现

有人说,咨询室里流动的是爱恨情仇。确实,咨询的过程就是一个情感互动的过程。来访者由于以往的生活经历和人际关系对咨询师产生类似于过去对某个人的情感体验,称为移情。移情通常是以来访者对咨询师无意识的、强烈的爱和恨表现出来的,对咨询师产生的积极情感称为正移情,对咨询师产生的消极情感称为负移情。

移情可能会影响咨询关系,阻碍咨询的进程,使咨询师陷入误区。咨询师需要有敏锐的洞察力来发现移情,同时,移情常常也反映了来访者的问题所在。精神分析学派就将处理移情和反移情作为重要的咨询内容,咨询师发现移情并及时与来访者讨论,一方面能使来访者积极配合咨询师,建立充分的信任与沟通,以取得更好的效果;另一方面还能通过分析移情来揭示来访者与重要他人的关系和情感体验,揭示来访者的关系模式和情感需求,从而达到修通情感和改善关系的目的。

比如,一位咨询师给他的来访者做精神分析取向的咨询,已进行 20 余次,一直非常顺利。咨询师对咨询的评价是整个过程非常舒服,来访者对咨询师也非常配合。天热了,来访者还会给咨询师带水等,咨询关系看起来很好,可就是达不到咨询的目标。通过督导,咨询师才发现,来访者对他产生了移情,无意识中对他产生了类似于对自己父亲的感受。来访者与父亲的感情不好,父亲性格暴戾,经常发脾气,他非常害怕,就经常讨好父亲。而在咨询过程中,他也不自觉地用对父亲的方式对待了咨询师。

反移情

反移情是咨询师对来访者的无意识的情感反应。咨询师由于本人的生活经历和既往的人际关系,也会对来访者产生爱或恨的情感体验。咨询师的反移情表现为可能对来访者过于热情,也可能过于敌视和厌恶。

无论是热情还是厌恶,反移情和移情一样,如果不加觉察和处理,也将影响咨询的进程,成为咨询的阻碍。反移情可能使咨询师失去公正客观的立场,甚至做出与咨询师身份不符合的心理反应。移情容易被咨询师觉察到,但反移情往往是难以觉察的,所谓"当局者迷",因此更需要咨询师具有足够的洞察力和内省能力。一般来说,咨询师可以通过自我反省和督导来增加自己对反移情的觉察能力。

比如,一位女性咨询师接待一位女性来访者。来访者痛不欲生地讲述了丈夫被第三者抢走的故事,引得咨询师泪水连连,还和来访者一起讨伐了其丈夫和第三者。后来,咨询师才了解到,来访者本身就是第三者,是她把别人的丈夫抢走的。此时咨询师对来访者的态度突然大变,脸上充满愤恨和鄙视的表情。原来,咨询师自己的家庭是破裂的,也经历过第三者插足的遭遇。她年纪较大,传统观念使她不能选择离婚,就把对丈夫的恨都转嫁到第三者身上。通过督导,咨询师意识到,她情不自禁地同情来访者和情不自禁地憎恨来访者都与自己的个人生活经历有关。如果这些强烈的反移情得不到处理,就很难再中立客观地帮助来访者。

当然,面对反移情,咨询师也要保持接纳和开放的态度。我们首先要明白,在咨询中出现反移情并不代表咨询的失败和咨询师的不专业。有经验的咨询师首先要通过觉察和疏导反移情来降低它对咨询进程的影响,在此基础上,也可以进一步探索和分析自己的反移情,以加深对来访者的理解,使反移情成为咨询的助力。

总之,心理咨询的过程总是充满了各种可能性,很少有一帆风顺的。问题解决阶段作为咨询的核心阶段,就是咨询师借助各种咨询技术,在实施各种咨询方案的同时,不断地遇到和处理阻抗、移情和反移情等现象,最终达到咨询目标的过程。这一阶段充满着未知与变数,是咨询师和来访者一起冒险和探索的历程;它充满挑战,也富有无穷魅力。

10.1.4 结束与巩固阶段

当咨询师和来访者共同达到了预定的咨询目标,并且双方共同认可咨询的成果之时,咨询就到了结束与巩固阶段。结束阶段的任务有:判断咨询终结的时机,采用恰当的方法结束咨询,过早结束的原因分析等。

咨询终结的判断

咨询到什么时候就可以结束呢?一般来说,当咨询达到了当初预定的咨询目标时,咨询就结束了。咨询目标往往聚焦在咨询要解决的问题上。事实上,解决问题是表现,个人成长是根本。当有效的咨询结束时,来访者通常能表现出以下一些成长的特点。

增加了对自我的接纳程度

通过咨询,来访者增加了对自我的接纳程度。咨询之前,来访者可能会有"我怎么会这样""我不如别人""我长得不好看""我很自卑""我这么不幸"等内心体验或观念。咨询之后,来访者对自我或事物的看法会变得逐渐豁达,慢慢产生更为积极的看法,比如:尽管自己不是最好的,但自己也有长处,天生我才必有用;尽管遭遇不幸,但这是没有办法的事,自己还是要好好生活;我不那么自卑了,只要努力,总会一天比一天好。

增加了对他人的接纳程度

通过咨询,来访者也会增加对别人的接纳程度。咨询之前,来访者可能觉得身边的人都不顺眼,都有缺点和错误,都不应该这样或那样,或者应该这样和那样,可能存在很多对他人的偏执的观念和要求。咨询之后,来访者逐渐意识到别人和自己一样有权利做自己的事,也有权利按自己的想法生活,只要他不愿意,没有人能改变他。因此,对他人的埋怨减少了,接纳也就增多了。

问题得到解决或缓解

通过咨询,来访者最初的问题得以解决或程度有所减轻。比如,来访者A与母亲相处困难,咨询之后,与母亲相处容易了,亲子关系得到改善;来访者B一直有考试焦虑,咨询之后这种焦虑情绪得到缓解,期末复习的效率大大提高;来访者C一直存在学业拖延现象,毕业论文迟迟没有进展,经过咨询,来访者开始着手写论文,对毕业去向也不再焦虑;等等。

来访者体验到更多的愉悦感

来访者在咨询中充分宣泄了内心苦闷,所提的问题也得到了解决,个人获得很多成长,心情自然越来越愉悦,脸上的笑容比以前增多,生活满意度明显提高,这也是咨询可以结束的信号。

咨询结束的方法

在一段成功的心理咨询中,咨询关系那么温暖、愉悦,咨询师那么善解人意,咨询过程充满愉快的情感,要结束这一切,对来访者来说就更具挑战性。通常来说,咨询越深入,来访者对咨询师就越依恋,就越难面对咨询的结束。但天下没有不散的筵席,咨询的成功体现在来访者在社会生活中更加适应,所以来访者也必须在适当的时候离开咨询师,重新回到自己的生活中。不过,如果咨询突然很生硬地结束,那么来访者会感到受不了,所以结束咨询也要有技巧。

咨询计划的预期

在咨询方案确定后,咨询师需要跟来访者明确咨询大约需要的时间,比如几次,或一个月、三个月,甚至更久,让来访者心里对结束有思想准备。

来访者改变时的提醒

在咨询过程中,咨询师应该阶段性地对咨询效果和来访者的变化进行评估。当咨询师感受到来访者已经发生改变时,可以跟来访者沟通,探讨咨询计划的完成情况,并且共同决定咨询的结束时间。

预告咨询的结束

咨询的结束时间一旦被确定,咨询师就需要温柔而坚定地陪伴来访者面对结束和分离。可以用最后几次会面来处理分离,咨询师一方面需要帮助来访者总结咨询的收获和领悟,让其看到自身的成长和变化,核对咨询目标的达成情况,讨论咨询结束后的生活计划;另一方面也需要陪伴来访者体验和觉察咨询结束引发的离愁别绪。不同的来访者在面对咨询结束时所体验到的感受可能有所差异,也许是不舍,也许是害怕,也许是无奈,也许是期待。通过分享和讨论,来访者可以更加坦然地面对咨询的结束。有的咨询师可能会采用逐渐减少会面次数的方式,让来访者有个适应过程,比如从原来的一周一次,逐渐变成两周一次,再变成一个月一次。

过早结束的原因分析

有时,并不是所有的心理咨询都可以按照计划进行,获得圆满结束。出于种种原因,有的咨询可能会过早地结束。过早结束通常有两方面原因。

来访者的原因

在咨询过程中,如果来访者对咨询师的负移情过于强烈,或者对咨询效果不满意,或者自身阻抗太过强烈,都有可能提前终止咨询。对于这种情况,有经验的咨询师通常会邀请来访者更多地分享感受,充分表达对咨询进程以及咨询关系可能存在的不满,探索内在想要结束咨询的原因,讨论对咨询的需求和期待。有时候危机也可能会变为转机,来访者最后也许会放下离开咨询的想法,更坚定地投入咨询。还有的来访者为了快点摆脱咨询师,就一再表明自己都想明白了,感觉好多了,问题已得到解决,通过给咨询师造成假象,而无意识地提前结束关系。面对这种情况,咨询师更需要耐心细致地引导来访者总结咨询收获,探索内心的阻抗。但是,如果来访者经过深思熟虑后,还是决定要结束咨询,那么咨询师也要尊重来访者的权利,接纳并妥善做好结束咨询的工作。在必要情况下,还可以给来访者介绍更多的求助资源。

咨询师的原因

有时候,随着咨询的深入,来访者呈现出越来越多的问题,使得咨询变得更有挑战性和难以把握,超出了咨询师的经验和能力范围;有时候,咨询会陷入僵局,比如激起了咨询师强烈的反移情,使得咨询师难以解决;还有些时候,可能是咨询师的期望高于来访者的改变,使咨询师感到无力和失望,失去了耐心和信心。当这些状况发生时,都可能促使咨询师想要放弃咨询。有经验的咨询师需要对自己的内心感受保持清醒的觉察,当在一段咨询中体验到过多的负性情感时,需要及时进行自我调节,同时寻求督导的帮助,尝试对咨询进程和来访者问题进行更多的讨论和理解。如果困难化解,咨询得以深入,那么咨询师的功力也能显著提升,甚至还能获得个人成长。当然,如果经过理性分析之后,咨询师判断自己已经无法胜任咨询和帮助来访者,那么根据咨询伦理,为了来访者的福祉,就要及时终止咨询,并将来访者妥善转介给更具胜任力的咨询师。

10.2 心理咨询的常用技术

在个体心理咨询的过程中,从始至终都需要个别咨询技术的支持。个别咨询的技术很多,如情感反映技术、语意简述技术、同理心技术、复述技术、询问技术、具体化技术、摘要技术、信息提供技术、自我表露技术、立即性技术、面质技术、角色扮演技术、空椅子技术、结束技术、具体化技术、对质技术、参与的技术、影响技术、制约技术等(详见表10-2)。这些技术的宗旨都是帮助咨询顺利进行,以达到咨询目标。限于篇幅,本节将结合实例主要介绍其中几类常用的技术。

表 10-2 心理咨询常用技术一览

技术名称	定义说明	作用或预期结果
主动倾听	专注于沟通过程中有关语言或非语言行为,且不做判断及评价	增强来访者的信任、自我开放及自我探索
重述	以稍微不同的措辞,重述来访者的话,以澄清其意思	确定咨询师正确了解来访者的意思,提供支持及澄清
澄清	确定来访者所想表达的信息、感受与想法的具体含义	帮助来访者弄清楚内心冲突及混淆不清的感受和想法,导向更有意义的沟通
摘要	将沟通过程中的重要信息,简要地进行综合归纳	澄清并避免误解来访者的意思,引导其继续表达
询问	提出问题,以此引发来访者自我探索问题的内容以及解决的方法	引导更深层的讨论;收集资料;激发思考;增加澄清程度及汇聚焦点;帮助来访者进行更深度的自我探索
解释	对来访者的某些行为、想法、感受提供适当的解释	鼓励深度的自我探索
面质	对来访者咨询中的言语、行动中表现出的困惑或矛盾加以挑战	鼓励来访者进行真诚的自我思考;促进潜能发挥;引发对自我矛盾的反省

续　表

技术名称	定义说明	作用或预期结果
情感反映	反映来访者的感受	让来访者了解咨询师在真正地倾听并且了解其真实感受
支持	提供鼓励及增强	建立良好的咨询关系;鼓励来访者向困难挑战;增加信任感
同理心	也叫共情,指咨询师能站在来访者的立场,将心比心地体谅其感受、想法	培养信任的咨询关系;促进沟通及了解;鼓励来访者深层的自我探索
给予反馈	观察后给予来访者真诚且具体的反馈	对于来访者的表现与行为提出反馈,以帮助来访者自我觉察
建议	提出改善有关行为的信息、方向、意见及报告	帮助来访者发展替代性的思考及行动
示范	咨询师通过行动,示范适合的行为	对有利于来访者的行为提供示范,激发来访者发挥其潜能
结束	以适当的方法,准备结束咨询	让来访者整理其心得;引导来访者将咨询中所得应用于现实生活

10.2.1　建立关系的技术

前文已提到,咨询关系对于心理咨询的效果起着至关重要的作用,因此能够与来访者建立良好的咨询关系,是每一位咨询师都需要掌握的技术。如何才能建立良好的咨询关系呢? 共情、无条件积极关注、尊重与真诚是建立良好咨询关系的基本态度与技术。台湾地区对咨询业内专家的调查研究表明,在所有个别咨询技术中,占第一位的是共情,第二位的也是共情,第三位的仍是共情,共情是建立咨询关系的基本技巧。

共情

共情(empathy),也可以称为同理心,是指设身处地体验别人内心世界的能力。共情被认为是影响咨询关系建立的首要因素。在咨询实践中,共情包含三方面含义:一是咨询师站在对方的角度,通过来访者的言行来体验来访者的内心世界;二是咨询师运用咨询技巧,把自己对来访者的理解传达给对方,使对方感到被理解和悦纳,有安全感,从而促进来访者更多地暴露自己的内心世界;三是共情并不意味着咨询师完全卷入到了来访者的世界里,而是既能进去,又能出来,即可以凭借"第三只眼",能够从来访者的角色中走出来,站在咨询师的角度来理解事情。

在咨询实践中,真正做到共情是需要专业训练的,也需要一些咨询技术作保证。比如,当来访者哭诉自己没有勇气再活在这个世界上时,咨询师用关怀的目光凝视着他,不断点头,表达他理解这位来访者内心的痛苦,这就是共情。如果咨询师说:"看你这么年轻,却说不想活了,你对得起父母吗? 对得起关心你的人吗? 真不想活了,为什么还来找我?!"这就不是共情。一般来说,本章第一节提到的咨询师所做的破坏咨询关系的行为(对来访者给予直接的指导或引导,直接的批判和判断,空洞的说教和劝诫,给来访者贴标签和下诊断,排斥消极情感等)都是妨碍共情的表现。

无条件积极关注

无条件积极关注是指对来访者的言语和行为的积极面、光明面或长处给予有选择的关注,从而使来访者拥有正向的价值观。无条件积极关注是一种肯定的技术,能使来访者不断获得自信,帮助来访者发现自己身上的潜能。

以人为中心疗法认为,每个人都是有价值的人,都有积极的一面,都有优点和长处,本质都是好的。人天生就有向好的、完善的方向发展的潜力,每个人生下来,身体里都聚集了足够他成长一生的资源,能成长为自我实现的人。当在人生的路程上遭遇狂风暴雨时,人们可能会迷失方向,被眼前的困难所包围,看不到自己的长处和优势,也看不到光明和希望。而无条件积极关注技术往往给疲惫不堪、全面否定自己的来访者注入自信的力量,让他们重新看到自己的长处和优势,看到自己身上潜在的能量,从而激发起面对困难的勇气。

尊重

尊重是指咨询师对来访者的人格、价值观、思想情感、合法的权益等给予悦纳、关注与爱护。尊重意味着人和人的平等,每个人都有存在于这个世界的权利,每个人的人格、价值观、思想情感等都有其存在的理由和价值。无论来访者做了什么(除了杀人和自杀),从来访者的角度说,都有他的理由。不管看起来来访者的行为多么离经叛道,多么没有道德,咨询师所做的就是悦纳、关注和爱护。当我们把来访者放在这样的位置时,一个安全、温暖的氛围就形成了,来访者才能够最大程度地开放自己、表达自己。他们不必为了维护自己的尊严而掩饰自己,也不必再去反抗外部世界,因而能够把注意力专注于内心,发现问题,提升自己。在安全、温暖的环境中,来访者就会去改变、去挑战、去成长,向自我实现的方向发展,展示出积极、乐观、向上的一面。

真诚

真诚是指在咨询过程中,咨询师不把自己藏在专业角色的后面,不戴假面具,不扮演角色,没有防御,而是表里如一,以真正的自我面目出现,真实可信地投身于咨询关系。

真诚意味着咨询师是用有血有肉、有智慧、有情感、有人格的"自己"来和来访者建立关系,这对很多咨询师来说是一个巨大的挑战。它一方面要求咨询师的共情、尊重、积极关注的态度是发自内心的,而不仅仅是咨询技术或者是角色要求;另一方面要求咨询师在与来访者的互动过程中,可以真实地感受来访者,真实地表达对来访者的质疑、不满与同情,也可以暴露自己的软弱、失败等,使来访者感受到自己在与一个真实的咨询师接触。值得注意的是,真诚并不等于说真话或者什么感受都说,咨询师仍然需要保持清醒的头脑，一切会谈内容都从来访者的福祉出发，只谈对来访者负责任的、有助于来访者成长进步的、有助于咨询进程的内容。

需要强调的是，在咨询过程中，咨询师是将自己作为整个人参与进去的，他不仅使用语言技术，更展示了非语言的投入，如声调、身体语言等。必须将非语言和语言技术配合起来，才能够把共情、尊重真正表达到位。本节的后续部分将详细介绍非语言技术的使用。

10.2.2 基本会谈技术

询问技术

询问技术的定义

询问技术是指咨询师为了鼓励来访者有更多的表达，在必要情况下，配合来访者的问题与咨询目标，通过提出相关问题来进一步了解来访者。询问技术能协助来访者更具体、更明确地表达。在咨询过程中，当来访者的语言表达含混、不确切时，咨询师使用询问技术可以促进来访者澄清，同时也有助于咨询师进一步了解来访者，促进心理咨询更加深入与聚焦。

案例1

来访者：（小声，脸色苍白）我从上大学以来一直很努力学习，恨不能把所有时间都用在学习上，但成绩却一直不如意。大一时成绩排全系第十名，可是以前我都是第一的。我不满意自己的排名，新的学期便更努力地学习，可是期末考试成绩却是倒数第十名。我已经对自己失去了信心。（哭泣）

咨询师：那么，你能告诉我你是怎样学习的吗？

询问技术的类别及作用

询问技术分为两类：开放式询问与封闭式询问。

（1）开放式问题

开放式问题没有固定答案，来访者可根据自己的情况自由表达。这种询问可以帮助咨询师了解更多的信息。比如，"你和恋人的关系怎么样？""别人如何评价你？""你妈妈最近情绪如何？"开放式问题能够帮助来访者放松和开放自己。开放式问题通常用在咨询的开始，主要目的在于鼓励来访者更多地表达自己。

案例2

来访者：我喜欢上了我们班的一个女生，不过她没有很明确地表示她也喜欢我。但是,我每次邀请她出去玩时,她总是答应我;送给她礼物,她也接受。可是前几天,我向她提出想与她交往时,她却拒绝了。

咨询师:你是如何向她表达你的心意的?(询问技术,开放性问题)

(2) 封闭式问题

封闭式问题有固定、明确的答案,来访者会依据事实给予回答。比如,"你是大学生吗?""你家里有几口人?"封闭式问题的信息很聚焦,因此咨询师能得到的信息很少,通常只用于收集来访者的基本信息和必要信息。

案例3

来访者:我离婚后一直一个人带着孩子,过得很艰难。

咨询师:你离婚几年了?(询问技术,封闭性问题)

使用询问技术应注意的问题

在咨询过程中,一般不鼓励咨询师使用询问技术。原因有二:一是使用询问技术有可能把话题转到其他方面,而没有顺着来访者的本来思路,除非咨询师的询问有促进作用,能把谈话转到问题的关键上;二是过多地使用询问技术不一定能够使谈话沿着一个方向进行,有可能无法使问题深入。因此,在使用询问技术时要注意以下几点:除非必要,尽量少用询问技术;对于来访者的一段话,可以有很多能够深入询问的点,询问一定要围绕关键问题进行;所有问题必须与来访者的议题有关,要贴合来访者的需要与咨询目标。

具体化技术

具体化技术的定义

具体化技术是指当咨询师倾听来访者谈话时,如果发现来访者讲述的内容比较模糊或抽象,不够清晰具体,为了进一步了解情况,可以针对具体的内容进一步询问来访者,以协助来访者更清楚、更具体地描述问题,提供信息。

案例1

咨询师:你今天想谈什么问题?(询问技术,开放式问题)

来访者:我感觉生活一点动力都没有。

咨询师:听起来你好像感到很无奈,你能多说一点吗?你感觉什么事情没有动力?(具体化技术)

来访者:我每天都不知道干什么。

咨询师：我还是不清楚你的问题，你能再多说一点吗？（具体化技术）

案例2

来访者：我的人际关系很糟糕。

咨询师：你说人际关系很糟糕，能具体告诉我是和哪些人的关系很糟糕吗？糟糕的含义是什么？（具体化技术）

具体化技术的作用

(1) 决定咨询方向

咨询师可以将来访者带到任何方向，但带到哪个方向是有策略的，是需要咨询师深入思考的。来访者的描述中可能有好几处信息是不清楚、不具体的，这些不清晰的地方都可以作为进一步谈话的方向。而从哪个方向去深入和促进咨询，咨询师一方面可以通过提问去了解来访者的需求，另一方面也需要凭借自己的经验，运用具体化技术帮助来访者去往他期待的方向。

(2) 帮助来访者了解问题

很多时候，来访者对于自己的问题可能是混乱和困惑的，因为从来没有认真整理过自己的问题，也没有清楚表达过。因此，咨询师使用具体化技术促进来访者进行具体表达，本身也可以帮助来访者更细致地梳理自己的问题，就像抽丝剥茧一样，逐渐理出头绪和方向。

使用具体化技术应注意的问题

具体化技术可以运用在心理咨询的任何阶段，但在应用时需注意以下问题：

(1) 在咨询中注意观察来访者叙述不清楚的地方，如果这个地方是必须搞清楚的，就可以使用具体化技术。

(2) 具体化技术大多数时候会以提问的方式出现，但如果咨询师的提问总是直奔主题，有时候会显得生硬，因此常常可以与其他基本技术结合使用，如情感反映技术或同理心技术，这样更能让来访者放下防备，敞开心扉。例如，通常可以这样表达："你如此伤心，似乎发生了一些事，能具体告诉我是什么事吗？"

情感反映技术

情感反映技术的定义

情感反映技术是指咨询师辨别来访者语言与非语言中表达出的情感，并反映给来访者，协助来访者觉察、接纳自己的感受。

案例1

　　来访者：我已经大四了，正在申请英国的大学。最近，我收到了两份录取通知书，一份来自英国一所著名的大学，另一份来自我所学专业欧洲最好的研究所。我很矛盾，一个是很有名的大学，一个是业内知名研究所，哪个对我都有吸引力，可我只能选择一个。眼看回复的截止日期就到了，但我还是决定不下来。

　　咨询师：听起来你很焦虑。（情感反映技术）能具体谈谈你的情况吗？（询问技术）

案例2

　　来访者：我只有大专文凭。为了拿到大本文凭，我花了三年的时间读书。三年来，我几乎把所有的业余时间都用在读书上了。上课，考试，又上课，又考试，疲惫不堪。

　　咨询师：为了文凭，你读书读得好辛苦。（情感反映技术）

情感反映技术的作用

情感反映技术的作用主要表现在以下几个方面：促使来访者觉察自己的情感；协助来访者重新贴近自己的情感；让咨询师更准确地理解来访者，同时也帮助来访者更了解自己；建立良好的咨询关系。

使用情感反映技术应注意的问题

情感反映技术可以运用在心理咨询的全过程中，但是在使用时，应注意以下几个方面。

（1）咨询师要敏锐地注意来访者叙述中的情感部分。来访者在叙述中夹杂着情感体验，咨询师必须首先能敏锐地感受到，才能使用情感反映技术。

（2）咨询师要注意来访者所有的信息，包括语言和非语言信息。有时，单从语言信息中不一定能感觉到来访者的情感，而非语言信息如声调、手势、身体姿势等却能表露出来访者内心的真实情感。

（3）咨询师要分析来访者谈话的整体情感。来访者在一段叙述中，可能会表达好几种情感，情感内容并不一致或比较复杂。咨询师要能判断出哪种情感是来访者的最主要感受，哪种情感是相对次要的。在回应时，要针对来访者的主要情感体验做出反映，确保咨询朝向正确的方向；同时也要兼顾来访者可能存在的其他情绪体验，让来访者感觉到被全然理解。

语意简述技术

语意简述技术的定义

语意简述技术是指咨询师用自己的话，把来访者所表达的内容概括出来，并回应给来访者。所回应的内容不可以超出来访者所表达的内容。有的时候,来访者讲了很长的话,可能有好几方面内容,咨询师应该回应来访者最主要想表达的内容。

案例1

来访者:我和我的男朋友大二就开始谈了,感情一直很好。我男朋友学习好,待人和善,长得很帅,歌也唱得好,很吸引女孩子的眼球。上大学期间,我曾经为他做过一次人流。那时,他搂着我,信誓旦旦地说,这一辈子都对我好。现在我在读研究生,他工作了。到了工作岗位,可能见多识广了吧,他喜欢上了一个漂亮女同事,我亲眼看见他们有很亲密的来往。我太痛苦了!我为他付出了所有的一切,可是到头来他却另有新欢!

咨询师:你和男朋友青梅竹马,你为他付出所有的一切,心无旁骛。现在,他另有新欢,你很痛苦。(语意简述技术)

案例2

来访者:我是名牌大学的高材生,有一个能干的老公。婚后,我一心一意地照顾家庭,照顾老公,没有心思照顾自己的事业。慢慢地,我的事业逐渐走下坡路,原来比自己差的人现在都比自己强了,而老公事业正辉煌。我认为是我对家对他的照顾成全了他的事业,但他却不领情,说如果我愿意搞事业,他也一样支持我。他根本不讲理!他从来没有支持过我。

咨询师:你本来事业也有很好的基础,但由于照顾家庭,失去了优势。可是,你老公并不承认你是因照顾他而放弃了事业。(语意简述技术)

语意简述技术的作用

(1) 有助于建立良好的咨询关系

语意简述技术可以协助咨询师建立良好的咨询关系,提高来访者的咨询动机。咨询师用自己的话把来访者表达的意思概括出来,忠实于来访者本来的意思,会让来访者感受到被理解和关怀。在想法被理顺的同时,来访者也更愿意敞开心扉,吐露真情。

(2) 协助咨询师更好地了解来访者

通过语意简述技术,咨询师把来访者表达的内容又回馈给来访者;来访者在接纳的同时,还可以给予肯定或澄清,从而帮助咨询师更准确地理解来访者。

使用语意简述技术应注意的问题

语意简述技术可以应用在心理咨询的任何一个阶段,但应注意:咨询师回馈的内容不得超过来访者叙述的内容;咨询师应该做到全面客观,避免加入自己的主观想法和猜测,也不能遗漏重要的想法;另外,尽管是复述来访者的言语内容,但咨询师应该尽量使用自己的语言,少重复来访者的语句,不过可以采用某些关键词。

同理心技术

同理心技术的定义

同理心技术也称共情技术、同感的理解,是指咨询师一面聆听来访者的叙述,一面进入来访者的内心世界,以感同身受的方式体验来访者的主观想法与情绪,然后跳出来访者的内心世界,将自己对来访者的理解,以合适的语言传达给来访者。

案例

来访者:我的睡眠一直不好,很容易因为一些事情而睡不着觉。读高三时因为考大学压力太大而开始失眠,后来又好了。上了大学之后,同学们之间的竞争很厉害,彼此都不服输,我也开始努力,就在这时又开始失眠了。看到一些同学能早起,我也很想早点起,这样可以比别人多学很多东西。因此,我很希望晚上能按时睡,可是越这样想,心里就越着急,就越睡不着,就越不能早起。结果,白天很不开心,因为花在学习上的时间少了。

咨询师:晚起让你读书的时间减少了,你焦虑不已。你觉得很懊恼,不知道如何是好?(同理心技术)

很多咨询师在刚开始使用这项技术时,会感觉与语意简述技术和情感反映技术差不多。事实上,咨询师在使用同理心技术时,所表达的内容通常包括两部分:一部分为简述来访者叙述的内容,另一部分为反映来访者所体验到的情绪。这更类似于语意简述技术和情感反映技术的联合应用。

同理心技术的不同层次

同理心技术的使用与情感反映技术一样,咨询师必须进入来访者的内心世界,然后用自己的语言,将自己的体验传递给来访者。来访者的感受有的比较清晰,有的比较模糊。我国学者江光荣(2005)曾将情感反映技术划分为三个步骤:

第一步,体会与感知。咨询师能够设身处地站在来访者的角度,体验和觉察来访者的情绪感受。

第二步,反馈性描述。咨询师在体会来访者情绪感受的基础上,用自己的语言准确地描述出来。

第三步,检查和判断。咨询师基于来访者对反馈内容的反应,来评估自己的反馈效果,从而进一步核对与修正自己对来访者情绪情感的理解。

依据咨询师对来访者反应的层次,我们可以把同理心技术分成两类。

(1) 初层次的同理心技术

咨询师回应给来访者的内容是来访者明白表达的感觉和想法。

(2) 高层次的同理心技术

咨询师回应给来访者的内容是来访者"隐含"的感觉与想法,因此能够协助来访者探索和了解自己未知或逃避的想法。表10-3是可卡夫(Carkhuff)关于由低到高不同层次同理心应用的尺度,这是咨询师对一名考试失败的来访者的回应。

表10-3 同理心的不同层次

层次	举例	感受	程度	内容
1	你为什么感到悲伤?	×	×	×
2	你一向成绩很好,但想不到考试会失败。	×	×	√
3	因为成绩不及格,所以你感到很失望、很难过。	√	×	×
4	因为考试不及格,所以你感到很失望、很难过,也不清楚前面的路如何走,心里很乱。	√	×	√
5	你一向成绩很好,从来没有想过考试会不及格,因此感到特别失望与难过,也有点气愤;与父母商谈后,似乎非复读不可,但是自己实在有些不甘心,内心很矛盾。	√	√	√

同理心技术的作用

(1) 建立良好的咨询关系

这专指初层次的同理心技术。通过使用同理心技术,咨询师简述来访者的问题,并陈述自己所体验到的情绪,这会使来访者感到被支持和接纳。在他痛苦不堪之时,发现这个世界上竟然还有人如此理解他,来访者因此会感到温暖,并愿意敞开心扉。

(2) 修正咨询师对来访者的了解

当咨询师回应来访者时,来访者可以对回应的信息做出反馈,是对还是错,或者是否还需要补充,这样能够帮助咨询师更好地了解来访者。

(3) 协助来访者了解自己的深层想法

使用高层次的同理心技术反映来访者隐含的感觉和想法,可以引导来访者觉察没有觉察到或者逃避的想法,帮助来访者进一步了解自己。

使用同理心技术应注意的问题

同理心技术是建立咨询关系的重要技术之一。来访者在咨询中的感受通常是复杂的,外显的情绪感受是来访者能够意识到的可接受的情绪,而深层的情绪感受可能是来访者难以接受或羞于表达的。因此,为了让来访者体验到安全感,咨询师在咨询初期必须使用初层次的同理心技术,而避免使用高层次的同理心技术。即使来访者的问题已经很明确了,咨询师也不能直奔问题。要让来访者充分信任咨询师。只有在建立了良好的咨询关系以后,才可以使用高层次的同理心技术。表10-4是咨询师同理心技术运用程度的自我评估表。

表10-4 同理心自我检查表

项 目	我能经常做到	我有时做到	我没有做到
1. 我能从对方的表情和动作中看出他想要表达的意思			
2. 我常说"请"和"对不起"			
3. 当我的要求遭到别人拒绝时,我能体谅对方			
4. 在和别人发生争执时,我能站在对方的角度考虑问题			
5. 和别人交往时我能面带笑容			
6. 当别人遇到烦恼时,我能同情和安慰他			
7. 我喜欢与人合作			
8. 别人发言时我不打岔			
9. 我能保守朋友的秘密			
10. 别人讲话时我能积极倾听			
11. 我尊重别人的生活习惯			
12. 和朋友约会时我很守时			
13. 和不认识的人在一起时我会主动交谈			
14. 朋友做了令我不愉快的事时,我能宽容、原谅对方			
15. 别人表演完后,我总是鼓掌表示赞赏			
16. 别人和我意见不同时,我能尊重对方的意见			
17. 我乐意接受别人的意见和劝告			
18. 我乐意发现别人的优点并赞赏他			
19. 我不乱翻别人的东西			
20. 我喜欢参加团体游戏			

面质技术

面质技术的定义

面质技术也称对质技术,是指当咨询师发现来访者存在语言与非语言行为不一致、逃避自己的感觉与想法、语言行为前后矛盾、不知善用资源、未觉察自己的限制等行为时,咨询师指出来访者前后矛盾、不一致的地方,协助来访者对问题有进一步了解。

案例1

来访者:我有男朋友,大二就谈了,可是我们的感情不好。现在我已经读研究生一年级了。前两天系里举行篮球比赛,我发现其中有个男生特别有吸引力,我突然感觉爱上了他。现在我很矛盾,下一步怎么办呢?

咨询师:你原来有男朋友,现在又对其他男生产生了好感,你感到很为难。(同理心技术)可是我从你的话里感到矛盾。你说你大二就有了男朋友,感情还不好,可为什么到研究生一年级仍然保持这种关系?(面质技术)

案例2

来访者:我离婚又带着小孩。去年认识一个女朋友,比我小好几岁。我们的关系在没有孩子参与时很好,但总因为孩子发生争吵。前两天又吵架了,我不知该怎么劝慰她才好。(声音愉悦)

咨询师:你说你和女朋友总吵架,听起来你很无奈,但你的声音却有愉快的感觉,不知道我这样说对不对?(面质技术)

面质技术的作用

面质技术的作用主要表现在以下几个方面:协助来访者觉察和讨论不一致的地方,使其进一步了解自己;协助来访者了解自己的优点、缺点、资源与限制;协助来访者看到妨碍自己与他人权益的行为。

使用面质技术的条件

面质技术常常会给来访者带来冲击或震动,容易引起来访者的反感甚至防御,所以在使用时要慎重,注意以下几个方面。

(1) 面质技术一定要在双方建立了良好的咨询关系后使用,而且最好要配合情感反映技术或同理心技术,面质时态度温和。

(2) 避免在面质时进行个人攻击与情绪宣泄。尤其是当来访者的问题涉及道德伦理时,咨询师对来访者容易有不满情绪,这时慎重使用。咨询师需要时刻觉察自己的反移情,避免在咨询工作中失去中立,伤害来访者。此外,带有情绪的面质也容易引起来访者的防御和否认,破坏咨询关系,阻碍咨询进程。

(3) 面质的问题应该是来访者已经明显表达出来的矛盾和不一致的地方,而不是咨询师猜测的问题。就事论事地面质,才更容易被来访者所接受。

(4) 如果面质引起了来访者的防御,比如来访者假装同意,或生气反驳,咨询师应该在保持态度温和不破坏咨询关系的同时,坚定地继续面质下去,直到把问题澄清为止。因为来访者自身所呈现出的矛盾和不一致,往往会成为关键突破口,引导咨询往更深入的地方发展。

10.2.3 心理咨询中的非语言技术

在咨询过程中,除了语言的应用外,非语言的配合也是很重要的。语言和非语言的应用共同形成和谐气氛。心理学家曾发现,沟通的口头信息占7％,声调占38％,身体语言占55％。当非语言行为和语言表达不一致时,人们更倾向于相信非语言行为所表达的信息。人们对非语言暗示做出反应的可能性是言语反应的5倍。可见,在沟通中语言内容虽然重要,但决定沟通效果的是声调和身体语言,声调和身体语言往往表露了我们内心最真实的部分。当文字与声调或身体语言不配合时,人们选择的往往是声调和身体语言。非语言行为在人际沟通过程中发挥着很重要的作用。

由于非语言行为的高度自发性,人们很难在非言语信息上作假,因此对于心理咨询师来说,在咨询中切忌只重视语言的表达,而忽略声调和身体语言。比如当来访者谈论某话题时,尽管咨询师并没有说什么,好像在认真听来访者讲话,但通过咨询师心不在焉的表情,以及较少的目光接触,来访者就可以大致判断出咨询师对自己的谈话内容不感兴趣。因此,无论是敏感地觉察并理解来访者的非语言信息,还是通过运用自己的非语言行为来更好地建立咨询关系和促进咨询工作,都是心理咨询师需要学习和掌握的基本技能。

那么非语言行为具体包括哪些内容呢?心理学家伊根(2008)在《高明的心理助人者》中指出,咨询师要成为有效的助人者,需要学会觉察来访者的以下非语言行为表现:躯体移动和手势等躯体行为;皱眉、撇嘴等面部表情;语气、语调等声音特征;呼吸急促、脸红等自主生理反应;身高、体重、面色等身体特征;衣着、修饰等总体印象。

面部表情

人的面部不仅复杂多样,而且变化迅速,是确定情绪反应最重要的部位,愉快、忧伤、焦虑、恐慌、惊讶等各种感受都能通过面部表情来觉察。咨询师不但要敏感地从来访者的面部表情中捕捉到来访者的情绪,也要学会管理自己的面部表情来恰当表达对来访者的关注和回应。有些情况下的自然反应很容易对来访者造成伤害。

在面部表情中,眼睛是最重要的部分,所谓"眼睛是心灵的窗户"。在咨询中,如果来访者的目光飘忽不定,则可能代表来访者感到紧张或不全,也可能是对咨询师还不够信任;如果来访者目光回避,或视线突然转移,则提示所谈论的内容比较敏感,甚至涉及创伤体验。对于咨询师来说,更要注意使用目光接触的技巧。咨询师自然亲切的注视能带给来访者被关注、被重视的良好体验,但目光接触又需要适度和自然,如果咨询师目不转睛地盯着来访者,容易给对方造成压力。因此,咨询师要注意减少目光的压迫性,并注意以合适的频率、在合适的时机进行目光转换。一般来说,咨询师自己讲话的时候可以偶尔移开目光,倾听来访者讲述时可以多看对方一些。因为眼睛对视容易引起焦虑,扰乱思路,所以除了看眼睛,咨询师还可以看来访者的鼻子、嘴巴或耳朵,这样来访者仍然能够感觉到咨询师的关注。

说话的声音特征

来访者在说话时,除了用语言内容传递信息之外,也在通过说话的方式传递信息,比如语速、声调等声音特征,这些随话语内容一起传递的附加信息称为副语言。心理学研究表明,每一种情绪在音量、语调、语速、节奏等方面都有自己的特征,根据副语言信息评估说话者的不同情绪的准确性高达70%以上。在咨询中,有的来访者不善于描述自己的情绪,但他们的情绪有可能无意识地通过声音特征流露出来,比如,同样是"老师早",我们可以从不同的声调中听出"喜悦""愤怒""普通的礼貌""压抑的悲伤""不高兴""委屈"等多种含义。因此,咨询师需要细心地留意来访者说话的声音特征,从而更准确地捕捉和识别来访者的情绪情感。

作为咨询师,首先要了解自己的声音特征,比如语速急缓、语调高低、音量大小、音色特点、语气特点等,在此基础上,要有意识地对自己的声音特征加强训练,使其能够发挥咨询效果。一般来说,当咨询师以温和的语气、中等的语速和语调与来访者交流时,更容易被对方接受。与此同时,恰当地运用声调变化能够引发来访者对谈话的兴趣和关注,要避免过于高亢和尖利的音色。此外,咨询师还要留意自己的口头禅,减少可能给咨询带来负面影响的语言习惯。在咨询过程中,咨询师要学会用恰当的声音特征来匹配语言所表达的含义。比如,当咨询师说一句"你很难过,我很理解"时,不同的声调可以表现出"咨询师很理解来访者的心情""咨询师在敷衍来访者""咨询师根本就没有听懂来访者的意思""咨询师内心很焦虑"等多种含义。

手势

手势是一种特殊的身体语言,所以把它单列出来。手势在沟通中也起到了重要作用。同样一句话,用同一种声调表达出来,但手势不同,表达的效果也是不同的。比如,手势的多和少、手心向上和手心向下、手放在何处、手势恰当与否等,都会影响交流效果。一般而言,手势适当为好,太多的手势令人压抑;手心向上让人感到心情更好,气氛更融洽,更显得理解对方。比如,在咨询开始前,咨询师在给来访者做自我介绍的同时,配上恰当的手势,手心向上,更容易带给来访者被接纳的感觉。在咨询中,躯体恰当地配合手势,将更有利于咨询关系的建立。

躯体行为

除了面部表情和声音特征,躯体行为在沟通中的作用也非常大。身体的姿势是前倾还是后仰,其沟通效果是不同的,因为躯体行为很容易表现出当事人的心理状态。例如,两手不停地揉搓、不断变换坐姿、挠头等都可能传达出焦虑不安的情绪;双臂交叉抱在胸前传达出防御的内在态度……可见在咨询中,咨询师需要时刻留意来访者的躯体语言,从而更准确地理解来访者。

对于咨询师自身,也需要有意识地觉察和管理自己的身体语言,在咨询中通过恰当的躯体行为来促进咨询。比如,咨询师只要身体朝向来访者前倾,坐姿自然放松,真诚专注,在来访者叙述的同时适时地点头回应,就能让来访者感到受关注和重视。反之,如果咨询师听完来访者的讲述后,原本前倾的身体向后靠回椅背,那么即使嘴上表达了理解与共情,也可能让来访者敏感地察觉到变化,质疑咨询师对自己是否足够接纳。

用身体语言来表达关注包括多个基本要素,被称为 SOLER 技术,这是由美国咨询教育家伊根(伊根,2008)提出的五字诀。(1)要面对来访者(squarely),但要有一定角度,而不是正对彼此;(2)身体姿势开放(open),不能抱着胳膊;(3)身体稍微倾向来访者(lean);(4)良好的目光接触(eye),目光经常坦诚接触;(5)身体放松(relaxed),表情自然,手自然摆放。

沉默

在咨询会谈中,沉默也是经常出现的一种非语言现象,这常常让很多新手咨询师感到棘手。其实沉默作为咨询过程中不可避免的现象,本身也能传递出很多信息,有时候沉默就像一种留白,未必是坏事,本身也具有咨询效果。咨询师需要坦然地正视和面对沉默,细致分析沉默背后的原因,并采用恰当的方式加以处理。卡瓦纳曾介绍了沉默的三种形式及其相应的表现和应对策略(见表10-5)。

表10-5 来访者沉默的表现及咨询师的处理策略

沉默的种类	出现的情形	来访者的表现	咨询师的处理策略
创造性沉默	来访者对自己刚说过的话、刚体验到的感受的一种内省反应,正在孕育新的观念与情绪体验	目光凝视空间的某一点,沉浸在自己的思考与感受当中	最好保持沉默,关注地等待对方,表明咨询师理解对方正在进行的内心活动,避免干扰对方思绪
自发性沉默	来访者不知道接下来该说什么	目光游移不定,表现出不自在,会以询问的目光看着咨询师	这种交流空白的沉默的持续时间越长,压力越大,咨询师应在确认以后有所反应
冲突性沉默	来访者感到紧张害怕	用非语言行为表达"我不想在这里"	提供安全的环境和必要的保证,可以先谈论一些一般性的话题作为过渡
	来访者感到愤怒	不服气,冒火,被动攻击	接纳、理解来访者的情绪反应,而后主动面质
	来访者感到愧疚	回避咨询师的目光,踌躇不安	澄清来访者目前的情感状态,引导来访者深入探索

(摘自:陶勒恒,2007)

综上可见,在咨询中熟练运用非语言技术,能够帮助咨询师和来访者建立良好的咨询关系,帮助咨询师更准确地理解来访者,也能有效提升心理咨询效果。心理咨询师要有意识地锻炼和提升运用非语言技术的能力。表 10-6 列出了咨询师常见的有效和无效的非语言行为。

表 10-6 咨询师常见的有效和无效的非语言行为

有效的非语言行为	无效的非语言行为
身体前倾,靠近来访者,双方距离适中	身体后仰,远离或不朝向来访者
姿态放松,面部表情自然、生动	姿态僵硬,面部表情呆板或夸张,不时皱眉,嘴巴紧闭
与来访者保持自然而亲切的目光接触	回避来访者的视线交流,目光游离不定或埋头记录
适时地点头回应	打哈欠
不时有辅助手势	不时看表或整理手中的文件、物品
语气温和,语速中等,用与来访者相近的声调说话	语速过急或过缓,声调过高
	频繁地改变姿势
	双手或双腿不停地摆动

10.3 初次会谈的任务与内容

良好的开端是成功的一半。这句话用在心理咨询的初次会谈上非常恰当。通常,来访者与咨询师的第一次会面称为初次会谈。初次会谈可以是正式的,也可以比较不那么正式,这需要看会谈的目的。初次会谈通常由咨询师本人来做,有时也可以由接待员来完成。

10.3.1 咨询预约阶段的任务

来访者要接受心理咨询,首先要预约。预约是个别咨询的准备阶段,也是重要的环节。预约既可以是面谈预约,也可以是电话预约,现在还可以线上预约。预约包含如下内容:了解是谁要接受咨询;了解来访者接受咨询的目的;了解来访者的基本情况;确定咨询师;咨询环境的准备等。

确定来访者

很多人打电话或登门拜访,看似是本人要咨询,其实是为别人咨询探听情况。常有来访者的相关人员,比如父母、亲友、老师、同学来专业咨询机构了解情况。所以无论是电话来访还是见面来访,首先需要确认咨询对象。是来访者本人预约,还是其家属或者医生或者好朋友发现来访者有问题而来预约,甚至也有单位的领导为来访者预约;如果是青少年,还可能是学校的班主任或领导等来预约。

进行预约登记

心理咨询预约登记是预约阶段必须完成的工作,登记资料将为咨询师提供了解来访者的参考信息。比如,来访者的人口学资料、个人成长史、父母状况、病史及精神状态、躯体健康状况、社会功能、主要生活事件、他人对来访者的认识与评价等。这些资料对咨询师很重要,是了解和评估来访者、制订咨询计划的重要依据。表10-7是某大学学生心理咨询中心的预约登记表。

表10-7 来访学生预约登记表

编号:　　　　来访日期:　　年　　月　　日

姓名		性别:① 男 ② 女	出生日期:			
系别		年级:本科(1, 2, 3, 4);硕士(1, 2, 3);博士(1, 2, 3, 4, 5);其他				
住址		联系电话:	家庭住址:　　省　　市/县			

咨询经历:① 无　② 有
咨询时间:　　　　　　　　咨询地点:
咨询师姓名:
咨询主要问题:

父亲年龄:(　　)健在/去世　职业:_____学历:_____	父母婚姻状况			
母亲年龄:(　　)健在/去世　职业:_____学历:_____	良好	一般	离婚	再婚

在近三个月里,是否发生了对你有重大意义的事(如亲友的死亡、法律诉讼、失恋等)?

你现在需要接受帮助的主要问题是什么?

预约时间:　　月　　日　　时段:

初步了解来访者的基本情况

在预约阶段,除了登记表,接待员还要简单了解来访者的基本情况。如果来访者儿时曾被送到亲属家抚养,那么咨询师可能需要进一步了解他和父母的关系是否存在问题。如果来访者的父母离异,可能会对孩子的心灵成长产生影响,如不安全感、被抛弃感等。如果来访者长期有患病历史,可能存在烦躁、压抑、抑郁等情绪。如果来访者的精神状况或社会功能已经明显受损,可能需要深入的心理治疗或进行转介。如果来访者以前曾经接受过咨询,那么还要向以前的咨询师了解情况。总之,来访者的基本情况可以为咨询师提供参考资料。

根据咨询目的选择咨询师

来访者的问题常常看起来很多,预约的人常常会介绍来访者的很多现象,如果接待员没有接受过专业训练,往往被搞得一头雾水,不知道对方要表达什么,常常被牵着鼻子走。因此,在接待预约时需要明确了解来访者要解决的最主要问题是什么。根据来访者的咨询目的,接待员可以帮助来访者确认问题是否是咨询能解决的,并选择一位适合的咨询师。如果是有强迫行为的来访者,可以选择一位认知行为取向的咨询师;如果是性的问题,最好选择同性咨询师;如果是家庭纠纷问题,最好选择年纪大些的咨询师。同时,如果接待员发现来访者求助的问题不是咨询能够解决的,可以给予来访者心理教育和建议,并提供转介服务。

咨询环境的准备

良好的咨询环境为心理咨询的有效开展提供基础,因此要重视咨询环境的设置。心理咨询环境要具备安静、温馨、放松、安全等特点,具体来说有如下设置要求。

一般来说,咨询室不宜太大,太大显得空旷,容易缺乏安全感。光线要柔和,既不太亮,也不太暗,让人比较舒服。炎热的夏季最好能有空调,使来访者不因天热而分心,能专注于解决自己的问题。房间墙面的色彩要柔和,如温馨的淡粉色、清爽的淡蓝色。可以根据需要将房间刷成不同的颜色,如情绪压抑、抑郁的来访者适合淡粉色的房间,情绪高亢、烦躁的来访者适合淡蓝色的房间。

房间内部布置也要符合咨询的要求。一般,墙上可挂清新淡雅的画,增加房间的温馨感。要有挂钟,并且挂钟要放在来访者和咨询师都能看到的地方,确保严格的时间设置。墙角还可以放置绿色植物,显得有勃勃生气。窗帘要按房间的色调统一颜色,质感轻柔。茶几上预备纸巾,确保来访者情绪激动时使用。最好用沙发,因为沙发很舒服,容易使人放松。两张沙发的摆放要有一定角度,通常相对坐使人紧张,并排坐没有非语言交流,显得咨询师不关注来访者。因此,比较恰当的摆放角度是大于或等于90度。沙发要厚实,使人坐上去感到舒服和放松。茶几上也可以有计时器,帮助咨询师把握时间。沙发的座底应该有报警装置,当咨询师或来访者对对方实施暴力或其他不适宜行为时可以报警。房间内部不应该有门插,门外需要放置正在咨询的标识,以免有人突然进来,打断谈话。房间的门要厚实,整个房间的隔音要好,以免外面嘈杂的声音传进来。

10.3.2 初次会谈的任务

每一次咨询就是一次会谈,个体咨询每次会谈的时间一般为50分钟,整个咨询可能由一次、几次甚至几十次会谈组成。赛瑟和沃斯托(2002)认为一次典型的咨询会谈通常包括六个方面:建立或发展咨询关系;收集恰当必需的信息形成评估;观察、测验和评价在会谈过程中收集到的信息;应用某些干预方法与技术使来访者产生积极改变;观察和评估哪些干预技术是有效的;结束会谈或终止契约。来访者与咨询师的第一次正式会谈,就是初次会谈,也可以叫初始访谈。为了使会谈更有效率,初次会谈通常有一些明确的主要任务,包括:对来访者说明心理咨询及其进行方式;讨论咨询协议;与来访者建立初步的、建设性的良好关系;收集来访者的个人资料;评估心理咨询对来访者的适合程度等。

接受心理咨询须知

没有咨询经验的来访者通常对心理咨询不太了解。初次会谈时,咨询师要用简短的方式向来访者介绍什么是心理咨询、心理咨询的基本设置,以及开展的主要方式。比如,每次咨询时间的规定、时间间隔规定、保密的原则、收费的要求、签署咨询协议、咨询师与来访者各自的权利和义务等。介绍这些可使来访者有充分心理准备,获得一定的安全感和掌控感,以便快速进入咨询过程。比如,每次咨询的时间要考虑咨询师的时间表及来访者的时间表,安排在合适的时间内;每次咨询持续的时间要双方都清楚。个体心理咨询的时间设置一般是50分钟。时间间隔也要先确定,一般是一周一次,而精神分析取向的高频咨询可能是一周多次;此外,如果来访者的问题很严重或很紧急,也可以一周两次。收费是咨询的一部分,收费的标准要明确。此外,咨询师有他的义务和权利,来访者也有他的义务和权利,如来访者有权利更换咨询师,也有权利提前结束咨询。表10-8是某重点大学的心理咨询须知。

收集来访者的资料

初次会谈时,咨询师一般都很重视良好咨询关系的建立,会以尊重、真诚、积极关注、共情等态度,与来访者接触,同时会花许多时间收集来访者的相关资料。对于初始访谈需要收集来访者的哪些资料,不同的咨询流派可能会有各自的侧重,但一些大致信息是具有跨流派适用性的。表10-9列举了桑德伯格(Sundberg)制定的访谈提纲,具体介绍初始访谈的信息搜集范围。

表 10-8　心理咨询须知

1. 咨询对象
   在校全日制学生。
2. 咨询内容
   心理咨询中心主要提供心理发展、心理适应及心理障碍等方面的咨询服务。
3. 咨询原则
   本中心尊重来访者的个人隐私,任何个人信息都不会被泄露,除非有你本人的授权。但当你的信息暗示你将危及自己或他人及社会的安全时,咨询师有权和有关方面联系。
   另外,咨询中心因工作要求,有时需在咨询过程中录音或者录像,用于个案督导、个案研讨或教学研究。所有音像资料只限于专业人员,绝不会有非专业人员涉及。如有录音、录像的要求,咨询师会事前征得来访者的同意。
4. 来访者的职责
   心理咨询的过程,既有收益又有风险。收益是通过咨询排解心理困扰,开发心理潜能,促进个人成长。咨询的风险包括记起不愉快的往事,激发起很强烈的情绪等。在咨询过程中保持积极、开放和诚实的态度非常重要,来访者的主要职责就是向着你和咨询师共同制定的目标而努力。如果在咨询过程中受到侵犯和伤害,来访者有权随时提出中断咨询,更换咨询师。中心工作人员将及时安排新的咨询师或者帮助你转介到其他机构。
5. 咨询注意事项
   学生可以通过网络了解心理咨询中心及咨询师的基本情况,并通过网络和电话预约咨询。如有预约,应按预约时间准时到达。如不能如期来访,应提前说明;如无预约,应听从咨询中心的安排进行咨询。
   每次咨询时间为 50 分钟,一次咨询不能完成者,咨询师将再约时间咨询。
   咨询过程需在咨询室内完成,来访者不得要求在咨询室以外进行心理咨询。
   在等待咨询的过程中保持室内安静。

表 10-9　来访者初始访谈提纲

1. 来访者身份信息
   姓名、性别、年龄、职业、收入、婚姻、住址、出生日及地点、宗教、教育、文化水平和文化背景。
2. 来访缘由
   自行来咨询还是由谁转介而来,来咨询的原因。
3. 当前及近期状况
   居住条件,活动场所,日常活动内容,近几个月以来生活发生变动的种类和次数,最近的变化。
4. 主诉问题
   自己认为有何问题或困扰,需要解决的问题和对咨询与治疗服务的期望。
5. 家庭情况
   家庭构成,主要家庭成员的年龄、职业,来访者对他们的看法,对自己在家庭中所起作用的描述。
6. 早年经历
   对能记清的最早发生的事情以及周围情节的回忆。
7. 出生和成长
   会走路和会说话的时间,与其他多数儿童比较曾出现过什么问题,对早期经验的态度等。
8. 健康及身体状况
   包括儿童时期和以后发生的疾病伤残,近期服用药物,吸烟与饮酒情况,与他人比较身体状况,饮食与锻炼习惯。
9. 教育及培训
   受教育的水平,学习中特别感兴趣的科目以及所获得的成绩,校外学习情况。
10. 工作经历
    从事何种工作,对工作的态度,是否改变过职业及理由是什么。
11. 娱乐与闲暇
    如工作学习之余的生活状况、阅读等,自我描述是否准确。

12.	性欲的发展 第一次意识到性,各种性活动,对自己近期性生活的看法。
13.	婚姻及家庭资料 婚姻状况,婚变记录,家庭中发生的重要事件与原因,家庭的现状与过去。
14.	社会基础 人际关系和社交兴趣所在,与自己交谈次数最多的人,能给予各种帮助和支持的人,互相影响的程度,对他们的责任感以及参加集体活动的兴趣。
15.	自我描述 包括长处或优点、想象力、创造性、价值观、理想等。
16.	生活的转折点和选择 生活中曾有过什么变化和当事人做出的最重要的决定是什么,现在对它们的回忆(以一件事为例)和评价。
17.	对未来的看法 愿意看到明年发生什么事情,在五年至十年里希望发生什么事情,这些事情发生的必要条件是什么,对时间的现实感,抓重点的能力。
18.	来访者附加的任何材料

由于初次会谈时间有限,一般为50分钟,除非咨询师受过训练,且熟悉资料收集的重点与方法,否则很难在不到一小时内收集如此多的信息。从评估的角度看,掌握来访者的资料越多、越充分,就越容易分析判断准确。上述项目也可以在后续的咨询中继续加以关注。对于初学者而言,在收集来访者有关资料时可以用6W来引导自己,即who(他是谁)、what(发生了什么事)、when(什么时候发生的)、where(在哪里发生的)、why(为什么会发生)、which(与哪些人有关)、how(事情是如何演变的)。

使用结构化技术开始会谈

结构化技术的含义

结构化技术是指咨询师在咨询开始时,对来访者说明与界定从咨询开始到咨询结束之间所涉及的要素,具体包括:理论架构、咨询关系、咨询环境、相关程序。理论架构是指咨询师用来解释来访者行为、引导来访者发生改变所依据的理论,如行为主义、叙事治疗、以人为中心理论等。每一种理论既会帮助我们解释问题,也能指导我们改变问题。咨询关系是指咨访师与来访者在咨询中的角色,以及对角色的期待,如咨询师的作用是帮助来访者理清思路,而不是替来访者出主意、想办法。咨询环境是指协助来访者讨论和处理问题的环境,如安全不被打扰、房间整洁、光线柔和等。相关程序是指来访者来求助时对咨询所持有的各种疑问和期待,如一次咨询是多长时间?两次之间间隔多久?如何付费?什么时候结束咨询?在咨询外的时间想找咨询师是否可以?等等。

案例

来访者：我对咨询不是很清楚，似乎不是我们两个人在这谈话这么简单。我还想知道，你到底能帮我什么？应该不只是给我建议吧，我已经听够了。

咨询师：听起来你好像对咨询有点担心。（同理心技术）我把咨询过程告诉你之后，你就不会那么担心了。首先你要把问题告诉我，我会帮助你深入讨论问题，但是我不会给你出主意、想办法，我会帮助你理清思路，帮你学习处理这类问题的方法。为了达成以上目标，有时候会给你留家庭作业，记录你在一周当中对某些问题的看法，或者要求你去做某种事情，并记录下你的感想。然后，我们在接下来的咨询中，会一起讨论家庭作业，一起讨论你做某件事时的心理活动。咨询不止是谈话，有时候还会做一些活动和练习，比如角色扮演、空椅子技术，也有可能会邀请你绘画或听音乐，或者使用其他认知及行为治疗的方法。咨询需要持续几次，依据你的问题来决定。当你的问题有所改善时，咨询也许就可以结束了，但我们可以一起来讨论。你看这样和你介绍，你感觉怎么样？（结构化技术）

来访者：是老师推荐我到你们这里来的，说你们这能解决我的问题。但我不知道你们这里的工作情形是怎样的。我的问题其实就是跟我的老师有关，你们会把我的想法告诉他吗？

咨询师：看来你有点担心。（同理心技术）你可以先看看我们的工作须知，里面详细介绍了我们的工作情形。咨询第一重要的就是保密原则。在这里发生的所有的事情都只有你和我知道。本中心尊重来访者的个人隐私，任何个人信息都不会被泄露，除非有你本人的授权。但当你的信息暗示你将危及自己或他人及社会的安全时，咨询师有权和有关方面联系。另外，咨询中心因工作要求，有时需在咨询过程中录音或者录像，用于个案督导、个案研讨或教学研究。所有音像资料只限于专业人员，绝不会有非专业人员涉及。如有录音、录像的要求，咨询师会事前征得你的同意。（结构化技术）

结构化技术的作用

(1) 有助于打消来访者的顾虑

这项技术可以打消来访者的某些顾虑，减少来访者的焦虑，使其对咨询过程有所了解，减少对咨询的不切实际的期望。有的来访者以为咨询就像在医院看病，只要把症状和疾病说完了，咨询师就可以解决问题了，他可以完全把自己交给咨询师，不用费任何力气；还有的来访者以为，只要一来咨询，问题立即就会被解决，对咨询的期望过高，或者期望不恰当等。

(2) 可以使来访者对咨询做好准备

在咨询开始或咨询过程中使用结构化技术,可以使来访者对咨询做好准备,配合咨询师,从而有利于咨询的顺利进行。在咨询开始使用结构化技术,可以使来访者了解咨询的基本设置,包括基本进程、需要注意的问题、间隔时间等,使来访者顺利配合咨询的进程。在咨询中间使用结构化技术,可以对将要采用的咨询方法或技术进行说明,这样便于来访者决定是否参与和怎样参与。

结构化技术在咨询中的使用并不只限于初次面谈,在咨询的任何一个阶段都可以使用。此外,有时候结构化技术也可以由其他方式替代,比如在预约咨询时,以及在咨询机构的适当地方(比如挂在墙面)或咨询机构的宣传材料上,将咨询流程、来访者的权利与义务、咨询师的权利与义务等直接进行说明。

评估来访者接受心理咨询的适合度

心理咨询是一项需要投入时间和金钱的承诺,咨询师要根据初始访谈掌握的资料,评估来访者是否适合接受心理咨询。评估的重点包括:来访者目前的问题是否适合咨询?来访者的情绪怎样(有无特殊的强烈情绪或自杀倾向)?除了心理咨询,来访者是否还需要接受其他的专业帮助(如就医、危机陪护等)?来访者是否有足够的心理准备接受心理咨询?来访者是否有足够的时间与预算?来访者有无可利用的支持系统(如家人、朋友、学校社区可提供的帮助等)?来访者的问题适合哪种心理咨询方法?是个别咨询还是团体咨询,或是家庭治疗?来访者所提示求助的问题是不是真正的问题?来访者自身最大的资源和力量是什么?咨询师的自身能力和时间是否适合处理来访者目前的问题?是否有转介的必要?如果要转介的话,应该转介给什么样的咨询师?

评估来访者是否适合接受心理咨询,以及来访者与现任咨询师的匹配度,都是制订咨询计划并进一步开展咨询的前提,需要得到咨询师的重视。如何对来访者的问题进行评估与分析,本书第三章已经做了详细阐述,是咨询师需要掌握的基本技术。

10.3.3 如何结束初次会谈

初次会谈时,咨询师需要留出大约五分钟做好结束初次会谈的准备。咨询师可以提醒来访者咨询时间快到了,还有五分钟就要结束了。同时利用好这最后的时间,简单扼要地总结一下咨询师对来访者大概的了解和评估,并回答来访者可能存在的疑问。如果来访者所提出的问题比较明确,咨询师也可以针对来访者的问题,给予适当的心理教育,或提供适当的建议。

对于需要持续咨询的来访者,咨询师可以和来访者讨论大致的咨询目标,并根据咨询目标讨论后续咨询可能需要的时长和次数,约定每次咨询的时间和地点,讨论并签订咨询协议。

对于咨询动机不够强烈、还在犹豫是否继续咨询的来访者,或者已经决定不继续咨询的来访者,可以与其讨论对于咨询的感受和顾虑,澄清来访者的求助目标,以及存在的担忧和疑问。在充分说明心理咨询作用的基础上,尊重和理解来访者的决定,同时告诉来访者咨询机构的联络方法,对其表达开放的态度,如果来访者有需要,可以再次预约。

(何　瑾　撰写)

本章参考文献

江光荣.(2005).心理咨询的理论与实务.北京:高等教育出版社.
吉拉德·伊根(Egan, G.).(2008).高明的心理助人者(郑维廉,译).上海:上海教育出版社.
林家兴,王丽文.(2009).心理咨询与治疗实务.北京:化学工业出版社.
林孟平.(1999).辅导与心理治疗(第Ⅰ版).香港:商务印书馆.
尼奇·海斯,苏·奥雷尔(Hayes, N., et al.).(2004).心理学导论(爱丁,等译).北京:电子工业出版社.
钱铭怡.(1994).心理咨询与心理治疗.北京:北京大学出版社.
陶勑恒.(2007).心理咨询与辅导(一).北京:北京大学医学出版社.

11 家庭治疗

11.1 家庭治疗的历史与发展 / 330
　　11.1.1 家庭治疗产生的背景 / 330
　　11.1.2 家庭治疗的萌芽与早期研究 / 331
　　11.1.3 家庭治疗的中期进展 / 334
　　11.1.4 家庭治疗的现代发展与趋势 / 336
　　11.1.5 中国家庭治疗的发展 / 337
11.2 家庭治疗主要流派的理论与方法 / 339
　　11.2.1 家庭治疗的流派分类 / 340
　　11.2.2 最具代表性的家庭治疗模式 / 341
11.3 家庭治疗的准备与规划 / 345
　　11.3.1 对家庭功能的评价 / 345
　　11.3.2 家庭治疗的规划 / 349
　　11.3.3 对治疗师的要求 / 351
11.4 家庭治疗的实施 / 352
　　11.4.1 治疗性会谈 / 352
　　11.4.2 会谈间期的作业 / 354
　　11.4.3 适应证与禁忌证 / 354
　　11.4.4 治疗持续时间与结果评价 / 354

家庭治疗(Family Therapy)是一种心理治疗的方法,它以家庭这个存在于社会生活中的自然系统为对象,从家庭以及相关系统的整体角度来规划和开展心理治疗。在进行家庭治疗时,治疗师与来访家庭中的成员一起工作,共同努力促使家庭发生变化,或者使其成员中有病者症状消除(左成业等,1993)。专业的家庭治疗起源于20世纪50年代,在西方社会从个别心理治疗,以及某些团体心理治疗等治疗形式中发展而来(Levant,1984)。

11.1 家庭治疗的历史与发展

11.1.1 家庭治疗产生的背景

第二次世界大战以后,以美国为代表的西方国家,其工业化、都市化进程的速度越来越快。而在社会生活方面,婚姻冲突增加,离婚率上升,青少年违法犯罪的现象也有增多。面对这些问题,社会各界对家庭在社会转型期面临的调适任务,开始给予极大的关注。在心理学方面,精神分析学说在此期间有一些重要的发展,如自我心理学的提出、沙利文对人际相互作用的重视等,为团体心理治疗和家庭治疗的发生和发展打下了前期基础。人本主义心理学家罗杰斯,也从人际互动的角度,提出心理问题常常出现在与他人失常的交往中,解决问题需要治疗师同来访者的交往,如进行个别治疗等。在心理治疗领域,大家开始从关注内心冲突转到关注人际心理过程,并以此来规划治疗过程。以下方面的一些进展也为家庭治疗的诞生产生了推动作用(Nichols 和 Schwartz, 1997)。

团体动力学的研究

勒温(Lewin, 1951)提出了"场理论"。他认为集体就是一个由心理内聚状态形成整体。在进行治疗时,集体讨论的方法对于个体行为改变的影响极大。此外,角色理论、心理剧的产生与应用,以及后来的心理教育性家庭治疗等,都与团体动力学研究的关系较为密切。

儿童指导运动的产生

在 20 世纪初,西方社会着手采取强制性教育措施,实施控制犯罪的行政手段,以及开始重视儿童权利等因素,推动了儿童指导运动的产生。赫利(W. Healy)早在 1909 年,于芝加哥开设了美国第一家青少年心理病理研究所。阿德勒于 20 世纪 30 年代开始,就在维也纳儿童指导诊所工作。他在对患有精神疾病的儿童进行治疗时,与患病儿童的家庭成员一起座谈,并施以一定的教育。通过治疗,克服就诊儿童的自卑,促进家庭健康生活方式的发展。随着儿童指导运动的发展,人们渐渐对父母在儿童成长中的负面作用有所认识并给予关注,但侧重于不良的影响方面。例如,勒维(D. Levy)于 1943 年提出,儿童的问题常常就是由父母过度保护所致。弗罗姆-瑞茨曼(F. Fromm-Reichmann)于 1948 年提出有一种所谓的"精神分裂源性母亲"(schizophrenogenic mother)。这种母亲本身就没有安全感,她的支配性、攻击性过强,常常排斥他人,这样的母亲容易造就有问题的孩子。阿克曼(N. Ackerman)也于 1938 年,在美国开始以患病儿童的家庭作为主要的治疗对象而开展工作。

社会工作的影响

社会工作(social work)在西方国家有较长的历史。社会工作者除了关心被访者的衣食住行外,也试图解决被访者的情绪问题。早在 1917 年,瑞其蒙德(Mary Richmond)在她的《社会诊断》一书中,就强调要视家庭为一个整体,针对家庭开展工作。社会工作者日后成为西方家庭治疗的主力军。

婚姻咨询

1930 年,博普乐(P. Popenoe)开设了第一家婚姻咨询所,之后此方面的发展非常迅速。从事婚姻咨询的人众多,有律师、教育工作者、社会工作者等。婚姻咨询与家庭治疗的关系渊远流长,许多早期从事家庭治疗的精神科治疗师,也同时从事婚姻咨询,如阿克曼、杰克逊(Jackson)和哈利(Haley)等。

哲学与认识论进展的影响

20 世纪 30 年代,系统论以及后来的控制论、交流理论、功能主义理论等,对家庭治疗的诞生影响极大。

有了上述各个方面因素的作用,家庭治疗的雏形逐渐显露出来。如在英国,布朗(Brown)从 20 世纪 50 年代起,对住院精神分裂症来访者的家庭进行了研究。在德国和匈牙利等国家,也散在地有一些人试行家庭治疗。更多的研究与尝试则是在美国进行着。在家庭治疗的形成与发展中,尽管不少领域的人都起到了许多作用,但贡献最大的仍然是一些受过精神分析训练的精神科治疗师。

11.1.2 家庭治疗的萌芽与早期研究

对家庭治疗的诞生贡献最大的是有关家庭动力学的研究,以及对精神病病原学的研究。从 20 世纪 50 年代开始,美国的不少地方开始了家庭治疗的研究与实践。其中尤其以对精神分裂症的研究最引人注目(Gurman 和 Kniskern,1981)。

对家庭治疗发展产生积极影响的专家

家庭治疗之父贝尔

贝尔(J. Bell)被人称为家庭治疗之父。他从 1951 年开始就从事家庭治疗,后来发表论文总结了对十个家庭进行治疗的情况。可惜他少有著述,也没有建立专门的机构来使自己的事业持续和发展下去。

家庭治疗的创始人之一阿克曼

阿克曼是家庭治疗的创始人之一。作为一个受过精神分析训练的儿童精神科治疗师,他在所工作的儿童指导中心开始进行家庭治疗。1957 年,他在纽约建立了家庭精神卫生研究所(后改名为阿克曼研究所)。1958 年,他出版了第一本描述家庭关系与家庭治疗的书,名为《家庭生活的精神动力学》。在家庭治疗中,他常常以问题为导向,其治疗艺术与风格,在美国东部享有盛誉。

精神分析学家利兹

耶鲁大学的利兹(T. Lidz)也是一个精神分析学家,他在家庭治疗的研究中很注意性别和代际边界的影响。他提出了"婚姻分裂"(marital schism)和"婚姻偏斜"(marital skew)两个概念。前者是指夫妻长期不能相互配合,角色不能互补协调,从而互相贬低、竞争和攻击,互相炫耀子女对自己的忠诚和情感。这样的婚姻如同战场,夫妻常常两败俱伤。后者指一个病态的配偶支配主管着一切事物,另一方则常常是极端依赖和软弱可欺。

精神分析师克雷

精神分析师克雷(M. Klein)非常注重客体关系。他认为个人在自己原来家庭中没有解决好的客体关系问题,会"污染"新的家庭和儿童。克雷和利兹是家庭治疗中"精神动力学的家庭治疗"学派的代表。

家庭治疗师温尼

温尼(L. Wynne)是美国第一个经过正规家庭治疗训练的家庭治疗师。1952年,他来到美国国立精神卫生研究所,研究人际交流与家庭角色在精神分裂症来访者发病中的作用。经过几年的研究,他提出了几个概念,如"假性互惠"(psudomutality),指一种表面上团结的现象。此种家庭因为惧怕分离,常常掩盖冲突,结果反而形成既不能容忍温情与亲密,又不能容忍独立自主的状况。还有"假性敌意"(psudohostility),指表面上分裂,暗中却结盟(如母子)的现象,以期保持家庭内的动力平衡。

家庭治疗先驱之一鲍恩

鲍恩(M. Bowen)也是最早期的家庭治疗先驱之一。他于1954年开始研究精神分裂症的家庭。他重视夫妻关系和原生家庭的作用,提出了家庭系统理论。他关注家庭的历史,以及家庭内经过几代人传递下来的特性。对于个人的作用,他提出了"自我分化"(self differentiation)的概念,指个人的情感在家庭中的发展,也像细胞生物学的分化一样,有一个不断变化的过程。他提出的另一个概念是"三角缠关系"(triangle interlock),指家庭中情感的联系常常由一系列三角连接的网络来保持平衡。当两人情感的平衡失调时,就会有第三者插入。"融合"(fusion)也是他提出的一个概念,指家庭中的成员互相黏结在一起,处于既不能更加靠近又不能分离独立的尴尬状态。鲍恩的理论与思想,影响了一代家庭治疗学派和治疗师。他是第一任美国家庭治疗协会主席,也是"系统家庭治疗"的代表人物。

帕洛阿托小组的贡献

家庭治疗交流学派的开创者

位于美国加州的帕洛阿托(Palo Alto)小组中,有不少人对后来的家庭治疗产生了重大影响,如贝特逊(Bateson)、杰克逊、哈利和萨提亚(Satir)等。他们是家庭治疗中交流学派的开创者。贝特逊是一个人类学家和哲学家,对系统理论和控制理论的发展有重大的贡献。他于1951年出版了《交流:精神病的矩阵》一书,详细论述了交流中的悖论状态与情况。他提出交流有两个层次的特点,并揭示了"元交流"(metacommunication)现象,即对交流的交流。元交流常常由非言语的方式如姿势、声调、表情和语调等表现出来,对于定义交流时交流双方的相互关系意义重大。

家庭中的双缚理论

帕洛阿托小组于1956年还提出了一种"双缚理论"(double bind),在治疗界引起了很大的反响。双缚理论指的是一个人同时在交流的不同层面,向另一个人发出互相抵触的信息。对方必须做出反应,但不论如何反应,都将遭到拒绝或否认。经典的双缚现象常常有下面六个特征:(1)两人或以上相互间有重要关系;(2)关系仍在持续进行之中;(3)一方已经发出一个否定的指令;(4)与第一个相矛盾的,但是在更加抽象和简约层次上的第二个指令也发出来了,这第二个指令常常是用非言语的方式,也常含有惩罚的意味;(5)不可逃离,接受方必须做出反应;(6)反应者左右为难,感到处在双重束缚之中。

举一个具体的例子:有一个经治疗后已好转的精神分裂症来访者,母亲来看他,他拥抱母亲时感到母亲身体很僵硬(拒绝的表示)。于是他就放开手,但这时母亲却问:"孩子,你不爱我了吗?"听母亲这样讲,来访者感到内疚,脸红了起来。母亲又讲道:"亲爱的,你不要这样容易困惑不安,不敢表露真情。"在这种双重束缚中,孩子常常难以建立起自然地与人交往,尤其是对非言语信息做出恰当反应的能力,甚至只能退回到病态的内心世界中去。

家庭内稳态学说

帕洛阿托小组的杰克逊是一个精神科治疗师,曾师从沙利文。在小组中他主要开展家庭治疗的工作,并于1959年成立了精神研究所(Mental Research Institute, MRI)。在家庭治疗中,他较早使用单面镜和录像。在治疗理论方面,他提出了"家庭内稳态学说"(homeostasis),认为家庭系统也经由负反馈的机制而达到平衡。家庭像有机体一样,其内部环境常保持在一个动态平衡的范围内。当家中有成员患病时,会给家庭的内稳态带来一些搅动。在经历一定时间后,家庭内部又将建立起某种新的平衡,这一平衡的利弊机会均等,需要认真加以对待。

策略性和体验式家庭治疗的出现

策略性家庭治疗流派的提出

哈利是一个交流学家,原来研究电影中幻想的因果次序。他于1962年来到加州的精神研究所(MRI),在那儿工作期间,他对权力与控制的关系很感兴趣。他认为在人际交往中,常常表现出争夺控制权的斗争,在家庭生活中也是如此。他对于家庭中的权威等级、代际的权力结构等做过很多详细的分析。哈利还从艾里克逊(Erickson)那儿学到了许多悖论干预的方法,并由此发展出了"策略性家庭治疗"流派。

体验式家庭治疗的开始

萨提亚是早期的家庭治疗师中,唯一一个具有社会工作者背景的。她从1951年起就开始进行家庭会谈,一直用系统论的思想来规划治疗。在治疗中,她着重鼓励家人除掉面具,发现和表达自己真实的思想和情感,鼓励家人间直接的、心对心的交流。她是一个极具魅力的治疗师,是她让家庭治疗在美国和其他一些国家变得深入人心、家喻户晓。她是以人本主义倾向为特征的"体验式家庭治疗"的代表人物。

此外,惠特克(C. Whitaker)也是体验式家庭治疗的代表人物之一。他积极地使用合作治疗师(co-therapist),在治疗中他特别强调体验,采用一些看起来很荒诞的方式来进行治疗。例如,将自己故意溶入到治疗过程中,将问题或症状推到极致,以便人人都能看出其荒唐可笑等。

11.1.3 家庭治疗的中期进展

1962年,家庭治疗领域第一份国际性杂志《家庭进程》(*Family Process*)创刊,这被学术界认为是家庭治疗方法确立的标志。尔后,有关家庭治疗的研究逐步发展起来,相关的杂志也越来越多。1979年,美国成立了家庭治疗协会。在20世纪六七十年代,许多家庭治疗流派的阵线开始越来越分明。在此期间家庭治疗的发展,可谓是百花齐放,百家争鸣。一方面,不少治疗师将治疗研究的对象从精神分裂症扩展到其他精神障碍,其指导思想也与当时的哲学思潮相配合;另一方面,有一部分研究又回到生物医学的轨道上来,着重从怎样减轻家庭负担、怎样减少来访者对家庭的冲击等方面,对精神分裂症来访者及其家庭进行治疗。

结构式家庭治疗的兴起

"结构式家庭治疗"的兴起是此发展期间的重点。代表人物米纽琴(Minuchin)是一位出身于阿根廷、受过精神分析训练的精神科治疗师。他开始在纽约对低收入移民的家庭进行治疗,发现需要有一定领悟力的精神分析方法,对这类家庭不太适用。后来他到费城的儿童指导中心工作,面对的又是"过分有条理"的白人中产阶级家庭。他在总结了自己的经验以后,采用帕森斯(Parsons)的模型理论来分析家庭的结构和组织。他发现家庭是由不同的角色、功能和权力分配等因素组织起来的一个实体。在进一步采用MRI的交流和系统思想后,他创立了"结构式家庭治疗"。所谓结构,指的是家庭中未言说的规则,在家庭中的这些规则决定了成员间的合作与界线。家庭治疗就是要恢复正常的结构与功能。米纽琴还开创了家庭治疗现场督导的风气,使家庭治疗的培训更加有效。

系统式家庭治疗的诞生

意大利的米兰学派,是此时期家庭治疗领域内的另一个新发展。他们开创了"系统式家庭治疗"流派。在意大利的米兰,受过儿童精神分析训练的治疗师帕拉佐莉(M. S. Palazoli)及其三个同事成立了一个家庭研究所,采用短期治疗的方式进行家庭治疗。在早期,他们受 MRI 交流学派的影响很大,在治疗中往往不作权威指导,而只是作为家庭系统的干扰扰动者(Gelder 等,1996)。他们强调治疗时用一组治疗师,用假设、中立和疏远的循环提问的方式,来揭示家庭成员对问题的不同看法与相互关系。这种治疗方法关注意义,常常采用情景化、阳性赋义和悖论干预等手法,引导家庭自己找到解决问题的方法。后期他们也接受建构主义和对话理论,并将其运用于治疗实践之中。

布朗的家庭治疗研究及家庭问卷开发

20 世纪 70 年代以后,随着研究的深入,家庭治疗中的一部分又回归到对重性精神分裂症来访者的治疗之中,产生了许多以家庭为主的治疗策略。在方法论上,这些治疗不再追求"治愈"疾病,而是致力于怎样防止复发、怎样减轻家庭因为有精神分裂症来访者而产生的负担。在这一方面,较早可追溯到 20 世纪 50 年代,布朗在英国所做的研究。1958 年布朗研究发现,伦敦的精神分裂症来访者出院后与父母或配偶共同生活的,其预后反而比单独居住的差。1966 年布朗等人归纳总结了一份半结构式的问卷,用来了解家属对来访者的了解程度以及情感上的联系和感受。这个量表叫"坎伯韦尔家庭问卷"(Camberwell Family Inventory),也称 CFI。在评定 CFI 时,从亲友的态度与反应中,可做出有关情感表达(expressed emotion,EE)的评价。情感表达包括五个方面的内容:(1)批评性(critical comments);(2)敌对性(hostility);(3)情感过度介入(emotional overinvolvement);(4)热情性(warmth);(5)赞许性(positive remarks)。所谓高 EE,指的是批评达到或超过 6 次,情感过度介入达到或超过 3 分,或者有任何敌对性评分;否则即为低 EE。不少的研究发现,EE 可以用来预测精神分裂症来访者的病情与复发情况。

一般认为,高 EE 家庭的精神分裂症来访者中,复发率常为 48%~62%,而低 EE 为 9%~12%(均为在有药物治疗的情况下)。贺加逊(Hogarty)研究发现,精神分裂症来访者出院后一年内,服药者的复发率约为 40%,不服药者的复发率约为 70%。这一结果有两方面的意义:一是证明服抗精神病药可减少复发的危险性;二是在服药情况下仍有一些人病情复发,其原因值得进一步研究。有关这一领域,较多的研究者指出,复发往往发生在有高情感表达(HEE)家庭的来访者中(陈向一,1993b)。

家庭治疗的发展新趋势

目前,家庭治疗这个方向的治疗与研究主要集中在两个方面:用心理教育性方法对来访者的家庭进行教育;采用综合的心理社会性干预方法对家庭进行治疗。

家庭心理教育

巴特(Barter,1984)认为心理教育是"运用教育的技术、方法和理论,帮助恢复精神疾病所致的功能缺陷,或作为治疗精神病的联合手段"。自1983年以来,麦吉尔(McGill)等人开展了关于对精神分裂症来访者进行家庭教育的研究,到目前为止已有一些研究报告公布于世。这些研究就是在进行家庭治疗时与一个或多个家庭一起讨论会谈。会谈的次数从一次到六次不等。内容主要是由治疗师对来访者的家庭成员进行有关精神疾病知识的教育,如疾病的性质、症状表现、病因、诊断、病程和预后、精神药物治疗中要注意的有关问题等。通过家庭教育后,来访者的家庭成员获得了一些有关疾病的初步知识,同时对来访者的态度也有了相应的改变。有研究发现,经过教育后一年内患者病情波动反复的情况有所减少,但效果并不持久。

综合性家庭干预措施

从1982年起,列夫(Leff)、法仑(Fallon)、贺加逊、泰里尔(Tarrier)及科特金(Kottgen)等人,采用综合性家庭干预措施,对精神分裂症来访者进行家庭治疗。他们采用实验科学研究的方法,在研究中严格随机分组。具体治疗方法除了心理教育外,还辅以亲友支持小组、行为家庭治疗、社会技能训练等,并在治疗后进行较长时间的随访。结果发现,此类治疗方式使来访者的复发率大为下降,一年内治疗组的复发率为6%~23%,而未治疗的对照组为40%~53%。研究还发现,家庭治疗组来访者的社会功能、家庭内的相互关系有所改善,家庭气氛也有所调整。亲友因积极参与治疗活动,自感生活受干扰和苦恼程度有所减轻。有人认为,综合性家庭干预措施的有效成分是:(1)治疗中对家庭的正性鼓励和真诚的合作关系;(2)给家庭提供了一个稳定的结构和模式;(3)关注此事此地,重点解决当前的问题;(4)认知重建;(5)重视行动、行为的观点,分解确定目标,制定步骤;(6)改善了交流。

11.1.4 家庭治疗的现代发展与趋势

家庭治疗发展新特点

20世纪80年代以后,家庭治疗的发展有两个特点:一是更加成熟,各学派之间交流与整合、折衷的趋势越来越明显;二是与当代的认识论和社会思潮的进展相匹配,例如建构主义理论、对话理论、第二级控制论、女性主义和对治疗伦理学的关注等方面的学术进展,都反映到了家庭治疗最新的研究和治疗发展之中。其中,从策略治疗、短期治疗中诞生出来的"索解导向家庭治疗"(Solution-oriented Family Therapy)

较引人注目。此种治疗方法不关注问题是什么,而是充分相信并利用来访者的自身资源,治疗的关注点是怎样解决问题。同时引导来访者共同制定治疗目标,并向着目标努力。该方法认为好的行为会像滚雪球一样,经由正反馈过程而扩大,直到问题消失。此外,"叙事疗法"在家庭治疗中也有应用。它将治疗过程转变为讲故事和共同创作的过程。治疗师以人本主义的态度与求助者一起体验,共同寻找新的出路(Goldenberg 和 Goldenberg,1999)。

海德堡大学的系统式家庭治疗

值得一提的是德国海德堡大学的系统式家庭治疗方法。他们在认识论、研究与治疗等方面都保持了很大的活力。此种方法不但整合了其他家庭治疗方式的特点,也提出了自己对于家庭动力学和治疗学的独特看法。斯蒂林(H. Sterlin)是海德堡小组的领头人,他早年从事精神分析的家庭治疗,提出了"派遣论"的观点。斯蒂林所领导的海德堡大学精神分析与家庭治疗研究所,在过去的二十多年里,经历了三个发展时期和阶段:精神分析取向的家庭治疗;过渡阶段;系统式家庭治疗(赵旭东,1997)。

海德堡小组的系统式家庭治疗,既传承了米兰学派的系统式家庭治疗的方法,也整合了系统理论以及重新讲故事的叙事理论等。他们对家庭治疗的理论贡献在于:对所谓"病态行为",以及与此相关的时间组织和关系现实模式进行了探讨。他们发现精神分裂症来访者的行为和思维的特征是:在对待时间组织与计划安排上,表现为极端的共时性和同步化的"去联系",即患者在同时进行的行为中,相互间完全没有联系或是分裂的;患者在关系现实上则表现为"软性"的,即没有可见的规则,交流不清晰,行为不可预测等。而情感性障碍的来访者,在时间组织上,表现为极端的异时性和非同步化的"去联系";在关系现实上则表现为"硬性"的,即患者做人做事的规则很强,交流时常常很单调,惯用非此即彼的绝对化逻辑方式等。海德堡小组在家庭治疗中,对于怎样认识和处理"问题",也有独到的见解。他们在治疗中尽力促进对话,从对话中呈现各种可能的现实与构想,从来访者自身的逻辑出发,寻找进一步的新的可能性。他们对于家庭治疗的培训和教学,在欧洲和其他国家也有较大的影响。从1988年起,海德堡小组的几位著名治疗师都先后来过中国,为中国培养了一代系统式家庭治疗师,同时接收国内的医学家在他们那儿学习进修,开展学术交流。

11.1.5 中国家庭治疗的发展

家庭治疗在中国大陆的发展

现代家庭治疗在中国大陆的系统介绍和引进始于1988年。当时由德国人玛佳丽(Haass-Wiesegart Margarete)和席加琳女士,与云南万文鹏教授一起在昆明举办了一期全国心理治疗讲习班。斯蒂林和西蒙(F. Simon)等人介绍了系统式家庭治疗的基本原理和方法,引起了较大的反响。这次活动有人称为"家庭治疗领域东西方的一次碰撞"。从1989年起,左成业开始在国内专业杂志上撰文,介绍系统式家庭治疗。随后的文章介绍了家庭治疗的重要理论与概念(左成业等,1993)。同年,陈向一与左成业在湖南进行了一项家庭治疗研究,以系统式治疗为主,结合心理教育对重性精神分裂症来访者家庭进行家庭治疗。研究的情况在1990年青岛第二届德中心理治疗讲习班上做了介绍,引起同道们的注意。该研究结果已于1993年成文发表(陈向一,杨玲玲,左成业)。从1991年起,陈向一开始在湖南医科大学,为精神科研究生与本科生开设家庭治疗课程。

与此同时,在湖北沙市,费立鹏(M. Philips)和熊卫,从人类学和心理教育的角度,开始对精神分裂症来访者的家庭进行干预。上海宋立升则研究了精神分裂症来访者的家庭负担,并尝试使用行为家庭治疗的方法。张明园在华东,主持了一项精神分裂症来访者集体家庭教育的研究,用团体治疗的方式,探讨对来访者家属进行教育的可行性。1992年在广州,加拿大人约翰·贝曼(J. Banmen)介绍了萨提亚的体验式家庭治疗模式。

1994年在杭州,第三届德中心理治疗讲习班举办。此时从德国学成归来的赵旭东,开始在昆明医学院实践"海德堡模式"的家庭治疗。他们用严格的实验医学的设计方法,对当地精神分裂症等患者的家庭进行系统式家庭治疗的研究。从1997年起,以前述三次德中心理治疗讲习班的教员为主,以德中心理治疗研究院的名义,连续三年在国内举办了"中德高级心理治疗师连续培训项目",其中家庭治疗组有近四十人参加。从1997年到2021年8月,该项目已开办到第八期,培训了家庭治疗师数百人。20世纪90年代中期以后,在上海、北京等地,也陆续有一些东西方家庭治疗师举办讲习班,介绍家庭治疗。从2014年开始,在北京大学第六医院,陆续开展了专题性质的"中德系统式夫妻治疗连续培训""中德系统式儿童青少年治疗连续培训""中德儿童青少年家庭治疗连续培训项目——对冲突和危机家庭的治疗培训",以及首次面向医疗管理系统的"中德系统式思维与技能连续培训",还有国内首个家庭治疗督导师项目"中德家庭治疗督导师连续培训"(第一、二期)。督导师项目完成的同时,中德合作的相关研究也正式发表了(刘丹,2020)。

港台地区的家庭治疗发展

香港中文大学的黄重光和香港大学的陆兆莺,对香港地区的家庭治疗发展起了重要作用(马丽庄,1998)。他们在对青少年的精神科治疗中,采用了家庭治疗的形式。黄重光的理论取向是精神动力学派,但其做法却是结构策略模式的家庭治疗。他用电视录像的方法,进行了家庭治疗的督导和案例讨论。此外,第一次在香港地区的社会工作系的课程中,开设家庭治疗课的是杨黄佩霞。她从20世纪80年代起,就在英美短期学习家庭治疗,之后回到香港地区讲授。1989年,主要由她的弟子们发起,成立了"香港家庭治疗促进会"。

1983年,萨提亚在香港地区举办了家庭治疗讲习班,以后开始系统地培训家庭治疗师。1989年,香港地区"萨提亚人文发展中心"成立。该中心可以系统地提供体验式家庭治疗服务。从1986年到1992年,杨震社会服务中心还请了迪沙泽(Steve de Shazer)夫妇每年来香港地区举办讲习班。同时香港理工大学与香港明爱家庭服务中心合作,成立了家庭辅导小组,开始试行"索解导向家庭治疗"。另一方面,从1993年起,李维榕也开始在香港地区讲授结构式家庭治疗。1996年,米纽琴在香港地区成立了家庭研究所(Family Studies, Hongkong),在此推广结构式家庭治疗。简而言之,香港地区家庭治疗的发展,在理论取向上,以体验式、结构式和索解导向的家庭治疗为主线,在研究中已经注意到本土化、本土民众对治疗的可接受性等研究课题(马丽庄,1998)。

家庭治疗在台湾地区的发展,开始于20世纪80年代萨提亚对台湾地区的访问和讲学,后来一些从欧美留学回来的心理学家和精神科治疗师,在学校、医院等场所开始了家庭治疗的实践和研究。目前台湾地区的大学教育系和社会工作系,普遍开设了家庭治疗的课程。

11.2 家庭治疗主要流派的理论与方法

从20世纪50年代起,在美国和欧洲的一些地方,几乎同时而又各行其是地出现了对家庭治疗的研究与实践的热潮。这与当时的心理学思潮如精神分析、行为主义和人本主义理论,哲学思潮如系统论、交流理论、控制理论和对策理论等对学术界的影响有很大的关系。受过精神分析训练的治疗师,在家庭治疗的开创与发展中扮演了重要的角色。研究工作中又以对精神分裂症的家庭进行的研究为重点。60年代以后,家庭治疗领域的发展可谓是流派纷呈,百家争鸣。各种家庭治疗的理论和流派纷纷独树一帜、安营扎寨,训练和研究都开展得红红火火。这其中除了学术上见解不同外,也不乏社会、专业和人事纠葛等原因。物换星移,时移世变。80年代以后,家庭治疗领域内的派系之争,渐渐地被实用、折衷的倾向所取代。整个家庭治疗领域渐渐变得更为成熟,更加心平气和,更具人文关怀,更看重求同整合。尤其是受后现代主义、女性主义、对话理论和叙事疗法的影响,治疗师们更是开始具备谦卑好奇之心,更认真地考虑自己在交往中所处的位置,以搭档/教练的方式来扩展被治疗家庭的内在资源,使其能有效地对复杂的现实生活做出适宜的反应。

11.2.1 家庭治疗的流派分类

家庭治疗的流派,最多时达几十种,按照不同的分类方法,可分成不同的派系。尝试对家庭治疗进行分类的依据,归纳起来包括:"问题"的时间观——针对过去还是未来;针对"目前"(刚刚过去的加短暂未来的"现在")还是此时此地(here and now);治疗性改变的着眼点;治疗师的作用与角色功能;治疗持续的时间长短;基本理论的来源(精神分析、行为或系统理论);等等。

家庭治疗不同的分类

勒文特的分类

勒文特(R. F. Levant)将家庭治疗分成三大类:(1)历史模式,包括动力式、多代式和情境式(contextual);(2)结构与过程模式,包括交流式、结构式和行为式;(3)体验性模式,包括格式塔式、体验式和来访者中心模式。

左成业的分类

左成业将家庭治疗分成三类。(1)正宗:认为问题与家庭因素有关,有系统式、体验式、结构式、策略式和交流式等;(2)旁系:将原有个体心理治疗的方法用于家庭治疗,如精神分析式、行为式等;(3)新兴:心理教育式等。

约翰逊的分类

约翰逊(Johnson,1986)则按不同派别的侧重点,将家庭治疗分成五大派:精神动力式、结构式、体验式、行为式和心理教育式。

尼可尔的分类

尼可尔(Nichols和Schwartz,1997)以20世纪80年代作为分水岭,将家庭治疗分为"现代主义的"和"后现代主义的"两大类。具体为:经典学派,包括鲍恩家庭系统治疗、体验式家庭治疗、精神分析家庭治疗、结构式家庭治疗和认知行为家庭治疗;当代发展,从策略式到索解导向家庭治疗、叙事疗法、整合的模式等。

系统论的观点

纵观家庭治疗发展的历史,从研究个人到研究家庭,从内心探讨到关系取向,一般系统论的思想对现代家庭治疗的影响不可估量。家庭治疗总的来说是一个兼容并蓄的体系,包含了从理论取向到治疗技术均不尽相同的派别和模式。用系统论的观点来看家庭,这个独特的系统有如下特点:(1)系统中各成员相互影响、互为关联;(2)脱离系统其他成分或成员,不可能充分了解某一单独成分或成员;(3)对成员或成分的逐一了解,不等于了解系统整体;(4)系统(家)的组成与结构,惯用的交流与关系格局对家庭成员的行为有重要影响。以下重点介绍均以系统论认识论为基础的几种家庭治疗流派,它们是:体验式、结构式、策略式与系统式、索解导向家庭治疗与叙事疗法。

11.2.2 最具代表性的家庭治疗模式

体验式(experiential model)

体验式家庭治疗的代表人物有萨提亚、惠特克等。他们认为家庭中发生的问题，是目前家庭对交流中的障碍的一种非言语信息表达的方式。它表现了家庭系统中的交流混乱、家庭规则不灵活和无韧性等。治疗就是要鼓励家庭成员间直接、清晰的相互交流，随时从交流取得的点滴经验中不断加以总结，促进个人和家庭的成长。

治疗师对求治家庭的理解

对于求治家庭来说，体验式家庭治疗师认为：(1)来求治时，人们所描述的具体问题可能不一致，但都是因为家庭成员的情感受到了压制或否认，相互逃避或自我保护；(2)家庭中原来正常的相互交往，已被负性的情感所阻抑，导致人际互动时可变性(韧性)和活力的丧失；(3)家庭的气氛中常常缺乏热情，成员彼此之间较为冷淡，有一种情感消亡的氛围；(4)家庭成员只知道尽力寻求安全感而不是满意感，表现为过分地自我保护和自我封闭，同时又因为害怕失败而不敢竞争。

问题家庭的沟通模式

家庭成员之间情感和能量的丧失导致了家庭功能的失调。萨提亚描述了此类问题家庭中四种不良的交流类型：指责(blaming)、屈从(placating)、过于理性(super-reasonable)和离题(irrelevant)。这些不良的交流类型的核心是缺乏自尊。在失调的家庭中，成员们都害怕在真实的情景中表达和理解他们自己以及他人。

体验式家庭治疗的目标

治疗的目标是使家庭更加开放、自然，更有自主性，以及更能体会到自己和他人的情感。这种形式的治疗，在很大程度上有赖于治疗师的个人魅力，靠治疗师深切而实在的人际卷入来使家庭发生变化，在治疗中治疗师本身就是个榜样。体验式家庭治疗是很个人化的，它强调开放、自发性和创造性；认为促进个人和家庭成长的最好方式，是用强力来解放情感和冲动；用情感体验的方式来打破情感冻结的状态。在治疗技术方面，惠特克建议与合作治疗师一起工作，来确保对情势的把握，减少反移情和厌倦。在治疗的具体实施中，可以用一套设计好了的技术，如家庭雕塑(即用空间、姿态等表达来造型，用非言语的方式来表现家庭中的相互关系和权力斗争的情况)、心理剧和角色扮演等；也可以事先不做任何计划，仅用治疗师自己的创造性和自发性，来激发家庭成员的情感，促进相互作用，促进家人成长。

结构式(structure model)

代表人物有米纽琴、蒙他戉(Montalvo)和阿波特(Aponte)等。此模式认为家庭功能的失调、精神症状的产生，是当前家庭结构失衡的结果。它表现为家庭中等级地位或界限的混乱，以及家庭对发展和环境的变化适应不良。家庭治疗的主要目标是重新建立家庭结构,改变家庭成员间的相互作用方式,打破机能障碍的格局;建立起家庭成员间更为清晰、灵活的界限,以产生更为有效的新的结构格局。

结构式家庭治疗的基本概念

结构式家庭治疗有三个基本的概念,即结构、亚系统和边界。

(1) 结构

结构(structure)是指家庭中持续起作用的、对系统进行调控的、家庭成员间的互动行为模式。在家庭中,某种行为可以经持续存在而建立起习惯模式,并被赋予一定的意义。由意义再转化为期望。期望又可以决定后面的模式。习惯模式中常常隐含着一些支配家庭行为的规则,因此一经建立,就倾向于自我维持不改变。

(2) 亚系统

亚系统(subsystem)是指在家庭系统中,以一定的方式建立起来的角色与功能的子系统。它常常表现为一种结盟的关系,或是外显的,如父母或夫妻结盟,或是内隐的结盟。亚系统的建立既需要独立自主,排除异己,又需要能溶入到本家庭这个大系统中去。在家庭中,每个成员都同时扮演着不同的角色,相互组成不同的亚系统。

(3) 边界

边界(boundary)指的是家庭中一种看不到的半透性屏障。它存在于个体与亚系统的周围,以此来分隔它们。这种屏障的状态可以从僵硬(rigid)的一端到发散(diffuse)的另一端不等。僵硬的边界常常过于严格,与其他系统的接触受到限制,易导致解离(disengagement)的状态。如家庭成员之间强调独立自主,但没有相互依赖和凝聚力。而发散的状态又过于松散,方向性差,容易导致互相涉入(enmeshment)的状态。如家庭成员彼此强调无条件相互支持,但是又缺乏彼此间的相对独立性。

家庭治疗的目标

当家庭功能失调时,其问题常常出在不良的家庭结构上,即有一种越来越僵化、没有韧性、不能适应变化而调整的互动行为模式。此时需要通过治疗师的努力,使家庭结构恢复。使它变得有足够的稳定性,以保持家庭的连续性;同时又有足够的韧性,可以通过改变家庭结构,来适应变化了的外界情况。

家庭治疗技术

(1) 联结进入(joining)和容纳(accommodation)

联结进入在整个治疗中非常重要,它是保证治疗干预能顺利进行的条件。联结进入指的是治疗师与来访的家庭联结起来,暂时投情地成为家庭系统中的一员。家庭治疗时需要承受挑战与冲突,治疗师在接受、理解的同时还要表现出竞争性和权威感。

(2) 互动中治疗(working with interaction)

要在互动之中进行治疗,在治疗时重行动,轻描述或评论。

(3) 适时制订诊断与治疗计划(diagnosis and planning)

诊断来自对相互作用的观察。在诊断时既要考虑当前的问题,也要考虑结构的动力学特点。治疗计划就是一系列引导改变的策略方法,并在今后的具体实践中随时加以修正。

(4) 改进互动的方式(modifying interactions)

寻找家庭中新的互动模式,挑战旧的、适应不良但稳定的模式。在治疗师强有力的干预下,诱导家庭在互动中向健康良好的新模式发展。

(5) 重塑家庭边界(boundary making)

治疗师用各种具体的方法,来调整家庭中的亚系统及其边界。如对于互相过分涉入的家庭,要加强其亚系统的边界,鼓励家庭成员独立自主;而对于过分解离的家庭,要鼓励家庭成员不要回避冲突,要直接地、大胆地进行互相讨论和交往。

策略式与系统式(strategic model and systemic model)

代表人物有哈利、加州的精神研究所、意大利的米兰小组和德国海得堡小组(Hays,1991)。

策略式家庭治疗概述

此种治疗方式注重以一定的策略来解决家庭中存在的问题。在家庭中出现问题的原因有很多,例如:不成功的解决问题的气氛,不能适应家庭生活周期的变化,家庭内部的等级功能出现失调,等等。在治疗时,治疗师主要关注的是家庭中特定的相互关系格局内的交流方式,此外治疗师还注重解决当前存在的问题,如给客观存在的行为重新下定义,打破引起局限的反馈环路,进一步明确家庭内部的等级界限等。策略式治疗又可因侧重点的不同再分为二:结构/策略模式与短期/交流模式。

结构/策略模式

一种是以哈利为代表的"结构/策略模式"。此模式认为"问题"或"症状"有类比或隐喻的意义,它们表明家庭中人际交往的功能失调,常常是家庭中不当的解决问题的努力所引致的。治疗师要在治疗中当家作主,用隐喻或悖论干预的方法,促使被治疗家庭中的互动模式发生变化。哈利还关注行为的人际奖惩效应,认为管理人们行为的规则有不同的层次,其中与家庭权威等级(hierarchy)有关的规则是最关键的因素。他认为家庭治疗的基本目标是改良家庭的等级结构和边界,可以经由一系列设计好的策略,来逐步改变被治疗家庭的结构。从更深一层的方面来看,他认为人类的相互作用过程,其实质是一场争夺控制权的战斗。

短期/交流模式

策略式治疗的第二个分支是短期/交流模式,以加州精神研究所的贝特逊和杰克逊等人为代表,他们认为所谓的"正常家庭"只是一个神话。有些家庭之所以是成功的,只是因为它们能够对变化做出调整和适应,并且不让日常的问题发展到不可收拾的地步。对于家庭中出现的行为障碍,他们也认为,或是某种错误的解决问题的方式造成了问题,或是家庭内的等级结构或边界的缺陷使然。在治疗中,他们特别关注解决当前的问题,运用一系列的策略,而不是个人魅力来减少阻力和冲突。他们常常采取一种较为超然的方式,引导家庭产生功能良好的等级结构和代际边界。

系统式家庭治疗

此模式发端于意大利的米兰学派,在德国和美国有较大的发展,代表人物有帕拉佐莉和斯蒂林等。该治疗模式认为,在家庭这个系统中,每个成分(员)都有自己特定的认识模式,叫内在构想(inner construction)。内在构想决定了某人一贯的行为模式,反过来又受行为效果的影响和作用,形成环形反馈。家庭中的某个人的内在构想和外在行为,在影响家中其他人的时候,又受到他人的影响。无论是正常的还是病态的行为,均是此循环反馈层层作用的结果。

(1) 系统式家庭治疗的特点

在认识论上,他们认可所谓"真实"其实是相对的,只在有关的情境和相互关系中,才呈现出意义。只有将"问题"重新"情境化",才可能让家庭看到有新的意义的可能性。系统式家庭治疗的特点是:治疗只是作为一种"扰动"(perturbation),是对家庭中正在起作用的模式的一种干扰。治疗师仅仅是"游戏的破坏者",而不是指导者或命令者。在家庭治疗的时候,通过改变游戏规则或信念系统,可使家庭本身生发出新的观念或做法,来改变原来的病态的反馈环路。

(2) 家庭治疗要点

以米兰小组为例,家庭治疗要点可总结为"假设—循环—中立"。"假设"常常在了解家庭所获得的信息后得出,它是对家庭进行探索的出发点,也是指向新信息的路标,还是向家庭发出的一个刺激信号。"循环"指的是治疗师的一种能力,能够从连续的特定提问中,利用得到的反馈来引导自己,通过向家庭成员提问来了解和传达信息。循环提问指的是:治疗师请每一个家庭成员表达对另外两个家庭成员之间关系的看法。这种方法常常使会谈的阻力减少,同时又在家中引起各种不寻常的反应。"中立"指在家庭治疗时,在总的态度上,治疗师要用一种超然的态度保持不偏不倚。不要偏袒任何一方,不要评价好坏,不强迫改变,不深挖过去。提问的过程,交谈的过程,同时也是向家庭引入新的观点、导入新的观念、引发思考和改变的过程。系统式治疗在后期接受了索解导向家庭治疗和叙事疗法的影响。

索解导向家庭治疗与叙事疗法(narrative therapy)

20世纪80年代后,对话理论、建构主义等认识论和思维方法,对家庭治疗产生了不小的影响,突出表现在下面两种治疗方式的发展之中。

索解导向家庭治疗

迪沙泽是索解导向家庭治疗的创始人。他认为,对于同一事件,不同的人有不同的经验与理解。求助的家庭成员常常只看到问题,而忽视了他们自己内在的资源和潜能,也看不到解决问题的方向。在家庭治疗时,大家的关注点要放在怎样解决问题上,而不是去深究问题是什么,或问题背后有什么,意味着什么,等等。来访的家庭要与治疗师共同"合作",通过肯定求助者的主观经验,一方面鼓励激发来访者的资源,相信目前的困境只是因为一叶障目;另一方面用所谓"奇迹问题"(miracle question)、"例外问题"(exception question)等特定的提问技巧,将来访者的注意力和精神,由问题转移到解决问题的方法上来。此种治疗是短期的,一般10次为一个疗程。

叙事疗法

怀特(M. White)与艾普斯顿(Epston)是叙事疗法的代表人物。他们认为,在家庭治疗的时候,来访的家庭往往对生活充满了问题的描述,表现为一种无能为力之感。治疗师此时要以一颗谦卑炙热的心,帮助来访者重新定义、重新组织、重新讲述一个新的故事。在治疗中,除了包容、尊重和肯定来访者的经验外,治疗师要主动出击,用一些创造性的发问技巧,将困扰已久的问题经由个人责任外化(externalization),变成大家共同要对付的敌人。问题外化的同时,也就意味着解决问题的资源的内化。治疗师有组织和有目的的提问,可使家人体会到:他们与问题是分开的;他们有力量去克服问题;他们并不像他们自己想象的那样无能。治疗性的过程也就是家庭中一个生活故事的重新创作的过程。

11.3 家庭治疗的准备与规划

在开始家庭治疗前,治疗师常常要对来访家庭的功能与情况、家庭目前处在生活周期的什么阶段、面临什么样的冲突与调试的任务等做一个全面的了解,在了解情况的基础上根据家庭和治疗师的特点来规划具体治疗,下面分别予以介绍。

11.3.1 对家庭功能的评价

家庭常态时的功能

西方有关家庭与家庭治疗的理论认为,家庭是一个在心理与社会生活中平等、和谐的自然的实体,它应该能够发展出自己稳定的结构和系统。这些结构和系统有助于家庭内个体的心理健康。并且,家庭应以其特有的交流方式和过程,保证每个家庭成员的独立性与自我的发展。

家庭是一个系统,这个系统按一定的方式组织起来,是有一定结构的。同时家庭也是一个社会生活的基本功能单位,在其中人们可以满足其生理的需求。人们的心理需求如亲密感、力量感和意义感,也可以通过家庭生活得到满足。麦高狄(McGoldrick)认为,家庭由一个特定的人群组成,这些人有着共同的生物、法律、文化和情感历史的连接,大家一起相携相助走向未来。生理的、社会的和情感的功能,在家庭内表现为相互依存。在家庭中,成员间的互动行为和关系是高度互补、有一定的模式化(patterned)和具有竞争性的(McGoldrick等,1999)。

不同的家庭治疗学派,对正常家庭的看法各有千秋。结构式家庭治疗学派认为,正常家庭应该在面对各种各样的变化时,仍然是一个能保持开放的系统。交流式家庭治疗学派认为,在正常的家庭系统中,各成分之间常常具有直接的、有针对性而又亲切的交流;家庭系统要有足够明晰的规则以保持其稳定,同时又有足够的韧性,允许随时根据具体情况做出改变。行为家庭治疗学派认为,在家庭内部,人际的损失与获益的交换常常是平衡的,在功能正常的家庭中,惯用的方式常常是:用阳性控制取代强制,配偶之间用相互或互补性强化的方法调节人际互动。家庭团体治疗学派认为,家庭也是一个集体,在一个集体中,团体功能最好的时候是具有内聚力,有自由交流的渠道,每个成员的角色被明确认定,并且符合他们的需求。正常家庭常常具备这些特点。策略式家庭治疗学派认为,正常家庭具有系统式的韧性,即能够适应改变了的情况,并且在解决问题的旧模式无效的时候,可以生发出新的解决方案。

家庭功能失调

家庭功能失调时,常常有下列表现:家庭成员之间彼此不信任,不能相互接纳,家庭中的现实与成员的期望不相符合,又不能随机应变。在这种功能失调的情况下,往往会有某人或某些人发展出一些有症状的行为,成为所谓的"问题"。正常与否不是看家庭中有没有冲突,而是要看解决冲突的方式,以及需求获得满足的程度。

家庭中问题的产生与发展,其原因依不同的治疗学派有不同的看法。策略式家庭治疗学派认为,因为家庭系统无韧性,形成了一种僵化而固定的家庭内稳态,在这种情况下,"解决问题的方法成为问题"。此外也有人认为,家庭在此时像个封闭的系统,内在的僵化,如对人际冲突和个人发展的阻抑、情感压抑等,使得问题家庭具有一定的特征。体验式家庭治疗学派则认为,问题的产生与维持,是因为家庭成员长期对个人成长的抵抗,是面对变化的外界情境时无调整改变的韧性所致。结构式家庭治疗学派的看法是,家庭中亚系统的边界太过于僵化,家庭成员之间要么互相涉入过深,要么太过疏离。总之,在分析家庭中问题的产生与发展的时候,既要考虑到隐含的动力学原因,也要顾及家庭结构性的问题。此外,还要想到家庭中的病理性三角型人际的互动关系对问题的影响。

家庭需要改变的原因

从时间的维度上来看,家庭的一生同生活在其中的每个个体一样,表现出既有连贯性又有阶段性的周期性特点。用家庭生活周期的方法,我们就可以从历史的、生物学的和社会学的时间角度来观察家庭的诞生、维持与发展,也为我们理解和分析家庭目前存在的问题提供了一个框架。

哈利首先将"生活周期"的概念引入家庭治疗领域,他认为所谓的"问题"常常发生在家庭生活周期发生变化或中断之时,它常常意味着,家庭在克服某一阶段的问题时遇到了麻烦。根据卡特尔(E. A. Carter)和麦高狄的见解,家庭生活周期可以细分成六个阶段,每个阶段又对应着一个"情感过渡的过程"及"关键原则"(McGoldrick 等,1999)。

独立成人阶段

关键原则是个体要接受亲子的分离。即家庭中有成员从原来的家庭关系之中逐渐分化出来,分化出独立的自我,在家庭外发展起较为亲密的伙伴和朋友关系,并且开始在工作中建立起自我形象。

新婚成家阶段

关键原则是家庭成员要建立起对新的系统即家庭的责任和义务。即通过夫妻间的互动,建立起新的婚姻和家庭系统,并且调整与原来的家庭、朋友和同伴的关系。

养育新人阶段

关键原则是接受家庭从两人对偶关系到三人之间的关系。即要调整婚姻关系,给家庭新成员留出空间。夫妻开始勇敢地承担起父母的角色,再次调整与原来家庭所形成的三代关系。

子女成长阶段

关键原则是父母要允许家庭内部或家庭与外界环境间的可变性加大。即亲子关系要逐渐发生变化,让孩子渐渐独立。同时,重新注意调整夫妻关系和各自的事业发展,并开始为上辈操劳。

家庭空巢阶段

关键原则是接受子女离家,以及可能有新成员进入家庭。此阶段随着子女长大离家,父母要与子女建立起成人间的人际关系。同时不可避免地,夫妻又回到两人对偶的婚姻状态,常常又开始解决原来未能解决的冲突。

晚景夕阳阶段

关键原则是家庭中的个体要接受代际角色的转换。即尽可能地保持自我,保持婚姻的功能与情趣。要留出空间,以家庭的中间一代为核心,并尽可能地支持和照顾上一代。家庭成员还要开始面对和处理配偶、家人和朋友的丧亡问题,并开始回顾与诠释自己的一生。

不同的社会状况、不同的民族与文化、不同的经济发展水平,对家庭生活周期都有一定的影响,并由此形成一些不同的特征。随着社会变迁,不同的家庭也呈现出多种多样的家庭生活周期状态,不一定按次序走完此六个过程。

家庭的现状与谱系图

为了评价家庭功能的现状,除了家庭生活周期可以从大的时间范围内提供信息外,我们还可以用另外一种方法来表示家庭的现状,即家庭谱系图。它也被称为家谱图或代际图(genogram),是一种用图示的技巧,来表现家庭有关信息的方法。在家庭治疗中,常常采用家庭中三代的关系系统的结构示意图,它也是很好的家庭关系路线图。在了解家庭的现状、评价家庭的模式时,谱系图可以从生物、心理和社会几方面提供有用的信息。同时,治疗师也可以用它来建立良好的治疗关系,规划治疗方法,以及评价治疗的效果等。除了家庭治疗以外,谱系图在家庭医学、社会工作和其他领域中,都有较广泛的应用(McGoldrick, 1999)。

有关谱系图的理念和研究,可以回溯到鲍恩对家庭系统的研究。后来麦高狄等人将它进一步完善并加以运用。在作图时,通过用特定的线条和图案来表示家庭中的各种情况,治疗师可以对家庭的情境有一个直观的了解。除了常见的如年龄、性别等"硬指标"以外,家庭中有关人员的相互关系、家庭中可能的交往模式等"软指标",也都可以从谱系图上得到一些有益的启示。具体来看,谱系图可以用在以下几个方面。

描绘家庭的结构

如了解该家庭的人口学资料、家庭中的关系与角色功能、关键的生活事件及其意义、家庭的历史(社会、经济、政治和婚丧史)等,从而可以了解家庭的进程、目前的状态,并规划治疗的重点。

解释家庭模式

如家庭的组成形式、家庭中孩子的位次及可能的功用等。

揭示家庭中可能的三角联系等关系模式

了解家庭中、家庭外和多代家庭之间的相互关系。

评价家庭的功能

了解家庭中各成员的作用、家庭内关系的平衡状态,以及家庭面对变化的情境调节时所具有的资源。

规划家庭治疗

画谱系图是一种阻抗较小的交流方式,可用来建立合作的医患关系。除了了解信息外,也可用来规划治疗,重新定义和改变家庭中的某些观念。还可以作为一种工具,对家庭治疗的治疗过程和结果进行研究。

11.3.2 家庭治疗的规划

为了顺利地进行家庭治疗,治疗规划显得非常重要。它不仅可以用来明确诊断、完成治疗设计(次数、频率等),同时也是建立整体的思考和行动框架、发展治疗关系、确定治疗目标和任务的设计指南与蓝图。

诊断与评价

诊断与评价常常在预备性会谈中得出。此时治疗师请家人来诊室,通过会谈确定来访家庭的构成情况、家庭的特点、家庭成员间的相互交流方式与相互作用方式,并且形成相应的诊断与评价。此种预备性会谈需要1到2次,每次1到2小时。

会谈技巧

会谈治疗师要有一定的谈话技巧,在会谈时要常常记住:

(1) 来访的家庭已具有一定的历史和稳定的动力关系。

(2) 家庭成员共同生活在一起,在许多方面(身体上、心理上)都有一定程度的互相依赖,并且已经达成了平衡。

(3) 谈话时不要对家庭中已有的经验和相互作用方式加以责备或批评,而要以理解为主。不要责备父母,不要给家人留下家庭不正常的印象或暗示。

(4) 要尽量用日常的、家庭通晓的语言来讨论就诊家庭能够理解、愿意参与的一般性话题,如平时在家里、户外的活动,兴趣爱好等。

会谈中的观察

在预备性会谈时,治疗师要注意让每一个家人都参与谈话,畅所欲言,并仔细观察各种非语言表达方式的含义。观察的项目包括以下几个方面。

(1) 家庭结构:进入诊室后家人自己先后座次的情况等。例如,谁与谁坐在一起;谁总是与谁讲话,或避免与谁讲话;家庭中的代际界限(父母与子女界限)是否清晰。

(2) 交流情况:家庭成员间对某一问题的表达和交流情形怎样,儿童是否能理解父母对其讲话的含义。

(3) 家庭气氛:一般来讲,家庭中的气氛是比较拘谨还是比较松弛的;家庭成员利用幽默的能力怎样;谈到某事时是否感到家庭气氛有变,是怎样变的。

(4) 调整改变的可能性：家庭成员间对某一问题发生争执时,双方或某一方做出调整、让步或者改变的可能性;是否具有某种程度的韧性;家人对治疗师的某些解释或建议的反应如何。

诊断与评价的内容

对一个来访家庭的诊断与评价包括以下六种成分。

(1) 来访家庭的交互作用模式

要了解家庭成员间相互交流的方式与倾向;目前家庭中的等级结构(父子、母子),以及由此产生的代际界限的状况;是否在家庭内部存在亚系统的结盟关系,例如母亲与某个子女关系很密切,以此来左右家中其他的人际关系;本家庭与外部世界的关系;等等。

(2) 来访家庭的社会文化背景

包括家庭的经济状况、家庭处于什么社会阶层、父母受教育的程度、家庭内遵守的某些风俗习惯,以及大家一致的伦理道德观念。

(3) 来访家庭在其生活周期中的位置

本家庭目前处在何位置,估计有哪些可能的问题与困难;该家庭现在面临的独特的情况是什么,能否从家庭生活周期中找到什么线索;等等。

(4) 来访家庭的代际一般结构

父母原来各自家庭的结构情况如何,父母自己在原来家庭中的地位与体验是什么;在目前家庭的结构与交流中,有多少是受到父母原有代际关系的影响;父方或母方是否有经历几代而传递下来的一些特点;等等。

(5) 家庭对"问题"起到的作用

了解索引对象已经有什么疾病诊断,家庭与"症状"或"问题"的减轻或加重有何关系。例如,父母强迫患儿进食,既可能减轻躯体的损害,也可能加剧其诱吐的行为。了解在问题的消长变化中,家庭起到了什么作用等。

(6) 家庭当前解决问题的方法和技术如何

了解家庭成员针对问题,或是其他的矛盾冲突时采用什么方法、策略来加以应付,其效能如何;是否存在不适当的防御机制或投射过程;能否引入一些行为治疗技术来解决当前的某些问题。

会谈中保密和隐私权的问题

除此以外,在家庭会谈中,还要注意保密和隐私权的问题。在处理隐私权问题上,可以在开始治疗前就向家人宣布,治疗师与家人所有的交往和接触都将让全家知晓。如果家人中某一方要单独与治疗师面谈,治疗师可先询问其他方是否在意。尽早询问有关隐私权的问题,将有助于治疗师对家庭系统的了解和调控。此期间要注意的其他问题,还有记录如录像、录音等的使用问题。对会谈进行录像和录音,对治疗会有所帮助,可以用来互相借鉴,可以用于前后对比,也可以用来了解非语言交流,还可以用来教学和做研究。但是在使用有关设备前,需要预先征得来访家庭的同意。

家庭治疗的目标

家庭治疗的目标或是要打破某种不适当的、使"问题"或"症状"维持下去的动态平衡环路,建立适应良好的反馈联系,以使症状消除;或是从根本上重建家庭结构系统,消除家庭中回避冲突的惯常机制,引入良好的应付方式,改善代际关系及家庭成员间的相互交流状态,提高解决问题、应付挑战的能力。

家庭治疗这种形式,能够给"问题"家庭提供新的思路、新的选择,可发掘和扩展家庭的内在资源。这种资源使家庭成员能有效地对复杂的现实生活做出适宜的反应。家庭治疗的长远目标,就是要引起家庭系统的变化,创造新的"内稳态"和新的相互作用方式(第二级变化)。家庭治疗的具体而实际的目标,则是要引发家庭中可见的行为变化(第一级变化)。即使有时家中成员并不知道发生了什么,也要坚持治疗方向。在家庭治疗中,对问题的领悟,常常并不是特别重要的。正如哈利所说的一样:告诉家庭成员有关的治疗原理,对家庭治疗并无益处,因为要改变的是行为而不是有关的想法和认识,行为改变后有关的认识也会随之变化。所有的心理治疗,其目的都是要引发变化,减免痛苦。而家庭治疗,则是通过改变个人或家庭的不同方面来改变家庭,从而促进个人与家庭的成长。

11.3.3 对治疗师的要求

由于家庭治疗的特殊性,从业的治疗师有必要了解相关的特点与要求。家庭治疗师面对的是家庭,它是一个由特定关系组成的一个群体。治疗师在工作时,除了应该有一般心理治疗的经验、对系统理论有一定了解外,对人际交往和家庭进程也要有相当的经验。治疗师要能够在考虑问题时,将一切有关的人和事都包括进来,如不在现场者,因有抵触情绪而不来会谈者,甚至家中已经去世的重要人物等。此外,还要有处理家庭与外界大系统交往的一些经验。

个人修养方面

治疗师要能处理好自己作为榜样而产生的作用和影响。注意不要过分地指责或无原则地同情某个家人,从而丧失了中立的立场。过分地投入常常是因为治疗师自己不够成熟,或是忽视了家庭本身成长的资源与潜能。在会谈时,要充分考虑到来访家庭的一方可能认为自己会受到排斥、被忽视、被责备等问题。同时还要考虑治疗师与家人的性别差异所可能带来的影响,如家中女性成员也许认为男性治疗师会站在丈夫一边等。

了解自己的家庭

在成为家庭治疗师之前,受训者要花一定的时间来了解自己的家庭,进行必要的自我体验。在督导的帮助下,"回到原来的家庭,重走一遍个人与家庭的进程"。具体做法有很多,如给自己的家庭画一张谱系图,了解一下自己现在家庭和原来的家庭。分析在自己原来家庭中的一些可能有重要意义的线索。例如,家庭中性别差异与有关问题,家庭中的不公正不合理的现象与冲突,自己家庭中脆弱的、不能随便提及的方面,家庭中的权力斗争史,家庭神话与禁忌,等等。同时,治疗师也要有一定的时间,在督导的指导下进行治疗学习和培训。

11.4 家庭治疗的实施

11.4.1 治疗性会谈

家庭治疗的目标或是消除"症状",或是从根本上重建家庭结构系统。在家庭治疗中,治疗师或是居于主导的位置,利用自己的专业权威引导家庭做出改变和促成发展;或是作为一个"同伴",与家庭一起经历成长、变化、走出困境的过程。

治疗性会谈的时长

治疗性会谈也称定期访谈,指的是治疗师每隔一段时间,与来访家庭中的成员一起会谈。一般历时 1 到 2 小时左右。两次会谈中间间隔时间开始时较短,一般 4 到 6 天,以后可逐步延长至一月或数月。总访谈次数一般在 6 到 12 次,亦有 1 到 2 次即可见效者。超过 12 次仍未见效时,应检查治疗计划并重新评估该家庭是否适合治疗。

治疗性会谈的气氛和技巧

在会谈时,治疗师要努力创造一种融洽的对话气氛,让所有家庭成员都感到受尊重,能自然表达自己的态度与感受,能积极地参与。治疗师要针对在诊断性评价时,对家庭得出的一般印象和主要存在的问题,采取相应的干预措施。但是,特别要注意"问题"在保持家庭平衡上具有不可忽视的作用。治疗性干预是通过治疗师的谈话来完成的,在具体运用时还包括一些相应的技巧。例如,把握谈话的方向,提问不纠缠于过去,而是着眼于现在与未来,着眼于解决当前的问题;提问的方式可以有循环问、例外提问、阳性赋义、角色扮演等;针对家人对现存问题的理解,介绍引入不同的解释方式;积极发展新的应付策略和解决问题的方式;等等。在访谈前治疗师可初步定下要讨论的问题,并在会谈后做小结。

初始会谈的任务

初始会谈很重要,通常"一个良好的开始,就意味着成功的一半"。初始会谈可以用来确定问题和组织家庭来治疗。一般第一次会谈将决定治疗的基调。初始会谈中常见的过程包括以下几个方面。(1)"预热"：让家人自己选择座位，同家庭中较重要的人如父母建立联系。让家人知道治疗师是什么人，同时让家人了解可以有许多谈话的方式。(2)再定义问题：再一次询问"怎么来的？你想我能为你做什么？"等，以便了解问题是什么，以及其他家人对问题的不同看法。(3)展开问题：通过交谈，提供其他一些新的可能的对问题的看法，让家人看到希望和其他解释。(4)变化的需要：了解家庭过去对问题用过的解决办法以及是否引起了一些变化。确定既往的所作所为效能不佳，现在也还没有发现新办法，需要治疗师帮助。(5)改变的过程：通过交谈，让家庭成员找到新的方向，或者经由治疗给出建议。有关改变的过程，每个治疗学派可能在方法上有所不同。

开始治疗前治疗师需要确定的

来访的家庭成员常常很着急，要求赶快开始治疗。新手治疗师们常常也急于想干点什么。但是，欲速则不达，在开始治疗前，治疗师一定要进一步确定与明确以下内容。

请谁来参加会谈

第一次最好请全家人都来，可以让他们体会到大家都有份，都可出力。

会谈时是否用治疗小组

体验式家庭治疗学派喜欢用合作治疗师，因为在治疗时情感的反应很强，一个人可能把握不好。策略式和结构式家庭治疗学派，常常用观察小队，如在另一个房间内用单面镜，对治疗过程进行观察与参与。策略式、米兰式、结构式家庭治疗学派还常用治疗小组，因为他们认为家庭内的相互关系很复杂，用治疗小组比较好把握治疗进程。

会谈中怎样进入家庭系统

家庭治疗师作为一个外人，怎样在治疗过程中进入到来访家庭中去，对此不同的家庭治疗学派有不同的观点。结构式家庭治疗学派认为"进入"家庭对治疗非常重要，他们很重视这个过程，从会谈一开始就想法让家人感到轻松，在情感上步步达到共情；策略式家庭治疗学派如哈利等人，常常在会谈中保持一种情感的疏远，保持治疗师的权威；体验式家庭治疗学派的治疗师很热情，常常可以在会谈时表达自己的情感；分析式家庭治疗学派的治疗师则自己不当演员，在会谈时自己并不卷入，采用的是不语而多观察的策略；行为式家庭治疗学派治疗时却像教师一样，总不忘要设计一套套方案来让家庭试行。

怎样了解和评价家庭现状

怎样在治疗前和治疗中看(了解)家庭？米兰式、结构式和鲍文(家庭系统)式家庭治疗学派常常要看全家；分析式和体验式家庭治疗学派看个人或对偶关系；策略式和行为式家庭治疗学派看维持症状之序列。

干预的设计

在实施治疗前,一个尽可能详细的干预设计和假设,对后续的治疗往往起到指引方向的作用,但是也要根据情况进行随时调整。

11.4.2 会谈间期的作业

在不少的家庭治疗中,治疗师都为来访的家庭布置治疗性家庭作业。这是因为很多的家庭治疗学派发现,症状的消长以及家庭的变化,往往是在两次治疗之间的间隔时间内出现的,由此认识到治疗性家庭作业的重要性。这些作业一般都是针对访谈时采取的干预措施,为巩固其效果,促进家庭内部关系的改进而设计的。作业的设计,可以因人而异。不同的治疗理论,也可有自己相对成熟的治疗性作业。

11.4.3 适应证与禁忌证

温尼(Wynne,1965)认为,只要家庭中有人认为,"问题"不能由自己一个人去解决,就可以来做家庭治疗。

家庭治疗的适应证

家庭治疗的适应证较广,具体可包含下列一些方面:(1)家庭成员之间有冲突,经过其他治疗无效;(2)"症状"在某人身上,但是反映的却是家庭系统有问题;(3)在个别治疗中不能处理的个人的冲突;(4)家庭对于患病成员的忽视或对治疗过分焦虑;(5)家庭对个体治疗起到了阻碍作用;(6)家庭成员必须参与某个来访者的治疗;(7)个别心理治疗没有达到预期的在家庭中应有的效果;(8)家庭中某人与他人交往有问题;(9)家庭中有一个反复复发、慢性化精神疾病来访者。

家庭治疗的禁忌证

家庭治疗的禁忌证是相对的,对于重性精神病发作期、偏执性人格障碍、性虐待等来访者,先不考虑首选家庭治疗。

家庭治疗目前在临床上较多地用于核心家庭的治疗,即父母与子女住一起的家庭。斯其纳(Skynner,1969)提出,父母不能应付孩子的"问题"行为(问题常常与交流障碍有关),家庭针对某一个问题存在"替罪羊"时,家庭治疗有效;如果有其他肯定的精神病理问题,如心境障碍、精神分裂症等,家庭治疗可作为辅助手段。

11.4.4 治疗持续时间与结果评价

通过一系列的家庭访谈和相应的治疗性作业,如果家庭已经建立起合适的结构,成员间的交流已趋明晰而直接,发展了新的有效的应付机制或解决问题的技术,代际的等级结构、家庭内的凝聚力、成员中独立自主的能力得到了完善和发展,或是维持问题(症状)的动态平衡已被打破,已没有存在的基础,此时可以结束家庭治疗(Dunner,1993)。

家庭治疗的时间长度一般在六到八个月内。具体来说,减少家庭内的精神紧张,一般需要一到六次家庭治疗;减少某些特殊症状,常常需要十到十五次治疗;改善家庭内部的人际交流情况,需要二十五到三十次的治疗;针对家庭成员之分化进行重建,常常需要多于四十次的治疗。总之,仅仅以解决症状为主,治疗需时较短,而希望重新塑造家庭系统,则往往是经年累月的事了。

(陈向一、刘 丹 撰写)

本章参考文献

Jonasch, I. R. E., Nohlen, A. E.(1998).家庭治疗和性别角色(李晓驷,译).北京:中德高级心理治疗师连续培训项目教材(内部交流).
陈向一.(1994).团体治疗与家庭治疗.见李雪荣主编,现代儿童精神医学.长沙:湖南科技出版社.
陈向一,杨玲玲,左成业.(1993).精神障碍的家庭治疗研究.中国临床心理学杂志,1(1):25-32.
刘丹.(2020).中德班与我与系统家庭咨询.心理学通讯,3,157-161.
马丽庄.(1998).家庭治疗在西方和香港的发展——回顾与展望.Hong Kong Jounal of Mental Health,27,33-56.
赵旭东.(1997).系统家庭治疗的理论与实践.内部资料.
左成业,等.(1993).心理冲突与解脱——现代心理治疗.长沙:湖南科技出版社.
Barter, J. (1984). Psychoeducation. In M. Talbott (Ed.), *The chronic mental patient. Five years later*. New York: Grune and Stratton.
Dunner, D. L. (1993). *Current Psychiatric Therapy*. W. B. Saunders Co.
Gelder, M., Gath, D., Mayou, R., & Cowen, P. (1996). *Oxford Textbook of Psychiatry* (3rd ed.). Oxford University Press.
Goldenberg, I., & Goldenberg, H. (1999). *Family Therapy: An Overview* (5th ed.). Pacific Grove, Brooks/Cole Publishing Co.
Gurman, A. S., & Kniskern, D. P. (Eds.). (1981). *Handbook of Family Therapy*. New York: Brunner/Mazel.
Hays, H. (1991). A Re-Introduction to Family Therapy Clarification of Three Schools. *Australian & New Zealand Journal of Family Therapy*, 12(1), 27-43.
Johnson, H. C. (1986). Emerging concerns in family therapy. *Social Work*, 31(4), 299-306.
Levant, R. F. (1984). *Family Therapy: A comprehensive overview*. Prentice-Hall Inc.
Lewin, K. (1951). *Field theory in social science*. New York: Harper & Row.
McGoldrick, M., Gerson, R., & Petry, S. (1999). *Genograms Assessment and Intervention* (3rd ed.). W. W. Norton & Company.
Nichols, M. P., & Schwartz, R. C. (1997). *Family Therapy: Concepts and methods*. Boston. Ally and Bacon.
Skynner, A. C. R. (1969). Indications and contra-indications for conjoint family therapy. *International Journal of Social Psychiatry*, 15(4), 245-249.
Wynne, L. (1965). Some Indications and Contraindications for Exploratory Family Therapy. In I. Boszormenyi-Nagy & J. L. Framo, *Intensive Family Therapy*. New York: Hoeber Medical Division, Harper & Row.

12 团体心理咨询

12.1 团体咨询及其特点 / 357
    12.1.1 团体咨询的特点 / 357
    12.1.2 团体咨询的类型 / 361
    12.1.3 团体咨询的目标与功能 / 364
12.2 有效的团体领导者 / 366
    12.2.1 团体领导者的专业训练 / 366
    12.2.2 团体领导者的基本职责 / 369
    12.2.3 团体咨询带领过程中应注意的问题 / 370
12.3 团体咨询过程与影响机制 / 370
    12.3.1 团体咨询的发展过程 / 371
    12.3.2 团体咨询促进成长和改变的因素 / 373
    12.3.3 如何应对团体中不投入的成员 / 376
12.4 团体咨询实施与方法 / 377
    12.4.1 团体咨询前的准备工作 / 377
    12.4.2 团体咨询常用技术 / 382
    12.4.3 团体咨询常用的评估方法 / 382
    12.4.4 团体咨询设计案例——大学生拒绝困难训练团体 / 384

    团体心理咨询(Group Counseling,也称团体咨询)是通过团体成员之间的互动,协助其发展个人潜能,学习解决问题及克服情绪和行为上的困扰。团体咨询与个别咨询(Individual Counseling)两者相辅相成,根本目的都是帮助来访者自我发现、自我成长,增进心理健康,适应社会生活。但是,实践证明团体咨询对帮助人们改变和成长有特殊的效能,其所得到的帮助在个别咨询中是不能获得的。团体咨询效果如何,不仅取决于团体领导者个人的能力,而且也与咨询师是否了解并掌握团体工作的规律有关。本章将介绍团体咨询的特点和作用,团体发展过程以及团体咨询实施的步骤、方法、效果评估,以便学习者能够初步了解团体咨询的理论与技术,并在心理咨询实践中科学、规范地应用团体咨询。

12.1 团体咨询及其特点

团体是日常生活的一部分,每个人都出生在家庭团体中,所接受的教育和工作的环境都和团体有关,心理学研究证明团体对一个人的成长与发展有重要的影响。在19世纪末20世纪初,助人工作者就开始以团体的形式进行工作,发现团体具有教育、治疗、指导和支持的功能,尤其在帮助那些有着类似问题和困扰的人时,团体咨询是一种经济而有效的方法。近年来,团体咨询已经在学校、医院、企事业、军队、社区等众多的社会领域中得到广泛的应用,成为心理咨询师不可或缺的重要的助人技能。

12.1.1 团体咨询的特点

团体咨询的概念

团体咨询是在团体情境中提供心理帮助和问题解决的一种心理咨询与治疗的形式,它是通过小团体内人际互动过程,促使个体在沟通中观察、分享、支持、反馈,探索个体或人际问题,形成新的态度与行为方式,发展出问题解决的策略和方法的助人过程。一般适用于那些正在经历适应不良,有可能出现个人或人际问题的人。一般而言,团体咨询是由1—2名领导者带领,根据团体成员问题的相似性组成6—10人的小团体。团体过程一般为6—16次,领导者通过促进团体互动,使参加者就个人的问题进行分享、探讨,互相帮助,彼此启发,支持鼓励,观察、分析和了解自己的心理行为反应和他人的心理行为反应,从而深化自我认识,改善人际关系,协助成员解决发展课题或心理困扰,增强社会适应能力,促进个人成长。团体咨询为参加者提供了一种社会学习的情景,创造出一种信任的、接纳的、温暖的、支持的、尊重的团体氛围,使成员可以开放自己,反省自己,深化认识,以他人为镜,同时也成为他人的社会支持力量。图12-1呈现的是团体咨询的场景。

图 12-1 团体咨询的场景

柯瑞等人(2010)认为,在处理各种各样的心理问题时,团体心理治疗与个别治疗一样都是有效的。团体咨询与个别咨询在理论、目标、成员特征、咨询原则与技术、专业伦理等方面有很多相似之处。就咨询目标而言,两者都在于帮助个人经由自我了解、自我接纳,解决问题,减轻困扰和痛苦,以达到自我整合与自我实现的效果;咨询的对象都是正常但有烦恼的人;咨询技术上,常用积极倾听、共情、具体化、澄清、正向反馈等;专业伦理上,都要求咨询过程遵循善行、不伤害、尊重、公正、真诚、注重隐私权和保密等原则。从团体咨询与个别咨询的区别看,两者在互动的范围、助人过程、适合解决的问题、带领的技术、工作场地等方面都有不同,见表12-1。

表12-1 个别咨询与团体咨询的不同

	个别咨询	团体咨询
互动	个别咨询情境中一对一的关系,单纯、有深度但缺广度	团体咨询情境中可有各种人际互动,体验归属亲密的感受,满足社会性的需求,得到多方面的反馈
助人	个别咨询情境中较少合作、互助、分享的关系和气氛	在团体情境中"我助人人,人人助我",团体越有凝聚力,成员间就越能互相支持和得到帮助
问题	适合处理个体独特的困扰	团体咨询适合成员人际关系学习,互为明镜,深化自己的认识
带领	掌握个别咨询的技巧	团体情境中,人际互动复杂,领导者必须敏锐观察团体的特点和动力变化,使用各种"催化"技巧,如连接,以发挥团体的潜力
场所	个别咨询仅需较小的空间,有两把椅子或沙发	团体咨询人数多,需要较大空间,并需视咨询所用练习进行特殊布置

团体心理治疗专家欧文·亚隆等人(2010)认为,人们内心的困扰均源于人际关系的冲突,最好的解决之道就是利用团体的动力去化解。因为团体咨询是多人参加的,可以在同一时间体验到不同的关系,进而有机会同时探讨多种关系体验,彼此可以互相帮助。

团体咨询过程的动力千变万化,有效能的团体领导者会注重从三个层面关注团体,这就是个人层面、人际层面和团体层面。个人层面指团体领导者需要关注每一个成员的特点、需要、困扰;人际层面指团体领导者需要关注成员之间、成员与领导者之间的互动和关系特征;团体层面指领导者需要将团体作为一个整体来观察,理解当下团体正在发生什么,对团体成员产生了怎样的影响。如图12-2所示。

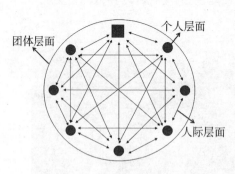

图12-2 团体咨询工作的三个层面

团体辅导、团体咨询、团体治疗的关系

与团体咨询有密切关联的概念有团体辅导和团体治疗,三者可以统称为心理团体工作,在团体动力、团体过程、团体规范、有效性因素、领导者功能等方面非常相似,但在咨询目标、服务对象、工作层面、服务场所、领导者训练等方面又有不同。团体领导者必须了解团体辅导、团体咨询、团体治疗三者的联系和区别,以便根据不同的群体及不同的需要,有针对性地实施专业的心理健康服务。

团体辅导

团体辅导(Group Guidance)是以心理学理论和技术为基础,在团体情境中提供心理帮助与指导的专业助人方法。具体而言,团体心理辅导是在受过专业团体培训的领导者的带领和指导下,团体成员围绕一个或多个共同关心的主题,经由成员之间的互动和支持,通过表达、聆听、反馈,认识自我和了解他人,学习新知识和新技能,自我觉察,自我赋能,改善人际关系,更好地适应生活的助人过程(樊富珉,2010)。团体辅导的目的是预防性、教育性的,参加成员是普通的正常人,通过团体的情景,设计和运用不同形式的结构化练习,预防个体在各个发展阶段中会碰到的一般性困扰。一般参加的成员人数为8—40人。团体辅导是心理健康教育的有效方法。

团体咨询

团体咨询的目的是问题解决,排忧解难,促进发展和成长,针对正常但有心理困扰的人,借助团体动力促进成员更深入的自我探索、自我觉察、自我悦纳,达成问题解决的目标。团体成员人数一般为6—12人,每个人带着自己的议题进入团体,经由自我探索实现问题解决,促进个人成长(樊富珉,2005)。

团体治疗

团体治疗(Group Therapy)的目的是修复或重建人格,性质是矫治性、治疗性的,团体成员是那些达到诊断标准的心理疾病患者,如强迫症、焦虑症、抑郁症、人格障碍或者处于精神疾病康复期的病人,需要长期性的、人格改变的临床服务。一般人数比较少,大概5—8人。由临床心理学家、心理治疗师或有心理治疗训练的精神科医生带领,在一个较正式组成的且具保护性的团体中进行,协助个人人格及行为上的改变。

团体辅导、团体咨询和团体治疗的联系表现在遵循的理论与使用的方法相似,团体的阶段和有效性因素相似,但它们服务的对象、干预的层面、目标等方面不同,对咨询师的学术背景和训练要求也不同。三者的区别见表12-2。

表 12-2　团体辅导、团体咨询与团体治疗的区别

	团体辅导	团体咨询	团体治疗
目的	教育成长	问题解决	人格重建
功能	预防性/教育性	发展性/问题解决导向	补救性/矫治性
特点	重视信息提供,强调认知与环境因素	重视咨询关系,强调认知、情感、行为	重视对过去经验的探讨
结构化	高结构化/有主题	半结构化/常以热身练习促进成员互动	非结构化/当时情景而引发
对象	普通正常人	正常但有困扰的人	心理疾病患者
人数	8—40人	8—12人	5—8人
次数	单次到多次(1—8次)	多次连续(6—14次)	时间更长(12—24次)
实施机构	教育机构为多	学校/社区等	医疗机构为多

团体咨询的优势

团体咨询具备经济效率、多重反馈、人际支持、自然真实等多种有别于个别咨询的优点。效果好、适用性广和成本效益是团体咨询和治疗的主要优势(吴秀碧,2018;Jakobs, Harvill 和 Masson, 2009)。本章作者从长达30年的团体咨询实践和研究中概括出以下三点团体咨询的独特优势。

团体咨询影响广泛

对每一个团体成员来说,都存在多个影响源。参加团体咨询最有价值的地方是无论交流信息、解决问题、探索个人价值还是发现他们的共同情感,同一团体的人都可以提供更多的观点和资源。每个团体成员不仅自己接受他人的帮助,学习模仿多个团体成员的适应行为,从多个角度洞察自己,而且可以成为帮助其他成员的力量。当多个成员聚集在一起时,他们会发现自己的困扰并不是独一无二的,许多人拥有类似的担忧、想法、情感和体验,这对克服困扰非常有帮助。同时在团体情境下,成员之间互相支持、集思广益,共同探寻解决问题的办法,减少了对领导者的依赖。

团体咨询效率高

多个为共同目标而来的成员聚在一起作为团体进行咨询,可以节省大量的时间和精力,也可以满足人们不断增加的对心理咨询的需要。因为个别咨询是咨询师对来访者一对一进行帮助指导,每次咨询面谈需要约50分钟时间,而团体咨询是一个领导者同时带领多个团体成员,节省了咨询的时间与人力,符合经济的原则,提高了咨询的效益,可以弥补心理咨询专业人员不足的现状。而且团体有间接学习的价值,成员们有机会听到与自己类似的忧虑,观看他人怎样解决个人的问题,从而受到启发,学到许多东西。

团体咨询效果容易巩固

团体咨询创造了一个类似真实的社会生活情境,为参加者提供了人际沟通的机会。团体是社会的缩影,是生活的实验室,成员在团体中的言行往往是他们日常生活行为的再现,在充满安全、支持、信任的良好的团体气氛中,成员通过观察、模仿、训练等方法,可以尝试某些新技巧和行为,如有效沟通、自我表达等。练习这些人际沟通技巧将促进成员更有效地生活。如果成员在团体中能有所改变,这种改变容易迁移和扩展到他们的日常生活中,使他们因为参加团体咨询而让生活发生积极的、建设性的改变。

团体咨询的局限性

团体咨询有优于个别咨询的地方,在心理咨询中有非常重要的作用。特别是对于人际关系适应不良的人有特殊功能。但任何事物都有其局限性,团体咨询也不例外。团体咨询的局限性表现在以下几点:在团体情境中,个人深层次的问题不易暴露;在团体情境中,个体差异难以照顾周全;在团体情境中,个体被关注的时间相对比较少;团体参与的人数多,要做到保密更困难;团体咨询需要的资源多,组织起来更复杂;团体咨询对领导者要求高,不胜任的领导者会给成员带来负面影响,甚至伤害。

要使团体咨询的优势充分发挥,将不足降至最低,可以采取一些相应的措施。例如,参加者要有充分的心理准备;领导者需要提高胜任力,掌握团体咨询的理论与技巧,充分尊重每一位成员;团体咨询开始前要有明确的团体规范,注意保密原则等。

12.1.2 团体咨询的类型

团体咨询包含很多种类,根据不同的分类依据,会有不同类型的团体。通常可以依据团体组成的目标、时间和成员的需要等因素来分类,也可以根据不同的心理咨询理论与方法来分类,还可以根据团体不同的性质和功能来分类,或者按照团体咨询的结构化程度来分类,具体如图12-3所示。

团体咨询的分类目前还没有一个统一的标准。现实生活中,团体咨询的形式多样。例如,根据团体咨询所依据的理论分类,有精神分析团体、行为治疗团体、个人中心团体、叙事治疗团体等;根据团体咨询的实施场所分类,有学校团体咨询、社区团体咨询、医院团体咨询等;根据团体咨询的目标分类,有社交技能训练团体、自我探索团体、生涯咨询团体等;根据任务性质分类,有发展性团体、训练性团体和治疗性团体等。以下介绍几种带领团体时必须考虑的分类。

结构式团体、半结构式团体与非结构式团体

根据团体的结构化程度,团体咨询可以分为结构式团体、半结构式团体和非结构式团体。柯瑞等人(2010)在《团体:过程与实践》一书中提出结构式团体正在被广泛应用:"团体正在被设计应用于各种情景和许多不同的来访者群体。这些团体绝大多数都不是非结构化的个人成长团体,而是针对特定来访者群体的短期团体。设计这些团体的目的是补救特定的问题或者预防问题。"

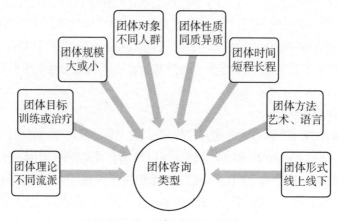

图 12-3 团体咨询的多种类型

结构式团体

结构式团体是指事先做了充分的计划和准备,设计安排有固定程序的练习实施的团体咨询形式。团体领导者的角色明确,经常需要采用较多的引导技巧,促进团体内互动。这类团体比较适合青少年和大学生群体,其优点是在团体早期就能增加团体成员的合作,降低参加者的焦虑,容易聚焦并达成目标。

半结构式团体

半结构式团体是介于结构式团体与非结构式团体之间的一种团体咨询形式。一般有初步设计好的团体方案,但在团体过程中给成员以一定的自由度,并不拘泥于已有的方案和计划。很多团体咨询在团体开始阶段采用比较结构化的方式来增进成员的互动并建立关系,到了团体工作阶段,成员知道怎样参与团体,会更加主动和自发地投入团体,运用团体资源,解决自己的问题,后期团体会变得比较非结构化。

非结构式团体

非结构式团体通常没有事先准备好的方案和练习,领导者会根据团体动力、成员需要和彼此互动关系来决定团体的目标、过程及运作程序,团体的主题是随着团体的进程而浮动的,一般由团体成员提出。领导者的主要任务是催化、支持,指导性相对较少。非结构式团体一般适合年龄较长、心智成熟、表达能力和反思能力较强的人。

台湾师范大学樊雪春对结构式团体与非结构式团体做了如下概括,有助于学习者对团体咨询结构化程度的理解,见表 12-3。

表 12-3 结构式团体与非结构式团体的比较

结构式团体(Structure Group)	非结构式团体(Unstructure Group)
• 团体领导者依据团体所要达到的目标,设计一系列有程序、循序渐进的练习,引导成员参与团体并有所觉察和学习。 • 适合用于教育性、成长性和人际性的团体。 • 优点:增加团体初期成员的参与与合作,减少焦虑和不安,经由团体的互动与反馈影响个人。 • 缺点:影响团体内的自然互动,团体中深入的互动依赖于团体领导者的带领和探索。	• 事先不预定团体的主题,也不安排固定的程序。领导者以弹性、促进的方式引发成员互动,团体中所处理的都是此时此刻发生在团体中的事情,团体领导者的指导性不明显。 • 适合于自主性、表达性较高的成员。 • 特点:在团体发展历程中更容易经历暧昧不清的阶段。如顺利发展,则团体的凝聚力更强。团体领导者需要有更多的经验。

(来源:樊雪春,2009)

同质性团体与异质性团体

按照团体成员的构成来划分,可以分为同质性团体与异质性团体,两种类型各有优点和局限,团体领导者对此需要加以了解,才能更好地筛选合适的成员参加团体,以达成团体咨询的目标。

同质性团体

同质性团体指团体成员本身的条件、背景或问题具有相似性。例如,大学生团体参加者都是年龄相近、文化程度相同、生活环境类似、社会地位相似的学生,本身的背景、年龄、知识、经验相似,又抱有相近的发展课题或同样的苦恼来参加团体咨询。同质性团体的好处在于,团体成员因背景、经验相似而有更多的共同语言、共同体验,容易产生共鸣,使他们彼此更能理解,容易认同,相互之间易沟通,能互相关心,不会感到孤立,成员的共同点可以增进团体发展凝聚力。但同质性团体的局限在于,太过同质的团体成员往往不会像异质性团体那样提出挑战和质疑,这使团体效能停留在表面层次,团体的变化也相对较少,谈论的主题对于成员来说是熟悉的但没有新鲜感。判断团体同质性的特性主要体现在性别、年龄、婚姻状况、智力程度、教育背景、社会地位、经济水平、问题类型等方面。

异质性团体

异质性团体是由背景或问题差异大的人组成,成员往往在年龄、经验、地位等方面都极不相同,这些差异为成员提供了不同角度的观点,能够增加团体的丰富性,促进团体发展形成不同的意见,也可以促使成员挑战从不同角度认识他们的问题,针对问题改善更积极地做出努力。此外,异质性团体让成员有机会学习与不同的人建立关系。异质性团体的缺点和局限在于,团体成员因为志不同、道不合、话不投机而难以交流并建立相互信任关系,在团体开始阶段,成员有较多的防卫和抗拒,往往需要较长时间来发展团体凝聚力,而有的成员可能会因为挫折而离开团体。

因此,团体领导者必须在相同和相异之间找到一个平衡点,既保证团体有足够的差异以引发成员兴趣和相互学习,又让团体有足够的相似点让成员感到安全和舒服。

封闭式团体与开放式团体

封闭式团体是团体咨询最常见的类型。但是,封闭式团体也有不足,如果成员流失过多而没有其他成员替代或补充进来,可能因此无法持续进行。

封闭式团体

封闭式团体是指一个团体,从第一次聚会到最后一次活动,其成员保持不变,一起进入团体,一起结束。这种团体的参加者有较高的和谐性和认同感。如果中间有新成员加入,必然会像朝平静的水面扔下一颗石头一样,影响团体进展,需要重新建立关系。一般情况下,团体咨询与治疗常采用封闭的方式进行,容易形成有凝聚力的氛围,团体让人感到安全,分享程度比较深入,获得的帮助也更多。

开放式团体

开放式团体是指带领者固定,但成员不固定,会有更换或补充。就像医院里的住院病人,根据病情有出有进,团体咨询的成员并非固定不变。新成员的加入会使团体气氛产生很大变化,团体的动力更加复杂,需要不断地重新建立关系,从而导致难以建立信任、接纳的安全氛围。开放式团体的好处是新成员会带给团体不同的议题,引发新话题的讨论。

12.1.3 团体咨询的目标与功能

团体咨询目标的层次

团体咨询的目标可分为一般目标、特定目标以及过程目标。一般目标是指所有团体咨询与治疗都具有的,且最终要达到的目标,即经由自我探索及问题解决,增进心理健康,达成自我实现。特定目标是指每个团体咨询与治疗想要达到的具体目标。例如,针对大学生人际交往方面的困扰而组织的"轻轻松松交朋友"团体,目标是提升人际沟通能力;针对因家庭工作冲突而产生困扰的职场人士组织的"家庭工作双优平衡"团体,目的是协助团体成员找到平衡家庭工作的有效方法;针对住院患者对病情的担忧、产生焦虑情绪的处理而组织的"住院生活适应"团体,目的是认识病情和焦虑的来源,减轻焦虑的情绪;针对丧亲人士的"走出哀伤的低谷"团体,目的是面对哀伤,接纳情绪,学习新的应对方式。随着团体的发展,在不同阶段团体有不同的目标,如团体初期建立安全感,团体过渡期提升信任感,团体工作期善用团体处理困扰,团体结束期总结与评估效果。

团体咨询过程的目标

团体初期的目标

使成员尽快相识,建立安全感;订立团体规范,强调保密的重要性;鼓励成员投入团体,积极互动;处理焦虑及防御或抗拒等情绪;及时讨论和处理团体中出现的问题。

团体中期的目标

增强团体凝聚力;激发成员思考;促进团体成员互动;引发团体成员讨论;通过团体合作,寻找解决对策;鼓励成员从团体中学习并获得最大收益;评估成员对团体的兴趣与投入的程度。

团体结束阶段的目标

回顾与总结团体经验;评价成员的成长与变化,提出希望;协助成员对团体经历做出个人的评估;鼓励成员表达对团体结束的个人感受;让全体成员共同商议如何面对及处理已建立的关系;对团体咨询的效果做出评估;检查团体中未解决的问题;帮助成员把团体中的转变应用于生活;规划团体结束后的追踪调查。

团体咨询的功能

团体咨询的一般功能包括教育、发展、预防和治疗。团体咨询的具体功能体现在:第一,使个别成员已经受影响的社会功能与技巧得到修正;第二,使成员能够掌握人际技巧,以便自我解决问题;第三,团体可以帮助成员迈向自我完善、发挥潜能的境界。这些发展功能的实现需通过以下条件。

让成员有宣泄的机会

通过团体安全的氛围,使个别成员埋藏于心底的感受,如自卑感、恐惧感、愤怒、罪恶感、内疚感等,在团体成员面前表达出来,以释放他们压抑很久的负面情绪,处理情感情绪方面的困扰和障碍,有更大的心理空间接纳新知体验和积极情绪。

团体给成员以支持

团体对成员的接纳、信任、尊重及认可,使得成员对团体有归属感,获得理解与支持,愿意更真实地表达自我,能够更好地面对生活中的困扰,从而提高自尊和自信。

使成员对自己有新的认识

成员通过团体练习,观察到他人在相同情况下如何相处,了解到别人对自己的看法,从而可以对自己有更清晰的具体认识。

改善适应促进成长

当成员对自己对他人有了更清楚的认识后,就可以找出更多方法来应对,增强判断能力,从而有效适应社会生活。

12.2 有效的团体领导者

带领团体咨询的咨询师通常被称为团体领导者(group leader,也称为团体带领者)。团体咨询是否有效,最关键的影响因素在于领导者。"影响团体成功的因素甚多,就团体内而言,领导者所言所行是决定团体成效的重要因素。团体领导者本身的人格特质、熟练技巧、策略运用和其领导风格都会影响团体的过程与动力的发展。"(George和Dustin,1988,转引自林孟平,1993)领导者在团体中所扮演的角色,以及发挥的功能,与其所接受的专业训练、个人特质、知识、经验、技术运用等因素相关。因此,团体领导者除了具备理论、知识、方法、技术外必须明了自己的职责,了解自己并具有自我觉察能力,遵守专业的伦理,具有接纳、尊重、敏锐、真诚、信任等态度和特征,不断完善自我,促进个人的成长,提升带领团体的效能。

12.2.1 团体领导者的专业训练

要成为合格的团体领导者,从业人员必须接受专业训练,熟练掌握团体过程的相关知识和技能。曾任美国团体专业工作者协会(ASGW)主席的特罗泽(J. P. Trotzer,2016)在所著的《咨询师与团体》一书中谈到,要成为有效的团体领导者必须具备五个必要条件:第一,对于团体过程的认识和了解;第二,参与团体的经验;第三,发展领导力中使用的策略、技能和技术;第四,从多种途径去观察团体领导者和团体过程;第五,作为一名团体领导者,在督导下完成团体工作。

团体领导者的基本要求

良好的人格特质

胜任的团体领导者本质上是积极的人,对生活持乐观态度的人会对周围的人产生积极影响,积极的人也容易发现他人的优势。这是团体工作中的重要资源。胜任的团体领导者应具有以下人格特质:有勇气和自信心,开放和灵活,关怀他人,平易近人,开朗温暖,不自我防卫,有充分的想象力和判断力,有幽默感,乐观、真诚、坦率、友善。

对团体咨询理论有充分的理解

了解有关团体咨询的各种理论、学派的观点以及独特之处,并能择取精华,融会贯通,形成自己的特色。了解团体动力、团体过程、团体有效性因素,可以善用团体资源,推动有效性因素的产生,达成团体目标。

具备建立良好人际关系的能力

人际技能包括沟通、关系发展、社交技能、人际问题解决等。核心是沟通,沟通既是创建关系的载体,又是关系的标志。团体领导者良好的沟通表现包括:对团体成员信任、理解,创设尊重和自由的团体气氛,接纳每一个团体成员;具有同理心,能准确地回应成员的感受;善于观察,勇于示范,有效处理团体内的冲突,增进团体凝聚力。

掌握基本的领导能力与专业技能

皮尔逊(Pearson,1981)将领导者技能划分为两类:教育技能和团体管理技能。教育技能包括:有形的教育(如提供信息、技能训练、小型讲解),无形的教育(如示范、亲身体验),过程观察(如个体内、人际和交互的反映)。团体管理技能包括:招募、激发、引导、设置界限和保护等。团体领导者必须接受系统的专业培训,善于运用反应技能(积极倾听、复述、澄清、总结等)、互动技能(调和、解释、联结、阻断、支持、保护等)和行动技能(提问、面质、个人分享、示范等),主动影响团体发展。

具有丰富的心理咨询经验

团体领导者不仅需要有个别咨询的经验,也要有带领团体咨询的经验。熟知团体发展的各个阶段及自己作为领导者的职责。

严格遵守专业伦理

团体领导者要以成员的利益为重,保护当事人利益不受侵害,保守秘密,尊重成员的隐私权,尊重成员参加团体的自愿选择权,精心选择团体练习,了解哪些行为是违反专业伦理的,严格遵守心理咨询工作者的伦理守则。

团体领导者胜任力研究

团体咨询师,即团体领导者是决定团体成败的重要因素,是整个团体的灵魂。与个别咨询相比,团体咨询有着更为复杂和多元的动力。团体咨询师需要有效处理来自不同成员的挑战、移情等,这对团体领导者的胜任力提出了更高的要求。目前,国内外关于团体领导者胜任力的实证研究很少,肖丁宜、樊富珉(2016)运用行为事件访谈法,对13名团体咨询与治疗师进行访谈,提炼出了团体心理咨询与治疗师的基准性胜任特征和鉴别性胜任特征,并最终归纳得出包含10个胜任特征族的团体心理咨询与治疗师胜任特征模型。2019年,郭颖、樊富珉等人运用量化和质性研究结合的方法,开展了团体领导者胜任力研究,提出了四维度的团体领导者胜任力模型(见图12-4),并编制了具有良好信效度的团体咨询师胜任力量表,包含4个维度21个项目(郭颖等,2022)。

图12-4 四维度的团体领导者胜任力模型

在团体领导者胜任力模型中,知识包括专业素养和伦理;技能包括分析判断、行动能力、管理驾驭;能力包括思维认知、友善爱人、沟通交流、积极心态、个人成长;态度包括热爱团体工作、信任团体、对团体工作有兴趣。团体领导者胜任力模型和量表为团体领导者的培训和选拔,乃至效能评估提供了重要的参考。

团体领导者的培训过程

关于团体领导者培训要经历的过程,一般认为有四个阶段,即教导阶段、参与团体阶段、替代学习阶段、实际带领阶段。教导阶段是着重理论和知识上的学习;参与团体阶段是作为团体成员进行体验性学习;替代学习阶段是通过观看有经验的团体带领者带领团体的录像带进行学习;实际带领阶段是在带领团体过程中将理论与技能结合使用。

欧文·亚隆提出过团体心理治疗师的专业训练需要经历三种角色:团体观察者、团体参与者、团体带领者。他主张作为团体观察者去观察有经验的团体治疗师带领团体,每周2次,每月8次,持续4个月,共32次;作为团体成员参与团体训练最好不少于12次;作为实践者带领团体并接受临床督导,每次团体治疗后应该接受1小时的督导。美国团体专业工作者协会(ASGW)规定团体辅导培训中督导下的实习至少30学时,建议45学时;而团体咨询和团体治疗的难度更大,培训中督导下的实习至少45学时,建议60学时。

台湾彰化师范大学辅导与咨商学系教授何长珠曾提出团体领导者培训模式,见表12-4。

表12-4 团体领导者培训模式

培训层次	初级 (团体辅导)	中级 (团体咨询)	高级 (团体治疗)
适用团体性质	● 一般成长团体 ● 同理心训练团体	● 特殊性质团体(如自我肯定、马拉松团体等)、社会剧、价值澄清	● 进阶自我成长团体(如理情治疗、心理剧等长期治疗团体)
结构化程度	● 偏向结构	● 结构减少 ● 非结构增加	● 偏向非结构 ● 低结构

(来源:何长珠,2003)

综合多位团体咨询专家的观点,以及我们在清华大学心理学系临床与咨询心理学方向研究生培养20多年积累的经验,我们发展出了有胜任力的团体领导者训练和成长的过程,如图12-5所示。

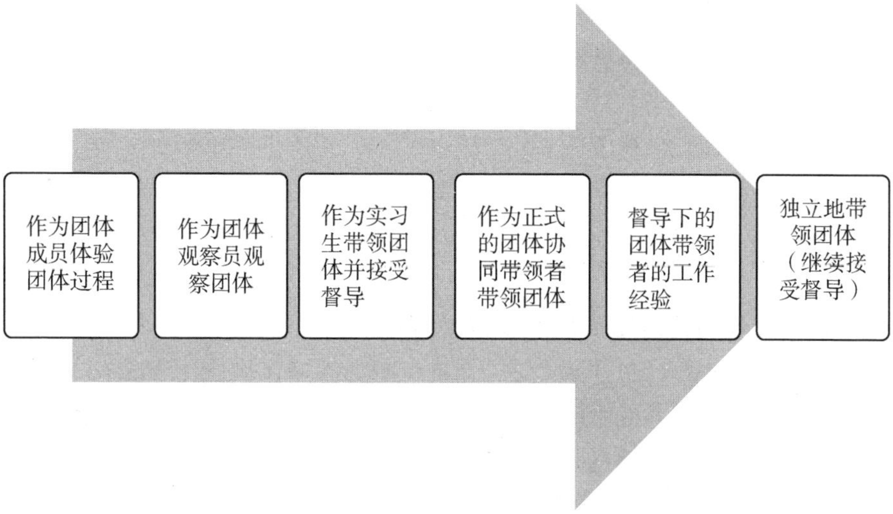

图 12-5 团体领导者训练过程示意图

12.2.2 团体领导者的基本职责

调动团体成员参与积极性

团体领导者应积极关注团体内每一个成员,认真观察他们的心态变化,鼓励成员大胆表达自己的意见、看法,鼓励成员相互交流,开放自我,积极讨论,引起大家对团体练习的兴趣。对不善于表达的成员给予适当的鼓励,对过分活跃的成员适当制止,始终引导团体练习朝向团体咨询与治疗目标方向发展。

适度参与并引导

团体领导者应根据团体的实际情况,把握自己的角色,发挥领导者的作用。在团体形成初期,成员之间尚不了解,团体气氛尚未形成,领导者要以一个成员的身份参与活动,为其他成员做出榜样。当引导成员开始讨论共同关心的问题时,领导者应注意谈话的中心及方向,必要时给予适当引导。

提供恰当的解释

团体咨询过程中当出现团体成员对某些现象难以把握或因对某个问题分歧过大而影响团体顺利进行时,领导者需要提供意见、解释。解释的时机和方式因团体练习形式不同而不同。比如,在以讨论、总结为主要形式的团体内,领导者可以在开始时就成员的共同问题进行清晰的解释。在提供解释时应注意表达简洁,通俗易懂,联系实际,深入浅出,避免长篇大论,避免过分使用专业词汇,令团体成员费解。同时,在整个咨询过程中应避免解释过多,而影响成员的独立思考。

创造接纳融洽的气氛

在团体咨询过程中,领导者最主要的职责之一是营造团体的气氛,使成员之间互相接纳、互相尊重、互相关心,使团体充满温暖、真诚、融洽、关怀、理解、亲切、安全的气氛。在这种氛围中,团体成员可以降低心理防御,坦率地开放真实的自我,以使每个成员都被其他人如实地看待,并从其他成员中得到关于自我肯定和否定的反馈,以便真正地认识自我,获得成长。

12.2.3 团体咨询带领过程中应注意的问题

团体咨询过程复杂,对领导者要求很高,有效地带领团体、获得满意的效果并不容易。在咨询过程中,领导者的态度、言行,往往会对接受咨询的人产生重大影响。特别是一些领导者受个人种种因素限制,在团体咨询过程中,会出现一些差错,而这些差错常常影响了团体咨询的进行。

事无巨细,包办代替

有些领导者对团体成员和团体进行过程总放心不下,事事都要亲自过问,忙于应付,而忽略了冷静观察,细心体会,适当参与。事事包办代替不利于发挥团体其他成员的积极性,包办得太多,会影响成员的自主性、自发性、自觉性和创造性。

权威自居,说教过多

团体领导者是团体咨询的领导,是专家,但不能以专家自居,处处按自己的意愿干预团体过程,切忌长官意志。不需要解释、评价的地方尽量不解释、不评价,多听听团体成员的看法、意见,发扬民主作风,引导团体成员自我教育、自我启发。说教过多会影响团体成员参与的积极性。

过度自我开放,角色混淆

在团体咨询过程中,为了表现领导者的真诚、坦率,为团体成员做示范,领导者有时需要适当的自我暴露。但有的领导者没有经验,角色混淆,本末倒置,过分自我暴露,结果使团体成员成了听众,占用了团体大量时间,降低了自身的形象。

12.3 团体咨询过程与影响机制

任何一个团体咨询都会经历从启动、过渡、成熟到结束的发展过程。在整个团体过程中,每个阶段都是连续的、相互影响的。同时,与个别咨询相比,采用团体的形式进行工作时,团体的互动过程会出现一些独特的治疗因素,产生积极的影响机制。团体领导者必须清楚地知道团体过程中有哪些因素影响团体气氛的变化,哪些因素会产生治疗作用,从而巧妙地利用能促进成长的积极因素,为团体成员的改变和成长创造良好的条件和环境。

12.3.1 团体咨询的发展过程

咨询团体一般会经历导入、过渡、工作及结束的发展过程。在整个团体进程中,每个阶段都是连续的、相互影响的。由一个阶段到另一个阶段是渐进的过程,界限不明显,难以严格区别。把某一阶段分出来是为了讨论分析方便。团体带领者需要对团体的发展阶段、特征及任务有清晰的了解,才能把握不同阶段中成员的表现特点,采取适合团体运作的应对策略,引导团体发展的方向,有效地带领团体开展工作。见图12-6。

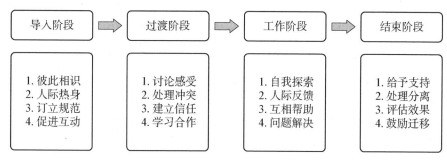

图 12-6 团体发展的不同阶段及领导者的任务

团体的导入阶段

导入阶段的目标是促进团体成员通过互相沟通而相识,使成员尽快建立起安全和信任的关系,逐渐形成团体合作互助的气氛。团体开始时,互不相识的人为了参加团体咨询而走到一起,一方面很想知道团体其他成员的背景、问题等,另一方面会有恐惧感、焦虑感,怕不被人接纳,又怕在他人面前出丑,担心被评价。这一阶段最好选取比较简单、容易的有助于互相认识的练习或活动,以便带领成员投入团体练习。团体导入阶段还应该有机会让团体成员自主讨论并订立团体规范,以便知道如何参与团体,承诺共同遵守团体规范。

导入阶段的练习可以分为以静态讨论问题为主与以动态活动体验为主两类,前者适合一些解决问题的团体,后者适合多种类别的团体,尤其适合青少年。采用的练习有非语言交流形式,也有语言交流形式。随着练习的逐渐深入,成员的关系由表及里,由浅入深,相互认同,相互信任,慢慢形成相互合作的团体气氛。

团体的过渡阶段

团体过渡阶段是指在团体形成之后和团体工作阶段之间的时间,在一个持续12次的咨询团体中,这个阶段大概开始于第二次或第三次会面。过渡阶段是一个动荡期,充满冲突和焦虑,成员在这个阶段既想表达自己又担心不被接受,开始与他人竞争,努力想找到自己在团体中的位置。也有成员因为不安而会挑战团体领导者。团体领导者要鼓励成员表达感受、处理冲突、接纳自己、接纳别人,鼓励成员之间的合作,增加成员之间的信任感,以便使团体能顺利进入到工作阶段。

团体的工作阶段

这一阶段是团体咨询的关键阶段。尽管各类团体咨询依据的理论不同,目标不同,活动方式不同,实施方法各异,但成员间相互影响的过程是相同的。在工作阶段通过互相适应,建立起信任的关系,成员开始融入团体而不失自我,即成员彼此谈论自己或别人的心理问题和成长体验,争取别人的理解、支持、指导;利用团体内人际互动反应,发现自己的优势以及存在的不足,努力加以纠正;把团体作为实验场所,练习改善自己的心理与行为,从参与团体当中发展潜能而有所成长,以期能扩展到现实社会生活中。适合工作阶段的团体练习有很多,比如自我探索、价值观探索、相互支持、脑力激荡等活动,以及练习后的交流分享,帮助团体成员成长。

团体的结束阶段

团体结束阶段往往容易被忽视,但有经验的团体领导者都会充分而有效地利用各种形式把握结束的时机,使团体咨询画上一个圆满的句号。结束阶段的任务是总结团体的成效以及处理离别的情绪。团体咨询按计划完成,团体自然结束是最理想的状态,但有时也有例外。有的团体会遇到一些困难和问题而出现不得不提前终结的情况,如成员对团体失去兴趣,成员间产生不可调和的纷争,某些成员或领导者因故须离开团体等,使团体计划不能完成。这时,必须尽量考虑周到,以防止突然结束给团体成员带来的新问题。

在这一阶段,常常采取的练习有总结会、联谊会、反省会、大团圆等形式。通过前三阶段的互动,原来互不相识的人已成为倾心交流的伙伴,团体气氛和谐亲密,团体成员情绪高涨、心身放松、心情畅快、相互信任。在这种气氛下,离别多少会让人有些伤感。此外,需要帮助团体成员总结团体中的成长经验,巩固积极的改变,并鼓励成员将新的行为运用到生活中。团体结束后,也可以在必要时召集成员重新聚会,进一步交流,了解团体咨询的实际效果。图12-7描述了个人在团体中变化的历程。

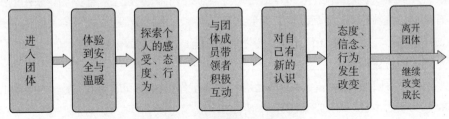

图12-7 团体过程中个人的经历

(来源:林孟平,1993)

12.3.2 团体咨询促进成长和改变的因素

团体咨询的目的是通过团体过程找到问题解决的方法,改善成员的心理功能。下面从心理功能的认知、情意、行为以及人际等方面来阐述团体促进成员发生积极改变的有效性因素(樊富珉,1996)。

在团体中获得情感的支持

情绪抒泄

每一个人在生活中都会有不如意的时候,常会有许多苦闷的心情。由于没有机会向别人倾述,或者不能向别人透露,只能将这些痛苦的情绪压抑在心中,久而久之会影响身心健康。团体咨询创造了一种被保护的安全环境,团体成员可以将内心压抑的消极情绪发泄出来,不但不会被批评嘲笑,反而会得到关心与安慰。一次彻底的情绪抒泄,很可能使自己得到释放,更清楚地认识自己,不再被过去的痛苦所束缚。情绪抒泄不仅包括消极情绪,也包括正面的情绪。在团体中可以公开地表达自己的情绪与感受,与他人分享或分担是改变的重要条件。

被人接纳

一个人生活在社会上,如果不被家人、朋友或他人接受与容纳,就会感到孤苦伶仃,无所依托。若被人拒绝或排斥,更会感到孤独、寂寞、压抑,进而引发心身疾病。在团体咨询过程中,团体对成员表现出一种支持,传递着"不管你是谁,都接纳你""无论你有多难,你都会被看到被听到被尊重"的信息,从而使参与者感到自己是团体一分子,从而感到安心、踏实、温暖。这将使成员敢于表达真实的自己,觉察自己,完善自己。

满足归属感

人都有归属感的心理需求。在团体咨询过程中,当团体凝聚力形成并增强时,会让团体成员产生强烈的归属感和认同感。成员会明确地意识到自己是团体中的一员,被关爱,被支持,从而增添了力量感和解决问题的信心。这种团体的认同感和归属感即是人的基本心理需求,也是社会生活中非常重要的经验。

充满希望感

充满希望是有效地从事任何活动的重要因素。当团体成员抱有改善的期望参加团体咨询,本身就有积极的价值。在团体内,被他人接受、关心,可以进一步增强信心。当看到其他成员有进步时,会得到启迪;当知道团体帮助其他成员解决了与自己相类似的问题时,会受到鼓舞;当看到自己有了一点进步时,就更有信心,更充满希望。

在团体中体验积极的人际关系

享受亲密感

有些人从小没有经历过温暖的家庭生活或体验过亲近的人际关系,所以对人际关系持有消极或否定的看法和态度。这种人需要去尝试积极的团体经验，感受人与人之间应该有的信任关系。在团体咨询中，成员之间会形成很亲密的关系，可以体会到互相关心、互相爱护、互相帮助的友好情谊，从而形成进一步的信任。在这种关系中，成员也觉察到日常生活中的许多人际隔阂是如何通过团体发展而消除与化解的，更增强了与他人建立良好人际关系的愿望与信心。

发现共同性

心理适应不良的人常常会有一个特点，就是当自己遭到不幸、遇到困难、犯了错误时，常常自责自怨，误以为天底下就自己最倒霉、最不幸。尤其是当有些内容羞于启口，自己无法接受时，加重了心理的负担与痛苦，只好在自羞自惭中折磨自己，结果严重地影响了情绪和生活。在团体咨询过程中，通过相互交流，有机会从其他成员身上发现与自己类似的经历、遭遇，共同的困难和体验，顿时获得一种释然感，从而改变认识，不再认为自己的问题是世界上唯一存在和独特的，不再自怜自责。同时与其他成员合作，共同面对问题，积极探索解决方法。

观察团体行为与领导关系

有些人不习惯复杂的人际关系，不善于与他人相处，常常出现不适应行为。在团体中，通过团体成员间的一系列互动，观察、体会人际关系如何形成，人际沟通如何进行以及各种微妙的人际反应、各种群体的心理和行为现象，同时从团体领导者的言行中体验建立良好关系的作用和愉悦感，从而在自己的实际生活中学习如何参与、如何把握。

体验助人与受助

团体咨询最大的魅力就是互相帮助。团体给成员提供了更多体验双重角色的机会，也就是助人和受助的机会，让成员可以在团体过程中同时体验给予和收获。在团体中，咨询师不是唯一可以帮助成员的人，而团体成员更是助人过程中极其宝贵的资源。当成员看到给予帮助和获得帮助的过程，他们会变得更加愿意寻求和接受对他们自己的帮助。更多的成员寻求帮助，就存在更多助人的机会。在团体咨询中，领导者应该鼓励支持成员之间互相帮助。每一个成员在帮助他人的过程中，会发觉自己对别人很重要，使人感到自己存在的价值，获得欣喜感、满足感和自信心。助人是快乐之本，受助是成长之源。在团体中的互助互利是一种积极的人生体验，这种体验不仅可以在团体中充分感受到，而且还会扩展到成员今后的生活中，使责任的承担和助人的行为继续下去。

在团体中改变非理性的认知

了解非理性认知的影响

一个人的社会适应程度及心理健康水平很大程度上与他们的认知有关。片面的、消极的认知和非理性的信念往往是个体产生抑郁、自卑、焦虑、恐惧、痛苦等不良情绪的原因。美国临床心理学家艾利斯将非理性信念分成三类。

第一，绝对化。绝对化是指认知者以自己的意愿为出发点，对人对事都怀有认为其必定怎样或必定不怎么样的信念，极易走极端。这种信念经常与"必须""应该"这些词联系在一起。例如，每个人都应该得到在自己生活环境中对自己重要的人的喜爱和赞许；一个人必须能力十足，在各方面都有成就，才是有价值的。

第二，概括化。概括化是指一种以偏概全的不合理的思维方式。过分概括化的表现有，他人稍有过失就全盘否定，个人偶遇不幸就感觉前途无望等，结果很容易陷入消极情绪之中。例如，有些人是坏的、卑劣的，鉴于他们的恶行，他们应该受到严厉的责备与惩罚；一个人对于危险或可怕的事情应该非常挂心，而且应该随时担心它可能发生。

第三，糟糕至极。糟糕至极是指对事对人做极端消极的、悲观的评价。若按这种思路想，情况百分之百糟糕，没有一线希望或转机，人容易因绝望而陷入严重的负性情绪中。例如，假如发生的事情不是自己所喜欢或期待的，那么它是很糟糕、很可怕的；如果一个人无法找到完善的解答，那将是糟透了的事情。

改变非理性的认知

非理性信念在日常生活中是很普遍的，它影响人的行为，常常会给人带来情绪困扰，引发心理障碍。特别是对自我的非理性信念、对人际交往的非理性信念，使人难以适应社会生活。团体咨询为参加者提供了一个彼此深入了解的机会，提供了客观了解他人和自己的对比参照，使参加者更清楚地认识自己和他人，建立新的自我认同模式和对他人的接纳态度，纠正过去不良的认知，建立合理的信念。例如："我并不是生活中唯一承担痛苦的人，其实生活中每个人都会有这样或那样的痛苦和忧虑。""我并不像我以前想象的那么无助，我和别人一样拥有许多可利用的社会资源。""我并不一定要每个人都喜欢我、夸奖我，这实际上是任何人都做不到的。""我并不是一无是处，我也有很多他人欣赏的地方，我比以前认为的可爱得多。""要改变自己的行为必须付出努力。即使前途坎坷，但我仍抱有希望。"以上这些通过团体咨询获得的认知改变，会使人心身放松，视野开阔，增加思维的灵活性，带来生活的可控感。

在团体中发展适应的行为

团体提供安全的实验环境

团体就像是一个社会生活的实验室，成员在其中可以自由地进行实验，去观察、分析这个实验场所表现出来的资料，去体会自己平常在社会环境中与人相处时容易出现的问题。当团体成员尝试改变行为时，可以从团体中得到反馈，就地练习改变，而不会付出很大的代价。因为在这个实验室里成员可以反复实验,不断寻找实践新行为的方式。

团体中相互学习交换经验

对一些人而言,心理不适应的原因在于他们缺少有关生活的各种知识与资料,缺乏社会生活经验。在团体咨询中,通过讨论、交流等机会,成员彼此之间会传递有关资料,交换各自成功的经验,提出直接的忠告与劝喻。例如,交流如何与异性交往、保持身心健康的方法、就业资料的获得方式、有价值的参考书籍等,从他人的经验中可以获得许多有意义的启示。同时,团体领导者也可以用直接教导的方式传授知识,如沟通原则、沟通技巧等,并鼓励成员就其获得的知识结合个人体验谈感受,使他们对人生有更深刻的思考。

尝试模仿适应行为

有效的帮助通常包括示范和仿效。团体咨询为成员提供了一个多元的社会及角色模范,使他们可以通过团体经验进行仿效性学习。在个别咨询中,来访者可仿效的只是咨询师一个人,而在团体咨询中除了领导者外,还可以有其他成员的行为可模仿、可参考。个人可以根据自己的需要和特征,有选择地找寻仿效对象。比如,通过直接观察他人如何表达自己的情绪,如何帮助别人,如何坦诚待人,而模仿那些适应行为。团体中的领导者常常被作为仿效的对象,因为领导者被认为是有经验的,有能力的。因此,领导者必须言行一致,以身作则,不断超越,成长完善。可见,团体是成员学习良好行为的有效途径。

学习社会交往技巧

对每一个人来说,在成长过程中,社会性学习是重要的历程。如何了解别人的动机,如何使人喜欢接近,如何避免别人的误会,如何向人解释说明,如何拒绝别人不合理的要求,等等,都是生活在现实社会里必须学习的社会生活技巧。但有不少人缺乏这些基本而又重要的生活交往技巧。团体咨询为成员提供了机会,让他们试验和发现自己与别人交往的能力,评价个人的人际关系情况。通过团体的交互经验,成员不但看清楚自己的社交情况,还可以具体学习基于对别人的信任和别人的关爱所发展出来的基本礼仪,以及有效沟通和融洽共处的方法。

12.3.3 如何应对团体中不投入的成员

在团体咨询实施过程中,很有可能遇到一些让领导者感到问题比较复杂的成员,这是正常现象。一般来说,参加团体咨询的成员或多或少、或轻或重都有一些个人困扰的问题,将这些问题带到团体中,以谋求解决,必然会对团体造成一定影响。领导者依靠自身经验,引导成员参与团体过程,加深自我认识,进而更妥善地处理个人问题,使其成长、成熟。但是,也有一些成员本身问题比较特殊,个性特别,他们的言行会给团体带来干扰,阻碍团体凝聚力的发展,减弱团体的治疗功能。对这些成员,团体领导者应有一定的了解和相应的准备。例如,有的成员对团体活动不太投入——或者经常迟到早退,出席不稳定;或者讨论时随意性大、不切题,谈话内容过于表面化;或者态度忽冷忽热;或者旁观。这些不投入,以及不能与领导者或其他成员合作的行为,常常是抗拒的表现。这不仅使不投入者自身无法在团体中得到帮助,而且会破坏团体凝聚力,对此团体领导者不能掉以轻心。

不投入行为出现的原因有多种。第一,可能是性格方面的因素,有些人的性格表现为对事物较少投入,或投入但不能持久,兴趣易变,朝三暮四。第二,可能是被迫参加团体,因非自愿所以抗拒。第三,以往的不愉快的团体经历,使其触景生情,回忆起过去而表现出抗拒。第四,对团体的运作不清楚,心中无数,而出现抗拒。第五,出于内心不安全感。这些人往往自我认知偏低,自信不足,有不安全感,害怕敞开内心世界,想方设法隐藏自己,防御心理过强。第六,对团体的期望与实际有出入,因不满而导致不投入。

对不投入成员的应对方法也要求先分析原因。一般而言,领导者的友善与真诚,能有效地化解成员的抗拒,改善不投入行为。因此,领导者要与成员建立良好的关系,使其感到被尊重,有安全感,而放松自我防卫,勇于表达自己。团体领导者还可以通过加强团体本身的吸引力,比如组织有趣的活动,吸引成员参与,改变不投入的态度和行为。团体第一次聚会时要说明团体的运作,可能达到的目标,使成员保持恰当的期望,避免过高的期望等。

12.4 团体咨询实施与方法

团体咨询常常因为团体目标的不同、发展阶段的不同、参加的对象和规模不同而采取不同的方法。从组织和实施的角度看,所有的团体咨询首先必须确定团体的目标,而后才能设计团体的方案,确定规模,招募成员,组成团体。团体咨询结束后,需要对团体效果进行评价、追踪,以巩固团体的疗效,使团体成员在社会生活中更加适应,保持身心健康。

12.4.1 团体咨询前的准备工作

充分的准备工作是团体咨询顺利进行的前提。团体咨询准备阶段有两项重要的工作:团体方案设计和招募团体成员。有方案就像有了指南针和导航图,知道怎样带领这一群人。有一群人才能实施团体。在准备阶段,团体领导者需要考虑三个

"P"。第一个 P 是指团体成员(person)：谁适合参加这个团体？他们的需求是什么？生活中面临的困扰是什么？影响他们出现这些困扰的因素是什么？第二个 P 是指团体目标(purpose)：为什么要带领这个团体？你想让成员在团体当中有怎样的一些变化？用什么方法能促进这些变化产生？期望经由团体达到什么目标？第三个 P 是指团体过程(process)：团体过程用什么方法？怎样带领？团体实施前的准备工作流程六步曲如图 12-8 所示。

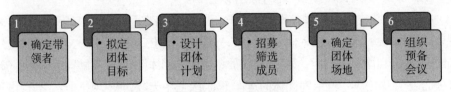

图 12-8　团体咨询开始前的准备工作
(来源：樊富珉，2021)

确定团体的目标、类型及规模

团体的目标和类型直接影响团体咨询的效果。团体领导者首先要考虑带领这个团体想达到什么目的，要帮助哪一类人，他们的主要问题是什么，要改变什么。目标特别重要，需要根据目标来设计团体的计划，根据目标来确定参加团体的成员。而且目标还有评估团体效果的功能。确定团体的目标后要考虑团体性质，包括结构化程度。日本咨询心理学家松原达哉在所著的《图解杂学：临床心理学》一书中，非常简洁地概括了咨询团体的结构和非结构特点(见表 12-5)，可以供团体领导者参考。

表 12-5　结构式与非结构式团体咨询的特点

结构式团体	比较内容	非结构式团体
数十至数百名	参加人数	10 名左右
数小时至数日	工作时间	3—5 日(或 20 次以上)
领导，不参加团体	领导者角色	促进者，参加团体
按发展阶段共有的问题	工作内容	针对各自的问题探讨
课题	干预重点	人
有浅有深	交流层次	深

(来源：松原达哉，2002)

确定团体的规模与会面时间及频率

团体规模的大小

如果团体规模过小,人数太少,团体练习的丰富性及成员交互作用的范围就会欠缺,成员会感到不满足、有压力,容易出现紧张、乏味、不舒畅的感觉;如果团体规模过大,人数太多,团体领导者就难以关注到每一个成员,成员之间沟通不易,参与和交往的机会受到限制,团体凝聚力难以建立,并且成员间分享缺乏足够的交流时间,在探讨原因、处理问题、学习技能时过于草率,流于表面,从而影响活动的效果。一般而言,一个团体的组成至少有三个人。从团体的类型看,开放式团体咨询一般人数较多,因为团体成员是流动的,为了便于成员之间有足够的交往机会,应保持一定的人数。而封闭式团体咨询的人数不宜过多。从问题的类型看,主要取决于团体咨询的目标。以治疗为目标的团体咨询的人数不宜多,一般5—8人;以训练为目标的团体咨询的人数居中,一般10—12人;以发展为目标的团体,参加者可适当多一些,一般12—20人。

团体咨询的时间及频率

团体产生治疗与改变的因素需要时间,也就是说团体从开始到结束需要有一个发展的过程。团体咨询持续时间太短,会使效果受影响,但如果持续时间过长,成员易产生依赖,而且领导者及参加者的时间、精力也不允许。一般认为6—15次为宜。对于两次团体咨询间隔多长为宜,暂无一致看法,每周1次或每周2次都可以。每次时间1.5小时至2小时。对于青少年而言,针对他们注意力不容易集中、兴趣易转移的特点,最好每次时间较短,如45—60分钟。假如是大学生和成年人,每周1次,每次2小时为宜。两个小时足够讨论一些比较深入的问题,而又不至于使人太疲倦。

设计团体咨询的实施计划

基本上,团体咨询需要花时间好好地设计和规划,比个别咨询要花更多的时间和精力去准备和设计(Sharry,2006)。团体领导者在团体咨询开始前需要对整个团体工作进行计划,设计方案,以便领导者和成员都知道团体咨询如何进行。团体计划的设计首先要考虑团体咨询依据的理论,以及团体咨询的目标,接着了解方案设计的主要内容(见表12-6)与步骤,熟练掌握各类结构式团体练习。同时所设计的方案要符合团体发展的过程,计划要完整可行。本章最后一部分将以一个团体咨询方案设计的案例说明团体咨询是如何计划的。

表12-6　团体计划书的主要内容

1. 确定团体的目标：为什么要组织团体？要达到什么目标？解决什么问题？
2. 确定参加团体的对象和规模：什么人参加？他们的年龄、职业、性别，以及存在哪些问题？团体成员有多少人？
3. 团体成员的招募方式：招募采用哪些方法？是否实施甄选？
4. 团体的类型与程序：团体属于哪种类型？团体以何种方式进行？
5. 团体时间：什么时候组织团体？日期、时间、间隔、次数、持续方式如何安排？
6. 团体进行的地点：在哪里进行？环境条件如何？有无后备场地？
7. 团体效果评估：采用什么方法进行效果评估？所选测量量表是否容易获得？
8. 其他条件：需要哪些花销？有无财政预算？团体练习所需的各种道具是否具备？
9. 如果是结构式团体，需要有总计划书，以及分单元计划书。

确定团体咨询实施的场所

团体咨询的场地，不管是心理的还是物理的环境，都会影响到团体的动力。虽然团体的动力是人和人之间关系的一种呈现，但是物理的环境一样会产生影响，所以要特别精心地挑选和安排适合团体工作的场地。具体而言，包括场地的大小、环境的整洁、隔音的程度、空间的私密、椅子的舒适、室温的高低、灯光的亮度等方面。一般场地要宽敞，能让人活动得开，但是也不能太大，太空旷让人感觉不那么安全，太狭窄则让人感到有些压抑。团体咨询需要有8—10张围成圈的椅子，如果是超过20人的团体，则需要更大的空间，既可以开展大团体活动，也可以分成多个小团体进行交流，见图12-9。

图12-9　团体咨询的场地

团体咨询对团体练习场所的基本要求有：

1. 避免团体成员分心。要使团体成员在没有干扰的条件下集中精神投入团体。

2. 有安全感。能够保护团体成员的隐私，不会有被别人偷窥、监视的感觉。最好有隔音条件。

3. 足够的空间。需要时，成员既可以围圈而坐，方便团体成员面对面地直接沟通交流,又可以在休息时随意在其中走动,放松身心。

4. 有舒适感。团体工作需要宽敞、清洁、空气流通、气温适当的房间,良好的环境让人感到舒适、温馨,使人情绪稳定且放松。

确定团体成员

团体成员选择的条件

团体领导者在筹划团体咨询时,就应该根据团体的目标明确服务对象。通常,参加团体咨询的成员可以是背景、问题相似的人,也可以是背景不同的人。从团体咨询的特点看,参加团体咨询的成员应具备以下三个条件:第一,自愿报名参加,并怀有改变自我和发展自我的强烈愿望;第二,愿意与他人交流,并具有与他人交流的能力;第三,能坚持全程参加团体咨询,并遵守团体的各项规则,承诺保密。那些性格极端内向、羞怯、孤僻、自我封闭的人,和有严重心理障碍的人不宜参加团体咨询。

团体成员的来源途径

团体成员的来源途径主要有三种:一是通过发布广告或微信推送,成员自愿报名参加;二是咨询师根据平时咨询情况,选择有相似问题的人,推荐他们报名参加;三是来自其他渠道,如班主任、辅导员介绍,或其他咨询人员转介。主动报名、自愿参加团体咨询的申请者并不一定都适合成为团体成员。因此,团体领导者还要对申请者进行面谈筛选。

团体成员筛选的方法

团体领导者对申请者进行筛选,挑出合适参加团体的人,排除一些无法在团体中得益,而只会阻碍和破坏团体进程的人。常用的筛选方法有直接面谈、心理测验和书面报告。

(1) 面谈筛选

面谈一般为15—25分钟。由团体领导者按约定的时间与申请者一对一地见面。提出的问题有:你为什么想要参加这个团体?你对团体的期望是什么?你以前参加过团体吗?你需要帮助的是什么问题?你是否有不愿与之在一起的某个人或某类人吗?你认为你会对团体作出哪些贡献?你愿意承诺全程参加团体并对成员的分享保守秘密吗?对于团体和领导者你有什么问题要问吗?

(2) 书面筛选与测量

让候选成员填写一张表格,提供必要的信息,如年龄、性别、婚姻状况、生活环境、参加动机、面临的主要问题、期望等。也可以根据团体目标选择合适的量表,以评估报名者参加团体的合适程度。比如,为轻中度抑郁的学生实施积极心理团体干预,可以用贝克抑郁量表(BDI)筛选出抑郁状态处在轻中度的人进入团体。

12.4.2 团体咨询常用技术

反应技术

反应技术是指团体领导者对团体成员在团体过程中所表现出来的语言、行为或潜在的信息给予不加个人主观因素的直接反应。这些技术也是个别心理咨询中的常用技术,包括:积极倾听、简述语意、具体化、澄清、自我表露、真诚、尊重、温暖、同理心、复述、询问、面质、沉默、目光运用等。反应技术是从事心理咨询工作的人员必须掌握的最基本的技术。

互动技术

互动技术是团体咨询中领导者所侧重的技术,目的是通过这些技术促进团体成员之间的充分互动,增加他们对团体的参与程度,加强团体的凝聚力。例如,双向沟通技术、联结感受技术、解决问题技术、认知解释技术、感情表露技术、支持鼓励技术、聚焦技术、引导和阻止技术、经验分享技术、扫视技术等。适当适时地运用这些技术,有助于连接团体成员的共同感受、经验、行为,协调成员间的差异与冲突,支持和鼓励每一位成员的参与和投入,促进团体的安全感和信任度的提高,鼓励成员间的互相帮助。

团体练习运用技术

运用团体练习的最主要目的是促使团体成员积极投入团体,深入自我探索。雅各布斯等人(2009)认为团体领导者通过团体练习可以达到七个目的:促进讨论和参与;使团体聚焦;使小组改变焦点;提供一个经验性学习的机会;为团体成员提供有用的资料;增进团体舒适程度;提供兴趣和松弛。常用的团体练习形式有:书写练习、绘画练习、阅读练习、手工练习、行动练习、幻想练习、角色扮演等。

在整个团体咨询过程中,不同的时间、不同的阶段可以通过不同的团体练习来推进团体发展,以便达致成效。例如,适合团体初期阶段的活动有:滚雪球、寻找我的那一半、组歌;增进团体信任的活动有:盲行、信任跌倒、同心协力;促进团体凝聚力的活动有:图画完成、故事完成、突围闯关;催化自我探索的活动有:我是谁、生命线、自画像、生活计划;加强互动沟通的活动有:脑力激荡、热座、镜中人;用于团体后期结束的活动有:化装舞会、道别、赠言、大合唱等。

12.4.3 团体咨询常用的评估方法

团体咨询评估的意义

团体咨询是否达到预期目标?团体效果是否良好?团体咨询工作方法是否正

确？团体成员是否满意？团体合作是否充分？今后组织团体咨询可以做哪些改进？这是团体咨询总结阶段一项重要的工作。团体评估所包含的范围相当广泛，评估也有不同的目的、不同的方法。团体评估主要是指通过不同的方法，搜集有关团体目标达成的程度、成员在团体内的表现、团体特征、成员对团体练习的满意程度等，帮助团体领导者及团体成员了解团体咨询的成效。由于不同的团体评估的重点不同，选取的评估方法也会有区别。例如，在治疗性团体评估中，领导者更关注成员思维和行为的改变；在互助和成长团体评估中，领导者会更关心成员间的沟通状况，以及人际关系和相互支持网络的建立。因此，团体领导者进行团体评估时必须根据团体的目标来制定一套适合的评估步骤与方法。

团体咨询评估方法

行为观察法

行为观察法是要求团体成员自己观察某些行为出现的次数并做记录，或者请成员之间、与成员有关的人(老师、家长、朋友等)观察及记录成员的行为，以评估成员的行为是否有改善。例如，在为脾气急躁的人开设的人际关系改善团体中，领导者希望通过一些团体练习减少成员发脾气的次数，学习以温和的方法与他人相处。为此，领导者设计了一份行为观察表，让成员记录其在团体外与人交往时发脾气的次数，然后进行评估，并给予有针对性的指导。

行为观察法除了可以用来记录外显行为外，也可以记录成员的情绪和思维。记录方法可以采用表格或图示。行为观察法的长处是具体、可操作，记录过程也是成员自我监督的过程，有助于行为改变；不足之处在于费时，准确度难以把握。

标准化的心理测验

在团体评估中，运用信度和效度较高的心理测验量表，可以反映团体成员行为和情绪的变化，以评估团体咨询与治疗的效果。例如，为增强青年学生自信心而组织的自信心训练团体在开始时用自我评价量表测验，了解成员的自我评价状况。在团体咨询结束后，再做一次自我评价量表测验，比较参加团体前后相关指标的变化。用心理测验来了解团体成员个人的变化，从而评估团体咨询的效果是常用的方法，但是要注意选用标准化的量表，还要考虑文化背景的因素。有些国外学者认为行为或人格特质在短时间内难以有大的改变，咨询前后测得的结果差异不会达到显著水准，难以令人满意。

调查问卷

调查问卷是指由团体领导者设计一系列有针对性的问题，让团体成员填写，收集成员对团体咨询过程、内容、成员关系、团体气氛、团体目标的达成、领导者的态度及工作方式等方面的意见。问卷内的问题可以是开放式的，也可以是封闭式的。自行设计的问卷虽然不一定科学，但它的好处在于能让成员自由发表其想法和感受，因此能收集到一些其他方法难以获得的宝贵的第一手资料。表 12-7 是单次团体评估表，供读者参考使用，其中的条目是可以根据团体目标而修改的。

表 12-7　单次团体带领评估表（团体成员填写）

我们很想了解你对今天的团体有什么看法和反馈，这样可以帮助我们确定团体是否符合你的需要和目标。请真实地填写下列各题，这对我们将有很大的帮助。

姓名：　　　　　　日期：

	非常不同意				非常同意
(1) 我觉得今天的团体内容与我的需要和目标是有关的	1	2	3	4	5
(2) 我发现今天的团体对于我要达到的目标是有帮助的	1	2	3	4	5
(3) 在今天的团体中，我觉得有被了解和支持的感觉	1	2	3	4	5
(4) 我觉得今天的团体时间是充分的	1	2	3	4	5
(5) 在今天的团体中我觉得自己是投入和积极的	1	2	3	4	5
(6) 在今天的团体结束时，我觉得自己的进步是有希望的	1	2	3	4	5
(7) 我发现今天的团体任务对我是有帮助的	1	2	3	4	5
(8) 我觉得团体带领者对经验团体的处理是恰当的	1	2	3	4	5

今天有什么特别让你觉得有帮助，而你希望未来可以增加的事情？

今天有什么特别让你觉得没有帮助，而你希望能减少的事情？

其他意见：

（来源：Sharry, 2006）

除了上述几种方法外，还可以通过团体成员的日记、自我报告、领导者的工作日志、观察记录、录像等方法来评估团体的发展和咨询的效果。

12.4.4　团体咨询设计案例——大学生拒绝困难训练团体

设计选题的背景

在日常生活中，大学生时常会面临着诸多两难的抉择。比如，正为作业发愁时，室友发来一大堆难题，让帮忙计算，帮还是不帮？明天有一堆任务到截止日期，一位老友突然造访，邀请共进晚餐，去还是不去？好不容易放假休息，计划出去游玩，导师发来一封邮件，要求帮忙协办会议，做还是不做？当主观上不想或者客观上不允许时，这些学生想到了拒绝。可是他们能拒绝吗？又如何拒绝呢？这成为让很多大生烦恼的问题。

在人际交往方面的临床咨询案例中,也不乏拒绝困难的大学生来访者。这些人深深受到不会使用拒绝技巧的困扰(吴守良,2008)。他们说自己活得很累,因为他们几乎从来不会拒绝别人。即使他们知道自己有拒绝的权利,即使别人的要求非常无理,即使不拒绝意味着占用自己大量的时间,即使会损害自己的利益,他们依然会说"好的"。例如,小李就因为拒绝困难而倍感苦恼。他向咨询师诉苦:"我看起来很随和,对所有人都有求必应,但其实是害怕说'不'会对别人造成伤害,他们会觉得是我不想帮他们。而且,我觉得如果我拒绝别人,他们一定会觉得我不好,不够善良。我并不想这样一味地委曲求全、讨好别人,但我又实在没有办法把'不'字说出口。我非常纠结和苦恼,不知道自己的问题出在哪里,更不知道如何自如又礼貌地表达自己的真实想法。"因为总是不知道如何拒绝别人的请求,这些拒绝困难的大学生把自己的生活弄得非常紧张,他们感到十分疲惫,严重者甚至影响了学业,阻碍了人生发展。

现有研究表明,大学生中确实存在着不会拒绝别人的"老好人"现象。熊玲(2009)指出,能够自如地拒绝别人、主动要求别人帮助自己以及承受别人的拒绝都是个体在人际交往过程中心理成熟的表现。能够合理拒绝与接受被拒绝都需要自信和勇气,而不会拒绝别人的人,在潜意识里很有可能是缺乏自信的(段琪,2011)。还有研究者发现,低自尊个体对拒绝相关的信息存在注意偏向(李海江,2012),这一研究结果从侧面证实了拒绝困难的个体具有低自尊的特点。此外,高拒绝敏感个体的情绪更为消极,其社会适应能力更差(刘燊,2016)。李新(2015)认为,拒绝的方法非常重要。他强调拒绝时的态度、表情、语气等都是个体应该注意的问题。而目前市面上为大学生提供的改善人际交往技巧的书籍虽然不在少数,但是鱼目混杂,而且大都泛泛而谈,并不能真正地为大学生提供实质性的帮助(段琪,2011)。

团体咨询的目标、对象及理论

干预对象

在日常生活和学习中存在拒绝困难的大学生,由于难以拒绝他人且深受其扰,期望自己能够敢于并学会拒绝他人。

干预目标

通过团体咨询,使团体成员能够意识到自己对于拒绝的不合理信念,并学习拒绝他人的相关沟通方法与技巧,能够将团体所学付诸实践。

咨询理论与干预框架

本团体采用认知行为疗法作为咨询理论。认知行为疗法是当代最有影响力的心理咨询和心理治疗方法之一。美国心理学艾利斯所创立的认知行为疗法称为理性情绪行为疗法(REBT)。他的著名观点是:"人不是为事情困扰着,而是被对这件事的看法困扰着。"他的基础理论是 ABC 理论。该理论指出,诱发性事件 A(activating event)只是引起情绪及行为反应 C(emotional and behavioral consequence)的间接原因,而 B(belief),即人们对诱发性事件所持的信念、看法和解释,才是引起人的情绪及行为反应的更直接的原因。合理的信念会引起人们适度的情绪反应,而不合理的信念则会导致不适当的情绪和行为反应。因而,咨询工作的重点在于改变不合理信念。

干预框架将从模式识别、认知矫正和行为指导三个方面来设计。首先,帮助团体成员认识到自己不能拒绝别人行为的形成原因。通过团体的方式帮助他们互相分享各自的原因,找出行为中的歪曲认知。其次,针对先前发现的歪曲认知进行认知矫正,帮助团体成员突破不敢拒绝的想法,形成新的认知和行为观念。最后,帮助团体成员学习拒绝技巧,从行为层面来帮助他们真正形成敢于拒绝和能够拒绝的行为,并将这样的行为应用到日常的生活中,给他们带来切实的行为改变。

团体方案的设计

基本信息

宣传名称	To say yes, we must learn to say no!
团体名称	大学生拒绝困难训练团体
招募对象	清华大学在校学生,在日常生活和学习中难以拒绝他人且深受其扰,期望自己能够敢于并学会拒绝他人
团体人数	15 人
团体性质	封闭式、结构式、同质性、发展性
团体带领者	一位带领者,两位助手
活动地点	××楼××室
活动时间	每周六晚 19:00—21:00,每周 1 次,共 6 次
费用	免费

方案设计逻辑框架图

本团体的理论框架分为四个层次:问题层、主题层、活动层与理论层。问题提出部分聚焦在影响"拒绝困难"个体行为模式的三个主要问题上,即难以拒绝他人、不敢拒绝他人和不会拒绝他人。通过分析以上三个主要问题所对应的心理层面活动,设计人员计划在理论层面使用探讨模式与倾向、进行认知矫正和实施行为指导三个焦点,具有针对性地解决这三个主要问题,见图 12-10。

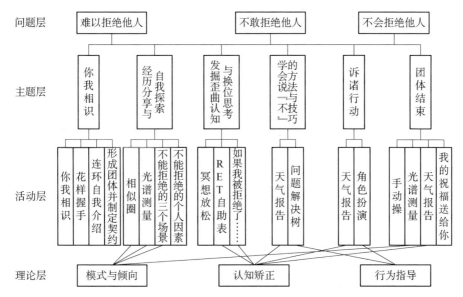

图 12-10　大学生拒绝困难训练团体咨询方案逻辑框架图

团体设计总计划表与单元实施过程

本团体方案设计包括 6 次会面,每次 120 分钟。由于篇幅限制,单元计划只选择第三次团体实施方案呈现,见表 12-8 和表 12-9。

表 12-8　团体设计总计划表

单元序号	单元名称	单元目标
1	遇见——你我相识	带领者介绍团体设置,成员之间互相认识,形成固定小组,共同制定团体契约。
2	说出我的心声——经历分享与自我探索	成员之间通过分享自己的相关经历与感受,并探索经历背后的个人因素。
3	走出自我——发掘歪曲认知与换位思考	探索难以拒绝背后的不合理信念,然后站在被拒绝者的视角,思考和体会拒绝的"后果"。
4	群策群力——学会说"不"的方法与技巧	探索成员现存行动方面的问题和困难,启发成员思考拒绝他人的具体方式、方法和技巧,为之后的拒绝行为提供指导。
5	小试牛刀——诉诸行动	训练成员在具体情境中使用之前学到的方法和技巧。
6	新的旅程——团体结束	总结之前团体在认知和行为两方面对成员的启发,成员之间道别,互相给予鼓励和祝福。

【说明】
1. 第一次和第六次团体咨询分别为开始和结束。
2. 第二次和第三次团体咨询主要在成员的认知层面工作,探讨拒绝困难背后的不合理信念,解决"不敢拒绝"的问题。
3. 第四次和第五次团体咨询主要在成员的行为层面工作,探讨拒绝的方法和技巧,并鼓励成员实际应用,解决"不会拒绝"的问题。

表12-9 第三次团体实施方案

第三次团体：走出自我——发掘歪曲认知与换位思考			
阶段与主题	具体目标	团体练习	时间与材料
1. 热身活动	放松	冥想放松	10分钟
2. 小组活动	了解RET理论 探索对拒绝的不合理信念	介绍RET的基本理论 纸笔练习：RET自助表 小组进行分享 大组进行分享	10分钟 25分钟 10分钟 纸笔练习材料
		【休息5分钟】	
3. 小组活动	换位思考 意识到不合理信念与现实之间的差距，增加对拒绝的信心	纸笔练习：如果我被拒绝了…… 小组进行分享 小组讨论不合理信念的问题所在 大组进行分享	10分钟 20分钟 15分钟 10分钟 纸笔练习材料
4. 结束	回顾本次团体咨询收获 预告下次团体咨询内容	带领者总结 留家庭作业	10分钟

【说明】
1. RET自助表：包括三个部分(事件A、信念B、结果C)，其中，事件A是指诱发个体反应和结果的初始刺激事件，结果C是指个体反应的结果，信念B是指从个体在上述反应过程中的信念。具体操作方式为：先填写事件A和结果C，然后从表中已列出的十几种常见的不合理信念(根据上次团体第二个练习中总结的认知因素)中找出符合自己情况的信念B，或写出表中未列出的其他不合理信念。
2. 在要求成员填写RET自助表之前，带领者需要先介绍艾利斯的理性情绪疗法，帮助团体成员了解ABC理论。

招募宣传广告

图12-11 招募宣传广告

以上团体咨询方案由清华大学心理学系研究生李佳蔚、刘静远、沈雨瞳、徐庆琪设计,樊富珉教授提供指导。

（樊富珉　撰写）

本章参考文献

Jahn Sharry. (2006).焦点解决团体工作.台北：心理出版社股份有限公司.
大卫·卡普齐,马克·D.斯托弗(Capuzzi, D., Stauffer, M.D.).(2021).团体咨询理论与实践(鲁小华,等译).北京：人民邮电出版社.
段琪.(2011).交互分析理论视角下大学生人际交往影响因素及提升策略(硕士学位论文).天津：天津大学.
樊富珉.(1996).团体咨询的理论与实践.北京：清华大学出版社.
樊富珉.(2005).团体心理咨询.北京：高等教育出版社.
樊富珉.(2015).结构式团体辅导与咨询应用实例.北京：高等教育出版社.
樊富珉,何瑾.(2010).团体心理辅导.上海：华东师范大学出版社.
樊富珉,何瑾.(2014).团体心理咨询的理论、技术与设计.北京：中央广播电视大学出版社.
樊富珉,李伟.(2000).大学生心理压力及应对方式：在清华大学的调查.青年研究,6,40-45.
樊富珉主编,张秀琴,张英俊副主编.(2021).团体辅导与危机心理干预.北京：机械工业出版社.
樊雪春.(2009).咨商心理学词典.台北.
郭颖,樊富珉,张英俊,刘宇.(2021).团体咨询师胜任力量表的编制.心理与行为研究,19(6)：809-815.
金明珠,杭菊,田静,樊富珉.(2018).团体咨询在高校青年教师岗前培训中的应用.现代教育技术,28(9),100-106.
柯瑞,等(Corey, M., Corey, G.).(2010).团体：过程与实践(第七版)(邓利,宗敏,译).北京：高等教育出版社.
李海江,杨娟,袁祥勇,覃义贵,张庆林.(2012).低自尊个体对拒绝性信息的注意偏向.心理科学进展,20(10),1604-1613.
李新.(2015).拒绝别人,你该怎么说.心理与健康,4(219),66.
林孟平.(1993).小组辅导与心理治疗.香港：商务印书馆.
刘燊,赵艳林,张林.(2016).拒绝敏感：研究与展望.中国健康心理学杂志,24(1),148-150.
玛丽安娜·施耐德·科里(Corey, M.S.),等.(2022).团体心理治疗(第10版)(涂翠平,夏翠翠,张英俊,译).北京：中国人民大学出版社.
塞缪尔·T.格拉丁(Gladding, S.T.).(2021).团体咨询与治疗权威指南(第7版)(张英俊,郭颖,刘宇,等译).北京：中国人民大学出版社.
邵瑾,樊富珉.(2015).1996—2013年国内团体咨询研究的现状与发展趋势.中国心理卫生杂志,(4),258-263.
松原达哉.(2002).图解杂学：临床心理学.东北：ナツメ社.
吴守良.(2008).他为什么不敢拒绝别人的请求.中国首届心理咨询师大会暨心理危机干预研讨会论文集.
吴秀碧.(2018).团体咨询与治疗：一种崭新的人际-心理动力模式.北京：中国轻工业出版社.
肖丁宜,樊富珉,等.(2016).团体心理咨询与治疗师胜任特征初探.心理科学,39(1),223-238.
熊玲.(2009).害怕说"不"的心结.健康博览,7,46-48.
许育光.(2013).团体咨商与心理治疗——多元场域应用实务.台北：五南图书出版股份有限公司.
雅各布斯,马森,哈维尔(Jacobs, E.E., Harvill, R.L., Masson, R.L.).(2009).团体咨询：策略与技巧(赵芳,杨静慧,许芸,译).北京：高等教育出版社.
亚隆,等(Yalom, I.D., Leszcz, M.).(2010).团体心理治疗——理论与实践(第5版)(李敏,李鸣,译).北京：中国轻工业出版社.
詹姆斯·P.特罗泽(Trotzer, J.P.).(2016).咨询师与团体：理论、培训与实践(邵瑾,等译).北京：机械工业出版社.
詹妮斯·L.迪露西亚瓦克(DeLucia-Waack, J.L.),等.(2014).团体咨询与团体治疗指南(李松蔚,等译).北京：机械工业出版社.
Bandura, A. (1999). Self-efficacy: The exercise of control. *Journal of Cognitive Psychotherapy*, 604(2), 158-166.
Bandura, A., Ross, D.W., & Ross, S.A. (1961). Transmission of aggression through imitation of aggressive models. *The Journal of Abnormal and Social Psychology*, 63(3), 575-582.
Beck, A.T. (1976). Cognitive therapy and the emotional disorders. New York: International Universities Press.
Kozlowski, K.A., & Holmes, C.M. (2017). Teaching Online Group Counseling Skills in an On-Campus Group Counseling Course. *The Journal of Counselor Preparation and Supervision*. http://dx.doi.org/10.7729/91.1157.
Lewin, K. (1947). Frontiers in Group Dynamics Concept, Method and Reality in Social Science; Social Equilibria and Social Change. *Human Relations*, 1(1), 5-41.
Shao, J., Li, X., Fan, F.M., & et. al. (in press). "I get you": A Qualitative Study on Group Members' Empathic Expression. Group Dynamics: Theory, Research, and Practice.
Zhang, N., Fan, F.M., Huang, S.Y., & Rodriguez, M.A. (2016). Mindfulness training for loneliness among Chinese college students: A pilot randomized controlled trial. *International Journal of Psychology*. https://doi.org/10.1002/ijop.12394.

13 生涯咨询

> 13.1 生涯咨询概述 / 390
>   13.1.1 什么是生涯咨询 / 390
>   13.1.2 生涯咨询的历史 / 393
>   13.1.3 当代的生涯咨询 / 394
>   13.1.4 生涯咨询在我国的发展历程 / 395
>   13.1.5 与生涯咨询相关的生涯服务 / 395
> 13.2 生涯咨询理论 / 396
>   13.2.1 人职匹配取向的生涯理论 / 396
>   13.2.2 发展取向的生涯理论 / 400
>   13.2.3 社会认知取向的生涯理论 / 403
>   13.2.4 建构取向的生涯理论 / 407
> 13.3 生涯咨询的过程及主要技术 / 411
>   13.3.1 生涯咨询过程 / 411
>   13.3.2 生涯咨询常用的测评工具 / 416
>   13.3.3 生活设计咨询 / 418

虽然生涯咨询的概念提出不过百余年的历史,在国内的发展时间仅有几十年,相比于一般心理咨询来说尚处于起步阶段,但其关注人的整个生命发展阶段,强调人的发展性,对心理咨询的发展也起到了促进作用。生涯咨询与心理咨询一样,也需要咨询师掌握一定的专业知识。本章首先概述生涯咨询当前的发展和历史背景;其次介绍目前比较具有影响力的几种生涯理论;最后阐述生涯咨询实操中的技术和方法。

13.1 生涯咨询概述

13.1.1 什么是生涯咨询

生涯与职业生涯

要讨论什么是生涯咨询,首先要了解何谓生涯。提到生涯,可能首先联想到的是"职业生涯",指一个人的职业发展历程。其实,生涯关注的不仅是职业发展过程,而是整个生命广度,即包含个人职业角色、生活角色等多种身份角色的整个生命历程的发展。美国生涯发展协会(NCDA)给生涯的定义是:个人通过从事的工作所创造出的一种有目的的、延续一段时间的生活模式。这个定义既说明了生涯不仅仅是工作,而是包含工作在内的生活模式,同时也说明工作是个人生活模式的重心,个人选择了一种什么样的职业,就是在选择适合这个职业的生活方式。

什么是生涯咨询

生涯咨询是指应用专业的咨询技巧,与来访者建立良好的工作关系,帮助来访者澄清生涯问题,了解自我特质以及外在世界,运用有效资源做决定,制订行动计划以及实现生涯目标的过程。瓦茨等人(Watts, Dartois, Plant, 1986)认为,生涯咨询要根据不同层面的需要,提供不同的协助:

1. 对个人而言,要帮助其从复杂的教育选择与职业选择过程中,寻求因应之道,以获得最大的益处。

2. 对教育工作者而言,帮助他们了解学习者的课程与需求之间的关系,增进服务的效率与质量。

3. 对雇主而言,协助其发现受雇者的才华与动机,以符合雇方的需要。

4. 对政府而言,扩大人力资源的最大效用,投入到社会及政治的建设工程中。

因此,生涯咨询是由咨询师结合其专业知识提供一套有系统的计划,促进个人及相关组织发展的过程。

生涯咨询的内容

不同学者对生涯咨询内容的概括

莱特等人(Lent等,1994)认为生涯咨询主要关注以下三方面内容:(1)帮助制定和实施与生涯相关的决策;(2)帮助调整适应工作和管理自己的职业生涯;(3)帮助协调生涯转换和工作与生活的平衡。

还有学者从人际角度给出定义。克莱茨(Crites,1981)认为生涯咨询是协助个人做出适当生涯决定的人际历程。布朗等人(Brown and Brooks, 1991)进一步提出,这种人际历程是帮助个人生涯发展和解决生涯难题,生涯发展不仅包括一生的职业选择、进入和适应,还包括与其他角色的关联;生涯难题则包括生涯未决、工作表现、压力与调适、个人与环境的不匹配,以及生活角色冲突等。

西尔斯(Sears,1982)扩大了生涯咨询的形式,他认为生涯咨询是指咨询师与来访者以一对一或小团体的方式,协助来访者整合和应用对自己与环境的了解,做出最适当的生涯决定与适应。

美国生涯发展协会的观点

与一般的心理咨询所关注的重点有所不同,生涯咨询以职业发展为主要任务,在更广泛的背景下理解个人过去的经历和当前的生活状况,并站在个人整体的生涯发展中去解决和思考当前问题。对于生涯咨询的工作内容,美国生涯发展协会(NCDA)是这么说的:生涯咨询是指具有专业资格的人帮助另一群人做出职业、生涯的决定,或解决其他与之有关的困扰与冲突。主要内容有以下九个方面:

(1) 开展正式或非正式测评;

(2) 促进体验性的探索活动;

(3) 帮助了解工作世界;

(4) 提高决策技巧;

(5) 发展个人化的生涯规划;

(6) 提高求职策略,如简历、面试技巧等;

(7) 提高人际关系能力,解决工作中的人际冲突;

(8) 整合职业角色与生活角色;

(9) 为压力大的、失业的或转换期的来访者提供支持。

金树人对生涯咨询聚焦主题的观点

我国台湾地区心理咨询学者金树人教授提出生涯咨询应聚焦于如下主题:

(1) 生涯决策能力的发展

人的一生会不断面对抉择,每个重要节点的决策决定了下一阶段的人生路径,正如存在主义哲学家萨特曾说的:"我们的决定,决定了我们。"因此,如何决策变成了生涯咨询的重要议题之一,帮助来访者提升生涯决策的能力,协助处在决策困境中的个体做出恰当的决定。

(2) 自我概念的发展

无论是生涯决策,还是职场探索,个体的自我概念都是影响发展方向和进程的重要因素。一个人如何认识自己的兴趣与天赋、如何定义自己的性格与价值观、如何评价自己的能力与成就,在很大程度上决定了生涯的发展轨迹。协助来访者建立积极的生涯自我概念是咨询的重要议题之一。

(3) 重视生活方式、价值观及休闲活动的影响

金树人认为,生涯选择就是生活方式的选择,生活方式里面包含了职业形态、家庭生活与个人的休闲活动。在 21 世纪的今天,越来越多的人根据自己理想的生活方式来选择职业,这和上一代人有了很大的差别。

(4) 强调自由选择与责任承担

生涯咨询不是要替代来访者做决定,而是要协助其看到多种可能性,了解自我概

念、环境的特征,鼓励来访者做出自己的决定并勇敢承担相应的责任。

(5) 重视个体差异

每个人的生涯发展都是独特的,这种独特性以个体的独特性为基础,然后反过来进一步强化了个体的独特性。要做好生涯咨询,务必关注其兴趣、能力、性格、价值观等生涯特性,也要关注其自我概念、生命意义等内在生涯建构。

(6) 对外界变化的应对

今天的职业世界,受全球化和技术快速发展的影响而呈现出越来越不确定的趋势,过去那种多年稳定的生活形态越来越罕见,所以咨询师要帮助来访者应对不断变化的职业世界,有足够的生涯适应力。

13.1.2 生涯咨询的历史

帕森斯开创性的贡献

生涯咨询诞生于19世纪末20世纪初的美国,在过去的一个世纪里,生涯发展理论和生涯咨询实务迅速发展。富兰克·帕森斯(Parsons, 1909)出版《选择职业》(*Choosing A Vocation*)一书,提出了"特质因素理论",这是生涯咨询创立的标志。特质指的是人的个体特征,因素指的是各个职业的要素,特质因素理论的主要观点是,职业分化已在某种程度上存在并将继续加速,个体要取得职业成功,首先,要对自己的特质有清晰的认知;其次,要了解职业信息,例如职业特点、要求、成功的条件、未来发展前景等;最后,推理个人特质与职业信息之间的相关。虽然该职业选择框架在当时缺乏实证研究的支持,但为后来生涯理论的发展奠定了基础,帕森斯也被誉为"职业辅导之父"。

斯特朗兴趣测验的问世

早期的生涯发展理论是以心理学的个体差异思想为基础的,认为每个个体的天赋、职业均存在各自的特点,人的特质与工作的需要相匹配。因此,心理测量的发展为生涯辅导人员提供了有利的辅导工具。心理测量运动在20世纪初十分快速地发展起来。1927年,美国斯坦福大学的斯特朗(E. K. Strong)发表了第一个兴趣测验——斯特朗兴趣测验(The Strong Vocational Interest Blank),它是依据样本在不同职业群中的反应发展而来,是连接兴趣和职业最重要的测量工具之一。第二次世界大战期间出现了大量的机械化装备,对士兵和后勤人员的素质要求更高,这时相继开发了供军方军种匹配和培训所用的测验,使得职业分类方法更为完善,同时期智力、能力、人格等测量方法也大量涌现,促进了职业辅导的发展。

舒伯的生涯发展观

20世纪50年代以后,欧美发达国家的职业辅导人员不再局限于人职匹配的静态分析思想,开始构建更以人为本、更注重人与环境互动的理论,心理学家、社会学家等从不同角度开展多样的研究,提出许多可供辅导人员使用的工具与方法,从而出现了很多理论。也是从这一时期开始,职业辅导、职业咨询逐渐发展成为生涯辅导、生涯咨询。

根据舒伯(Super,1981)的观点,生涯辅导理论大致可分为以下三类。

(1) 匹配理论(matching theories)

以人与环境的匹配为重点,关注个体差异,关注社会经济结构、社会经济地位、社会化过程与个人生涯发展的关联,关注自我概念、适配性与生涯的关联等。

(2) 发展理论(developmental theories)

以发展阶段为重点,强调家庭的影响(认同、需求满足),探讨个人在不同阶段对自我及职业自我的认知、扮演的角色,以及其生活空间等与生涯发展有密切关系的课题。

(3) 决策理论(decision-making theories)

探讨在匹配或发展过程中,所经历的每一次生涯决策过程与决策形态,强调认知的重要性。

近些年,许多研究者(例如,霍兰德、舒伯、萨维科斯等)开始逐渐提出新的生涯理论概念及论证,使得生涯决策、生涯适应、生涯发展等理论体系日渐完善。

13.1.3 当代的生涯咨询

世界银行出版的《2019世界发展报告:工作性质的变革》中提到,技术进步带来的工作性质变革,降低了对低技能工人的需求量,创造了新的就业岗位,对非重复性认知技能和社会行为技能的需求呈现上升趋势,职业的个性化特征越来越明显。无论是工作性质的变革还是职业种类的变化,都凸显了未来职业的多变性和组织的流动性。人们不再将生涯视为员工对雇主的终身承诺,而是向一个个需要完成项目的雇主出售服务和技能。

为了更好地帮助来访者在21世纪规划他们的生活,许多生涯咨询师已经开始转变他们的实践模式,不再是简单地进行认知匹配的指导,而是转为关注人们是如何做出决定的。萨维科斯(Savickas,1994)认为应该将以往注重协助个人寻找出路的做法,转为增进个人对自我的肯定,将自己投入到所处的环境中,学习在取与舍之间澄清自己所重视的价值观,用以决定自己的一生。经济全球化和信息科技发展使得工作的变迁变得非常不可控,传统的人职匹配思想已经很难适应当今时代的要求,个体的认同与价值观是引领个人发展的指南针,而个体的生涯适应力则是个体职业发展的主要保障。这对生涯咨询提出了新的要求,助人者要更了解社会变迁的特点,对多元职业类型更为熟悉,同时也更能觉察个体的差异,尊重来访者的价值观,以来访者为中心来提供帮助。

13.1.4 生涯咨询在我国的发展历程

1949 年以前的生涯辅导

生涯辅导在 20 世纪初传入中国,在早期基本上以职业指导为全部内容。1917 年,中国著名职业教育家黄炎培先生在上海创立第一个职业指导教育社会团体——中华职业教育社,提出"使无业者有业,有业者乐业"的社训,并编辑出版了一些职业指导丛书。1922 年,当时国民政府教育部公布学校系统改革令,进一步明确了职业教育的地位。此后两年间职业辅导便在社会机构及东南大学附中、清华学校等一些中等学校中展开。1927 年,上海职业指导所成立。1929 年,全国教育会议通过《设立职业指导所及厉行职业指导案》。1931 年 9 月 21 日,全国职业指导机关联合会成立。1933 年 7 月,教育部颁布《各省市县教育行政机关暨中小学施行升学及职业指导办法大纲》,又将"辅导运动"的内容扩大到升学领域。

建国以来生涯咨询的变化

1949 年以后,由于我国实行计划经济,劳动力作为一种国家统管统配的生产资源,由政府统一管理,国家和社会不再提供帮助个体做生涯决策的服务,职业指导工作和生涯咨询服务都没有了。改革开放以后,尤其是党的十四大提出建立有中国特色社会主义市场经济以来,我国实行劳动者自主就业、市场调节就业、政府促进就业和鼓励创业的基本政策,劳动者在重获自主选择职业权利的同时,也要承担自主选择的责任与结果,在这种背景下,包含职业指导在内的生涯咨询工作重新获得了发展的空间。20 世纪 90 年代,为了服务大批下岗再就业人员,国家设立职业指导师职业资格,成立全国普通高等学校毕业生就业指导中心,同时教育部颁发《普通中学职业指导纲要(试行)》,面向各个群体的生涯咨询活动都蓬勃开展起来了。

13.1.5 与生涯咨询相关的生涯服务

生涯教育

生涯教育(career education)是指将生涯的概念统合在学习的历程中,包括从幼儿园到成人阶段,其内容包括生涯认识、生涯探索、价值澄清、决策技术、生涯定向及生涯准备等。

美国联邦教育署长马兰德(Sidney P. Marland)于 1971 年 1 月 23 日在德州休斯敦全美中学校长联席会议上发表了第一篇有关生涯教育的演讲。"所有的教育都是或都将是生涯教育。我们教育家所应努力的,便是让青少年在中学毕业后,能成为适当有用的受雇者,或继续接受更进一步的深造。……适当有效的生涯教育,需要新的教育整合,它必须破除教育系统与社会隔离的障碍。其解决方案是:把我们的课程融于简单有力的中等教育系统中,使学生在生涯课程引导下,做有利的选择,达到人尽其才,以发挥教育的实用性。"(转引自金树人,2007,p.13)从中可以看出,生涯教育的目的是兼顾学生升学和就业两种需要,通过加强中学阶段的生涯课程,把教育与社会生活联系起来,将教育从"升学主义"转向关注学生个人的未来发展。

2014年新高考改革增加了学生高考科目的自主选择权,这将我国生涯教育发展推向新的热潮,使之成为新的研究热点。国内研究开始关注新高考背景下生涯教育的必要性、价值取向及实施内容。越来越多的学校正在规划并实施生涯教育,生涯教育将逐步成为基础教育不可或缺的一部分。

大学生就业指导

生涯辅导工作在美国蓬勃发展的过程中,高校的就业指导成为其中非常重要的组成部分。美国的大学为学生提供生涯促进和就业指导服务,服务的机构称为"生涯发展中心"(Career Development Center)或"生涯中心"(Career Center)。这些机构主要开展以下工作:指导学生进行自我评价、确定专业定向和择业目标;开展求职技能培训;为学生提供就业信息服务;指导学生参加实习和社会实践活动;提供用人单位来校招聘大学生服务;举办校园招聘和面试活动;等等。

在国内,生涯辅导工作有很大一部分集中在大学就业指导上,即由高校向学生提供就业信息、职业技能培训等。在大学毕业生就业政策改革后,大学生就业指导得到快速发展。1996年,高校取消大学生就业"统包统配"的政策,改为与就业单位双向自主选择。两年后,教育部颁布的《中华人民共和国高等教育法》中明确规定:高等学校应当为毕业生、结业生提供就业指导和服务。各高校相继建立学生就业指导中心,开设就业指导选修课等,在指导大学生就业与实践中发挥了充分的作用,是高等院校的重点工作之一。

13.2 生涯咨询理论

13.2.1 人职匹配取向的生涯理论

人职匹配取向的生涯理论也称为特质与类型取向的生涯理论,主要包括上文所介绍的特质因素理论、罗伊(Roe)的职业选择理论、霍兰德(Holland)的类型论以及明尼苏达工作调适理论。这四种理论的共同特征是深入了解个体与职业发展有关的特性,如能力、兴趣、性格等,同时了解职业的要求和属性,然后达到合理的匹配。其背后的逻辑是只要个体和职业能够很好地匹配,个体就能获得职业的成功。其中,最有代表性的是霍兰德类型论,下面重点介绍这个理论。

霍兰德类型论概述

霍兰德类型论起源于"特质因素理论",基本假设是每个人都具有独特的兴趣、能力、需要、价值观和人格特质,这些特质之间是有关联的,不同的组合构成了个体的不同类型;另外,每个职业和工作也有独特的能力要求、环境风格等特征,这些特征也是有关联的,不同的特征组合起来构成了职业的不同类型。个人与环境特征是可测量的,且当双方匹配的时候,彼此的满意度会比较高。

霍兰德的理论源于他对当时生涯咨询中的问题的思考,他发现职业测验结果与工作世界缺乏联系,因此他期望能提出一个对咨询师和来访者都实用的框架,把二者联系起来。1973年,他在实务经验的基础上提出了六角形理论,该理论提供了统整职业兴趣、意图与人格等知识的工具(Holland, 1997),兴趣测评主要使用霍兰德设计的"职业自我探索量表"(Self-Directed Search,简称SDS)。时至今日,霍兰德类型论仍是生涯咨询和实践领域最有影响力的理论之一。

类型论的核心观点

人的六种类型

霍兰德把美国社会中人和职业都归为六大类型:实际型(realistic,也译为现实型)、研究型(investigative)、艺术型(artistic)、社会型(social)、企业型(enterprising)和传统型(conventional),通常缩写为RIASEC。六种类型的人的基本特征如表13-1所示。

表13-1 人的六种类型的基本特征

	偏好的活动	人格特质	能力特点
实际型(R)	喜欢与事物或动植物打交道,而非人际交往,对机械、手工、体力和运动任务感兴趣	他们通常情绪稳定、忍耐力强、坚毅、有恒心、坦率、务实、专注、害羞、谦虚、诚实、古板、粗犷	动手能力强,身体控制好
研究型(I)	喜欢事物和思考,偏好符号、概念、文字、抽象思考等活动	他们个性独立、谨慎、保守、好奇、精细、重视方法、理性、智慧、有判断力、有逻辑性	擅长观察、分析和推理
艺术型(A)	喜欢借助文字、动作、声音、色彩等来表达想法和感受,乐于从事舞蹈、美术、文学、戏剧、音乐等艺术类活动	他们通常不从众、注重直觉、有创意、复杂、冲动、富有表现力、情绪化、不实际	善于想象与表达,有艺术方面的特长
社会型(S)	喜欢从事与人接触的工作,偏爱与帮助他人有关的活动	他们温暖、友善、合作、乐于助人、有同理心、有责任心、热情、善于交际、机智、慷慨	觉察力强,善于教学、指导
企业型(E)	这类人喜欢充满冒险和竞争性的活动,喜欢能够运用权力、受人瞩目的活动,也喜欢为达成目标或赚取利润而进行组织策划、沟通协调的活动	他们精力充沛、自信、有野心、善于表达、外向、冲动、武断、有冒险精神	有领导和管理才能,善于说服和组织他人,是沟通协调的高手
传统型(C)	喜欢从事按部就班、条理清晰、有步骤、有秩序的活动,喜欢与文字、数据处理有关的活动,也喜欢在他人的领导下进行配合与服从性的工作,不喜欢艺术活动和冒险创新性活动	他们谨慎、保守、有条理、有责任感、本分、有良知、有恒心、缺乏弹性与想象力	善于处理数据、档案,做事有序、高效,乐于配合

职业的六种类型

霍兰德认为,美国社会中的职业也可以分为相同的六类:实际型、研究型、艺术型、社会型、企业型和传统型。六种类型职业环境的基本特征与典型代表如表13-2所示。

表13-2 职业的六种类型及特点

	工作环境特点	职业举例	专业举例
实际型(R)	通常需要运用身体进行实际操作,需要某些特殊技术,环境中处理与物的关系比处理与人的关系更重要,处理不当更容易造成生理伤害或意外,比如汽车驾驶或建筑工地等	司机、调音师、健身教练、机械师、建筑师、种植人员、养殖人员、园艺师	外科医学、牙医、运动训练、工程管理
研究型(I)	通常需要使用抽象思维,采用数学或者科学的方法解决问题,不太需要处理复杂的人际关系,需要独立解决问题	物理学家、研究员、医生、数学家、天文学家、计算机系统分析师	植物学、工程学、数学、基础医学、食品技术
艺术型(A)	通常鼓励创意和个人表现,提供创造新产品或创造性解答问题的自由空间,没有太多的约束,也不要求逻辑性	艺术家、音乐家、演员、创意作家、摄影师	舞蹈、艺术、戏剧、平面设计、音乐
社会型(S)	鼓励人们之间和谐、互助,倡导经验交流、心灵沟通,强调仁慈、友善等人类核心价值观	教师、公益组织工作人员、咨询师、护士、特教	护理、教育、咨询、社会工作
企业型(E)	环境具有一定的竞争性,常常需要为达到目标而管理或激励他人,充满了权力和经济的议题,注重升迁、绩效、说服、推销等,强调自信、社交和当机立断	经理、律师、企业管理者、政治家、销售	法学、商业管理、市场营销、外贸、政治学
传统型(C)	注重组织和规划,鼓励人们按部就班地把事情做好,一步步推进落实	办公室工作人员、会计师、精算师、编辑、图书管理员	行政管理、中文、文秘、金融、会计、统计学

寻找适合来访者的职业

人们总是在寻找可以让他们发挥能力、表达态度、价值观,解决他们看重的问题,适合他们角色的工作。也就是说,人们总在寻找合适自己的某种职业环境。在霍兰德来看,协助来访者找到与自己匹配的工作环境是咨询师的主要工作内容。

职业兴趣六角形理论

人的行为特点是由其人格特质和环境的相互作用所决定的,见图13-1。

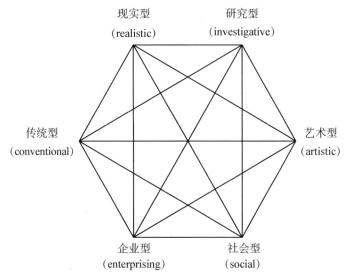

图 13-1 霍兰德职业兴趣六角形模型
(来源：金树人，2007，p50)

霍兰德用上面这个六角形图表示人格类型(或者职业类型)彼此之间的关系，类型之间的距离越短，彼此的相似度就越高。六个类型在图上的关系也可以描述为相邻、相隔和相对。相邻类型的特点相似，相对类型的特点在有些方面是相反的。

为了表达的简洁，人们通常使用霍兰德代码来描述人和职业的类型，三位代码由与人们最符合的三种类型的第一个字母组成，如 SAI。为了回答匹配情况与职业选择、职业满意度和成就的相关问题，霍兰德基于六个类型之间的关系提出了四个重要构念：一致性(consistency)、分化性(differentiation)、适配性(congruence)和统整性(identity)。

(1) 一致性

一致性指的是第一码和第二码在六角形上的距离，即心理上的一致程度。从六角形图中可以看到，有三种水平的一致性。处于相邻位置上的两种类型关系密切，相似性大，内部一致性高，如 E 型与 S 型在某些方面有共同的地方，都喜欢与人交往，而 R 型与 I 型都表现为不善于交际，喜欢做事。一致性高的类型有 RI、IR、RC、CR、IA、AI、AS、SA、SE、ES、EC、CE。处于相对位置上的两种类型则差异很大，相似性最小，一致性低，如 R 型喜欢动手做事，不喜欢与人打交道，而 S 型恰好相反，喜欢与人打交道，不喜欢动手操作。一致性低的类型有 RS、SR、IE、EI、AC、CA。处于相间位置上的两种类型有些不同，有一定相似性，一致性中等，如 RA、AR、IS、SI、AE、EA、SC、CS、ER、RE。从图 13-1 中可以看到，ES 的一致性高于 EA，EA 高于 EI。霍兰德认为一致性高的人更容易做出职业决策,他同时也指出代码只是使用程度的区别,并不能绝对化。一个 RS 型的人表明他既对实际型的工作感兴趣,又喜欢与人打交道,这仅仅说明他经常使用这两种行为方式。

(2) 分化性

分化性指的是六种兴趣强度的差别程度,可以理解为六种类型的最高分和最低分之间的差异。分化性高的人在六个类型上的得分有高有低,具有明显的类型特点,而分化性低的人在许多类型上的得分差不多,没有相对突出的类型。分化性对职业决策过程有影响,分化性高的人比较容易做出职业决策,而分化性低的人往往觉得很多不同类型的职业都同时具有吸引力。

(3) 适配性

适配性指一个人的人格类型与其所在的职业类型的匹配程度。如果人格类型与环境类型相适合,其适配性高,反之,适配性低。例如,艺术型的人从事艺术型的职业,适配性高;如果艺术型的人从事传统型的职业,则适配性很低。适配性是霍兰德理论最为重视的特性,霍兰德认为适配性与工作表现、坚持性、工作满意度及选择的稳定性高度相关。

(4) 整合性

整合性包括个人整合性与职业整合性两类。个人整合性是指一个人"对他的目标、兴趣和能力有清晰、稳定描述"的程度(Holland, 1997),即自我认同。对个人来说,整合性高时职业决策更容易。职业整合性指的是环境或组织有长期稳定、明确、完整的目标、任务和奖励,频繁地变化、调整职位的工作环境具有较低的整合性。

13.2.2 发展取向的生涯理论

与上述重视当下决策需要关注个人特质与职业因素的特质因素取向理论不同,发展取向的理论将个体生涯发展历程的规律作为核心关注点,尝试给人的生涯发展界定发展过程和发展阶段,探究影响发展的因素。在这个框架下,金斯伯格(Ginzberg)、舒伯(Super)以及戈特福瑞德森(Gottfredson)都建立了自己的理论体系。在此,选择发展取向中最有代表性的舒伯的生涯发展理论进行介绍。

舒伯的生涯发展理论概述

当大多数西方职业心理学家在人境匹配框架下探索"职业选择"的时候,舒伯在1953 年首次提出生涯发展理论。该理论是他综合了差别心理学、发展心理学和自我概念理论的成果而发展出的一套完整的理论。和霍兰德理论一样,该理论也是最有影响力、被广泛应用的职业理论之一。舒伯提出了 14 项基本假设,涵盖了生涯发展阶段、生涯角色、生涯模式、生涯成熟等主要理念,其中最核心的是自我概念,他认为职业选择的历程就是自我概念的实践过程。

生涯发展理论核心概念

生涯发展的拱门模式与自我概念

舒伯综合各种理论的成果,在1990年提出了拱门模式,详细揭示了职业的决定因素。来自个体的生理基石和来自环境的地理基石影响着生涯发展,自我概念在生涯发展阶段的基础上逐渐形成,发展成"自我"。舒伯早期认为自我概念是多维度、逐步展开的,指的是一个人对自己及其环境的主观看法,生涯发展的过程就是个体自我概念发展与实践的过程,因此他发展出的量表非常注重价值观的作用,强调主观意愿和发展性。到了晚年,他把生涯看成建构过程,认为自我概念的形成是个人对自我与环境的主动评估和建构的历程(见图13-2)。

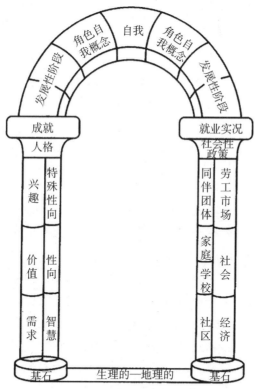

图13-2 舒伯的生涯发展拱门模式

(来源:金树人,2007,p74)

生涯彩虹图与生活广度、生活空间

舒伯的生活广度、生活空间理论,融合了发展阶段理论、角色理论,论述了生涯发展阶段与发展任务、价值观与生命角色等内容,通常用"生涯彩虹图"来表示(见图13-3)。

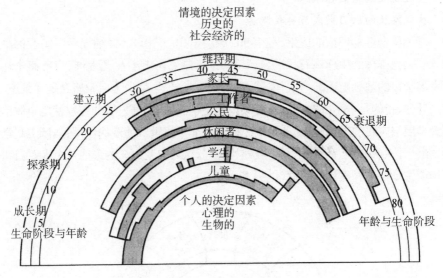

图13-3 生涯彩虹图

(来源:金树人,2007,p76)

(1) 生活广度与发展阶段

生涯彩虹的第一层代表的是横跨一生的生命周期,彩虹的外围显示了不同的发展阶段和大致年龄,主要有成长期(0—14岁)、探索期(15—24岁)、建立期(25—44岁)、维持期(45—64岁)和衰退期(65岁以后),每一个发展阶段都有自身的发展任务,各个阶段还有小阶段,每一个大周期阶段中的转折都是小周期的循环。

(2) 生活空间与生命角色

生涯彩虹的第二层代表的是生活空间,由一系列职业、角色组成。人一生中主要扮演9种角色:儿童、学生、休闲者、公民、工作者、夫妻、家长、父母和退休者,不同角色相互影响,某一角色的成败可能促进其他角色的发展,也可能导致其他角色的失败,从而塑造出每个人独特的生涯。角色的此消彼长,除了受到年龄和社会期待的影响,还与个人愿意投入的时间和情绪有关,每个阶段的角色组合能反映一个人当时的价值观。图13-3是某个人的生涯彩虹图,图中未列出"退休者",并且将夫妻、家长、父母等角色并入"家长"中代表个人独特的生涯模式。

(3) 生涯成熟与职业适应能力

舒伯1955年提出生涯成熟的概念,指人们应对职业阶段任务的准备程度,包括情感和认知两个层面四个维度的内容:生涯规划、生涯探索、生涯决策和工作世界的信息。生活阶段的成功需要职业成熟,态度准备和认知准备状态有助于职业成功,态度准备意味着积极参与、计划和探索职业的未来,认知准备意味着掌握有关职业的知识以及如何做出好的职业决策。可以通过职业成熟度量表(CMI)或者职业发展清单(Savickas 和 Hartung,1996)来测量。研究表明,职业成熟更适合说明青春期职业发展状况,更广泛领域的准备情况则使用生涯适应力和适应性来说明。

13.2.3 社会认知取向的生涯理论

社会认知取向的生涯理论关注个体生涯目标的影响因素和形成过程,主要代表有克朗博兹(Krumboltz)的社会学习理论,莱特、布朗和哈克特(Lent,Brown,Hackett)等人的社会认知生涯理论(Social Cognitive Career Theory,简称 SCCT)。这里重点介绍后者。

社会认知生涯理论概述

社会认知生涯理论(Lent 和 Brown,2006a,2006b,2008;Lent,Brown 和 Hackett,1994,2000)是一种较新发展的生涯理论。该理论是莱特、布朗和哈克特等人在班杜拉社会学习理论的基础上,针对生涯问题不断研究和讨论形成的,是一个不断发展的框架,可以用来解释如下问题:人们如何发展职业兴趣?人们如何做出职业选择?人们如何实现不同程度的职业成功和稳定?人们如何在工作环境中体验满足或幸福感?

SCCT 承认匹配理论中兴趣、能力和价值观的作用,也像发展理论一样关注人们如何确定特定任务和目标,同时它对这些理论有重要的补充,具有自身的独特性。与人境匹配模式相比,SCCT 相对强调人和环境的动态过程和特定领域,认为人与环境并不总是保持不变,比如职场中技术进步要求工作者更新技能,培养新的兴趣。相对于发展理论,SCCT 更关注的不是发展阶段和任务,而是可能促进或阻碍跨越发展任务和阶段的生涯行为。

核心概念与模型

自我效能感、结果预期和个人目标

SCCT 理论以班杜拉的一般社会认知理论为基础,假设人们都有自我指导的能力,并与环境因素进行互动,突出了人的三个认知变量,即自我效能感、结果预期和个人目标的作用。自我效能感指的是"人们对自己组织和执行行为过程以获得特定类型表现所需能力的判断",是关于自己在某个领域能力的信念,如一个人可能对自己的数学能力非常自信,对发表演讲却没有信心。它的主要来源有四个:成就经验、替代学习、社会说服、生理和情感状态。结果预期指的是对某个特定行为结果的想象和预期,人们在各种直接和替代经验中形成对不同学业和职业结果的期望。个人目标是指为参与特定活动或产生特定结果的意图,分为内容目标和绩效目标——内容目标指的是想要从事活动或职业的类型,绩效目标指个人计划在既定任务或领域内想要达到的水平或质量。

SCCT 理论目前包括四个模型,它们各有侧重又有所重合,分别是兴趣模型、选择模型、表现模型、满意度模型,另外它的自我管理模型正在形成中。模型中的认知因素(自我效能感、结果预期和个人目标)、人的其他重要方面、环境和学习经历协同运作,共同塑造了一个人的学业和职业发展状态。

兴趣模型

SCCT 的兴趣模型主要描述特定活动的自我效能感和结果预期是如何塑造兴趣的。当人们认为自己有能力(自我效能感高)从事某项活动,预期执行该活动将产生有价值的结果(正向结果期待)时,对某项活动的兴趣就可能初步形成并持续下去;而人们对那些自我效能感低的事情或预料会得到负面结果的活动较不感兴趣。随着各种兴趣的出现,它们共同激励个人参与特定活动的练习,从而获得反馈,如此循环,形成比较稳定的兴趣,因此兴趣的转变也与自我效能感和预期的改变有关(见图 13-4)。

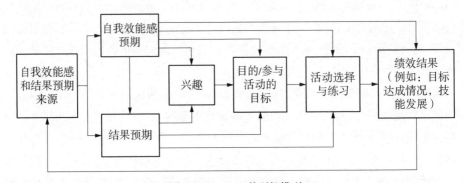

图 13-4 SCCT 的兴趣模型

(来源:Lent, Brown 和 Hackett, 1994)

选择模型

SCCT 的选择模型揭示的是人、环境和经验因素对人们生涯相关选择行为的影响,如图 13-5 所示,实线表示变量之间的直接关系,虚线表示调节效应。SCCT 关心背景环境变量的作用,但并不是把它们作为生物、物理因素,而是关注它们对心理和社会的影响,比如性别角色社会化过程使男孩发展出关于男性类型活动(如操作机械等)的自我效能感和积极预期,从而影响他们的兴趣和选择。根据选择模型,生涯选择之前是不同领域的自我效能感、结果预期、兴趣和技能的发展,逐渐地使某些选择路径对特定的个人具有吸引力和可行性,而使其他选择不那么吸引人或不太可能被追求。然而,随着个人和环境的变化,新的路径、阻碍或者价值优先性都可能发生变化。

SCCT把选择视作三个过程：进入特定领域的选择，采取达成目标的行动，后续成败的表现。选择过程中人与环境相互影响，兴趣会激励人们选择朝向目标的行动，选择也可能受到家庭期待、社会现实、个人先前教育等因素的影响。因此，人们并不总会或者总能选择兴趣指向的目标，环境因素的支持和阻碍都可能影响人们的职业选择(见图13-5)。

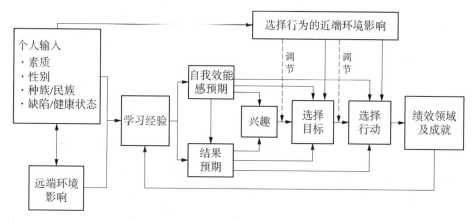

图13-5　SCCT的选择模型

(来源：Lent, Brown 和 Hackett, 1994)

表现模型

SCCT的表现模型，关注人们在教育或职业上的成就水平或坚持性，把绩效表现视为人的能力、自我效能感、结果预期和绩效目标之间的相互作用。能力和过去的绩效表现通过自我效能感和结果预期影响人们对特定领域设定的目标水平，此时获得的成就反馈影响后续的行为，进一步证实或修改个人的自我效能感和结果预期(见图13-6)。

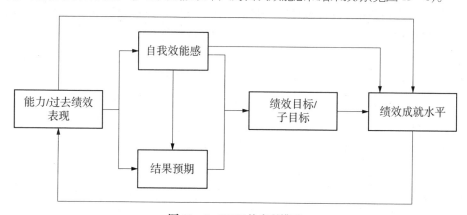

图13-6　SCCT的表现模型

(来源：Lent, Brown 和 Hackett, 1994)

满意度模型

SCCT 的满意度模型关注的是影响人们在学业和工作环境中的满意度和幸福感的因素及其相互关系。人们在学习或者工作上的满意度可能受到以下因素的直接影响,比如他们参加了有价值的活动,可能来自目标上的进步、完成任务时强大的效能感、强大的环境支持,也可能来自积极的人格因素。除了这些直接影响,该模型也给出了几条影响满意度的间接路线,比如人格通过自我效能感影响满意度,支持通过目标影响工作满意度。该模型强调了环境支持和个体可塑性,为满意度干预提供了思路(见图 13-7)。

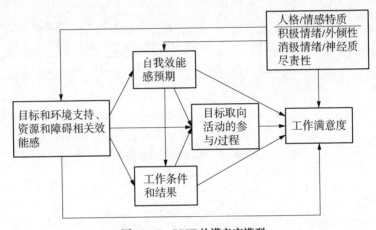

图 13-7　SCCT 的满意度模型
(来源：Lent 和 Brown, 2006a)

自我管理模型

自我管理模型用来帮助解释人们在教育和职业发展过程中的自我管理的历程,有别于内容模型,它强调人们在教育和职业选择过程中自我适应的职业行为,如计划、信息收集、目标设定等,更偏重动态的过程。生涯适应性行为是其核心概念,指的是人们用来努力达成职业目标的行为,可以操作化为职业生涯过程技能、职业胜任力、生涯元能力、自我调节能力、应对技能和适应力等。它仍然强调认知的、行为的和社会环境的作用,但更加关注人与环境的互动,重视人格的作用。远端前因变量和近端环境因素通过社会化、学习经验、重要他人的反馈,及在儿童或者青少年时期通过教育和职业相关的资源,影响自我效能感和结果预期以及个人特征,从而对生涯发展发挥重要作用。这一新模型可以算是一个能够适用于大范围职业适应行为研究的框架体系(见图 13-8)。

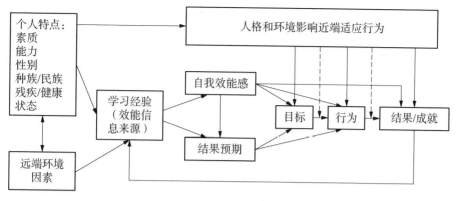

图 13-8　自我管理模型

（来源：Lent 和 Brown，2013）

13.2.4　建构取向的生涯理论

建构取向的生涯理论概述

生涯建构理论是萨维科斯在 21 世纪无边界、不确定的社会环境和经济全球化背景下提出的，属于后现代新兴的重要生涯理论，它为生涯提供了当代的解释，阐明了个体建构自我、职业指导和赋予职业意义的过程，并提供了新型生涯咨询模型。生涯建构理论强调生涯即故事，认为个体通过个人建构主义和社会建构主义来建立生涯；在 21 世纪，人们沿着一条可预测的路径发展的时代已经过去，个人必须建构自己的主观生涯；生涯是意义的载体，一致性的叙事为我们的职业行为指明了意义和方向。生涯建构理论描述了自我建构的三个角色——表演者(actor)、主导者(agent)和创作者(author)，并指出：在生涯干预中，职业指导适合自我作为表演者的情况，力图在个体和环境中进行最佳匹配；职业教育和辅导是把个人作为主导者的干预模式；而职业咨询和生活设计的干预范式是把个人看成自我的创造者，通过解构一个有问题的职业故事，重建职业情节和主题，共构故事的下一集，从而增强身份认同和有意义的职业行动。

生涯建构理论核心概念

表演者、主导者和创作者

自我建构是生涯建构理论的核心，萨维科斯认为自我是在作为表演者、主导者、创作者的过程中不断形成自己生涯的。

（1）表演者

自我作为表演者，源于婴儿进入家庭之时，逐步理解家庭和社会文化，通过内化父母等人的指导，并通过榜样角色解决自己的问题，从而在家庭剧中形成角色。内化父母的指导是没有选择的,然而为了找到方法满足自己的需求,寻求目标,解决自己性格中的冲突,适应家庭和社会,孩子会寻求角色榜样的力量。角色榜样为孩子提供了解决问题的思路和方法,也是青少年和成年人形成、塑造自我同一性的素材。英雄人物和榜样为我们示范了方法,通过榜样人物的示范,我们能建设性地处理自己的问题、心事和困境,为自己创造生活。

(2) 主导者

当自我必须适应生涯转换时,生涯建构理论关注的是主导者。在生涯转变中,主导者指导人们选择自己的目标,在新环境中实现自我概念,因而也可以说,主导者是具有自我调节功能的表演者。随着童年中期内在主导意识的发展,儿童通过主导者的作用,通过制定目标、计划并加以实施,把表演者的身份扩展到社区和学校。当面对生涯挑战的三大变动(生涯发展任务、职业转换和工作创伤)时,生涯建构理论关注的是自我作为主导者的角色,表明的是个体面对困难时主观奋斗的状态,主导者处理进入和离开教育及职业职位的情况。不同的人在面对生涯转换和任务时具有不同的适应性和准备度,适应性良好的主导者会充分运用自己的心理社会资源,也就是适应力和资源来完成适应的过程。

(3) 创作者

自我作为创作者,指的是个体对自己客观职位变化、主观奋斗与适应的反思,通过创造和赋予意义,把工作经历塑造成由完整人生故事所支持的独特身份,即连贯一致的同一性叙事。创作者的叙事具有保持个体稳定、提供生涯问题解决方案的功用。在无边界、易变的生涯环境中,个人生涯故事不再是在稳定环境中不断成熟的故事。为了适应不断变化的环境,个人必须建构一个具有一致性意义的主观生涯,对自己的生活施加意义和方向,解决自己生涯中的困惑与问题。创作者整合作为表演者的客观生涯和作为主导者的主观努力,明确自己的目标,采取适应行为,揭示独特的意义,获取自己独特的身份。创作者通过增加故事间的相互联系,在不断重复的主题中揭示个人的意义。意义一旦被清晰表达和验证,就会形成一种统一的信念,让个人生活变得更合理、更完整。这种赋予、创作意义的过程不是故事的总结,而是问题解决的方案。创作者通过这样的生涯故事指导自己的生活,解决生涯中的问题。

适应性、适应力、适应结果

(1) 适应性

适应性是指人们面对生涯任务、转型、创伤时的准备意愿和做出适当反应的意愿,当同化和日常活动不能满足变化需要的时候,适应的需求触发困难的感觉或适应的动力,然而适应性还不足以支持适应行为,适应行为必须有适应力的参与。

(2) 适应力

适应力是个体应对生涯任务、转型、创伤时的心理社会资源,是个体用这些资源来应对生涯转换所带来的不安和复杂性的能力。生涯建构理论定义了生涯适应力的四个维度,并将其组成了一个三层次模型,具体如表 13-3 所示。

表 13-3 生涯适应力的维度

适应力维度	态度和信念	能力	应对行为	生涯问题
关注	计划的	计划	意识、参与、准备	不关心
控制	确定的	做决定	坚定、自律、有毅力	不确定
好奇	好奇的	探索	尝试、冒险、探询	不现实
自信	有效的	问题解决	持续、努力、勤奋	抑制的

各维度代表的是适应性资源和策略,是个人在建构生涯时用来适应转换任务的。三层次的最高层次是内在的生涯关注、生涯控制、生涯好奇和生涯自信,代表了一般适应性资源和策略;中间层次包括特定的态度和信念、能力,它们塑造了具体的适应行为;应对行为是模型的第三个层次。资源缺乏则可能带来各种生涯问题。

生涯建构理论将有能力的个体概念化为这样的人:关注自身作为工作者的未来,增加对职业未来的控制,对探索可能的自我和未来情景表现出好奇,有信心追求自己的职业抱负。

生涯关注指的是人们对自己职业前途的关注,它的作用相当于发展理论中的"生涯定向""计划性""生涯意识",是对未来方向的关注。这种计划性的态度和今日为明日成功做准备的连续性信念,促进了生涯建构与发展。

生涯控制在生涯建构理论中指的是为促进自我调节的内在过程的一个方面,而非人际过程的独立性,因为在个人或者集体主义文化下相互依存或独立都可能是适应的。控制强调两方面的内容:一个是自律;一个是认真、慎重、有组织和果断地面对发展任务、生涯转换,这种倾向使人参与转换,而不是回避。与之相反的状态是混乱,缺乏生涯控制通常被称为生涯未决,表现为困惑、拖延或冲动。

生涯好奇指的是在自我控制意识下人们主动地对自我和工作世界进行探索,是在自我探索和职业信息探索基础上产生的。拥有生涯好奇的个体会对工作信息和自己持有开放的态度,能够使自身获取大量的知识,带来更多尝试和冒险行为,而系统的探索和反思能够让人更全面地掌握世界的运作方式。缺乏生涯好奇的人,对自我和工作世界的认知都缺乏准确性。

生涯自信在生涯建构理论中指的是自我效能感,是人们对自己成功实施教育和职业选择所需行动的信心。生涯自信来源于学业、家务、爱好等日常生活问题的解决。

同一性叙事、生涯主题和人物弧线

(1) 同一性叙事

同一性叙事是人们基于对自己一个个微观生涯故事意义的揭示,试图通过自传式推理在矛盾和令人困惑的现实中形成一个具有统一生涯主题的叙事。这种统一的信念,使原本断裂或者相互独立的客观生涯变得连贯,从而在兼顾多样性和复杂性的同时使人们的生活变得完整。人们通过赋予一段段可以观察、记录、呈现在简历中的生涯小故事相应的情节,突出一些事实,并在职业序列中添加联系来解释事情发生的原因,从而把客观生涯转换成主观生涯,进一步通过对整个故事和部分情节赋予意义来形成具有统一感的宏观叙事。同一性叙事能够统整人们的新经历,并在生涯断裂时通过重复的模式来恢复秩序,指导人们的行动。

(2) 生涯主题

生涯主题是在微观故事中积累和凸显的反复出现的模式,它作为一条主线串联起一段段相对独立的客观生涯,描述了一个人在不同时间如何与自己保持同一性。即使一切都在变,但个人追求的意义仍在,这让我们看到一个人如何从昨天的自己成为今天的自己,又将如何成为明天的自己。生涯主题起源于童年,与一个个困扰人们的问题有关,主题传达了个体想要克服环境限制、个人缺陷、破坏性事件的渴望。人们追求主题的目标构成了个人的关注和自我身份的表达,通过完成以下语句可以揭示人们个性化的生涯主题:"我将成为(表演者的声誉),以便我可以(主导者的目标)以及在过程中(创作者的主题)。"例如:"我将成为一个生涯咨询师,以便我可以帮人们找到合适的工作,并在此过程中消除我无法帮助父母找到好工作的遗憾。"在这个声明中,主导目标表明了社会贡献和职业态度,创作者的主题表达了职业生涯对个人的意义。

(3) 人物弧线

人物弧线描述的是人们在重要问题上的起点、现状和预想的结局,是推动个体的主要动力。人物的性格始于家庭,故事开始于生活中缺少或者长期渴望的东西,这些需要固定在人物弧线的底部,以恐惧或伤口为手段。在满足需要的过程中,人们随着成长、学习,把需要转化成目标,开始着手修订同一性叙事,把存在的限制、伤口和弱点转化为优势,从而变得强大。人物弧线关注的是人们最急迫想要解决的问题,揭示的是自我发展过程中发生的转变。

13.3 生涯咨询的过程及主要技术

13.3.1 生涯咨询过程

生涯咨询前的准备

在生涯咨询开始前,首先要明确生涯咨询是心理咨询的一种,其过程是处理与来访者生涯发展有关的认知、情绪、态度和行为,旨在提高个体生涯发展能力,包括生涯认知、角色平衡、环境适应、理性决策、自我管理等,帮助来访者应对目前面临的生涯问题。

咨询前应明确咨询工作流程,做好来访者的预约和信息登记工作,签订知情同意书,明确咨访双方的责任、权利、义务。

咨询需在安全、舒适、干净整洁的咨询室内进行,如需网络咨询,应确保网络顺畅,且咨访双方都处在安全、安静的环境中。

咨询师应明确生涯咨询与生涯辅导、一般心理咨询的界限。根据来访者的咨询目标、问题持续时间、情绪状态、社会功能等进行区分,生涯辅导倾向于提供具体指导和信息,心理咨询则是探索相关的心理问题。当生涯咨询师同时具备其他行业的从业资格时,在征得来访者知情同意后,方可进行其他方面的问题干预;若来访者的问题不属于生涯咨询范畴或咨访关系不匹配,需转介给其他专业人士或机构。

生涯咨询初始阶段

初始阶段的目标

初始阶段的目标是与来访者建立融洽的氛围,让其感到安全、被倾听、被支持、被尊重、被照顾、被看重、被赞许、被接纳。良好咨访关系的建立为帮助来访者解决问题提供了基础。咨询师需要通过来访者的眼睛看这个世界,理解来访者正在面临的困难,正在经历怎样的感受,以及问题是如何发展的。为了实现这个目标,咨询师应尽可能接纳来访者,做到无条件积极关注、共情、真诚。

建立良好咨访关系的途径

建立良好咨访关系的主要途径是专注、倾听、观察,咨询师需要给来访者足够的表达空间,以接纳、专心的态度倾听来访者,而不是主观臆断,同时仔细观察来访者在咨询中的感受和反应。可使用目光接触、面部表情、点头、身体姿态、肢体运动、空间距离、语言风格、沉默、不打断、没有或轻微身体接触、轻微鼓励、认可等技术。

帮助来访者探索其想法

来访者需要有机会去表达自己的想法并听到他人所说的内容,这个过程让来访者去思考、检视自己的问题,将想法转变成言语,并得到另一个人的回应。可使用重述、针对想法的开放式提问等技术。

鼓励来访者体验和表达情感

鼓励来访者表达情感,尤其是那些被压抑、否认、歪曲的感受。有时咨询师需要听懂来访者的"弦外之音",努力倾听来访者表达的内容和内容背后的情感,尤其是当内容和情感不一致的时候。关注来访者当下的感受,讨论那些没有表达出来的情感,尝试情绪唤起,这对之后发生改变的阶段非常重要。可使用情感反映、情感表露、针对情感的开放式提问等技术。

了解来访者,咨询师必须跟随来访者的脚步,只有充分了解来访者,同时咨访双方在需要达成的目标上保持一致,在步调上保持协调,有一定的情感联结,才能促使来访者自己得出结论并做决定,找到解决问题的行动方案。

评估阶段

生涯问题评估的维度

在建立良好咨询关系的基础上,探索生涯问题是生涯咨询的第一步。

生涯问题的评估由时间和空间两个维度构成,时间维度上横跨了不同的生涯发展阶段,显现出不同的问题形态,如小学的生涯觉察、初中的生涯探索、高中的生涯准备、大学的生涯抉择、进入职场的生涯适应等;空间维度上包括了不同生涯角色带来的问题,包括个人内外在冲突,如焦虑、自尊、自我分化等问题。

生涯问题评估方法

量化的心理测验和质化的评估,不仅可以帮助来访者测量各种特质,预测未来的行为表现,做出生涯决定,还可以促使来访者开发新的生涯远景,发现新的兴趣,确认旧的兴趣,判断生涯选择的冲突或问题,引发新的探索行为,建立认知结构以测量生涯选项,提高对专业的信赖度。

生涯问题评估常用测验

可以采用兴趣测验、能力倾向测验、人格测验、生涯决定量表、生涯信念量表、生涯自我效能量表、生涯成熟量表等标准化的测验,也可以采用结构化访谈、人物传记、职业组合卡、生涯家谱图、生命线等。一些非结构化访谈也可以用于探索生涯问题,如讨论生涯隐喻、生涯图、喜欢的生活方式、价值观检验、心流体验(做什么事情能让你全心投入?)、典型的一天(请说出你平时的一天是怎么度过的?)、生活馅饼(你是如何安排每一天的生活的?)、寻找例外(什么时候,你不会有这种担心?)、奇迹问题(如果有一天你实现了理想,是怎么做到的?)等。探索生涯问题时会使用开放式问句、重述、具体化、摘要、反映内容和感受、引导等技术。

解决问题阶段

增进对自我的了解

解决好生涯问题,需要来访者增进对自我的了解,能用积极的眼光接纳过去,用健康的心态认清当下的现实,以合理乐观的心境追求期待的未来。咨询师帮助来访者了解自己是什么样的人,了解自己在现实生活中所扮演的角色、相信什么、潜在能力和将来要承担的角色,以及要达到的目标,使其明确定位。咨询师和来访者一起面对目前的困境,然后对症下药。咨询师可以选择相应的生涯理论作为生涯咨询的指引,使用对应的技术进行工作。对于无法找到匹配的目标,比如不知道大学选择哪个专业的来访者,可以使用特质因素理论;对于无法获得平衡的生活,比如无法兼顾工作和家庭的来访者,可以使用生涯发展理论;对于无法适应环境的要求,比如不能和领导和谐相处的来访者,可以使用工作适应论;对于无法做出最佳的选择,比如不确定毕业后留在哪个城市的来访者,可以使用信息加工理论;对于不愿意尝试新的可能性,比如提起新项目就十分恐惧的来访者,可以使用社会认知生涯理论;对于无法开启有效活动,比如总是无法完成原定学习计划的来访者,可以使用后现代主义理论。

学会自我负责和自我管理

咨询师促进来访者的自我觉察,帮助来访者接纳自己、活在当下,并且学会自我负责和自我管理,比如帮助个案调整期待、培养能力、做好时间和精力管理。在生涯咨询中,来访者的信念常常会成为问题的根源,因此需要聚焦不合理或阻碍生涯发展的信念进行工作。

有效运用资源

有效运用资源也是生涯咨询的重要策略和方法。来访者的生涯资源包括内在资源和外在资源。内在资源是来访者本身的特质和能力,外在资源是来访者周围可利用的人、事、物。外在资源又主要分为生涯资讯和社会支持,咨询师可以指导来访者了解和熟悉收集资讯的步骤与方法,通过阅读书籍、网络搜索、人物访谈、实习等方式获得就业市场趋势、学校教育、专业训练等信息;同时,与来访者探讨家庭、学校、社会等支持的程度。最终通过SWOT分析法或其他方法,整合生涯资源。如果需要做出生涯决定,则可以借助决策平衡单等工具。

帮助来访者对生涯资源有更多的了解和整合,会成为来访者生涯发展与行动的支持力量。

行动阶段

咨询师需要配合来访者的步调,有些来访者在明确自己的问题,探索并整合资源后,仍会犹豫不定。

如果咨询师和来访者已经抓住了问题的关键,那么可运用以下几个问题,引导来访者循着正向的思考寻找目标(Bertolino 和 O'Hanlon, 2002):

1. 你怎么知道事情变得比较好?

2. 你怎么知道问题不再是问题?
3. 有什么情形可以说明此次咨询是成功的?
4. 你怎么知道何时不需要再来咨询?
5. 有什么情形显示你已经可以处理自己的问题?

当与来访者制订具体行动计划的时候,可能需要使用SMART原则。来访者的目标须是具体的、可测量的、可达到的、真实的、有时间限制的。咨询师必须与来访者进行细致的讨论和思考,否则行动计划容易有失败的风险。咨询师应用温和的提问帮助来访者理清每一个步骤的细节。内森(Nathan)和希尔(Hill)(1992)提出要使行动计划成功,必须考虑五个效标:

1. 思考具体清晰的目标。
2. 让来访者觉得是自己在主导行动计划。
3. 行动计划的内容有弹性,可以定期检视和修改。
4. 确定足够的改变时间。
5. 制定不能达到预期时的应对方法。

然而,有些来访者的问题在于情绪的因素,比如害怕改变、害怕失败、担心无法达到预期等,此时,应弹性使用一些策略来提高来访者的改变动机。这些策略包括:持续增进咨询关系、同理和接纳焦虑的情绪、鼓励积极的态度、排除改变的障碍、强调改变的诱因、重视小改变、寻求重要他人的支持、想象改变的情景、鼓励正向的自我对话、共同参与改变计划等。对于有些常常以做好准备为借口推迟行动的来访者,咨询师有必要用温和而坚定的语气面质来访者的态度,强调改变的重要性,并持续给予鼓励和支持。咨询师也可以帮助来访者把目标或行动计划切分成一个个较小的阶段或流程,使其更具体可行。

在来访者实践行动计划的过程中,咨询师扮演着观察和记录的角色,如果来访者有新的觉察,咨询师要深入探索其意义,以便对行动计划进行修订。有时候,咨询师需要与来访者进行行为演练,或者帮助其制订备用计划以应对生涯的不确定性。

结束阶段

咨询师仅是来访者生命中某一段旅程的同伴,不可能也不需要跟随来访者走完生命全程,因此,咨询师需要判断结案的时机,处理好咨询关系的结束。

生涯咨询结案的依据

评估生涯咨询结案的依据通常是来访者已经达到了自己的目标,如有清楚的生涯方向、解决了某个具体问题、完成行动计划、已经适应新环境等。如果结案是因为次数限制、来访者的问题超出咨询师的能力、经济困难等,那么咨询师有必要帮助来访者转介其他机构或资源,让来访者得到有效的帮助。

咨询关系结束需要处理的问题

咨询关系的结束同样存在着情绪的处理。这个阶段应让来访者产生正向的感觉,肯定咨询中得到的收获,有信心面对未来。但很多时候,来访者可能会经历一些复杂的情绪,比如生气、难过、失望、希望等。咨询师应该让来访者有结束咨询的心理准备,例如预先告知咨询次数的规定,提醒来访者咨询即将结束,或者在结束阶段降低咨询频率,减少来访者情感的依赖,让来访者有时间和空间表达和处理因为咨询结束产生的情绪。有时候,咨询师也需要处理自己的失落。咨询结束不意味着以后有需要不能来咨询,咨询师需要肯定来访者的成长,并表明未来再次咨询的可能性。

鼓励来访者总结咨询中的收获

结束阶段的重点,是支持来访者的进步,肯定来访者的收获,回顾来访者的有效策略,鼓励来访者持续努力,讨论未来可能面临的挑战,强化来访者已经具备的能力和信念。

评估咨询的效果

在结束阶段,对咨询效果进行评估是必要环节,当咨询师将评估结果反馈给来访者,来访者可以借此增进自我了解,促进正向改变。而咨询师也有可能从来访者处得到正向反馈,作为支持和成长的养分;如果反馈是负面的,那么咨询师可以以此为契机改变咨询策略或提升咨询技能,以促进成长。

咨询师可以通过回顾咨询过程进行自我评估,或通过个体督导、团体督导、朋辈督导、所在机构工作人员或管理者等途径得到反馈。内森和希尔(1992)提出建议,咨询师可以运用以下问句进行自我评估:

(1) 我为来访者提供了追求生涯咨询旅程的最好的条件吗?

(2) 我是否不用劝告而是容许来访者选择自己的生涯方向?

(3) 我是否站在来访者的角度,考虑了其个人的情况和需要?

(4) 我是否对来访者产生刻板印象,而且受到其种族、性别、社会、文化、年龄、性取向、能力不足等因素的影响?

(5) (如果使用测评工具)我提供的反馈是否使用了正向反馈信息?

(6) (如果使用家庭作业)我是否以最有帮助的方式为来访者提供了最适当的作业?

(7) 我的情绪被激起了吗?这些情绪的来源是什么?

(8) 我对此次咨询感到满意吗?

(9) 我此次的咨询有什么不同吗?

(10) 我从来访者身上学到了什么?

当然,咨询师也可以邀请来访者填写一张评估表,说明通过咨询解决了怎样的生

涯问题,有哪些收获,并询问满意度和建议。以下问题可供参考(Nathan 和 Hill, 1992):

(1) 你对生涯咨询的期望是什么?
(2) 这些期望的程度如何?
(3) 你从生涯咨询中有哪些收获?
(4) 你还希望有什么收获?
(5) 你会推介别人来咨询吗?
(6) 根据你在生涯咨询中的改变,请在下面的叙述中勾选同意的句子。

  a. 对自己比较有信心了。   ( )
  b. 了解了自己的优点和缺点。   ( )
  c. 能比较清楚地思考自己想从工作中得到什么。 ( )
  d. 能对未来计划做决定。   ( )
  e. 缩小自己的职业选择范围。   ( )
  f. 获得可能从事的工作信息。   ( )

13.3.2 生涯咨询常用的测评工具

在生涯咨询中,测评方法扮演着一个重要的角色。咨询师可根据测评所得数据来规划咨询方案,通过测评结果协助来访者理清问题的本质,从中获得自我洞察和增进自我了解,并做出改变计划和行动。因此,测评的过程具有咨询的功能。正如一些研究指出的,咨询师将测评结果反馈给来访者,来访者可能从中得到实际的帮助。

心理测验的应用

沃特金斯(Watkins)、坎贝尔(Campbell)和尼泊丁(Nieberding)等人的研究指出,咨询师使用心理测验的目的是:增进来访者的自我了解,协助来访者做决策,鼓励来访者参与咨询过程。测评可使用量化或质化的方法。常见的量化测评工具有:

生涯信念量表

生涯信念量表(Career Beliefs Inventory)归纳了96个生涯信念,测量内容可分为生涯状态、生涯满意来源、影响决定的因素、可做的改变、可以付出的努力等(Krumboltz,1991),大致涵盖一个人在思索生涯行动时可能出现的认知。该量表通常在咨询初期使用,目的在于探索和了解影响来访者生涯发展、行动的内在假设。此量表可提供一些兴趣及态度测验无法提供的信息,可作为生涯咨询的辅助工具。需要注意的是,真正困扰来访者的信念有可能并没有在量表中出现。

生涯决策量表

生涯决策量表(Career Decision Scale)基于奥萨博(Osipow,1987)的理论,包括

确定量表和未确定量表。主要测量内容包括迟疑不决的感觉、内在和外在的阻碍、双趋冲突、依赖性等,用来探索和了解来访者犹豫不决的可能原因,以及其犹豫不决对做出明智决策的阻碍程度。适合高中生和成人。

生涯发展量表

生涯发展量表(Career Development Inventory)基于舒伯的生涯发展理论,目的是评估学生做生涯选择时的准备度。量表分为两部分,第一部分评估青少年生涯发展的四个维度:对工作世界的认识、生涯计划、生涯探索、生涯决策等,第二部分评量对偏好职业的认识。该量表主要用于学生群体,可应用于个体咨询或与生涯发展有关的研究。

生涯成熟量表

生涯成熟量表(Career Maturity Inventory)基于克莱特(Crites, 1978)的生涯发展模式,其目的是测量生涯规划的态度、生涯规划的能力及生涯成熟度等。该量表适合12—18岁青少年,可用于评估青少年是否已经做好生涯决策的准备。

工作价值量表

工作价值量表(Work Values Inventory)基于舒伯(Super, 1970)的生涯发展研究与咨询理论,其目的是帮助来访者澄清工作的内在价值或目标,如创意的追求、智能激发、利他主义、成就感、独立性、声望、经济上的报酬、安全感、工作环境、与同事和上司的关系、生活方式与多样性等。适用于青少年和成人。

斯特朗兴趣量表

斯特朗兴趣量表(Strong Interest Inventory)采用霍兰德类型测试,用于评估职业兴趣。该量表包括八个分量表:职业类别、学校科目、一般性活动、休闲活动、人格类型、配对活动之间的偏好度、个人特质、工作形态之间的偏好度等(Harmon等,1994)。该量表将受试者在各方面的兴趣分数与不同职业从业者的概况进行比较。适合大学生及成人。

库德职业兴趣量表

库德职业兴趣量表(Kuder Occupational Internet Survey)基于霍兰德的理论,通过测量对10类活动和6种职业群的兴趣,评估职业兴趣。该量表提供数据库,帮助受试者对比兴趣的测量结果,找到最为相似的职业信息(Kuder, 1988)。其中测量职业与大学科系量表,可以用来预测在未来职业或大学科系中可能的成就。适合高中生、大学生和成人。

迈尔斯-布里格斯类型指数

迈尔斯-布里格斯类型指数(Myers-Briggs Type Indicator, MBTI)基于卡尔·荣格(Carl Jung)类型的人格测试,测量在能量聚集的方式、获取信息的类型、做出决策的方式、对待生活的方式这四个维度上的不同偏好。测试结果与在具体行业中的工作人员的典型概况相关联,可提供职业偏好的信息,探索自身的特点、技能、适合的环境等。适合高中生、大学生和成人(Myers和Briggs,1993)。

质化的测评方法

质化的测评方法可通过了解一个人的职业憧憬、专注的科目、从事的职业进行推测。比如,列举三种你以前曾经非常向往但至今无缘实现的职业,或者询问过去最为愉快的经验,探索其性质。

职业组合卡(Vocational Card Sort)是一种用于职业探索的质性评估工具,其基本形式是卡片的组合。大多数的职业组合卡基于霍兰德的类型理论设计。例如,卡片正面有职业名称,背面是有关该职业的具体描述。咨询师会邀请来访者对卡片上标示的职业做"喜欢""不喜欢"或"不知道"的分类,并与来访者讨论具体原因,进而帮助来访者归纳出感兴趣的职业特性或影响因素,结合霍兰德代码,做出生涯计划或决定。职业组合卡不仅仅是测评工具,同时可以作为一种结构化且有效的生涯咨询技术。职业组合卡提供了丰富的信息,帮助来访者了解职业兴趣,反思生涯决定历程,明确生涯发展程度,探索能力、需要、动机、兴趣等内在价值。

13.3.3 生活设计咨询

生活设计咨询概述

萨维科斯(Savickas,2009,2012,2013)基于生涯建构理论提出生活设计咨询,支持来访者运用叙事的方法对自己的过去、现在、未来进行建构,从而形成一种延续和连贯的感觉。强调帮助来访者通过自我资源解决自己遇到的问题,提高人与环境的适配性,促进生涯发展。个体通过讲述生命故事的宏观叙事来描述同一性与适应力。生命故事叙述的是正常、合适、期望或者正当之中存在的毁坏与偏差,是个体成长中的瑕疵以及个体的欲望、匮乏和需要。故事尝试对未曾遇见或不恰当的事件赋予意义。如果每件事情都按照期望发生,就不需要有故事了。故事中呈现的问题和困境代表了事情应是与如是之间的落差。

生活设计咨询的理论体系

生活设计咨询是一套完整的叙事取向的生涯咨询理论体系,在这套生涯咨询理论体系的指导下,咨询师与来访者一起,探索与其生涯探索和生涯发展相关的微观故事与宏观故事,进而在故事的建构、重构、共构中促进其生涯转变的过程。萨维科斯(2015)提出生涯建构的生活设计咨询是与职业指导、生涯教育并列的第三种生涯干预的范式。不同于基于数据测评的职业指导,生活设计咨询是基于故事叙述的生涯咨询。咨询师鼓励来访者持续连贯地讲述自己的故事,并促使其采用适应性的行动来追求自己想要的生活。在讲述故事的过程中,最核心的要素是关系的建立、反思和寻求意义。咨询师通过倾听、共情等方法与来访者建立友好、信任的关系,他们有能力帮助来访者通过建构与重构自己的生活体验,反思自己的生活,解构那些阻碍来访者做出决定的观念。来访者在咨询师的帮助下,在信任安全的关系中,从自己的故事中听到了解决自己问题的方法,听到了自己原本就知道的内容,并且最终发现自己一直在寻找的答案。

生活设计咨询的过程

生涯建构视角下的生活设计咨询分为五个阶段:建构、解构、重构、共构、行动。

建构阶段

第一阶段是建构阶段。在明确来访者的问题和希望达到的目标,建立良好咨访关系的基础上,咨询师需要倾听来访者对于生涯建构问题的描述,从中找到来访者的生命主题,共同合作以揭示过去和当下体验中形成的生命故事。

解构阶段

第二阶段是解构阶段。咨询师鼓励来访者从生涯建构的问题出发,反思自己的经历、期待、行为以及与他人的关系,从而看到自己是如何组织生涯故事的。

重构阶段

第三阶段是重构阶段。咨询师与来访者通过不同的角度解读生命故事,使来访者得以重写自己的故事。

共构阶段

第四阶段是共构阶段。将来访者所提出的生涯问题放回到重写的故事中,共同建构出新的故事作为解决方法。

行动阶段

第五阶段是行动阶段。确定一些具体的行为,进而将来访者自己重写的故事变为现实。

生活设计咨询类似于一曲三幕剧,第一幕是介绍人物,即生涯建构访谈,来访者向咨询师介绍他们自己并重新认识自己,通过短故事建构生涯;第二幕是呈现和讨论来访者的生命画像,咨询师把短故事重新建构进大故事,当把这个画像与来访者前来咨询的原因进行比较时,新的理解就会出现;第三幕展现了新的理解所促发的改变,通过修正来访者的同一性叙事和重新定向他们的生涯来解决其带入咨询中的困扰,来访者和咨询师共同建构修正过的同一性叙事、新的意向以及可能的行动。

来访者与咨询师的角色

在生活设计咨询中,来访者是自己问题的专家。咨询师扮演一个类似于媒人的角色,帮助来访者与职业世界建立联系。生活设计咨询强调来访者有权主宰自己的人生,自行描绘人生蓝图。生活设计咨询不仅帮助来访者做出职业选择,更加关心来访者生命当中工作、休闲、朋友、家庭等各种基本角色的分配与协调。工作角色不再孤立于其他社会角色之外。来访者不再被量表、测验的分数所物化,而是一个活生生的人,可以讲述自己的故事,拥有动态的意义创造过程。生涯被视为故事或者剧本,来访者可以与咨询师一起在故事叙说的过程中创造属于自己的生涯。

(乔志宏、樊丽芳、王玥乔、樊静怡　撰写)

本章参考文献

关翩翩,李敏.(2015).生涯建构理论:内涵,框架与应用.心理科学进展,23(12),2177-2186.
侯悍omp,侯志瑾,杨菲菲.(2014).叙事生涯咨询——生涯咨询的新模式.中国临床心理学杂志,22(3),555-559.
黄素菲.(2013).故事叙说取向和建构取向的生涯咨询理论与应用.生涯发展教育研究,(4),1-6.
金树人.(2007).生涯咨询与辅导.北京:高等教育出版社.
克拉拉·E·希尔.(2013).助人技术(胡博,等,译).北京:中国人民大学出版社.
马克·L.萨维科斯(Savickas, M. L.).(2015).生涯咨询(郑世彦,马明伟,郭本禹,译).重庆:重庆大学出版社.
乔治宏.(2018).新高考高中生选科指导手册.北京:北京师范大学出版社.
世界银行.(2018).2019年世界发展报告:工作性质的变革(会议版本).
田秀兰.(2015).生涯咨商与辅导.台北:学富文化事业有限公司.
钟思嘉.(2010).生涯咨询实战手册.北京:中国轻工业出版社.
Bertolino, B., & O'Hanlon, B. (2002). *Collaborative, competency-based counseling and therapy*. Boston MA: Allyn and Bacon.
Cardoso, P. (2015). The life design paradigm: From practice to theory. In Laura Nota & Jerome Rossier (Eds.), *Handbook of the Life Design paradigm: From practice to theory, from theory to practice* (pp. 41-58). Hogrefe Publishing.
Crites, J.O. (1978). *Theory and Research Handbook for the Career Maturity Inventory* (2nd ed.). Monterey, CA: CTB/McGraw-Hill.
Crites, J.O. (1981). *Career counseling: Models, methods, and materials*. McGraw-Hill College.
Gottfredson. G. D., & Holland. J. L. (1996). *Dictionary of Holland occupational codes*. Psychological Assessment Resources.
Harmon, L.W., Hansen, J.C., Borgen, F.H., & Hammer, A.L. (1994). *Strong Interest Inventory applications and technical guide*. Stanford, CA: Stanford University Press.
Holland, J. L. (1978). *Manual for the vocational preference inventory*. Consulting Psychologists Press.
Holland, J. L. (1997). *Making Vocational Choices: A Theory of Personalities and Work Environments* (3rd ed.). Odessa, FL: Psychological Assessment Resources.
Holland, J. L., Powell, A. B., & Fritzsche, B. A. (1994). The self-directed search (SDS): Professional user's guide. Odessa, FL: Psychological Assessmet Resources.
Krumboltz, J.D. (1991). *Manual for the Career Beliefs Inventory*. Palo Alto CA: Consulting Psychologists Books.
Kuder, F. (1988). General manual for Kuder General Interest Survey. Form E. Monterey, CA: CTB/McGraw-Hill.
Lent, R.W., & Brown, S.D. (2006a). Integrating person and situation perspectives on work satisfaction: A social-cognitive view. *Journal of Vocational Behavior*, 69(2), 236-247.
Lent, R. W., & Brown, S. D. (2006b). On conceptualizing and assessing social cognitive constructs in career research: A measurement guide. *Journal of Career Assessment*, 14(1), 12-35.
Lent, R.W., & Brown, S.D. (2008). Social cognitive career theory and subjective well-being in the context of work. *Journal of Career Assessment*, 16(1), 6-21.
Lent, R. W., & Brown, S. D. (2013). Social cognitive model of career self-management: Toward a unifying view of adaptive career behavior across the life span. *Journal of Counseling Psychology*, 60(4), 557-568.
Lent, R. W., Brown, S. D., & Hackett, G. (1994). Toward a unifying social cognitive theory of career and academic interest, choice, and performance. *Journal of Vocational Behavior*, 45(1), 79-122.
Lent, R. W., Brown, S. D., & Hackett, G. (2000). Contextual supports and barriers to career choice: A social cognitive analysis. *Journal of Counseling Psychology*, 47(1), 36-49.
Myers, I., & Briggs, K. (1993). *The Myers-Briggs Type Indicator*. Palo Alto, CA: Consulting Psychologists Press.
Nathan, R., & Hill, L. (1992). *Career counseling*. London: sage.
Nota, L., & Rossier, J. (2015). *Handbook of the Life Design paradigm: From practice to theory, from theory to practice*. Hogrefe Publishing.

Osipiws, S. H. (1987). *Manual for the career Decision Scales* (Rev. Ed.). Odessa, Fl: Psychological Assessment Resources.

Parsons, F. (1909). *Choosing a vocation*. Brousson Press.

Prediger, D. J. (1982). Dimensions underlying holland's hexagon: Missing link between interests and occupations? *Journal of Vocational Behavior*, 21(3), 259–287.

Savickas, M. L. (1994). Measuring Career Development: Current Status and Future Directions. *The Career development quarterly*, 43(1), 54–62.

Savickas, M. L. (2005). The theory and practice of career construction. In S. D. Brown & R. W. Lent (Eds.), *Career development and counseling: Putting theory and research to work* (pp. 42–70). Hoboken, NJ: Wiley.

Savickas, M. L. (2011). New questions for vocational psychology: Premises, paradigms, and practices. *Journal of Career Assessment*, 19(3), 251–258.

Savickas, M. L. (2012). Life design: A paradigm for career intervention in the 21st century. *Journal of Counseling & Development*, 90(1), 13–19.

Savickas, M. L. (2013). Career Construction Theory and Practice. In S. D. Brown, & R. W. Lent (Eds.), *Career Development and Counseling: Putting Theory and Research to Work* (pp. 144–180). Hoboken, NJ: John Wiley & Sons.

Savickas, M. L., & Baker, D. B. (2005). The History of Vocational Psychology: Antecedents, Origin, and Early Development. In W. B. Walsh & M. L. Savickas (Eds.), *Handbook of vocational psychology: Theory, research, and practice* (pp. 15–50). Lawrence Erlbaum Associates Publishers.

Savickas, M. L., & Hartung, P. J. (1996). The career development inventory in review: Psychometric and research findings. *Journal of Career Assessment*, 4(2), 171–188.

Savickas, M. L., Nota, L., Rossier, J., Dauwalder, J. P., Duarte, M. E., & Guichard, J., et al. (2009). Life designing: A paradigm for career construction in the 21st century. *Journal of Vocational Behavior*, 75(3), 239–250.

Super, D. E. (1970). *Work values inventory manual*. Boston: Houghton Mifflin.

Super, D. E. (1980). A life-span, life-space approach to career development. *Journal of Vocational Behavior*, 16(3), 282–298.

Super, D. E. (1983). The history and development of vocational psychology: A personal perspective. In W. B. Walsh & S. H. Osipow (Eds.), *Handbook of vocational psychology* (Vol. 1, pp. 5–37). Hillsdale (New Jersey): Lawrence Erlbaum.

Watkins, C. E., Campbell, V. L., & Nieberding, R. (1994). The practice of vocation assessment by counseling psychologists. *The Counseling Psychologist*, 22, 115–128.

Watts, A. G., Dartois, C., & Plant, P. (1986). Educational and vocational guidance services for the 14–25 age group in the European Community. Brussels, Belgium: Commission of the European communities, Directorate-General for Employment, Social Affairs and Education.

14 危机心理干预

14.1 危机与危机心理干预 / 422
  14.1.1 危机与危机事件 / 423
  14.1.2 心理危机的特征及类别 / 426
  14.1.3 危机心理干预的意义 / 428
14.2 危机心理干预的策略与方法 / 429
  14.2.1 危机心理干预的目标与基本原则 / 429
  14.2.2 危机心理干预的工作模式与流程 / 432
  14.2.3 危机心理干预的具体方法 / 434
14.3 危机心理援助热线的应用 / 440
  14.3.1 危机心理援助热线的价值 / 441
  14.3.2 危机心理援助热线志愿者的培训 / 443

  我们生活在这个世界上，会遇到各种各样的灾难，无论是自然灾害、人为灾害还是意外事件，都可能引起危机事件。危机事件发生后，除了受害者、救援人员以及直接受到灾难影响的人们之外，还会有更多的旁观者与目击者受到影响。危机事件不仅对人们的财产造成了破坏，而且以死亡、伤害和丧失的形式对人们的精神造成重大创伤。无论哪种危机发生，都会引发人们共同的恐怖、惊慌、焦虑、担忧、压抑、烦闷等心理反应，需要对他们进行疏导、安抚，使其感到被倾听、被关注、被理解、被支持，这些是提供危机心理干预的刚需，也是心理咨询师必备的专业能力。

14.1 危机与危机心理干预

  危机事件发生后会给人们的身心带来哪些不良反应？会有哪些后果？何时进行危机干预？对哪些人进行危机干预？以何种方式进行危机干预？这些问题都是危机心理干预工作者必须要了解和知晓的。

14.1.1 危机与危机事件

危机的定义

危机(crisis)的内涵较为宽泛,可以包含"突发事件""紧急状态""灾害"和"灾难"等几个概念。研究者们经常使用"紧急状态"(state of emergency)、"灾害"(hazard)、"灾难"(disaster)、"危机事件"(crisis incident)等来描述与突发事件有关的问题。国内外学者对突发事件的探讨往往与危机并列,在对危机定义的阐释中叙述突发事件。

危机通常有两种含义:一是指危机事件,也称突发事件,突如其来,无法预知,带来生命的伤害,对个体或者群体产生足够大的压力而超过他们的应对能力极限,如地震、水灾、空难、疾病爆发、恐怖袭击、战争等;二是指心理危机,当人处在紧急状态时原有的心理平衡状态被打破,正常的生活受到干扰,内心的紧张不断积蓄,继而出现无所适从,甚至思维和行为产生紊乱,从而进入一种失衡状态。因此,常常发生的事情不算是危机,可以预期的事件也不是危机,如果时间拖了很久也不再属于危机。

危机事件及其类型

突发危机事件的类型

2007年11月1日起实施的《中华人民共和国突发事件应对法》中将"突发事件"界定为"突然发生,造成或者可能造成严重社会危害,需要采取应急处置措施予以应对的自然灾害、事故灾难、公共卫生事件和社会安全事件"。

自然灾害包括地震、洪水、泥石流、雪崩、飓风等;事故灾难包括空难、矿难、重大交通事故等;公共卫生事件包括非典型性肺炎、禽流感、埃博拉病毒、新冠肺炎疫情等;社会安全事件包括恐怖袭击等。危机事件可以从个体和群体、天灾和人祸两个维度划分为4种类型。

个体灾难与集体性灾难

个体灾难会影响到自己、家庭、亲近的朋友或同事,但却不会涉及超出同情、哀悼或支持范围之外的社区群体。诸如配偶或孩子死亡、失去工作、离婚之类的事件可以称为个体的创伤性事件或者个人灾难,它们会引发局外人的同情与共情。

集体性灾难会产生目击者和旁观者,他们的情绪也会受到灾难性事件的影响,即便他们与直接受到影响的个体或群体之间并不存在密切的联系,但灾难性事件还是会影响他们的日常生活。

个体性的灾难和集体性的灾难相比,集体性灾难的应对会更复杂,它的危机产生的影响范围会更大。

危机事件的影响及后果

危机事件带来的影响

危机事件会危及生命的安全,带来生命的伤害,例如新冠肺炎疫情,会给人们的身体和心理健康带来很大的挑战和威胁。如果处理不当,就会影响到正常的生活秩序,甚至蔓延成为社会问题;如果处理得当,就可能成为一个转机,成为人生中非常重要的转折点。

相关研究表明,危机事件后,在社会心理反应中最常见的是恐慌、焦虑、抑郁,还有创伤后应激障碍,以及睡眠问题、幸存者内疚等。也有学者认为,在危机事件发生以后,每个人的反应是不一样的,大概有10%的受害者不会受太大的影响,有70%~75%的受害者会出现短暂的焦虑和抑郁的状态,有5%~10%的受害者可能会表现出比较严重的适应不良,甚至是精神障碍。对突发事件后心理创伤的流行病学调查显示,突发事件后创伤后应激障碍(post-traumatic stress disorder, PTSD)的终身流行率约在30%~60%;DSM-Ⅳ对压力源准则的界定更宽松,其PTSD终身流行率在80%以上;天灾事件的PTSD终身流行率约15%~20%。突发危机事件会持续地对人们的心理产生负面影响,而且持续时间要比想象中长,所以危机干预是非常重要且必要的。

危机事件后不同的后果

卡弗(Carver, 1998)等人在研究危机事件对人心理造成的后果时发现,虽然危机对人的心理的冲击很大,会带来很大的伤害,但经历同样的危机事件,不同人的心理感受与后果可能很不相同。以危机时间前同样的心理健康水平的人为例,有可能产生四种后果,见图14-1。

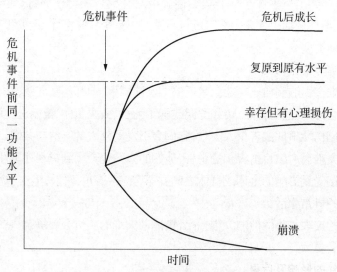

图14-1 危机后身心发展的可能性

(来源: Carver, 1998)

(1) 当事人不仅顺利度过危机,而且从危机发展过程中学会了处理危机的新方法,整体心理健康水平提高,称之为创伤后的成长。

(2) 度过危机后,当事人通过自己或者他人的帮助,心理健康状态逐渐恢复到危机事件发生之前的水平。

(3) 虽已度过危机,但当事人却在心理上留下一块"伤痕"痛点,适应能力下降,任何生活变化都可能诱发其心理危机。

(4) 陷入崩溃状态,出现各种精神疾病症状,甚至自杀。当事人经不住强大的心理压力,对未来失望,于是企图以结束生命的方式来解脱。

影响人在经历危机事件后心理反应程度与表现的有以下因素：危机事件本身的性质(如人祸比天灾对人的打击更大),危机事件中当事人暴露的程度(如新冠肺炎患者、救治患者的一线医护工作者是暴露最多最危险的),危机事件前个人的心理健康水平(心理健康水平低的人在危机事件中的反应更强烈、更容易出问题),个人的人格特质(具有乐观、开朗、心理韧性高等特质的人更容易度过危机),以往的经验和原有的应对能力(有经验的人和应对能力强的人更容易在危机事件中顺利度过)。

创伤后应激障碍与创伤后的成长

(1) 创伤后应激障碍

创伤后应激障碍(PTSD),是指人在遭遇一些重大事件以后,出现的情绪以及身体上的一些反应,如经历地震、火灾、亲人去世后,个体延迟出现和持续存在的精神障碍。PTSD 的主要症状包括噩梦、性格大变、情感解离、麻木感(情感上的禁欲或疏离感)、失眠、逃避会引发创伤回忆的事物、易怒、过度警觉、失忆和易受惊吓。PTSD 通常在创伤事件发生一个月后出现(在这之前的被称为急性应激障碍,简称 ASD),但也可能在危机发生后数个月至数年间延迟发作(delay onset)。症状严重程度有波动性,多年之后仍可触景生情,出现应激性体验。创伤后应激障碍的治疗主要是心理治疗,如眼动脱敏治疗、认知行为治疗。

(2) 创伤后的成长

创伤后的成长(post traumatic growth, PTG),是由特德斯奇(Tedeschi)与卡尔霍恩(Calhoumn)等学者提出的,指个体在经历了具有创伤性的负性生活事件和情景后体验到的心理方面的积极变化。创伤后的成长表明危机事件对人的影响并非都是负面的,有时反而会促进个体的心灵成长,改善其自我认识,提升个人与他人和社会的关系,促使个体正确看待生命价值,重新设定人生发展目标等。随着积极心理学的兴起,有关个体经历危机事件后能感知到获益或成长的研究日益增多。汶川地震后,清华大学心理学系的研究团队在极重灾区北川职业高中对经历了地震的中学生进行灾后团体心理干预。连续八周的干预发现,PTSD 前后测没有显著变化,但 PTG 前后测有显著变化,说明团体干预提升了受灾中学生创伤后的成长。有研究显示,积极的再评价、意义寻求、坚韧性与一致感、乐观气质、人格的内外控、经验开放度、接受应对以及社会支持都是预测创伤后成长的影响因素(Zoellner 和 Maercker, 2006)。

14.1.2 心理危机的特征及类别

心理危机的定义

心理危机指当个体面临突然的意外事件时,手足无措,原有的应对方式或应对资源无法解决,陷入心理失衡状态。心理危机是指一种心理状态,而这种状态通常表现为极度的恐慌、紧张、苦恼、焦虑、抑郁,甚至会使人产生轻生的想法。

美国的开普兰教授(G. Caplan)从1954年开始对危机干预进行系统研究,在1964年提出了危机心理干预理论。他认为,每个人都在不断努力保持一种内心的稳定状态,保持自身与环境的平衡和协调,当重大问题或危机事件发生使个体感到难以解决、难以把握时,平衡就被打破,正常的生活受到干扰,内心的紧张不断积蓄,继而出现无所适从甚至思维和行为的紊乱,进入一种失衡状态,这就是心理危机状态。

心理危机的基本特征及界定标准

心理危机不是一种心理疾病,而是一种情感危机的反应,具有以下四个基本特征:

1. 心理危机是一种短暂的临时状态;
2. 心理危机是一种混乱与崩溃状态;
3. 当事人无法用通常有效的方法来处理所面临的特殊困境;
4. 当事人有获得新的良性结果的潜在机会。

确定心理危机需要符合以下三个标准:

1. 存在具有重大心理影响的危机事件;
2. 引起急性情绪混乱或认知、躯体和行为等方面的改变,进而导致当事人的主观痛苦,但又不符合任何精神疾病的诊断;
3. 当事人用平常解决问题的方法暂不能应付或应付无效,导致当事人的认知、情感、躯体和行为等方面的功能水平与危机事件发生前相比明显降低。

个人心理危机的类别

人生逆境十有八九,在个人发展和成长的过程中,遭遇的心理危机大致可以分为以下三种类型。

发展性危机

发展性危机是指内在形成的情境,它可能导致生理的或心理的变化,涉及个体的发展、生物性转变与角色变迁等因素。因此,那些在我们正常的生理与心理发展时所出现的现象,也会引发危机反应。如青少年在成长的转折时期由于缺乏知识技能而出现适应不良。

境遇性危机

也称情景性危机,指主要存在于生活环境中的危机,那些个人面临无法预测的突发事件时出现的危机。辨别境遇性危机与其他危机的关键在于,境遇性危机是随机发生的,事出突然的,令人震惊、情绪激动与变动剧烈的,如疾病爆发、失去亲人等。

存在性危机

指伴随重要人生问题而出现的内心冲突与焦虑,如人生意义、人生目的、自由、快乐等。中年危机或老化危机若是带着懊悔与不满意,便是属于此类。

心理危机人人都会有,如果人承受危机事件的能力超过了自己应对压力的能力,就会出现心理危机。在多数情况下,心理危机可以在几周内平静下来并顺利度过,但是有时会逐步加重而导致人际关系和身心健康的问题,甚至会使人产生自我伤害的想法。为解决严重的心理危机,需要寻求身边人的支持以及专业人员的帮助。同时要看到,危机也是转机——危机在中文中的含义是"危险",但也是"机会",危险和机会同在,冲击与转折共存。

心理危机的反应及过程

面对危机事件,每个人的反应程度不同,有些人较强烈,有些人则较平静甚至没有特别反应。危机后复原时间的长短也因人而异。所以,了解心理危机反应的具体表现和经历的阶段对于危机心理干预十分重要。

危机心理干预工作者特别要了解危机事件发生以后,人们一般会产生哪些身心的反应,不仅要熟悉这些反应,而且要能够把它们加以归类。一般而言,心理危机的反应表现可以分为生理反应、认知反应、情绪反应和行为反应四大类。

生理反应

一般包括:心慌、头痛、恶心、胸闷、心悸、失眠、噩梦、疲倦、腹胀、腹泻、呼吸急促、头晕、颤抖、出汗、憋气、尿频、身体疼痛、肌肉紧张、身体颤抖、筋疲力尽等。

认知反应

一般包括:否认、健忘、注意力无法集中、记忆力下降、意识模糊、思维混乱、强迫性思考事情发生原因、负面自我对话、胡乱联想、选择性注意、判断力下降等。

情绪反应

一般包括:恐慌、焦虑、害怕、担忧、悲伤、愤怒、自责、内疚、绝望、无助、抑郁、冷漠、委屈、失望、厌恶、无聊、寂寞、烦躁、孤独、羞耻、压抑、心神不宁、感到不堪重负等。

行为反应

一般包括:哭泣、指责、攻击、失眠或嗜睡、食欲改变、过度饮酒、社交退缩、不停地刷手机、不停地量体温、反复洗手、盲目消毒、做噩梦、指责、抱怨、攻击行为、不敢出门等。

库伯勒-罗斯(Kubler - Ross)在1969年提出了个体经历危机事件后的心理反应历程(如图14-2)。在危机发生后,个体大致会经历不能接受,满腔愤怒,心怀期盼,然后寻求解决方法,如果努力后无法改变现状,就出现忧愁沮丧的情绪,最终接纳事实,并做出改变,适应现实等过程。在进行危机干预时,心理援助者可以根据个体的反应来判断其大致属于哪一个阶段,以便更有针对性地实施危机干预。

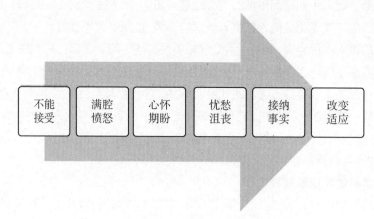

图14-2　个体经历危机事件后的心理反应历程

14.1.3　危机心理干预的意义

什么是危机心理干预

危机心理干预(crisis intervention)也称为危机干预,指对处在心理危机状态下的个人采取明确的有效措施,使之最终战胜危机,恢复心理平衡,重新适应生活。危机事件发生后,人们会产生一些共同的心理需求,包括减少恐慌、远离孤单、增加安全感和控制感、强化社会支持和社会连接感、尽快恢复正常生活、寻求未来发展等。针对这些共同的心理需求,不同的危机干预方法本身也具有共通的特点。

心理援助中危机干预属于心理健康教育,而不是心理咨询和治疗。因为心理危机状态不是疾病,而是一种临时的、由突发事件的冲击导致的适应不良。通过心理健康教育,当事人有机会了解自己的应激反应,了解别人的反应,并将这些反应正常化。

危机干预是短期的、问题取向的,其目标是尽可能快速且直接地让个体的危机状况产生改变。危机干预的效果表现为个体可从危机中得到对现状的把握,重新认识所经历的危机事件,以及学到关于未来可能遇到危机的更好的应对策略与手段。

危机也是转机

心理危机引发的结果不仅仅是负面的,也有积极的意义,如化危为机、转危为机、危中寻机,所以危机也是转机。创伤后的成长也是危机的一种结果。危机包含危险和机会。危机的发生即意味着问题解决的机会和开始。一方面,危机是危险的,因为它可能导致个体严重的病态反应,甚至出现杀人和自杀等极端行为。另一方面,危机也是一种机会,因为它带来的痛苦和压力会迫使相关当事人(例如当事者的家人、朋友、教师、领导等)寻求帮助,寻找对过去回避、没有暴露或者忽视问题的解决的恰当时机。如果相关当事人能够利用这一机会,意识到自己的问题,去面对和解决,并获得自我成长,则危机干预能够帮助个体或集体获得更好的发展。

当然,希望更多的人能够在经历危机后实现创伤后成长,也就是在应对重大生活危机中体验到一种明显的自我的积极改变(Calhoun, 2000)。这一方面需要在危机事件后及时进行危机心理干预工作,另一方面需要在灾难发生前,也就是在日常的心理教育工作中培育能够促进创伤后成长的积极因素。

14.2 危机心理干预的策略与方法

危机心理干预之所以必要和可能,是因为危机发生有其共性:都是在相对稳定的生活中发生了紧急突发事件,这种突变导致人的需要不能被满足,安全感丧失,从而引发恐慌焦虑、无所适从、痛不欲生的状况。针对易感个体或群体进行危机心理干预,能够防止和减轻人们危机后的不良心理反应,避免心理痛苦的长期化和复杂化,促进其社会适应和心理康复,提高社会应急能力。

14.2.1 危机心理干预的目标与基本原则

危机干预的目标

危机干预是一个独特的心理健康服务领域,与心理咨询和心理治疗不同。心理健康工作者在危机事件发生后针对危机受影响的人群实施干预时,一定要区分危机干预与心理咨询和治疗。危机心理干预的具体目标主要有以下几点(Myer 和 James, 2005; Thompson, 2004):

(1) 协助当事人度过现有混乱阶段;

(2) 缩小危机负面影响的程度;

(3) 恢复到危机前的功能与现实状况;

(4) 减少今后创伤后应激障碍的出现;

(5) 增加当事人成长的可能性,学到新的应对方式技巧,增加生活选择。

危机心理干预的时机

危机干预属于心理健康教育,不是心理治疗,一般是在危机事件发生后,人们出现了各种身心反应时进行的。这些反应是危机引发的,属于非正常状态下的正常反应。危机干预是帮助接受干预的人接纳这些反应,将反应正常化,从而缓解压力,调节身心,学习积极应对(见图 14-3)。

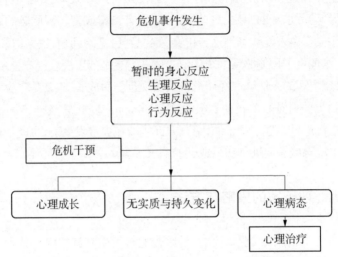

图 14-3 危机干预的时机及干预后不同的结果示意图
(来源:黄龙杰,2008)

危机干预的人群

任何危机事件发生时,需要心理援助的人群是有区分的。进行心理援助之前,心理健康专业人员需要了解不同人群的受影响程度和需求。一般而言,危机干预的人群根据危机暴露的程度和反应表现可以分成以下几类:初级受害者,亲历了危机事件的人,如灾难幸存者、自杀未遂者等;次级受害者,危机事件目击者或危机事件中的救助者,如置身现场的医生或警察等救援者;三级受害者,遭受危机事件非直接影响的人,如受害者家属、同学等。以新冠肺炎疫情为例,针对新冠肺炎疫情,国家卫生健康委员会在新冠肺炎疫情紧急心理危机指导原则中提到要关注四类人群的反应表现。

一级人群

包括住院重症患者、一线医护人员、一线管理人员等,他们的反应包括:耗竭、担忧、焦虑、抑郁、悲伤、委屈、无助、压抑、自责、失眠、拒绝合理的休息、忽视自身健康等。

二级人群

包括居家隔离的轻症患者、疑似患者等,他们的反应包括:恐慌、不安、孤独、压抑、无助、抑郁、悲观、愤怒、紧张、委屈、羞耻、侥幸、回避等。

三、四级人群

包括受疫情防控影响的疫区人群、社会大众等,他们的反应包括:恐慌、不敢出门、盲目消毒、失望、恐惧、易怒等。

危机心理干预的要点及原则

危机心理干预的要点

危机心理干预的要点有三项,每一位进入危机现场进行危机心理干预的咨询师必须熟知。

第一,了解和正常化危机后的反应。了解危机给人带来的应激反应表现以及危机事件对当事人和相关人员的影响程度。引导当事人或相关人员说出在危机中的感受、恐惧或经验,帮助他们明白这些感受都是非正常化状态下的正常反应。

第二,寻求和建立社会支持网络。让当事人确认自己的社会支持网络,明确自己能够从哪里得到相应的帮助,包括家人、朋友、同学、老师及学校内的相关资源,并明确每个人能给自己提供哪些具体的帮助,如情感支持、建议或信息、物质支持等,增强安全感和归属感。

第三,学习积极的应对方式。帮助当事人思考并选择积极的应对方式,强化个人的应对能力;思考采用消极的应对方式会带来的不良后果;鼓励当事人有目的地选择有效的应对策略;提高个人的控制感和适应能力。

危机干预的基本原则

危机心理干预不能急、不能乱、不能慌。不能急是指要遵循危机干预的规律,先安身后安心;不能乱是指要有组织地进行,不能各自为政、一哄而上;不能慌是指危机干预人员要有专业准备,要有事前的培训,有危机干预的知识和能力。

危机干预的工作原则遵循宁浅勿深。危机干预是帮助当事人稳定情绪,找回控制感,所以不做深入的探究。通过稳定化技术,当事人的状况比较平静了,对危机事件的容忍度增强了,才能做好加工新信息的准备。

以下三条基本原则需要每一位危机干预工作者了解和熟悉,并牢记在心。

第一,保障安全:危机干预的首要目标是保证被干预者的安全。

第二,聚焦问题:干预聚焦于当事人的情绪冲突和情绪调节问题。当事人的人格问题和其他深层问题不是干预的主要目标。

第三,激活资源:危机干预的主要途径是发掘和激活当事人的内在资源,以应对生命中突如其来的危机和困境。

14.2.2 危机心理干预的工作模式与流程

危机干预的常见模式

美国危机干预专家开普兰曾经提出危机干预的五种模式,包括平衡模式、认知模式、支持模式、社会心理模式和整合模式。下面介绍其中三种模式。

平衡模式

平衡模式在于帮助人们重新获得危机前的平衡状态。平衡模式最适合于危机早期干预,这时人们处于一种心理和情绪的失衡状态,失去了对自己的控制,分不清解决问题的方向且不能做出适当的选择。除非个人再获得了一些应付的能力,否则咨询师的主要精力应集中在稳定当事人心理和情绪方面。在当事人重新达到某种程度的稳定之前,不能采取也不应采取其他措施。

认知模式

认知模式认为当事人的困扰不是危机事件本身,而是对时间和围绕时间及其境遇的错误认知。通过改变认知方式,尤其是通过认识其认知中的非理性和自我否定部分,通过获得理性及强化认知中的理性和自强的成分,人们能够获得对自己生活中危机的控制。认知模式最适合于心理和情绪已稳定下来并回到了接近危机前平衡状态的求助者。

整合模式

整合的危机干预是指从所有危机干预的方法中,有意识、系统地选择和整合各种有效的方式与策略来帮助当事人。整合危机干预模式很少有理论概念,而是各种方法的混合物。整合干预理论以任务为指向,它的主要任务包括:确定所有系统中有效的成分,并将其整合为内部一致的整体,使之适合于需要阐释的行为资料;根据对时间和地点的最大限度的了解,考虑所有相关的理论、方法和标准,以评价与操作临床资料;不确定任何特别的理论,保持一种开放的心态,对得到成功结果的方法和策略不断进行实验。

危机干预的 ABC'S(s) 工作模式

美国心理咨询学会(ACA)团体工作专业者协会(Association for Specialists in Group Work,简称 ASGW)提出了一种处理危机经历的模式,称之为 ABC'S(s)(见图 14-4),用 ABC'S(s) 的首字母缩写形式来描述人类应对危机或灾难的本质。应对创伤性事件时,人类的反应包括情感维度 A(情绪或者感受)、行为维度 B(行动或者做的事情)以及认知维度 C(思维或想法)。当发生创伤性事件,特别是涉及有人死亡的情况时,人们常常会开始思考死亡这件事,这是大"S"的含义;小"s"的含义与人类精神有关。

ASGW认为在任何危机事件中,ABC'S(s)模型所包含的这些因素都是处理灾难

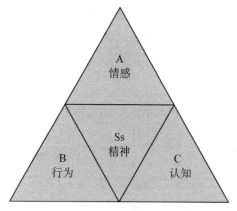

图 14-4　ABC'S(s)危机事件处理要素模型
(来源：特罗泽,2016)

的基本方面,也是危机干预内容的基本组成部分。

A(Affect) = 情感(情绪和感受)：你有什么感受？

B(Behavior) = 行为(行动、行为)：你做了什么？

C(Cognition) = 认知(思维、想法、观点)：你是怎么想的？

S(Spiritual or Faith Dimension) = 大写的 S 代表宗教信仰：在你遇到危机时,你会将宗教信仰看作应对危机的资源,还是会将危机的发生归咎于上帝？你的信仰会增强或减弱吗？

s(The Human Spirit) = 小写的 s 代表人类精神(人性的本质和复原力)：这段经历究竟激发了你和他人人性本质中最好的一面,还是最坏的一面？

总体而言,ABC'S(s)模式就是帮助成员表达情绪、调节认知、改变行为、满怀希望的过程(见图 14-5)。

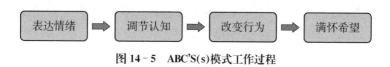

图 14-5　ABC'S(s)模式工作过程

危机心理干预的工作流程

在进行危机心理干预前,第一步要确定干预人群,不同人群的特点会有所不同,如国家卫健委的危机干预指导意见中就划分了四类不同人群。第二步是评估干预人群心理危机的状况,然后设计具有针对性的干预方案。干预方案总体上可以分为三个类型：普及性干预、选择性干预和指定性干预。普及性干预是指为干预人群提供心理支持,建立安全感；选择性干预是指对需要进一步干预的人群进行团体辅导,强化支持系统；指定性干预是指对筛选出的少数严重个体进行一对一的个别干预。而无论实施哪种危机干预方案，干预人员都要在干预过程中或干预结束后接受个别或团体督导，在督导的帮助下，危机干预的工作可以更加有效，受助者也可以得到更多帮助。

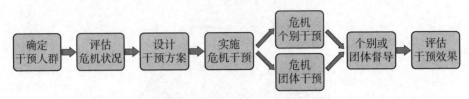

图 14-6 危机干预的一般工作流程
（来源：樊富珉，张秀琴，张英俊，2021）

14.2.3 危机心理干预的具体方法

危机干预常用的方法包括：设立 24 小时服务的心理热线，开展心理健康教育讲座，进行个别干预，进行团体干预，组织班级辅导，开展社区工作，编写和发放宣传手册或张贴宣传画等。危机后的心理援助热线将在下一节详细介绍。这里重点介绍三种最常用的自助和专业干预方法。

自助危机应对

每个人面对危机的时候首先都会自我调节，如果自我调节失效或者效果不明显，紧张焦虑不断增加，那么可以寻求专业的帮助。因此，自我调节的方法很重要。随着互联网的广泛应用，各种危机相关的知识和方法可通过微信、视频、网站等方式获取，尤其是危机发生后，当事人可以通过自助方式获得信息和方法。最常见的方法有运动、同伴、转移、信仰、改变等，例如通过运动把压力荷尔蒙排出体外，和亲朋好友打电话或当面把担忧痛苦说出来以纾解消极的情绪，通过投入地做事来转移注意力，逆向思维改变观念凡是往好处想，重新寻找人生的意义。表 14-1 从认知、情绪和行为三个方面给出了一些自我调节的参考方法。

表 14-1 危机心理自助调节的方法

认知调节	情绪调节	行为调节
了解危机相关的知识	接纳自己的负面情绪	想方设法充分地休息
改变自己的非理性想法	表达和倾诉自己的感受	正常饮食：定时定量
与自我正面对话	做深呼吸和冥想	多与朋友家人保持联系
转移注意力	肌肉放松	做运动锻炼身体
思考和寻找生命的意义	练习正念或做瑜伽	尽可能恢复并维持日常生活习惯和节奏

危机个别干预

危机个别干预的特点与形式

危机个别干预是指一对一的干预,形式多样,包括面对面的干预、网络心理咨询、电话干预等。主要工作目标是疏导情绪并进行危机评估,增加个体对当下问题的认知,帮助个体增强自信,提升责任感和问题解决的能力,增强支持网络,从而巩固已有的转变。危机干预的重点体现在建立关系、稳定情绪、聚焦问题、激活资源、鼓励行动。

危机个别干预的步骤

樊富珉和徐凯文(2014)提出了危机个别干预的八个步骤(见图14-7),这八个步骤分别是保证安全、确定问题、评估危机、提供支持、给予希望、制订计划、获得承诺和转介随访,并设计了危机干预八步法记录单(见表14-2)。

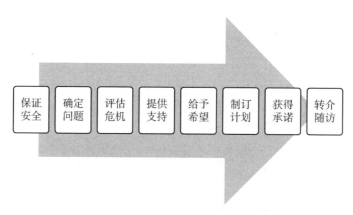

图14-7 心理危机个别干预的八个步骤

(来源:樊富珉,徐凯文,2014)

表14-2 危机个别干预八步法记录单

步骤	内容	记录
第一步	保证安全	采取哪些措施以保证被干预者安全。
第二步	确定问题	1. 什么是本次危机发生的诱发事件? 2. 危机干预的目标是什么?
第三步	评估危机	1. 评估危机问题的严重性和紧迫性。 2. 评估主要的症状和行为表现。 3. 评估被干预者的资源。 4. 用自杀评估表格评估被干预者的自杀风险。
第四步	提供支持	确定采取哪些会谈技术,寻找是否有其他资源可以强化被干预者的心理、身体和社会支持。
第五步	给予希望	确定如何根据来访者的资源,帮助来访者找到应对危机的资源、方法和途径。

续表

步骤	内容	记录
第六步	制订计划	根据找到的资源、方法和途径,怎样和被干预者一起制订实现目标的计划并加以实施。
第七步	获得承诺	如何与被干预者讨论合作,形成不伤害协议,得到不自我伤害的承诺。
第八步	转介随访	如何安排后续的干预和转介等。

危机简快重建干预法

隋双戈(2009)提出了"简快重建"心理危机个体干预方法。"简快重建法"广泛应用于日常压力与困扰、事故、灾难、突发事件等情景,以及心理工作者、教师、社工、公务员、企事业单位工作人员、患者家属等不同人群,协助被干预者快速减少混乱,增强稳定性,看到资源,获得支持,促进心理、社会功能重建,受到好评。"简快重建法"的干预时长一般在20—50分钟,主要分为4个步骤:呈现问题、信息传递、应对探讨、总结提升。

第一步:呈现问题

目的:呈现危机事件干预对象当前最困扰的问题(或症状)。

内容:

(1) 是什么。了解求助原因和需要沟通的困扰,但不聚焦于危机事件本身,而是询问与应激体验相关的问题,并具体化。

(2) 为什么。了解为什么会在这个时候要处理这个困扰而不是别的,以强化被干预者的动机,看到意义。

(3) 聚焦。如果被干预者需要处理多个问题,聚焦于当前情境下最困扰的问题,以确认干预目标,一般为应激事件后产生的症状、问题。

(4) 评分。请被干预者为这个问题给其带来的困扰程度评分——从 0 分(中性)到 10 分(最严重的困扰或痛苦感受)。

第二步:信息传递

目的:使被干预者了解所呈现的问题(症状)是人类经历此类重大事件的正常反应,并提供有助于消除误解的信息。

内容:

(1) 正常化。告知被干预者一般人面临此类重大事件时可能会出现哪些身心反应,其反应是正常的,以及这些反应发展变化的规律。

(2) 提供有用信息。宣传有助于消除认知误区、信息不对称的内容,消除谣言,提示被干预者由于过度关注负面信息而忽视的部分;提供有关救助、安置、处置等被干预者希望了解的信息;告知被干预者出现哪些身心状况可能需要寻求专业治疗。

第三步:应对探讨

目的:通过自助、互助、他助相结合的方式引导被干预者寻求解决思路或办法。

内容:

(1) 内部资源。强化被干预者的应对方式与内在资源。寻找当前或过去应对相关问题的成功经验,了解其内在资源与力量,明确哪些是积极的应对方式,增加自我效能感。

(2) 外部资源。梳理、连接可以为被干预者提供帮助、支持的外部资源,帮助其看到处理问题的更多路径。如有需要,干预者可以提供更多支持资源和处理方法。

(3) 再次评分。被干预者再次评估核心问题的困扰程度,0—10分评分。

(4) 改善计划。在上述内容的基础上,面向未来探讨改善计划。干预者可根据被干预者提出的想法,提供改进、补充或替代内容,促进其接纳、掌握最适合的可行规划,以保障计划有效实施。

第四步:总结提升

目的:总结提炼本次干预情况,增强信心,启动行动。

内容:回顾本次干预的过程,总结收获、感悟,帮助被干预者看到资源,看到更多途径、方法,看到改善的希望。

危机团体干预

危机团体干预的必要性

危机事件发生后,经历危机或者与危机事件相关的人们会普遍出现身心症状,包括痛苦、伤心、焦虑、恐慌、压抑、失眠、无法专心等情绪、认知、行为及生理的反应,影响正常的生活,甚至产生长期的负面影响。

危机发生后,怎样去了解事件的真相;怎样减少恐慌、焦虑、担心、无力;怎样克服孤单、孤独、远离孤单、孤独;怎样让自己更加安全、找回掌控感,让自己与社会和他人有更多的连接感;怎样尽快地走出混乱,恢复正常生活;这些都是灾后人们共同的心理需求。既然大家都有这样的需求,用团体来干预,就特别适合。

危机干预工作者运用危机小团体方法进行干预(也称危机减压团体/安心团体/支持团体),可以抒解危机事件发生后个体所感受到的身心压力,是有效的心理健康教育方法。

危机团体干预的目标

危机团体干预的具体目标与危机个别干预的目标很相似,但它是在团体情景中进行的,有多个成员共同参与。危机团体干预的具体目标主要有以下几点:

(1) 反应正常化,让团体成员有机会表达并了解自己的压力或危机反应,接纳这些反应,降低不必要的焦虑。

(2) 增强安全感和归属感。在人的基本需要当中,安全感、归属感非常重要。当人们融入团体的时候,会有很强的安全感,不再感到孤立无援。

(3) 建立和强化成员之间的社会支持网络。

(4) 帮助成员找到应对危机的方法,发展或强化适应性的应变能力及问题解决技巧,以尽快恢复身心和人际的平衡。

(5) 预防创伤后应激障碍等问题的衍生。

(6) 通过团体筛选出危机事件中心理创伤较严重的成员,并加以转介,使其接受进一步的心理或药物治疗。

危机团体干预的步骤

危机团体干预的目的是回顾参加者对危机事件的反应,进行讨论,找到处理问题的方法,并防止将来可能出现的心理问题。因此,大多数危机团体干预实施过程经过以下五个步骤,如图14-8所示。

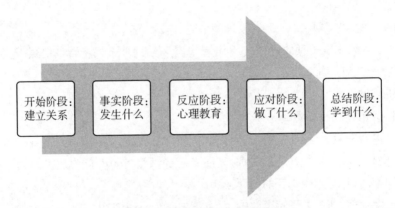

图14-8 危机团体干预一般流程

(来源:樊富珉,徐凯文,2014)

第一阶段:开始阶段

在这个阶段中,团体领导者要做自我介绍,说明组织这次团体干预的目的,解释团体干预进行的方式步骤,以及承诺保密。同时邀请成员轮流自我介绍。自我介绍时不是自愿发言,而是按照顺时针顺序轮着讲,可以增加成员的秩序感、控制感。危机团体干预的三个基本原则是:不被强迫说任何事情;彼此信任与保守秘密;讨论的重点是参加者对危机事件的印象和反应。

第二阶段:事实阶段

在这个阶段中,团体领导者引导成员回顾危机事件发生时自己的反应(感觉、念头、想法等),目的是开启叙说过程,还原真相,让成员明确发生什么事情,事实怎样,对他们的影响如何。团体领导者通常可以询问:你是怎么知道这个消息的?当时的第一反应,或闪过心里的第一个念头是什么?你在危机事件发生过程中经验了些什么?看见什么?听到什么?做些什么?如果成员情绪反应强烈,领导者可指导其深呼吸,但不做身体接触。

第三阶段:反应阶段

此阶段涉及分享当时、现在与事后的反应,包括事件后所经验的任何生理的、情绪的、认知的或行为的征兆或症状,并通过心理教育正常化这些反应。团体领导者可询问成员:"当时你最强烈的感觉为何?""灾后至今,一直持续困扰你的感受或行为有哪些?"在征兆和症状被表达出来后,团体带领者以肯定与支持的口吻说明,成员所出现的这些反应都是正常的,并再补充一些或许尚未表达出来的额外征兆与症状。

第四阶段:应对阶段

此阶段协助成员回顾自己在危机事件后做了什么让自己可以熬过去,发掘自身拥有的资源和行动。在这个阶段中,成员也会希望发展出新的行动计划,使自己可以更好地渡过难关。团体领导者应对成员的决定给予充分的支持,并持续提供指导或取得信息。

第五阶段:结束阶段

此阶段要鼓励成员表达参加团体的感受和对未来的行动计划,并总结团体中的所学与收获。此外,团体领导者还要帮助成员判断什么时候需要进一步帮助,以及怎样才能够获得帮助。以下是需要进一步提供持续专业帮助的筛选标准:

(1) 心理症状在4—6周后还没有减少;

(2) 心理症状增加;

(3) 社会功能丧失;

(4) 明显的人格改变。

结束时,团体领导者可以为成员提供需要帮助时的专业机构电话等信息,方便成员在需要时及时得到帮助。

危机团体干预的组织与实施

大多数危机应对专家会推荐用团体的形式开展危机干预,一般在危机发生之后24至72小时内引入危机干预团体,或者越快越好。因为在危机发生之后,人们会不断谈论危机,在此过程中,恐慌、猜疑等负面情绪可能被不断加强。而通过团体干预的方式,在标准的框架下、安全的环境中,引导成员对危机事件谈出自己的感受和反应,可以更有建设性地讨论他们的关切,改善成员的心理健康状态。除了面对面的团体干预,也可以采用线上团体干预。例如,新冠肺炎疫情属于严重的传染病,为了控制疫情,需要避免人群聚集,居家隔离,所以网络团体干预(建立微信群互动、网络视频团体)成为最可能实施的危机团体干预。

危机团体干预属于心理急救、短期心理援助,不是心理治疗,目的是减轻面对危机事件时的应激反应,稳定情绪,增强安全感和归属感,建立社会连接感和支持,发展应对技巧,减轻症状,恢复适应性社会功能。

在实施危机团体干预的过程中,团体的带领者主要承担了主持人、教育者、陪伴者和咨询师四种角色,但与心理咨询团体和心理治疗团体不同,这里带领者的咨询师角色是比较弱的。因为危机干预团体是一个心理教育团体,所以带领者更多时候是指导者、教育者的角色。带领者首先需要维持团体运作,鼓励保密,推动参与和讨论并聚焦于参与者的需要;其次教授成员危机应对的技能;最后运用咨询师的专业的判断力,把需要进一步干预的成员筛选出来,进行随访或者转介。当然,在此过程中,带领者需要具有共情、倾听、陪伴的能力。

危机团体干预的实施有其特点与要求。一般而言,危机干预团体由专业人员或半专业人员带领,通常在危机发生后约48小时后72小时内进行,一周内最佳。团体形式多为单次小团体,运用艺术或语言表达,团体过程相对结构化,有固定的步骤,通常需要2—3小时,参加人数一般在3—12人。最好在安静、封闭,有桌椅且备有白板的空间(如会议室)内进行团体干预,以便记录并整理成员所叙述的身心行为反应,进行方式是结构性地邀请成员依序发言。成员在团体中能够了解危机事件,分享彼此感受,共享信息和资源,帮助别人的同时协助自己找到积极的应对方法。

14.3 危机心理援助热线的应用

心理热线作为一种迅速便捷、超越空间、及时有效的心理服务形式已经有几十年的发展历史,目前在世界各国被广泛应用于排忧解难、心理援助、危机干预等服务中。危机事件发生后,立即启动心理援助热线,由专业心理健康服务人员如心理咨询师或受过热线接线培训的志愿者提供24小时服务,已经是危机心理援助中最常用的方法了。国家22部委签署的《关于加强心理健康服务的指导意见》中有专门针对危机干预和心理援助工作的指导意见,提出了心理援助热线的运用:"在危机事件善后和恢复重建过程中,依托各地心理援助专业机构、社会工作服务机构、志愿服务组织和心理援助热线,对高危人群持续开展心理援助服务。"

例如,在新冠肺炎疫情爆发后,由于恐慌、焦虑、担心、孤单而需要心理援助的人群很多,但疫情的传染性质要求人们居家隔离,避免人群聚集,因此,开设心理援助热线成为最有可能为民众提供及时的心理疏导的有效方法。总体而言,一般心理咨询专业训练中的热线服务,尤其是危机心理援助热线的培训并不普及。热线咨询与一般心理咨询有很多不同之处,了解危机心理援助热线的特点、方法及应用已经成为心理健康服务者的必备能力。

14.3.1 危机心理援助热线的价值

危机心理援助热线的目标

危机心理援助热线的目标是运用心理学方法和技术,为处于危机中的不同层面人群提供心理援助服务,包括帮助来电者舒缓压力、发现问题、提供情绪疏导、情感支持及危机干预,促使受助者情绪稳定,应对现实问题,恢复对生活的控制感,维护心理健康。接线员应遵守善行、责任、诚信、公正、尊重的职业伦理和职业精神,以避免伤害及维护来电者最大福祉为基本出发点。2020 年 2 月 2 日,国务院应对新型冠状病毒感染的肺炎疫情联防联控机制(简称国务院联防联控机制)发布了《关于设立应对疫情心理援助热线的通知》;2 月 7 日,发布了《新型冠状病毒肺炎疫情防控期间心理援助热线工作指南》,明确了疫情心理援助热线的目标是为疫情防控期间不同人群提供心理支持、心理疏导、危机干预等服务。

危机心理援助热线的主要特点

危机心理援助热线不同于面对面心理干预,心理热线时间短(一般 30 分钟),具体时长不固定,多为一次性的咨询。同时,心理热线不做创伤咨询治疗,更多使用倾听、共情、理解、陪伴、澄清等技术,多使用心理应激干预方法。热线服务的具体特点如下所述。

1. 服务性质:非常规心理咨询,非危机干预热线,为急需心理支持的来电者提供即时帮助,协助其调节情绪、改善行为,为其提供资源。
2. 服务形式:方便、快捷,相比其他干预形式具有隐匿性。
3. 服务对象:仅限于受危机引发的各类心理困扰,急需情绪疏导和心理支持的人群。
4. 服务内容:提供情绪疏导与心理支持,提供必要的危机干预及其他社会心理健康服务资源转介。
5. 服务方法:危机评估,快速聚焦问题,给予明确建议与指导。
6. 服务途径:与多系统合作,及时转介有需要的来电者。

危机心理援助热线服务的伦理要求

在心理咨询与心理治疗中,伦理常被界定为心理咨询师与心理治疗师工作时所应遵循的指引和专业规范。中国心理学会制定的《中国心理学会临床与咨询心理学工作伦理守则(第二版)》(2018)涵盖了专业关系、知情同意、隐私权与保密性、专业胜任力和专业责任、心理测量与评估、教学培训与督导、研究和发表、远程专业工作(网络/电话咨询)、媒体沟通与合作以及伦理问题处理十个方面的伦理细则。而其中最重要的是伦理总原则——善行、尊重、公正、诚信和责任,所有专业助人工作都要基于总原则来进行。心理咨询师应将危机干预作为一种必备能力,同时必须遵循危机干预的相关伦理。从以往灾后危机心理援助中暴露出的问题看,部分心理援助工作甚至对援助对象造成了进一步的伤害,而缺少专业伦理的指导和规范是心理援助"帮倒忙""添乱"等情况产生的主要原因。遵守专业伦理是保障心理工作者和心理援助对象权益及福祉的前提,也是一切心理援助工作的基本要求。因此,在开展危机事件心理援助之前,心理援助工作者必须了解心理援助中需要注意的基本伦理议题,以受助者利益为重,做出恰当的伦理决策。

专业关系相关的伦理

专业关系伦理的原则是不把个人和社会的价值观强加给受助者。心理援助者应与受助者建立良好、安全的专业关系,尊重受助者的尊严与价值,以平等、真诚、关怀、负责任的态度来提供心理援助,尊重受助者个人的、社会的与文化的价值观。不评判是心理援助者基本的专业态度,不可以外界标准指责和要求受助者,尤其是对于受助者的各种不满,应只做倾听和情绪回应,不做价值判断。

保密相关的伦理

保密伦理的原则是对受助者的个人信息和求助内容保密,但如果受助者涉及伤害自己、伤害他人或法定的通报责任时,应即刻进行危险性评估并妥善处理,在保障受助者最大福祉的同时兼顾他人与社会大众的权益,并考虑相关法律的规定。例如,如果发现受助者出现发热等疑似症状,在与受助者充分共情处理焦虑的基础上,鼓励就医,并讨论为避免可能的影响而要采取的防护措施。

知情同意相关伦理

受助者具有知情同意的权利,心理援助者应在援助开始前说明心理援助的特点,介绍自己的服务机构,告知受助者自己正在接受督导,以及与督导讨论的内容。如果援助过程需要录音,须提前告知。如果要使用受助者的案例撰写科研文章或公众号内容等,须告知受助者并隐藏其具有识别性的信息。

如果受助者是危机个案,如存在自杀风险,援助者应按照危机干预处理方式进行评估,说明保密例外,尽量向受助者收集个人信息,与在线督导沟通;如果确有需要,安排随访。

心理援助工作者的自我关照

危机心理援助工作是一个高度消耗情感、精力和体力的工作,心理援助工作者很容易感到共情疲劳、身心疲惫,产生职业倦怠感。在危机面前,很多心理学工作者义不容辞,带着责任感和使命感,挺身而出,积极投入心理援助工作。但是,评估自身身心健康状态是助人有效的前提。请问问自己,我参加心理援助工作的目的是什么?有哪些优势和准备让我可以承担这项工作?我缺少什么急需补充的知识和技能?我是否参加过危机干预的专业培训?我有足够的时间可以参加吗?我愿意在心理援助实务工作中不断学习和成长吗?当我在心理援助工作中遇到困难时该怎么办?

只有危机心理援助者做好自我照顾,注意劳逸结合,及时进行自我情绪调节,维持敏感的自我觉察,避免反向移情,保持良好的身心状态,才能为求助者提供专业服务。

14.3.2 危机心理援助热线志愿者的培训

危机心理援助热线培训的必要性

危机心理援助热线的接线员(可以是心理咨询师,也可以是志愿者等受过热线服务培训的半专业人员,后面统称接线员)必须经过严格的招募和培训,能够为处于危机中的人士提供有质量的服务,服务过程要有督导的指导和引领。国家22部委签署颁发的《关于加强心理健康服务的指导意见》中,特别强调"将心理危机干预和心理援助纳入各类突发事件应急预案和技术方案,加强心理危机干预和援助队伍的专业化、系统化建设,定期开展培训和演练"。

清华大学心理学系与北京幸福公益基金会联合设立"抗击疫情心理援助",其热线接线员就经过了招募、培训、选拔、考核、实习、上岗、定期接受督导、督导师接受总督导这样的环节,使接线员具有危机干预的胜任力。图14-9显示了从招募到上岗接线的培训过程和环节。每一个环节都有标准、有要求,而有热情、有爱心的人士并非报名就能上岗。招募的基本条件中有受教育背景的要求,必须是心理学、教育学、社会工作、医学等相关助人专业本科以上学历,有心理咨询基本训练和实战经验,有接热线经验者会优先考虑。

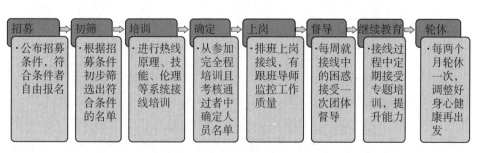

图14-9 心理援助热线接线员从招募到上岗培训全程示意图

(来源:樊富珉,李焰,刘丹,2021)

心理援助热线接线员的胜任力

危机心理援助工作者应具备适当的资格能力,不做超出个人专业胜任力的工作。主要包括:基本专业训练以及有关危机处理的专业训练;能够充分评估当事人的身心状况与个别差异,提供适合的情绪支持,促进当事人对身心健康的调适。专业工作者在心理援助中力所能及地提供基本心理支持,具备基本的助人技能,特别是倾听陪伴技能。当在擅长领域之外提供紧急服务时,援助者尽可能谨慎保守,并且尽快提高自己在该领域的胜任力,必要时寻求督导。在新冠肺炎疫情防控期间,国务院联防联控机制印发《新型冠状病毒肺炎疫情防控期间心理援助热线工作指南》,明确提出了热线咨询师的要求,表14-3据此修改。

表14-3 危机心理援助热线咨询师的要求

类别	内容
工作职责	1. 按热线管理要求收集有关电话内容和求助者信息。 2. 向求助者提供准确的危机相关信息。 3. 提供规范的心理援助和危机干预服务。 4. 必要时,为求助者推荐其他适当的资源或服务。 5. 定期接受岗位培训和督导。 6. 遵守心理健康服务伦理要求。
基本要求	1. 自愿参加热线服务,具有良好的专业素养和敬业精神,有良好的职业操守。 2. 语言表达清楚,沟通、交流的意愿和能力强。 3. 具备相关专业背景,包括精神科医护人员、心理治疗师、心理咨询师、心理健康相关社会工作者等。
专业要求	1. 具备专业能力。掌握热线服务基本理论和技能、热线接听技能、服务伦理要求等,具备处理心理应激问题的能力。 2. 掌握特定技能。了解危机干预的基本理论,能够识别常见精神障碍和危机状态,及时对高危人员进行危机干预或转介。
实践操作要求	1. 熟悉热线服务的处理流程,包括确立关系、澄清问题、确定工作目标、探讨解决方法、总结等过程,熟练掌握设备操作和完成相关记录等。对于高危及可能危害他人和社会安全的来电,应当向行政管理组汇报,并寻求督导。 2. 掌握热线服务的各种基本技巧,如倾听的技巧,提问的方式,如何表达理解、提供建议、进行总结、把握时间等。 3. 熟悉有关危机事件的最新政策和科普知识。 4. 熟悉热线服务中的评估要求,包括基本的状态、严重性、危险性、效果的评价演练。 5. 熟悉危机来电的识别和处理的基本原则,包括基本步骤、风险程度评估、资源的利用等。

危机心理援助热线接线员的专业胜任力到底包括哪几方面呢?危机干预人员的基本胜任力一般包括知识、技能以及态度和价值观三大方面(樊富珉,秦琳,刘丹,2014),如图14-10所示。在知识方面,危机干预人员应该掌握危机事件相关知识、危机干预的理论与方法、心理咨询的相关理论以及哀伤与生命教育的相关内容;在技能方面,危机干预人员应该具备接线服务技巧、共情陪伴能力、心理咨询技术、危机评

估方法以及个别和团体干预技术;最为重要的是在态度和价值观方面,危机干预人员应该具备助人意愿与热情、自我觉察与自我照顾的能力、自我心理调适与发展能力以及遵守危机干预的伦理。

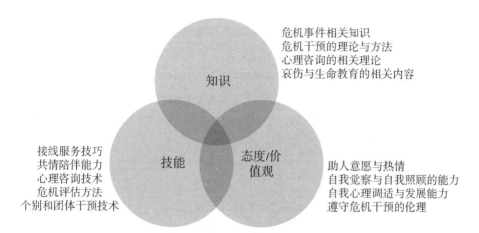

图 14-10 危机心理干预人员的基本胜任力

(来源:樊富珉,秦琳,刘丹,2014)

心理援助热线接线培训课程设置

为了保证心理热线服务的质量,热线组织者必须为志愿者提供专业的上岗培训和持续的培训,以及督导,以提升志愿者助人技巧和能力,保证热线的服务质量和专业水准。

培训目标

(1)了解心理热线提供心理支持服务的特点;

(2)了解心理危机的反应以及危机干预工作的任务;

(3)掌握运用热线提供心理服务的方法与伦理;

(4)为特殊时期提供专业的、规范的心理健康服务奠定基础。

课程内容

根据危机心理援助接线员胜任力要求,我们设计的培训课程内容分成四个模块:理论知识、技能方法、态度价值、实务训练。其中见习与实习最好在平时加以训练,不断积累实务经验。表 14-4 是清华大学心理中心在热线接线员培训中不断摸索和实践总结的产物。

新冠肺炎疫情防控期间,该热线接线员培训课程在由清华大学心理学系和北京幸福公益基金会联合开设的"抗击疫情心理援助"接线员培训中试用,培训了一大批危机心理援助热线工作者,在疫情心理防御战中发挥了积极作用。

表 14-4 危机心理援助热线接线员的系列培训课程

课程类别	培训内容
理论知识类	1. 心理援助的意义与援助的伦理 2. 危机心理反应与恢复阶段 3. 危机心理评估的重要性与维度 4. 危机心理干预的过程与常用方法 5. 用叙事的视角发掘来电者自身的力量 6. 哀伤辅导与生命教育 7. 常见精神疾病的识别
技能方法类	1. 心理援助热线接听流程 2. 心理援助热线咨询中的关系建立 3. 心理援助热线中来电者的临床心理评估 4. 心理咨询基本会谈技巧 5. 心理援助热线工作中的常用方法 6. 心理援助热线工作中困难来电的处理 7. 自杀来电者的风险评估与干预 8. 心理援助热线工作者如何转介
态度价值观类	1. 心理援助热线中常见的伦理议题 2. 心理援助热线接线员怎样做到自我照顾 3. 心理援助热线接线员的工作压力与心理调适 4. 心理援助热线接线员的个人成长
实务训练类	1. 心理援助热线见习与实习 2. 心理援助热线督导(撰写案例报告并提交督导)

(来源：樊富珉,李焰,刘丹,2021)

（樊富珉　撰写）

本章参考文献

Albert R. Roberts, Kenneth R. Yeager.(2016).助人者危机介入的随身指南(方汇德,译).台北：心理出版社.
樊富珉,贾烜.(2013).生命教育与自杀预防.北京：清华大学出版社.
樊富珉,李焰,刘丹.(2021).心理危机援助热线实务.北京：清华大学出版社.
樊富珉,秦琳,刘丹.(2014).心理援助热线培训手册.北京：清华大学出版社.
樊富珉,徐凯文.(2014).危机干预的技术规范与示范.载于张亚林,曹玉萍(主编),心理咨询与心理治疗技术操作规范.北京：科学出版社.
樊富珉,张秀琴,张英俊.(2021).团体辅导与危机心理干预.北京：机械工业出版社.
黄龙杰.(2008).抢救心理创伤——从危机现场到心灵重建.台北：张老师文化事业股份有限公司.
吉利兰,詹姆斯(James, R.K., Gilliland, B.E.).(2000).危机干预策略(肖水源,译).北京：中国轻工业出版社.
隋双戈.(2009)."简快重建法"在灾后团体心理咨询中的应用.中华行为医学与脑科学杂志,18(3)：218-219.
Calhoun, L., Cann, A., Tedeschi, R., & McMillan, J. (2000). A correlational test of therelationship between posttraumatic growth, religion and cognitive processing. *Journal of Traumatic Stress*, 13, 521-527.
Kubler-Ross, E. 1969. On Death and Dying(论死亡与临终)(刘晶,译,2015). https://www.sohu.com/a/543808348_121124516.
Zoellner, T., & Maercker, A. (2006). Posttraumatic growth in clinical psychology: A critical review and introductionof a two component model. *Clinical Psychology Review*, 26(5), 626-653.

15 网络心理咨询

15.1 网络心理咨询的形式 / 447
  15.1.1 网络心理咨询及其类型 / 448
  15.1.2 网络心理咨询的场景 / 449
15.2 网络心理咨询的焦点问题 / 450
  15.2.1 网络心理咨询的"在场"问题 / 450
  15.2.2 网络心理咨询的设置 / 452
  15.2.3 网络心理咨询的仿真感和技术细节 / 453
15.3 网络心理咨询的方法与建议 / 455
  15.3.1 网络上的一对一咨询 / 455
  15.3.2 网络上的家庭咨询 / 457
  15.3.3 网络上的团体工作 / 458

  互联网技术为心理咨询提供了一种新的可能性,即通过音频或视频的方式,来访者和咨询师进行远程连接,双方不在同一个现场却可以完成心理咨询。这并不仅仅意味着把面对面咨询中的对话复制到电脑或手机上,已有大量实践发现,网络心理咨询和面对面咨询在体验上具有较大差异。无论是咨询师的工作方式,还是来访者的主观感受,包括咨询起效的原理,都不能把网络心理咨询简单看成现场心理咨询的"屏幕版"。因此,本章拟对网络心理咨询技术做专门探讨。首先,对网络心理咨询的常用媒介和形式做概括介绍;其次,探讨在网络心理咨询中被广泛关注和探讨的焦点问题;最后,基于现有的技术,从一对一咨询和团体咨询两方面为网络心理咨询提供方法和建议。

15.1 网络心理咨询的形式

  网络心理咨询,一向被传统的心理咨询师当作一种"聊胜于无"的存在,是在现实条件不允许面对面工作时,替代"真实"咨询的一种备选。另一方面,它又备受一些专业同行的推崇,认为它降低了时间成本,提高了咨询的便利性。2020年,随着全球范围内新冠肺炎疫情出现,出于防疫需要,越来越多的人必须保持社交距离,居家办公,网络心理咨询从一种"可选项"变成了"必选项"。无论愿不愿意接受,心理咨询师都必须考虑这样一种新的工作形式。

在这一节中,我们将从网络心理咨询的定义出发,从多种信息载体和不同的咨询场景两个维度,认识什么是网络心理咨询,以及它有哪些基本特征。

15.1.1 网络心理咨询及其类型

什么是网络心理咨询

一般来说,不在同一个地方的两人或多人,通过互联网进行的具有心理咨询性质的远程信息交换,都可以被叫作网络心理咨询。在这个定义中,值得强调的有两个特点:第一是"不在同一个地方",这使得参与咨询的双方或多方不具备分享同一个现场信息的可能性,而仅仅只能营造一种虚拟的"在场感";第二是"信息交换",即每一方发出的信息都可以被其他参与者接收并给出反馈。按照这一标准,只有"咨询师"单方面输出的,具有心理教育色彩的课程,或者只有"来访者"单方面输出的,具有心理倾诉色彩的"树洞",虽然都具有心理健康服务价值,但因为缺乏咨访双方的交互,不能被称为网络心理咨询。

另外,互联网上还存在很多由算法提供的"伪互动",通过设计好的程序,计算机模仿"咨询师"的口吻,在收到用户的信息后,按照特定算法和流程给出回复。如果设计足够巧妙,这种互动可能具备相当的真实感,甚至可能模拟一些简单的、结构化的心理会谈流程,但它仍然属于有计划的程序,而不是基于真实关系产生的互动。因此,在本章中,暂不作为"心理咨询"加以讨论。

网络心理咨询的类型

从信息载体的角度看,网络心理咨询包括三种类型。

网络文本咨询

顾名思义,来访者和咨询师运用文本的方式进行互动。优点是门槛低,操作简便,贴近日常生活中的网络交流,咨询师和来访者都会有更放松的体验。缺点是文本承载的信息量有限,表情、语气等非言语信息只能被舍弃,难以传递微妙的情感变化,也难以建立深度和稳定的咨访关系。这属于"轻量级"的咨询方式,适合单次的、求医问药式的简单问询,也适合一些纠结于是否接受正式心理咨询的来访者,作为一种"试用装"体验。除此之外,文本交流的形式相对更容易藏匿身份信息,受到某些看重隐私性的来访者青睐。

网络语音咨询

网络语音咨询有点类似于传统的热线电话,咨询师和来访者在没有画面信息的前提下,仅凭声音进行远程交流。因为有语气、语调、语速的变化,这种交流一方面可以传递较多的情感信息,使咨访双方建立一定深度的情感联结;另一方面,没有画面信息的情况也为这种交流提供了相当的自由度。对于咨询环境,以及咨访双方的姿势、体态、表情、衣着等,均没有要求。

网络视频咨询

借助摄像头和未来可能进一步发展的 VR(虚拟现实)通信技术,互联网可以为咨访双方提供相对仿真的"面对面"交谈体验。双方既可以听到对方的声音,又可以同时看到对方在摄像头前的投影(以面部和上半身为主),这已经非常契合很多人关于"面对面"交谈(图像+声音)的认知了。因此,视频咨询是目前应用范围最广的网络心理咨询形式。实践中,有的咨询师甚至把视频咨询作为一种没有条件进行现场心理咨询时的替代方式。

15.1.2 网络心理咨询的场景

现场心理咨询的场景永远只有一间固定的咨询室,而网络心理咨询至少包含三个不同的现场:两个第一现场(咨询师所处的房间和来访者所处的房间),以及一个第二现场(双方互动的场所,即互联网上的虚拟空间)。

第一现场

咨询师和来访者真实所在的环境,被称为第一现场。一般来说,咨询师无论从事面对面咨询或网络咨询,都应当在固定的场所,尽量维持专业设置的标准化。有的咨询师会为了网络心理咨询布置专门的工作间,里面有高度适宜的手机支架、补光灯、远距离收音的麦克风等器材,关好房门,不受干扰,并确保网络信号在畅通状态。专业且固定的房间不但让咨询师更舒适,也更便于向来访者传递咨询师对设置的重视。如非特殊情况(例如因防疫而产生的隔离),不建议咨询师在生活环境中从事网络心理咨询,如在自家的卧室、起居室等。

相比于咨询师所在的房间,来访者的第一现场往往存在更多变数。多数来访者是在自己家中接受网络心理咨询的;也有一些来访者选择在车里、会议室里,或是公共空间(如咖啡馆、公园);还有的来访者一边走在路上一边咨询。空间的多边,常常会给咨询设置带来不可预测的影响,例如网络的卡顿或中断、设备的连接问题、无法收音、噪声过大,一些环境甚至无法保证私密性,随时可能受到其他人的打扰。即使是在家里,有的来访者也会担心交谈过程的隐私性(被家人听到);还有一些来访者把家作为心理咨询的第一现场,却不想让家人知情。在这种状况下,和咨询师的交谈随时可能因为家人闯入而中断。

第二现场

咨询师和来访者产生对话的虚拟空间,被称为第二现场。它通常是由在线交流软件或平台提供。有一些是通过通信软件(例如微信、Skype)的互联;也有一些是通过远程会议平台(例如瞩目、Zoom、腾讯会议),设置独立封闭的"房间",用户可依据特定的编号和密码"进入"和"退出"。根据软件和平台的不同设计,在第二现场的不同角色可能拥有不同的操作权限,包括但不限于:向对方发送信息、传送文件、开启或关闭麦克风/摄像头、投屏、保存通讯记录、截屏、录音、录屏等。这些都会给咨访关系带来独特的复杂性。

15.2 网络心理咨询的焦点问题

正如第一节所述,网络心理咨询同时置身于多个场景之中,增加了心理咨询的复杂性,发生对话的场景是互联网技术制造的虚拟空间,各人的所在往往又有自身的特殊之处。多重复杂性的叠加,让咨访双方的关系有别于"换一个地方"的现场咨询。对网络心理咨询技术的探讨,就要从"在场"问题开始。

15.2.1 网络心理咨询的"在场"问题

远程沟通与同处一室的不同

两个人通过技术媒介进行远程沟通,与同处一室的具身沟通存在什么不同?这个问题在某种程度上等价于:同处一室的两个人,除了图像和语音的相互输送之外,还在以哪些方式交换哪些信息?你可能首先想到的是嗅觉、触觉(房间内的气味、温度和湿度)等感官信息。同时,还有一层看似不言自明,却至关重要的信息,即"在场"——某个事物和我存在于同一个现场之中。

这不只是一个形而上的存在主义观念,同时也是一种具象的认知:对于在场的人或物,存在一种实实在在的,对他/它"采取行动"的可能性。戈麦斯等人(Gomez, Skiba 和 Snow, 2018)发表于 2018 年的研究指出,现实世界中那些可能与身体产生互动的真实物体,与二维或三维的影像相比,会对当事人的注意、记忆和神经激活程度产生更大的影响。其原因在于,它们具有让身体产生动作(比如伸出手触摸)的可能性。这倒不一定需要产生实际的碰触,只要有"可能性"就足够了。人们需要根据在外部世界里可以采取的行动为自己定位,这似乎是一种本能。如果我们把一个真实的物体放在一个透明的屏障后面,隔绝一个人与之产生互动的可能性,则其对这个物体的反应强度就会显著减弱,与对二维影像的反应等同。

这个研究说明，同处一个房间的两个人，即使保持静止不动，一句话不说，相互产生的反应也和面对着屏幕画面的反应截然不同。用日常的语言表达，这被称为"场"；用精神分析的术语表达，则叫作"亲吻或踢踹"(kiss or kick)的可能性。它是人类早期和养育者建立联结的方式，也是人和人之间产生信任关系的基础。而这一基础严重受到了视频对话的影响。如何让人们的神经系统克服这一影响，产生更真实的在场感，这是网络心理咨询研究要解决的重点问题。

为什么网络心理咨询更容易令人耗竭

很多心理咨询师感到，网络上的咨询工作比面对面更累，更容易令人耗竭。当我们进行远程沟通时，无论使用音频还是视频，都会伴随着很多精细的非言语信息折损，我们不得不为了全面理解沟通的内容而更加用力地投入于一段工作。如果使用视频交流，我们面对的是没有整个身体的面部，视觉上显得更近，也更容易分神。拜伦逊(Bailenson, 2020)在发表于《华尔街日报》的一篇文章中指出，人盯着一个近距离的面部影像时，姿势会更为退缩。它会本能地引发一种"某个人闯到我面前"的错觉，这像是一种威胁，唤起我们的"战斗—逃跑"的应激反应。

拉塞尔(Russell)在《网络上的咨访关系》(2021)一书中，定义了一种叫作"持续性部分注意力"(continuous partial attention)的分神状态。在这种状态里，人需要高度警觉，预期随时可能发生的与对方的联结，什么地方都要在线。作为对比，可以想象咨询师在面对面咨询时，其注意力是可以灵活转移的，时而盯着来访者的眼睛，时而移开目光，缓缓逡巡，甚至也可以看向窗外转入沉思。有时，咨访双方之间出现一两分钟沉默也很自然。而这些注意力的切换方式如果呈现在屏幕上，就显得如此怪异。拉塞尔写道："当我们如此可及的时候，却又不在此时此地。"

屏幕之外看不到的信息

"在场"的问题实际上还包括了屏幕之外看不到的信息。例如，来访者可能把手机调成了静音，就放在电脑旁，一边咨询一边用余光查阅刚刚收到的微信。有的在视频窗口之外打开了其他窗口，你以为对方睁大眼睛不说话地盯着你，是因为受到了某种触动，实际上他可能只是在聚精会神地回一封邮件。不光来访者，咨询师也完全有可能这么做——至少在某些来访者担心的想象里。

笔者自己在做网络咨询时也遇到过"在场"的尴尬。在一段看上去流畅自然的咨询互动中，咨访双方都有了一种"与面对面无异"的错觉。这时来访者突然起身离开，想去拿一杯水。她离开的同时关闭了摄像头，留给笔者一片空无一物的漆黑。笔者立刻惊觉：我可以如此轻易地被驱逐出她的世界。像是某种隐喻性的提醒：那些五光十色的幻觉被抹去后，留下的唯有一片空寂。

15.2.2 网络心理咨询的设置

网络心理咨询如何保持和面对面咨询相同的设置,包括咨询场所的稳定性、咨询时间、双重关系和保密等方面?对网络心理咨询提出了新的挑战。

咨询场所稳定性的影响

从咨询场所的稳定性来说,一方面要保持咨询师的工作场所稳定,另一方面也要尽量建议来访者找一个稳定、安全、不被打扰的地点。如果来访者在自己家中接受咨询,咨询师需要意识到,自己正在"占用"别人的地盘工作,并且那些人有权利,事实上也有可能在你工作的时候,闯进你的工作空间(哪怕没有发生,但仍然存在这种"可能")。所以务必要确认家里是否还有其他成员,并和来访者探讨:"你家人知道你在做咨询吗?他们是否愿意帮你一起保护这个咨询的空间不受干扰?"把它作为初始访谈的常规议题,专门花一些时间确认,还可以讨论这件事对来访者的个人意义。必要的时候,甚至可以邀请全家人一起参与一次会谈,来澄清某位家庭成员接受心理咨询带给其他人的感受。

一些来访者不愿意让家人知道自己在接受心理咨询,有时他们会用"他白天反正不在家,没关系"之类的理由来拒绝和家人商量。这种情况下,咨询师需要意识到来访者正在把咨询变成一个家庭的秘密,这有可能带来一些关系的复杂性——例如,万一来访者的家人突然出现,而来访者请你帮他"圆谎",怎么办?咨询师同样需要考虑:来访者拒绝跟家人沟通,又不得不使用家庭住所作为咨询的第一现场,对来访者意味着什么?关于场所的议题必须被公开讨论,房间里有一头大象而所有人都视而不见,这个房间是很难用于开展工作的。

咨询时间的稳定性

场所的稳定性也在某种程度上影响着时间的稳定性。当场所不稳定时,来访者就更有可能临时提出时间变动的请求,在咨询中遭遇到意外的干扰(孩子哭了,快递送货来敲门,或是被熟人打招呼),甚至中断咨询。基于网络的咨询进程还有可能遭遇到设备、网络、技术等方面的障碍。这就对咨询设置提出了更多样的挑战——如果来访者告诉你,他因为"网络故障"无法在约定的时间在咨询室现身,你会把这件事看作不可抗力的影响,还是来访者在为自己的"阻抗"寻找新的理由?你会坚持为这次失约收费吗?这些都需要更细致的讨论。

网络咨询中的双重关系与保密

相比于面对面咨询,网络心理咨询更容易产生双重关系的影响。这尤其体现在使用通信软件作为咨询媒介时,因为添加通讯方式本身就可以被看作一段社交关系的建立:来访者是否有权浏览你的朋友圈?他在朋友圈里更新的动态,是否是刻意想让你看到的?你在另一个朋友的动态下留言,有没有可能被来访者看到,从而意识到你们之间存在着共同好友？此外，更普遍的情况是，来访者可能通过通信软件向咨询师日常发送消息，如节日祝福或是在遇到困难时求助。为了避免双重关系的干扰，一开始把工具的使用边界规定清楚是十分必要的。另外，通过助理跟来访者建立咨询之外的联结，也可以保障咨访关系的纯净。

网络心理咨询与面对面咨询一样强调保密性。要记录网上的交流过程，无论是截屏、录音，还是录屏，相对都很容易，因此需要更明确的规范和承诺。对于提供远程交流服务的软件和平台，咨询师还需要了解其数据储存规则。

15.2.3 网络心理咨询的仿真感和技术细节

目前，对网络心理咨询的技术细节讨论主要集中在两个方面：一是尽可能地"仿真"；二是保证咨询体验的连贯性。

仿真

网络心理咨询要尽可能地还原真实对话的体验。这方面关注的焦点包括：画面的显示、视线的对焦、坐姿、距离、声音等。

尽可能地提供高清晰度的画面

绝大多数设备的屏幕都是像素化的，无论从清晰度还是色彩来讲，都会与真实场景有一定距离。在力所能及的情况下可以使用大屏幕的设备、全屏幕的画幅，以增加画面细节。良好的光源可以增强面部信息的表达，也可以让自己在对方的屏幕上看起来更自然，目前主流的摄像和屏显设置会让自然光线下的环境看起来黯淡无光（有来访者表示，在黯淡的画面里看到咨询师会让自己的心情也"变得阴沉"）。高分辨率的屏幕和高清晰度的摄像头也许可以提供更为精细的画面质量（另一方面，对网络信号的要求也更高）。在现场咨询时，来访者往往对设置上微小的变化都会产生反应（"你换了一个纸巾盒"），而咨询师可能会探讨它对于来访者个人的意义，这类反应很少出现在网络咨询中。但无论如何，咨询师尽可能地提供高清晰度的画面，呈现更丰富完整的现场细节，这仍然具有价值。因此，在做网络心理咨询时，不建议使用虚化背景甚至虚拟背景。

视线的对焦

视线的对焦是另一个和仿真体验相关的问题。因为摄像头和屏幕的中心往往隔着一段距离，这导致我们在盯着对方的眼睛（屏幕中心）看时，会错开摄像头的方位，呈现在对方屏幕上的视线就错开了一个角度，两个人很难产生直接的目光对视体验（"我看着你，同时我看到你是看着我的"）。这对咨询体验而言是一个重大的挑战。目前，已有一些算法可用于修正此类问题。但即便如此，考虑到我们在咨询室内往往以45度角斜向对坐，面对面的目光直视仍然不是我们习惯的咨询体验。对人际敏感的会话者,这是一个挑战。

身体姿态的舒适与松弛

在网络心理咨询中,很多人会选择坐在办公椅或餐椅上,面前是一张桌子,而手机或电脑放在桌子上。这使得他们的坐姿保持一种竖直的状态,和面对面咨询里坐在沙发上的体验完全不同,更不用说精神分析治疗使用的躺椅。竖直的坐姿经常传递出一种"正襟危坐"感,更难启动一种安全的、向内探索的状态。有一些咨询师会鼓励来访者尝试更舒适的坐姿,如坐在沙发上,用手机支架把摄像头架设到合适的高度和角度,从而更接近于咨询室内的交谈体验。

距离屏幕的远近

咨访双方距离屏幕的远近是影响咨询体验的重要因素,同时,它也决定了头面部在画面上的比例。一般来说,太近的距离可以带来更丰富的面部信息,但容易造成一种"威胁"感,并削弱了肢体传达的信息;过远的距离又让我们看不清来访者细微的表情变化,有些程度较轻的流泪、微笑,或是迟疑,甚至会被咨询师错过,有时还会对声音质量造成折损(有来访者反馈,离屏幕稍远一点,就必须通过"喊"才能让对方听清。这种体验让她紧张,因为在室内这样"喊"会让她觉得像是在争吵)。经验表明,距离屏幕1米左右,露出头面部和上半身躯干,是比较适宜的。在这个距离内,讲话最好佩戴耳机。

网络咨询中使用耳机

佩戴耳机可能会让有些人觉得过度亲密("就好像对方贴在我耳边说话"),但它有一个额外的好处,就是避免回声的干扰。这是在网络信号不稳定时尤其容易出现的问题,一方发出的声音和另一方收到的声音之间有延时,收到的声音有可能再次作为信号输入,让说话的人听到"回声",从而破坏对话的体验。

总的来说,尽管网络心理咨询在尽力模仿现场咨询的体验,但即便是最得心应手的实践者也不能否认,它只是真实咨询的替代品,和面对面的交流永远存在差异。有一些研究者提出,也许更好的体验是放弃视频的模拟,仅仅使用音频,虽然看似失去了一些视觉线索,但因为承认了"这就是一场远程的,看不见彼此的对话",反而可以自由选择坐姿,目光自由移动,就如同在共同的环境中见面一样,咨访双方的体验也许都比视频咨询更轻松(拉塞尔,2021)。

连贯性

网络心理咨询需要保持尽可能连贯的体验。目前,干扰这一体验的因素主要包括:通讯双方的网络信号质量、设备问题、平台服务器问题等。在大多数情况下,这些风险因素可以通过提前调试得以排除,但时常还是可能出现画面卡顿、语音断断续续的情况。这些通讯过程的瑕疵对日常对话不构成太大影响,但在心理咨询的语境下,却有可能极大程度地影响体验。

例如,出现沉默时咨访双方都必须花一点时间确认:这是真实状态下的"沉默",还是技术问题造成的延迟(或者只是忘了解除静音)?而哪怕只有零点一秒的迟疑,沉默带来的体验就有可能被打断。还有在极少数的意外情况下,咨访双方会因为技术因素完全失去联结,无法取得联系,这对咨访关系而言是灾难性的体验。为避免这种情况,最好在建立咨询设置之初,就准备好应急方案:失去连接时,可使用哪些备选的通讯方式——通过文字交换信息,通过备用电话,或通过助理。

从精神分析的角度看,咨询体验的连贯性也有可能影响来访者对咨询师的理想化感受("咨询师并不能解决跟技术相关的问题""信号不稳定时,咨询师的反应看上去有点慌乱")。在更严重的情况下,甚至会影响来访者在咨询关系中体验到的安全感("这不是一段可靠的关系,任何风吹草动都可能会破坏它")。

15.3 网络心理咨询的方法与建议

在前两节中,我们看到网络心理咨询和真实环境中面对面的咨询工作存在着诸多差异。已有大量的研究和实践探索这些差异给心理咨询工作带来的挑战,并提出应对方法。这一节将从一对一咨询、家庭咨询、团体工作三方面分别加以介绍。

15.3.1 网络上的一对一咨询

远程会谈需要注意的重点

2019年,两位精神分析师拉塞尔和埃西格(Essig)写了一篇文章:《出行受限时期的远程会谈指南》,为网络上的一对一咨询工作提供了有益的建议。

远程会谈的7个要点

在这份指南中,他们列举了7个要点,包括:保证交谈空间的私密性;保持稳定的坐姿并调整好与远程设备之间的距离;准备纸巾和水;着装得体("即使我可能根本看不到你或你的全貌,可是事实上,你是知道自己穿了什么的");关闭其他电子设备或其他有可能干扰咨询进程的程序;在咨询开始前以及结束以后留出15分钟时间走一走;尽可能保证在同一个场所咨询。

留出15分钟的重要性

他们特意强调了"留出15分钟"的重要性。他们认为,在过去面对面的心理咨询中,花在路上的时间也是咨询体验的一部分。来访者可能在去咨询室的路上想一想上次咨询聊了什么,这次的话题从哪里开始,身体便会慢慢放松进入咨询的状态;从咨询室返回的路途中也会逐渐整理心情,消化在咨询过程中的思考。而在网络心理咨询中,这一切过程都被压缩为鼠标的"咔嚓"一声点击,相应地损失了很多酝酿和回味的空间。两位精神分析师尤其反对"刚开完一个远程会议,或者刚打完电话,或者刚结束其他需要集中注意力的活动,就立即开始咨询"。他们认为,必须留出充分的时间,为一段心理咨询工作做准备。

网络咨询中便捷的代价

这与很多人的常规认知相反。一般来说,"高效"和"便捷"被认为是网络互动的两大优点:不需要浪费路上的时间,不怕堵车,无须在等待室等候,时间可以被无缝拼接到一起,甚至穿着起居服一边吃饭一边做咨询……看上去似乎让心理咨询变得更"触手可及",但这些优点同时也是双刃剑,也许会让来访者把咨询当成一段"召之即来,挥之即去"的关系,从而更难以产生对这段关系的投入与共鸣。笔者督导过几个脱落的网络咨询案例,脱落前往往都呈现出了"一边赶路一边做咨询""睡到咨询前一分钟才起床"等节省时间、贪图方便的情况。一名受督者反馈,她有一位来访者在脱落之前,总是要求"关闭摄像头,只通过语音交流",咨询师未曾细究,后来才知道,来访者这时候已经换好睡衣,准备一谈完就睡觉。即使不从精神分析的角度理解其中的移情反应,也可以看出这段关系已经和咨询师自身的期待相差甚远。这就是便捷的代价。

坚持在稳定、从容、专注的环境里工作

网络心理咨询前的准备

心理咨询师需要坚持一个稳定、从容、专注的工作环境,以便最大化地投入专业工作,即使这种坚持有时候显得繁琐和迂腐。例如,在每次咨询开始之前,花三五分钟确认一下现场:你是在家里吗?家里有其他人吗?你的房间是关着门的吗?是否隔音?家人知道你在做咨询吗?在这段时间会不会有什么事打断你(特别是有小孩在附近)?手边是否准备好了纸巾和饮水?电子设备是否已进入免打扰模式?电脑上还有其他软件和进程吗?音量是否合适?目前的距离对你来说是否显得太近或太远?还有什么事情需要准备得再充分一点吗?

网络心理咨询的开始

咨询师可以向来访者展示一下自己所在的场所,如果是咨询室的话,可以让来访者近距离地观察里面的陈设("如果你来现场咨询的话,现在就坐在这张沙发上,想象一下是什么感觉?"),澄清与安全和保密相关的疑虑。

在来访者不能完全确认己方环境安全的情况下,咨询师不要急于开展咨询。可以鼓励来访者付出一定的时间和努力,营造更安全的环境。例如,向家人提出需求:我在这个时段有一个重要的视频谈话,就在这个房间,要确保这段时间不被干扰。表达这个需求本身就是有治疗意义的。对于功能水平较低,或者家庭关系较为复杂的来访者,咨询师还可以考虑邀请来访者的家人一起,做几次预备性的谈话,让来访者

家庭了解心理咨询:具体是怎样工作的,咨询师的资质和受训经历,会用哪些方法帮助当事人,可能带来的改善是什么。咨询师也可以询问不同家庭成员对咨询效果的期待,了解不同的家庭成员希望看到什么变化,哪些方向是他们不愿意面对的,澄清一些潜在的抵触或者误解("不,心理咨询不是为了帮你们的孩子对付你们")。让来访者的家人理解你的工作是为了帮助所有人变得更好,争取来访者家人在咨询设置上的配合。当然,前提是让来访者认识到咨询设置的重要性。有的来访者始终没办法/不愿意和家人合作,这本身就是一个值得探讨的议题,当时机合适时,也可以在咨询中讨论。

如何处理来访者的特殊要求

有的咨询师出于照顾来访者困难之处的考虑,或是评估现实因素后,可能会对来访者提出的一些特殊设置予以妥协。这些妥协有可能带来一定的风险,它们意味着认同来访者的潜在假设——"我的丈夫无法沟通,我必须瞒着他做咨询","我太忙了,只能利用碎片时间做咨询"或是"我必须打字,因为父母可能就躲在门外听我在说什么"。网络上的设置尤其可能制造这样的复杂性。咨询师需要考虑:在何种程度上要对来访者的特殊要求予以妥协,并提供必要的方便?哪些底线不能退让?咨询师妥协时,也需要指出设备背后的关键议题,而不是与来访者"共谋",用见诸行动的方式表达:"我认同你的特殊处境,但我对此无能为力。"

最后提醒一点,即便为了照顾来访者的特殊情况,咨询师也不能陪来访者一起欺骗。有的来访者为了应付家人,要求咨询师假装成自己的同事、朋友,以开工作会议的名义做咨询。咨询师对此不能听之任之,更不可以主动圆谎,否则一方面会让咨询关系变质,另一方面还可能产生伦理和法律风险。

15.3.2 网络上的家庭咨询

网络家庭咨询的特点

米纽庆(Minuchin)曾说,家庭咨询是空间的艺术。离开了现场空间,很多家庭咨询的技术应用会大打折扣(例如,萨提亚的家庭雕塑技术)。在网络上进行家庭咨询的尝试相比于个体咨询更少,但鉴于新冠肺炎疫情带来的隔离可能,越来越多的家庭咨询师也开始尝试通过远程手段,与一家人开展工作。除了和网络个体咨询相似的困难之外,家庭咨询还有两点显著的不同:一是家庭成员往往坐在同一个摄像头前,导致每个人距离屏幕更远,呈现在窗口中的面部信息更少,咨询师往往只能看清来访者的躯体轮廓;二是无法使用耳机,导致声音质量更不可控。

网络家庭咨询相关研究

尽管如此,仍然有很多家庭咨询师在实践中尝试克服这些困难,报告了可喜的成果。在一项发表于2021年的调查中,克罗宁(Cronin)等研究者(2021)总结了英国的一些机构开展系统式家庭治疗的经验。他们发现,通过网络进行家庭咨询,在不同的设置下,对于不同年龄段的人群都是可行的,但是需要在不同层次上重新考虑咨询的过程及有效因素。因此,挑战也同样存在。这是一种对于新的交互方式的共创,在这一过程中,"做"治疗和过程反馈之间的关联至关重要。咨询师需要有意识地总结并反馈("你们可能看不清,但我刚才是在微笑着")。

通过网络开展工作时,咨询师和家庭之间的联结不可避免地被弱化,这一点可以反过来加以利用,以强化家庭成员间相互的交流("我看不清你们的表情,你可以说一说爸爸刚才对你的反应吗")。从次级控制论的角度看,这可以减轻家庭对咨询师的依赖,帮助咨询师站到一个更远的位置,挖掘家庭自身的资源。

网络家庭咨询的挑战与创新

利用网络做家庭咨询,相当于在环境上进入了家庭的"内部",不但可以帮助咨询师观察一个家庭的内部空间,也更方便看到家庭的"活现"(enactment),即家庭成员在他们自己的空间中,展示出他们熟悉的互动模式。而咨询中一旦塑造出新的互动,也因为更直接地呈现并融入到家庭原本的空间里,相比于在咨询室里发生的改变,也许更容易被家庭保留。这样看,网络上的家庭咨询,既对传统的范式提出了挑战,也有可能创造新的机会。

15.3.3 网络上的团体工作

网络团体工作的特点

在网络上的团体工作中,包括团体辅导、团体心理咨询和团体督导,咨询师需要同时面对身处多个现场的多名参与者,比一对一的工作更为复杂。

这里除了咨询师和团体成员建立关系之外,团体成员相互之间也会有影响,例如,一名成员关闭摄像头,就有可能给其他打开摄像头的成员带来"不信任"的感觉,认为对方并没有像自己一样投入咨询。另外一名成员的身后有人影闪现,也会让看到的成员感到不安,认为这段交谈的环境并不封闭。除此之外,不同参与者的视线聚焦、发言秩序,都让网络上的团体工作和面对面团体工作大不相同。

对网络团体工作开展的建议

花更多的时间建立关系

在开始正式工作之前,花一些时间让参与者之间相互打招呼,做自我介绍(哪怕他们彼此已经很熟悉)。互动所占的比例比面对面团体工作时更长,甚至可以占到正式工作时间的三分之一到三分之二。

提前调试参数

包括设备音量、音质、环境噪音、通话连贯性、网络信号,不厌其烦地请参与者确认细节。理想的情况是每个人都处在舒适、安全且稳定的连接中,团体对"所有人都在场"的焦虑就会降低一些。

分享现场

参与者依次介绍自己在什么地方,展示现场环境,分享环境中可能影响此次会谈的元素(噪音、附近的其他人、可能的突发事件、网络稳定性),让其他参与者对此有所准备。例如,参与者所在的场所附近有施工的噪音,就告诉其他人:"我这边有点吵,大家能听到吗?"(其他人未必能听到,但当事人自己会担心)另一个参与者可能会告诉大家,她身后移动的物体只是一只猫,她可以把猫抱到摄像头的前面,请大家熟悉一下。

设置静音和摄像头的规则

让大家养成不发言时静音的习惯,有助于控制回声和避免噪音的干扰。在团体工作中,一般要求所有参与者都打开摄像头,这会让每个人都确认其他人的"在场"。如有人短暂离开,也会呈现在团体面前,减少焦虑。如果有特殊情况不得不关闭摄像头,需要特别申请。

安排结构化的练习

在团体工作中安排一些结构化的元素,可以增加团体的稳定感。增加一些适合远程参与的、使用身体动作的游戏,让大家在摄像头前"动起来",有助于减轻长期静坐和只有少数人发言的枯燥感。试举几例:

(1)"拉手"集体照

如果团体所在的会议平台有宫格效果(即所有参与者以小窗口排列显示),请所有团体成员打开双臂,不同人的指尖对齐,保持在同一水平线,形成"手拉手"的视觉效果。用截屏的方式拍照留念。

(2)情绪风向标

让所有参与者使用双臂表达他们此刻的情绪状态,例如,向上高举代表"兴奋",向前平伸代表"平静",向下垂落代表"低落"(也可以给这些动作赋予其他的含义)。这些大关节的动作在屏幕上十分醒目,不但可以用来激活身体,也方便参与者一目了然地看到其他成员的状态。

(3)色卡投票器

请所有参与者用一张硬纸板制作道具,两面染上不同颜色(例如,红一黑),把纸板举在头顶,展现不同颜色,对选择类的问题进行投票(例如,"你更喜欢内向的性格还是外向的性格?")。

在网络团体中慎用沉默

网络工作中沉默的体验跟面对面不一样,很容易让参与者感到不安。一个人说完话之后,尽可能有指向性地邀请另一位成员发言,而不是笼统地问"大家有什么反馈",否则会因为彼此都在等待机会,反而造成沉默。如果不想造成"突然袭击"的紧张,可以提前预告,"等下某某说完之后,我还想听某某和某某说几句"。另一个办法是,快速收集谁想发言的信息,比如让所有人在留言区打字,或者使用前面介绍过的"色卡投票器"。

让每个人都有机会说话

尽可能让团体中的每个成员都有机会说话,哪怕是简单的一两句话,甚至是一两个词。让团体成员感到每个人都在参与团体。

同时运用声音和文字两种沟通工具

很多远程会议平台都有留言区,咨询师可以请团体成员用文字输入信息(例如,"每个人都用一个词说说此刻的情绪"),既能节省时间,又让所有人都感知到其他参与者的存在。

网络团体工作需要注意的问题

因为网络团体环境的不确定性,带领者可能会失去对团体设置的控制,缺乏实体的环境与在场感,对过度宣泄的团体成员的情绪难以控制,对愤而离开的团体成员无法支持并将其带回团体,以及面临网络的稳定性和设备技术等问题。为了更好地利用网络平台开展团体工作,根据团体心理专业规范,遵照《中华人民共和国精神卫生法》和《中国心理学会临床与咨询心理学工作伦理守则(第二版)》要求,结合网络与团体心理工作的特点,中国心理卫生协会团体心理辅导与治疗专业委员会于2020年3月28日特别制定《网络团体心理工作指南(试行)》,以指导专业人员规范地、科学地开展网络团体心理服务。这份指南特别提出了以下网络团体工作需要注意的问题。

网络团体工作的适合性

教育性团体、支持性团体、个人成长团体、危机干预团体等适合使用网络团体工作,而治疗性团体要慎用。网络教育性团体是以普及心理健康知识,特殊情景下的情绪疏导、压力管理、人际沟通、社会适应等为目标的网络团体。网络支持性团体是指通过网络团体,成员分享个人经验,获得同在感,相互理解与建立社会支持,获得能量共渡难关,逐步回归正常生活。

网络团体工作的设置

网络团体和线下团体一样,设置非常重要,如入组筛查、知情同意、保密协议、如何使用网络的培训等。要排除不会或没有条件使用网络及相关设备者、无法与人正常沟通者、对自我缺乏反思者、确诊为精神障碍患者、有自杀高风险者、有心脏病等严重躯体疾病病史者等不适合网络团体工作的潜在团体成员。

网络团体的规模

网络教育性团体一般12—20人;网络支持性团体一般8—12人;网络咨询性团体和危机干预团体一般6—8人。

网络团体的时长

根据团体目标和成员的需求,一次团体工作的时长可以因参加成员的特点而不同,一般60—90分钟为宜。可以根据需要组织单次网络团体,也可以组织连续的多次团体。

网络团体带领者的资格

网络团体工作的带领者要具备团体工作的专业胜任力,包括具备团体带领者的专业知识、专业技能以及心理咨询与治疗伦理三个方面的能力,并且至少要有200小时以上的团体实务经验。同时,需要接受网络使用培训,能熟练地运用视频软件和平台以及相关技术。建议两名带领者协同带领,以应对网络团体过程中出现的突发状况。

技术条件的保障

为了保障网络的稳定通畅,团体成员在正式开展网络团体工作之前需要接受网络使用培训,以及提前测试。在正式开始网络团体工作时,提前10—15分钟进入,以保证网络和设备完好、顺畅。

网络团体工作的环境

网络团体工作需要在独立、私密、安静、安全的环境中进行,确保没有他人在场。全程要求开启视频,看到每一位团体成员在场,讲话时打开音频。团体工作全程要求投入专注,不做任何与团体无关的事情,如不随意走动、不吃东西、不接听电话等。

带领网络团体期间持续接受督导

网络团体工作带领者要在资深团体督导师的督导下开展专业工作。在没有专业督导的情况下,建议以同侪督导的方式相互督导,以保证团体成员的利益不受损害。

(李松蔚 撰写)

本章参考文献

拉塞尔(Russell, G.).(2021).网络上的咨访关系:对远程精神分析和心理治疗的探索(巴彤,谢冬梅,译).北京:中国轻工业出版社.

中国心理卫生协会团体心理辅导与治疗专业委员会.网络团体心理工作指南(试行).2020.

Bailenson, J. (2020). Why Zoom meetings can exhaust us. *Wall Street Journal*, 3 April.

Cronin, I., Judson, A., Ekdawi, I., Verma, G., & J. Adams. (2021). Holding onto the 'mystery' within online family and systemic therapy. *Journal of Family Therapy*, 43(4), 295-313.

Gomez, M. A., Skiba, R. M., & Snow, J. C. (2018). Graspable objects grab attention more than images do. *Psychological science*, 29(2), 206-218.

Russell, G. & Essig, T. (2019). Bodies and screen relations: Moving treatment from wishful thinking to informed decision-making. In A. Govrin & J. Mills (Eds.), *Innovations in Psychoanalysis: Originality, Development, Progress*. London: Routledge.

第四编 心理咨询师的养成与伦理

16 心理咨询师的专业训练

16.1 心理咨询工作者的名称及种类 / 466
 16.1.1 国家二级、三级心理咨询师 / 466
 16.1.2 中国心理学会注册系统助理心理师、注册心理师、注册督导师 / 467
 16.1.3 精神科医师 / 468
 16.1.4 心理治疗师 / 469
 16.1.5 社会工作者 / 470
 16.1.6 中小学心理健康教育教师 / 472
16.2 心理咨询师的专业胜任力 / 473
 16.2.1 什么是胜任力 / 473
 16.2.2 心理咨询师的专业胜任力模型 / 474
 16.2.3 心理咨询师的专业胜任力评估和测量 / 477
16.3 心理咨询师的专业培训 / 480
 16.3.1 国外心理咨询师的培养 / 481
 16.3.2 我国心理咨询师的培养 / 484

  在过去的一个世纪,国外的心理咨询师的专业训练得到了快速发展,许多国家和地区建立起了多样化、正规化的专业训练体系。例如,德国平均每百万人中约有 240 名心理治疗师;美国平均每百万人中约有 1 000 名专业人员可以提供心理健康服务,且这些人多数具有相关硕士、博士学历。然而,中国平均每百万人中只有 24 名专业人员可以提供心理健康服务。随着我国对社会心理服务体系建设的重视程度不断提高,以及经济发展催生的民众对美好生活需要的增长,社会心理服务需求将更加迫切和多样化(陈雪峰,2018)。本章将从我国心理咨询工作者的名称及种类、心理咨询师的专业胜任力、心理咨询师的专业培训三个方面介绍心理咨询师的专业训练,以期推动未来中国心理咨询师的专业训练体系的建设。

16.1 心理咨询工作者的名称及种类

心理咨询工作者是指提供专业心理咨询服务的人员。提供专业心理咨询服务的不光有心理咨询师,还有心理治疗师、精神科医生、社会工作者,以及各类经过专业教育或训练的心理健康服务人员。在美国,按照学科受训程度,提供心理咨询服务的人员主要可以分为四类:临床精神科医生、执业心理学家、执业临床专业类咨询师和执业临床社工,分别具有医学、心理学、心理咨询或社会工作学的专业背景,并且在接受长期的临床督导和心理咨询的实务训练之后才能取得相应的资格,各自划分权责和工作领域,分属美国精神病学会、美国心理学会、专业咨询师学会和全国社工学会监督与管理(徐华春,黄希庭,2007)。

在中国,心理咨询工作者的专业性由国家法律和行业协会确认,心理咨询工作者的权利和义务受到法律保障和约束。国家人力资源和社会保障部承认的心理咨询工作者职业包括心理咨询师、精神科医师、心理治疗师、社会工作者、心理健康教育教师等(中华人民共和国职业分类大典,2015)。以下对我国有明确资质要求的提供心理健康服务的主要专业人员类别进行介绍。

16.1.1 国家二级、三级心理咨询师

历史沿革

2001年4月,我国劳动和社会保障部正式推出《心理咨询师国家职业标准(试行)》,并将心理咨询师正式列入《中华人民共和国职业分类大典》,这标志着"心理咨询师"正式被劳动部认可为一个职业,是中国心理咨询事业发展的里程碑。次年7月,心理咨询师国家职业资格项目正式启动,将心理咨询师分为三级,分别是心理咨询员(国家职业资格三级)、心理咨询师(国家职业资格二级)和高级心理咨询师(国家职业资格一级),其中一级心理咨询师项目一直没有开放实行。

为了进一步完善国家职业标准体系,为职业教育、职业培训和职业技能鉴定提供科学规范的依据,2005年劳动和社会保障部委托中国心理卫生协会组织专家,重新制定了《心理咨询师国家职业标准(2005年版)》。从2006年开始,心理咨询师国家资格考试采用新标准,取消了原来的心理咨询员(国家职业资格三级)和高级心理咨询师(国家职业资格一级)的称呼,统一称为心理咨询师资格认定(国家二级、三级心理咨询师)。

自2003年开始施行心理咨询师国家职业资格认证试点至2017年底,已有90万人获得证书,但由于职业培训及资格鉴定体系不健全,职业继续教育和行业监管缺

失,从业人员水平参差不齐(陈雪峰,2018;陈祉妍等,2016;谢斌,2018)。同时,调查显示,无论专业水平如何,其中真正从事心理咨询的人员不足1/10(张黎黎等,2010)。因此,2017年人力资源和社会保障部将咨询师从职业资格目录中删除,并取消心理咨询师的职业资格认证,但已经获得证书的仍然保留职业资格。

资格认证方式及内容

要获得国家二级、三级心理咨询师职业资格,需要参加由人力资源和社会保障部举办的心理咨询师职业资格考试,同时提交两份审核材料,一是案例报告,二是个人分析报告或研究报告。有个别省份会对通过二级咨询师考试者进行论文答辩(王铭等,2015)。

职业资格考试包括理论知识综合考试和专业能力考核两项内容,采用闭卷笔试,考试题目从题库中随机提取,按标准答案评分。考试成绩采用百分制,达60分以上者为合格。此外,国家二级心理咨询师还需进行综合评审,进行论文撰写及口头答辩,考生必须提交两篇文章,包括案例报告一篇(必选)、个人成长分析报告或研究报告一篇(二选一)。三个部分都合格才能获得国家二级心理咨询师职业资格证书。

16.1.2　中国心理学会注册系统助理心理师、注册心理师、注册督导师

背景介绍

早在2007年,中国心理学会就颁布了《中国心理学会临床与咨询心理学专业机构和专业人员注册标准(第一版)》;2018年,推出《中国心理学会临床与咨询心理学专业机构和专业人员注册标准(第二版)》。根据注册系统的官网显示,截至2022年5月31日,注册系统有全体注册人员3 844人,包括注册督导师689人,注册心理师2 267人,注册助理心理师888人;正在伦理公示期的有828人。除注册人员外,目前还有注册实习机构23家。在2017年人力资源和社会保障部取消心理咨询师国家职业资格证书后,由专业学会领导的注册系统成为目前最权威的心理咨询师资格认证体系,代表着中国心理咨询走向了专业化的发展方向。

资格认证方式及内容

《中国心理学会临床与咨询心理学专业机构和专业人员注册标准(第二版)》(下文简称《标准》)中详细介绍了助理心理师、心理师和督导师三类专业人员的定义和注册登记标准,注册方式分为申请制和评审制,对学历制和非学历制的专业人员认证都设置了相应标准。相较于国家心理咨询师职业资格考试,注册系统的注册标准体现了评估心理咨询师与治疗师职业胜任力的"多特质、多方法、多来源"的原则(王铭等,2015)。这里以注册心理师为例简要介绍注册系统的注册要求。

1. 遵守《中国心理学会临床与咨询心理学伦理守则》,未因专业伦理问题陷入纠

纷,无违法记录。

2. 获得临床与咨询心理学专业博士学位(且须满足规定的专业培养方案),经 2 名注册心理师推荐。

3. 获得临床与咨询心理学专业硕士学位(且须满足规定的专业培养方案),毕业后 2 年内临床实习不少于 150 小时,接受个别督导与集体督导累计不少于 100 小时,经 2 名注册心理师推荐。

4. 获得非《标准》认可的心理学/医学/教育学等专业硕士或博士学位者,除了提供必要文件(2 名注册心理师或督导师的推荐信、学位证书复印件、实习和督导证明),还要求其接受的专业研究生培养课程达到了《标准》的规定,或研究生毕业后接受了相应规定课程的培训,并且在注册督导师督导下与寻求专业服务者直接接触的临床实践小时数至少 250 小时,接受注册督导师规律、正式的个体督导至少 80 小时(含研究生在读期间接受的个体督导小时数),集体案例督导至少 120 小时(其中申报者本人呈报的咨询或治疗案例在团体督导中被督导至少 12 小时)。

5. 继续教育:注册心理师在注册期满后更新注册登记时,需提供至少 40 学时/年的注册继续教育或专业培训项目的学习证明(或一期内累计学习至少 120 学时,其中专业伦理培训至少 16 学时)。

16.1.3 精神科医师

背景介绍

精神科医师是从事患者心理卫生和精神障碍疾病研究、诊断、治疗、康复的专业人员。其主要工作任务有:获取患者病史,研究和分析患者病因、发病机理、临床表现;进行患者认知、情感、意志和行为等心理活动过程的精神检查、心理测验和躯体检查;运用影像学、电生理、生化等手段,对患者进行辅助检查;对患者实施药物治疗、心理治疗、物理治疗、康复治疗(中华人民共和国职业分类大典,2015)。

《中华人民共和国精神卫生法》规定,精神科执业医师有精神障碍的诊断权以及为精神障碍患者开具处方和提供外科治疗的权力,其他从事心理治疗和心理咨询的人员不得进行精神障碍的诊断,不得为精神障碍患者开具处方或者提供外科治疗。也就是说,心理咨询师不能为精神障碍患者出具诊断或提供心理治疗,应该在考虑自身胜任力的同时,在符合精神科执业医师的诊断和医嘱的情况下才能为精神障碍患者提供以促进其社会适应为目标的心理咨询。

20 世纪 80 年代初期,医疗机构中开始开设心理咨询门诊,医疗模式开始建立(黄希庭等,2007)。1985 年,我国仅有精神科医生约 6 000 人(王高华,金卫东,1990),其中非常有代表性和影响力的是钟友彬教授在北京首钢医院开办的心理咨询门诊,及由其创立的有中国特色的心理治疗方法——认识领悟疗法。2000年之前,以精神专科医院为主的医疗机构是面向社会提供心理咨询与心理治疗专业服务的主要机构(谢斌,2018)。2015年,全国共有精神卫生机构2 936家,精神卫生机构内专业人员122 309人,其中精神科执业医师26 760人,精神科执业助理医师3 362人,注册护士75 765人(史晨辉等,2019)。

我国精神科医师人才队伍目前仍难以匹配日益增长的人民群众对精神卫生的需求,其原因有四点:一是人才总量不足,医师比例偏低;二是学历层次偏低,高级人才紧缺;三是人员分布不均,资源配置失衡;四是工作性质特殊,人员流失严重。调查显示,在全国精神科队伍中,仅约三分之一的从业人员具有大专以上学历,地市级精神卫生机构医生主要为中专或大专学历(占比达73.6%)。在职称方面,许多县级机构甚至没有副主任及以上职称的精神科医生(王海容,魏洋,2014)。为缓解医疗机构中精神科医生从业人员不足的压力,医院护士有时也提供多种心理健康服务,取得了良好的效果(孙琳等,2021;徐莲英等,2020)。

资格认证方式及内容

我国精神科医师的来源主要有三个渠道:一是大学精神科专业毕业的本科生;二是通科医学本科生毕业后,在精神卫生专业科室或医疗机构的精神科实习2至3年,成为精神科医生;三是医学专科生或中专生毕业后,从事精神科相关工作,考取资格证后成为精神科医生。其中第三类是我国现有精神科医生的主要构成部分(王海容,魏洋,2014)。

根据《关于开展专科医师规范化培训制度试点的指导意见》和《国家卫生计生委办公厅关于精神科从业医师执业注册有关事项的通知》等文件,我国医生培养模式主要是"5+3"模式,即在5年医学类专业本科教育结束后,进行3年的住院医师规范化培训,结业考核合格后,才具有医生的从业资格,再之后可以向所在地县级以上人民政府卫生行政部门申请成为注册精神科医师。然而,在我国5年医学本科课程中,除了36学时的医学心理学,不设其他心理学课程,也没有心理治疗相关理论学习和实践训练。因此,有医学背景的心理治疗专家往往是利用业余时间看书学习,参加心理咨询或治疗的培训,或者去国外攻读相关硕士和博士项目,在医学专业培训之外发展心理咨询和治疗的专业能力(王建平等,2019)。

16.1.4　心理治疗师

背景介绍

2000年以来,卫生部和人事部颁布《关于加强卫生专业技术职务评聘工作的通知》等相关文件并举行正式考试,标志着医疗系统内心理治疗的专业化。2004年前,持证心理治疗师约有 5 000 余人,主要在医疗系统内工作(陈祉妍等,2016)。赵文清等(2017)在全国范围内进行的抽样调查发现,虽然心理治疗师队伍近十年有很大发展,但是在 52 家精神专科医院中,平均每家仅有 10 名心理治疗师,与门诊和病房患者的需求量不能匹配,并且担任心理治疗师工作的多是精神科医师,只有少部分是临床心理师。

2016 年以来,国家颁布了《"健康中国 2030"规划纲要》《关于加强心理健康服务的指导意见》《全国社会心理服务体系建设试点工作方案》等文件,都提到心理治疗师是社会心理服务体系的重要一环,心理治疗师应与精神科医师一起对心理咨询师和社会工作者等提供技术指导。近年来,卫健委还将心理治疗师初级和中级职称纳入医疗卫生技术职称考试序列,鼓励医疗机构内医学和心理学专业背景人才报考心理治疗师职称考试,畅通心理治疗师职称晋升渠道,规范医疗机构内的心理健康服务。

资格认证方式及内容

心理治疗师由卫生计生委认证,分为初、中、高级职称,考试内容包括"基础知识""相关专业知识""专业知识""专业实践能力"等 4 个科目,考试由全国统一组织,每年进行一次。参加考试并成绩合格者,即可获得由人事局颁发,人事部统一印制,人事部、卫生部用印的专业技术资格证书。心理治疗师的申请者须是医学、心理学或其他相关专业毕业,在医疗卫生机构内工作,同时达到一定的工作年限,但是不要求申请人具有临床与咨询心理学专业的学历教育背景,也没有培训、临床实习和督导的要求(王铭等,2015)。

16.1.5 社会工作者

背景介绍

社会工作者是指从事社会服务项目开发设计、个案服务、小组服务、社区建设等专门化社会服务的专业人员。其主要工作任务有:调查、分析社会服务需求,开发、设计社会服务项目;预估服务对象需求,制订服务计划;进行困难帮扶、情绪疏导、危机干预、行为矫治、关系调适、资源链接、能力建设、社会融入等服务;帮助面临共同困境或需求的群体建立同伴支持系统;培育社区组织,组织社区活动,参与社区协商,化解社区矛盾,促进社区发展;进行专业督导,提升服务团队专业反思和专业服务能力;进行服务成效评估。社会工作者参与很多的心理服务工作,但更偏重于管理和协助精神病患者及其他需要心理帮助的人群的心理治疗与社会康复(中华人民共和国职业分类大典,2015)。在美国,临床社工也接受心理咨询和治疗的培训并提供心理治疗服务(姚萍,2006)。

2006 年,人事部和民政部联合发布了《社会工作者职业水平评价暂行规定》和

《助理社会工作师、社会工作师职业水平考试实施办法》，首次从国家制度上将社会工作者纳入专业技术人员范畴，标志着我国社会工作者职业水平评价制度正式建立。社会工作者职业水平考试是评价社会工作者职业水平的主要方式和社会工作者取得相应职业资格的主要手段。自 2008 年实施至今，全国取得助理社会工作师和社会工作师职业水平证书的人员已突破 53 万人，社会工作专业人才总量超过 149 万人。全国范围的城乡社区、相关事业单位和社会组织开发设置 44 万多个社会工作专业岗位，建成 6.4 万个社会工作服务站(室)，成立 1.3 万多家民办社会工作服务机构，初步形成了广布城乡的社会工作服务网络(中国社会工作编辑部，2020)。2015 年修订的《中华人民共和国职业分类大典》将社会工作者明确列入专业技术人员大类。2017年，《国家职业资格目录》将社会工作者职业资格明确为水平评价类专业技术资格。2018 年 3 月，人力资源和社会保障部、民政部发布了《高级社会工作师评价办法》，标志着初、中、高级相衔接的社会工作职业水平评价体系基本建成以及社会工作者的职业身份和专业作用进一步明确(颜小钗，2019；中国社会工作编辑部，2020)。

资格认证方式及内容

根据《人事部、民政部关于印发〈社会工作者职业水平评价暂行规定〉和〈助理社会工作师、社会工作师职业水平考试实施办法〉的通知》和《人力资源社会保障部、民政部关于印发〈高级社会工作师评价办法〉的通知》等文件，社会工作师职业资格分为助理社会工作师、社会工作师和高级社会工作师。助理社会工作师的考试科目为《社会工作综合能力(初级)》和《社会工作实务(初级)》，均为客观科目。社会工作师的考试科目为《社会工作综合能力(中级)》《社会工作实务(中级)》和《社会工作法规与政策》，其中《社会工作实务(中级)》为主观科目，其他科目均为客观科目。高级社会工作师的考试科目为《社会工作实务(高级)》，为主观科目。社会工作师职业资格考试实行全国统一大纲、统一命题的考试制度，原则上每年举行一次。

根据《全国助理社会工作师职业水平考试大纲》和《全国社会工作师职业水平考试大纲》，《社会工作综合能力》中包含了个案工作方法、小组工作方法、社区工作方法等内容；《社会工作实务》中包含了社会工作实务的通用过程，如接案、预估、计划、介入、评估、结案等程序方法，涉及部分心理咨询服务的内容。然而有研究指出，考试主要考查的是社会工作的理论知识，而非实务能力，并且存在某些内容模块的考题过多或过少，以及两个考试科目的边界不清晰等问题，有效性有待提升(曾守锤，2020)。这意味着社会工作者的资格认定可能陷入了与过去国家心理咨询师职业资格考试相类似的困境。

在实践中，社会工作者直接面向个人、家庭、群体和社区，工作在社会心理服务体系的最前线，主要承担着信息收集、工作促进、资源整合等任务(杨洋，2015)，工作过程中很有可能包含了心理咨询和治疗的内容,例如帮助案主稳定情绪、改变行为、进行任务制定和管理等(彭灵灵,2017)。然而,在实际工作中,社会工作者又要特别慎重地考虑自身和机构能够提供什么样的服务,对于情况较为严重的个案,需要客观判断是否需要转介给心理咨询师或精神科医师,这其中就涉及开展心理服务的边界、开展精神障碍治疗和康复的合法性等问题(陈雪峰,2019;赵环,2017)。

16.1.6 中小学心理健康教育教师

背景介绍

心理健康教育是根据学生生理和心理发展特点,运用心理教育方法和手段,培养学生良好的心理素质,促进学生身心全面和谐发展及素质全面提高的教育活动。中小学心理健康教育教师是在中小学从事心理健康教育的专职教师。在学校开展心理健康教育的途径和方法多种多样,例如开设心理健康教育课、举办专题讲座、进行个别辅导与团体辅导等。

早在1999年,教育部就印发了《关于加强中小学心理健康教育的若干意见》,近年来又发布了《中小学心理健康教育指导纲要》《关于加强学生心理健康管理工作的通知》等文件,强调了心理健康教育教师的专业发展和场地、经费保障等问题,要求每所中小学至少配备1名专职心理健康教育教师,县级教研机构要配备心理教研员。然而,心理健康教育教师资格证从2017年下半年才开始颁发,且有研究发现,心理健康教育教师的专业背景、专兼职情况、督导等方面存在诸多问题(宋志英,2018)。

资格认证方式及内容

根据《教育部教师工作司关于中小学教师资格考试增加"心理健康教育"等学科的通知》《综合素质考试大纲》《教育知识与能力考试大纲》等文件,与一般的教师资格证考试一样,中小学心理健康教育教师资格证考试包括笔试科目一(综合素质)和科目二(教育知识与能力),分别考核教师的教育理念、法律意识和职业道德、文化素养、基本能力、教育学和心理学知识等内容。目前科目三"学科知识与教学能力"结合面试一并考核,暂由各试点省(区、市)和部属师范大学自行命题与组织,待条件成熟后再由全国统一命题。

本节介绍了我国提供心理咨询和心理治疗相关专业服务的职业种类和相应培训或考核要求。不难看出,近年来我们相继出台相关法律法规和政策,对心理健康服务提供者的身份和资质进行规定,推动了行业的专业化水平。但是,我国提供心理健康服务的专业人员在数量和质量上仍然存在不足。要解决这个问题,关键就是了解一名合格的心理咨询工作者是什么样的,以及该如何系统地培养心理咨询工作者。

16.2 心理咨询师的专业胜任力

从20世纪80年代开始,职业心理学(professional psychology,包括临床、咨询、学校心理学等提供专业心理服务的心理学分支)逐步迎来了"胜任力文化"。美国相关高校和心理学行业协会率先开始强调识别核心的专业胜任力在职业心理学家工作中的体现,弱化对专业知识和内容的考查。2002年,在美国心理学博士后和实习中心协会(APPIC)组织的胜任力大会上,超过130名心理学家一起研讨如何在教育和专业认证中定义、测量与培养核心胜任力(Kaslow,2004)。此后的20年里,针对从事心理咨询、心理治疗、督导和科学研究等专业工作的咨询师和心理学家的胜任力的理论与实践研究快速发展。本节将介绍心理咨询师的专业胜任力定义和主要模型,以及胜任力模型在专业培训中的应用。

16.2.1 什么是胜任力

胜任力(competence)是在包括心理学在内的健康领域中经常使用的词汇。胜任力指达到某种资格或能力水平的动机和行为(Kaslow,2004)。职业心理学胜任力指在日常工作中为了使个人和社区从专业服务中获益,专业人员"对沟通、知识、专业技能、临床推理、情感、价值观以及日常实践中的反思的一种习惯性的、明智的运用"(Epstein和Hundert,2002;王铭等,2015)。因此,专业人员的胜任力是情境式的——胜任力中各个方面的体现和执行都需要应对环境的具体需求。专业人员的胜任力也是发展性的——个人所处的专业阶段对相应的胜任力要求是不同的。在一些情境(例如专业认证或专业资格考试)中,胜任力是具备专业能力或成为专业人员所需达到的最低要求和标准。其他时候,胜任力体现的是行业追求卓越的态度和抱负,而实现这些能力的人被认为是领域的专家。

在英文中,"competence"和"competency"有时被错误地混用。胜任要素(competency)是指胜任力(competence)所包含的可被观察和测量的、被领域专家公认的、能通过培训加强的因素(Stratford,1994)。对于职业心理学来说,胜任要素包括了知识、技能和态度三个方面,分别有其相对应的具体要素。

在临床和咨询心理学领域建立初期,规范行业的法律法规及认证专业人员和专业项目的标准亟待出台。当时美国和加拿大的认证标准主要用课程教育的设置及被督导的专业服务小时数作为考查培训项目质量和受训者能力的客观标准,对于受训者是否通过教育和实践达到胜任力并没有直接的标准和评估。1996年,美国心理学会修订了专业心理学项目认证的指导和原则,明确了对博士培训项目、博士实习项目及博士后培训项目的认证要求,强调认证过程应该衡量该项目是否培养受训者获得项目所要求的胜任力,而不是单纯的经验积累、课程学时或者知识记忆。

16.2.2 心理咨询师的专业胜任力模型

胜任力立方体模型

由鲁道夫(Rodolfa)等人(2005)发表的胜任力立方体模型(the Cube Model)是最具影响力的胜任力模型之一。立方体模型用一个立方体的相邻三面定义了职业心理学家从博士培训到专业资格认证的职业生涯中专业胜任力发展的三个角度,分别为基础性胜任要素、功能性胜任要素和职业发展阶段。立方体模型影响广泛,后续的心理学家或咨询师专业胜任力模型和测量大都对其总结的胜任力要素进行了进一步界定,并用发展的眼光界定不同职业阶段应该达到的专业能力。

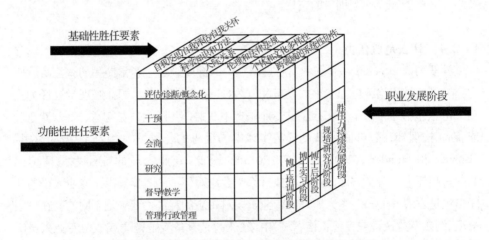

注:这些要素互相关联,具有发展性,且出现在职业发展的各个阶段。

图 16 - 1　胜任力立方体模型

(来源:Rodolfa 等,2005)

基础性胜任要素是发展功能性胜任要素所必备的基础要素,是职业心理学家工作中必须拥有的知识、技术和态度。在立方体模型中,基础性胜任要素包括:自我反思/自我评估/自我关怀、科学知识和方法、人际关系、伦理和法律法规、个体和文化多元性、跨领域的系统性协作。卡斯洛(Kaslow, 2004)认为,在基础性胜任要素中,伦理和法律法规及个体和文化多元性是最为基础的要素。在伦理和法律法规方面,胜任的咨询师应该熟知相关法律法规和专业伦理守则,敏锐识别心理服务中涉及伦理和法律的情境,有效处理法律法规、专业伦理、服务机构等之间可能存在的矛盾、区别和模糊地带,有自己的伦理决策模型,并知道自己何时需要同行的帮助和督导。在个体和文化多元性方面,胜任的咨询师应该了解自己对性别、性取向、民族、种族、社会经济地位、教育、残障、宗教、年龄等社会群体文化多元性的态度、价值观、假设和偏见,了解来自不同群体的个体和家庭常见的发展过程与心理需求,并熟知与不同社会群体工作的适当专业技术。

功能性胜任要素是职业心理学家需要胜任的主要职能。学者发现,功能性胜任要素(如干预技巧的应用)比基础性胜任要素起步低且发展更慢(Deane 等,2018)。在立方体模型中,功能性胜任要素包括评估/诊断/概念化、干预、会商(consultation,为个人或机构提供问题评估和解决问题的建议)、研究、督导/教学、管理/行政管理。每个功能性胜任要素都代表专业胜任的心理学家在工作中可能需要扮演的角色,且每个功能性胜任力都涉及多个基础性胜任要素。例如,在博士阶段,在"评估和诊断"方面,受训者应该熟悉多元文化对诊断工具选择和心理障碍症状表达的影响(个体和文化多元性),与来访者建立评估的关系(人际关系),以及考察不同评估工具的科学性(科学知识和方法)。另外,这些功能性胜任要素虽然彼此相关,但是又要求相对独立的知识和技术。因此,在某个功能领域具有胜任力的心理学家不一定能胜任另一功能领域。

胜任要素基准模型

2009 年,胜任力基准工作组的福阿德(Fouad)等学者发表了胜任力要素基准(competency benchmarks)模型。基准模型聚焦于提供心理健康服务所需的胜任力,进一步定义了立方体模型中概括的胜任力,并给每一个胜任力要素界定了具体的行为基准。基准模型中一共定义了 15 个核心胜任力及其要素,并为每一个要素界定了开始实践、开始(博士)实习和开始职业工作的具体行为基准。以"心理评估"中的"测量"要素为例,在开始实践前,受训人应该了解标准化测量的好处,了解测量工具所测的概念,并且了解包括信度和效度在内的重要测量学概念;在进入实习前,受训人应该能够根据案例需求确定适合的测量工具,并经常与督导讨论测量工具的选择;在开始职业工作前,心理学家应该在测量中体现文化敏感性,在需要的时候寻求专业会商和督导,并且知道测量数据中存在的局限。基准模型为心理学专业工作者的培养提供了一个复杂而全面的测量大纲。它最突出的价值就是把胜任力的定义和测量落实到具体的专业行为表现上。这为胜任力的测量奠定了重要的方向。不过,由于美国学者提出的立方体和基准模型都针对心理学博士培养,其中对于督导、会商和正义倡导(advocacy)的胜任力要求可能更加适用于博士培训后期的受训者(Gonsalvez 等,2021)。

我国心理咨询师胜任力研究

美国的心理学家和咨询师专业胜任力模型与其学历制培养体系紧密结合,模型中定义的职业发展轨迹与培养体系中重要的节点(开始实践、开始实习、申请执业资质)相呼应,是一种自上而下的理论思路。这与中国心理咨询领域的发展历史和现状并不完全匹配。中国学者提出的咨询师胜任力模型或框架往往从实践和实际需求出发(如临床经验的总结、对领域专家的行为分析、来访者期待的归纳),体现了一种自下而上的思路。一些中国学者通过研究来访者对心理咨询师的期待和要求,总结出咨询师的胜任特质。也有一些学者基于自己多年的教学和临床工作经验总结出心理咨询师的核心胜任力,如樊富珉(2018)提出的知识(心理学一般知识、心理咨询相关理论、个体心理发展规律)、技能(个体、团体、心理评估、危机干预)和价值观(伦理、自我觉察和照顾、自我心理照顾)模型。另一种被中国学者广泛使用的研究胜任力的科学方法是行为时间访谈法(沈洁,吴正言,2021)。学者通过比较"胜任组"(如拥有行业认证资质或是业内公认的专家)和"普通组"在重要专业行为上的差异,概括胜任组的行为特质。其中比较有代表性的是吴垠和桑志芹(2010)总结出的能够区别心理咨询专家的鉴别性胜任特征,例如建立关系的基本态度、人际理解和洞察、影响力、自我觉察、自我控制力、人格健全与完整、阅历与经验、专业知识与技能。

华人临床心理学家的核心胜任力

2013年1月,中国大陆、台湾地区和香港地区的临床心理学家在香港中文大学举行会议,讨论华人临床心理学家所应具备的核心胜任力。会议初步达成共识,认为华人临床心理学家应具备七种核心胜任力,每种核心胜任力又包括三种水平和具体指标(见表16-1)。此核心胜任力模型可作为培养未来临床和咨询心理学家的课程体系设计方案的依据。其中特别值得一提的是对于"倡导和教育"的要求。这凸显了华人心理学工作者肩负的传播心理学专业知识、反哺专业培训体系、为社会造福的专业使命。

如今,国际上已经形成了对于咨询师胜任力的基本共识。澳大利亚学者冈萨维兹(Gonsalvez)等(2021)比较了英国、澳大利亚和美国现行的胜任力模型,发现这些国家的模型中都包含职业性、反思性、科学知识与方法、人际关系、个体和文化多样性、伦理和法律法规、机构和跨领域系统、测量和概念化、干预、研究这十个胜任力领域,并且对测量和干预这样最具临床实操性的专业功能有非常相似的具体行为要求。中国学者总结凝练的胜任力要素或者胜任力模型指标包含咨询师个人特质类指标以及行为、态度、知识类指标,虽然内容多样,但尚未形成清晰一致的看法。国内学者描述的有职业胜任力的心理咨询师体现了群众和专家对这个行业的愿望和期待,也体现了学者对于心理咨询师的个人与职业相融合和统一的理解(如对阅历和热爱生命

表 16-1　华人临床心理学家的核心胜任力

核心胜任力	基本要求	准入要求	高级要求
1. 专业态度与行为,伦理与法律	• 专业的价值观和态度 • 遵守伦理标准和法律	• 敏感性和反思练习	• 终生学习态度 • 促进专业发展
2. 临床知识及技能	• 心理评估、案例概念化、制定介入方案等方面的知识和技能	• 诊断 • 临床报告撰写 • 能够有效地执行介入方案 • 直接和间接的专业服务,如:督导或会商	
3. 科学与研究	• 对理论及实践的科学思考和评鉴能力 • 研究设计、方法学及统计的知识和技能	• 计划、设计及执行与临床心理知识和实践相关的研究项目 • 研究项目的组织与管理能力 • 对研究成果的循证实践	• 研发专业新知
4. 关系建立	• 与服务使用者、照顾者、同事、学生及其他专业人士等建立专业关系的能力	• 小区及组织关系建立	
5. 多元文化	• 觉察、理解及尊重个别差异与文化差异 • 在专业活动中有适当的文化因素考虑		
6. 服务提供与管理	• 对跨领域服务系统的熟悉	• 对服务项目的管理及执行能力 • 品质保证	• 服务开发和设计
7. 倡导和教育	• 专业知识分享、传播与公众教育	• 参与教学、培训和督导	• 倡导循证实践和服务模式,及服务对象的权利和福利政策 • 增进公众对本专业的了解程度 • 扩展专业服务领域

的态度的要求)。由于中国缺乏学历制心理咨询培训、缺乏督导体系及对来访者反馈的重视程度不足的行业现状,国内通过研究编制的胜任力评估工具以专业人员自评为主(沈洁,吴正言,2021),没有融合职业阶段性发展的眼光。随着学历制培养方案的试行和推广,我国未来需要把胜任力模型与培训阶段相结合,根据胜任力模型设计和评估培训方案,并设计多元有效的胜任力评价系统和工具。

16.2.3　心理咨询师的专业胜任力评估和测量

美国心理学会主办的专业心理学胜任力评估工作组制定的"胜任力评估指导原则"指出,胜任力评估应该是多特质、多方法和多来源的(Kaslow 等,2009)。多特质指的是包含知识、技能、态度、表现等多方面的指标。多方法指的是采用不同的测量方法评估胜任力,如笔试、面试、督导评分、模拟案例分析、计算机评估等。多来源指的是评估数据应该来自不同的环境和人员,如督导师、第三方观察者、来访者和同事(沈洁,吴正言,2021)。

"胜任力评估指导原则"同时强调,胜任力评估应该提供形成性(formative)评价和总结性(summative)评价。形成性评价是在培训过程中对受训人给予的直接和深入的反馈,例如,督导师给受训人的评分和文字评价、实习单位给受训人的年中评估、院系给学生的评价报告等。有效的反馈应该是具体的、个人化的、连续的和有建设性的。总结性评价是某种结论性的评价,通常在毕业、晋升和考核时进行。总结性评价往往是客观和标准化的。在不同的评估阶段,形成性评价和总结性评价互相作用,共同为专业工作者完善专业行为提供依据。

哈切尔和拉塞特(Hatcher and Lassiter,2007)发表的《见习(practicum)胜任要素大纲》专门用于评价受训人在见习中应该提升的胜任力要素,由实践负责人或督导帅评估,在美国硕士和博士培训项目中广泛使用。见习是学历制咨询师培训过程中接触临床工作的第一步。处于这一个发展阶段的受训者已经在课堂里学习了基础的专业知识和技能,需要通过非全职的实践将课堂内容应用到实际场景中,并在督导师的帮助下积累经验和技能,为之后的实习(更加接近职业实操的临床训练)做准备。因此,《见习胜任要素大纲》回答的问题是:哪些受训人具备了进入实习的专业胜任力?哪些培训项目的见习能够帮助受训人为实习做必要的准备?该量表使用三级评分:新手、中阶、高级。新手在分析问题和使用干预技巧方面了解不足,区分不出重要和不重要的细节,无法设想来访者如何通过心理咨询实现功能改善。中阶受训人能够识别案例中重复出现的重要模式并用恰当的方式干预,但是将诊断和干预技术推广应用到新情境或新案例中的能力不足。高级受训人对于胜任力要素有更加融合的掌握,能够流畅熟练地识别重复出现的重要模式并进行有效干预,对不同个案可能的诊断、问题和咨询过程有一系列设想和理解,而且有一定信心能够处理临床工作中发生的一些情况。量表分为两个板块。第一个板块是对于基线胜任要素的衡量,包括利他的态度、问题解决和思辨的能力、表达自己想法的能力、反思自己的能力等七个人格和能力要素,以及包括初访、干预、伦理、个体和多元文化在内的四大基础知识。没有达到相应指标的受训人可能被认定为不适合开始见习。第二个板块专门衡量实践中可能发展的专业胜任要素,包括人际关系、研究的应用、心理测量、干预技术、协商和合作等十一个方面。量表对于完成见习时应该达到的最低标准做出了规定。

澳大利亚学者开发的"临床心理学见习胜任力评分表"(Clinical Psychology Practicum Competencies Rating Scale;Gonsalvez等,2015)以哈切尔和拉塞特的量表为基础,可能是现行的测量学研究中最全面和丰富的胜任力他评量表。冈萨维兹等

(2015)指出,单纯增加量表的项目不见得能够完善胜任力测量,因此需要检验多条目的胜任力量表究竟有多少个潜在维度,并且探究这些维度在咨询师培训中是否有独特的发展趋势。"临床心理学见习胜任力评分表"有69个条目,采用四阶评价标准(从初学者到胜任)。督导师先总体评价某胜任要素(如"咨询:有同理心的理解,应用基本咨询技术,能够与来访者合作并确立目标"),然后对该方面的具体表现进行评分(如"使用基础的咨询技能,包括澄清、重复、总结等")。胜任要素包括咨询、临床评估、案例概念化、干预、伦理态度与行为、科学家实践者能力、专业性、心理测量、自省和对督导的反应十个方面。冈萨维兹等通过聚类分析提炼出四个超级大类,分别为优秀的态度和价值观、科学家实践者能力、评估和干预能力及心理测量能力。在参与该研究的五个澳大利亚培训项目中,受训人的能力提升主要在培训的第一年到第二年,在项目的后期提升并不明显。研究的结果显示,督导师在打分过程中并不能够有效地使用过多的项目和复杂的评估要素。更重要的是,冈萨维兹等发现,督导师打分存在严重的宽恕偏见,只在1.6%的打分中使用了打分表的低分区域。也就是说,督导师可能在初次评分时就给受训人打高分,使得胜任力评估存在天花板效应,无法真正衡量咨询师培训的效果。这可能是李克特式他评胜任力量表普遍存在的一大弊端。

斯旺克(Swank)等人(2012)发表、兰比(Lambie)等人(2018)修订的"咨询胜任力要素量表"(Counseling Competencies Scale, CCS)专门用于评估受训人的咨询胜任力。CCS是第一个被心理测量学检验的咨询胜任力评估工具,也在中国样本中被修订和检验(Xia等,2021)。CCS使用两种不同的测量方式。第一种测量方式是由专业观察者观看一个咨询录像并对受训人的12个咨询技巧(如非语言技能、总结、提问等)进行评分,共有12题。这部分评估能够给予受训人非常具体的咨询技巧评价和反馈,帮助受训人觉察自己在咨询行为上的优势和不足。第二种测量方式是由督导师或者培训负责人对受训人为期15周或者一学期的实习进行评价,包括评价专业特点(10题)和专业行为(10题)。在后续的一系列量表检验中,学者们对于CCS的量表结构得出了不同的结论。兰比等人(Lambie等,2018)发现,删除不符合测量学标准的条目后,23条目的CCS呈现双因素结构,分别为12条目的咨询技术因子和11条目的咨询专业特点与行为因子。然而不足的是,虽然不同的督导师和老师在同一个受训人的咨询技术评分上呈现出较高的一致性,但不同督导师和老师对于同一个受训人的咨询专业特点和行为评价的一致性较低。由此可见,评分者需要经过统一的培训,才可能提升其使用胜任力评测工具的一致性和准确性。

另一种常用的咨询胜任力评价方法是口头和书面的案例汇报,有代表性的工具是"临床能力进展评审"(Clinical Proficiency Progress Review, CPPR; Dienst和Armsrong, 1988; Swope, 1987; Petti, 2008)。这种评审方式由加州职业心理学校的老师设计,专门用于评估三年级心理学博士受训人(PsyD)在结束所有见习、参加全职实习前所达到的临床胜任力。在评审之前,受训人会收到一份准备大纲,大纲中明确规定案例报告的书写要求、打分标准及历年不合格答辩和优秀答辩的反馈样例。另外,项目的培训主管老师会给学训人提供90分钟的备考培训。每个评审小组由2名老师组成。受训人提交一份不超过12页的案例报告,并完成1小时的口头答辩。案例报告(至少完成6次咨询)需包含案例个人信息、主诉、精神状态、相关历史和背景、治疗过程、案例概念化和诊断。口头答辩时,评审小组先就案例报告私下讨论10分钟,再进行40分钟的受训人答辩,最后在受训人离开后进行10分钟的讨论和打分。打分使用6分制计分(1分为严重低于预期,3分为勉强达到预期,5分为超过预期,6分为显著超过预期),项目涵盖测量(4题)、案例概念化(4题)、干预方法(5题)、关系(4题)、自我评估(4题)和专业表达能力(4题)。总分超过60分的学生被评为优秀,36分至60分为合格,低于36分或超过两个单项得分不到2分为不合格。佩蒂(Petti, 2008)的报告中指出,在CPPR的历年使用中,学生优秀率为5%至12%,合格率为73%至81%,不合格率为9%至12%。不合格的学生在第二年重考中,仍然有33%不合格。这说明CPPR能够较为有效地识别咨询胜任力不合格的学生,而且往往比见习督导师打分更加严格(Dienst和Armstrong, 1988)。与此同时,学生对于这种评审有非常高的满意率,表示通过评审能够收获建设性的反馈。然而,CPPR得分与学生在实践课的课堂得分、博士培训项目老师的每年评价以及博士二年级完成的全面知识类考试分数的相关系数都较小(Dienst和Armstrong, 1988)。如何综合使用不同的评判标准以及用什么测量作为核心评估工具,是胜任力评估的重点和难点。

通过这些文献不难看出,虽然胜任力模型在理论上已经有很大的发展,但是如何通过多特质、多方法、多来源的方式评估咨询师胜任力仍然存在很大的发展空间。他评的李克特式量表往往由直接督导咨询工作的老师或者督导师完成,操作起来经济简单,但是存在量表条目多、有较大测量者误差和评分偏见等问题。基于咨询录像和案例报告的胜任力评估,需要额外投入时间和资源组织评估以及培训评估人,且只能评估案例涉及的具体的咨询技术等要素,对于职业态度和伦理行为等的整体评估不适用。总体而言,现行的胜任力评估工具尚缺少心理测量学研究。很多学者呼吁,对于临床和咨询心理学这样以测量和评估见长的专业领域,胜任力测量还远远落后于胜任力理论的发展和行业的实际需要。

16.3 心理咨询师的专业培训

如果说心理咨询师的专业胜任力回答了什么是一名合格的心理咨询师的话,那么心理咨询师的专业培训就应该回答我们该如何培养一名合格的心理咨询师。心理咨询师如果没有在培训和实践中成为专家,那么我们应该回头审视我们的培训模式和继续教育是否出了问题(Hill 等,2017)。

心理咨询师的培养最早可以追溯到弗洛伊德创立的精神分析学派,该学派要求新手咨询师接受个人分析。从 20 世纪 40 年代到 50 年代,随着人本主义疗法发展,咨询师培训开始使用咨询过程的录音录像,新手咨询师们互相之间会练习咨询技能。从 20 世纪 60 年代到 70 年代,心理咨询师培训方面的创新来自结构化技能训练方法的引入。近年来,心理咨询培训开始更加强调督导和个人治疗在培训中的重要性(麦克劳德,2015)。

我国的心理咨询系统培训最早始于 20 世纪八九十年代的"中德班"以及林孟平教授的人本主义心理咨询硕士和博士课程班。早期的培训为我国的心理咨询发展奠定了坚实基础并扩充了人才储备。近年来,学历教育已经成为国外咨询师培养的主要途径,也是我国心理咨询专业培训的发展方向。

16.3.1 国外心理咨询师的培养

心理咨询在国外已有百年历史,已经发展出正规的职业化体系。其中美国的学历教育培训认证体系和德国的培训项目认证体系最具有代表性,此外,其他国家与地区的心理咨询师的培训和认证体系也具有借鉴意义。

美国心理咨询师的培养与认证

美国咨询心理学的前身是 20 世纪初的职业指导运动,临床心理学的前身则是以心理测量为基础的心理治疗。心理咨询和心理治疗行业的职业化逐步发展成由美国咨询协会(ACA)和美国心理学会(APA)等专业协会管理心理咨询师的教育培训和资格认证的制度(江光荣,夏勉,2005)。在美国,心理咨询师的培训包括教育培训和继续教育培训两部分,其中教育培训又包括理论培训和专业实践培训。

以博士培训为例,美国的临床/咨询心理学的教育培训模式分为两种:一种是科学家—实践者模式,可以获得哲学博士学位(PhD);另一种是实践者—学者模式,授予心理学博士学位(PsyD)。临床/咨询的心理学博士学位(4—5 年)的培训时间一般较哲学博士学位(5—6 年)短,因为前者对科学研究的侧重相对较轻。被授予心理学博士和哲学博士学位的都被称为心理学家。拥有哲学博士学位的心理学家在大学等研究型学术机构中的竞争力更强,但在实践中二者并无显著差异。心理学或相当于心理学专业的本科毕业生,或来自其他专业但选修了必要的心理学基础课程的毕业生,即可申请攻读临床心理学或咨询心理学的博士学位,虽然有些项目偏向于录取有实操经验或有相关硕士学历的申请者。

除了专业理论知识、心理学基础知识和科研训练以外,学历教育还要求专业实践培训。在博士培训期间,学生需要在有每周督导的情况下在实践课程中完成不少于 500 小时的直接服务(direct service),实践通常在大学心理咨询中心、精神病医院或社区心理健康中心等心理服务机构内完成。在完成实践训练后,博士受训者需要完成一年的实习,从事全职的临床工作,在督导下累计完成不少于 1 000 小时的直接服务(包含初访、心理测量、心理咨询/心理治疗、外展活动等心理服务)。获得博士学位后,如果后续要取得州执业执照,博士毕业生需要在所在州参加执业考试(Examination for Professional Practice in Psychology)。大部分州还要求获得博士学位之后继续累计一定的受督导的临床经验后才能获得心理学家的专业执业资格。

美国的咨询硕士项目由美国咨询协会管理认证,往往为期两到三年,也分为理论培训和专业实践培训。以咨询和相关教育项目认证委员会(Council for the Accreditation of Counseling and Related Educational Programs, CACREP)认证的硕士培训为例,学生在完成专业课和不少于 40 小时的练习实践以后,需完成为期 9 个月到一年的半职实习,其间累计不少于 240 小时的受督导的直接服务。硕士毕业后,咨询师需要从事 1—2 年(各州要求不同)受督导的实践工作并通过执业考试才能最终获得执业资格。

在职人员如果想进入职业心理学的专业领域,必须接受专业协会认证的学历教育或培训,比如全职或半职的硕士或博士教育,或者参加某心理治疗学派的培训研究所进行的系统培训(通常要连续几年全职或半职的培训),从而获得执业资格认证(姚萍,钱铭怡,2008)。在获得专业执业资格后,心理学家和心理咨询师必须要参加继续职业教育,以保持硕士和博士执业执照的有效性。通常要求心理学家每年参加不少于 20 小时的由执照委员会认可的继续教育培训,具体小时数每个州有所不同。

德国心理治疗师的培养与认证

德国是最早开展心理治疗的国家之一,其心理治疗服务管理已有 100 多年的发展历史,虽然其间出现过中断,但是后续又重新蓬勃发展起来。德国心理治疗发展的里程碑是 1998 年德国联邦政府颁布的《心理学的心理治疗师和儿童青少年心理治疗师法》,该法明确了心理治疗师的职业,同时确定经过培训并考核合格的非医学背景的心理学、社会教育学专业人员也可以从事心理治疗工作(钱铭怡等,2010)。

在德国要想成为心理治疗师,必须先在大学学习医学或心理学。医学背景的学生在通过国家医师考试后,再经过 5 年的专业医师加特定的心理治疗培训考核,才能获得对应的专业医师资格。心理学专业毕业生①脱产 3 年或半脱产 5 年参加被认可的心理治疗职业培训后,方可获得心理治疗师资格。心理学、社会教育学背景者也可申请参加对应的培训,获得国家儿童青少年心理治疗师资格(钱铭怡等,2010)。

德国对心理治疗师的培训共 4 200 小时,分为五个部分:一是至少 600 小时的理论培训;二是 600 小时的实践培训和 150 小时的督导;三是 1 800 小时、通常为期 1.5 年的临床实践,包括在医院对住院病人工作 1 200 小时,对门诊病人工作 600 小时;四是自我体验 120 小时;五是其他理论学习以及论文报告等 930 小时。按照政府规定,全日制培训需要 3 年,半脱产培训需要 5 年才能完成。这 4 200 小时仅是政府规定的培训时间,在许多高水平培训机构或大学中,对参加培训者要求更高,培训更为严格,需要花费更长时间(钱铭怡等,2010)。

学生经正规培训机构培训毕业后,须参加德国联邦国家考试,通过后方可获得心理治疗师执照。考试包括笔试(理论部分)和由 3 人专家小组进行的面试。通过国家考试者,可申请心理治疗师开业许可,得到许可后才能以此为职业(钱铭怡等,2010)。

其他国家和地区的培训和认证体系

在英国,心理咨询师的培训和认证主要由英国咨询协会(the British Association for Counseling and Psychotherapy, BACP)推动。BACP对培训课程做出了统一的规划,要求不管培训采用什么咨询模式,所有培训课程都必须包含九大中心成分,即入业政策要求、理论、技能、个性发展、职业发展、咨询实践、督导、测查和评估,并且制定了严格的资格认证标准,例如完成 450 小时的咨询培训课程,以及 3 年以上(不超过 5 年)至少 450 小时的正式督导下的咨询实践。到 2000 年为止,仅有 14%的 BACP 成员获得了资格鉴定(石国兴,2004;王丹君,2007)。欧洲地区心理咨询师的培训和认证各不相同,但主要包括学历培训和在职培训两大部分。由于欧洲各国学历培训的要求不一,因此绝大多数心理治疗和咨询的培训都属于在职培训,并且尝试建立一个最低培训标准,以便能够推动形成一个欧洲统一的行业管理和质量控制体系(高隽,钱铭怡,2008)。

韩国心理咨询已有 60 年历史,主要在硕士和博士阶段开设心理咨询专业,同时依靠社会上的继续教育和专业培训进行补充,对心理咨询师的认证体系种类繁多,包括国家、学会和民间认可的资格证,认证采取笔试、面试和材料审查等形式,呈现出规模大和多样化的特点(金参花,2009)。在日本,并未形成心理咨询师培训和认证的国家统一标准,因此培养和认证主要来源于大学学术团体,系统专业的学历教育是心理

---

① 在德国,本科学习通常为 5 年,毕业后得到的学位相当于硕士,大学的学历培养中没有另外的硕士培训。

咨询师培养的主流方式(裴学进,郑攀君,2012)。

国外的心理咨询师培养和认证体系中有许多值得我们学习的经验：一是建立全国统一的管理机构和制度,完善心理咨询师的培养和资格认证制度;二是推动心理咨询师学历化教育,重视心理咨询师的专业实践,推进心理咨询师的继续教育;三是加强心理咨询与治疗领域的立法,将心理咨询与治疗纳入社会保障体系(高隽,钱铭怡,2008;江光荣,夏勉,2005;裴学进,郑攀君,2012;王润强,刘艳梅,2008;赵旭东等,2005)。

16.3.2 我国心理咨询师的培养

20世纪八九十年代,一些优秀的心理咨询非学历系统培训为我国心理咨询领域培养了第一批专业人才,对我国心理咨询行业的发展发挥了重要作用,其中最有影响力的有"中德班"和林孟平教授的人本主义取向硕士和博士课程班。1988年,在一批中国专家与德国专家合力推动下,第一次中德高级心理治疗讲习班开班,1996年之后又举办了几次正式的连续培训项目。"中德班"学员中的相当一部分人后来成为中国心理咨询和治疗行业的骨干和带头人(朱华,刘克礼,1989)。在此之后,中国从无到有,逐步建立了自己的心理咨询和治疗师培训、督导与评价体系,迅速推动了中国心理咨询和治疗的发展(Margarete Haaβ-Wiesegart等,1998;钱铭怡,2020;吴佳佳,赵旭东,2020;徐韬园,1996;赵旭东,李建华,2005)。另一个为中国培养了一批心理咨询领军人物的培训项目是香港中文大学林孟平教授开办的人本主义取向的心理咨询专业硕士和博士课程班。由于1997年在内地的短期课程培训起到了良好的效果,林孟平教授在1998年至2001年之间又陆续开办了人本主义取向的心理咨询专业硕士和博士班,这一批学员现在成为我国人本主义心理咨询与治疗领域的重要人物,开启了我国人本心理咨询与治疗系统培训的序幕(林孟平,2019)。

尽管过去的心理咨询非学历系统培训为我国的心理咨询和治疗行业培养了大批人才,但是建立符合行业特点和培训要求的师资队伍与学历制培养模式才是我国心理咨询专业人才培养的发展趋势(王建平等,2019)。到2020年5月底,我国的心理学一级学科博士点共有30家,每年能够培养心理学博士生约500人,但其中临床与咨询心理专业博士生可能只有10人。全国心理学学术型硕士培养单位有116家,每年培养约3 000人;心理学专业型硕士培养单位有63家,每年培养约1 500人。在每年培养的约4 500名心理学硕士研究生中,临床与咨询方向的硕士所占比例较低。从研究生培养的专业方向来看,设置专业数量从高到低的分别是发展与教育心理学、心理评估与咨询、应用心理学、基础心理学、管理与人力资源等(白学军,2020)。学历教育在心理咨询专业人才培养上的数量和质量仍待提升。

为了解决我国心理咨询专业人才学历教育培养中存在的问题,2016年6月,全国应用心理专业学位教学与指导委员会在武汉召开研讨会,强调要重视学历教育,并且对学历教育中的专业设置与培养方案、培养模式、师资队伍和实践环节等一系列问题进行讨论,形成了《关于中国临床与咨询心理专业研究生培养的若干共识》,又称《武汉宣言》(临床与咨询心理学2016教学研讨会工作组,2017)。2018年11月,中国心理学会临床与咨询心理学专业委员会牵头成立"全国临床与咨询心理学学历教育联盟",截至2020年底,全国共有66所高校加入联盟。2019年,中国心理学会临床与咨询心理学专业委员会编写了《应用心理硕士专业学位研究生培养方案(临床与咨询心理学方向和心理健康方向)》,提交全国应用心理学专业学位研究生教学指导委员会后在部分学校进行试点。该方案明确规定了临床与咨询心理学专业的研究生教育应该开设哪些课程,将临床与咨询心理学方向的研究生培养和其他方向的心理学研究生培养区分开来,加强了对专业实践和督导的要求。

根据《中国心理学会临床与咨询心理学专业机构和专业人员注册标准(第二版)》中有关临床与咨询心理学专业硕士培养方案的注册标准,对心理咨询师的培养可以分为课程学习和专业实践两部分。

课程学习

临床与咨询心理学专业硕士的课程学习可以分为心理学基础课程和心理学实践类或实务类课程两部分。

心理学基础课程

研究生心理学基础课程应该是基于本科相应课程的进阶课程,其知识深度、广度和难度皆是本科心理学相应课程的递进,且至少8学分(1学分等于16个学时)。

(1) 科学和专业的道德伦理准则,至少1学分。学生通过学习专业伦理规范与相关法规、咨询师的专业资格与能力、当事人权益与咨询师责任等内容,增强对伦理问题的辨识力、判断力和行动力。

(2) 心理学进展,至少3学分。学生通过认识和了解心理学主要研究领域的基本研究问题和最新研究进展,培养心理学思维方式、问题意识和创新意识,掌握心理学研究的规范和标准。

(3) 高阶心理学研究方法,至少2学分。学生通过学习心理学研究的方法论、实验设计原理、文献收集与分析、实证研究的具体方法、数据的整理与分析、研究报告和论文的撰写、心理学学科及研究方法的最新进展等内容,了解心理学研究的基本原理和学术规范,掌握、训练与实践心理学的研究设计和具体方法,培养学生进行心理学研究的基本能力。

(4) 心理病理学或精神病学相关课程,至少2学分。学习异常心理的症状表现与发生机制,熟悉异常心理的评估、诊断标准。

心理学实践类或实务类课程

心理学实践类或实务类课程基于本科相应课程,在知识深度、技能上皆是本科相应课程的递进,每类课程学分不少于下列规定,至少18学分(1学分等于16个学时)。

(1) 心理咨询与治疗的理论与实务,至少2学分,包括心理咨询与治疗的一般问题、心理咨询与治疗的主要理论体系等内容。

(2) 心理评估与诊断的理论与实务,至少2学分,学习内容包括心理评估的基本知识和基本流程、心理评估的主要方法、常见精神疾病的诊断标准、练习对症状性质的判断等。

(3) 心理咨询与治疗的会谈技巧,至少2学分。这类课程是临床与咨询心理学方向的核心课程之一,学习咨询关系的建立和发展、基本的会谈技巧、咨询过程的阶段及各阶段的特点、咨询过程的深入等内容。

(4) 针对不同对象的心理咨询与治疗实务类课程,至少4学分,例如青少年、创伤或危机经历者的咨询与治疗。

(5) 不同形式心理咨询与治疗实务类课程,至少4学分,例如家庭治疗、团体咨询与治疗等课程。

(6) 临床心理学或咨询心理学实践现场或模拟现场(实验室)培训、实践练习,至少2学分。

(7) 各类心理或精神障碍的临床治疗方法或方案的专题学习,包括东西方文化思想指导下的心理咨询与治疗技术和方法专题,至少2学分。

专业实践

专业实践的内容与要求

临床与咨询心理学专业硕士的专业实践可以分为实习和督导两个部分,要求在有效注册的实习机构中、在有效注册督导师督导下从事临床心理咨询或治疗实习至少100个小时,同时要求接受规律、正式的个体和集体案例督导至少100个小时,其中包括至少30个小时的个体督导。

实习机构

实习机构是使进入实习阶段的临床与咨询心理学专业的本科生、硕士生、博士生获得专业知识、专业技能和实践经验的专业机构。新版注册标准中特别明确了实习机构"须确保实习生实习期间的福祉以及招募和培养实习生的非营利性"原则。

注册标准要求实习机构须能提供直接针对寻求专业服务者的系列服务,包括心理评估、心理治疗或咨询,有书面声明或者手册具体描述实习目标和内容,明确实习学生的准入、工作数量和质量等方面的期望和要求,须与实习生、实习生所在学校院系签署实习协议,明确规定相关各方的责任和权利,包括但不限于实习机构的挂牌名称、实习费用、实习生的实习时间、权利与义务、实习生获得个体和团体督导的小时数和频率、应完成的实习内容等。

注册标准还要求硕士生实习机构中至少有1位注册心理师、1位注册督导师,督导工作由全职督导师或属于该机构且负责督导案例的兼职督导师担任。硕士研究生全职实习至少250小时,且至少40%的实习时间直接接触寻求专业服务者(即在督导下直接从事临床心理治疗或咨询)。督导师每周应该为实习学生提供至少1小时的个体督导以及每周至少2小时的小组督导或额外个体督导,同时严格控制注册人员与学生数量比例不得超过10∶1。

国内现有的心理咨询师培养的数量和质量与国外发达国家相比仍有较大差距,在心理咨询师执业资格证书取消后,国内心理咨询师的考核和认证仍存在大片空白。我国现有的不同心理咨询工作者的考核或认证方式强调专业知识的记忆,缺少对专业技术、专业实践和继续教育的要求和考查。推动临床与咨询心理学学历教育及与之相应的职业资格认证是我国心理咨询行业的发展方向。相信在不久的将来,我国也将全面建立系统课程学习和专业实践并重的学历制心理咨询师培养体系和资格认证制度,为国家和社会输出更多有专业胜任力的心理健康服务专业人才。

(朱　旭、吕　韵、唐巍戈　撰写)

本章参考文献

Margarete Haaβ-Wiesegart,万文鹏,赵旭东.(1998).中德高级心理治疗师连续培训项目简介.德国医学,15(4),199.
白学军.(2020).常态化疫情防控下我国心理服务机构如何加强自身能力建设.心理与行为研究,18(6),730-731.
陈雪峰.(2018).社会心理服务体系建设的研究与实践.中国科学院院刊,33(3),308-317.
陈雪峰.(2019).社会心理服务人才队伍建设的机遇与挑战.心理与健康,(6),17-19.
陈祉妍,刘正奎,祝卓宏,史占彪.(2016).我国心理咨询与心理治疗发展现状、问题与对策.中国科学院院刊,(11),1198-1207.
樊富珉.(2018).心理咨询师核心能力之我见.心理学通讯,1(3),177-180.
高隽,钱铭怡.(2008).欧洲心理咨询与治疗领域的培训状况.中国心理卫生杂志,22(5),372-375.
国家职业分类大典修订工作委员会.(2015).中华人民共和国职业分类大典(2015年版).北京:中国人力资源和社会保障出版集团有限公司,中国劳动社会保障出版社,中国人事出版社.
黄希庭,郑涌,毕重增,陈幼贞.(2007).关于中国心理健康服务体系建设的若干问题.心理科学,30(1),2-5.
江光荣,夏勉.(2005).美国心理咨询的资格认证制度.中国临床心理学杂志,13(1),114-117+121.
金参花.(2009).韩国心理健康从业者的教育及专业人员资格证管理状况.中国心理卫生杂志,23(5),305-310.
林孟平.(2019).孟平的中国心与中国梦.2019-04-10取自http://www.dfmjxl.cn/read/detail/id/243.html.
临床与咨询心理学2016教学研讨会工作组.(2017).全国应用心理专业学位研究生教学指导委员会临床与咨询心理学2016教学研讨会会议纪要.中国心理卫生杂志,31(1),94-95.
裴学进,郑攀君.(2012).境外心理咨询资格认证制度与启示.医学与哲学(A),33(1),41-43.
彭灵灵.(2017).心理咨询与社会工作的异同辨析及应用.社会工作与管理,17(6),41-46.
钱铭怡.(2020).万文鹏先生与中德班.心理学通讯,3(4),209-213.
钱铭怡,陈瑞云,张黎黎,张智丰.(2010).我国未来对心理咨询治疗师需求的预测研究.中国心理卫生杂志,24(12),942-947.
钱铭怡,严俊,肖泽萍,赵旭东,施琪嘉.(2010).德国的心理治疗培训和管理.中国心理卫生杂志,24(2),81-85+96.
沈洁,吴正言.(2021).国内心理治疗师胜任力评估研究述评.医学与哲学,42(12),50-53.

石国兴.(2004a).英国心理咨询的回眸、展望和思考.河北师范大学学报(教育科学版),6(1),50-55.
石国兴.(2004b).英国心理咨询的专业化发展及其问题.心理科学进展,12(2),304-311.
史晨辉,马宁,王立英,易乐来,王勋,张五芳…&王斌.(2019).中国精神卫生资源状况分析.中国卫生政策研究,12(2),51-57.
宋志英.(2018).安徽高校心理咨询从业者的督导现状分析.安庆师范大学学报(社会科学版),37(4),118-121.
孙琳,蒋燕,卢静,储爱琴,秦寒枝.(2021).基于互联网医院平台的护理咨询服务模式的构建和运行.护理学杂志,36(2),8-11.
汤梅.(2006).论心理咨询与心理治疗和心理辅导的联系与区别.中国心理卫生杂志,20(3),203-204.
王丹君.(2007).英国心理咨询心理治疗协会的心理咨询师认证及其他.中国心理卫生杂志,21(10),704-709.
王高华,金卫东.(1990).如何培养精神科医生.医学教育,(11),31-33.
王海容,魏洋.(2014).对加强我国精神科医生人才队伍建设的思考.医学与法学,6(5),33-35.
王建平,李荔波,蔡远.(2019).谁是"最好"的心理服务提供者?心理学通讯,2(1),5-10.
王铭,江光荣,闫玉朋,周忠英.(2015).我国心理咨询师与治疗师职业资格认证办法.中国心理卫生杂志,29(7),503-509.
王润亚,刘艳梅.(2008).美国心理咨询从业者继续教育培训存在的问题、原因及启示.卫生职业教育,26(3),142-144.
王晔亚,杨铃,张欢.(2019).中国专业硕士教育的能力本位与实践学习:基于104个MSW项目调查的实证研究.社会工作,(2),40-53+109-110.
吴佳佳,赵旭东.(2020).德国家庭治疗师史丹尔林论家庭治疗的艺术性.心理学通讯,3(4),214-218.
吴垠,桑志芹.(2010).心理咨询师胜任特征的定性研究.中国心理卫生杂志,24(10),731-736.
谢斌.(2018).心理咨询行业在中国的困局与出路.心理学通讯,1(3),175-176.
徐华春,黄希庭.(2007).国外心理健康服务及其启示.心理科学,30(4),1006-1009.
徐莲英,刘蕾,陈翠萍,陈娟.(2020).以护士为主导的医院——社区精神心理健康服务模式的构建与实践.护理学杂志,35(1),1-4.
徐韬园.(1996).介绍德中心理治疗研究会.上海精神医学,8(4),198.
颜小钗.(2019).2019年全国社会工作者职业水平考试报考人数达55.37万人.中国社会工作,(19),4.
杨洋.(2015).医务社会工作者的角色定位与作用发挥.品牌(下半月),(1),173.
姚萍.(2006).论心理治疗与其他心理服务业.中国心理卫生杂志,20(3),204-205.
姚萍,钱铭怡.(2008).北美心理健康服务体系的培训与管理状况.中国心理卫生杂志,22(2),144-147.
约翰·麦克劳德(McLeod, J).(2015).心理咨询导论(第3版)(潘洁,译).南京:上海社会科学院出版社.
曾守锤.(2020).中国助理社会工作师职业水平考试有效性研究——基于2008—2019年国家真题的分析.社会工作,(5),63-82+111.
张黎黎,杨鹏,钱铭怡,陈红,钟杰,姚萍…&王易平.(2010).不同专业背景心理咨询与治疗专业人员的临床工作现状.中国心理卫生杂志,24(12),948-953.
赵环.(2017).构建多方共同参与的社会心理服务体系.中国社会工作,(6),1.
赵文清,李小平,王兰兰,张海音,宋立升,仇剑崟.(2017).精神专科医院从业现状及心理治疗的开展情况调查分析.上海交通大学学报(医学版),37(12),1682-1686.
赵旭东,丛中,张道龙.(2005).关于心理咨询与治疗的职业化发展中的问题及建议.中国心理卫生杂志,19(3),221-225.
赵旭东,李建华.(2005).忆恩师万文鹏教授.上海精神医学,17(4),256.
中国社会工作编辑部.(2020).稳心态 早准备 强能力——2020年全国社会工作者职业水平考试备考姿势.中国社会工作,(15),1.
中国心理学会.(2018).中国心理学会临床与咨询心理学专业机构和专业人员注册标准.心理学报,50(11),1303-1313.
朱华,刘克礼.(1989).中国—联邦德国心理治疗讲习班在昆明结束.中国心理卫生杂志,3(2),94.
Deane, F. P., Gonsalvez, C., Joyce, C., & Britt, E. (2018). Developmental trajectories of competency attainment amongst clinical psychology trainees across field placements. *Journal of Clinical Psychology*, 74(9), 1641-1652.
Dienst, E. R., & Armstrong, P. M. (1988). Evaluation of students' clinical competence. *Professional Psychology: Research and Practice*, 19(3), 339-341.
Fouad, N. A., Grus, C. L., Hatcher, R. L., Kaslow, N. J., Hutchings, P. S., Madson, M. B., ... & Crossman, R. E. (2009). Competency benchmarks: A model for understanding and measuring competence in professional psychology across training levels. *Training and Education in Professional Psychology*, 3(4S), S5-S26.
Gonsalvez, C. J., Deane, F. P., Blackman, R., Matthias, M., Knight, R., Nasstasia, Y., ... & Bliokas, V. (2015). The hierarchical clustering of clinical psychology practicum competencies: A multisite study of supervisor ratings. *Clinical Psychology: Science and Practice*, 22(4), 390-403.
Gonsalvez, C. J., Shafranske, E. P., McLeod, H. J., & Falender, C. A. (2021). Competency-based standards and guidelines for psychology practice in Australia: Opportunities and risks. Clinical Psychologist, advance online publication. *Clinical Psychologist*, 25(3), 244-259.
Hatcher, R. L., & Lassiter, K. D. (2007). Initial training in professional psychology: The practicum competencies outline. *Training and education in professional psychology*, 1(1), 49-63.
Hill, C., Spiegel, S., Hoffman, M., Dennis M., J. K., & Gelso, C. (2017). Therapist Expertise in Psychotherapy Revisited. *The Counseling Psychologist*, 45, 7-53.
Kaslow, N. J. (2004). Competencies in professional psychology. *American Psychologist*, 59(8), 774-781.

Kaslow, N. J., Grus, C. L., Campbell, L. F., Fouad, N. A., Hatcher, R. L., & Rodolfa, E. R. (2009). Competency assessment toolkit for professional psychology. *Training and Education in Professional Psychology*, 3(4S), S27-S45.

Lambie, G. W., Mullen, P. R., Swank, J. M., & Blount, A. (2018). The counseling competencies scale: Validation and refinement. *Measurement and Evaluation in Counseling and Development*, 51(1), 1-15.

Petti, P. V. (2008). The use of a structured case presentation examination to evaluate clinical competencies of psychology doctoral students. *Training and Education in Professional Psychology*, 2(3), 145-150.

Rodolfa, E., Bent, R., Eisman, E., Nelson, P., Rehm, L., & Ritchie, P. (2005). A cube model for competency development: Implications for psychology educators and regulators. *Professional Psychology: Research and Practice*, 36(4), 347-354.

Stratford, R. (1994). A competency-approach to educational psychology practice: The implications for quality. *Educational and Child Psychology*, 11, 21-28.

Swank, J. M., & Lambie, G. W. (2012). The assessment of CACREP core curricular areas and students learning outcomes using the Counseling Competencies Scale. *Counseling Outcome Research and Evaluation*, 3, 116-127.

Swope, A. J. (1987). Measuring clinical competency in psychology graduate students: A case example. *Teaching of Psychology*, 14, 32-34.

Xia, W., Li, W. H. C., Liang, T., Luo, Y., Ho, L. L. K., Cheung, A. T., & Song, P. (2021). Adaptation and Psychometric Evaluation of the Chinese Counseling Competencies Scale-Revised. *Frontiers in Psychology*, 12, 1-12.

17 心理咨询的专业伦理

> 17.1 心理咨询专业伦理概述 / 491
>   17.1.1 心理咨询专业伦理的重要性 / 491
>   17.1.2 来访者的权益 / 493
>   17.1.3 咨询师的责任 / 494
>   17.1.4 关于伦理守则 / 495
> 17.2 心理咨询常见的伦理议题 / 495
>   17.2.1 专业关系 / 495
>   17.2.2 知情同意 / 497
>   17.2.3 隐私权与保密 / 500
>   17.2.4 专业胜任力 / 504
> 17.3 心理咨询相关的其他伦理问题 / 507
>   17.3.1 心理咨询记录的撰写以及保存 / 507
>   17.3.2 关于转介与转介中的伦理 / 508

    我国心理咨询处于向职业化发展迈进的阶段,心理咨询行业从业人员的规模随社会需求增长而急剧扩张,心理咨询的专业化水平在逐步提升。由于缺乏统一的执业认证标准和行业管理制度,心理咨询行业乱象丛生,亟待治理,但总体上显现出一个趋好的态势,标志之一是专业伦理正在成为心理咨询师职业群体的共识。钱铭怡和侯志瑾(2015)提出,重技术、轻伦理乃心理咨询之大忌。每一位专业人员都有责任遵守专业伦理,这是心理咨询职业和社会大众共信的基础。只有咨询师共同维护职业声誉,人们出现情绪困扰时才可能会求助于心理咨询,心理咨询行业才有可能健康发展。

    就根本而言,在心理咨询专业实践中始终把来访者的福祉放在首位是咨询师要遵循的伦理宗旨。心理咨询常常是复杂的,在具体的咨询情境中有很多不确定因素难以辨识,其中相当比例的问题可能与专业伦理有关。咨询师学习专业伦理,不仅是防范违背伦理的风险,更重要的是,基于伦理视角的思考有助于心理咨询实践更加科学、规范,有利于从根本上保障来访者的福祉。

17.1 心理咨询专业伦理概述

在不同性质的关系里，人们之所以表现出不同的人际互动行为，是因为在不同属性的关系里有不同的人际规则。心理咨询是一种专业关系，咨询师作为专业人员秉持专业精神，认同专业工作的价值，当咨询师以专业身份与服务对象、与同行、与社会大众互动时，其行为要符合其专业身份。在从事相关专业工作时其行为符合专业伦理规范，是专业人员基本的职业操守。心理咨询师作为专业的助人者，对自己的行为保持足够的敏感性，要意识到自己的工作对他人福祉的影响，觉察自己的情绪、感受以及个人议题可能对咨询过程带来的影响。在复杂的咨询情境里，特别是在个人利益与专业价值发生冲突时，能否以最大限度保障来访者的福祉为首要原则，是对咨询师的伦理考验。

17.1.1 心理咨询专业伦理的重要性

专业伦理的概念

伦理是实践道德的人生哲学，道德通常是抽象而主观的，当通过具体而客观的伦理进行探讨时，道德标准常常可以落实为伦理规范，在生活中得以实践(王智弘，1999)。在心理咨询领域，专业伦理是专业人员在专业助人工作中，依据个人的哲学理念与价值观、助人专业伦理守则、服务机构的规定、当事人的福祉以及社会的规范，做出合理公正道德抉择的系统性方式(Van Hoose 和 Kottler，1977)。

专业伦理的概念同时涵盖伦理意识、伦理敏感度、伦理思考、伦理抉择以及伦理实践，通常还涉及伦理守则、执业标准及法律规章(林家兴，2018)。概括而言，专业伦理是基于专业价值对咨询师提出的可操作的专业行为标准，规定了咨询师作为专业人员的行事准则，咨询师以伦理规范为指导的行为符合其专业人际角色的要求。

专业伦理的重要性

专业伦理在心理咨询职业领域越来越受重视，为了说明其重要作用，可将专业伦理与专业技能比喻为小鸟的两扇翅膀，意思是专业伦理与专业技能同等重要。咨询师的专业技能再好，也离不开专业伦理的保驾护航。

专业伦理的内部规范作用

(1) 规范咨询师的行为

咨询师要对专业角色的影响力负责，专业伦理为咨询师提供了专业行动指南，明确了咨询师什么可以做、什么不可以做的基本原则。专业伦理规范涵盖了临床与咨询心理学相关的专业工作。咨询师在提供心理咨询、心理测验及评估等专业服务时应遵守专业伦理规范,例如尊重来访者的价值观,避免多重关系,要为来访者保密等,同时还包括培训、督导以及媒体合作与沟通等方面的伦理规范。

(2) 保障专业服务的品质

专业伦理规定了心理咨询实践的基本框架,是保障专业服务水准的前提条件,是避免来访者受到伤害的根本保障。专业伦理强调心理咨询从业人员的资质要求和专业标准,强调咨询师要经过系统的专业训练,在专业胜任力范围内开展专业工作。对专业关系的规定,对知情同意程序等专业设置的要求,保证了心理咨询的专业性和规范性,明确了来访者的权利和咨询师的责任,从而确保专业服务达到专业水准。

专业伦理的对外行业承诺

(1) 保护咨访双方的权益

心理咨询的目的是改善来访者的情绪并提升其幸福感,咨询过程始终以来访者的福祉为中心,避免伤害并使来访者获益是对专业服务的基本要求。专业伦理在保护服务对象福祉的同时,也保护咨询师的权益。如果来访者威胁咨询师的安全或者拒绝按咨询协议支付咨询费用,在通常情况下咨询师有权拒绝继续为来访者提供服务。对咨询师和来访者权益的保护是心理咨询行业存在并发展的基础,专业伦理为来访者接受服务和咨询师从事专业工作提供了专业框架,咨访双方都需要安全感和确定感。

(2) 建立行业与社会的共信

专业伦理也可以理解为心理咨询行业对外界的专业承诺,告知大众心理咨询是一种什么样的专业服务。咨询师身为职业群体成员,有责任认同专业内部的共同价值,有义务了解并遵守专业伦理规范。寻求服务的人只有对心理咨询有一定了解,知晓咨询师在怎样的规范下提供服务,才有可能在需要专业帮助的时候前来求助,整个行业的专业性才能得到认可,从而建立起职业信誉。

因此,专业伦理不但为专业人员提供行为规范,对社会大众也有教育和宣传的作用。无论是对咨询师的职业生涯发展,还是对整个心理咨询与心理治疗行业的健康发展,专业伦理都具有重要的意义。

专业伦理与专业实践的关系

咨询师对专业伦理的认识和理解是随着职业发展阶段变化而变化的。在职业发展初期,咨询师可能会认为伦理条款是约束、是限制,学习伦理是为了规避错误,降低被投诉的风险。随着咨询个案的积累,咨询师不断遇到困难的个案,当处于复杂的咨询情境无从应对时,对专业伦理的理解和思考开始发挥作用。伦理可以为咨询师提供广阔的思考角度,帮助咨询师对困难的咨询个案形成更有专业判断力的思考。

专业伦理与专业实践通常是高度契合的。专业伦理规范是基于专业价值形成的,专业伦理必然与心理咨询知识、技能及实践经验、相关研究是一致的,有效的专业实践一定是符合专业伦理的。

17.1.2 来访者的权益

心理咨询师是促进来访者福祉的专业助人者,来访者的福祉是心理咨询中首要的考虑因素。基奇纳(Kitchener, 1984)认为,寻求专业服务的当事人有自主权、受益权、免受伤害权、公平待遇权及要求忠诚权五大权利,当事人的五大权利是专业伦理考虑的基本原则。

自主权

所有人都有自由选择的权利,同时也意味着每个人都应该为自己负责。接受心理咨询是当事人自己的决定。当事人有充分的自我决定权,包括是否进入咨询关系接受专业服务,是否退出咨询关系结束专业服务,以及在咨询中自我表露的内容等(王智弘,1999)。如果当事人是被家人或老师要求前来咨询,而咨询师没有与当事人就知情同意情况进行讨论,或者咨询师在没有经过当事人知情同意的前提下提供心理咨询,那么即使运用心理咨询的知识和技术提供服务并使其有所获益,因为没有尊重当事人自我决定的基本权利,也是存在伦理风险的。当然,尊重当事人的自主性是以当事人具备自主能力,同时其行为不会妨碍他人的安全或自由为前提的。

受益权

受益权是指当事人应从心理咨询中获益的权利(王智弘,1999)。在《中国心理学会临床与咨询心理学工作伦理守则》(以下简称《伦理守则》,中国心理学会,2018)总则中,第一条"善行"规定心理师的工作目的是使寻求专业服务者从其提供的专业服务中获益。来访者的福祉是咨询师优先考虑的因素,如果来访者无法在专业服务中获益,那么要考虑接受心理咨询对当事人来说是否是最适宜的专业服务,同时作为专业人员有责任考虑相关的影响因素,例如是否与专业胜任力有关,或者考虑接受督导等。

免受伤害权

如果说受益权是当事人的权利,那么避免来访者受到伤害是对心理咨询专业实践更根本、更基础的要求。无论以何种方式或形态提供专业服务,当事人的免受伤害权都是必须被全然保护的权利(牛格正和王智弘,2018)。作为专业助人者,咨询师在提供专业服务时应采取适当措施以避免当事人受到伤害。咨询师应努力使其得到适当的服务,要在专业胜任力范围内提供服务,采用确知对来访者无伤害的方法进行干预,不能应用未经实践检验的方法和技术来提供服务。

公平待遇权

在《伦理守则》第1.1条款规定,心理师应公正对待寻求专业服务者,不得因年龄、性别、种族、性取向、宗教信仰和政治立场、文化水平、身体状况、社会经济状况等因素歧视对方。享受公平的待遇是当事人的权利,每一位当事人都有被尊重、被同等重视的权利,咨询师应避免个人偏见。当然,牛格正(1991)也指出,所谓公正并不是齐头并进式的平等,对于不同等的人要依其特殊情况给予最有利的照顾。公平对待是指在不歧视的最低要求上,进一步基于个别差异考虑当事人的福祉(牛格正和王智弘,2018)。

要求忠诚权

当事人有权要求被忠实且真诚地对待。心理咨询是一项专业的助人工作,咨询师有责任尽其所能协助当事人缓解情绪困扰。通常来讲,除咨询目标达成,咨询师与来访者讨论结束咨询关系以外,除非有特殊理由,咨询师不会主动提出终止咨询,这可以视为咨询师对当事人的专业承诺和忠诚。此外,咨询师应实事求是地宣传自己,如实记录咨询过程,以及不会编造或篡改咨询记录等,这些都反映了咨询师的诚信。

17.1.3 咨询师的责任

相对于来访者的权利,对于咨询师而言更强调责任。这里并不是说来访者在心理咨询中没有责任,比如来访者有责任按时前来咨询,并在咨询中表述自己的问题;也不意味着在心理咨询中不保护咨询师的权利,例如当来访者不按知情同意付费时,咨询师有权终止咨询,当然对处于危机状态的来访者除外。

专业责任

咨询师是从其专业身份中获利的专业人员,应该承担作为专业人员的责任。为保证所提供的服务达到专业水准,咨询师应具备专业人员所需要的基本胜任力,接受系统的专业训练,掌握专业知识和专业技能,熟悉专业伦理,具有督导指导下的实践经验。同时,咨询师应加强自我照顾,促进自我觉察,保持良好的身心状态。

伦理责任

以符合专业伦理的方式提供专业服务是咨询师的伦理责任。咨询师在专业胜任力范围内提供服务,在正式开始咨询以前与当事人做好知情同意讨论,特别是将接受心理咨询可能的风险、保密的限制等如实告知,在提供服务的过程中始终以当事人的权益为首要考虑因素,保障来访者的福祉。

法律责任

咨询师有义务遵守法律;同时咨询师是其职业身份,有责任遵守专业伦理。伦理与法律常常是一致的,比如对来访者隐私权的保护,既是法律条款也是伦理要求。相比伦理而言,法律是基本要求,当咨询师需要平衡法律与伦理的要求时,首先要遵守法律。《伦理守则》第10.3条款规定,若本学会专业伦理规范与法律法规相冲突,心理师必须让他人了解自己的行为符合专业伦理,并努力解决冲突。如果这种冲突无法解决,那么心理师应以法律和法规作为其行动指南。

17.1.4 关于伦理守则

为了引导和规范咨询师重视专业伦理,应对在心理咨询专业实践中常见的伦理问题,很多国家专业组织都颁布了伦理守则。伦理守则代表着共同的专业价值观以及对于常见伦理相关问题的最好判断,伦理守则的出现和执行表明了咨询师对公众福祉的负责态度,有助于减少不负责任的从业者造成的破坏性影响(维尔福,2010)。

《中国心理学会临床与咨询心理学工作伦理守则》是中国心理学会授权临床心理学注册工作委员会制定的。2007年,《中国心理学会临床与咨询心理学工作伦理守则(第一版)》发布,这是我国临床与咨询心理学工作首个相对完善的伦理守则(中国心理学会,2007)。十年之后,2016年2月,伦理守则的修订工作正式启动,《中国心理学会临床与咨询心理学工作伦理守则(第二版)》于2018年开始执行(中国心理学会,2018)。

林家兴(2018)建议,专业人员要从原则性的角度来看待专业伦理守则,而不是从规则性的角度,更不是用法条式的角度,因为咨询师所要做的不是僵化地执行规则。当从原则性的角度理解伦理守则时,咨询师更容易增强伦理敏感度,培养伦理意识,提升伦理决策的能力。

17.2 心理咨询常见的伦理议题

心理咨询是性质非常特殊的职业,咨询师需要透过单纯的专业关系和清楚的咨询界限来帮助来访者。心理咨询是咨询师在来访者知情同意的前提下提供专业服务,保护来访者的隐私是对咨询师的基本要求。专业伦理规范是指导咨询师与来访者互动的专业行为指南。

17.2.1 专业关系

咨询关系是一种单纯的专业助人关系,不容有其他的角色介入或其他的关系存在(牛格正和王智弘,2018)。一旦在咨询关系里同时或相继出现其他关系,那么另一种人际角色很可能使咨询师的专业角色发生微妙的变化,对咨询关系造成不恰当的影响。

多重关系及越界行为

多重关系指心理师与寻求专业服务者之间除心理咨询或治疗关系外存在其他社

会关系。除专业关系外还有一种社会关系为双重关系,还有两种以上社会关系为多重关系(中国心理学会,2018)。咨询师和/或来访者超越了咨询关系专业边界的行为统称为越界行为。

来访者对咨询师信任的危机

在纯粹的咨询关系里,来访者更容易认同咨询师的专业角色,信任咨询师助人的良好意愿,同时咨询师也更可能保持中立。咨询关系具有独特的专业属性,来访者在咨询关系里享有沟通特权,咨询师对来访者有保密的责任,不评判是咨询师基本的专业态度。来访者信任咨询师,在相当大的程度上是基于对心理咨询专业工作的认知以及对咨询师专业角色的信任。如果在咨询关系以外同时存在其他人际关系,来访者对咨询师专业行为的感知和判断会产生怀疑,而咨询师在其他关系里的表现有可能会被迁移到咨询关系中,从而导致来访者的混乱。

不同人际角色之间的冲突

在不同的人际关系里有不同的人际互动规则,彼此形成不同的角色行为期待,同时也发挥着不同的功能。如果咨询师与来访者同时处在不同的角色关系里,不仅导致咨询师对自我、对对方以及对双方互动行为产生混乱,而且来访者也不容易分清什么时候、什么情境下的谈话属于专业会谈。例如,咨询师与来访者之间,相对而言,咨询师拥有更大的权力,这与朋友间的平等以及彼此之间的表露互惠原则是不一致的。当一种关系里的互动规则被带到另一种关系里,容易与咨询师角色发生冲突,进而影响来访者的福祉。

来访者隐私泄露的潜在风险

如果咨询师或来访者存在咨询关系以外的越界行为,例如在咨询室以外的场合见面,或者双方有共同的朋友,都会使来访者对咨询师能否做到为自己保密产生怀疑,这样无论咨询师做出怎样的保密承诺,都有可能给来访者带来焦虑和不安。同时,多重关系的存在提高了泄露来访者身份的风险,这也属于来访者隐私的一部分。

多重关系及伦理判断

多重关系议题一直是专业伦理中重要的内容,特别在我国熟人文化下较容易发生。涉及性或亲密的多重关系是严格禁止的,但对于非性或非亲密的多重关系有一定的模糊性。同样是受朋友之托进行咨询,可能与朋友非常亲近且交往频繁,也有可能只是在某种场合相识但少有往来,可见多重关系的复杂性。咨询师具体澄清并了解关系的性质是非常重要的。

关于是否在其他关系基础上再建立咨询关系,咨询师有责任考虑潜在的影响。咨询师在决定建立咨询关系以前要澄清已有的关系,检视建立咨询关系的动机。例如,已有关系是在持续当中还是已经清晰结束?双方在关系中是否有明显的权力差异？已有关系的角色与咨询师的职责是否有重大分歧？目前与来访者建立咨询关系是否以增进来访者的福祉作为唯一动机？如果咨询师没有考虑过可能的潜在影响，就表明咨询师缺乏伦理敏感性。如果多重关系潜在的影响是可以预期的，极易影响咨询师的专业判断，那么是要极力避免的。

如果咨询师作为专业人员判断可以考虑建立专业关系，那么有责任与来访者进行知情同意讨论，在知情同意的基础上再建立咨询关系。咨询师要明确告知来访者可能的风险，澄清来访者关切的问题，而来访者对此有知情的权利。在接下来的咨询过程中，咨询师要对多重关系可能造成的伤害保持敏感性，觉察不同人际角色可能构成的利益冲突。

因此，帮助来访者理解专业关系的界限是咨询师的专业责任，原则上最好避免多重关系，因为陷入多重关系会使咨询关系的专业性质受到影响，专业界限变得模糊，在一定程度上增加了来访者福祉受到伤害的可能性。

性及亲密多重关系

来访者对专业关系与现实关系的界限缺乏认识。在咨询关系中，一方面，被尊重、被理解很可能是来访者极其难得的亲近体验，当咨询师感同身受地理解自己时，来访者会觉得咨询师是最理解自己的人，并且容易被咨询师的专家身份所吸引；另一方面，来访者在咨询关系里处于相对弱势的一方，如果咨询师将自己的越界行为解释为帮助来访者获得关系体验，那么来访者则会过分顺从，而且对咨询师不适当的行为缺乏判断力，很难提出异议。因此，咨询师与来访者之间有可能会发生性及亲密多重关系。

在咨询中发生性及亲密关系是被明确禁止的。尽管有时不是咨询师主动发起，甚至是来访者要求发展亲密关系，但咨询师作为专业人员仍然要有伦理辨识能力。当性接触开始时，有意义的治疗过程就结束了（Kitchener，1988）。咨询师作为专业人员应更清楚咨询关系的属性，保持足够的伦理敏感性，具有专业觉察和伦理判断能力。

17.2.2 知情同意

知情同意是来访者的权利。随着心理咨询专业化和职业化的发展，心理咨询中的知情同意程序越来越被重视。来访者签署的《知情同意书》文件被作为咨询协议归档，表明咨询师与来访者双方正式建立了咨询关系，同时也会遵守相关的规则。

知情同意的界定

在心理咨询专业工作中，来访者做出是否接受咨询的判断是基于对心理咨询的足够了解，因此，帮助来访者获知必要的信息是咨询师的专业责任。来访者被告知后决定是否进入咨询关系、是否持续咨询关系,即是知情同意的程序(Corey, 1991)。

来访者的知情同意通常包含着三层含义:首先,来访者有知情的权利,咨询师有责任帮助来访者获得相关信息,不但提供的信息要足够完整、客观,而且应根据来访者对信息的理解能力,使用其可以理解的语言达到来访者知情的目的;其次,来访者有自我决定的能力,来访者同意接受咨询或退出咨询完全是来访者的自主决定,除非来访者处于危急状况,或者来访者不具备自主决定的能力;第三,来访者的自我决定是否被咨询师充分尊重,如果知情同意过程只是一个仪式化的工作程序,并没有重视来访者是否真正理解了其中的内容,没有澄清来访者的疑问,那么来访者的知情同意权还是没有得到充分尊重。

来访者知情同意的实质

来访者知情同意的实质是建立咨询关系。咨询师通过澄清来访者对求助咨询的疑虑和担心,帮助来访者适应咨询角色并进入咨询状态,这也是一个咨询教育的过程。

知情同意过程不仅仅是请来访者签署《知情同意书》,与来访者的知情同意讨论过程本身就是心理咨询的一部分(维尔福,2010)。作为归档的协议文件固然重要,更重要的是通过知情同意程序帮助来访者获得对心理咨询的确定感。有些咨询师对来访者知情同意程序有误解,例如,担心来访者如果得知有可能突破保密后或许会拒绝咨询,甚至可能会对重要信息有所隐瞒。事实上,当来访者知晓在咨询过程中什么可以做、什么不可以做时,反而会认为咨询师更加专业和值得信任,提升对咨询的参与投入度。研究发现,知情同意程序能够促进来访者的自主性和自我决定,减少心理咨询师对来访者剥削和伤害的可能性,促进来访者的理性决策,从而有助于增强咨询联盟(Blease,Lilienfeld 和 Kelley, 2016)。

来访者知情同意的内容和形式

来访者知情同意的内容

知情同意程序最直接的目的是帮助来访者做出是否接受咨询的决定,来访者有权利充分获知相关信息。《伦理守则》第 2.2 条款规定,心理师应知晓寻求专业服务者有权了解下列事项:(1)心理师的资质、所获认证、工作经验以及专业工作理论取向;(2)专业服务的作用;(3)专业服务的目标;(4)专业服务所采用的理论和技术;(5)专业服务的过程和局限;(6)专业服务可能带来的好处和风险;(7)心理测量与评估的意义,以及测验和结果报告的用途。

咨询师应谨记并尊重来访者的权利,来访者有权了解心理咨询的相关事项,对来访者有关心理咨询的任何疑问给予答复。杨诗露、赵晨颖、米田悦等(2018)研究发现,咨询师和来访者在知情同意过程中关注的焦点存在差异,最受咨询师重视的是保密性和咨询设置问题，包括请假、收费等专业设置，可能事关来访者和咨询师的切身利益，如果出现分歧极易引起矛盾冲突，但咨询师不太看重咨询师个人信息的告知。可见，咨询师应站在来访者的角度设身处地理解来访者的需求，才是对来访者知情同意权利最大的尊重。

来访者知情同意的形式

知情同意的形式通常包括签署《知情同意书》和口头讨论两部分。经过来访者签字确认的《知情同意书》可以作为文件留档，被认为是心理咨询的必备程序，从某种角度而言具有法律效力，但知情同意程序不能停留在工作形式上，还需要口头讨论以确保来访者理解了其中的内容，二者相互补充。

(1) 签署知情同意文件

签署《知情同意书》是更规范、更高效的操作。《知情同意书》是咨询相关的重要文件之一，告知来访者的内容更加全面，文字表述更加严谨，同时具有一致性，可快速高效地向来访者告知必要事宜，保证对所有来访者做到公正，被投诉或诉诸法律时可以作为依据。因为经过了来访者签字确认，所以更正式。咨询协议的签署具有一定的仪式感，表明咨询师和来访者双方正式进入专业关系。

但仅有签署文件程序还不够，无法确定来访者是否确实理解了相关信息，无法澄清来访者对咨询过程的个别化疑惑，因此还需要知情同意的讨论过程作为补充。

(2) 口头知情同意讨论

知情同意过程意味着咨询师与来访者双方对心理咨询有关的事项达成共识，在知情同意讨论过程中来访者相关的担心和疑虑有机会得以澄清，使咨询师和来访者双方彼此达成约定，这样才可能进一步在咨询中探讨更深刻的问题。知情同意讨论贯穿咨询过程，并不是只在心理咨询的最初阶段讨论相关问题，而是每当来访者有疑问时都可以提问。来访者对心理咨询过程了解得越清楚，就越有机会放下防御进行深度探索，也越可能从咨询中受益。

知情同意讨论过程最大的好处是更加个人化，鼓励来访者提出问题，有助于来访者对知情同意的相关问题的理解更充分、更透彻。个性化的知情同意访谈有助于咨询师灵活地感知和处理来访者的个性化问题与需求，是来访者对知情同意感到满意的重要因素(Heisig 等，2015)。

来访者知情同意过程因人而异，因环境而异，需要根据来访者、机构要求进行弹性调整(王浩宇等，2017)。例如，个人执业的咨询师可能对保密例外情况以及对紧急联系人的相关工作，需要多一些解释，确保来访者理解其中的意图，这样才更有可能合作。如果咨询师对来访者的知情同意只做口头讨论，那么最大的问题是缺乏证据。因此，与来访者知情同意的口头讨论非常重要，但通常作为辅助程序，不单独使用。

17.2.3 隐私权与保密

来访者的隐私权受到法律保护,为来访者保密是对咨询师最基本的要求。咨询师应保护来访者的隐私,如果咨询师有意或无意地泄露来访者的个人隐私而造成不良影响,不仅违背了专业伦理,同时也要承担法律责任。

来访者的隐私权和沟通特权

在心理咨询过程中,咨询师对隐私权的理解非常重要。来访者在咨询关系中有自主权,自主决定在咨询中说什么、说多少,虽然来访者的自我表露会影响咨询进程和咨询效果,但以不强迫讲述为基本原则。另一方面,咨询师收集来访者的个人信息,是以更好地帮助来访者为目的的,这不意味着咨询师在侵犯来访者的隐私权。咨询师所关注的是与来访者求助问题相关的信息,如果是与咨询过程相关度不高的私人信息,咨询师不会因为自己好奇而随意打探。

沟通特权是指来访者对在咨询过程中诉说的信息有权利要求咨询师保密(牛格正和王智弘,2018)。尽管来访者自愿讲述自己的隐私性信息,但不意味着放弃自己的隐私权。来访者在咨询关系中有沟通特权,除非保密例外情况,咨询师应为来访者讲述的内容保守秘密。

一旦来访者的信息超出了咨询师与来访者的咨询关系之外,咨询师要保持高度敏感。咨询师只有出于专业目的,才可以与其他专业人员讨论来访者咨询的情况。例如,为了更好地帮助来访者以及提升专业胜任力,咨询师就所提供的咨询接受督导或者参加案例讨论。在这个过程中,咨询师要遵守相应的伦理规范,如果涉及具体的案例信息,要隐去可供辨认来访者身份的基本信息等。如果不是在专业人员范围内,例如在对高风险大学生的危机干预中,一般情况下会与学院辅导员、班主任等形成团队工作,那么咨询师应对可能破坏来访者隐私的行为持有谨慎态度。

咨询师保密及保密例外的责任

咨询师在心理咨询中有义务尊重来访者的隐私,并且向来访者保证他们在咨询中所讲述的信息在未征得来访者同意的情况下不会向外界透露(Remley 和 Herlihy,2010)。保密是复杂的职业伦理行为,心理咨询中的保密也有例外情况,不是绝对的。

保密是心理咨询专业工作的基础要求

从某种角度而言,正是基于保密专业要求,来访者才会求助于专业服务。如果咨询师有意或无意地泄密造成了严重影响,那么极有可能会被投诉,不仅违反专业伦理,还有可能要承担法律责任,而且对整个行业的职业声誉也是不利的。

来访者在咨询关系中讲述的所有内容都属于保密范畴,无论信息是否重要,咨询师都要做到保守秘密。博克(Bok,1989)指出,当咨询师对来访者微不足道的信息仍然可以做到保密时,其实是在向来访者表明,即使他暴露更多私人信息也是安全的。

所有涉及来访者信息的文件都应妥善保管,咨询师对咨询过程都有文字记录,包括预约登记表以及咨询案例管理信息等。如果是电子记录文件,也应保存在指定的计算机里,不仅计算机要设置开机密码,同时咨询记录文件也应加设密码。

咨询信息的泄露有时也与来访者有关。有时来访者对自己求助心理咨询并不避讳,或者为达到某种目的,例如来访者以接受心理咨询来证明自己受到某些事件的伤害。在来访者自己公开其咨询内容的情况下,咨询师仍然须以专业伦理规范作为自己行动的指导原则。如果咨询师事先获知来访者的行动计划,可以与来访者讨论可能产生的影响,因为来访者不一定对公开咨询内容造成的影响及其后果有充分的认识。

此外,咨询师为来访者保密是没有时限的。在咨询期间为来访者保密是咨询师的专业责任,而且这种责任会一直延续。在《美国咨询学会(ACA)伦理守则和实务标准》中 B.3.f 规定,即使来访者已经过世,在符合法律要求和机构政策的前提下,咨询师也仍然有为来访者保密的责任。

保密例外同样是咨询师的专业责任

咨询师的保密不是绝对的,有些来访者会理所当然地认为咨询师绝对会为自己保密,认为咨询师保密是无条件的,这是来访者对咨询师保密责任的误解。咨询师应尽早与来访者讨论保密例外的情形,例如当来访者有较高的自杀或伤害他人的风险时,咨询师有保护以及预警的责任。咨询师要避免在来访者已经讲述了咨询师需要突破保密的情况后,再告知对方不能做到绝对保密,这样极有可能破坏来访者对咨询师的信赖。

《伦理守则》第3.2条款规定,保密原则例外通常包括以下三种情况:(1)心理师发现寻求专业服务者有伤害自身或他人的严重危险;(2)不具备完全民事行为能力的未成年人等受到性侵犯或虐待;(3)法律规定需要披露的其他情况。来访者有伤害自身或伤害他人的严重危险时,或者对社会或公共安全造成极大威胁时,也就是说一旦来访者或相关人员的生命受到威胁时,生命权一定是优先于来访者的隐私权、自主权的。为了保护来访者或者他人的生命安全,对来访者的咨询就不再属于保密的范畴,咨询师有责任突破保密。

如果咨询师获知不具备完全民事行为能力的人受到严重伤害,包括未成年人受到性侵犯、失智失能老人没有得到基本照顾、残障人士受到严重虐待等,咨询师有责任突破保密向相关部门报告,使这些不具备完全民事行为能力者的福祉得到基本保障。

当来访者陷入法律纠纷时,法庭有可能要求审查咨询记录或者请咨询师出庭作证,这种情况下专业伦理规范让位于法律法规,咨询师有责任配合司法、公安部门的调查。当然，咨询师作为专业人员也要兼顾专业伦理规范，在执行保密突破时要考虑专业工作的要求，根据法庭要求做有限披露。

此外还有一些突破保密的特殊情况，例如当来访者投诉咨询师时，咨询师有权利为自己辩护，根据来访者对自己投诉的事实做出回应。当然，专业人员须以符合伦理的方式向相关部门提供事实说明或者证据。

危机干预中的保密难题

保密突破是一个伦理决定，既不要在来访者流露出的可能危险的信号未经评估时就保密突破，也不要忽略来访者确实存在的风险因素。特别是在有些危机情况下来访者表示如果咨询师突破保密就不再接受咨询，常常给咨询师带来很大的压力。

具备专业胜任力

咨询师做出保密突破的决定需要经过审慎的评估和判断，这要求咨询师具有较为全面的专业胜任力。来访者有伤害自身或他人的严重危险是最常见的保密例外情形，要求咨询师有对来访者进行临床评估的意识，根据危险性程度做好分级处理。如果经评估判断来访者属于中风险或高风险，咨询师决定需要保密突破，就按照咨询机构的危机干预方案执行。比较理想的情况是在保密突破以前获得来访者的知情同意，若情况紧急，可以先保密突破，有机会再做解释。对于低风险来访者，咨询师要进一步明确专业设置，努力得到来访者的安全性承诺，保证来访者在咨询期间如果有想自杀、自残等危险性行为时及时联系咨询师，适当增加咨询频率，以确保来访者得到持续支持，并和来访者确认紧急联络人及有效联系方式，帮助来访者建立支持网络。

团队工作原则

对来访者的危机干预工作最好采用团队方式，通过分工协作和相互支持可以更好地保障来访者的安全。咨询师既不要成为危机状态下保护来访者安全的唯一责任人，也不要成为来访者目前状态的唯一知情者。如果咨询师缺乏危机干预的经验，要善于寻求督导的帮助或者向同事请教。同时，咨询师还要了解自己的专业限制，如果来访者出现精神科的症状，要及时将其转介精神科治疗，必要时要求来访者住院治疗。此外，咨询师要熟悉相关法律法规，当有可能涉及法律相关问题时，可以向律师及相关人士请教。当然，咨询师作为专业人员，有责任提醒相关人员不能随意传播来访者的私密情况，团队成员都有保密的义务。

有限披露原则

保密突破并不意味着咨询师不再有保密责任，咨询师仍然有责任尽最大努力保护来访者的隐私，通常是执行有限披露原则。这就是说，咨询师只透露有利于帮助来访者度过危机的必要信息，并不需要向相关人员将来访者的咨询内容全部讲出来，将披露信息限制在最低程度,特别是尽量减少披露来访者的隐私信息。如果是法庭要求提供相关信息作为证据,咨询师也只提供法庭要求的相关信息。

团体咨询中的保密难题

在团体心理咨询中,因为有更多成员参与,在相当大的程度上增加了泄密的风险,所以团体心理咨询中的保密比个体心理咨询中的保密更难。团体带领者有责任不断地向团体成员反复强调保密的重要性和必要性(樊富珉,2016)。

入组访谈时的保密教育及风险提醒

在团体咨询开始前对团体成员的入组访谈中,除了根据筛选标准评估是否适合加入小组外,还有必要进行保密教育以及风险提醒。团体带领者有责任明确提出保密要求,同时还要提醒即使对团体成员提出要求仍然存在被泄密的潜在风险,请成员在知情同意的基础上加入团体咨询。

团体咨询开始时讨论并形成团体保密规则

团体心理咨询第一次工作时,团体带领者要与成员讨论并形成团体契约,即成员对需要共同遵守的规则进行协商讨论,承诺彼此尊重,包括对成员隐私权的尊重。团体成员共同约定不与团体以外的其他人分享团体咨询中的经验,形成文件后团体成员共同签署,互相监督遵照执行。

团体咨询中对过度私密的分享保持敏感并再次提示

在团体咨询过程中,团体带领者对成员的隐私权与保密议题始终保持足够的伦理敏感性。当觉察团体成员讲述的经验过于私密时,可以适度地提醒当事人,同时不过度催化或引导成员进行过于深度的分享,并在当次活动结束时再次提醒团体成员保密承诺和保密责任。

团体咨询结束时的保密教育及最后警示

在整个团体心理咨询结束,团体带领者进行团体活动的整合和分享时还要再次提醒团体成员的保密约定以及签署的保密承诺。在团体咨询结束时再进行保密责任的伦理提醒是非常必要的。由于团体成员不是专业人员,尽管不应该违背团体契约,但如果发生泄密是很难追究其责任的,这也是团体带领者要反复提醒的原因。

还有一种形式是同行小组,在咨询师群体中比较常见。他们大多保持固定的专业设置,可能是一起研读专业书籍,也可能是做案例研讨或同行督导,彼此促进并相互鼓励。需要提示的是,案例讨论或者同行督导小组,区别于读书沙龙,会涉及咨询案例的讨论,所以要注意保护来访者的隐私,需要选择独立的安全空间。同时,成员之间也要形成一定的交流规则,将社交活动与专业讨论区分开来,保持清晰的专业边界是非常重要的。

17.2.4 专业胜任力

专业胜任力是心理咨询从业者最基本的伦理责任,如果专业人员不具有专业胜任力,那么其专业实践活动不仅会增加对来访者造成伤害的可能性,而且还可能显著降低对来访者的潜在帮助(维尔福,2010)。从某种角度来讲,专业领域的很多问题都可以归结为专业胜任力问题。

专业胜任力的评价标准

专业胜任力是指根据专业人员任务完成情况来评判的专业表现(Jensen,1979)。专业胜任力并不完全等同于专业能力,如果不具备完成岗位职责工作的专业能力,就不可能以专业方法开展相应工作,但是即使具备专业能力,也不一定在所有情况下都能胜任工作。

咨询师在咨询过程中的专业表现是判断咨询师具有专业胜任力的主要依据,即考察咨询师是否能够有效地帮助来访者,包括能否与来访者建立良好的咨询关系,收集足够的资料对来访者及其问题形成个案概念化,在此基础上制定咨询方案、执行计划,并对咨询结果进行评估(Spruill 等,2004)。如果咨询师帮助来访者科学有效地达成咨询目标,就说明咨询师具备了专业胜任力。

专业胜任力是对咨询师的基本要求,而非优秀标准,并不是要求所有的咨询师都成为专家。专业胜任力可以理解为一个连续体,新手咨询师只要能够做到帮助来访者达成咨询目标,可以做到保障来访者的福祉,就表明具备了专业胜任力。在不同的职业发展阶段,咨询师的专业胜任力从最低水平开始持续得到提升,相比较而言,专家级咨询师会更快速、更深度地帮助来访者。保持并逐渐增强专业胜任力是咨询师的专业责任。

专业胜任力的影响因素

具有专业能力是基本的从业要求,但不一定保证咨询师在为所有来访者提供的咨询服务中都能表现出足够好的专业胜任力。有时,一些客观因素或主观因素都有可能影响咨询师的专业胜任力。

有些客观条件的限制会影响咨询师的专业胜任力表现。例如,擅长提供长程咨询的咨询师,当被要求在短程心理咨询的设置下服务时,可能会感到力不从心;胜任面对面咨询的咨询师,不一定胜任热线心理咨询或网络心理咨询;胜任常规心理咨询的咨询师,不一定胜任危机干预;胜任个体咨询的咨询师,不一定胜任团体咨询等。以上种种情况在某种程度上反映了心理咨询专业化水平的提高,咨询师并不是在所有相关工作上都擅长,针对主要的专业工作接受系统的专业训练是非常必要的。

咨询师的个人因素也有可能对咨询过程产生扰动,成为影响咨询师专业胜任力的因素。每个人都有自己的价值观念、成长故事和生活经验,如果来访者在咨询中求助的问题刚好是咨询师的个人议题,那么咨询师与来访者之间呈现的移情与反移情现象可能会更加复杂。咨询师近期经历的生活事件可能对某个阶段的专业服务构成影响,例如,咨询师最近有亲人去世,如果在自己还没有处理好哀伤反应的阶段就接待经历重要丧失的来访者,可能会因为自己需要照顾而忽略来访者的情绪体验。

咨询师专业胜任力伦理议题

咨询师专业胜任力有关的伦理议题可能表现为专业胜任力不足,也可能是专业胜任力受损,前者与专业训练不足有关,后者指原本胜任的咨询师因各种因素而未能表现出应有的专业表现。

专业胜任力不足

还在受训阶段的实习生、新手咨询师,或者刚开始学习新的理论取向的咨询师,虽然已经系统学习了专业知识和专业技能,但由于缺乏经验,可能在遇到一些复杂个案时会感到束手无策。例如,高校咨询师对大学生常见心理问题的咨询是胜任的,但本次咨询来访者提到父亲突发意外去世,咨询师没有接受过哀伤咨询的专门训练,可能会在咨询过程中显得专业表现不足。

对于专业训练不足的情况,为了保证来访者的福祉,同时也为了通过服务的个案提升专业胜任力,实习生或新手咨询师须接受督导,以保证所提供的咨询达到专业水准。如果判断超出了咨询师的专业胜任力,即使接受督导仍然难以保障来访者的福祉,那么可以考虑与来访者讨论转介,保障所咨询来访者的福祉。

专业胜任力受损

咨询师不一定能对所有来访者发挥完全相同的专业水平,或者说有时咨询师在自己本可以胜任的专业服务中表现出胜任力不足。这可能与来访者有关,也可能是因为咨询中讨论的问题刚好与咨询师的个人议题相关,还可能是因为咨询师的疲劳、分心和压力等因素,影响了咨询师专业胜任力的表现。

如果出现专业胜任力受损的迹象,咨询师应善于自我觉察和自我反思,警惕因自己身心健康问题损害来访者福祉的可能性,必要时寻求督导,或自我体验处理个人议题。

咨询师的职业枯竭和自我照顾

心理咨询与治疗是充满压力的高危职业。咨询师应高度关注职业压力,既是对专业胜任力的保障,同时也是对个人的自我保护和自我照顾,这是咨询师的专业责任。

咨询师的职业枯竭

职业枯竭指助人者无法应对外界超出个人能量和资源的过度要求,从而产生情绪、行为等方面的身心耗竭状态。不同的咨询师在职业枯竭时的表现有所差异,可能以某种表现为主,也可能是一组表现,而有些咨询师的表现并不典型,容易被忽视。

一般情况下,咨询师的职业枯竭可能包括以下表现:

(1) 躯体化反应,有些咨询师并没有意识到自己的工作压力,可能先体验到的是生理耗竭反应,如容易疲倦、肌肉紧张及注意力不能集中等;

(2) 情绪反应,例如,遇到来访者请假的情况时咨询师会感到自己松了一口气,还有咨询师对来访者的诉说感到不耐烦,对来访者共情困难,或者咨询师缺乏与来访者工作的动力,甚至不愿意去咨询;

(3) 才智枯竭,咨询师发现自己原本擅长解决的问题或者擅长服务的群体,在最近的咨询中明显感到咨询进程受阻,信息获取及分析能力减退,咨询师的专业效能感降低;

(4) 价值贬损,咨询师负面评价自己的工作能力,贬损自我的意义,工作价值感降低,甚至不再感到心理咨询是一件有意义的工作。

从对来访者专业服务的角度来讲,咨询师的职业枯竭会损伤其咨询技能和判断力,不能及时对来访者提供共情理解以及专业支持,甚至可能对来访者的福祉造成伤害。从咨询师自身的角度来讲,职业枯竭不仅不利于身心健康,而且会损害职业热情,降低职业认同感,从长远看还有可能影响咨询师的职业生涯发展。因此,咨询师要对职业枯竭问题引起高度重视,当出现职业枯竭并预见到可能产生不良后果时要及时面对,必要时限制或暂停专业工作,这既是对咨询师自己负责,也是对来访者的福祉负责。

咨询师的自我照顾

咨询师应熟悉可能发生职业枯竭的信号,尽早察觉并有意识地自我调节。咨询师的自我照顾是咨询师的专业责任,通常包括两个方面:一方面是专业方面的自我关怀,另一方面是个人方面的自我调适。

(1) 专业自我关怀策略

合理安排工作对咨询师来说非常重要。咨询师不仅要在专业胜任力范围内工作,还要注意将咨询实践控制在一个可以管理的水平上,比如每周咨询的个案数不宜太多。接受督导是帮助新手咨询师从理论学习过渡到实际应用的重要桥梁,可以帮助新手咨询师获得对困难个案的工作思路。咨询师有责任通过继续教育等方式提升专业胜任力,例如参加更有针对性的专题培训等。由于咨询师寻求督导或接受培训不一定总是可行的,保持积极的同行支持网络具有特殊的意义。当然,咨询师要学会保持工作边界,有时对于不属于自己职责的工作也要学会拒绝,避免承担超出自己控制范围的工作。

(2) 个人自我关怀策略

保持良好的身心状态对于咨询师而言非常重要。咨询师要保持工作和生活的平衡,适当的娱乐活动、健身运动以及休假安排都是咨询师自我照顾的方式。亲密关系带来的支持感和归属感对于每一个人都是重要的,尽管咨询师的具体工作因为专业保密性的要求而不能和家人解释,但以符合伦理的方式适当沟通,对取得家人的理解和支持是非常必要的。

17.3 心理咨询相关的其他伦理问题

心理咨询中的伦理议题不只是体现在咨询过程中,围绕着心理咨询相关的工作环节也会发生与伦理有关的问题,例如咨询记录的撰写与保管、来访者转介的过程等。

17.3.1 心理咨询记录的撰写以及保存

随着心理咨询职业化水平提升,记录咨询过程成为规范管理的重要内容,但有些咨询师对为什么做记录还存在误解。如果咨询师认为咨询记录只是为了自己工作方便,可以包含自己的感受、思考和推测,那么一旦被投诉或卷入法律纠纷,咨询记录被用作相关证据时,就很可能出现问题。

咨询记录的目的

咨询记录最重要的目的是为了更好地服务来访者。咨询师通过记录咨询过程,能够掌握来访者的关键信息,特别是在长程咨询中,咨询记录作为帮助咨询师连续工作的辅助手段,对有效帮助来访者是非常必要的。

心理咨询记录有助于咨询师对个案的思考和学习。咨询记录帮助咨询师梳理个案的进展,监控咨询进程,还可以作为咨询师参加案例讨论或接受督导的依据,同时也用于评价咨询效果。咨询记录等相关资料作为文件留存于机构,一旦牵涉投诉或者法律诉讼,便能成为唯一的重要依据。

可见,咨询记录等资料只用于以促进对来访者的帮助为目的的专业工作。如果咨询记录用于研究或发表等其他目的时,来访者有知情同意的权利。

咨询记录的专业要求

心理咨询记录是来访者档案的一部分。基于诚信原则,咨询师有责任如实地、客观地、公正地做好咨询记录,在每次咨询结束后要及时完成记录。

咨询师在撰写咨询记录时,应区分客观的事件描述和主观的猜测解释。咨询师要谨记来访者有查阅咨询记录的权利,虽然来访者很少要求阅看,但并不排除这种可能,因此咨询师应谨慎记录,避免引发争议。通常,在咨询记录中只记录最重要的信息,包括与来访者有关的客观描述,记录咨询过程中所做的主要工作,务求精简准确。

在咨询记录里不出现与咨询无关的信息,例如咨询师在咨询中的情绪感受、对个案的推断和假设以及各种思考等。

很多咨询师会单独做工作笔记,也称之为咨询手记。与留存于咨询机构的正式记录不同,在咨询师个人保存的工作笔记里,咨询师可以记录自己对咨询过程的感受和理解,自己对个案的理解和推测,便于专业反思。需要提醒的是,因为工作笔记由咨询师个人保管,记录了咨询师在案例中的分析和思考,除了注意妥善保管以外,还要注意隐去来访者的姓名、身份等信息。

咨询记录等资料的保管制度

咨询师拥有咨询记录,但是来访者拥有记录中所包含的信息(Anderson,1996)。咨询师不仅要对咨询过程中讨论的内容保密,同时还要保管好预约登记、咨询记录、录音和录像等资料。咨询师对心理咨询过程的记录以及对相关资料的保管,常能反映出咨询师对来访者权益保密责任的态度(谭中岳,2003)。咨询师有责任保障咨询相关的文本资料以及录音和录像资料的安全。

在咨询机构,心理咨询记录通常由专人统一保管,要存放在机构带锁的文件柜里,一般来说不允许将咨询记录带出机构,以避免因疏忽而导致来访者隐私泄露的风险。记录时如果有他人在场要注意遮蔽,暂时离开时要注意收好咨询记录,避免被他人有意或无意地看到记录内容。如果有对咨询过程的录音、录像资料,应有更严格的保密要求。如果咨询师需要回看录像或听录音学习,要到咨询机构里观看、收听。

心理咨询机构应有明确的咨询记录等资料保管制度,规定谁有权限管理记录、谁有资格查阅记录以及咨询记录的保管方法等。咨询师要遵守咨询机构的规定,对咨询记录有保密责任。

17.3.2　关于转介与转介中的伦理

当咨询师认为自己的专业能力不能胜任,或不适合与来访者继续维持专业关系时,为了保障来访者的福祉而将其转介给合适的专业人士或机构。

转介的常见情形

在心理咨询中,最常见的是需要将来访者转介精神科治疗。《中华人民共和国精神卫生法》第23条规定,咨询师不能做心理治疗。如果咨询师发现来访者有精神科的症状,不属于心理咨询的服务对象时,就需要转介。

在咨询师内部也有需要转介的情况,多为咨询师感到专业胜任力不足。当来访者更深层次地自我表露时,咨询师发现针对其求助问题自己没有接受过专门训练,例如性少数群体的咨询,就需转介更有专业胜任力的咨询师。有时咨询师因为个人的局限性而难以保证咨询效果,例如咨询师因价值观、反移情等因素有可能会损害来访者的福祉。此外,还有一些是因为地域等因素,例如因来访者生活地址变动而需将来访者转介给当地的咨询师等。

关于转介伦理

谨慎做出转介的决定

以保证来访者福祉为首要原则,是咨询师判断来访者是否需要转介的依据。由于转介过程必然涉及咨询关系的中断,咨询师要充分考虑转介可能造成的影响。咨询师要做好评估,对来访者做好解释并进行知情同意讨论,妥善处理来访者在转介过程中引发的情绪。

禁止转介中的获利行为

咨询师应禁止转介中的图利行为(赵燕,桑志芹,2020)。《伦理守则》第1.17条款明确指出,咨询师不得因转介收取任何费用,也不得向第三方支付与转介相关的任何费用。如果咨询师在转介中有获利行为,其转介决定有可能建立在自己的利益上,那么在一定程度上存在损害来访者福祉的可能性。除非咨询师提供了具体的服务,例如提供咨询场所或者管理等服务,在没有服务情况下收取转介费用是违背伦理的。

避免转介中的机构纠纷

咨询师执业的形式近年来发生很多变化,比如个人工作室、联合工作室以及社会咨询机构等。当咨询师执业地点发生变动时,如果不处理好与机构的关系就容易出现纠纷,可能会对正在咨询的来访者带来一些不安定因素。为避免出现转介相关的问题,建议咨询师做好工作规划,如果有可能出现工作变动情况,应提前做好工作预案。对可能出现的未结案个案,咨询师应提前做好安排,包括知情同意讨论、适当调整咨询目标等。如果尽管已做努力但仍然不可避免,那么建议咨询师与咨询机构做好协商,最大限度地保障来访者的福祉。

总体来讲,社会大众对心理咨询专业服务有很大的需求,国家回应社会需求,加强社会心理服务体系建设,这给心理咨询专业领域带来了难得的发展契机,同时也在诸多方面带来挑战。由于我国缺乏统一的咨询师执业资格认证以及行业监管,因此更需要加强专业伦理教育以帮助咨询师提升伦理敏感性,提升对心理咨询情境伦理议题的应对能力,从而提高专业服务质量,保障来访者的福祉。

(安 芹 撰写)

本章参考文献

樊富珉.(2016).心理团体的伦理就如交通规则.心理与健康,11,11-12.
林家兴.(2018).咨商专业伦理:临床应用与案例分析.新北:心理出版社股份有限公司.
牛格正.(1991).咨商专业伦理.台北:五南图书出版有限公司.
牛格正,王智弘.(2018).助人专业伦理.上海:华东师范大学出版社.
钱铭怡,侯志瑾.(2015).重技术轻伦理——心理咨询之大忌.心理与健康,1,11-14.

谭中岳.(2003).心理咨询者的专业操守.载于谭中岳,李子勋,钟杰气,心理咨询与治疗中的道德与伦理问题.中国心理卫生杂志,17(7),508-511.

王浩宇,樛梦克,钱铭怡,孙文婷,庄淑婕,杨晶晶,米田悦,刘天舒,杨剑兰.(2017).北京心理咨询师知情同意使用现状的访谈.中国心理卫生杂志,31(1),58-63.

王智弘.(1999).心理咨商之证照制度与专业伦理.测验与辅导,154,3211-3214.

杨诗露,赵晨颖,米田悦,薛梦,王家醇,李晓华,钱铭怡.(2018).心理咨询师对知情同意伦理的态度和行为.中国心理卫生杂志,32(10),816-821.

伊丽莎白·雷诺兹·维尔福(Welfel, E. R.).(2010).心理咨询与治疗伦理(第三版)(侯志瑾,等译).北京:世界图书出版公司.

赵燕,桑志芹.(2020).心理咨询师对转介的伦理判断与转介行为.中国心理卫生杂志,34(12),983-989.

中国心理学会.(2007).中国心理学会临床与咨询心理学工作伦理守则.心理学报,39(5),947-950.

中国心理学会.(2018).中国心理学会临床与咨询心理学工作伦理守则(第二版).心理学报,50(11),1314-1322.

中华人民共和国精神卫生法(2018).北京:中国法制出版社.

Anderson, B. S. (1996). *The counselor and the law* (4th ed.). Alexandria, VA: America Counseling Association.

Blease, C. R., Lilienfeld, S. O., & Kelley, J. M. (2016). Evidence-based practice and psychological treatments: The imperatives of informed consent. *Frontiers in Psychology*, 7, 1170.

Bok, S. (1989). *Secrets: On the ethics of concealment and revelation*. New York: Vintage Books.

Corey, G. (1991). *Theory and practice of counseling and psychotherapy* (4th ed.). Practice Grove, CA: Brooks/Cole.

Heisig, S. R., Shedden-Mora, M. C., Hidalgo, P., & Nestoriuc, Y. (2015). Framing and personalizing informed consent to prevent negative expectations: An experimental pilot study. *Health Psychology*, 34(10), 1033-1037.

Jensen, R. E. (1979). Competent professional service in psychology: The real issue behind continuing education. *Professional Psychology: Research and Practice*, 10, 381-389.

Kitchener, K. S. (1984). Intuition, critical evaluation and ethical principles: The foundation for ethical decision in counseling psychology. *The Counseling Psychologist*, 12(3), 43-55.

Kitchener, K. S. (1988). Multiple role relationships? What makes them so problematic? *Journal of Counseling and Development*, 67, 217-221.

Remley, T. P., Jr., & Herlihy, B. (2010). *Ethical, legal, and professional issues in counseling* (3rd ed.). Boston: Pearson Education.

Spruill, J., Rozensky, R. H., Stigall, T. T., Vasquez, M. J. T., Bingham, R. P., & Olvey, C. D. (2004). Becoming a competent clinician: Basic competencies in intervention. *Journal of Clinical Psychology*, 60, 741-754.

Van Hoose, W. H., & Kottler, J. A. (1977). *Ethical and legal issues in counseling and psychotherapy*. San Francisco, CA: Jossey-Boss.

附录一 《中国心理学会临床与咨询心理学工作伦理守则（第二版）》

中国心理学会，2018年2月

《中国心理学会临床与咨询心理学工作伦理守则(第二版)》(以下简称本《守则》)和《中国心理学会临床与咨询心理学专业机构和专业人员注册标准(第二版)》由中国心理学会授权临床心理学注册工作委员会在《中国心理学会临床与咨询心理学工作伦理守则(第一版)》(2007)和《中国心理学会临床与咨询心理学专业机构和专业人员注册标准(第一版)》(2007)基础上修订。

制定本《守则》旨在揭示临床与咨询心理学服务工作具有教育性、科学性与专业性，促使心理师、寻求专业服务者以及广大民众了解本领域专业伦理的核心理念和专业责任，以保证和提升专业服务的水准，保障寻求专业服务者和心理师的权益，提升民众心理健康水平，促进和谐社会发展。本《守则》亦为本学会临床与咨询心理学注册心理师的专业伦理规范以及本学会处理有关临床与咨询心理学专业伦理投诉的工作基础和主要依据。

总 则

善行：心理师的工作是使寻求专业服务者从其专业服务中获益。心理师应保障寻求专业服务者的权利，努力使其得到适当的服务并避免伤害。

责任：心理师在工作中应保持其服务的专业水准，认清自己的专业、伦理及法律责任，维护专业信誉，并承担相应的社会责任。

诚信：心理师在工作中应做到诚实守信，在临床实践、研究及发表、教学工作以及各类媒体的宣传推广中保持真实性。

公正：心理师应公平、公正地对待与自己专业相关的工作及人员，采取谨慎的态度，防止自己潜在的偏见、能力局限、技术限制等导致的不适当行为。

尊重：心理师应尊重每位寻求专业服务者，尊重其隐私权、保密性和自我决定的权利。

1 专业关系

心理师应按照专业的伦理规范与寻求专业服务者建立良好的专业工作关系。这种工作关系应以促进寻求专业服务者的成长和发展、从而增进其利益和福祉为目的。

1.1 心理师应公正地对待寻求专业服务者，不得因其年龄、性别、种族、性取向、宗教信仰和政治立场、文化水平、身体状况、社会经济状况等因素歧视对方。

1.2 心理师应充分尊重和维护寻求专业服务者的权利，促进其福祉。心理师应当避免伤害寻求专业服务者、学生或研究被试。如果伤害可避免或可预见，心理师应在对方知情同意的前提下尽可能避免，或将伤害最小化；如果伤害不可避免或无法预见，心理师应尽力使伤害程度降至最低，或在事后设法补救。

1.3 心理师应依照当地政府要求或本单位规定恰当地收取专业服务费用。心理师在进入专业工作关系之前，要向寻求专业服务者清楚地介绍和解释其服务收费情况。

1.4 心理师不得以收受实物、获得劳务服务或其他方式作为其专业服务的回报，以防止冲突、剥削、破坏专业关系等潜在危险。

1.5 心理师须尊重寻求专业服务者的文化多元性。心理师应充分觉察自己的价值观，及其对寻求专业服务者的可能影响，并尊重寻求专业服务者的价值观，避免将自己的价值观强加给寻求专业服务者或替其做重要决定。

1.6 心理师应清楚地认识其自身所处位置对寻求专业服务者的潜在影响，不得利用寻求专业服务者对自己的信任或依赖剥削对方、为自己或第三方谋取利益。

1.7 心理师要清楚地了解多重关系（例如与寻求专业服务者发展家庭、社交、经济、商业或其他密切的个人关系）对专业判断可能造成的不利影响及损害寻求专业服务者福祉的潜在危险，尽可能避免与寻求专业服务者发生多重关系。在多重关系不可避免时，应采取专业措施预防可能的不利影响，例如签署知情同意书、告知多重关系可能的风险、寻求专业督导、做好相关记录，以确保多重关系不会影响自己的专业判断，并且不会对寻求专业服务者造成危害。

1.8 心理师不得与当前寻求专业服务者或其家庭成员发生任何形式的性或亲密关系，包括当面和通过电子媒介进行的性或亲密的沟通与交往。心理师不得给与自己有过性或亲密关系者做心理咨询或心理治疗。一旦关系超越了专业界限（例如开始性和亲密关系），应立即采取适当措施（例如寻求督导或同行建议），并终止专业关系。

1.9 心理师在与寻求专业服务者结束心理咨询或治疗关系后至少三年内,不得与该寻求专业服务者或其家庭成员发生任何形式的性或亲密关系,包括当面和通过电子媒介进行的性或亲密的沟通与交往。三年后如果发展此类关系,要仔细考察该关系的性质,确保此关系不存在任何剥削、控制和利用的可能性,同时要有可查证的书面记录。

1.10 当心理师和寻求专业服务者存在除了性或亲密关系以外的其他非专业关系,如果可能对寻求专业服务者造成伤害,心理师应当避免与其建立专业关系。例如,因无法保持客观、中立,心理师不得与自己的朋友和亲人建立专业关系。

1.11 心理师不得随意中断心理咨询与治疗工作。心理师出差、休假或临时离开工作地点外出时,要尽早向寻求专业服务者说明,并适当安排已经开始的心理咨询或治疗工作。

1.12 心理师认为自己的专业能力不能胜任为寻求专业服务者提供专业服务的工作,或不适合与寻求专业服务者维持专业关系时,应在和督导或同行讨论后,向寻求专业服务者明确说明,并本着负责的态度转介给合适的专业人士或机构,同时书面记录转介情况。

1.13 当寻求专业服务者在心理咨询与治疗中无法获益,心理师应终止这种专业关系。若受到寻求专业服务者或相关人士的威胁或伤害,或寻求专业服务者拒绝按协议支付专业服务费用,心理师可以终止专业服务关系。

1.14 本专业领域内,不同理论学派的心理师应相互了解、相互尊重。心理师开始服务时,如知晓寻求专业服务者已经与其他同行建立了专业服务关系,而且目前没有终止或者转介时,应建议寻求专业服务者继续在同行处寻求帮助。

1.15 心理师与心理健康服务领域同行(包括精神科医师/护士、社会工作者等)的交流和合作会影响对寻求专业服务者的服务质量。心理师应与相关同行建立积极的工作关系和沟通渠道,以保障寻求专业服务者的福祉。

1.16 在机构中从事心理咨询与治疗的心理师未经机构允许,不得将自己在该机构中的寻求专业服务者转介为个人接诊的来访者。

1.17 心理师将寻求专业服务者转介至其他专业人士或机构时,不得收取任何费用,也不得向第三方支付与转介相关的任何费用。

1.18 心理师应清楚了解寻求专业服务者赠送礼物对专业关系的影响。心理师在决定是否收取寻求专业服务者的礼物时需考虑以下因素:专业关系、文化习俗、礼物的金钱价值、赠送礼物的动机以及心理师决定接受或拒绝礼物的动机。

2 知情同意

寻求专业服务者可以自由选择是否开始或维持一段专业关系,且有权充分了解关于专业工作的过程和心理师的专业资质及理论取向。

2.1 心理师应确保寻求专业服务者了解自己与寻求专业服务者双方的权利、责任,明确介绍收费设置,告知寻求专业服务者享有的保密权利、保密例外情况以及保密界限。心理师应认真记录评估咨询或治疗过程中有关知情同意的讨论过程。

2.2 寻求专业服务者询问下列相关事项时,心理师应当告知:(1)心理师的资质、所获认证、工作经验以及专业工作理论取向;(2)专业服务的作用;(3)专业服务的目标;(4)专业服务所采用的理论和技术;(5)专业服务的过程和局限;(6)专业服务可能带来的好处和风险;(7)心理测量与评估的意义,以及测验和结果报告的用途。

2.3 在与被强制要求接受专业服务人员工作时,心理师应当在专业工作开始时与其讨论保密原则的强制界限及相关依据。

2.4 当寻求专业服务者同时接受其他心理健康服务领域专业工作者的服务时,心理师可以根据工作需要,在征得寻求专业服务者的同意后,联系其他心理健康服务领域专业工作者并与他们进行沟通,以更好地为寻求专业服务者提供服务。

2.5 只有在得到寻求专业服务者书面同意的情况下,心理师才能对心理咨询或治疗过程录音、录像或进行教学演示。

3 隐私权和保密性

心理师有责任保护寻求专业服务者的隐私权,同时明确认识到隐私权在内容和范围上受到国家法律和专业伦理规范的保护和约束。

3.1 在专业服务开始时,心理师有责任向寻求专业服务者说明工作的保密原则及其应用的限度、保密例外情况并签署知情同意书。

3.2 心理师应清楚地了解保密原则的应用有其限度,下列情况为保密原则的例外:(1)心理师发现寻求专业服务者有伤害自身或他人的严重危险;(2)不具备完全民事行为能力的未成年人等受到性侵犯或虐待;(3)法律规定需要披露的其他情况。

3.3 遇到3.2(1)和(2)的情况,心理师有责任向寻求专业服务者的合法监护人、可确认的潜在受害者或相关部门预警;遇到3.2(3)的情况,心理师有义务遵守法律法规,并按照最低限度原则披露有关信息,但须要求法庭及相关人员出示合法的正式文书,并要求他们注意专业服务相关信息的披露范围。

3.4 心理师应按照法律法规和专业伦理规范在严格保密的前提下创建、使用、保存、传递和处理专业工作相关信息(如个案记录、测验资料、信件、录音、录像等)。心理师可告知寻求专业服务者个案记录的保存方式、相关人员(例如同事、督导、个案管理者、信息技术员)有无权限接触这些记录等。

3.5 心理师因专业工作需要在案例讨论或教学、科研、写作中采用心理咨询或治疗案例时,应隐去可能辨认出寻求专业服务者的相关信息。

3.6 心理师在教学培训、科普宣传中,应避免使用完整案例,如果有可辨识身份的个人信息(如姓名、家庭背景、特殊成长或创伤经历、体貌特征等),须采取必要措施保护当事人隐私。

3.7 如果由团队为寻求专业服务者服务,应在团队内部确立保密原则,只有确保寻求专业服务者隐私受到保护时才能讨论其相关信息。

4 专业胜任力和专业责任

心理师应遵守法律法规和专业伦理规范,以科学研究为依据,在专业界限和个人能力范围内以负责任的态度开展评估、咨询、治疗、转介、同行督导、实习生指导以及研究工作。心理师应不断更新专业知识,提升专业胜任力,促进个人身心健康水平,以更好地满足专业工作的需要。

4.1 心理师应在专业能力范围内,根据自己所接受的教育、培训和督导的经历和工作经验,为适宜人群提供科学有效的专业服务。

4.2 心理师应规范执业,遵守执业场所、机构、行业的制度。

4.3 心理师应关注保持自身专业胜任力,充分认识继续教育的意义,参加专业培训,了解专业工作领域的新知识及新进展,必要时寻求专业督导。缺乏专业督导时,应尽量寻求同行的专业帮助。

4.4 心理师应关注自我保健,警惕因自己的身心健康问题伤害服务对象的可能性,必要时应寻求督导或其他专业人员的帮助,或者限制、中断、终止临床专业服务。

4.5 心理师在工作中介绍和宣传自己时,应实事求是地说明专业资历、学历、学位、专业资格证书、专业工作等。心理师不得贬低其他专业人员,不得以虚假、误导、欺瞒的方式宣传自己或所在机构、部门。

4.6 心理师应承担必要的社会责任,鼓励心理师为社会提供自己的部分专业工作时间做低经济回报、公益性质的专业服务。

5 心理测量与评估

心理测量与评估是咨询与治疗工作的组成部分。心理师应正确理解心理测量与评估手段在临床服务中的意义和作用,考虑被测量者或被评估者的个人特征和文化背景,恰当使用测量与评估工具来促进寻求专业服务者的福祉。

5.1 心理测量与评估的目的在于促进寻求专业服务者的福祉,其使用不应超越服务目的和适用范围。心理师不得滥用心理测量或评估。

5.2 心理师应在接受相关培训并具备适当专业知识和技能后,实施相关测量或评估工作。

5.3 心理师应根据测量目的与对象,采用自己熟悉的、已经在国内建立并证实信度、效度的测量工具。若无可靠信度、效度数据,需要说明测验结果及解释的说服力和局限性。

5.4 心理师应尊重寻求专业服务者了解和获得测量与评估结果的权利,在测量或评估后对结果给予准确、客观、对方能理解的解释,避免寻求专业服务者误解。

5.5 未经寻求专业服务者授权,心理师不得向非专业人员或机构泄露其测量和评估的内容与结果。

5.6 心理师有责任维护心理测验材料(测验手册、测量工具和测验项目等)和其他评估工具的公正、完整和安全,不得以任何形式向非专业人员泄露或提供不应公开的内容。

6 教学、培训和督导

从事教学、培训和督导工作的心理师应努力发展有意义、值得尊重的专业关系,对教学、培训和督导持真诚、认真、负责的态度。

6.1 心理师从事教学、培训和督导工作旨在促进学生、被培训者或被督导者的个人及专业成长和发展,教学、培训和督导工作应有科学依据。

6.2 心理师从事教学、培训和督导工作时应持多元的理论立场,让学生、被培训者或被督导者有机会比较,并发展自己的理论立场。督导者不得把自己的理论取向强加于被督导者。

6.3 从事教学、培训和督导工作的心理师应基于其教育训练、被督导经验、专业认证及适当的专业经验,在胜任力范围内开展相关工作,并有义务不断加强自己的专业能力和伦理意识。督导者在督导过程中遇到困难,也应主动寻求专业督导。

6.4 从事教学、培训和督导工作的心理师应熟练掌握专业伦理规范,并提醒学生、被培训者或被督导者遵守伦理规范和承担专业伦理责任。

6.5 从事教学、培训工作的心理师应采取适当措施设置和计划课程,确保教学及培训能够提供适当的知识和实践训练,达到教学或培训目标。

6.6 承担教学任务的心理师应向学生明确说明自己与实习场所督导者各自的角色与责任。

6.7 担任培训任务的心理师在进行相关宣传时应实事求是,不得夸大或欺瞒。心理师应有足够的伦理敏感性,有责任采取必要的措施保护被培训者个人隐私和福祉。心理师作为培训项目负责人时,应为该项目提供足够的专业支持和保证,并承担相应责任。

6.8 担任督导任务的心理师应向被督导者说明督导目的、过程、评估方式及标准,告知督导过程中可能出现的紧急情况,中断、终止督导关系的处理方法。心理师应定期评估被督导者的专业表现,并在训练方案中提供反馈,以保障专业服务水准。考评时,心理师应实事求是,诚实、公平、公正地给出评估意见。

6.9 从事教学、培训和督导工作的心理师应审慎评估其学生、被培训者或被督导者的个体差异、发展潜能及能力限度,适当关注其不足,必要时给予发展或补救机会。对不适合从事心理咨询或治疗工作的专业人员,应建议其重新考虑职业发展方向。

6.10 承担教学、培训和督导任务的心理师有责任设定清楚、适当、具文化敏感度的关系界限;不得与学生、被培训者或被督导者发生亲密关系或性关系;不得与有亲属关系或亲密关系的专业人员建立督导关系;不得与被督导者卷入心理咨询或治疗关系。

6.11 从事教学、培训或督导工作的心理师应清楚认识自己在与学生、被培训者或被督导者关系中的优势,不得以工作之便利用对方为自己或第三方谋取私利。

6.12 承担教学、培训或督导任务的心理师应明确告知学生、被培训者或被督导者,寻求专业服务者有权了解提供心理咨询或治疗者的资质;他们若在教学、培训和督导过程中使用有关寻求专业服务者的信息,应事先征得寻求专业服务者同意。

6.13 承担教学、培训或督导任务的心理师对学生、被培训者或被督导者在心理咨询或治疗中违反伦理的情形应保持敏感,若发现此类情形应与他们认真讨论,并为保护寻求专业服务者的福祉及时处理;对情节严重者,心理师有责任向本学会临床心理学注册工作委员会伦理工作组或其他适合的权威机构举报。

7 研究和发表

心理师应以科学的态度进行研究,以增进对专业领域相关现象的了解,为改善专业领域做贡献。以人类为被试的科学研究应遵守相应的研究规范和伦理准则。

7.1 心理师的研究工作若以人类作为研究对象,应尊重人的基本权益,遵守相关法律法规、伦理准则以及人类科学研究的标准。心理师应负责被试的安全,采取措施防范损害其权益,避免对其造成躯体、情感或社会性伤害。若研究需得到相关机构审批,心理师应提前呈交具体研究方案以供伦理审查。

7.2 心理师的研究应征求被试的知情同意;若被试没有能力做出知情同意,应获得其法定监护人的知情同意;应向被试(或其监护人)说明研究性质、目的、过程、方法、技术、保密原则及局限性,被试可能体验到的身体或情绪痛苦及干预措施,预期获益、补偿;研究者和被试各自的权利和义务,研究结果的传播形式及其可能的受众群体等。

7.3 免知情同意仅限于以下情况:(1)有理由认为不会对被试造成痛苦或伤害的研究,包括①正常教学实践研究、课程研究或在教学背景下进行的课堂管理方法研究;②仅用匿名问卷、以自然观察方式进行的研究或文献研究,其答案未使被试触犯法律,损害其财务状况、职业或声誉,且隐私得到保护;③在机构背景下进行的工作相关因素研究不会危及被试的职业,且其隐私得到保护。(2)法律、法规或机构管理规定允许的研究。

7.4 被试参与研究,有随时撤回同意和不再继续参与的权利,并且不会因此受到任何惩罚,而且在适当情况下应获得替代咨询、治疗干预或处置。心理师不得以任何方式强制被试参与研究。干预或实验研究需要对照组时,适当考虑对照组成员的福祉。

7.5 心理师不得用隐瞒或欺骗手段对待被试,除非这种方法对预期研究结果必要且无其他方法代替。在研究结束后,必须向被试适当说明。

7.6 禁止心理师和当前被试通过面对面或任何媒介发展与性或亲密关系相关的沟通和交往。

7.7 撰写研究报告时,心理师应客观地说明和讨论研究设计、过程、结果及局限性,不得采用或编造虚假不实的信息或资料,不得隐瞒与研究预期、理论观点、机构、项目、服务、主流意见或既得利益相悖的结果,并声明利益冲突;如果发现已发表研究有重大错误,应更正、撤销、勘误或以其他合适的方式公开纠正。

7.8 心理师撰写研究报告时应注意对被试的身份保密(除非得到被试的书面授权),妥善保管相关研究资料。

7.9 心理师在发表论著时不得剽窃他人成果,引用其他研究者或作者的言论或资料时应按照学术规范或国家标准注明原著者及资料来源。

7.10 心理师若采用心理咨询或心理治疗案例进行科研、写作等工作时,应确保隐匿了可辨认出寻求专业服务者的有关信息;若涉及寻求专业服务者的案例报告,应与其签署知情同意书。

7.11 全文或文中重要部分已登载于某期刊或已出版著作,心理师不得在未获原出版单位许可情况下再次投稿;同一篇稿件或主要数据相同的稿件不得同时向多家期刊投稿。

7.12 当研究工作由心理师与其他同事或同行一起完成时,著述应以适当方式注明全部作者,心理师不得以个人名义发表或出版。对研究著述有特殊贡献者,应以适当方式明确声明。论著主要内容源于学生的研究报告或论文,应取得学生许可并将其列为主要作者之一。

7.13 心理师审阅学术报告、文稿、基金申请或研究计划时应尊重其保密性和知识产权。心理师应审阅在自己能力范围内的材料,并避免审查工作受个人偏见影响。

8 远程专业工作(网络/电话咨询)

心理师有责任告知寻求专业服务者远程专业工作的局限性,让寻求专业服务者了解远程专业工作与面对面专业工作的差异。寻求专业服务者有权选择是否在接受专业服务时使用网络/电话咨询。远程工作的心理师有责任考虑相关议题,并遵守相应的伦理规范。

8.1 心理师通过网络/电话提供专业服务时,除了常规知情同意外,还需要帮助寻求专业服务者了解并同意下列信息:(1)远程服务所在的地理位置、时差和联系信息;(2)远程专业工作的益处、局限和潜在风险;(3)发生技术故障的可能性及处理方案;(4)无法联系到心理师时的应急程序。

8.2 心理师应告知寻求专业服务者电子记录和远程服务过程在网络传输中保密的局限性,告知寻求专业服务者相关人员(同事、督导、个案管理者、信息技术员)有无权限接触这些记录和咨询过程。心理师应采取合理预防措施(例如设置用户开机密码、网站密码、咨询记录文档密码等)来保证信息传递和保存过程中的安全性。

8.3 心理师远程工作时须确认寻求专业服务者真实身份及联系信息,也需确认双方具体地理位置和紧急联系人信息,以确保在寻求专业服务者出现危机状况时可有效采取保护措施。

8.4 心理师通过网络/电话与寻求专业服务者互动并提供专业服务时,全程应验证寻求专业服务者真实身份,确保对方是与自己达成协议的对象。心理师应提供专业资质和专业认证机构的电子链接,并确认电子链接的有效性以保障寻求专业服务者的权利。

8.5 心理师应明白与寻求专业服务者保持专业关系的必要性。心理师应与寻求专业服务者讨论并建立专业界限。当寻求专业服务者或心理师认为远程专业工作无效时,心理师应考虑采用面对面服务形式。如果心理师无法提供面对面服务,应帮助对方转介。

9 媒体沟通与合作

心理师通过(电台、电视、报纸、网络等)公众媒体和自媒体从事专业活动,或以专业身份开展(讲座、演示、访谈、问答等)心理服务的过程中,与媒体相关人员合作与沟通时需要遵守下列伦理规范。

9.1 心理师及其所在机构在与媒体合作前应与媒体充分沟通,确认合作方了解心理咨询与治疗的专业性质与专业伦理,提醒其自觉遵守伦理规范,承担社会责任。

9.2 心理师应在专业胜任力范围内,根据自己的教育、培训和督导经历以及工作经验与媒体合作,为不同人群提供适宜而有效的专业服务。

9.3 心理师如与媒体长期合作,应特别考虑可能产生的影响,并与合作方签署包含伦理款项的合作协议,包括合作目的、双方权利与义务、违约责任及协议解除等。

9.4 心理师应与拟合作媒体就如何保护寻求专业服务者个人隐私商讨保密事宜,包括保密限制条件以及对寻求专业服务者信息的备案、利用、销毁等,并将有关设置告知寻求专业服务者,并告知其媒体传播后可能带来的影响,由其决定是否同意在媒体上进行自我暴露、是否签署相关协议。

9.5 心理师通过(电台、电视、出版物、网络等)公众媒体从事课程、讲座、演示等专业活动或以专业身份提供解释、分析、评论、干预时,应尊重事实,基于专业文献和实践发表言论,言行皆应遵循专业伦理规范,避免伤害寻求专业服务者,防止误导大众。

9.6 心理师接受采访时应要求媒体如实报道。文章发表前应经心理师本人审核确认。如发现媒体发布与自己个人或单位相关的错误、虚假、欺诈和欺骗的信息，或其发布的报道属断章取义，心理师应依据有关法律法规和伦理准则要求媒体予以澄清、纠正、致歉，以维护专业声誉，并保障受众利益。

10 伦理问题处理

心理师应在日常专业工作中践行专业伦理规范，并遵守有关法律法规。心理师应努力解决伦理困境，与相关人员直接而开放地沟通，必要时向督导及同行寻求建议或帮助。本学会临床心理学注册工作委员会设有伦理工作组，提供与本伦理守则有关的解释，接受伦理投诉，并处理违反伦理守则的案例。

10.1 心理师应当认真学习并遵守伦理守则，缺乏相关知识、误解伦理条款都不能成为违反伦理规范的理由。

10.2 心理师一旦觉察自己工作中有失职行为或对职责有误解，应尽快采取措施改正。

10.3 若本学会专业伦理规范与法律法规冲突，心理师必须让他人了解自己的行为符合专业伦理，并努力解决冲突。如这种冲突无法解决，心理师应以法律法规作为其行动指南。

10.4 如果心理师所在机构的要求与本学会伦理规范有矛盾之处，心理师需澄清矛盾的实质，表明自己有按专业伦理规范行事的责任。心理师应在坚持伦理规范前提下，合理地解决伦理规范与机构要求的冲突。

10.5 心理师若发现同行或同事违反了伦理规范，应规劝；规劝无效则通过适当渠道反映问题。如其违反伦理行为非常明显，且已造成严重危害，或违反伦理的行为无合适的非正式解决途径，心理师应当向临床心理学注册工作委员会伦理工作组或其他适合的权威机构举报，以保护寻求专业服务者的权益，维护行业声誉。心理师如不能确定某种情形或行为是否违反伦理规范，可向临床心理学注册工作委员会伦理工作组或其他适合的权威机构寻求建议。

10.6 心理师有责任配合临床心理学注册工作委员会伦理工作组调查可能违反伦理规范的行为并采取行动。心理师应了解对违反伦理规范的处理的申诉程序和规定。

10.7 伦理投诉案件的处理必须以事实为根据，以伦理守则相关条文为依据。

10.8 违反伦理守则者将按情节轻重给予以下处罚：(1)警告；(2)严重警告，被投诉者必须在指定期限内完成不少于16学时的专业伦理培训或/和临床心理学注册工作委员会伦理工作组指定的惩戒性任务;(3)暂停注册资格,暂停期间被投诉者不能使用注册督导师、注册心理师或注册助理心理师身份工作,同时暂停其相关权利(选举权、被选举权、推荐权、专业晋升申请等),必须在指定期限内完成不少于24学时的专业伦理培训或/和临床心理学注册工作委员会伦理工作组指定的惩戒性任务,如果不当行为得以改正则由临床心理学注册工作委员会伦理工作组讨论后,取消暂停使用注册资格的决定,恢复其注册资格;

(4)永久除名,取消注册资格后,临床心理学注册工作委员会不再受理其重新注册申请,并保留向相关部门通报的权利。

10.9 反对以不公正态度或报复方式提出有关伦理问题的投诉。

附:本《守则》包含的专业名词定义

临床心理学(clinical psychology):心理学分支学科之一。它既提供相关心理学知识,也运用这些知识理解和促进个体或群体心理健康、身体健康和社会适应。临床心理学注重个体和群体心理问题研究,并治疗严重心理障碍(包括人格障碍)。

咨询心理学(counseling psychology):心理学分支学科之一。它运用心理学知识理解和促进个体或群体心理健康、身体健康和社会适应。咨询心理学关注个体日常生活中的一般性问题,以增进其良好的心理适应能力。

心理咨询(counseling):在良好的咨询关系基础上,经过专业训练的临床与咨询专业人员运用咨询心理学理论和技术,帮助有心理困扰的求助者,以消除或缓解其心理困扰,促进其心理健康与自我发展。心理咨询侧重一般人群的发展性咨询。

心理治疗(psychotherapy):在良好的治疗关系基础上,经过专业训练的临床与咨询专业人员运用临床心理学有关理论和技术,帮助与矫治心理障碍患者,以消除或缓解其心理障碍或问题,促进其人格向健康、协调的方向发展。心理治疗侧重心理疾患的治疗和心理评估。

心理师(clinical and counseling psychologist):系统学习过临床与咨询心理学专业知识、接受过系统的心理治疗与咨询专业技能培训和实践督导,正从事心理咨询和心理治疗工作,并在中国心理学会有效注册的督导师、心理师、助理心理师。心理师包括临床心理师(clinical psychologist)和咨询心理师(counseling psychologist)。对临床心理师或咨询心理师的界定依赖于申请者学位培养方案中的名称界定。

督导师(supervisor):从事临床与咨询心理学相关教学、培训、督导等心理师培养工作,达到中国心理学会督导师注册条件,并在中国心理学会有效注册的资深心理师。

寻求专业服务者(professional service seeker):来访者(client)、精神障碍患者

（patient）或其他需要接受心理咨询或心理治疗专业服务的求助者。

剥削（exploitation）：个人或团体违背他人意愿或在其不知情的情况下，无偿占有其劳动成果，或不当利用其所拥有的各种物质、经济和心理资源，谋取利益或得到心理满足。

福祉（welfare）：寻求专业服务者的健康、利益、心理成长和幸福。

多重关系（multiple relationships）：心理师与寻求专业服务者之间除心理咨询或治疗关系外，还存在其他社会关系。除专业关系外还有一种社会关系为双重关系（dual relationships）。除专业关系外还有两种以上社会关系为多重关系。

亲密关系（romantic relationship）：人与人之间所产生的紧密情感联系，如恋人、同居和婚姻关系。

远程专业工作（remote counseling）：通过网络、电话等媒介进行、非面对面的心理健康服务方式。

附：
《中国心理学会临床与咨询心理学工作伦理守则》第二版修订工作及修订的主要内容

《中国心理学会临床与咨询心理学工作伦理守则》（以下简称"伦理守则"）第一版发布于2007年，已应用十年。伦理守则的修订工作萌发于2014年注册工作委员会的委员工作会议，2016年2月正式启动，历时两年完成。

一、伦理守则修订过程

伦理守则修订工作在中国心理学会领导下，由第三届中国心理学会临床心理学注册工作委员会组织，伦理工作组负责具体内容的修改，由注册标准组审定。

2016年2~4月，伦理工作组按主题分工，请两位熟悉或擅长各主题的委员合作修订，从心理学背景、医学背景等角度相互补充，两位委员充分讨论交换修订意见；5月，收集汇总后形成修订版讨论稿，交给伦理工作组组长和副组长审核，形成修订版讨论稿草案；6月，将修订版讨论稿草案发给伦理工作组全体委员，充分考虑以备讨论；7月，伦理工作组工作会议上举行伦理守则修订第一次研讨会，全体委员讨论后形成修订版一稿；8~12月，修订版一稿继续征集意见；2017年2月，伦理守则修订工作小组成立并举行伦理守则修订第二次研讨会，工作小组逐条讨论，形成修订版二稿；3~6月，伦理工作组组长等审阅修改后形成修订版三稿，于2017年6月提交注册工作委员会注册标准组。

2017年6月，第三届临床心理学注册工作委员会常务委员会、临床心理学注册工作委员会注册标准组审议修改后形成伦理守则修订版四稿；7月，临床心理学注册工作委员会全体委员工作会议听取了伦理守则修改进展汇报,并进一步征集意见并修改,提交第三届临床心理学注册工作委员会主任、副主任委员审阅,形成修订版五稿(征求意见稿)。

2017年8~9月,修订版伦理守则(征求意见稿)面向注册系统成员、专业人员广泛征求意见,10月2日完成收集意见并由注册标准组再次修订、审议,并聘请律师审阅;2018年1月形成修订版终稿。

2018年1月22日临床心理学注册工作委员会正式提交伦理守则修订版(二版),请中国心理学会常务理事会审议;2018年2月8日收到中国心理学会秘书处通知,学会常务理事会审议并通过了伦理守则修订版(二版)。

2018年5月至7月,请北京大学出版社编辑赵晴雪和注册系统安芹、韩布新、钱铭怡等最后修改完善伦理守则二版的文字表述及逻辑结构。

二、伦理守则修订版的主要变化

与第一版伦理守则相比,伦理守则修订版内容更加丰富,对比如下:

一版(2007)	二版(2018)
专业关系(13条)	专业关系(18条)
	知情同意(5条)
隐私权与保密性(7条)	隐私权与保密性(7条)
职业责任(6条)	专业胜任力和专业责任(6条)
心理测量与评估(6条)	心理测量与评估(6条)
教学培训与督导(7条)	教学培训与督导(13条)
研究与发表(9条)	研究与发表(13条)
	远程专业工作(网络、电话咨询)(5条)
	媒体沟通与合作(6条)
伦理问题处理(8条)	伦理问题处理(9条)

三、伦理守则修订版主要修订内容

1. 增加三个章节

(1) 增加第二章"知情同意"

知情同意是规范专业心理服务设置的必需环节,在咨询、研究、教学、报道中同样重要。单章列出知情同意更具体详实,强调寻求专业服务者可以自由选择是否开始或维持一段专业关系,且有权充分了解专业工作过程、心理师的专业资质及理论取向。具体条款明确心理师应确保寻求专业服务者了解心理师与寻求专业服务者双方的权利、责任,明确介绍收费设置,告知寻求专业服务者享有的保密权利、保密例外情况以及保密界限,心理师应认真记录评估咨询或治疗过程中有关知情同意的讨论等。

(2) 增加第八章"远程专业工作(网络/电话咨询)"

顺应远程专业工作的急剧扩张,伦理守则首次涉及相关伦理。基本内容强调心理师有责任告知寻求专业服务者远程专业工作的局限性,寻求专业服务者有权选择是否在接受专业服务时使用网络/电话咨询。具体条款明确提出远程专业工作特殊的知情同意细则,应告知寻求专业服务者电子记录和远程服务过程在网络传输中的保密局限性以及应采取的合理预防措施,在寻求专业服务者出现危急状况时可采取的有效安全保护措施;心理师应提供相关自己执照、资质和专业认证机构的电子链接,便于寻求专业服务者了解其资质,心理师应明白与寻求专业服务者保持专业关系的必要性,应与寻求专业服务者一起讨论并建立专业界限等。

(3) 增加第九章"媒体沟通与合作"

专业人士需与媒体合作与沟通。时代背景要求伦理守则涉及相关伦理。心理师通过公众媒体和自媒体(如电台、电视、报纸、网络等)从事专业活动或以专业身份开展心理服务(如讲座、演示、访谈、问答等)。心理师与媒体相关人员合作与沟通需要遵守伦理规范。具体条款提出心理师及其所在机构应确认合作方明确了解心理咨询与治疗的专业性质与专业伦理,提醒其自觉遵守伦理规范,承担社会责任。心理师如果与媒体长期合作,应特别考虑可能产生的专业影响,应与拟合作媒体就如何保护寻求专业服务者的个人隐私,商讨有关保密的各项事宜。心理师通过公众媒体(如电台、电视、报纸、印刷物品、网络等)从事讲课、讲座、演示等专业活动或以专业身份提供解释、分析、评论、干预时,应基于恰当的专业文献和实践依据发表言论;心理师言行皆应遵循专业伦理规范,避免给同仁和寻求专业服务者造成伤害,防止误导受众等。

2. 细化原有章节内容

(1) 以第一章"专业关系"为例

内容更接地气,回应当下困惑。专业关系一直是专业工作重点关注的方面,伴随各种发展出现了一些新情况。修订版特别增加转介与收费相关规范,在专业关系中始终以增进寻求专业服务者的利益和福祉为目的,在机构中从事心理咨询与治疗的心理师未经机构允许转介为个人接诊,若为心理师自己谋利是不适当的;还规定心理师不得因将寻求专业服务者转介至其他专业人士或机构而收取任何费用;提出不同流派心理师之间以及与精神科医师、精神科护士、社会工作者等心理健康服务领域同行的交流和合作指导原则。

(2) 以第六章"教学、培训和督导"为例

内容更符合现实具体情况。结合对督导专业工作的需求加大、目前督导师资源有限而咨询师的理论取向多元化的现实,伦理守则修订版特别要求督导不能把自己

的理论取向强加给受督者;虽未明确要求从事督导工作的一定是督导师,但从专业胜任力、督导关系及工作过程等不同角度明确了担任教学、培训或督导任务的心理师必须承担的责任。

(3) 以第七章"研究和发表"为例

内容更加详实、细致。心理师的研究工作若以人为对象,应尊重人的基本权益。修订版明确要求采取措施避免伤害研究对象的躯体、情感或社会性,研究需要得到相关机构的伦理审批,心理师应提前提交具体研究方案以供伦理审查。具体条款还包含受试者权利、结果报告、保密、投稿作者署名以及专业评审等情况。

四、伦理守则修订版修订的基本原则

总之,伦理守则修订遵循以下五个基本原则。1. 遵守《中华人民共和国精神卫生法》及相关法律条例。2. 顺应当下临床与咨询心理学专业工作不断扩展的需要。3. 考虑我国目前临床与咨询心理学专业工作的专业化发展水平。4. 兼顾目前临床心理学注册工作委员会可以执行的程度。5. 留有临床与咨询心理学专业工作的未来发展空间。

中国心理学会临床心理学注册工作委员会

伦理修订工作组、标准制定工作组

2018 年 5 月 3 日

2018 年 8 月 24 日

附录二 《中国心理学会临床与咨询心理学专业机构和专业人员注册标准(第二版)》

中国心理学会,2018 年 2 月

1 注册原则和政策

1.1 《中国心理学会临床与咨询心理学专业机构和专业人员注册标准(第二版)》(以下简称《标准》)和《中国心理学会临床与咨询心理学工作伦理守则(第二版)》(以下简称《伦理守则》)由中国心理学会授权临床心理学注册工作委员会(以下简称"注册工作委员会")在《中国心理学会临床与咨询心理学专业机构和专业人员注册标准(第一版)》(2007)和《中国心理学会临床与咨询心理学工作伦理守则(第一版)》(2007)基础上修订。

1.2 《标准》中临床心理学与咨询心理学专业机构(Professional Organization in Clinical or Counseling Psychology)指以心理咨询和/或心理治疗专业服务为核心工作、达到本《标准》要求并在中国心理学会有效注册登记的机构。这些机构可以是隶属于各级各类政府机构、学校、医疗机构、企事业单位的非独立法人机构,也可以是合法成立、具有独立法人资格的公司、非营利机构、私人专业机构。

《标准》中助理心理师(Assistant Psychological Counselor)指掌握临床或咨询心理学专业基础知识、接受过基本的心理治疗与咨询专业技能培训和实践督导,正在从事心理咨询或心理治疗工作,且达到本《标准》的助理心理师注册条件,并在中国心理学会有效注册登记者,包括助理临床心理师和助理咨询心理师。

《标准》中心理师(Clinical or Counseling Psychologist)指掌握临床或咨询心理学的专业知识、接受过系统的心理治疗与咨询专业技能培训和实践督导,正在从事心理咨询或心理治疗工作，且达到本《标准》的心理师注册条件，并在中国心理学会有效注册登记者，包括临床心理师（Clinical Psychologist）和咨询心理师（Counseling Psychologist）。

《标准》中督导师（Supervisor）指从事临床与咨询心理学相关教学、培训、督导等心理师培养工作，且达到本《标准》的督导师注册条件，并在中国心理学会有效注册登记的资深心理师。

本《标准》界定的助理心理师、心理师和督导师均属于"临床与咨询心理学专业人员"（Professional in Clinical or Counseling Psychology）。

本《标准》对临床心理学或咨询心理学专业人员的具体界定依赖于申请者所接受的学位培养方案名称和性质；无此依据时，由临床心理学注册工作委员会下设的注册工作组依据相关注册细则界定。原则上，"临床心理师"侧重于心理评估，并对有各类心理疾病诊断的寻求专业服务者提供心理治疗服务；"咨询心理师"侧重于对有一般心理（包括发展性）问题的寻求专业服务者提供心理咨询服务。

1.3 目的：制定和修订《标准》旨在进一步完善心理咨询和心理治疗专业的管理体制，规范临床与咨询心理学专业人员的从业行为，培养具备专业胜任力的临床与咨询心理学专业人员，促进临床与咨询心理学专业机构健康发展，满足社会对临床与咨询心理学专业服务的需求，促进国家、社会的和谐发展；同时，加强国内外临床与咨询心理学专业机构之间的合作，推动临床与咨询心理学专业人员的交流，保障临床与咨询心理学专业人员、专业机构及其服务对象的合法权益。

1.4 注册原则：(1)非营利性原则；(2)质量控制原则；(3)非强制性原则；(4)诚信原则。

1.5 注册管理：(1)中国心理学会临床心理学注册工作委员会依据本《标准》，接受临床与咨询心理学专业机构与专业人员的注册登记申请并实施审核、注册登记流程。(2)注册登记管理系统：中国心理学会临床心理学注册工作委员会委员由注册会员选举产生；中国心理学会临床心理学注册工作委员会下设标准制定工作组、注册工作组、伦理工作组、监事组等。(3)注册会员大会、标准制定工作组、注册工作组、伦理工作组、监事组的组织构架和管理机制由中国心理学会临床心理学注册工作委员会制定。

1.6 《标准》包括：(1)临床与咨询心理学专业本科培养方案注册登记标准；(2)临床与咨询心理学专业硕士培养方案注册登记标准；(3)临床与咨询心理学专业博士培养方案注册登记标准；(4)临床与咨询心理学实习机构注册登记标准；(5)

助理心理师注册登记标准;(6)心理师注册登记标准;(7)督导师注册登记标准;(8)继续教育项目注册登记标准;(9)与《标准》有关的名词定义。

1.7 注册有效期:注册专业机构与培养方案的注册有效期为4~8年。专业人员注册有效期为3年。连续以相同专业称谓或名义有效注册3个注册期者第4次注册时效最长可为6年。继续教育或培训项目的注册有效期将根据培训项目的性质由注册工作组具体认定。机构与个人的重新注册登记办法由标准制定工作组根据本《标准》具体制定。

1.8 《标准》及《伦理守则》的修改:经注册工作委员会广泛征求全体注册成员的意见,并经注册工作委员会委员表决通过后报中国心理学会常务理事会审核通过,方可生效。其他执行本《标准》的管理或实施细则,由注册工作委员会标准制定工作组制定,通过伦理工作组的伦理审核、监事组的制度一致性审核后生效。

1.9 注册工作委员会授予注册个人、机构和培训项目统一、明确、规范的称谓、标识,注册者须在临床实践和相关工作中通过必要途径让寻求专业服务者、学员有效获知并理解这些称谓和标识的意义。未经注册工作组批准认可的机构和个人不得使用相关注册名称和标志。

1.10 《标准》以及《伦理守则》条文内容的解释权归中国心理学会临床心理学注册工作委员会。

1.11 《标准(第二版)》于2018年7月1日起执行,此前专业机构和人员的注册登记工作由注册工作委员会依照《标准(第一版)》进行。

2 临床与咨询心理学专业本科培养方案注册登记标准

临床心理学或咨询心理学或临床与咨询心理学本科培养方案注册登记时须符合下列标准。

2.1 方案执行机构须具备中华人民共和国国务院学位委员会认可的教育学、心理学、医学、护理学、社会学等相关专业的学士培养资格。

2.2 方案须明确界定为临床心理学、咨询心理学或临床与咨询心理学本科培养方案。

2.3 方案须在正文或附属文件中明确培养目标、课程设置(名称、类别、课时、学分、开课时间计划及必要说明)、课程简介(主要内容、教学形式、教材以及教学和学习要求等)、教学与学习评价(考试、考核)方式以及培养过程的质量控制等事项。培养方案须提供清晰、有组织、可操作的运行流程。

2.4 方案须对学生候选人有明确的准入标准。

2.5 方案须有能够承担相应教学和培养任务，具备临床与咨询心理学专业教学、科研和实务胜任力的教学团队。其中至少 2 名教师为中国心理学会临床与咨询心理学专业机构和专业人员注册系统(以下简称"注册系统")有效注册登记的专业人员。若该培养方案的专业教师来自其他国家和地区(包括中国台湾地区、香港特区和澳门特区，以下简称"其他国家和地区")，则由注册工作组参考《标准》规定的注册心理师或督导师个别认定。

2.6 方案的基础心理学课程应包括以下 a 类至 m 类的课程。这些课程的知识深度、广度应符合国家教育部高等学校心理学教学指导委员会的要求，且每类课程学分不低于下列规定(一般 1 个学分等于 16 个学时)。

　　a. 普通心理学(至少 3 学分)；

　　b. 发展心理学(至少 2 学分)；

　　c. 生理心理学(至少 2 学分)；

　　d. 实验心理学(至少 2 学分)；

　　e. 认知心理学(至少 2 学分)；

　　f. 心理统计(至少 2 学分)；

　　g. 心理测量(至少 2 学分)；

　　h. 中枢神经解剖(至少 1 学分)；

　　i. 变态或异常心理学(至少 3 学分)；

　　j. 人格心理学(至少 2 学分)；

　　k. 社会心理学(至少 2 学分)；

　　l. 健康与社区心理学(至少 2 学分)；

　　m. 文化心理学(至少 1 学分)。

2.7 方案中的临床与咨询心理学专业实务类模块课程应包括以下 4 类：

　　a. 心理咨询与治疗的理论与实务(至少 3 学分，应包含 3 学时以上专业伦理培训)；

　　b. 心理评估与会谈(至少 2 学分)；

　　c. 心理健康教育(至少 2 学分)；

　　d. 团体心理辅导(至少 2 学分)。

2.8 方案须包括针对临床与咨询心理学领域的本科生见习和实习阶段。实习生无论在什么样的实习机构实习，均须在注册心理师或督导师督导下从事临床心理治疗或咨询类工作(包括来访者接待、辅助性参与团体咨询、辅助性参与心理评估和心理咨询、心理教育、团体辅导等)，时间应至少 50 小时，且在毕业前接受督导的小时数至少 50 小时。

2.9 培养方案须有明确的毕业标准。

2.10 因发展需要补充或更改本科培养方案注册登记标准时,标准制定工作组制定补充规定(不得与《标准》冲突),提交注册工作委员会讨论通过后试行,条件成熟时执行,并适时写入新的注册标准。

3 临床与咨询心理学专业硕士培养方案注册登记标准

临床心理学或咨询心理学或临床与咨询心理学硕士培养方案注册登记时须符合下列标准。

3.1 方案执行机构须具备中华人民共和国国务院学位委员会认可的硕士培养资格。

3.2 方案必须明确界定为临床心理学或咨询心理学或临床与咨询心理学硕士培养方案。

3.3 方案须在正文或附属文件明确培养目标、课程设置(名称、类别、课时、学分、开课时间计划及必要说明)、课程简介(主要内容、教学形式、教材以及教学和学习要求等)、教学与学习评价(考试、考核)方式以及培养过程的质量控制等事项。培养方案须提供清晰、有组织、可操作的运行流程。

3.4 方案须明确界定学生候选人的准入标准。对于非心理学本科学历的候选人,方案须规定其第一学年必须完成补修的本科专业课程。方案的准入程序除考察候选人的专业知识和能力以外(笔试),还须专设面试小组,以考察其是否具备临床与咨询心理学专业所要求的人格特征和基本素质。

3.5 方案须有能承担相应教学和培养任务,具备临床与咨询心理学专业教学、科研和实务胜任力的教学团队。其中,至少2人为注册心理师。若专业教师来自其他国家和地区,则由注册工作组参考《标准》规定个别认定。

3.6 方案中应包括以下 a 类至 d 类心理学基础课程。这是基于本科相应课程的进阶,其知识深度、广度和难度皆是本科心理学相应课程的递进,且至少 8 学分(1 学分等于 16 个学时)。

a. 科学和专业的道德伦理准则(至少 1 学分);
b. 心理学进展(至少 3 学分);
c. 高阶心理学研究方法(至少 2 学分);
d. 心理病理学或精神病学相关课程(至少 2 学分)。

3.7 临床与咨询心理学硕士培养方案应包括以下 a 类至 g 类心理学实践类或实务类课程。这些课程基于本科相应课程,在知识深度、技能上皆是本科相应课程的递进。每类课程学分不少于下列规定。课程至少修18学分(1学分等于16个学时)。

  a. 心理咨询与治疗的理论与实务(至少2学分);
  b. 心理评估与诊断的理论与实务(至少2学分);
  c. 心理咨询与治疗的会谈技巧(至少2学分);
  d. 针对不同对象的心理咨询与治疗实务类课程(至少4学分);
  e. 不同形式心理咨询与治疗实务类课程(至少4学分);
  f. 临床心理学或咨询心理学实践现场或模拟现场(实验室)培训、实践练习(至少2学分);
  g. 各类心理或精神障碍的临床治疗方法或方案的专题学习(包括东西方文化思想指导下的心理咨询与治疗技术和方法专题)(至少2学分)。

3.8 方案须包括针对临床或咨询心理学领域的实习内容。实习须在有效注册的实习机构中、在有效注册督导师督导下进行,从事临床心理治疗或咨询时间应至少100小时。规律、正式的个体和集体案例督导至少100小时(其中个体督导至少30小时)。若该方案的督导师来自其他国家和地区,则由注册工作组参考《标准》规定个别认定。

3.9 方案须有明确的毕业标准,硕士候选人须在毕业前提供相关文件(如理论指导下的系统咨询或治疗案例报告,临床与咨询心理学领域的论文、督导评估或评价报告等),证明其具备培养方案所规定的临床实践能力。

3.10 因发展需要补充或更改硕士培养方案注册登记标准时,标准制定工作组制定补充规定(不得与《标准》冲突),提交注册工作委员会讨论通过后试行,条件成熟时执行,并适时写入新的注册标准。

4 临床与咨询心理学专业博士培养方案注册登记标准

临床心理学或咨询心理学或临床与咨询心理学博士培养方案注册登记时须符合下列标准。

4.1 方案执行机构须具备中华人民共和国国务院学位委员会认可的博士培养资格。

4.2 方案必须明确界定为临床心理学或咨询心理学或临床与咨询心理学博士培养方案。

4.3 方案须以正文或附属文件明确培养目标、课程设置(名称、类别、课时、学分、开课时间计划及必要说明)、课程简介(主要内容、教学形式、教材以及教学和学习要求等)、教学与学习评价(考试、考核)方式以及培养过程的质量控制等事项。

培养方案须提供清晰、有组织、可操作的运行流程。

4.4 方案须明确界定学生候选人的准入标准。3年制博士培养方案对博士候选人在硕士培养期间的专业知识、技能和临床实践要有明确要求,且至少满足《标准》硕士培养方案3.6~3.9的规定。对于未达《标准》的博士候选人,方案须规定其必须完成的补修硕士专业课程。培养方案的准入程序除了考察博士候选人的专业知识和能力以外,还须专设面试小组考察其是否具备临床与咨询心理学专业所要求的人格特征和基本素质。

4.5 方案须有能承担相应教学和培养任务,具备临床与咨询心理学专业教学、科研和实务胜任力的教学团队。其中,至少3人为注册心理师,至少1人为注册督导师。若专业教师来自其他国家和地区,则由注册工作组参考《标准》规定的注册心理师或督导师专业水平个别认定。

4.6 博士培养方案的课程应包括针对临床与咨询心理学领域的 a 类至 e 类高级课程。

    a. 临床与咨询心理学专业伦理类的高阶课程;

    b. 心理诊断、心理评估类的高阶课程;

    c. 科学方法论、研究设计与方法学高阶课程;

    d. 多元文化下的心理咨询或治疗专题高阶课程;

    e. 设至少3种下列高阶课程:精神分析、认知行为咨询与治疗、人本主义取向咨询、家庭心理咨询与治疗、儿童心理咨询与治疗、团体心理咨询与治疗、督导理论与实务、危机干预等专业实务课程。

4.7 方案须包括针对临床与咨询心理学领域的实习内容,其中包括:(1)在有效注册督导师督导下从事临床心理治疗或咨询至少200小时;(2)接受规律、正式的一对一个体督导至少60小时,集体案例督导至少100小时;(3)从事督导实习的实践(在资深督导师督导下督导硕士或低年级博士生)至少20小时。若该培养方案的督导师来自其他国家和地区,则由注册工作组参考《标准》规定个别认定。

4.8 培养方案须有明确的毕业标准,博士候选人须在毕业前提供相关文件(如理论指导下的系统咨询或治疗案例报告,临床与咨询心理学领域的科学论文、督导评估或评价报告等),证明其具备培养方案所规定的临床实践能力和从事临床与咨询心理学研究的能力。

4.9 五年制(或硕博连读)博士培养方案还应包括硕士培养方案3.6~3.9的要求。

4.10 因发展需要补充或更改博士培养方案注册登记标准时,标准制定工作组制定补充规定(不得与《标准》冲突),提交注册工作委员会讨论通过后试行,条件成熟时执行,并适时写入新的注册标准。

5 临床与咨询心理学实习机构注册登记标准

实习机构是使进入实习阶段的临床或咨询心理学专业的本科生、硕士生、博士生获得专业知识、专业技能和实践经验的临床心理学或咨询心理学或临床与咨询心理学专业机构。临床与咨询心理学机构若要注册登记,须确保实习生实习期间的福祉以及招募和培养实习生的非营利性,遵守《伦理守则》并符合下列标准。

5.1 实习机构须能提供直接针对寻求专业服务者的系列服务,包括心理评估、心理治疗或咨询。

5.2 实习机构应有书面声明或者手册,具体描述实习目标和内容,明确对实习学生的准入要求、工作数量和质量等期望和要求。实习机构须与实习生、实习生所在学校院系签署实习协议,明确规定相关各方的责任和权利,包括但不限于实习机构的挂牌名称、实习费用、实习生的实习时间、权利与义务、实习生获得个体和团体督导的小时数和频率、应完成的实习内容等。

5.3 本科生实习机构至少有 1 位注册助理心理师、1 位注册心理师;硕士生实习机构至少有 1 位注册心理师、1 位注册督导师;博士生实习机构至少有 2 位注册督导师,其中至少 1 人是该机构全职人员。注册人员应分工明确,负责实习培训流程的完整性和质量监控。

5.4 实习机构须是(或从属于)法定机构。其须为实习学生提供有计划、设置好顺序的实习培训方案,其重点和主要目的在于确保实习培训的质量。

5.5 实习研究生的督导工作由全职督导师或属于该机构且负责督导案例的兼职督导师担任。

5.6 本科生在机构实习至少 100 小时,硕士生全职实习至少 250 小时,博士生全职实习至少 500 小时;且至少 40% 实习时间直接接触寻求专业服务者(即在督导下直接从事临床心理治疗或咨询。本科生的"直接接触"时间可包括心理教育、辅助性参与临床工作、心理辅导等)。

5.7 无论实习期长短,实习机构的督导师每周应为实习学生提供至少 1 小时的个体督导(本科实习生可仅有团体督导),以处理其实习期间心理治疗或咨询服务中遇到的与案例和临床技能相关问题。实习机构每周应提供至少 2 小时用于案例讨论、临床相关问题的专题讨论、小组督导或额外的个体督导。这些活动应纳入实习生的实习培训流程。

5.8 本科生(硕士生、博士生)实习机构同期有至少 2 名临床与咨询心理学专业同类实习生,且已有至少2名该专业同类实习生按照流程完成了实习。无论属性和规模,同期(本科生、硕士生和博士生)实习生与该机构注册人员(助理心理师、心理师和督导师)数量比不得超过10∶1。

5.9 实习学生的称谓须在实习手册中明确标注,比如实习生、实习心理咨询师、实习心理治疗师、实习临床心理师或临床心理学进修医师等,并事先告知实习生所接触的寻求专业服务者。

5.10 实习机构招募的非应届毕业实习生(无论什么学位)须学完《标准》2.6与2.7或3.6与3.7或4.6条款规定课程,且签订规定双方责、权、利的书面实习协议。实习机构对此类实习生的收费、流程要求、监管和督导等应与应届实习生一视同仁。

5.11 实习机构首个注册有效期为4年,期满后的注册年限由注册工作组评定(可为4~8年)。

5.12 因发展需要补充或更改实习机构注册登记标准时,标准制定工作组制定补充规定(不得与《标准》冲突),提交注册工作委员会讨论通过后试行,条件成熟时执行,并适时写入新的注册标准。

6 助理心理师注册登记标准

6.1 遵守《伦理守则》,未因专业伦理问题陷入纠纷,无违法记录。

6.2 达到以下标准,并有2名有效注册的助理心理师、心理师或督导师推荐,可申请注册助理心理师。

    6.2.1 具有心理学/医学/教育学/社会学/社会工作专业/人类学硕士、博士学位,但其他条件未满足《标准》对注册心理师的界定。

    6.2.2 1999年12月31日前获得国家教育部认可大学的心理学/医学/教育学/社会学/社会工作专业/人类学相关学科大专学历,或1999年12月31日后获得国家教育部认可大学的上述专业相关学科本科学历并获得相关学位,且其资质不符合《标准》中心理师注册要求而不能直接申请注册心理师,但已具备下列条件之一者。(1)所接受的专业课程满足《标准》2.6与2.7或3.6与3.7或4.6规定;(2)在有效注册督导师督导下与寻求专业服务者直接接触的实践小时数超过250小时(其他国家或地区督导师由注册工作组参考《标准》规定的督导师专业水平个别认定);(3)接受有效注册的督导师规律、正式的案例督导(包括集体和一对一个体督导)时间累计超过100小时,其中个体督导至少30小时。

6.3 已获心理治疗、精神医学、临床/医学心理学中级以上职称，或国家人力资源与社会保障部心理咨询师三级资格满5年、二级资格满3年，并符合以下标准之一。

6.3.1 在注册督导师督导下直接接触寻求专业服务者实践(咨询或心理治疗)超过200小时(若督导师来自其他国家和地区，则由注册工作组参考《标准》规定的督导师专业水平和资格个别认定)。

6.3.2 在注册心理师同辈督导下与寻求专业服务者接触的实践超过400小时。

6.3.3 参加注册系统认可的专业培训项目超过100小时，且与寻求专业服务者接触的实践超过400小时。

6.3.4 接受注册督导师规律、正式的案例督导(包括集体和一对一个体督导)累计超过100小时(若督导师来自其他国家或地区，则由注册工作组参考《标准》规定的督导师专业水平和资格个别认定)。

6.3.5 在注册实习机构等单位(其他机构由注册工作组单独认定)内接触寻求专业服务者进行心理咨询或治疗实践超过800小时，未卷入专业伦理纠纷或受到任何形式的投诉。

6.4 不符合6.2或6.3要求者需提供必要的申请材料，由注册工作组个别评估；经注册工作组评审会议2/3以上出席委员投票通过，并经伦理工作组审核和伦理公示，可注册为助理心理师。

6.5 继续教育：助理心理师在有效注册期内须接受进一步专业培训，包括专业理论(包括伦理)和技能学习、接受督导、实习、自我体验。注册助理心理师在每个注册期满后更新注册登记，须满足：(1)专业课程：参加有效注册的继续教育或专业培训项目学习至少40学时/年(或一个注册期内累计至少120学时，其中专业伦理培训至少16学时)；(2)督导：接受注册心理师同辈督导至少100小时/年，或接受注册督导师个别督导至少30小时/年，或接受注册督导师团体督导至少60小时/年；(3)参加其他专业学术活动，如学术会议、专业工作坊、报告论文、发表论文等的继续教育小时数折算由注册工作组根据相关细则认定。

6.6 重新注册登记：因各种原因未及时重新注册登记的助理心理师，其注册登记失效期在2年内，由注册工作组审查批准、伦理工作组审核后可恢复注册登记；超过2年者，需满足6.1～6.5相关规定，方可重新申请注册登记。

6.7 未达到6.2～6.4条款者可申请成为"注册助理心理师候选人"，接受注册工作组指定的督导和培养指导计划。"注册助理心理师候选人"的管理细则由标准制定工作组另行制定。

6.8 因发展需要补充或更改助理心理师注册登记标准时,标准制定工作组制定补充规定(不得与《标准》冲突),提交注册工作委员会讨论通过后试行,条件成熟时执行,并适时写入新的注册标准。

7 心理师注册登记标准

心理师注册需符合下列标准,并提供相关证明。

7.1 遵守《伦理守则》,未因专业伦理问题陷入纠纷,无违法记录。

7.2 具有临床心理学或咨询心理学或临床与咨询心理学专业博士学位者,其获得学位所在专业博士培养方案符合4.1~4.9规定并已有效注册,经2名注册心理师或督导师推荐,可申请注册心理师。

7.3 具有临床心理学或咨询心理学或临床与咨询心理学专业硕士学位者,其获得学位所在的临床与咨询心理学专业硕士培养方案符合3.1~3.9规定并已有效注册,经2名注册心理师或督导师推荐,满足7.3.1和7.3.2条款后,可申请注册心理师。

  7.3.1 获硕士学位2年内在注册督导师督导下与寻求专业服务者接触的实践至少150小时。

  7.3.2 获硕士学位后接受注册督导师规律、正式的个体督导至少50小时、集体案例督导至少50小时(其中申报者本人呈报的咨询或治疗案例在团体督导中被督导至少5小时)。若督导师来自其他国家或地区,则由注册工作组参考《标准》规定的督导师专业水平和资格个别认定。

7.4 在中国境内获得非《标准》认可的心理学/医学/教育学等专业硕士或博士学位者,若要申请注册心理师,需提供必要文件(2名注册心理师或督导师的推荐信、学位证书复印件、实习和督导证明),同时需满足以下要求。

  7.4.1 申请人接受的专业研究生培养课程达到3.6和3.7条款规定,或研究生毕业后接受了相当于3.6和3.7条款规定的全部课程培训。

  7.4.2 在注册督导师督导下与寻求专业服务者直接接触的临床实践小时数至少250小时(包括研究生在读期间积累的实践小时数)。若督导师来自其他国家和地区,则由注册工作组参考《标准》规定个别认定。

  7.4.3 接受注册督导师规律、正式的个体督导至少80小时(含研究生在读期间接受的个体督导小时数)、集体案例督导至少120小时(其中申报者本人呈报的咨询或治疗案例在团体督导中被督导至少12小时,含研究生在读期间积累的团体督导小时数)。若督导师来自其他国家和地区,则由注册工作组参考《标准》规定个别认定。

7.5 在其他国家和地区获得临床或咨询心理学相关专业硕士或博士学位的中国公民,需提供其受训的专业培养方案(课程设置、实习流程等)和接受该方案培训的证明文件(学位证书复印件、实习和督导证明、督导推荐信、2名注册心理师或督导师推荐信等),可向注册工作组提交注册申请。后者参照 3.2~3.9 或 4.2~4.9 以及 7.4 相关条款个别认定。

7.6 1999 年 12 月 31 日前获得中国教育部认可大学的心理学、医学或教育学等学科学士学位但其资质不完全符合 7.2~7.4 要求者,若要申请注册心理师,需提供有关其受训的过程(包括课程设置、实习流程等)和接受专业培训的证明文件(学位证书复印件、实习和督导证明、督导推荐信、2 名注册心理师或督导师推荐信等),可向注册工作组提交申请。后者参照有关条款个别认定。

7.7 助理心理师申请注册为心理师标准如下。

    7.7.1 获心理学/医学/教育学/社会学/社会工作专业/人类学硕士、博士学位,同时满足 7.3 或 7.4 或 7.5 相关规定者,可申请。

    7.7.2 助理心理师未取得上述学位,但同时满足以下条件可申请。(1)所接受的专业课程满足《标准》硕士培养方案规定;(2)注册为助理心理师超过 2 年,并在注册督导师督导下与寻求专业服务者接触实践超过 250 小时;(3)注册为助理心理师后,接受注册督导师规律、正式的个体督导至少 80 小时和集体案例督导至少 120 小时(其中申报者本人呈报的咨询或治疗案例被督导至少 12 小时)。若督导师来自其他国家和地区,则由注册工作组参考《标准》规定的督导师专业水平和资格个别认定。

    7.7.3 连续 2 期有效注册的助理心理师,在满足 6.5 关于助理心理师继续教育的规定前提下,由 2 名注册心理师或督导师推荐,并提交必要的申请补充资料(由注册工作组制定相关要求细则),经注册工作组与伦理工作组审核确认后可转为注册心理师。

7.8 继续教育:注册心理师在注册期满后更新注册登记时,需提供至少 40 学时/年的注册继续教育或专业培训项目的学习证明(或一期内累计学习至少 120 学时,其中专业伦理培训至少 16 学时)。

7.9 重新注册登记:因各种原因未及时重新注册登记的心理师,失效期在 2 年内者由注册工作组审查批准、伦理工作组审核后可恢复登记;超过 2 年者需满足 7.1~7.8 规定,方可重新申请注册登记。

7.10 因发展需要补充或更改心理师注册登记标准时,标准制定工作组制定补充规定(不得与《标准》冲突),提交注册工作委员会讨论通过后试行,条件成熟时执行,并适时写入新的注册标准。

8 督导师注册登记标准

督导师注册需符合下列标准,并提供相关证明。

8.1 遵守《伦理守则》,未因专业伦理问题陷入纠纷,无违法记录。

8.2 申请者是注册心理师,并由2名注册督导师推荐,可申请注册督导师。

8.3 临床经验:心理师注册登记后,从事临床心理治疗或咨询实践累计至少1500小时。

8.4 督导经验:从事督导实习工作至少120小时,且在注册督导师督导下从事督导实习至少60小时。

8.5 提出督导师注册申请前5年内,曾全程参加以培养督导师为目标的继续教育或再培训项目至少60学时,并在申请前3年内参加临床与咨询心理专业伦理培训累计至少24学时(这些项目均达到9.1~9.5条款的要求并已获有效注册,且不可相互替代)。

8.6 曾参加《标准》认可的高级专业继续教育或再培训项目(与8.5规定的培训内容不重复)累计至少200小时。

8.7 连续3个注册期有效注册的心理师,满足7.8关于心理师继续教育的规定前且符合8.3~8.6规定者,由2名注册督导师推荐,并提交必要的补充资料,经注册工作组指定专家小组与申请者会谈后提交评估报告。注册工作组二分之一以上委员投票通过并经过伦理工作组审核确认,可转为注册督导师;不完全符合8.3~8.6规定的申请者可由注册工作组指定专家小组与申请者会谈,提交评估报告。注册工作组三分之二以上委员投票通过并经过伦理工作组审核,可注册为督导师。

8.8 获其他国家/地区临床或咨询心理学相关专业博士学位且已获该国家/地区的相关从业执照或资格的中国公民,可提供其接受的专业培养方案材料(学位证书复印件、学位课程表、临床实习和接受督导证明、接受督导培训证明等)、从业执照或资格文件等(个人简历、从业执照或资格文件复印件、从事督导工作证明等),并提交必要补充资料,由2名注册督导师推荐,可向注册工作组申请。后者参照《标准》规定的注册心理师或督导师专业水平和资格个别审定。

8.9 继续教育:注册督导师期满更新注册登记时,需提供以下有效证明材料。其中,第(1)项为必须满足条件,同时还需满足以下(2)至(5)规定的继续教育内容，累计至少150小时。(1)在一个注册期内接受16小时以上专业伦理培训(若接受的伦理培训包含在其他有效注册继续教育培训项目中，则需单独提供伦理培训时数证明);(2)接受督导相关有效注册继续教育或连续培训项目(若接受的督导训练包含在其他专业培训或课程中，则需单独提供督导培训时数证明);(3)接受有效注册专业继续教育或专业培训;(4)提供从事专业教学或培训小时数的有效证明、相关教学大纲和教学日程(以上文件均需督导师所在单位或培训主办单位盖章)，每1.5小时无重复内容的专业教学课程或培训工作可折算为1个继续教育学时，折算后的继续教育学时需经注册工作组认定;(5)参加其他专业学术活动，如学术会议、专题工作坊、报告论文、发表论文等的继续教育时数折算由注册工作组认定。

8.10 注册督导师注册期满再次登记时，需符合从事督导工作的以下规定。

  8.10.1 在一个注册期内从事个体督导工作(含对实习督导的督导)至少60小时，且其中对注册心理师、助理心理师或助理心理师候选人的个体督导小时数至少20小时(个体督导的有效证明需含有被督导者的联系方式和签名)，或就督导理论与技术给督导师候选者个体督导至少60小时。

  8.10.2 在一个注册期内从事团体督导工作(含对实习督导的团体督导)至少120小时，且接受团体督导的组员包括注册心理师、助理心理师或助理心理师候选人。团体督导证明需含被督导小组成员的名单和签名、督导时间、督导地点。

  8.10.3 个体督导小时与团体督导小时不能相互折算。督导小时与继续教育学时不能相互折算。

8.11 重新注册登记：因各种原因未及时重新注册登记的督导师，失效期在2年内，由注册工作组审查批准、伦理工作组审核后可恢复登记；超过2年者满足8.1~8.10规定，可重新申请注册登记。

8.12 因发展需要补充或更改督导师注册登记标准时，标准制定工作组制定补充规定(不得与《标准》冲突)，提交注册工作委员会讨论通过后试行，条件成熟时执行，并适时写入新的注册标准。

9 继续教育或培训项目的注册登记标准

  注册继续教育或培训项目(以下简称培训项目)旨在使注册人员更新专业知识、提高专业理论和专业技能、提升自我觉察。培训项目要注册登记，其负责人或机构

(无论其所有制性质、是否是商业机构等)应确保该项目的非营利性,并符合下列标准。

9.1 培训项目负责人需是注册督导师。其主要培训师是注册督导师或注册工作组认可的专业人员。

9.2 培训项目的宣传、招生、实施需遵守《伦理守则》以及注册工作委员会的相关规定。

9.3 培训项目应明确:(1)培训目的、培训大纲、教材和教学方式,培训大纲应包含规范、有序的培训计划或流程,并清楚标明培训小时数、重点内容和主要目的,确保培训质量;(2)培训师的背景与资质;(3)受训者准入标准;(4)培训预算;(5)培训质量监控和学员申诉机制说明;(6)培训内容科学性及伦理考量的说明;(7)受训者有效获知这些信息的途径。项目负责人应提供以上材料以备审核。

9.4 培训项目应提供主办单位法人证书副本、项目非营利性承诺书,培训结束后提供决算表以备审核。

9.5 网络或视/音频形式的培训项目,除需符合9.1~9.4标准外,还需同时满足以下要求。

    9.5.1 提供与培训目标和大纲内容一致的网络课程链接地址,及相关技术说明文件。文件要明确课程目的,课程的稳定在线时间不低于该项目的最大持续时间。全部学员所在地能有效且稳定地获得与课程相关全部网络链接、有效播放视/音频学习材料。

    9.5.2 培训项目应定期或于项目结束后提供信息,包括学员姓名、所在地、有效联系方式(居住地址、邮编、电子邮件、手机号),以便注册工作组和秘书组收集和调查培训质量。

    9.5.3 提供科学的学习质量考核或测试方案,以考核学员学习的有效性。

9.6 因发展需要补充或更改培训项目注册登记标准时,标准制定工作组制定补充规定(不得与《标准》冲突),提交注册工作委员会讨论通过后试行,条件成熟时执行,并适时写入新的注册标准。

附:与本标准有关的名词定义

除1.2提到的相关名词定义外,本标准其他名词定义如下。

临床心理学(clinical psychology):心理学分支学科之一。它既提供心理学知识,也运用这些知识理解和促进个体或群体心理健康、身体健康和社会适应。临床心理学注重心理问题研究,并治疗严重心理障碍(包括人格障碍)。

咨询心理学(counseling psychology)：心理学分支学科之一。它运用心理学知识理解和促进个体或群体心理健康、身体健康和社会适应。咨询心理学关注个人日常生活中的一般性问题，以改善其心理适应能力。

心理咨询(counseling)：基于良好咨询关系，经过训练的临床与咨询心理学专业人员运用咨询心理学理论和技术，帮助、消除或缓解求助者心理困扰，促进其心理健康与自我发展。心理咨询侧重一般人的发展性咨询。

心理治疗(psychotherapy)：基于良好的治疗关系，经过训练的临床与咨询心理学专业人员运用临床心理学有关理论和技术，帮助与矫治心理障碍患者，以消除或缓解其心理障碍或问题，促进其人格向健康、协调的方向发展。心理治疗侧重心理疾患的治疗和心理评估。

心理辅导(psychological guidance)：针对普通人群的发展性、预防性心理健康教育活动。经过专业训练的辅导人员运用心理学的理论与技术，协助受辅导者认识自己、接纳自己、了解环境、克服成长障碍，促进其适应环境、增进心理健康。

临床或咨询心理学培养方案(training programs in clinical or counseling psychology)：高校心理学或相关专业的研究、培训机构设置的临床心理学或咨询心理学(或临床与咨询心理学专业方向)学士、硕士或博士学位培养系统，旨在培养临床或咨询心理学专业学士、硕士或博士。培养方案应包括稳定、分工明确的师资团队和完整可实施的课程模块、培养流程及培养手册。

实习机构(organization for internship)：为相关专业人员提供心理咨询与心理治疗临床实习场地、实习机会和实习督导的专业机构。实习机构应有稳定、分工明确的实习督导团队和完整、可实施的书面实习计划及实习手册。

继续教育项目(continuing education program)：为临床或咨询心理学专业人员提供非学位、非学历培养的再教育和培训课程，使其更新有关专业知识、学习新的专业技能。培训项目有明确的负责人、培训目标、师资、各种形式的教材、有序的培训计划、必要的培训硬件(场地、设施、专业设备等)和项目收费等相关配套服务要素。

寻求专业服务者(professional service seeker)：来访者(client)、精神障碍患者(patient)或其他需要接受心理咨询或心理治疗专业服务的求助者。

中国心理学会临床与咨询心理学专业机构和专业人员注册系统(Professional Registration System for Clinical and Counseling Psychology Organizations and Professionals of Chinese Psychological Society)：指中国心理学会临床心理学注册工作委员会依据《标准》和《伦理守则》及其他相关规定建立的临床与咨询心理学注册登记体系，包括专业人员注册和管理体系、机构注册和管理体系、注册人员和机构数据库及更新系统、伦理审查以及监事制度等一系列互联的管理制度和行政体系。

附修改说明：
《中国心理学会临床与咨询心理学专业机构和专业人员注册标准(第二版)》
修订工作及修订的主要内容

《中国心理学会临床与咨询心理学专业机构和专业人员注册标准》第一版于2007年初正式发布并启用，已应用10年。2015年7月，中国心理学会临床心理学注册工作委员会(以下简称"注册工作委员会")全体委员工作会议决定修订《中国心理学会临床与咨询心理学专业机构和专业人员注册标准》(以下简称"标准")，形成第二版，旨在适应新形式下行业发展需要，逐步建立适应我国国情、走中国特色的专业行业组织发展道路。修订工作于2016年1月正式启动，历时两年完成。

一、修订过程

修订工作由中国心理学会第三届临床心理学注册工作委员会标准制定工作组负责，并经注册工作委员会审定后提交中国心理学会常务理事会审议通过。

2016年4月，标准制定工作组和注册工作组指定钟杰委员(第一版标准的结构框架设计者)组织多位年轻同道合作修订标准初稿(其中包括心理学背景的刘兴华研究员、黄铮博士、医学和心理学背景的张黎黎博士、李旭博士)，并充分讨论交换修订意见。2016年7月，第三届注册工作委员会工作会议汇报、讨论了《第二版标准第1稿》，并集合委员们的意见形成了《第二版标准第2稿》。2016年8~12月，《第二版标准第2稿》继续征集意见。2017年7月，利用注册系统大会继续征求会员们的意见，形成《第二版标准第3稿》。2017年8~11月，在网上公开征求全球华人同行的意见，并在2017年12月修改形成《第二版标准第4稿》。

2017年12月《第二版标准第4稿》提交注册标准制定工作组修订成《第二版标准第5稿》。2018年1月，由注册标准制定工作组提交工作委员会修订形成《第二版标准提交稿》。

2018年1月22日，注册工作委员会正式提交注册标准(第二版)，中国心理学会常务理事会2018年2月8日审议通过。

2018年5月至7月，北京大学出版社赵晴雪编辑应邀润色文字；谢东博士也提出修改建议。注册标准制定工作组钟杰、钱铭怡、韩布新及贾晓明多次讨论，最后完善第二版标准的文字及逻辑结构。

二、结构变化

第一版标准与第二版标准的结构变化对比如下。

一版(2007)	二版(2018)
1. 注册原则和政策(15条)	1. 注册原则和政策(11条)
	2. 临床与咨询心理学专业本科培养方案注册登记标准(10条)
2. 临床与咨询心理学专业硕士培养方案注册标准(9条)	3. 临床与咨询心理学专业硕士培养方案注册登记标准(10条)
3. 临床与咨询心理学专业博士培养方案注册标准(9条)	4. 临床与咨询心理学专业博士培养方案注册登记标准(10条)
4. 临床与咨询心理学实习机构注册标准(10条)	5. 临床与咨询心理学实习机构注册登记标准(12条)
	6. 助理心理师注册登记标准(8条)
5. 心理师注册标准(7条)	7. 心理师注册登记标准(10条)
6. 督导师注册标准(7条)	8. 督导师注册登记标准(12条)
7. 继续教育或培训项目的注册标准(4条)	9. 继续教育或培训项目的注册登记标准(6条)
附：与本标准有关的名词定义(8条)	附：与本标准有关的名词定义(10条)

三、主要修订内容

1. 注册原则与政策的变化

注册系统不断发展壮大，其内部管理规则越来越复杂。因此，注册系统内部管理原则与政策不再列入注册标准，另行制定独立的制度文件。

此外，第二条增加"助理心理师"定义。第四条在第一版(1.4~1.6)条文基础上增加了"诚信原则"作为注册系统的基本原则，与非营利性原则、质量控制原则、非强制性原则一起确立为在我国国情下发展注册系统的四大核心原则。

2. 增加"本科培养方案注册登记标准"

该部分对本科临床与咨询心理学专业模块课程、督导小时数、实习小时数都提出了具体标准，确立了"专业课程＋实习＋督导"的本科专业培养模式。增加临床与咨询心理学专业本科培养方案注册登记标准，体现我国心理治疗与心理咨询师的职业发展特色，即借鉴临床医学本科培养的发展模式，提供本科生专业训练和教学模块，将发展心理咨询与心理治疗专业定位于本科起点，以适应我国国情，逐步建立中国特色的专业发展道路。

设计思路是本科生毕业后可以做心理辅导工作，如希望在专业领域进一步发展，需要在进一步专业学习及实习后申请助理心理师注册登记；硕士生毕业后应可以在上级督导指导下进行心理咨询或心理治疗工作，2年内申请心理师注册登记；博士生毕业后应可以进行心理咨询和心理治疗，可以申请心理师注册登记，同时应可在上级督导指导下做督导实习。

3. 硕士、博士培养方案的注册变化

研究生培养方案也有变化。(1)在本科培养方案课程要求的基础上，简化临床基础课程(3.6)。(2)详细和明确规定临床专业课程(3.7)。(3)明确规定接受个体督导至少 30 小时(3.8)。(4)博士培养方案修改相应课程(4.6)、个体督导小时数和实习督导小时数(4.7)。

4. 实习机构注册登记标准的变化

此次修订增加了本科实习机构的有关规定(5.3 和 5.8),并明确实习机构"须确保实习生实习期间的福祉以及招募和培养实习生的非营利性"原则。

5. 纳入助理心理师注册登记标准

第一版标准未规定助理心理师的注册登记,但注册系统在 2010 年 11 月制定了《关于助理心理师的补充规定》并于 2011 年启动。第二版标准完善了该补充规定。助理心理师成为注册系统与原人力资源和社会保障部心理咨询师系统、卫生健康委员会心理治疗师考试系统、精神医学职称体系的兼容性规定关键点(6.3)。

第二版标准提高了助理心理师的继续教育小时数(6.5),并规定了重新登记的要求和时间(6.6)。

6. 心理师注册登记标准的变化

与第一版比较,第二版标准有关注册心理师的注册登记标准有如下变化。(1)明确规定申请人接受的个体督导小时数(7.3.2 和 7.4.3)和参加团体督导时报告案例的时间(7.3.2 和 7.4.3)。(2)明确规定助理心理师如何申请心理师(7.7),尤其是注册 2 期以上的助理心理师如何"申请转入"心理师。(3)提高心理师的继续教育时数至 40 学时/年,并明确规定伦理学习时间(7.8)。(4)更细致地规定心理师重新注册程序(7.9)。

7. 督导师注册登记标准的变化

与第一版比较,第二版标准有关注册督导师的注册登记标准有五点变化。(1)增加注册心理师申请督导师前累计临床实践小时数至 1500 小时(8.3)。(2)更改申请人在申请督导师前的督导经验(从事督导实习的时间、在注册督导师督导下进行督导实习的时间),前者增加到 120 小时,后者减少到 60 小时(8.4)。(3)规定申请人在申请督导师前参加以培养督导为目标的培训(8.5),明确要求参加伦理培训时间(8.5)以及参加高级心理治疗专业培训(8.6)。(4)规定连续注册登记 3 期以上的注册心理师如何申请督导师(8.7)。(5)提高督导师的继续教育时数至 50 学时/年,明确规定伦理必修时间(8.9)。(6)明确规定督导师从事督导工作时数(8.10)。(7)细致规定督导师重新注册程序(8.11)。

8. 继续教育项目注册登记标准的变化

与第一版比较,第二版标准有关继续教育项目的注册登记标准有两点变化。(1)明确规定注册继续教育项目的"非营利性":培训项目若要得到注册登记,其负责人或机构(无论其所有制性质、是否是商业机构等)应确保该项目的非营利性(注册原则和政策部分和9.4条表述)。(2)顺应时代发展,增加了网络培训项目的注册规定(9.5)。

四、修订基本原则

标准修订遵循五个基本原则。(1)遵守《中华人民共和国精神卫生法》及相关法律条例。(2)顺应当下临床与咨询心理学专业工作不断扩展的需要。(3)顾及我国目前临床与咨询心理学专业工作的专业化发展水平。(4)兼顾目前临床心理学注册工作委员会可以执行的程度。(5)留下临床与咨询心理学专业工作的未来发展空间。

中国心理学会临床心理学注册工作委员会
标准制定工作组
2018 年 5 月 3 日
2018 年 8 月 24 日

参考文献

江光荣,夏勉.(2005).美国心理咨询的资格认证制度.中国临床心理学杂志,13(1),114-117.

中国心理学会.(2007a).临床与咨询心理学伦理守则.心理学报,39,947-950.

中国心理学会.(2007b).中国心理学会临床与咨询心理学专业机构和专业人员注册标准(第一版).心理学报,39,942-946.

American Psychological Association. (2012). *American Psychological Association Approval of Sponsors of Continuing Education for Psychologists*: *Policies and Procedures Manual*. Retrieved from https://www.apa.org/ed/sponsor/resources/policy-manual.pdf (2017/10/30).

American Psychological Association. (2006). *Guidelines and Principles for Accreditation of Programs in Professional Psychology (G&P)*. Retrieved from http://www.apa.org/ed/accreditation/about/policies/guiding-principles.pdf (2017/10/30).

National Register Health Service Psychologist (HSP). (2006). *Credentialing Requirements*. Retrieved from https://www.nationalregister.org/apply/credentialing-requirements/(2017/10/30).

Zhong, J., Qian, M. Y., Yao, P., & Xu, K. W. (2008). Accountability in professional psychology: The improvement in mainland China. In: Hall J. E. & Altmaier E. M. (Eds.) *Global promise*: *Quality assurance and accountability in professional psychology* (pp. 190-195). New York: Oxford University Press.

中国心理学会组织编写

"十三五"国家重点出版规划国家出版基金项目

当代中国心理科学文库

总主编：杨玉芳

1. 郭永玉：人格研究（第二版）
2. 傅小兰：情绪心理学
3. 王瑞明、杨静、李利：第二语言学习
4. 乐国安、李安、杨群：法律心理学
5. 李纾：决策心理：齐当别之道
6. 王晓田、陆静怡：进化的智慧与决策的理性
7. 蒋存梅：音乐心理学
8. 葛列众：工程心理学
9. 白学军：阅读心理学
10. 周宗奎：网络心理学
11. 吴庆麟：教育心理学
12. 苏彦捷：生物心理学
13. 张积家：民族心理学
14. 张清芳：语言产生：心理语言学的视角
15. 张力为：运动与锻炼心理学研究手册
16. 苗丹民：军事心理学
17. 赵旭东、张亚林：心理治疗
18. 罗非：健康的心理源泉
19. 王重鸣：管理心理学
20. 许燕、杨宜音：社会心理研究
21. 樊富珉：咨询心理学
22. 董奇、陶沙：发展认知神经科学
23. 左西年：人脑功能连接组学与心脑关联
24. 郭本禹：理论心理学
25. 韩布新：老年心理学：毕生发展视角
26. 余嘉元：心理软计算
27. 施建农：创造力心理学
28. 吴国宏：智力心理学